KB205899

조직신학 이해

조직신학 이해

초판 1쇄 | 2014년 2월 28일

김영선 지음

발행인 | 전용재
편집인 | 손인선

펴 낸 곳 | 도서출판 kmc
등록번호 | 제2-1607호
등록일자 | 1993년 9월 4일

(110-730) 서울특별시 종로구 세종대로 149 감리회관 16층
(재)기독교대한감리회 출판국

대표전화 | 02-399-2008   팩 스 | 02-399-4365
홈페이지 | http://www.kmcmall.co.kr
디 자 인 | 디자인통(02-2278-7764)

값 20,000원

ISBN 978-89-8430-637-0 93230

※ 이 도서의 국립중앙도서관 출판시도서목록(CIP)은 서지정보유통지원시스템 홈페이지(http://seoji.nl.go.kr)와 국가자료
공동목록시스템(http://www.nl.go.kr/kolisnet)에서 이용하실 수 있습니다.(CIP제어번호: CIP2014005495)

조직

SYSTEMATIC

신학

THEOLOGY

이해

김영선 지음

kmc

그리스도인의 신앙은 고백되어야 한다. 그리스도교 신앙은 하나님 앞에서, 세상 앞에서, 사람 앞에서의 공개적인 고백을 요구한다. 그리하여 우리는 신앙인의 증거로 세례를 받는다. 이것은 공개적으로 내가 예수를 나의 구주로 삼는다는 고백이자 선언이다. 그러나 자신의 신앙을 공개적으로 고백한다는 것은 쉬운 일이 아니다. 왜냐하면 신앙은 본질상 이해와 지성을 추구하므로, 보편적 논리와 이성의 언어로 신앙을 표현하는 수고를 요구하기 때문이다. 이런 까닭에 그의 고백과 선언은 곧 그의 신학이 된다. 그러므로 신학은 신앙 자체의 운동과정이요, 신앙의 행위인 것이다. 그리스도교 신앙은 자신은 물론 타인에게 변호하고, 이해시키고 전달하려는 선교적 사명 때문에 이해의 작업인 신학을 요청한다. 그리하여 우리의 신앙의 선배들(터툴리아누스, 아우구스티누스, 안셀무스, 아퀴나스 등)은 '이해를 추구하는 신앙'을 말하였고, 또한 '이해하기 위해서는 믿어야 한다'는 고백을 하였다.

교수생활을 하다보면 학문의 세계가 너무 광대하고 이미 배운 것보다는 더 배워야 할 것이 많다는 것을 느끼게 된다. 그래서 교수생활은 가르친다기보다는 다듬어지지 못한 공부를 다듬고 반성하며 다시 공부하는 생활이라고 본다. 다른 학문도 마찬가지겠지만, 신학이란 참 어려운 학문이라고 생각된다. 이 어려운 학문을 누구나 이해할 수 있는 언어로 옮기는 작업은 학자들에게 부여된 사명이라고 본다.

20년 동안 대학에서 조직신학을 강의하여 왔다. 대부분의 학생들은 강의 내용을 필기하거나 컴퓨터에 입력한다. 그리고 학기말에 그것을 정리하여 가져오는 학생들도 종종 있다. 요약된 강의 노트를 건네받을 때, 감사하기도 했고 행복하기도 했다. 강의에 관심을 기울여 주고, 강의 내용을 이토록 정성스럽게 정리하여 건네 준 그들의 수고가 나를 그렇게 만든 것이다. 그러나 아쉬움도 적지 않았다. 강의 노트를 들여다보면 내용을 오해했거나 왜곡된 부분을 발견하기도 했고, 판서(板書)된 내용을 잘못 옮겨 적은 것들도 발견되었다. 그래서 그 동안 강의한 내용을 정리하여 출판하는 것이 학생들의 수고를 덜어주는 것이고, 잘못된 강의 내용들도 바로 잡아줄 수 있다고 생각하였다. 이 책은 바로 이러한 동기에 의해서 집필된 것이다.

　이 책은 조직신학 입문 또는 조직신학 개론에 해당하는 주제들을 다룬다. 엄밀하게 말해서 조직신학 입문과 조직신학 개론은 동일하다고 볼 수 없지만, 일반적으로 조직신학 입문과 조직신학 개론은 거의 같은 뜻으로 사용되고 있다. 조직신학 개론은 그리스도교 신학의 여러 주제들을 신학적 안목으로 조명하여, 신학의 윤곽을 그리는 데 중심을 두고 있다. 조직신학 입문 역시 그리스도교 교리의 여러 주제들에 대한 이해를 넘어서 때로는 촉발되는 전문적인 문제들을 다루기도 한다. 이렇게 볼 때 조직신학 입문은 조직신학 개론을 겸하며, 조직신학 개론 역시 조직신학 입문을 겸한다. 따라서 조직신학 입문과 조직신학 개론의 차이를 구별하는 것은 별 의미가 없다. 이 책은 조직신학의 여러 주제에 대한 전통적 교리를 소개하고 이에 대한 다양한 해석을 제시하고 있다. 기본적인 그리스도교 교리 이해를 추구하는 모든 그리스도인들은 이 책을 통해 유용한 지식과 정보 그리고 삶의 진리를 찾을 수 있을 것이다. 특히 목회자와 신학생은 물론 각 교회의 청년부 또는 대학부에서 그리스도교 교리 이해를 위한 자료로 이 책을 활용할 수 있을 것이다.

2014년 2월
김 영 선

신학론

신학론

신학의 정의

영국 속담에 이런 말이 있다. "섹스와 정치 그리고 신학은 이야기할 만한 가치가 있는 것들이다."("Sex, politics and theology, these are the only things worth talking about.") 실제로 우리 인간에게 내가 누구인지를 말해주는 성(性) 이야기, 어떻게 남들과 살아야 하는지를 사고하게 하는 정치(政治) 이야기, 그리고 하나님에 대한 인간의 이해와 해석을 말해주는 신학(神學) 이야기는 가치 있는 것이라 할 수 있다. 이 중에서 신학은 가장 중요한 분야이다. 신학은 바늘 끝에서 몇 명의 천사가 춤을 출 수 있는지 또는 귀신은 지옥에만 존재하는지, 귀신과 천사의 의식주는 무엇인지, 천당과 지옥의 크기(사이즈)는 얼마나 되는지, 천당과 지옥 간의 거리는 얼마나 되는지 등과 같은 비실용적, 비현실적 문제를 다루는 이야기가 아니라 하나님과 인간 그리고 세계의 삶의 모습을 실존적으로 연구하는 가치 있는 학문이다. 즉 신학은 우리가 의식적으로 또는 무의식적으로 우리의 인생 속에서 겪게 되는 수많은 질문들에 대한 답을 찾는 학문이다.

신학의 대상인 하나님은 일반적으로 인식되는 분이 아니다. 오히려 회의주의자나 불가지론자, 또는 무신론자에 의하여 거부되기도 한다. 만약 하나님이 인식 가능한 현실의 한 요소라면 그것은 교회가 선포하고 증거하는 하나님은 아닐 것이다. 그래서 신학이란 어려운 것이다. 이제 우리는 신학이란 무엇인지 신학에 대한 정의를 말해야 할 것이다. 신학이란 특정 종교와 전통 속에서 이루어지는 것으로서 일차적으로는 하나님 또는 초월자에 관한 인간의 범지구적 경험 또는 인간의 개념적인 단언이라 할 수 있다. 한 마디로 말하면, 하나님 또는 초월자에 관한 인간의 개념화라 할 수 있다. 신학은 "하나님에 대한 단순한 이론이 아니라 하나님에 대한 조직적이며 이성적인 해명"(Systematic, rational clarification of God, not simple theory about God)이다.[1] 이 같은 사실은 몇몇 신학자들의 신학에 대한 정의에서 찾아볼 수 있다. 신학자 하지(A. A. Hodge)는 신학을 "모든 시대의 신자들이 성서에 대하여 내리는 과학적 결정과 해석과 변호"[2]라고 하였다. 칼 라너(K. Rahner)는 "하나님 또는 하나님의 계시에 대한 인간의 이성적 노력"[3]이라고 하였다. 슐라이어마허(Schleiermacher)는 "교회 안에서 통용되는 교리를 체계화하는 학문"[4]으로 보았고, 바르트(K. Barth)는 "교회가 그 때마다 가지는 지식의 상황에 따라 성서의 표준과 교회의 도움을 통해 자체의 선포를 비판적으로 고려하는 학문"[5]이라고 하였다. 이 같은 진술들은 하나님에 대한 인간의 이성적 작업이 곧 신학임을 말하고 있는 것이다. 신학을 하는 인간은 하나님에 대한 조직적이며 이성적인 해명을 한다. 그리고 하나님에 대한 이성적인 해명은 시대와 장소 그리고 상황에 따라 다를 수 있다. 따라서 신학에는 고정된 체계나 형식이 있을 수 없다. 이러한 연유에서 신학은 절대화되지도 않고 또한 절대화해서는 안 된다. 이 같은 사실은 신학 개념의 변천사 속에서 확인될 수 있다.[6]

신학 개념의
변천과 발전

우리가 사는 세상은 변화가 많고 애매모호하고 때로는 변덕스럽기도 하다. 이 같은 세상에서는 신앙에 대한 새로운 물음들이 계속 생겨나기 때문에, 어제 만족스러웠던 대답들이 오늘은 더 이상 의미를

---

1 Dorothee Sölle, *Thinking about God* (London: SCM, 1990), p.1.
2 A. A. Hodge, *Outlines of Theology* (Grand Rapids: Eerdmans, 1949), p.15.
3 K. Rahner and H. Vorgrimler, *Concise Theological Dictionary* (London: Burns and Oates, 1983), p.497.
4 F. D. E. Schleiermacher, *Der christliche Glaube* (Halle: O. Hendel, 1830), p.96.
5 K. Barth, *Dogmatics in Outline*, trans. G. T. Thomdon (London: SCM, 1966), p.9.
6 자세한 사항은 Otto Weber, *Grundlagen der Dogmatik*, Bd. 1 (Neukirchen–Vluyn: Neukirchener Verlag des Erziehungsvereins, 1964), p.88~169를 보라.

가지지 못하는 경우가 많다. 이런 까닭에 신학은 시대와 상황에 따라 변한다. 실제로 세상에는 절대적인 신학과 고정된 형태의 신학은 존재하지 않는다. 우리는 다양한 명칭의 신학, 이를테면 실존주의 신학, 해석학적 신학, 토착화 신학, 신 죽음의 신학, 세속화 신학, 위기신학, 새벽기도의 신학, 평신도신학, 과정신학, 생태학적 신학, 정치신학, 해방신학, 혁명의 신학, 흑인신학, 제3세계신학, 희망의 신학, 민중신학, 상생의 신학, 풍류신학, 역의 신학, 영성신학, 생명신학, 경제신학, 문화신학, 관계신학, 인터넷신학 등을 말하고 듣고 접하며 살고 있다. 신학은 왜 여러 명칭으로 불리는가? 신학은 영원한 하나님의 말씀을 부족한 인간의 통찰과 언어를 통하여 특정한 시대 속에서 해석하기 때문이다. 신학의 계속적인 발전과 다양성은 불가피하다. 왜냐하면 인간은 제한되고 불완전하며 또한 불완전한 언어, 논리 사고방식으로 신학하기 때문이다. 신학은 발전한다. 따라서 새로운 신학이라 해서 무조건 이단시한다면 신학의 발전을 방해하는 것이다.

신학이란 말은 헬라 사상에서 처음 생겨나 사용되다 점차로 그리스도교 신앙을 진술하거나 이해하는 차원에서 정착되었다. 따라서 신학이란 용어는 그리스도교인이 창안한 것이 아니라 헬라인들이 사용한 개념을 그리스도교인이 차용한 것이다. 신학이란 말의 시대적 변천상을 잠시 살펴보자. 헬라어의 '신학'에 해당하는 'theologia'라는 말은 신들에 대한 설화 내지 이에 대한 철학적 해석을 뜻하였다. 'theologia'는 theos(θέος)와 logia(λόγια)의 합성어로서 하나님에 관한 논술 또는 이야기를 가리킨다.[7] 이 당시의 헬라의 신과 로마의 신은 다신론적이고 신인동형론적이었으며 우리가 말하는 조물주가 아니고 윤리적으로 볼 때 의롭지도 않았다. 시대가 흘러감에 따라 판테온 신들의 이야기에 해당되는 '신화적 신학', 로마인들의 제의에 관한 '시민신학', 그리고 종교철학의 선조격으로 후대의 헬라 사상 속에서 신의 존재를 합리화, 도덕화, 영화시키고 또한 신적 존재를 비인격적으로 취급하여 '세계의 이성' 또는 '존재의 초월적 근거'로 보는 '합리적 신학'이 등장하였다.

헬라 시대에서의 신학이란 신들의 이야기로서 신들의 본성에 관한 조직적 서술, 실천적 해설 그리고 철학화를 포괄하는 일반 용어였다. 신학(theologia)이란

---

7 김균진, 「기독교조직신학」, I (서울: 연세대학교 출판부, 1984), p.10.

말을 최초로 사용한 사람은 플라톤(Plato, 427~347, B.C.)이다. 플라톤에게 신학은 신들의 이야기와 역사에서 벗어나 로고스에 이르는 길이었다. 즉 신화 속에 감추어진 진리를 드러내는 것이었다. 이 당시에는 신적 존재를 '존재 자체'로 보았으며, 신학이란 말은 신들에 관한 종교적인 말, 특히 종교의식 속에서 이루어지는 신들에 대한 말로 사용되었다.[8] 이런 개념이 신들이 아닌 하나님과 관계된 것으로서의 신학이란 개념으로 그리스도교에 의해서 차용되었다.

아리스토텔레스(Aristotle, 384~322, B.C.)도 신학을 모든 존재자의 근원인 신을 문제 삼는 철학으로 보았다. 아리스토텔레스는 철학을 수학, 물리학, 신학(문학, 인문학이 포함됨)으로 나누었다. 여기에서의 신학은 오늘날의 형이상학에 해당되며 하나님을 '부동의 동자', '순수형상', '제일형상', '제일원인', '최고형상', '순수현실태' 등으로 개념화하였다. 로마 시대의 신학은 문학과 인간을 강조하는 휴머니즘(Humanism)의 교육 모형에 종속되어 오늘날의 인문과학이나 교양학에 해당되었다. 이런 신학은 그리스도 안에 나타난 하나님에 관한 히브리 내용을 개념화하는 데 사용될 수 있었다.

초대 그리스도교회가 출현하면서 신학은 그리스도교 공동체의 독점 재산이 되었다. 헬라인들처럼 신학(theologia)이 일반 문화의 산물이 아니라, 신학은 하나님, 그리스도, 삼위일체, 성령, 그리스도교 교리와 비그리스도교 교리와의 관계, 특히 신론, 삼위일체론, 그리스도의 신성과 성령의 신성 논증을 지칭하였다. 초대 교부들은 헬라철학을 차용해서 그리스도교를 개념화하는 도구로 신학을 이용하였다. 초대 교부 오리게네스(Origenes)는 그리스도교의 이해를 신학으로 보았다. 오리게네스는 신앙과 신학을 구분하였고, 신학을 중요시하나 2차적인 활동으로 보았다. 즉 신앙이 신학보다 심오하다고 보았다. 알렉산드리아의 클레멘트(Clement of Alexandria)는 신학을 그리스도교 진리와 결부되는 것으로 이해하였다. 오리게네스와 클레멘트에게 있어서 신학이란 교의신학, 종교철학의 종합이었다. 이들을 그리스도교 조직신학의 선구자들이라고 볼 수 있다. 유세비우스(Jusebius), 아타나시우스(Athanasius) 그리고 아우구스티누스(Augustinus)에 이르기까지 신학은 '신앙의 학문'이라는 의미를 가지지 못하였다. 이때까지의 신학이란 삼위일체론과 신론을 말하는 정도였다. 아우구스티

---

8 김광식 편저, 「기독교신학개론」 (서울: 연세대학교 출판부, 1992), p.11~12.

누스는 신학을 신성에 관한 논술 내지 설명이라고 정의하였다. 그는 인간보다는 하나님, 휴머니즘보다는 신학에 중점을 두었다. 그 이외의 동방교부들은 신비주의적, 존재론적, 철학적 신학을 발전시켰다. 좁은 의미에서 이 시대의 신학은 예수의 신성과 인성 및 삼위일체론을 지칭하였다.[9]

중세기는 고대의 인류 전성기와 새로운 인류 전성기 사이에 있는 중간 시기다. 중세기라는 개념은 고대의 붕괴로부터 시작하여 르네상스, 휴머니즘, 종교개혁 및 계몽사상으로 끝나는 시기를 표시한다. 중세에 이르러 신학은 교의학의 모든 분야로 확대되었다. 이렇게 된 이유는 첫째, 계시신앙이 학문(철학)과 연관되어 질문되었고, 둘째, 그리스도교 신앙이 아리스토텔레스주의와 접촉하게 되었고, 셋째, 대학 설립시 계시신앙이 학문적으로 구성되어야 했으며, 넷째, 그리스도교 신앙 전체가 변증법적 방법을 통해서 성찰되었기 때문이다. 중세의 대표적 신학자 토마스 아퀴나스(Tomas Aquinas)는 철학의 한 분야인 자연신학(좁은 의미의 신론)을 신학이라고 보았다. 1200년경부터 유럽의 대학들이 법학, 의학 및 인문학 이외에 신학을 하나의 과목으로 가르쳤다. 이때부터 '그리스도교 교리 전체를 다루는 학문'을 신학이라고 하였다. 즉 신학은 철학과 구별하여 죄인과 인간을 구원하시는 하나님, 그리스도를 주제로 삼는 학문으로 이해되었다.

토마스 아퀴나스는 「신학대전」(Summa Theologia)에서 그리스도교에 속한 모든 진리를 기술하고자 하였다. 아퀴나스에게 신학은 이성에 의한 합리적 조직이 가능한 사변적인 학문이었다. 당시의 모든 학문은 신학이라는 하나의 수레바퀴에 달린 서로 연결된 살에 불과하였다. 1200년 이후 유럽의 대학(옥스퍼드, 파리, 볼로냐)에 법학, 의학이 설립되면서 신학은 그리스도교 진리 전체를 다루는 학문으로 자리를 잡았으며, 교회의 학문으로서 모든 학문의 여왕이 되었다. 이 당시의 종교철학은 신학의 하녀에 불과하였다. 12세기의 아벨라르드(Peter Abelard, 1079~1142)는 그리스도교 교리의 철학적 취급을 신학이라고 하였다. 중세 신학의 내용은 이스라엘에서 왔으나 신학의 방법은 헬라에서 왔다.

중세에서 모든 사고와 지식은 하나님과 관계하고 있었다. 신학은 형이상학적 존재론에 근거를 두고 있었다. 이것은 누구나 인정하는 학문적 근거가 되었다.

---

9 Horst G. Pöhlmann, *Abriss der Dogmatik*, 이신건 옮김, 「교의학」 (서울: 한국신학연구소, 1993), p.19.

그런데 이 중세의 존재론이 무너졌다. 근세에 와서는 이러한 존재론 대신에 독일 관념론이 신학의 근거가 되었다(헤겔, 쉘링, 슐라이어마허). 이런 존재론은 중세기의 존재론처럼 무조건 전제되지는 않고 때로는 절대정신으로, 때로는 자아로, 때로는 인간학이나 윤리학으로 확정되었다. 신학은 가치철학, 생의 철학, 실존철학이 등장할 때마다 어떤 전제된 전제로부터 자리를 규정하고자 했다.

근대에 이르러 실험과 관측에 기초를 둔 과학적 혁명으로 자연과학이 발전하였다. 과거에 신학의 영역이라고 생각해 오던 영역에 신학문들이 침입해 왔다. 과학자들이 창조와 진화를 거론하고, 심리학자들도 영혼에 대해서 언급하였다. 신학은 특정 전통 내에 있는 많은 학문들(심리학, 사회학, 역사학, 인류학, 과학 등)의 하나에 불과하다는 인식이 나오게 되었다. 그리하여 신학은 제학문의 여왕 자리를 자연과학에 양도하고 상관된 여러 학문들을 가리키는 신학으로서의 위치를 상실하게 되었다. 17세기 이후 성서신학이 신학의 한 분야로 독립되었고 역사신학도 독립되었다. 실천신학은 19세기에 이르러서야 독립되었다. 신학은 하나님에 관한 학문으로 출발하였으나 그리스도교 진리 전반에 대한 학문으로 발전되었다. 신학의 개념이 신론에서 교의학으로 확장되었으나, 나중에는 교의학의 범위 밖에 있는 것, 즉 신약개론, 구약개론, 교리사까지 포함하게 되었다. 왜냐하면 신학은 신앙의 본질로부터 생겨나고, 또한 신앙에 얽힌 다양한 문제점으로부터 생겨나기 때문이다.

현대에 이르러 해방신학, 여성신학, 기도신학, 영성신학, 생명신학, 토착화신학, 다원주의 신학, 포스트모더니즘 신학 등 다양한 의미의 신학이 등장하였고, 다른 종교들의 존재가 인지되고 타종교들도 신학이란 말을 사용하여 자기 전통에서 신학적 작업을 시도하였다. 칼 바르트는 신학을 교회의 한 기능으로 보았고, "하나님에 대하여 하는 말에 대한 교회의 학문적 자기검증"으로 보았다.[10] 바르트에게 신학은 광의적으로는 '교회의 신앙고백과 말'에 대한 것이고, 협의적으로 '신자나 교회가 하나님께 대하여 말하는 것'이다. 이에 더하여 신학은 '교회가 하나님께 대하여 하는 말을 비판하고 수정하는 것'이다. 일반적으로 철학, 역사학, 사회학, 심리학, 교육학 등은 하나님에 대한 교회의 말을 비판하고 수정한다. 그러나 신학은 교회의 존재인 예수 그리스도로부터 교회의 선

10 K. Barth, *Kirchliche Dogmatik*, I /1 (München: Chr. Kaiser, 1932), p.1.

포를 비판하고 수정한다. 바르트보다 한 단계 더 나아가 브루너나 틸리히 같은 학자들은 신학을 선포만이 아니라 교회 밖에 대한 변론으로 간주하기도 한다.

바르트에게 '순수한 가르침'은 신학의 본질에 속한다. 신학(교의학)의 근거는 하나님의 말씀에 있다. 하나님의 말씀은 설교와 성례전으로서 인간에게 향하는 한에서 선포이고자 한다. 하나님의 말씀은 선포된 말씀, 기록된 말씀, 계시된 말씀의 세 가지 형태로서 나타난다. 이 말씀은 하나님이 인간에게 하시는 하나님의 행위 속에서 일어난다. 교의학은 교회적 선포 속에 나타난 하나님의 말씀에 대한 비판적 질문이다. 다시 말하면 그 선포가 성서에 증거된 계시와 일치되는지를 비판적으로 묻는 것이다. 그러므로 교의학은 세 가지 형태의 하나님의 말씀에 대한 가르침을 상술하는 데 그 본질이 있다. 성서에 대한 가르침과 교회적 선포에 대한 가르침과 하나님의 계시에 대한 가르침에서 중요한 것은 성서본문과 교회의 선포가 일치하는 '순수한 가르침'이다. 순수한 가르침은 연습해서 얻거나 교육시켜 찾지 못한다. 왜냐하면 순수한 가르침은 하나님 말씀의 은혜의 사건이기 때문이다.[11]

에밀 브루너(E. Brunner)도 바르트와 유사하게 '바른 가르침'을 신학의 본질로 본다. 브루너는 신학은 교회 안에서 일어나는 학문적 시도일 뿐만 아니라 교회의 한 기능이라고 주장한다.[12] 교회는 가르치는 교회로서 교의학보다 역사적으로나 사실적으로 선행(先行)한다. 이것은 교회의 가르침이 교의학에 의해서 성립되는 것이 아니고 도리어 교의학보다 선행한다는 것을 말하는 것이다. 교회의 가르침은 교의학은 아니고, 교의학의 가능성의 근거이며 그 내용이다. 교의학은 그리스도교적 가르침에 관한 학문이다. 가르치는 교회와 교회의 가르침은 교의학이 성립되는 자리이다.[13] 에밀 브루너는 신학을 '하나님에 관한 바른 가르침'을 발견하여 가르치는 교회에 봉사하려는 학문으로 보았다. 교회는 진리를 바르게 가르치기 위해서 교회 안에 있는 거짓 가르침, 즉 이단을 논박하는 것 이외에 교회 밖에 있는 불신자들과 그들의 사상적 공격을 방어해야 한다. 이것은 신앙이 불신앙을 공격하는 것인데 이런 신학을 논쟁적 신학이라 한다.[14]

바르트는 '순수한 가르침'을 하나님의 은혜의 기적으로 보았으나 브루너는

11 Ibid., p.859.
12 E. Brunner, *Die christliche Lehre von Gott, Dogmatik*, vol.1 (Zürich: Zwingli-Verlag, 1972), p.13, 15.
13 Ibid., p.13~21.
14 Ibid., p.100f.

'바른 가르침'을 하나님의 진리의 빛이라고 생각하였다. 바르트의 순수한 가르침은 인간들의 학문연구의 결과가 아니라 은혜의 기적이었고, 브루너의 바른 가르침은 인간들의 다양한 가르침이 아니라 진리의 빛이었다.[15]

틸리히도 신학을 교회의 한 기능으로 보면서, 그리스도교 진리를 논술하는 것과 이 진리를 모든 새로운 세대를 위해서 해석하는 것으로 보았다.[16] 틸리히는 근본주의 신학과 케리그마 신학은 상황의 요구에 부응하지 못하는 신학체계로 보고 그의 변증적 신학을 상황 속에 함축된 질문에 '대답하는 신학'(answering theology)으로 만들었다. 틸리히에 의하면 신학의 대상인 하나님은 인간의 궁극적 관심이고 그 밖의 것들은 이의 예비적 관심이라고 보면서 변증적 신학은 모든 종교와 문화 속에 내재하는 경향들이 그리스도교적 대답을 향하여 움직이고 있다는 것을 보여주어야 한다고 하였다.[17]

신학은 타 학문들과 관계를 맺고 있는데 특히 철학과 깊은 관계를 가지고 있다. 철학은 존재 자체의 구조를 다루지만 신학은 우리를 위한 존재의 의미를 다룬다. 철학은 존재구조의 문제를 질문하나 틸리히에 의하면 조직신학은 이에 대답하는 성격으로 나타난다. 이런 면에서 그의 신학의 방법은 상관의 방법(method of correlation)을 사용하고 있다. 즉 계시와 현실, 신학과 철학이 상관의 방법으로 서로 연결된다. 이렇게 해서 문화 전체가 신학연구에 관계된다. 틸리히는 철학적 신학 내지 문화의 신학을 이루어 놓았다. 그는 "종교는 문화의 실체이고, 문화는 종교의 형식이다"라고 주장할 만큼 복음과 상황의 관계를 밀접하게 상관적으로 연관시켜 놓았다. 이것은 그의 신학의 특징이라 할 수 있다.

그리스도교 신학은 복음 자체를 순수한 가르침, 바른 가르침 혹은 아직 언명되지 않는 것이라고 불렀다. 19세기 신학은 복음 자체를 예수의 선포에서 찾고자 했다. 따라서 그들의 신학 연구의 관심은 예수전 연구로 집중되었다.[18] 그들은 예수에 대한 가르침을 넘어서, 예수전 연구만이 복음 자체(그리스도교의 본질)를 밝힐 수 있는 길이라고 생각하였다. 이들에게는 그리스도론적인 교리나 교회의 전통적인 고백은 역사적인 부산물로만 생각되었다. 그러나 예수전 연

---

15 김광식, 「기독교신학개론」, p.29.
16 P. Tillich, *Systematic Theology*, vol.1 (London: SCM Press, 1978), p.3.
17 Ibid., p.18.
18 대표적 신학자로 로버트 펑크(Robert Funk)와 존 도미닉 크로산(John Dominic Crossan)을 말할 수 있다. 특히 존 도미닉 크로산은 그의 저서 「역사적 예수」를 통해 예수의 말씀과 행적에 관한 문헌을 이용한 미시적 차원을 자세하게 분석하고 체계적으로 종합하였다. John Dominic Crossan, *The Historical Jesus*, 김준우 옮김, 「역사적 예수」(서울: 한국기독교연구소, 2000)를 보라.

구를 통해서도 복음 자체가 드러나지 못한다는 것이 알베르트 슈바이처(Albert Schweitzer)에 의해 밝혀졌다.[19] 예수전 연구의 의도는 그리스도교의 역사적 기초를 마련하는 데 있었다. 그러나 합리주의와 자유주의와 현대신학이 이루어 놓은 그리스도교의 역사적 기초는 허구에 불과하였다. 슈바이처에 의하면, 예수 속에 있는 지속적이고 영원한 요소는 절대로 역사적 지식과 상관이 없고, 그것은 세계 속에 아직도 역사하시는 그분의 영과 만남으로써만 이해될 수 있을 뿐이다. 그는 역사적 예수와 영원한 예수를 대립시키고, 결국에는 '예수의 영'과 '예수 신비주의'를 거쳐 '삶에의 경의'로 넘어갔다.

슈바이처와는 다르게 불트만은 실존론적 해석을 시도하여 복음 자체, 즉 "케리그마"(Kerygma)를 밝히고자 하였다. 불트만이 예수의 선포를 떠나서 예수에 관한 선포로 돌아간 것도 복음 자체를 찾으려는 것이었고, 케제만, 푹스, 에벨링, 브라운 등과 같은 그의 제자들이 다시 새롭게 역사적 예수를 거론한 것도 같은 이유에서이다.[20] 문제는 무엇이 복음 자체인가? 하는 것이다. 바르트는 이것을 '순수한 가르침', 브루너는 '바른 가르침', 슈바이처는 '삶에로의 경의', 불트만은 '케리그마'라고 불렀다. 신학은 아직 언명되지 못한 복음 자체를 추구해나가는 인간적인 학문이지만, 바르트처럼 아직은 기다려야 하는 주석이고 하나님의 은혜의 기적으로만 가능한 학문이기도 하다. 이것이 신학의 중심적인 특성이다.[21]

살펴본 바와 같이, 신학의 개념을 한마디로 규정하는 것은 쉬운 일이 아니다. 왜냐하면 신학은 여러 측면에서의 정의가 가능하기 때문이다. 바르트처럼 교회주의적으로 정의할 수 있고, 브루너처럼 선교적 각도에서, 틸리히처럼 상관관계에서 정의할 수도 있다. 이외에 여러 가능성이 있지만 공통된 점은 모두 신학은 교회의 한 기능이라는 점이다. 현대에 신학은 철학자나 신학자의 사색이 아니라 하나님의 말씀을 선포하는 교회의 한 기능인 것이다. 이 신학은 교회 안에서만이 아니라 교회 밖에서도 하나님의 말씀을 증거하고 변증해야 할 과제를 지니고 있다.

19 Albert Schweitzer, *The Quest of the Historical Jesus* (London: SCM, 1910)을 보라.
20 H. Zahrnt, *Die Sache mit Gott. Die Protestantische Theologie im 20 Jahrhundert* (Verlag München: R. Piper Co., 1967), p.326~381.
21 김광식, 「기독교신학개론」, p.31.

신학의 출발

고대 아테네의 철학자 소크라테스(Socrates)는 신학은 '놀람'(thaumazein, Surprising, Astonishing)에서 시작된다고 하였다. 놀람의 특징은 영구적인 것이 아니라 잠정적인 것으로 익숙해지면 나중에 사라지고 만다. 20세기 신학의 거장 칼 바르트(K. Barth)는 신학은 경탄(Verwunderung, Amazing, Wondering)에서 시작된다고 하였다. 경탄은 놀람과는 달리 언젠가 알려지거나 익숙해지지도 않아 언제나 새롭다. 바르트에 따르면 이 경탄이 신학의 대상이 된다. 신학의 대상은 항상 새로운 것이다. 이 경탄은 하나님의 계시의 행위로서 신앙에 의해 삶의 자리를 잡는다. 경탄은 기적에서 온다. 따라서 신학을 하는 사람들은 이 기적들 중의 기적인 예수 그리스도를 피할 수 없다.[22] 신학자는 교회에 속해 있는 신자이다. 신학자는 신학의 대상으로 말미암아 의무를 지게 된 사람이다. 그는 스스로 생각해 내거나 선택하지 않은 특별한 종류의 지각과 연구와 사고와 말을 하도록 요구받은 자이다. 신학자는 이러한 의무를 이행하기 위하여 신앙의 지성(intellectus fidei)의 길을 가야 한다. 사람은 자신 속에 불신앙이 지속되고 있음에도 불구하고 성령을 통하여 자신도 모르게 경탄하고 믿게 된다. 그리고 "내가 믿나이다."라는 고백보다 "주여, 나의 불신앙을 도와주소서."라고 간구하게 된다. 이스라엘 백성이 매일 '만나'를 새로 받았던 것처럼 그는 매일 신앙을 새롭게 가지게 된다. 즉 하나님의 은혜로 매일 신앙을 새롭게 받게 된다.

가톨릭 신학자 칼 라너(K. Rahner)는 신학을 하나님이 역사 속에 실제적으로 나타나신 계시에 대한 그리스도교인의 의식적인 노력으로 보았다. 그러나 계시에 대한 이해는 하나님과 만나는 경험으로부터 출발한다. 이 만남의 경험으로 인간은 신앙을 소유하게 된다. 만일 우리가 하나님에 대하여 의미 있게 말할 수 있으려면, 그 하나님에 대한 경험이 있어야 한다. 신앙은 하나님의 현실의 경험이고 현실적 하나님과의 만남이다.

신앙은 신학, 명상적, 사색적 인식으로부터 오지 않는다. 모든 사람은 각자

---

22 K. Barth, *Einführung in die evangelische Theologie* (Zürich: EVZ-Verlag, 1962), p.53~54, 58, 69~76.

의 믿음을 가질 수 있다. 그러나 이런 종류의 믿음은 모두 이성적 교감을 초월해 있다. 믿음의 경험이 현재의 자리로 나타나기 위해서 신학, 즉 이성의 비평을 받아야 한다. 이런 점에서 신앙은 신학을 필요로 한다.

신앙과 신학의 관계

미글리오리(Daniel L. Migliore)는 신앙과 신학의 관계를 다음과 같이 표현하였다. "신앙이 하나님의 은혜와 심판의 말씀에 대한 즉각적인 응답이라면 신학은 교회의 언어와 신앙 실천에 대한 이차적인 반성이다."[23] 일찍이 아우구스티누스와 안셀무스(Augustine of Hippo, Anselm of Canterbury)가 말한 바와 같이 "신앙은 이해(지성)를 추구한다."(Fides Quaerens Intellectum, Faith seeking understanding.)[24] 신앙은 본질상 지성을 찾으며, 지성을 찾는 운동은 신학이다. 따라서 신학은 신앙 자체의 운동이라 할 수 있다. 안셀무스는 이를 다음과 같이 말하였다. "이해하기 위해서 믿는다. 믿지 않고는 이해할 수 없을 것이다."(I believe in order to understand, unless I believe, I shall not be understood.) 신학은 지성을 찾는 신앙의 행위(an act of faith)이다.[25] 신학적 사유 행위가 신앙 행위이고 신앙 자체의 운동이라고 하는 것은 결코 신자만이 신학적 사유를 이해할 수 있다는 뜻이 아니다. 신앙은 선포와 전달과 이해를 목표로 하기 때문에 고립된 개인의 자세로서가 아니라 성도의 교제의 신앙으로서 세계 속에 실존한다.

바르트는 안셀무스의 '프로스로기온'(Proslogion)을 주석하면서 신앙과 신학과의 관계를 정리하였다. 그는 신학이 신앙의 필요가 아니라 신앙의 자발적인 열망에서 생긴다고 하였다.[26] 바르트에 따르면 신학은 신앙의 본질이 지성을 추구하는 것이기 때문에 성립되는 것이다. 신학이 신앙의 본질에서 성립되지만 신앙의 근거를 제공해 주지 못하기 때문에 신학적 진술은 단지 학문적 확실

23 Daniel L. Migliore, *Faith Seeking Understanding*, 이정배 옮김, 「조직신학입문」,(서울: 나단, 1994), p.31.
24 Peter C. Hodgson, *Winds of the Spirit* (Louisville: Westminster John Knox Press, 1994), p.6, 120.
25 Daniel L. Migliore, 「조직신학입문」, p.20.
26 K. Barth, *Fides quaerens intellectum* (Zollikon: Evangelischer Verlag, 1958), p.17.

성 속에서만 수행될 수 있다. 신학자는 자신의 신학적 진술이 학문적 확실성을 가지고 있기 때문에 다른 신학자의 주장에 의하여 수정될 수 있음을 인정해야 한다.[27]

신앙주의(Fideism)는 질문하지 않고 단순하게 믿을 것을 요청하지만, 참신앙은 탐구와 물음을 계속한다. 신학은 그리스도교 신앙의 역동성으로부터 성장한다. 변화무쌍한 세상에서 신앙에 대한 새로운 물음들이 계속 생겨나기 때문에 어제의 만족스러운 대답들이 오늘에는 더 이상 그 의미를 가지지 못한다. 따라서 그리스도교 신앙은 물음이며 이해를 추구한다. 신앙이 사람들로 하여금 질문하지 못하게 할 때에 신앙은 이데올로기, 미신, 열광주의, 자기추구, 우상숭배에 빠지기 쉽다.[28]

신학의 필수 조건은 신앙이다.[29] 신앙 없는 신학은 불가능하다. 신학은 신앙과 구별된다. 그러나 이 양자는 결코 분리될 수 없다. 신앙은 신학의 제1차적 사건이다.[30] 신학은 신앙의 실천에 대한 2차적 반성이다.[31] 신학은 신앙이나 영성과 동일시되기보다는 신앙 혹은 영성에서 나오는 2차적 활동이다. 2차적 사건 또는 활동으로서의 신학은 신앙의 참여와 반성을 통해서 그 신앙의 내용을 가능한 한 가장 명백하고 가장 일관성 있는 말로 표현하는 '교리의 형식'을 취한다. 신학은 신앙(믿음)을 이성화한 것이다. 이런 의미에서 신학은 신앙의 행위임과 동시에 연구의 행위가 된다. 이런 신학은 신앙을 파괴하는 것이 아니라 오히려 깊은 믿음에로 인도한다. 신학은 그 자신을 위한 것이 아니라 우리의 믿음의 성장을 돕기 위한 것이다.[32] 왜냐하면 신앙에 의해서 추구되는 이해는 사색적인 지식이 아니라, 우리의 삶과 실천을 조명하는 지혜이기 때문이다.

신학은 신과 인간 사이의 어떤 상관(correlation)에서 시작된다. 이 상관은 신앙을 의미한다. 신앙은 반이성적 행위가 아니라 일종의 지식의 형태다. 일종의 사고, 앎, 사유로서 근원적 계시경험에 기초해 있다. 신앙은 계시에 자신이 맡

27 Ibid., p.39.
28 Daniel L. Migliore, 「조직신학입문」, p.25.
29 K. Barth, Einführung in die evangelische Theologie, p.80.
30 바르트에게 신앙은 하나님이 허락하신 행위이며, 매일 새롭게 일어나는 하나의 역사이다. 이것은 어떤 상태나 속성이 아니다. 신앙의 조항들을 잘 믿는 것이 아니라 하나님 자신, 즉 복음의 하나님을 믿는 것이다. 비록 겨자씨 한 알만한 신앙이 있어도 충분히 신학을 할 수 있고, 스스로 신앙이 있다 자부하는 사람도 신앙이 없는 사람일 수도 있음을 말하였다. K. Barth, Einführung in die evangelische Theologie, p.80~84.
31 Daniel L. Migliore, 「조직신학입문」, p.31.
32 Dorothee Sölle, Thinking about God, p.3~6.

겨져 있음을 발견하는 앎(knowing)이다. 자신이 통제할 수 없는, 그러나 신뢰할 수 있는 계시를 만나는 것이다. 이 신앙은 이성과 하나님의 계시 사이를 중재하고 이 양자와 관계한다. 신학은 "신앙에 내재되어 있는 이해의 구체적 추구이고, 신앙 속에 내재되어 있는 사유의 외적 발전이다."[33] "신학은 하나님을 믿는 신앙에 대하여 질문하는 그리스도교 공동체의 자유와 책임으로부터 생긴다."[34] "신학은 진리에 대하여 반성하고 질문하며 추구하는 그리스도교 신앙으로부터 성장한다."[35]

신학의 대상

신학의 근거와 규범은 인간의 이성, 자기의식, 경험, 교회의 전통이 아니라 성서(하나님의 말씀)와 예수 그리스도(계시)이다. 성서를 신학의 근거와 규범으로 만드는 것은 예수 그리스도이다. 그러나 성서에 기록된 글자 자체(개개의 문장 자체)가 신학의 근거와 규범이라는 말은 아니다. 예수 그리스도가 성서 속에 증거되고 있기 때문에 성서는 근거성과 규범성을 가지는 것이다. 그러므로 신학의 궁극적 근거와 규범은 예수 그리스도이다. 다른 말로 표현하면, 삼위일체 되신 하나님이 신학의 근거와 규범이다. 마르틴 루터(M. Luther)는 신학의 주체는 그리스도라고 하였다. 그런 까닭에 모든 신학은 예수 그리스도의 빛 아래서 비판받고 수정되어야 한다.

신학의 과제는 "하나님의 관점으로 인간과 세상을 이해하는 일이다."[36] 신학에 있어서 세 가지 숙고되어야 할 요인은 하나님, 인간, 세상이다.[37] 따라서 신학의 대상은 크게 하나님, 인간 그리고 세계라고 할 수 있다. 구원의 역사를 이루기 위하여 활동하시는 하나님이 신학의 가장 본질적인 연구 대상임은 말할 필요도 없다. 신학의 연구 대상이 되는 하나님은 인간과 끊임없는 관계를 맺고 계시다. 따라서 신학은 하나님과의 관계 속에 있는 인간을 중요한 연구 대상으로 삼게 된다. 루터는 신학의 주제는 죄인이며 희망이 없는 인간과 의롭게 하

---

33 Peter C. Hodgson, *Winds of the Spirit*, p.120.
34 Daniel L. Migliore, 「조직신학입문」, p.19.
35 Ibid., p.21.
36 Shirley C. Guthrie, *Christian Doctrine*, 김영선 옮김, 「기독교신학입문」,(서울: 은성, 1998), p.32.
37 Ibid., p.33.

시는 하나님 내지 구원사라고 하였다. 불트만(R. Bultmann)도 신학은 하나님 앞에 서 있는 인간에 관하여 신앙의 관점에서 이야기함으로써 하나님에 관하여 이야기한다고 보아 신학의 대상을 하나님과 인간으로 보았다. 바르트도 신학의 대상을 하나님과 인간으로 본다. 세계를 경시하는 인간 중심적인 사고는 위의 세 신학자에게서 나타난다. 그러나 신학은 하나님의 계시와 활동에 대하여 증언하고 있는 성서와 이 활동을 믿고 순종하는 공동체와 세계를 연구하지 않을 수 없다. 이렇게 보면 신학은 예수 그리스도 안에서 일어난 하나님의 구원의 사건과 관계된 모든 것을 연구 대상으로 한다. 즉 신학은 계시, 성서, 하나님, 창조, 인간과 세계, 예수 그리스도의 구원, 성령, 교회, 종말의 문제가 그 대상이 된다. 신학은 여러 분야로 구분되면서 연구 대상을 분담한다.

신학의 방법

　　　　　　　　　신학의 방법은 크게 두 가지로 분류될 수 있다. 하나는 '위로부터'(from above)의 방법과 다른 하나는 '아래로부터'(from below)의 방법이다. '위로부터'의 방법은 하나님으로부터 시작하여 아래에 있는 인간의 문제를 다루는 가장 전통적인 방법이다. 이 방법을 따를 때 신학은 신론, 특히 삼위일체론으로부터 시작한다. 이 방법을 사용하는 대표적인 신학자로 루터, 불트만, 바르트를 들 수 있다. 바르트는 신학을 예수 그리스도의 계시로부터 출발한다. 그는 신학을 교회의 학문으로 보고, 교회와 교회의 선포를 예수 그리스도 안에 나타난 하나님의 살아있는 말씀에 비추어서 묻고 시험하는 과정으로 본다. 바르트의 위로부터의 신학방법론은 하나님의 말씀에 우선권을 두고 이 말씀이 교회에 대해서 신성한 충격을 던져주는 물음을 강조한다.[38]

'아래로부터'의 방법은 이 세계 안에 있는 것으로부터 출발하여 위에 계신 하나님과 그의 진리를 연구하는 방법이다. 즉 세계에 대한 인간의 경험이나 종교적 감정, 실존적 문제를 분석함으로써 시작하여 하나님의 존재와 그리스도교의 진리를 논하는 방법이다. 이 방법을 사용하는 대표적 신학자로 틸리히(Paul Tillich)와 판넨베르크(Wolfhart Pannenberg)를 들 수 있다. 틸리히의 신학은 존

---

38 Daniel L. Migliore, 「조직신학입문」, p.39.

재와 하나님, 이성과 계시, 실존과 예수 그리스도, 삶과 성령, 역사와 하나님 나라로 구성되어 있으며 인간 문화와 계시 사이의 대화를 강조한다. 틸리히의 신학 방법은 '상관 방법' 또는 '변증 신학'이다.[39] 미글리오리에 의하면, 바르트의 신학 방법이 독백이라면 틸리히의 방법은 대화에 가깝다.[40] 실천을 우선시하여 실천적 접근 방법을 사용하는 구티에레즈(Gustavo Gutierrez)의 해방신학도 아래로부터의 방법을 따르고 있으며,[41] 본회퍼(D. Bonhoeffer)도 삶과 복음을 아래로부터 보는 것을 배워야 한다는 것을 가르쳐 주었다.[42] 판넨베르크 역시 역사로부터 그리스도교 진리를 해명하려고 시도하여 '아래로부터'의 방법을 따르고 있다.

이 같은 신학을 시작할 때 계시는 절대적인 역할을 한다. 신 인식에 있어서 계시는 필수적으로 중요하다. 이런 계시를 우리의 삶의 자리로 옮기는 데 신학이 즐겨 사용하는 방법 중에 하나가 이성이다. 루터는 이성에 대하여 비판적인 태도를 취하였다. 그는 이성을 '악한 동물'이자 쓴맛과 악취를 내는 신의 적이기 때문에 그것을 죽여 신의 제물로 바쳐야 한다고 하였다. 바르트도 자연신학의 가능성을 부인하고 이성에 대하여 회의적인 태도를 취하였다. 그러나 아우구스티누스는 이성과 철학의 중요성을 강조하였다. 이성은 신이 인간에게 준 선물이다. 인간은 이성으로써 신의 진리를 깨닫게 되었다. 따라서 이성이 제거된 신학은 학문이 될 수 없다. 신학을 하는 데에 이성은 매우 중요한 역할을 한다.

신학을 하는 데는 이성과 계시 모두 필요하다. 그러나 이 가운데 어느 것이 더 중요한 것인가에 대한 논쟁이 있었다. 오리게네스, 안셀무스, 아퀴나스 같은 학자들은 이성이 더 중요하다고 보았다. 아우구스티누스도 이성을 중시하고 이성을 가지고 성서의 교리를 이해하려고 하였으나 한계를 느끼고 계시가 이성에 선행한다고 주장하였다. 사실 신은 초월적 존재이기 때문에 이성만으로 신을 이해할 수는 없다. 그래서 아우구스티누스는 "우리가 알기 위하여 믿는다. 만약 우리가 먼저 알고 난 다음에 믿겠다고 한다면 우리는 알지도 못하고 믿지도 못할 것"이라고 하였다. 칼뱅과 바르트도 이러한 입장을 견지하고

---

39 P. Tillich, *Systematic Theology*, vol. I, p.3~68; vol. II, p.13~16.
40 Daniel L. Migliore, 「조직신학입문」, p.40.
41 이에 대하여 G. Gutierrez, *A Theology of Liberation* (Maryknoll, N.Y.: Orbis Books, 1973), p.6ff를 보라.
42 Cf. D. Bonhoeffer, *Letters and Papers from Prison* (New York: Macmillan, 1971), p.17.

있다.

우리는 알기 위하여 믿는 것도 아니고 믿기 위하여 아는 것도 아니다. 우리는 먼저 믿고 그 믿음을 더 굳게 하려고 성서를 읽고 교리를 배우는 것이다. 먼저 신앙을 가지고 그 신앙으로써 알게 되는 계시의 도움을 통해 신학을 해야 한다. 우리는 계시가 선행한다는 것을 인정한 다음에 이성의 중요성을 말해야 한다. 계시의 도움이 없는 이성은 신을 아는 데 있어서 한계를 가지고 있다. 따라서 우리는 계시를 앞세우고 그 다음에 이성이 따라가는 방법을 취해야 한다.

신학의 과제

신학은 여러 과제를 가지고 있다. 푈만(Horst Georg Pöhlmann)은 신학의 과제 또는 기능을 크게 네 가지로 나누었다. 교회적 과제, 성서적 과제, 변증적 과제, 학문적 과제가 그것이다.[43]

1) 교회적 과제

신학은 그리스도교 신앙 내용(예수 그리스도의 계시)을 연구해야 하는 과제를 지니고 있다. 신학은 그리스도교 신앙에 대하여 분명하고도 포괄적인 설명을 제시해야 한다. 그리스도교 신앙을 보다 넓고 다양한 문화 속에서 이해될 수 있는 언어로 해석해야 하며, 보다 넓은 그리스도교 신앙의 관점에서 중요한 문제들을 풀어주어야 한다. 신학은 하나님을 믿는 신앙에 대하여 질문하는 그리스도교 공동체의 자유와 책임으로부터 발생한다. 따라서 신학은 그리스도교 신앙에 대한 반성을 항상 수행해야 한다.

신앙을 위한 학문으로서의 신학은 교회를 위한 교회의 학문이어야 한다. 본래 신학은 교회의 테두리 안에서 교회의 신앙을 올바로 정립하기 위하여 형성되었다. 하나님의 말씀에 대한 교회의 바른 위치와 자세를 상기시키는 것이 신학의 과제이다. 알트하우스(P. Althaus)는 신학을 연구하는 것은 교회를 연구하는 것이라고 하였다.[44] 신학은 신앙에 대한 성찰이며 신학의 장소와 설 곳은 교

---

43 Horst G. Pöhlmann, 「교의학」, p.28~40을 보라.
44 Paul Althaus, *Grundriss der Dogmatik*, 윤성범 옮김, 「교의학개론」 (서울: 대한기독교서회, 1963), p.15.

회 안에 있다. 바르트는 교회와 신학은 다음과 같은 관계를 지녀야 한다고 말하였다. 첫째, 신학은 교회의 진술을 따라야 한다(follow). 둘째, 신학은 교회를 인도해야 한다(lead). 셋째, 신학은 교회와 동행(동반)해야 한다(accompany).

2) 성서적 과제

신학은 성서가 말하는 진리의 순수성을 지키는 동시에 그 진리를 우리의 시대적 상황 속에서 새롭게 연구하고 찾아내야 할 과제를 지닌다. 성서적 과제는 반복적 과제와 생산적 또는 창조적 과제로 분류하여 생각해 볼 수 있다. 반복적 과제는 성서의 내용을 단순히 반복하여 말하는 것이다. 이 과제는 주로 근본주의 또는 보수주의 신학에서 강조되고 있다. 이들은 신학이 다른 어떤 이데올로기의 영향을 받는 것을 거부하고 신학의 성서적 규범성을 지키고자 한다. 그러므로 성서의 내용을 그대로 제시하여 왜곡시키지 않으려 한다. 신학의 내용은 성서의 내용 그 자체이어야 한다. 이 과제의 약점은 성서를 지나간 역사의 유물로 볼 수 있는 경향이 있으며, 또한 그 시대에 대한 의미와 연관성을 약화시킬 수 있다.

반복적 과제와는 달리 생산적 또는 창조적 과제는 성서의 메시지가 그 시대의 구체적인 문제들과 상황들에 대하여 무엇을 말하고자 하며, 무슨 의미를 가지고 있는지를 찾아내고자 한다. 주로 자유주의 또는 급진주의 신학이 이 경향을 지닌다. 이 과제는 성서의 진리성을 숙고하는 데 중점을 둔다. 이 과제의 장점은 성서를 한 시대의 유물로 보지 않고 오늘날 우리 시대에 살아 있는 하나님의 말씀으로 체험하고자 한다는 것이다. 신학은 과거의 신앙을 단순하게 반복하는 것이 아니라 오히려 창조성과 상상력을 포함하는 창조적인 작업이다. 신학은 새로운 개념과 행동으로 그리스도교 신앙을 새롭게 표현해야 한다.[45]

오늘날 많은 신학자들이 성서에 대한 창조적 과제를 주장한다. 대표적 학자로 알트하우스, 에벨링, 브루너, 틸리히, 불트만, 몰트만 등을 들 수 있다. 알트하우스는 신학의 창조적 과제를 강조하였다.[46] 에벨링은 조직신학은 과거를 말하지 않고 현재를 말해야 한다고 하였고, 브루너는 신학은 그 시대의 언어로

---

45 Daniel L. Migliore, 「조직신학입문」, p.36.
46 Paul Althaus, 「교의학개론」, p.15~18.

성서를 번역하고 그 시대의 정신과 이데올로기와 비판적으로 대화할 과제가 있다고 하였다. 틸리히는 성서의 메시지를 그 시대의 사상과 언어로 번역하고자 한 대표적 신학자이다. 틸리히의 신학은 상황을 해석하는 것에 불과하고 현실적으로 변화시키지 못했으며, 사회적 물질적 차원을 결여하고 이론적 영역에 머물러 있다는 비판을 받고 있다. 불트만은 성서의 메시지를 실존주의적으로 해석하고자 하였다. 몰트만은 신학을 사회적 연관 속에서 파악하여 하나님의 새로운 세계를 향하여 현실 세계를 변화시키고자 하였다.

성서에 대한 창조적 과제를 수행하기 위해서 신학은 세계 현실을 주시해야 하며 그 시대의 정신 및 이데올로기와 대화해야 한다. 뿐만 아니라 그 시대의 철학, 다른 학문(심리학, 사회학 등)과 관계를 맺고 그 시대의 정신을 표현하는 예술과도 관계를 가져야 한다. 창조적 과제는 장점만 있는 것이 아니라 동시에 단점도 가지고 있다. 단점은 성서 본연의 주제를 망각하고 그 시대의 정신이나 이데올로기를 가지고 성서의 내용을 왜곡시킬 수 있는 위험성을 가지고 있다는 것이다. 따라서 성서에 대한 창조적 과제는 반복적 과제를 망각해서는 안 된다. 신학하는 자는 언제나 위험성에 빠질 수가 있다. 성서에 대한 반복적 기능이 전통주의에 빠질 수 있는 반면에 창조적 기능은 성서의 참된 주제를 망각한 현대주의로 빠질 수 있음을 경계해야 한다.

3) 변증적 과제

성서에 대한 창조적 과제는 그리스도교 진리를 변증하는 과제를 동반한다. 신학은 그 시대의 사조와 정신이 무엇인가를 파악하고 그리스도교 진리의 타당성 내지 의미를 제시해야 할 과제가 있다. 또 다른 종교와의 대화를 위해서 다른 종교들의 인간관, 세계관, 역사관 그리고 그리스도교 교리를 거부하는 모든 무신론적 사상을 연구해야 한다. 신학의 변증적 과제는 단순히 이론 차원에서만이 아니라 실천적 차원도 고려해야 한다. 바르트는 이론은 실천의 이론이 되어야 한다고 하였다. 몰트만은 신앙과 신학의 새로운 기준은 실천에 있다고 하였다. 마르크스도 실천을 통하여 진리가 증명되어야 한다고 하였다. 신학은 실천적 차원만이 아니라 타종교와의 관계 또는 선교를 위해서도 그리스도교 진리를 변증해야 한다.

4) 학문적 과제

신학은 그 자체가 하나의 학문으로서 발전되어야 할 과제가 있다. 유럽에서 대학이 설립될 때 거의 모든 대학이 신학과를 설치하였다. 신학은 모든 학과목의 첫 번째를 차지하였다. 이미 전술한 대로 중세기에 신학은 모든 학문의 제왕이었다. 그러나 18세기 후반에 자연과학이 발전함에 따라서 자연과학적 방법을 가지지 않는 학문 분야들은 그 학문성을 의심받았다. 19세기 후반 빌헬름 딜타이(W. Dilthey)는 자연과학적 방법과 부합되는 학문만이 학문이라고 주장할 수 없다는 비판을 하였다. 그에 의하면 정신과학은 분석적 연구 방법이 아니라 이해하는 연구 방법이다. 정신과학의 출발점은 개인의 심리적·물리적 삶의 통일성에 있다. 이 삶의 통일성은 자연과학의 관찰 방법에 따라 파악되지 않는다. 신학의 학문성에 대한 두 가지 입장이 있다.

(1) 계시신학의 입장

계시신학의 입장에서 신학은 신앙의 학문으로 본다. 이 입장에서 하나님은 세계의 다른 사물과 같이 학문적 연구 대상이 될 수 없다. 만약 하나님이 인간의 이성에 의하여 파악될 수 있다면 그는 더 이상 하나님이 아니다. 우리는 하나님을 현미경 위에 올려놓을 수 없다. 이런 의미에서 신학은 신앙의 학문으로서 공통된 진리 개념에 의하여 구축되는 다른 학문들과 같이 취급될 수 없다. 따라서 신학은 학문의 세계에서 하나의 특수한 학문이다. 바르트와 불트만의 스승 빌헬름 헤르만(W. Herrmann)은 "우리가 신앙하는 것은 누구에게도 증명할 수 없다."고 하였다. 계시신학의 입장에서 신학은 모든 타학문들과 내면적 관련성을 가진 보편적 학문들의 하나가 아니고 교회를 섬기기 위한 교회의 한 기능, 즉 신앙의 내용들을 설명하고 그 진리를 찾기 위한 교회의 지적 활동이다. 바르트에 의하면 신학은 교회의 선포가 성서에 증언되어 있는 계시와 일치하는가를 연구하는 학문이라고 했다.

자연신학의 입장에서 보면 계시신학의 입장은 학문의 보편성을 결여하고 있다. 계시신학의 입장에서는 하나님이라는 연구 대상은 보편성을 결여할 뿐만 아니라 하나님에 대한 연구 결과도 객관적으로 검증될 수 없다. 이러한 입장에서 신앙은 언제나 전제되어 있다. 그러므로 신학은 성서와 교리의 권위를 전제한다. 성육신, 삼위일체, 예수의 신성을 절대적 진리로 전제한 후 연구한다. 이런 신학은 엄격한 합리성을 결여하고 있다. 계시신학의 입장은 비학문적 입장이고, 결국 학문으로서 신학을 포기하는 것이라고 자연신학 측에서 비판한다.

(2) 자연신학 입장

자연신학 입장에서 하나님은 경험적 세계의 모든 것 안에서 인식될 수 있는 존재로 이해된다. 하나님은 오직 신앙을 통해서 인식될 수 있는 존재가 아니라 원칙상 다른 학문들의 연구에 의해서도 인식될 수 있는 존재다. 그렇다면 신학은 일반학문과 대립관계에 있지 아니하고 유기적인 전체에 속한다. 그런 까닭에 신학은 특수한 학문이 아니라 한 보편적 학문으로서 이해되어 학문성을 주장할 수 있다는 것이다. 이에 대한 몇 가지 시각이 있다.

첫째, 신학을 실천적 학문으로 보는 시각이다. 신학을 교회의 신조로부터 연역된 하나의 이론적이고 사변적인 학문으로서 확립하였던 아퀴나스(T. Aquinas)에 반하여 신학을 하나의 실천적 학문으로서 확립시키려는 운동이 있었다. 그것은 신학은 최고의 선에 대한 사랑이라고 하는 실천적 관점에서 연구하기 때문에 신학은 실천적 학문으로 정의되어야 한다는 것이다. 루터는 참된 신학은 실천적 신학이며 사변적 신학은 분명히 마귀에 속한 것이라고 하였다. 이런 주장은 16세기 루터교 신학자들에게 통용되었다.

둘째, 신학을 실증적 학문으로 보는 시각이다. 신학의 과제는 교회를 이끌어 나가기 위한 목회자 양성에 있으며 이러한 실증적 과제를 가지고 있기 때문에 신학은 하나의 학문으로 인정될 수 있다는 것이다. 이리하여 신학, 법학, 의학은 실증적 학문으로서 19세기 대학에서 확고한 위치를 차지하였다.

셋째, 신학을 종교사로 보는 시각이다. 그리스도교는 타종교와 마찬가지로 하나의 역사적 현상이므로 하나의 실증적 연구 대상이 될 수 있다. 하나의 특수한 종교 공동체로서 역사적으로 주어져 있는 그리스도교를 하나의 학문적 연구대상으로 생각하고 이 연구를 학문적 연구로 인정받고자 하는 것이다. 이 연구는 종교사적 연구를 뜻한다. 트뢸츠(E. Troeltsch)가 이런 주장의 대표자이다. 마르틴 켈러(M. Kähler)는 신학을 실증적 학문이요 그리스도교학으로서 모든 역사적 학문으로부터 분리시킬 수 없다고 하였다.

넷째, 신학을 신앙의 학문으로 보는 시각이다. 바르트는 학문으로서의 신학은 오직 신앙의 학문으로 본다. 신학자는 궁극적인 신앙 안에 있으면서 이 신앙의 내용을 냉철하게 성찰한다. 그러므로 신학은 아무 전제가 없는 학문이 아니라 신앙이라는 전제를 가진 학문이다. 바르트는 다음과 같은 이유로 신학의 학문성을 인정한다. 첫째, 신학의 인식대상이 있고, 둘째, 특정한 인식방법으로 연구하고, 셋째, 자기 자신이나 누구에게나 이 방법에 대하여 변증할 수 있다.[47] 베버(O. Weber)도 학문이 성립되기 위해서는 다음의 조건을 갖추어야 한다고 하였다. 첫째, 보편적인 대상이 있어야 한다. 둘째, 보편적 방법이 있어야 한다. 셋째, 보편적 규범이 있어야 한다. 넷째, 연구 결과는 보편타당해야 한다. 그러나 이 조건들은 다음의 이유로 설득력이 없다. 첫째, 대상의 보편타당성은 엄밀한 의미에서 불가능하다. 오늘날 여러 가지 학문(화학, 생물, 천문학, 간호학, 기계학, 비서학, 관광학 등)은 각자의 연구 대상을 가지고 있다. 신학도 대상이 있다. 타학문들의 대상을 인정하면서 신학의 연구 대상을 학문적 대상으로 인정 못할 이유가 없다. 둘째, 학문의 연구 방법도 학자와 시대에 따라 변한다. 예를 들어 철학은 관념론적 방법도 있고, 경험론적 방법도 있다. 셋째, 학문의 규범도 시대적으로 변천된다. 넷째, 학문의 연구 결과가 보편타당할 수 없다. 그것이 보편타당하다면 그 연구 결과는 절대적 진리가 된다. 어느 학자도 어느 분야도 오늘날 절대적 진리를 발견했다고 말하지 않는다. 학문이란 하나의 완성된 지식체계를 뜻하는 것이 아니라 진리에 도달하기 위한 연구 과정을 뜻한다.

오늘날 학문의 세계에 있어서 널리 인정되고 있는 것은 보편타당성이나 절대성이 아니라, 상대성과 가설적 성격이다. 즉 모든 학문은 하나의 가설적 성격을 가지고 있으며 모든 학문의 연구 결과는 상대적인 것에 불과하다. 모든 학문의 개념은 시대적으로 또는 방법론적으로 제안한 것이며 어떠한 학문의 개념도 절대적 규범성을 요구할 수 없다. 그러므로 신학은 어떤 다른 분야의 학문이 보편적이라고 주장하는 학문의 개념에 따라 그 학문성을 증명 받을 필요가 없다.

신학이 학문성을 가지는 이유는 다음과 같은 사실들에서 더 두드러진다. 첫

---

47 K. Barth, *Kirchliche Dogmatik*, I /1, p.6.

째, 신학은 타학문들과 마찬가지로 한 특수한 대상에 대한 인간적 연구 활동이다. 신학은 하나님이란 대상을 인식하기 위한 인간의 노력이며, 하나님에 대한 인간의 신앙을 방법적으로 연구한다. 인간이 만든 어떤 이념이나 사상이 학문적 연구 대상이 될 수 있다면 인간이 가진 신앙도 당연히 학문적 연구 대상이 될 수 있다. 둘째, 신학은 타학문들과 마찬가지로 일관된 인식의 방법을 따른다. 신학도 지식과 이해를 추구한다. 셋째, 신학은 과거로부터 오는 전통을 가지고 있다. 역사적인 사실들은 문헌에 따라 연구해야 할 과제가 있다. 신학만큼 고도의 문헌 비판학을 발전시킨 학문도 없다. 신학은 고도의 언어(히브리어, 헬라어, 영어, 독어 등)와 철학적 훈련을 요구한다. 학문의 개념은 시대나 문화권에 따라 상이하지만 인간이 인식할 수 있는 바의 세계를 연구한다는 점에서 모든 학문의 개념은 공통점을 가진다.

요약하면 신학이 하나의 학문이라고 인정될 수 있는 것은 학문적 보편성에 있지 않다. 학문의 보편성은 엄밀한 의미에서 성립되지 않는다. 무엇이 학문이고 무엇이 학문이 아니라고 누가 무슨 규범에 따라 판단할 수 있겠는가? 신학의 학문성의 인정은 어떤 보편성에 있는 것이 아니라 인간이 경험하는 한 현실에 대한 방법론적 연구라는 데 있다. 물론 하나님이라고 하는 이 현실은 경험의 세계 속에 속하지 않는 특별한 현실이지만 인간이 경험하는 현실임에 틀림없다. 신학은 다른 학문들과 마찬가지로 인간 경험의 한 현실에 대한 연구라는 점에서 자신의 학문성을 가진다. 이 학문성은 타학문들에 의하여 부인될 수도 없고, 증명될 수도 없다. 왜냐하면 학문성을 부인하거나 증명할 수 있는 하나의 통일된 학문 개념이 없기 때문이다. 자연과학이 정신과학, 사회과학의 학문성을 부인하거나 증명할 수도 없고, 정신과학이 자연과학의 학문성을 부정하거나 증명할 수 없다. 마찬가지로 신학의 학문성도 타 분야의 학문들에 의하여 부인 또는 증명될 수 없다.

여기서 주지해야 할 사항이 있다. 그것은 신학은 학문이면서 신앙의 행위라는 것이다. 바르트에게 있어서 예수 그리스도가 우리를 위한 진리이심을 교의학이 전제하는 것은 신앙의 유비(analogia fidei)로 말미암는다.[48] 그러므로 바르트에게는 교의학이 연구일 뿐만 아니라 신앙의 행위이다. 교의학은 인간적인

---

48 K. Barth, *Church Dogmatics*, 1/1 (Edinburgh: T & T Clark, 1975), p.11.

인식의 노력으로 끝나지 않고 그것을 넘어서 신앙을 전제한다. 그래서 교의학은 회개와 순종의 행위이며, 기도로만 수행되는 신앙의 행위이다.[49]

신앙은 신학의 불가결한 조건이다. 그러나 신앙은 하나님이 값없이 주시는 은사이기 때문에, 신학은 불가불 하나님과의 대화일 수밖에 없다. 이런 의미에서 하인리히 오트(Heinrich Ott)는 신학은 학문인 동시에 기도라고 하였다.[50] 신학은 한편으로는 하나님과의 대화, 즉 기도이고 다른 한편으로는 사람과의 대화, 즉 학문이다. 신학자는 모든 사람이 이해할 수 있도록 생각하고 말하며, 누구에게나 변증하지 않을 수 없다. 그러나 사유와 말은 그 자신의 신앙에 근거된 것이라야 한다. 오트는 신학은 신앙의 자기 해명임을 다음의 예로써 설명한다. 즉 친구와의 관계를 제3자에게 말할 수 있다. 친구와의 관계에 대한 말은 내가 친구와 관계를 맺고 있다는 사실에 근거하고 있다. 이와 마찬가지로 신학은 하나님과 내가 맺은 관계를 남에게 이해시키는 것이다. 즉 하나님과 나의 관계인 기도가 신학적 사유의 근거가 되는 경험이다. 이런 의미에서 오트는 신학이 학문임과 동시에 기도라고 말하고자 한다. 학문으로서의 신학은 기도에 뿌리박고 있는 것이다. 학문에서는 경험이 기초이고, 그 경험은 관찰, 실험, 연구를 통해서 얻어진다. 신학도 경험에 기초해 있다. 하나님의 말씀 자체는 신앙이 아니고서는 경험할 수 없다. 그러나 신앙은 기도가 아니면 경험할 수 없다. 따라서 하나님의 말씀도 기도에서만 경험할 수 있다. 기도는 독특한 경험이다. 물론 기도는 인간적인 행위와 말로 경험되는 종교적 경험이다. 그러나 기도는 단순한 심리적 현상만이 아니라 하나님의 행위와 현실에 관계된 경험이다. 기도는 경험 가능한 인간적 언행과 경험불가능한 신적 언행 사이에서 변증법적 위치를 차지하고 있다. 신학은 기도에 기초하고 있을 뿐만 아니라 기도의 성격을 가지고 있다.[51] 문제는 기도에 근거를 두고 있는 신학의 학문성에 있다. 신학은 다른 학문과 같은 증명을 내놓을 수가 없고, 단지 하나님 앞에서 책임을 지는 것뿐이다. 신학의 학문적 엄밀성은 증명에 있지 않고 책임에 있다.[52]

---

49 Ibid., p.12, 16~23.
50 H. Ott, "Theologie als Gebet und als Wissenschaft," in *ZTHK* 14/2(1958), p.120~132.
51 Daniel L. Migliore, 「조직신학입문」, p.37, 43.
52 H. Ott, "Theologie als Gebet und als Wissenschaft," in *ZTHK* 14/2(1958), p.122, 131.

신학의 분류

신학의 분야들이 독립하게 된 것은 계몽주의 시대부터다. 전통적으로 신학은 교의학, 즉 조직신학이었다. 오늘날 신학의 각 분야들이 고도로 정밀하게 발전하여 어느 한 분야의 신학자가 다른 분야에 대해서 강의하는 것 자체가 어렵게 되었다. 신학이 여러 분야로 나뉘게 된 것은 근대에 역사 비판적 방법이 등장하고 이 방법이 신학 전반의 규범으로 자리하게 됨으로써 나타난 것이다.

신학은 전통적으로 크게 4개의 분야로 분류되었다. 1) 신, 구약의 경전 문헌들을 자세히 연구하는 성서신학,[53] 2) 시대와 장소에 따른 그리스도교 신앙과 삶의 표현방식을 추적하는 역사신학,[54] 3) 설교, 교육, 목회상담 등 목회적 임무에 관계하는 실천신학, 그리고 4) 철학적 자료와 이성 그리고 경험에 비추어서 그리스도교 신앙의 의미와 진리를 연구하고, 그리스도교 신앙을 신앙적이며 일관성 있게 그리고 책임성 있게 설명하며, 또한 교회의 교리와 실천들을 계속해서 재해석하는 조직신학이 그것이다.[55]

최근의 한국 상황에서 볼 때 조직신학에서 그리스도교 윤리가 독립해 나간 상태이고, 목회, 교육, 선교, 전도, 예배, 설교, 심방, 상담 등을 담당하는 실천신학에서도 그리스도교 교육과 선교가 독립적인 경향을 띠고 있다. 신학이 이렇게 분류되어 있다 할지라도 신학의 각 분야들은 다른 모든 신학 분야들과 불가분리적으로 연관되어 있다.

첫째, 성서신학과 조직신학은 독자성을 가지되 서로 관련되고 내적 통일성을 가진다. 성서신학도 조직신학이어야 하고 조직신학 또한 성서신학이어야 한다. 그리스도교 신앙에 대한 성서신학자의 견해 내지 입장은 이미 조직신학적 성격의 것이다. 즉 성서신학의 역사적 연구 자체 속에서 이미 조직신학적 관심과 입장이 전제되어 있다. 성서신학이 참으로 하나의 신학이 되고자 한다면 그

---

53 성서가 언제 어디서 기록되었으며, 66권의 신구약성서가 언제 어떻게 결정되었으며, 또한 66권의 내용이 어떤 통일된 메시지를 가지고 있는지에 대하여 연구하는 학문이다.
54 교회의 역사가 성서의 가르침에 충실하였는지, 그리고 다양한 그리스도교 교리가 어떻게 형성되고 발전되었는지, 또한 그런 역사를 통하여 하나님의 뜻이 어떻게 계시되었는지를 연구하는 학문이다.
55 성서의 가르침에 근거하여 인간을 포함한 세계와 하나님에 대한 진리를 체계적이고 논리적인 형식으로 정립하는 학문이다.

것은 성서신학적이어야 할 뿐만 아니라 결국 조직신학적일 수밖에 없다. 성서신학의 주제가 되는 인간의 죄, 하나님의 은혜는 조직신학적 연구 대상인 동시에 신학 모든 분야들의 연구 대상이다. 그러므로 성서신학은 조직신학으로부터 분리될 수 없다. 조직신학 역시 성서신학으로부터 분리될 수 없다. 만약 조직신학이 성서신학의 연구를 무시할 경우 그것은 성서적 기초를 상실한 공허한 사변으로 전락된다. 그러므로 조직신학은 언제나 성서의 규범에 근거를 두어야 한다. 조직신학은 성서의 내용과 교훈을 소재로 하기 때문에 성서신학에 의존하는 정도가 높다. 그러나 성서신학에 전적으로 의존하거나 지배당하지 않는다. 성서신학은 부분적이고 단편적인 해석을 내릴 때가 많지만 조직신학은 성서의 부분적 문자에 얽매이지 않고 성서가 가르치는 전체적인 그리고 종합적인 의미와 이해를 추구한다. 조직신학은 성서신학에 의존하면서도 성서의 종합적 이해를 추구하는 데 있어서는 독자적인 입장을 취한다.

둘째, 역사신학과 조직신학은 서로 연결되어 있다. 역사신학도 역사에 대한 해석의 문제에 있어서 신학적 입장을 가지고 신학적 해석을 시도한다. 판넨베르크(W. Pannenberg)는 "역사 자체는 조직신학적 의도에 따라 연구되고 기술될 수 있다"고 하였다. 이런 신학적 입장에서의 역사 해석은 조직신학적 입장인 동시에 신학의 모든 분야의 입장이기도 한다. 조직신학은 교리사와 교회사에 대한 충분한 지식이 필요하다. 역사신학이 교리와 신학 사상의 형성과 발전을 표현한 것이라면 조직신학은 그 표현된 실상을 종합적으로 정리하여 그 타당성에 대하여 해석을 시도한다. 따라서 조직신학자는 교리사와 교회사에 대한 충분한 지식을 갖추어야 한다.

셋째, 그리스도교 윤리와 조직신학은 서로 관계가 있다. 조직신학은 신앙의 내용(하나님의 행위)과 관계가 있고, 그리스도교 윤리는 신앙인의 행위(인간의 행위)와 관계가 있다. 하나님의 행위는 인간을 향한 행위이다. 그러므로 그리스도교 윤리와 조직신학은 내적 연관성을 가진다. 인간의 실존, 삶, 의욕, 행위와 관계된 그리스도교 윤리학은 하나님의 말씀과 관계된 조직신학과 내적 연관성을 갖는다. 그리스도교 윤리는 결혼, 성, 가족, 직업, 정치, 경제, 사회, 국가, 전쟁, 교육 등과 같은 수많은 문제들을 다룬다. 이 모든 문제들을 조직신학자도 연구할 수 있다. 이런 의미에서 그리스도교 윤리학과 조직신학은 구분될 수 있을지라도 분리될 수 없다.

넷째, 실천신학은 신학의 모든 분야와 분리된 것이 아니라 특히 조직신학과 밀접하게 관련되어 있다. 실천신학은 하나님의 선교에 대한 교회의 참여를 다루는 학문이다. 신학은 교회의 학문이다. 신학은 교회와 관련을 가질 때에만 그 존재를 인정받을 수 있다. 따라서 신학의 성격은 실천적 성격을 가진다. 신학은 성서신학, 역사신학, 조직신학적 사고를 포기하거나 실천신학을 부인할 수 없다. 신학 연구의 궁극적 목적은 결국 그리스도교의 신앙과 교회를 위한 것이다. 이것이 모든 신학 분야의 전제이며 목표다. 어떤 분야에 속한 신학자라도 교회의 프락시스를 신학적으로 해명하는 관심을 기울이지 않는 자는 사이비 신학자로 전락하고 만다. 교회에 대한 방향 제시의 문제는 조직신학적 문제가 된다.

조직신학의
과제와 본질

다양한 전공의 신학을 한 목소리로 낼 필요가 있다. 조직신학은 각 전공의 신학을 한 목소리로 만들어 교리 또는 교의를 세운다. 이를 위해 조직신학은 조직과 논리를 필요로 한다. 오늘날 조직신학이라는 이름은 이런 까닭에서 기인된 것이다. 조직신학은 교의학적 과제와 해석 및 변증의 과제, 그리고 변화와 개혁의 과제를 지닌다. 조직신학은 무엇보다도 성서에 증언되어 있는 계시와 선포의 일치에 관한 문제를 비판하고 질문한다. 따라서 조직신학은 그리스도교 신앙의 모든 내용을 예수 그리스도의 빛 아래서 비판적으로 관찰하고 예수 그리스도와 일치하도록 노력해야 할 교의학적 과제를 지닌다.[56]

조직신학의 또 다른 과제는 그 시대정신에 대한 변증의 과제, 즉 그 시대의 이론과 이념 그리고 철학과 대화하면서 그리스도교 진리를 해석하고 그것의 타당성을 제시하는 과제를 지닌다.[57] 신학은 그리스도교 진리를 진술하는 것과

---

56 Daniel L. Migliore, 「조직신학입문」, p.32.
57 틸리히가 이런 과제의 대표적 신학자라 할 수 있다.

매번 새로운 세대를 위하여 이 진리를 해석하는 두 가지 기본적 요구를 만족시켜야 한다. 신학이 고려해야 하는 '상황'은 실존의 창조적 해석이다. 신학이 대응해야 하는 '상황'은 특수한 시대에 있어서의 인간의 창조적 자기해석의 전체성이다. 만약 특수한 상황 속에서 케리그마적 반응이 없다면 신학은 '상황'의 상대성 속에서 상실될 수 있고, 위험한 결과를 초래할 수 있다. 따라서 케리그마적 신학은 케리그마의 완성을 위해서 변증적 신학을 필요로 한다.

변증적 신학은 '상황' 속에 함축된 질문에 대답한다. 케리그마적 신학은 단순히 성서구절을 되풀이할 수 없다. 오히려 그 시대의 개념적 도구를 사용하지 않으면 안 된다. 틸리히는 '그리스도교적 소식'과 '상황'을 연합시키는 방식으로서 '상관의 방법'(method of correlation)을 소개한다. 그것은 상황에 함축된 질문을 소식에 함축된 대답과 상관시키고자 노력한다.[58] 그것은 질문과 대답, 상황과 소식, 인간실존과 신적 현현을 상관시킨다. 틸리히는 그리스도교의 소식은 그들 자신의 상황과 모든 인간적 상황에 함축된 질문에 대한 대답으로서 이해하고자 한다.

신학은 특정한 내용을 이해하려는 노력이다. 누구든지 신학의 본질과 프로그램에 대하여 묻는 사람은 이해의 문제, 즉 해석학적인 문제를 우회하지 못한다. 신학은 그리스도교의 진리를 진술하는 일과 더불어 그 진리를 해석하는 과제를 지닌다.[59] 신학의 본질은 해석학적(hermeneutics)이다. 신학은 해석학이다.[60] 신학은 해석하고, 구성하는 것이다. 특정한 내용을 이해하려는 노력, 이것은 곧 이해의 문제요 해석학적 문제이다. 해석학은 옮겨놓는 것(번역)이다. 옮겨놓을 때 이해가 온다. 따라서 해석학은 이해의 문제가 된다. 조직신학은 연속적인 해석학적인 과정을 전체적으로 숙고하는 것이다. 교의학과 주석은 해석학적 순환의 모양에 따라 상호작용한다. 그들은 상호적으로 조명하고 해명한다. 이런 점에서 교의학자는 주석자 없이 자기의 통찰을 얻지 못한다. 또한 주석자는 교의학자 없이 자기의 통찰을 얻지 못한다.

조직신학의 과제는 해석학적 전이, 즉 옮겨놓는 작업이다. 조직신학은 본문으로부터 선포에 이르는 중앙에 자리하고 있다. 조직신학은 본문 자체에 관심

---

58 Paul Tillich, *Systematic Theology*, vol. 1, p.6, 18.
59 Ibid., p.3.
60 Peter C. Hodgson, *Winds of the Spirit*, p.6~7.

이 있는 주석과 교회적 선포에 관심이 있는 실천적 숙고 '사이'에 서 있다. 조직신학의 본질을 규명하려면 이러한 '사이'를 고찰해야 한다. 그러므로 조직신학은 이 '사이'로부터 고립되어서는 안 된다. 조직신학은 개별적인 본문 또는 한 본문에 매달리지 않고 성서 본문의 전체 지평을 본다. 하나의 전체적인 복음을 선포한다. 오트는 성서의 개별적인 본문에 얽매이지 않고 본문 전체를 보는 것이 조직신학의 특징이라고 하였다.[61] 그러나 주석은 특정한 본문과 상관이 있다. 즉 본문의 의미와 그것의 발생과 그것의 역사적인 '삶' 속의 자리를 질문한다. 설교 또한 그 나름대로 특정 본문의 증언에 관계된다. 설교는 그 본문 속에 속박되어 있고, 그 본문에 의무를 느끼고 있다. 반면에 조직신학은 한 가지 본문이나 주석에 매달리지 않고 모든 성서적 본문의 전체지평을 내다본다. 조직신학은 그렇게 함으로써 경전의 전체를 통찰한다. 실제로 나무를 보는데 숲을 보지 못해서는 안 된다.

조직신학은 교회가 관계하고 있는 사상(事象) 자체를 전체적으로 숙고한다. 사상 자체는 그리스도의 사건이고 계시와 신앙의 현실이다. 조직신학은 신앙의 통일성과 신앙 사상의 통일성에 관계한다. 따라서 예수에 의한 복음, 마가에 의한 복음, 바울에 의한 복음, 바르트에 의한 복음 등의 통전적인 복음을 보고자 하는 것이 조직신학이다. 우리는 각기 하나의 본문에 대하여 설교하지만 개별적 본문 그 자체를 주해하는 것이 목적이 아니라, 그 본문과 더불어 그 본문의 부름을 받아들여서 하나의 전체적 복음을 선포하는 것에 목적이 있다면 조직신학은 이런 목적에 동참한다.

조직신학은 교의학과 해석학의 과제를 넘어, 사람다움을 지향하고 실현하는 실천의 한 과정으로 이해되어야 한다. 해방신학자 제임스 콘(James Cone)은 신학적 개념들이 신학적인 실천으로 번역될 때만이 의미를 갖는다고 하였다.[62] 모든 신학은 인간의 삶을 변화시키고 개혁시키는 과제가 있다. 신학은 참된 인간을 지향하고 있다. 특히 조직신학은 사람다움이란 무엇인지, 사람답지 못한 것이 무엇인지 묻는다. 그리고 예수가 생각한 사람다움이란 무엇이었는지, 예수는 그것을 어떻게 실천했는지를 묻는다. 또한 사람다움에 대한 우리의 갈망

---

61 H. Ott, "Was ist systematische Theologie?" in ZTHK, Sep.(1962), p.26~27.
62 James Cone, God of Oppressed (New York: Seabury Press, 1975), p.36.

은 하나님을 어떻게 말하게 하고, 하나님은 우리에게 어떤 뜻을 가지고 응답하는가를 물으며, 사람다움의 실천의 주체로서 교회라는 공동체의 정체를 묻는다. 신학이 이런 물음을 통해 궁극적으로 가고자 하는 것은 인간의 변화와 개혁이다. 그래서 신학의 길은 참된 인간화의 길이라고 할 수 있다.

교의학이 오늘날 왜 조직신학으로 불리게 되었는가? 교의학은 교회의 이론, 즉 교리를 연구하는 학문이었다. 각종 신학이 분리되면서 교의학은 교회의 전통적 교리만을 연구할 수 없게 되었다.[63] 각 분야의 연구결과를 주목하면서 이를 체계화시켜 새로운 그리스도교 이론을 발전시켜야 할 과제를 가지게 되었다. 이런 과제를 짐에 따라 교의학은 오늘날 조직신학이라 불린다. 교회에 속한 모든 사람들이 승인하고 순종해야 할 규범적 교리는 오늘날 하나님의 말씀에 비추어 비판되고 수정되어야 한다. 교리는 절대 무오의 영원한 진리는 아니다. 그 시대의 언어와 사고의 제약을 받는 역사적 산물이다. 따라서 교의학은 과거와 같은 엄격한 규범성을 상실하였기에 오히려 조직신학이라는 표현을 오늘날 사용한다.

한 마디로 말하면 조직신학은 주석적, 역사적, 실천적 신학 사이를 중개하고 그 근거인 성서(예수 그리스도)에 기초하여 실존적 과제, 재생산적 과제, 합리적 과제를 수행함으로써 그리스도교 진리를 요약하고 우리 시대에 맞게 표현하려는 하나님에 관한 비판적 학문이다. 이런 조직신학은 신학론, 이성과 계시, 성서, 신론, 삼위일체론, 창조론, 인간론, 구원론, 그리스도론, 신앙론, 성령론, 교회론, 종말론 등과 같은 주제들에 대하여 해석하고 변증한다.

형이상학은 존재자를 존재자로 사고한다. 형이상학은 존재자를 존재자로 사고할 뿐이지 존재자의 자리, 즉 드러남 자체의 사건을 사유하지 못한다. 진리는 드러남이고 사건이다. 드러남의 이 사건은 존재의 진리이다. 주관주의적, 객관주의적 사고는 형이상학과 과학의 사고이다. 형이상학과 과학은 결과를 원한다. 그러나 본질적 사유는 결과에 이르지 않는다. 사유는 경험이고 만남이다. 본질적 사유는 경험적 성격을 가지고 있다. 이 사유가 인간의 본질적 행위이다. 신학이 형이상학과 과학을 극복하는 길은 과학의 의미에서 주관적이고

---

63 17세기에 성서신학이 신학의 한 분야로 독립되고, 이후 역사신학도 독립하게 되었다. 실천신학은 19세기에 이르러서야 독립되었다. Horst G. Pöhlmann, 「교의학」, p.19.

객관적인 사고로서가 아니라 경험하는 사유로서 이해될 때 열리게 된다.

이런 의미에서 조직신학의 본질은 배워 깨우치는 것이다. 마르틴 부버가 수집한 「카시딤 이야기」 중에 이런 이야기가 있다. '레비 이스차크'가 장인의 만류를 뿌리치고 랍비 '쉬멜케'를 만나고 돌아오자, 장인은 그에게 "너는 무엇을 배워 깨우쳤느냐?"고 물었다. 레비 이스차크는 "나는 세계의 창조주가 한 분 계시다는 것을 배워 깨우쳤습니다."라고 대답하였다. 그러자 장인이 종을 불러 "너도 세상의 창조주가 한 분 계시다는 것을 알고 있었겠지?"하고 물었다. 장인의 종은 "네 그렇습니다."라고 대답하였다. 레비 이스차크는 "물론 모든 사람들이 그렇게 말하지만 그들이 그것을 또한 배워 깨우쳤는지요?" 하고 물었다. 신학은 이렇게 배워 깨우치는 것이어야 한다.[64]

이미 상술한 바와 같이 조직신학은 신앙에 관한 사유이다. 신앙은 이해의 밝음을 추구한다. 신앙은 선포와 전달을 목표하기 때문에 이러한 밝음을 추구한다. 신학은 신앙의 명백성을 추구하고 신앙의 깊이를 밝혀 발표하려고 정열적으로 싸우는 작업이다. 이 씨름의 작업이 일어나지 않으면 신학도 복음 선포도 불가능하다. 따라서 이 작업은 야곱처럼 분투적인 물음이며 추구하고 논쟁하고 싸우는 과정이다.[65] 이런 관점에서 신학은 교회 안의 전문적인 신학자들을 중심으로 전수되는 활동이라기보다는 신앙공동체 안의 모든 구성원들이 적절한 방법으로 참여하는 활동이다.[66]

현대 신학의 위기와 희망

신학자는 연구하고 강의하는 행위를 통해서 신학을 한다. 신학자들은 획일적인 삶의 자리에 있지 아니하다. 그들의 다양한 형태의 신학적 양태를 다음과 같이 구분해 볼 수 있다. 첫째, 보수주의 신학을 연구하면서 그에 따른 신앙생활을 추구하는 이들이 있다. 이들의 사고와 삶의 자세는 인간의 세속성을 따르지 않고 신앙적 보수성을 따르고자 한다. 둘째,

---

64 김광식, 「기독교신학개론」, p.292.
65 Daniel L. Migliore, 「조직신학입문」, p.26.
66 Ibid., p.30.

보수주의 신학과 정통주의 신학을 연구하고 그것을 주장하고 있으나 정작 자신은 이를 진심으로 따르지 않는다. 보수주의는 단지 신앙 관념상으로 고수되고 생활에서는 불신자와 같이 매우 세속적 인간으로 살아간다. 따라서 이들에게 신학연구는 교회정치의 의미 또는 세속적 이익, 생계수단, 권위주의적 욕망을 채워주는 도구로 전락될 수 있다. 셋째, 현대적 신학 연구를 하면서 교회적 경건을 존중하는 유형의 사람들이 있다. 이들은 신학적으로는 진보적이지만 신앙생활은 보수적이라고 할 수 있다. 이들에게는 신앙과 신학이 분리되어 있다. 넷째, 현대적 진보신학을 연구하면서 그에 따른 신학적 삶을 사는 사람들이 있다. 이들은 될 수 있는 한 교회의 보수성을 탈피하고 현대의 과학, 문화, 철학 등과 조화하고자 한다. 따라서 이들의 신학연구는 한편으로는 교회정치의 의미 또는 세속적 이익, 생계수단을 채워주는 도구로 전락될 수 있음과 동시에 여러 가지 신학적 논쟁을 불러오기도 하지만 다른 한편으로는 신학의 반복적 변증적 과제를 넘어 신학의 창조적 과제를 수행하는 데 기여하기도 한다.

오늘날 신학 연구의 위험성이 팽배하다. 바르트는 신학의 위험성을 세 가지로 말한다. 첫째, 신학의 고립에서 오는 '고독'이다. 신학은 특수한 학문이기 때문에 고립될 수 있다. 틸리히의 철학적 신학은 신학의 고독을 극복하려고 상관관계라는 방법으로 신학을 하였다. 사실 신학은 특수한 학문이지만 인간을 등지거나 적대시하는 학문이 아니다. 둘째, 고독보다 더 위험한 것은 '의심'이다. 우리에게 계시의 내용에 대한 진리의 여부를 묻는 의심과 하나님의 존재에 대한 의심이 있다. 신앙과 실천의 두 영역에서 갈등을 느끼며 살기 때문에 의심한다. 셋째, 신학을 위협하는 것은 고독과 의심만이 아니라 '시련'도 있다. 우리는 진실한 신앙인들을 용납하지 아니하고, 악인들을 제제하지 않는 등의 신정론의 문제로 시련을 겪는다. 바르트는 마치 고난 뒤의 부활의 영광처럼, 참고 견디는 자는 희망이 있다고 주장한다.[67]

오늘날의 신학적 상황은 지성을 찾는 신앙과 대화적 신학만으로 만족하지 못하고 그 이상의 문제들에 직면해 있다. 현대적 상황은 풍요 때문에 비인간화가 일어나는 한편 다른 쪽에서는 기아와 빈곤 때문에 비인간화가 일어난다. 이런 상황과 문제들에 직면하면서 신학은 교회에 모여든 회중을 위해서만이 아

---

67 K. Barth, *Einführung in die evangelische Theologie*, p.114~122.

니라 교회 밖을 향해서도 눈을 돌리게 되었다. 하나님의 능력이 교회 안에서만이 아니라 교회 밖에서도, 즉 역사와 문화와 사회 속에서도 나타날 수 있다는 생각을 하였다. 이에 몰트만은 사회참여의 신학을 수립하였고, 미국에서는 흑인신학, 혁명신학, 남미에서는 해방신학, 한국에서는 민중신학, 환경의 오염에 민감한 사람들은 환경신학 내지는 생태계 신학으로, 그리고 여권신장과 더불어 남녀차별에 대한 반감으로 여성신학이 나타나게 되었다. 이런 신학들의 공통점은 교회적 선포에만 국한된 신학 연구의 방향을 사회문제로 전환시켰다는 점이다.

다른 편에서는 변증론과 선교학의 한계를 넘어서 타종교와의 대화를 시도하고 있다. 세 가지 입장을 말할 수 있다. 첫째, 그리스도교와 타종교는 모두 같은 종교적 진리를 공유하거나 분담하고 있다는 '종교 다원주의'의 입장이 있다. 둘째, 그리스도교 진리가 타종교 진리보다 우월하나 타종교의 상대적 가치를 인정한다는 '종교 포용주의' 입장이 있다. 셋째, 타종교는 비진리를 말하고 그리스도교만이 진리를 가르친다는 '그리스도교 절대주의'가 있다. 이들은 타종교를 설득해서 그리스도교에 귀의하도록 해야 한다고 주장한다. 우리는 이 중 한 입장을 지지하거나 혼합된 형태의 입장을 지니고 있다.

다양한 종교적 배경과 다양한 신앙노선을 가지고 있는 현대 사회에서 신학자나 신학도는 다음과 같은 규범을 지녀야 한다. 첫째, 자신과 타인 그리고 하나님과 모든 것들을 대할 때 정직해야 한다. 변명하거나 숨기지 않고 정직하게 자기가 의심하고 있는 것을 꺼내어 놓는 사람이 학자연하는 사람보다 더 진리에 근접할 수 있을 것이다. 둘째, 자신의 한계를 인정해야 한다. 모든 질문에 답변할 수 있다고 생각하는 신학자나 신학도는 문제가 있다. 훌륭한 신학도는 자신의 한계를 알고 자신에게 주어진 문제를 잘못 판단할 수 있으며, 자신과 다르게 생각하는 사람들이 자신을 도울 수 있다고 생각하고 마음을 열고, 변화를 받을 만한 상황에서 변화되어야 한다는 것을 알고 있는 사람이다. 우리는 참된 토론에서 더 많은 것을 배울 수 있을 것이다. 이런 자세와 작업을 통해 우리는 훌륭한 신학도로 성장할 수 있다. 고집과 자만 그리고 폐쇄된 마음은 우리로 하여금 바른 신학의 길을 갈 수 없게 한다.[68]

---

68 Shirley C. Guthrie, 「기독교신학입문」, p.27~28.

전문가로서의 신학자 또는 신학도는 다른 영역의 전문가로부터 진지하게 도움을 받아 자신의 한계를 극복할 필요가 있다. 좋은 신학도는 타자들의 비판과 그들로부터 부가적인 정보를 수집하고 수렴할 필요가 있다. 훌륭한 신학은 서로 다른 두 개의 길 안에서 대화할 때, 즉 설교자와 평신도, 교회와 세상, 전문적인 신학도들과 다른 영역에서 일하는 전문가들과 같이 대화할 때 만들어진다. 우리의 연구는 남이 주장하는 것을 배우는 데 있는 것이 아니라 진리가 무엇인가 하는 것을 공부하는 것이다.

성서는 하나님과 인간 그리고 세상에 관한 진리를 이해하도록 돕는 근원이며 표준이다. 그러므로 성서 연구는 신학 연구에 앞서서 필수적으로 선행되어야 한다. 성서 연구 그 자체가 훌륭한 신학을 자동적으로 만들어 주지 않는다. 성서를 연구할 때 자기 편견에서 해석하려고 하는 문제가 있다. 성서 이용의 오용이 따라온다. 예를 들면, 자기가 이미 생각하고 있는 것들을 확증하기 위해, 자기가 원하는 것을 듣기 위해, 자신의 입장을 합리화하기 위해 성서를 이용하는 것이다. 성서는 가부장적 제도권에 살았던 사람들이 특별한 시간대와 장소와 상황을 거쳐 하나님의 말씀과 일을 인식하면서 저술한 것이다. 따라서 산업사회와 과학 시대에 사는 현대인들이 성서를 정확하게 해석하여 진리를 찾아내는 것은 쉬운 일이 아니다. 현대인은 성서를 해석할 때 다음과 같은 법칙을 준수해야 한다. 첫째, 성서는 그 자체가 가지고 있는 목적을 위해 해석되어야 한다. 둘째, 성서는 그 자체로 해석되어야 한다. 셋째, 그리스도론적 원리로 해석되어야 한다. 넷째, 믿음의 법칙과 사랑의 법칙을 따라 해석되어야 한다. 다섯째, 문학적이고 역사적인 배경과 이해를 가지고 성서를 해석해야 한다.[69]

현대에는 천주교, 루터교, 장로교, 감리교, 영국 성공회, 침례교 등과 같은 다양한 교파가 있다. 따라서 자신의 교파만이 진리를 독점하고 있다는 주장을 버려야 한다. 우리는 다른 교파의 사상가들이나 혹은 그들의 신조들과 고백들을 통하여 배울 점이 있다는 것을 인정하고 또 그것들을 배울 수 있는 마음의 준비를 가지고 있어야 한다. 위대한 신앙고백들은 역사적인 상황에 뿌리를 두고 있으며, 그리스도인들의 설교와 증언을 위한 적합한 성서 해석에 기여한다.

69 Ibid., p.37~39.

위대한 신조들과 신앙고백들은 그리스도인들을 가르치기 위한 안내서 역할을 한다. 위대한 신조들과 신앙고백들을 무시하는 일은 그와 같은 그리스도 공동체에 참여하기를 거부하는 것이다.[70] 물론 신앙 고백적 진술들은 개정되고 수정될 수 있다. 모든 신앙고백들은 언제나 주님으로부터의 새롭고 신선한 메시지를 위하여 개방되어야 한다. 다음의 세 신조들은 후대의 신조와 신앙고백들의 뿌리가 되었다. 첫째, 사도신경이다. 이것은 아마도 2세기의 로마의 세례신조에서 나온 것으로 본다. 둘째, 니케아 신조다. 325년 니케아 회의에서 공식화되어 381년 콘스탄티노플 회의에서 완성되었다. 성부와 성자와 성령의 관계를 설명하고 있다. 셋째, 칼케돈 신조다. 451년 칼케돈 회의에서 공식화되었으며, 그리스도의 두 본성, 즉 인성과 신성 사이의 관계성을 말하고 있다.

이 외에도, 그리스도인의 믿음에 관한 요약문인 스위스 제네바 교리문답, 젊은이들의 교육을 위한 안내서인 독일의 교리문답서(1563), 칼뱅주의 교의를 가장 잘 요약한 벨기에의 신앙고백(1581), 웨스트민스터 종교회의에서 제정되어 대부분의 장로교회에서 수용하고 있는 웨스트민스터 신앙고백(1646), 칼 바르트에 의하여 초안되고 국수주의와 인종차별을 반대한 독일 바멘 선언(Barmen Declaration, 1934) 등이 있다. 바멘 선언은 교회가 메시지의 형태를 버리고 자신의 즐거움을 추구하며 일반적인 이데올로기와 정치적 신념을 허용하는 거짓된 교리를 거부하였다. 이 선언은 나치당의 이데올로기와 타협할 수 있는 세속적인 믿음을 거부하였다. 바멘 선언문은 현대 교회에 제시될 수 있는 모델 신조이자 신앙고백이라 할 수 있다.

구체적 문화와 종교적 상황에서 신학적 사유가 발생한다. 권위로 신학적 정당성을 주장하면 설득력이 없다. 신학은 하나님에 대한 신앙의 언어를 해석하고 전유하는 구성적 활동이다.[71] 신학은 항상 개혁되어야 한다. 신학은 개혁하는 과정 속에서 존재한다. 신학은 수정하기가 필요하다.[72] 신학은 복음적 신학이 되어야 한다. 모든 프로테스탄트 신학이 복음적 신학은 아니다. 복음적 신학은 하나님의 영광을 드러내는 결단과 행위에 입각해서 사유한다. 결코 자기 자신을 자랑하려고 하지 않는다. 복음적 신학은 하나님께 영광을 돌려야지 자

---

70 Ibid., p.59.
71 Peter C. Hodgson, *Winds of the Spirit*, p.10.
72 William A. Spurrier, *Guide to the Christian Faith: An Introduction to Christian Doctrine*, 오은수 옮김, 「기독교개론」 (서울: 대한기독교교육협회, 1993), p.19.

기 자신에게 영광을 돌릴 수 없다. 복음적 신학은 바로 그 신학의 대상이 그렇게 규정했기 때문에 겸손한 학문이다. 복음적 신학의 대상은 하나님이다. 복음적 신학의 대상인 하나님은 높으신 것만큼 낮으시다. 하나님은 낮으심 속에서 높으시다. 복음적 신학은 인간에게 친밀하게 오시는 하나님의 자기고지(自己告知)에 대하여 대답한다.

현대의 신학이라고 해서 모두 현대적 신학은 아니다. 왜냐하면 중세기적 혹은 고대적인 사유의 지평에 머물러 있는 신학도 있기 때문이다. 여기서 현대적이라고 하는 것은 고대와 중세에 지배하던 형이상학에 대한 부정과 반대를 의미한다. 형이상학적 사고에 대한 도전은 근세 계몽주의 이래로 소위 현대적 사유의 가장 중요한 과제로 여겨져 왔다. 형이상학에 대한 대안으로 제시된 것이 합리적인 역사적 사고였다. 우리가 현대 신학적 특징을 비형이상학적 사유에서 찾고자 하면, 그것은 은연중에 우리가 이미 역사적 사고에 호소하고 있음을 지시해 준다. 이러한 사정은 오늘의 신학에까지 그대로 지속되고 있다.

현대신학은 비형이상학적이라고 하였다. 비형이상학적이라고 해도 단순히 역사적 사고에만 머물러 있어서는 안 되고 본질적 사유로 나아갈 때 비로소 신학은 신학다울 수 있다. 본질적 사유는 아직 언명되지 않은 어떤 것을 생각하는 사유이다. 만일 신학이 형이상학의 착오에서 벗어나고자 한다면 본질적 사유로 돌아가야 한다. 하인리히 오트는 신학이 객관화하고 대상화하는 학문으로서는 제 기능을 다할 수 없고, 오히려 기도로서의 학문이어야 한다고 하였다. 바르트도 신학은 기도로 시작하여 기도로 관철하고 기도로 끝맺어야 한다는 것을 인정한다.[73] 형이상학 내지 객관화하는 사고를 극복하고 본질적 사유로 돌아가는 길만이 신학의 미래가 열리는 희망의 길이 될 것이다. 하나님께서 자기를 계시해 주시는 데 대한 인간의 응답인 기도와 학문으로서의 신학이 가장 바람직한 대안이 될 수 있을 것이다. 즉 기도로서의 신학이 곧 현대신학의 희망이 될 수 있을 것으로 본다.

오늘을 사는 우리는 우리의 미래를 책임져야 한다. 오늘날 박사학위를 취득해서 출세하려는 데 급급한 사람들이 신학을 전공하는 한 신학의 미래는 없다. 미래의 신학은 역사적 사고에 예속되어 객관적 진리를 추구하는 작업을 넘어

---

73 K. Barth, *Einführung in die evangelische Theologie*, p.125~133.

서 본질적인 사유에 기초하여 미래의 가능성을 위하여 준비하고 그 가능성의 도래에 응대할 수 있는 신학이어야 한다. 미래의 신학은 미래를 점치거나 연구하는 학문이 아니라, 복음을 찾아 미래를 기다리는 학문이다. 기다리는 신학자는 그의 신학을 다시 쓸 수밖에 없다. 날마다 다시 쓰는 신학이 미래의 신학이다.[74] 신학은 언제나 과거의 대답에 의지할 것이 아니라 새로운 시작을 감행하는 자유와 용기가 있어야 한다.[75]

신학은 단순히 신학적 이론을 탐구하는 머리의 작업에 앞서 신학을 온 몸으로 사는 삶에서 그 목표가 성취된다. 즉 신학은 신학을 연구하는 데 그치는 것이 아니라 '신학하는 것'(doing theology)이어야 한다.[76] '신학하는 것'은 행동으로 신학하는 것을 의미한다. 이것은 그리스도교의 진리에 대한 온 몸의 증언이라고 말할 수 있다. "신학이란 신학이론이나 전통적인 교리를 변증하고 옹호하는 데만 그 목적이 있는 것이 아니라 삶의 현장에서 일어나는 실존적, 역사적 문제 해결을 위해, 성서의 입장에서 그 대답을 모색하고, 그 대답에 이론적으로나 실제적으로 참여하는 것이어야 한다."[77] 이렇게 보면 신학한다는 것은 결국 인간구원 물음에 대한 대답을 모색하는 것이라 할 수 있다. 오늘날의 신학적 과제가 무겁고 어렵다 할지라도 신학은 복음의 진리와 전체성, 현재의 명료성과 실제적인 표현들에 대한 물음에 답해야 한다.

74 미래의 신학은 다음과 같은 명제들에 귀를 기울여야 한다. 첫째, 신학의 고유성을 엄격하게 간직하면서도 다른 학문과의 대화의 가능성을 모색할 수 있어야 한다. 둘째, 개인구원과 사회구원으로 양분된 구원의 이해를 통합해야 한다. 셋째, 신학적 다원주의라는 현실 앞에서 신학은 자신과 교회의 신앙적 실존을 신학적으로 책임질 수 있어야 한다.
75 K. Barth, *Evangelical Theology* (Garden City, N.Y.: Doubleday Anchor, 1964), p.146.
76 Christoph Schwöbel, *God: Action and Revelation* (Kampen: Kok Pharos, 1992), "Doing Systematic Theology"를 참고하라.
77 송기득, 「신학개론」 (서울: 종로서적, 1993), p.16.

계시론

계시론

그리스도교 신앙의 대상인 하나님의 본성과 그의 생각, 행동, 목적에 대하여 알지 못한다면 그리스도교는 존속할 수 없을 것이다. 그리스도교는 그가 신앙하는 하나님에 관하여 증언해야 한다. 증언은 앎을 전제한다. 그리스도교의 생명은 하나님에 대한 앎에 있다. 하나님에 대한 앎은 하나님이 자기를 계시하였고 또 계시하기 때문에 가능하다. 하나님이 그의 본성을 계시하고 증언하기 때문에 우리는 그에 관하여 알 수 있고 증언할 수 있다. 신학은 하나님의 자기증거(자기계시)에 근거를 두고 있다. 만일 신학이 이러한 계시에 대하여 더 이상 말할 것이 없다면, 그것은 결국 휴머니즘이 될 수밖에 없다. 따라서 그리스도교 신학은 하나님의 자기계시로부터 출발한다. 그런 까닭에 그리스도교는 계시의 종교가 된다. 그리스도교인들에게 중요한 것은 명제적 진리 전달 이전에 그리스도와의 인격적인 만남(personal encounter)이다.[1] 조직신학의 제1차적 과제는 하나님과 인간의 만남, 즉 하나님의 자기계시의 의미와 현실이 무엇인가를 해명하는 데 있다.

계시의 개념

계시는 초월자의 자기증거를 의미한다. 이

---

1 Daniel L. Migliore, 「조직신학입문」, p.61.

것은 마술적인 것도, 악마적인 것도 비의적(秘義的)인 것도 혹은 숨은 능력이나 권세도 아니다. 이것은 세상이 줄 수 없는 전적으로 새것이다. 상대적인 새것이 아니라 절대적인 새것이다. 초월자인 하나님은 이 세계 속에서 자기를 증거한다. 하나님이 자기를 증거하신다는 것은 하나님이 인간과 더불어 인격적으로 만나시고 그에게 말씀하시는 것을 뜻한다. 이러한 의미에서 하나님의 계시를 하나님의 말씀이라 부를 수 있다.[2]

계시는 라틴어 동사 'revelatum'에서 유래한 것으로 '막 또는 베일을 벗기는 것'을 의미한다. 또한 헬라어 'apokalypsis' 역시 비슷한 어근을 가지는데 '은폐를 제거하는 것', '숨겨진 것을 드러내는 것'을 의미한다. 요한계시록은 요한의 폭로(Apocalypse), 요한의 계시(Revelation)를 말한다. 계시는 하나님의 비밀을 담고 있는 두루마리의 봉인을 제거한다는 것을 의미한다. 계시는 숨겨진 것의 베일을 파괴하지 않고 베일을 벗기는 사건이다. 신적인 계시는 드러남과 동시에 감추어져 있다.[3] 하나님은 숨겨진 하나님(God hidden)과 동시에 드러난 하나님(God revealed)이다.[4]

하지슨(Peter C. Hodgson)은 계시를 세계의 탈은폐 사건(Event of Worldly Unconcealment)으로 본다. 이것은 하나님이 세계 속에서 말씀으로서 자신을 드러내고 해방하는 힘으로 나타나시는 것을 의미한다. 계시의 사건은 직접적으로 세계를 드러내시고 간접적으로 하나님을 드러낸다. 하나님의 계시는 세상의 말들과 행동들에 의해 중재되고, 자연세계의 소리와 모습을 통해 간접적으로 중재된다. 계시는 직접적으로 하나님이 아닌 세계를 드러내는 세계의 탈은폐 사건이다. 부는 바람, 치는 번개, 개방하는 말씀은 계시 자체라기보다는 계시의 수단이다. 바람 자체, 호흡 자체, 빛 자체는 볼 수 없지만 그것들이 드러내는 것을 볼 수 있듯이, 우리는 하나님의 얼굴을 볼 수 없지만 하나님의 활동(세계, 하나님의 등 또는 몸)을 볼 수 있다. 하나님은 역사 속에서 말함(speaking)을 통해, 예수의 말씀과 성서의 말씀, 예언자와 설교자의 말씀 등의 중재물을 통해 말함으로써 계시적으로 행동하신다.[5]

---

2 P. Althaus, *Die Christliche Wahrheit* (Gütersloher Verlagshaus: Gerd Mohn, 1959), p.26.
3 Peter C. Hodgson, *Winds of the Spirit*, p.127.
4 Gerhard Ebeling, "Existence between God and God: A Contribution to the Question of the Existence of God," *Journal for Theology and the Church* 5(1968), p.150~154; Cf. John Dillenberger, *God Hidden and Revealed* (Philadelphia: Muhlenberg, 1953); Karl Barth, *Church Dogmatics*, vol. 2/1, p.27.
5 Peter C. Hodgson, *Winds of the Spirit*, p.134.

문자적 의미에서의 계시는 감추어져 있는 것의 베일(가면)을 벗기거나 폭로하는 것이다.[6] 그리스도교 신학에서 말하는 계시의 의미는 단순한 지식의 전수가 아니라 한 주체가 다른 주체들에게 인격적으로 드러내는 것, 즉 하나님의 현존을 의미한다. 계시는 하나님이 주도적으로 특별한 사람들과 사건들을 통해서 하나님 자신의 정체성과 목적을 드러내는 행위이며 사람들로 하여금 이런 행위에 대하여 증언을 하게 하는 성령의 활동인 것이다. 계시는 인간의 능력을 파괴하거나 쓸모없는 것으로 만드는 것이 아니라 인간 이성에 새로운 방향을 가져다준다. 계시는 하나님이 누구인지? 하나님의 뜻대로 산다는 것이 무엇을 의미하는지에 대한 새로운 모델과 패러다임을 제공한다. 또한 계시는 거룩하고 자비로운 하나님을 알고 생각할 수 있게 하며, 우리 자신이 하나님의 형상대로 창조된 사람으로서 하나님과 이웃과 서로 교제하도록 운명 지어져 있음을 알게 한다.[7] 이렇게 볼 때 계시는 하나님과 세상과 우리 자신을 이해하는 새로운 해석학적인 초점이 된다.

계시는 공동체의 역사 속으로 질서를 가져오는 어떤 사건이다. 우리는 공동체의 역사 속에서 번쩍이는 중심적·초점적 사건을 경험한다. 리처드 니버(Richard Niebuhr)는 계시를 책의 전체적인 내용을 이해할 수 있게 해주는 '핵심 문장'(Luminous sentence) 또는 '조명적 문장'(Occasional sentence)과 같은 것으로 이해한다. 우리는 책을 읽을 때 종종 '핵심 문장'을 통하여 책의 전체 내용을 이해할 수 있다.[8] 계시 이해에 있어서 예수 그리스도는 '조명적 문장'에 해당한다. 예수 그리스도는 유일한 계시의 순간은 아니지만 다른 것들을 조명하고 활동적으로 만드는 중심적 계시의 순간이다.[9]

하나님은 무한하고 인간은 유한하다. 따라서 인간이 하나님을 아는 것이 불가능하다. 인간은 하나님이 자기 자신을 알려줄 때만이(계시) 하나님을 알 수 있다. 그러므로 신학의 대전제는 계시다. 계시 없이 신학은 불가능하다. 신학은 계시를 체계적인 방법으로 이해하는 작업이다. 계시는 인류에 대한 하나님의 구원의 계획을 나타내는 것이다. 그러므로 계시는 하나님의 자기 표명(God's

---

6 Daniel L. Migliore, 「조직신학입문」, p.46.
7 Ibid., p.51.
8 H. Richard Neibuhr, *The Meaning of Revelation* (New York: Macmillan, 1941), p.93.
9 화이트헤드(Whitehead)도 리처드 니버와 유사하게, 계시를 공동체 삶 속에서 경험되는 모든 것을 해석하는 데 중심적인 단서를 제공하는 '특별한 사건'(special occasion)과 같은 것으로 이해한다.

self—Manifestation) 또는 하나님의 자기 폭로(God's disclosure)라 할 수 있다.

계시의 의미

계시의 본질적 의미는 '비밀로서의 계시'다. 지금까지 숨겨져 있던 것, 혹은 알려지지 않았던 것을 드러내는 것이다. 우리가 시공에서 경험하는 것과는 근본적으로 다른 것, 새로운 것, 초월적인 것(하나님 자신)이 나타나는 것이다. 하나님은 구약에 나타난 많은 사건들을 통하여 자신을 드러내셨지만 그의 신적인 자유와 은폐성은 결코 해소되지 않는다. 하나님은 계시의 사건 속에서조차도 하나의 신비로 계속 남는다.[10]

계시의 두 번째 의미는 '역사적 사건으로서의 계시'다. 이 비밀의 계시는 무시간적인 것이 아니라 시간 안에서 일어나는 역사적인 사건이다. '역사적 사건으로서의 계시'는 예수 그리스도의 역사적인 삶 속에서 드러난다. 예수 그리스도 안에서 일어난 하나님과 인간의 화해, 인간의 구원을 계시하는 사건은 유일회적인 역사적인 사건이다.

계시의 세 번째 의미는 '하나님의 은총의 행위로서의 계시'이다. 계시는 근본적으로 하나님의 은총의 행위이다. 계시의 시작은 하나님이다. 하나님이 자신을 드러내려고 하는 것은 인간에게는 은혜의 사건인 것이다.

계시의 네 번째 의미는 '구원의 사건으로서의 계시'이다. 계시는 인간을 하나님 앞에 서게 하고 그를 변화시키며 구원하는 사건이다. 계시는 이 세계의 어떤 신비한 것의 나타남이 아니라 인간의 실존을 변화시키는 그리스도 안에서 일어난 하나님의 구원의 사건이다. 특별한 사람, 사건을 통해서 하나님이 자신을 드러내는 행위로서 사람들로 하여금 이런 행위에 대하여 증언을 하게 하는 성령의 활동이다. 이 계시는 우리를 향하신 하나님의 개인적인 접근으로서 전인적인 응답을 추구하며, 우리로 하여금 변화된 삶을 가져오게 한다.

미글리오리에 의하면, 계시는 신앙인들에 의하여 증언되고 해석된 특별한 사건들을 통하여 하나님께서 자유롭고 은혜롭게 자신을 드러내는 것이다. 계시는 인간의 능력을 파괴하거나 쓸모없는 것으로 만드는 것이 아니라, 오히려 인

---

10 Daniel L. Migliore, 「조직신학입문」, p.47.

간의 마음을 사로잡아서 인간의 상상에 새로운 비전과, 인간 이성에 새로운 방향을 가져다준다.[11] 이스라엘 사람들은 출애굽 사건을 통해서 야훼신이 그들에게 신 자신을 계시해 주었다고 믿었다. 그들에게 계시된 신은 위엄을 지닌 인격적 존재로 사람이 가까이 할 수 없는 분이며 우주의 창조자이며 주관자라고 생각하였다. 신약의 계시는 일반적으로 구약의 계시를 따르고 있으나 예수가 신의 계시자인 동시에 신 자신임을 말하고 있다. 신약은 그동안 숨겨져 있던 야훼신이 예수 그리스도라는 한 역사적 인물을 통해서 우리에게 분명하게 계시되었다는 것을 말하고 있다.

계시의 내용

계시는 하나님 앞에 서 있는 인간의 모습을 드러내는 동시에 인간 앞에 계신 하나님의 본성과 의도와 목적을 드러낸다고 말할 수 있다.[12] 이 계시는 예수 그리스도의 사건에서 분명해진다. 예수가 하나님의 아들이며 인간의 아들이라면 그는 인간이 누구인가를 계시하는 동시에 하나님이 누구인가를 계시한다고 볼 수 있다. 그러므로 우리는 예수 그리스도 사건 안에서 인간과 하나님이 누구인지 알게 된다.

하나님은 자기 자신을 계시함으로써 하나님 앞에 서 있는 인간이 누구인지 계시하신다. 인간의 참모습은 예수 그리스도의 계시로부터 이해된다. 그리스도는 하나님의 피조물의 본성과 존재의 모습이 무엇인지 보여준다. 인간은 하나님의 무한한 사랑의 대상이며 하나님께 영광을 돌려야 될 대상이다. 칼 바르트는 "인간이 누구이며 무엇인가는 하나님의 아들 예수 그리스도 안에서 인간이 되었고 인간이 그 안에서 완전히 하나님의 다스림을 받는다는 여기에서 완전히 눈으로 볼 수 있다."고 하였다. 예수 그리스도는 인간성을 계시할 뿐만 아니라 하나님의 신성을 계시한다. 하나님의 신성은 일반적으로 추상적으로 이해되는 것이 아니라 예수 그리스도의 계시로부터 이해된다.

하나님은 예수 그리스도 안에서 계시되는 하나님이다. 예수 그리스도는 하

---

11 Ibid., p.50.
12 Ibid., p.50~51.

나님의 절대적이고도 거룩한 사랑의 결정적인 계시가 된다.[13] 예수 그리스도는 하나님의 나라를 계시한다. 하나님의 나라를 계시하는 예수 그리스도는 구약의 오랜 기다림의 성취를 뜻한다. 예언자들과 묵시 사상가들이 고대하던 세계, 이스라엘에게 약속된 미래가 예수 그리스도 안에서 현재화되었다. 우주의 근원과 구조를 형성하는 신의 신성이 예수 안에 들어와 인간의 형태를 취하고 그의 베일을 벗겨서 자기를 보게 한다는 것이다. 그리하여 예수는 하나님의 빛, 빛의 빛, 육신이 된 로고스로 표현되었다. 오늘의 신학에 있어서 예수 그리스도는 구약의 예언자들과 묵시 사상가들이 기다리던 하나님의 새로운 세계, 하나님의 나라를 계시한다. 그러므로 계시는 약속의 성취, 약속된 미래의 묵시를 뜻한다. 하나님의 세계가 이 세계 안에 있으며 피안의 것이 차안의 세계 속에 있다. 즉, 하나님의 구원의 세계가 이 세계 안에서 시작되었다. 예수 그리스도의 부활은 이것을 증명한다. 묵시 사상에 의하면 부활은 새로운 세계를 시작한다. 묵시 사상가들이 기다리던 새로운 세계는 먼 미래의 일이 아니라 예수 그리스도 안에서 시작되었다. 십자가의 죽음은 옛 시대의 종말이요 부활은 새로운 창조의 시작이다.

일반계시와
특별계시

계시에 대한 두 개의 고전적 모델들이 있다. 하나는 조명(illumination)의 모델이고, 다른 하나는 만남(encounter)의 모델이다. 전자는 가톨릭적 모델로 아우구스티누스와 아퀴나스에게서 볼 수 있는 바와 같이 계시를 지성의 조명(illumination of the intellect)으로 본다. 이 모델은 계시가 이루어질 때, 초자연적 신성한 빛이 인간 지성에 힘을 부여하고 계몽시킨다고 본다. 후자는 개신교적 모델로 루터와 칼뱅에게서 볼 수 있는 바와 같이 계시를 하나님의 말씀과의 만남 또는 하나님의 의도와의 만남으로 본다. 이 모델은 지성보다는 감성과 감정에 영향을 주는 것으로 이해된다. 이 두 모델들

---

13 Ibid., p.47 ; William A. Spurrier, 「기독교개론」, p.52.

은 모두 계시의 내용을 하나님에 의해 직접 주어진 하나님에 관한 진리로 묘사한다.[14]

우리는 어떻게 하나님을 알 수 있는가? 크게 두 가지 답변이 가능하다. 첫째, 자연의 섭리와 그의 창조물들에 의하여 계시된다. 둘째, 거룩하고 신성한 하나님의 말씀을 통하여 그 자신을 나타내신다. 전자는 일반계시 또는 자연계시로서 사람이 하나님을 찾고자 하는 시도이며, 후자는 특별계시로서, 하나님이 사람을 찾는 시도이다. 하나님은 이스라엘의 역사와 성서를 통하여, 그리고 예수와 교회들을 통하여 자신을 계시하신다.[15]

갈릴레이 갈릴레오(Galilei Galileo, 1564~1642)는 하나님께서 사람들에게 하나님을 알 수 있도록 두 권의 책, 즉 자연이라는 책과 성서라는 책을 주셨다고 말했다.[16] 이를 달리 말하면 하나님은 우리에게 일반계시와 특별계시를 주셨다는 것이다. 개신교의 정통주의 신학자 홀라츠(David Hollaz, 1648~1713)는 계시를 일반계시와 특별계시로 구분하였다.[17] 일반계시는 하나님께서 창조하신 자연들을 통한 계시를 의미하고, 특별계시는 성서기자들이 받았던 계시 영감(직접계시)과 성서를 통하여 뒤의 세계가 받은 계시(간접계시)를 의미한다. 일반계시와 특별계시로 구분하는 것은 중요하지만 단순히 이분하는 것은 피하여야 한다. 일반(자연, 보편, 객관적)계시는 창조된 만물을 통해서 하나님에 대한 지식을 가능하게 하며, 인간의 이성과 양심과 일반경험을 통해서 이해할 수 있다. 먼저 일반계시에 대하여 살펴보자.

1) 일반계시

자연계시 또는 일반계시는 하나님은 창조하신 자연과 그 역사 그리고 모든 사람에게 그 자신을 나타내시기 때문에 인간은 하나님의 지식을 습득할 수 있는 것으로 본다. 이에 대한 고전적 성서적 근거는 창 1:16, 욥 12:7~15, 시 19, 행 17:27, 롬 1:19~20 등에서 찾아 볼 수 있다. "하나님의 영원한 능력과 신성이 창조된 것들 속에 명백히 보였다."고 말하고 있는 로마서 1:20은 자연계시

---

14 Peter C. Hodgson, *Winds of the Spirit*, p.121~122.
15 Shirley C. Guthrie, 「기독교신학입문」, p.72~73.
16 양승훈, 「창조론 대강좌」 (서울: cup, 1998), p.48.
17 전통적으로 그리스도교 신학은 계시를 일반적 계시와 특수계시로 구별해 왔다. Daniel L. Migliore, 「조직신학입문」, p.54; Horst G. Pöhlmann, 「교의학」, p.49.

를 지원해 주는 대표적 성서적 근거라 할 수 있다.

자연계시를 통한 하나님 이해는 불가능한 것은 아니다. 세상은 기원과 배경 그리고 목적을 가지고 있음을 보게 된다. 세상은 무질서하게 존재하는 것이 아니라 질서와 조화 속에 있다. 여기에는 하나님이 세상에 대한 어떤 목적을 가지고 일하신다는 믿음이 전제되어 있다. 이 세상에서도 하나님의 존재와 그의 본성에 대한 실마리를 발견할 수 있다. 만일 우리가 주의 깊게 자연과 이성의 법칙을 분석해 본다면 하나님의 섭리에 대하여 알 수 있다. 우리가 살고 있는 세상과 우리의 삶에 대한 분석의 결과로 하나님이 세상에 존재하신다는 사실을 인지할 수 있다.[18]

자연신학은 자연, 역사, 인간의 양심을 통해서 하나님의 계시가 나타나고, 그것으로부터 하나님에 대한 진정한 지식을 얻는 것이 가능하다고 주장한다. 이성에 기초하여 하나님에 대한 진정한 지식에 이르는 것이 가능하다는 것이 자연신학의 핵심이다. 성서 혹은 계시와 관계없이 인간의 직관, 도덕적 통찰 및 이성적 추론에 근거하여 신학을 하는 것이다.

계시신학은 하나님이 인간을 찾아가는 데 초점을 둔다. 그러나 자연신학은 인간이 하나님을 찾아가는 데 초점을 둔다. 중세 그리스도교 신학은 자연신학에 긍정적 태도를 가져 이성적 추론을 통해 하나님의 존재를 알 수 있다고 보았다. 그 시도로서 아퀴나스와 안셀무스 등의 신 증명론을 보게 된다.

안셀무스의 존재론적 신 증명은 하나님에 대한 관념으로부터 신의 존재 증명을 시도한다. 여기서 '신(神)은 그 보다 더 이상 위대하다고 생각될 수 없는 실재'(A Being than which nothing greater can be conceived)로 정의된다. 신이 인간의 관념 또는 상상 속에만 존재하고 실재하지 않는다면 가장 위대한 존재가 될 수 없다. 왜냐하면 관념 또는 상상 속에만 존재하는 신은 관념은 물론 실재로 존재하는 신보다 더 위대하다고 볼 수 없기 때문이다. 따라서 가장 위대한 신은 인간의 관념뿐만 아니라 실제로도 존재해야 한다.

아퀴나스의 우주론적 신 증명은 자연 세계에 대한 관찰로부터 하나님의 존재 증명을 시도하는 것이다. 여기서는 신은 최초의 운동자(Prime Mover)로 나타난다. 그리고 인과관계가 있었다는 사실로부터 제1원인으로서의 하나님을 논

---

18 Shirley C. Guthrie, 「기독교신학입문」, p.77.

증한다. 이 우주론적 논증은 다윈(Charles Darwin) 또는 흄(D. Hume)과 같은 이들에 의해서 비판과 도전을 받았다.[19] 이외에 데카르트(R. Descartes), 헤겔(G. Hegel), 하치손(Charles Hartshorne) 등이 자연신학을 발전시켰다.

자연신학은 하나님의 존재는 이성에 의하여 증명될 수 있다고 주장한다.[20] 이런 주장은 1870년 제1바티칸 공의회에서 로마 가톨릭의 공식적인 가르침이 되었다. 로마 가톨릭 교회는 오늘날도 자연계시를 공식적으로 인정한다. 개신교의 신학자들도 자연계시를 인정하고 있다.

알트하우스(Paul Althaus)는 자연계시를 주장한다. 알트하우스에 의하면, 죄는 하나님의 뜻에 역행한다. 하나님의 뜻에 대한 거역은 하나님의 뜻이 미리 계시되어 있음을 전제하는 것이다. 따라서 인간의 죄에 대한 복음의 말씀은 복음 이전에 있었다. 이것은 하나님의 자기 계시를 전제하며 또한 자연계시의 근거가 된다. 하나님께서 인간에게 정신과 양심을 주셨기 때문에 인간은 하나님에 관해서 알고 있다. 그리스도교의 계시 개념은 특별계시와 일반계시에 한정할 수는 없다. 알트하우스는 자연계시 개념을 더 확대하여 '원계시론'을 주장하였다. 원계시론은 인간의 실존과 인간의 역사, 인간의 사유와 자연 속에 나타난 하나님의 자기증거를 말한다. 자연계시와 원계시의 약점은 그 계시를 통해서는 구원이 불가능하다는 것이다.[21]

틸리히(Paul Tillich)도 자연계시를 주장한다. 그는 하나님을 '존재 자체', '존재의 힘'으로 본다. 하나님은 실존하는 모든 존재들 안에 참여되어 있으면서 비존재의 위협을 극복하고 존속하게 하는 존재의 힘이 된다. 따라서 하나님은 예수 그리스도를 떠나서 이미 모든 존재자들 안에 계시되어 있다. 틸리히에게 있어서 이 세상 안에 존재하는 모든 것(자연, 역사, 인간, 말)은 하나님의 계시가 될 수 있다. 이런 자연계시에 반하여 틸리히는 예수 그리스도를 궁극적 계시, 결정적 계시, 규범적 계시라고 보았다. 이 규범적 계시는 준비의 시대와 수용의 시대로 구성되는 계시의 역사 가운데 있다고 했다.(보편적 계시 → 준비시대 →

---

19 영국의 철학자 흄(David Hume)은 원인과 결과 사이에 필연적인 관계성을 부정함으로써 우주론적 증명을 비판한다. 찰스 다윈(Charles Darwin)은 진화론을 통해서 우주론적 논증을 비판하였다. 칸트(Kant) 역시 하나님의 존재에 대한 합리주의적 비판을 시도하였다. 그는 하나님의 존재나 영혼불멸은 지식의 항목이 아니라 신앙의 항목이라고 생각하고 순수이성으로 이것들을 증명하거나 인식하는 것은 불가피하다는 불가지론의 입장(Agnosticism)을 보였다.

20 다른 차원의 자연신학은 하나님의 존재에 대한 엄밀한 증거는 불가능하다고 주장한다.

21 Paul Althaus, 「교의학개론」, p.23~41을 보라.

궁극적 계시 → 수용의 시대)

브루너(Emile Brunner)도 자연계시를 주장한다. 성서와 초대 교회 교부들, 종교개혁자들이 창조의 계시, 곧 자연계시를 가르치고 있다. 피조물들이 하나님을 계시한다는 것은 성서의 증언이다.(롬 1:20) 하나님이 자기를 계시하기 때문에 인간이 죄인일 수 있다. 그렇지 않다면 인간은 죄에 대한 책임을 느끼지 못한다. 접촉점으로서의 하나님의 형상을 주장하고 자연신학의 정당성을 주장하였다.

라너(Karl Rahner)도 자연계시를 주장한다. 그는 자연과 인간을 정죄하기보다 그 속에서 그리스도가 익명적으로 역사하신다고 보아 자연과 인간을 긍정한다. 그에 의하면, 자연과 역사 속에서 그리스도가 익명적으로 역사하신다. 그리고 타종교에서도 그리스도의 계시가 익명적으로 일어난다.[22]

칼뱅(J. Calvin)도 자연계시를 인정한다. 하나님에 대한 자연지식이 있다고 주장하였다. "인간의 마음과 자연 본능에 의해서 우리는 신을 인식할 수 있다."[23] 그러나 죄로 말미암아 인간이 가질 수 있는 하나님에 대한 지식이 점차적으로 부패하여 악하고 파괴적인 것으로 변해버렸다.(롬 1:18~23) 따라서 자연계시와 원계시로는 구원을 기대할 수 없다. 이것이 자연계시의 약점이 된다. 자연계시의 또 다른 약점은 특수계시가 불필요하다는 생각을 갖게 하는 것이다. 그러나 자연계시는 그리스도교인들이 과학적 지식을 수용하고 다른 종교적 전통의 가르침에 존경하는 마음의 문을 열도록 하는 장점을 가지고 있다.

자연의 진리와 창조의 사역들은 구원의 도를 이루기 위한 하나님의 지식과 하나님의 의지를 나타내는 데 충분하다고 볼 수 없다. 왜냐하면 그것들은 하나님의 사랑, 은혜, 용서를 언급하고 있지 않기 때문이다. 하나님의 사랑, 은혜, 용서는 이스라엘의 역사와 그리스도 안에 있는 특별계시를 통해서만 알 수 있다. 그러나 우리는 일반계시가 우리의 목적지까지 인도할 수 없을지라도 그 목적지를 향하여 갈 수 있는 올바른 길목까지 인도할 수 있다는 것을 인정해야 한다. 왜냐하면 성서가 그것을 말하고 있기 때문이다.(시 19, 행 14:16, 롬 1:18, 2:12)

---

22 라너는 이런 계시 개념을 통해, 익명적 그리스도인과 익명적 그리스도교를 말한다. 한스 큉(Hans Küng)은 하이데거(M. Heideggar)에 기초해 칼 라너를 지지한다.
23 J. Calvin, *Institutes of the Christian Religion*, 1.3.1.

일반계시로부터 유래된 지식은 특별계시에 의하여 해석되고 보충되며 정정되지 않으면 안 된다. 그럼에도 불구하고 일반계시는 특별계시를 수용할 수 있는 기초지식이 될 수 있다. 우리가 발견해 낸 하나님 지식은 불확실하며 모호하고 모순될 수 있다. 따라서 성서를 통해 하나님에 대한 우리의 지식을 심화시킬 수 있다.

2) 특별계시

일반계시를 통하여 얻게 되는 하나님의 지식의 범위는 극히 부분적이다. 일반계시는 하나님에 관한 것이 아니라 하나님에 관한 우리의 생각, 느낌, 관념들에 관한 것이다. 이런 것들은 인간이 하나님께 나아가는 길을 차단시킨다. 하나님의 진리로 나아가는 유일한 길은 성서에 기록된 하나님의 사건 속에서 하나님의 계시를 통하여 하나님으로부터 인간에게 주어지는 것들을 이해하는 데 있다.

특별계시는 성서에 기록되어 있는 예수 그리스도의 계시를 의미한다. 이 계시는 특정한 때에 특정한 사람에게 나타난다. 특별히 선택한 민족의 역사(이스라엘 역사)와 예수 그리스도(그리스도의 인격과 사역에서)를 통한 계시를 말한다. 특별계시에는 성서 기자들이 받은 직접계시와 성서를 통해서 우리가 받은 간접계시가 있다. 그리스도를 통하여 하나님의 모든 계시가 이해된다. 따라서 그리스도는 이전의 모든 계시요 목표요 인류에 대한 하나님의 계시의 결론이다. 일반계시만으로 하나님을 명확히 알 수 없다. 왜냐하면 인간의 죄가 일반계시의 증거를 파괴해 버렸기 때문이다.(창 3:17~19, 롬 8:18~25, 고후 4:4) 일반계시는 인간을 구원할 수 있는 적극적이며 긍정적인 기능을 갖고 있지 않다.(롬 2:14~16, 3:9~18) 이에 대한 고전적 성서적 근거는 요 1:14~18, 14:8~9, 행 4:11~12, 롬 3:21~26, 5:12~21, 갈 2:15~21 등에서 찾아 볼 수 있다.

20세기 신학의 거장 바르트는 자연계시를 철저히 거부하여 어떤 종류의 자연적 신 인식도 인정하지 않는다. 이로써 신학계에 계시 논쟁이 일어나게 되었다. 바르트는 자연신학을 부정하나 예수 그리스도 안에 나타난 하나님의 '위대한 빛'과 결정적인 말씀 이외에 '작은 빛'과 다른 좋은 말씀들이 있다는 것을 부정하지는 않는다.

바르트는 하나님의 말씀으로서의 계시를 강조한다. 자연계시 이외에 꿈, 환상을 통한 계시, 기도의 응답도 계시일 수 있으나 가장 엄밀한 의미에서 그리스도교적 계시는 하나님의 말씀이다. 자연계시는 하나님의 계시를 찾게 하나 구원의 관계를 언급하지 못하고 역사의 변화를 초래하지 못한다. 그러므로 우리는 꿈, 환상, 방언, 예언, 신접, 자연물, 자연질서, 역사 등에서 하나님의 계시를 찾을 것이 아니라 하나님의 말씀에서 하나님의 계시 찾아야 한다. 바르트는 하나님의 말씀으로서의 계시를 다음과 같이 구별하여 설명한다.[24]

(1) 성육신 된 말씀으로서의 계시

이것은 예수 그리스도를 말한다. 예수 그리스도는 하나님의 계시된 말씀, 성육신 된 말씀이다. 예수 그리스도 안에서 성육신 된 하나님의 말씀은 하나님의 일부분이 아니라 하나님의 말씀하는 인격이요 말씀하는 하나님이다. 그리스도 안에서 하나님은 우리에게 말씀하면서 우리와 만나고 우리에게 자기를 계시하신다. 그러므로 계시는 우리를 향한 하나님의 부르심이요 하나님의 요구이다. 성육신 된 말씀은 자연계시와 같이 신성에 대한 지식을 전달하고 역사에 대한 어떤 해석을 전달하는 것이 아니라 삼위일체되신 하나님을 우리에게 계시한다. 성육신 된 하나님의 말씀으로서의 계시는 하나님의 자유로운 결단이요 하나님의 자유의 행위로서, 하나님의 무한한 선물이며 은혜와 사랑이다.

(2) 기록된 말씀으로서의 계시

기록된 말씀으로서의 계시는 성서를 의미한다. 성서는 성육신 된 하나님의 말씀에 대한 증언(선포)이다. 우리는 하나님의 궁극적 계시를 성서에서 찾아야 한다. 루터는 성서는 그리스도가 누워있는 요람이라고 하였다.[25] 성서는 하나님의 계시로서 우리 안에 말씀하시는 현재적 사건이다. 과거에 일어난 성육신 된 말씀에 대한 자료로서가 아니라 하나님에 관하여 오늘도 증언한다. 성서는 단순히 과거의 사건에 대한 보도가 아니라 오늘 우리를 향한 하나님의 말씀이요 하나님의 계시이다. 기록된 말씀으로서의 계시는 글자의 형태를 취함으로써 공정성과 확실성을 얻게 되고 또 생동감을 가진다. 교회의 교리란 기록된

---

24 K. Barth, *Church Dogmatics*, I/I, p.88~124.
25 Daniel L. Migliore, 「조직신학입문」, p.70.

말씀으로서의 계시에 기초하여 교회가 고백하고 가르치는 것이다.[26]

(3) 선포되는 말씀으로서의 계시

이것은 교회의 선포들, 예언자들의 선포들을 말한다. 이것은 단순히 인간의 말이 아니라 인간의 말을 통한 하나님의 말씀이다. 인간의 말이 하나님의 말씀이라는 확실성은 설교자의 거듭남과, 올바른 신학교육을 받고 교회의 공직에 임명받은 자의 선포로부터 기인되는 것이다. 설교자의 말이 하나님의 말씀이 되기 위해서는 우리를 찾아오시는 성령의 능력으로 일어나야 한다. 이것은 설교자의 재능, 인간적 제도적 조건도 아닌 성령의 능력이므로 설교자는 겸손한 자세로 성령의 능력을 구해야 한다. 선포는 궁극적 그리스도에 대한 성육신 된 하나님의 말씀에 대한 선포다. 이 하나님 말씀의 선포의 사건 속에서 하나님은 이 세계 속으로 오신다.

예수 그리스도 안에 나타난 하나님의 계시에 대한 성서의 본래의 증언은 교회의 증언을 통해서 우리에게 전해진다. 교회의 교리들은 성서에서 증언한 하나님의 계시에 기초하여 교회가 고백하고 가르치는 것을 말한다. 따라서 성서의 증언을 주의 깊게 신실하게 읽고 듣지 않으면 그리스도 안에 나타난 하나님의 계시를 수용할 수 없다. 바르트에게 계시는 성서의 증언과 성령의 능력에 의한 신앙공동체의 선포를 통하여 중재된 예수 그리스도 안에서 하나님이 자유롭고 은혜롭게 자신을 드러내는 행위이다. 그러므로 우리는 계시를 위해 기도해야 한다.

바르트는 자연계시를 다음과 같은 몇 가지 이유로 거부한다. 첫째, 자연계시가 인정되면 예수 그리스도 안에서 일어난 하나님의 계시가 반드시 필요하지 않다는 결론이 유지될 수 있기 때문이다. 둘째, 자연계시가 인정되면 하나님의 참된 계시를 진지하게 생각하지 않거나 망각하는 결과가 야기될 수 있기 때문이다. 셋째, 자연계시가 인정되면 성서를 계시의 원천으로 생각하지 않을 가능성이 있기 때문이다. 넷째, 자연계시가 인정되면 예수 그리스도의 계시는 인간의 이성, 양심, 감정, 역사, 자연, 문화와 연속성을 가진 것으로 인정될 수밖에 없으며 그 결과 예수 그리스도의 계시는 하나님의 은혜로 생각되지 않을 수 있

---

26 Jaroslav Pelikan, *The Christian Tradition: A History of the Development of Doctrine*, vol.1 (Chicago: University of Chicago Press, 1971), p.1.

기 때문이다. 또한 예수 그리스도의 계시는 자연계시의 보충 또는 예수 그리스도에 대한 준비로서 이해될 수 있기 때문이다. 다섯째, 자연계시는 예수 그리스도 안에 나타난 하나님과 인간과의 관계를 나타내지 못하기 때문이다. 여섯째, 자연계시는 예수 그리스도의 계시를 인식할 수 있는 접촉성이 인간에게 주어져 있다고 말하게 될 것이며 이것은 예수 그리스도의 계시를 인식하게 하는 성령의 능력을 제한하기 때문이다.

바르트는 다음의 이유로 특별계시를 주장한다. 첫째, 하나님은 자기 자신만이 아니라 우리를 만나는 현실로서의 하나님이 되심을 보여주기 때문이다. 둘째, 말씀 혹은 아들의 성육신은 성부 성자 성령의 공동사역이기 때문이다. 셋째, 하나님의 아들, 혹은 말씀은 우리 인간이 잘 알고 있는 형태를 취하기 때문이다. 넷째, 인간이 된 하나님의 말씀은 참되고 영원한 하나님으로 존속하기 때문이다. 다섯째, 하나님의 아들 혹은 말씀은 어떤 자연의 존재가 되지 않고 우리 자신과 같은 인간이 되기 때문이다. 즉 진리는 그리스도의 계시에만 있기 때문이다.

칼 바르트와 에밀 브루너의 자연신학 논쟁

1943년 칼 바르트(K. Barth, 1886~1968)는 에밀 브루너(E. Brunner, 1889~1966)와 자연신학 논쟁을 벌였다. 그 논쟁의 초점은 다음과 같다.

① 하나님의 계시가 예수 그리스도 속에서만 유일무이하게 배타적으로 나타나는 것이냐?
② 아니면 계시의 중개 도구로 하나님께서 피조 세계나 아직 진행되고 있는 역사도 사용하는가?
③ 인간 안에 있는 하나님의 형상은 하나님의 계시를 받아들일 수 있는 능력이 전혀 없을 정도로 그처럼 철저히 파괴되었는가?
④ 하나님의 계시와 구원 행위와의 접촉점이 인간 안에는 전혀 없는 것일까?

이런 문제에 대하여 바르트는 하나님의 구원에 대한 진리의 계시인 예수 그리스도의 유일성에 대한 신앙을 브루너가 팔아먹는다고 비난하였고, 브루너는 바르트가 그리스도론적 일면성에만 치우쳐 피조물의 선함과 인간의 인간성을 철저히 거부하고 있다고 비난하였다. 이들이 제기한 문제는 신학에 큰 자극과 거대한 논쟁을 불러 일으켰다.

이 두 사람은 예수 그리스도의 인간적 모습과 인간의 본질적 선함을 강조하고, 역사는 필연적으로 하나님 나라에 이를 것이라는 낙관적인 역사관을 갖고 있는 자유주의 신학에 반박하고, 종교개혁에 기초한 정통신학을 재정립하려는 데는 동지였다. 그러나 자연신학에 대한 견해 차이로 갈등을 유발하였다.

1) 바르트와 브루너의 유사점

첫째, 모두 스위스 출신의 개신교 신학자였다. 바르트는 바젤(Basel) 출신이고, 브루너는 취리히(Zürich) 출신이었다.

둘째, 학력과 경력에서 공통점이 있다. 스위스와 독일에서 자유주의 신학 교육을 받았다. 그리고 목회활동을 통해서 자유주의 신학의 한계성을 깨달았다. 메시지의 초점을 복음과 생활에 두었다. 바르트는 베를린(Berlin) 대학, 튜빙엔(Tübingen) 대학, 마르부르크(Marburg) 대학에서 공부하였고 10년 동안 시골에서 목회하였다. 브루너는 취리히(Zürich) 대학, 베를린(Berlin) 대학, 미국 유니온(Union) 대학에서 공부하였고 스위스의 농촌교회에서 목회하였다. 두 신학자 모두 제1차 대전을 경험하면서 인간의 경험에 근거한 모든 신학에 의문을 품었다. 바르트는 바젤(Basel) 대학 교수였고 브루너는 취리히(Zürich) 대학 교수였다.[27]

셋째, 공통적 학문 배경을 가지고 있다. 양자 모두 신학적으로 칼뱅의 후예이며, 철학적으로 칸트(I. Kant) 철학과 키에르케고르(Sören A. Kierkegaard)와 하이데거(M. Heidegger)의 실존주의 철학의 추종자들이다.

넷째, 신학적으로 공통적 특색을 가지고 있다. 이들 모두의 신학사상이 철저히 그리스도 중심적이다. 하나님은 오직 계시에 의해서 알려진다. 계시는 예수 그리스도 자신임을 강조하였다. 이것은 하나님이 예수 그리스도 안에서 자신을 나타내신 것을 의미한다. 계시는 신학의 규범과 내용이 된다. 그리스도는 하나님과 인간의 중보자요, 하나님과 인간이 만나는 장소다. 그리스도론을 모

---

27 브루너는 1924년 이후 40년간 조직신학과 실천신학 교수로 시무하였다.

든 교리의 핵심으로 간주한다. 이런 입장은 브루너의 「중보자」(The Mediator)와 바르트의 「교의학」(Dogmatics)에서 나타난다.

바르트와 브루너는 변증법적 신학의 동료요 동지였다. 이들은 변증법적 신학이라 불리는 새로운 신학 운동을 주도하였다. 불트만(R. Bultmann), 고가르텐(Friedrich Gogarten), 틸리히(Paul Tillich)와 함께 공동으로 학술잡지 「시간들 사이에서」를 창간하여 그들의 신학을 전개하였다. 변증법적 신학은 19세기 자유주의 신학에 대한 비판을 출발점으로 한다.

2) 바르트와 브루너의 차이점

자연신학에 대하여 둘은 서로 의견의 차이가 있다. 바르트는 예수 그리스도 이외에 하나님에 대한 지식을 접근할 수 있는 접촉점(point of contact)이 없다고 주장하였다. 그는 1934년 No: An Answer to E. Brunner에서 접촉점의 가능성을 주장하는 브루너를 비판하였다. 브루너도 1934년 Nature and Grace에서 바르트를 비판하였다. 브루너는 1920년대부터 자연신학에 관심을 갖고 바르트의 그리스도 중심의 신학을 강조하였지만 바르트의 절대적이며 철저한 그리스도 중심주의를 거부하였다.[28]

변증법적 신학 그룹은 10년 동안 지속되었으나, 1933년에 무너지고 말았다. 이와 더불어 학술잡지와 공동출판도 폐지되었다. 불트만(Bultmann)과 고가르텐(Gogarten) 사이에 균열이 생기고, 바르트(Barth)와 브루너(Brunner) 사이에도 균열이 생겼다. 헤론(Alasdair I. C. Heron)은 이들의 균열을 코끼리(Barth-육지)와 고래(Brunner-바다)로 표시하기도 했다.

바르트는 일반계시와 자연신학 모두를 거부하고 오직 하나님의 계시인 예수 그리스도만을 인정하였다. 바르트의 주장에 반기를 들고 자연신학을 변호하려고 한 사람은 다름 아닌 그의 친구인 브루너였다. 1934년 공개서한(Nature and Grace)을 통해 바르트에 도전하자 바르트는 No: An Answer to E. Brunner를 통해 응답하였다. 이로서 자연신학에 대한 논쟁이 가열되었다. 이들의 도전과 응답은 책으로 엮어져 나왔다.

이들 논쟁의 구체적 내용은 무엇인가? 브루너는 다음과 같이 계시에 대한 바

---

28 Emil Brunner, Karl Barth, *Natural Theology, Comprising "Nature and Grace" by Professor Dr. Emil Brunner and the reply "No!" by Dr. Karl Barth*, trans. Peter Fraenkel (London: The Centenary Press, 1946)을 보라.

르트의 견해를 파악하였다. 첫째, 인간은 하나님의 형상을 완전히 상실하였다. 왜냐하면 인간의 죄가 그것을 완전히 파괴했기 때문이다. 둘째, 일반계시를 철저히 거부하였다. 왜냐하면 오직 계시는 하나의 계시로 예수 그리스도 외에는 없기 때문이다. 셋째, 창조와 보존의 은총은 없다. 왜냐하면 예수 그리스도가 인간의 구원을 위한 유일한 은총이기 때문이다. 넷째, 하나님의 구원의 역사에 대한 접촉점이 없다.

이러한 바르트의 견해에 대하여 브루너는 다음과 같은 이해를 견지한다. 첫째, 인간의 하나님 형상의 실질적(material) 형상은 죄로 인해 상실되었지만 형식적(formal) 형상은 소멸되지 않았다. 인간은 합리성과 책임성을 지닌 존재로, 죄를 범하거나 하나님을 믿을 수 있는 가능성, 그리고 계시를 인식할 수 있는 가능성이 남아 있다. 둘째, 하나님의 창조물인 자연세계를 통해서 하나님을 인식할 수 있다. 세계의 창조는 계시이며 하나님의 자기 전달이다. 인간이 그것을 인식할 수 있는 가능성은 죄에 의해서 영향을 받지만 파괴되지는 않는다. 그러나 창조 안에 나타난 계시를 통해서는 구원의 하나님에 대한 충분한 지식의 획득이 불가하다. 그리스도 안에 나타난 계시를 통해서만 하나님에 대한 참된 지식 획득이 가능하다. 셋째, 하나님의 보존은총(preserving grace), 즉 지켜주고 도와주는 하나님의 임재의 은총이 있다. 넷째, 인간에게는 구속 은총에 대한 접촉점이 있다. 계시를 인식할 수 있는 능력, 형식적 하나님의 형상이 있다. 죄인이라 할지라도 이것을 상실하지 않았다. 브루너는 성서는 하나님의 계시는 하나님의 창조물 가운데 나타나며, 그리스도 이전의 인간에게도 하나님의 진리가 있음을 증거한다(시 19, 롬 1:18, 2:4~5, 요 1:4~5, 행 14:17)고 주장한다.

브루너의 이 같은 주장은 다음과 같은 바르트의 응답과 충돌한다. 첫째, 하나님의 실질적 형상이 파괴되었다는 것을 인정하면서도 형식적 형상은 파괴되지 않고 남아 있다는 것은 모순이다. 인간에게 계시를 위한 능력이 있다는 주장은 모순이다. 둘째, 하나님에 대한 참지식은 계시 없이 나타나지 않는다. 바르트는 세계가 인간에게 알려진다는 브루너의 견해를 비난하였다. 셋째, 어떤 의미로 그리스도의 은총에 선행하는 또 다른 특별은총이 있겠느냐고 반박하였다. 넷째, 형식적 형상과 실질적 형상은 구별될 수 없다. 바르트는 인간이 그리스도 없이 질서와 제도를 인식할 수 없다고 주장하였다. 다섯째, 하나님의 형식적 형상(구속의 은총을 위한 접촉점, 계시에 응답할 수 있는 능력)을 인정한 브루너에 반하여 바르트는 하나님의 형식적 형상이 남아 있기에 하나님과 인간의 접촉이 가능한 것이 아니고 하나님이 접촉의 가능성을 준비해주시기 때문에 가능하다고 보았다. 바르트는 브루너가 '오직 은총으로만, 오직 믿음으로만'의 종교개혁적 신앙을 포기한 것으로 간주하였다. 여섯째, 브루너는 계시 없이도 인간은 어떻게 해서든지 하나님을 알고 어느 정도 그 뜻을 성취할 수 있다(갈 2:20, 고전 2:10)고 보았다. 바르트는 그것은 성서 본문의 임의적 사용으로 취급한 것이고 바울서신에는 그런 의미가 포함되지 않았다고 주장하였다. 사실 바르트는 어떠한 종류의 자연신학도 거부한다. 왜냐하면, 그리스도를 떠나 자연을 통해 하나님 아는 것은 불가능하기 때문이고, 또한 일반계시를 인정하면 예수 그리스도 안에 나타난 하나님의 특별계시가 불필요하기 때문이다.

자연신학 논쟁은 1934년부터 20년 동안 계속되었다. 바르트는 브루너의 입장을 토마스주의적이며 신개신교주의적이라고 비판하였다. 브루너는 바르트의 입장을 비성서적, 비종교개혁적이라고 비판하였다.

루터와 칼뱅은 시 19, 롬 1~2장을 근거로 일반계시를 인정하였다. 일반계시를 인정하는 브루너의 입장은 그것을 부정하는 바르트보다 더 성서적이고 종교개혁자들의 신학과 일치된다. 그러나 바르트는 그리스도의 유일성과 그리스도의 계시를 극단적으로 강조한 나머지 성서가 증거하고 있는 일반계시를 부정했다. 이를 합리화하기 위해 성서 본문을 임의적으로 또는 독단적으로 해석한 경우도 있다.

일반계시는 하나님을 어느 정도 알 수 있으나 명확히 알지는 못한다. 또한 인간을 하나님에게로 인도하거나 구원에 이르게 할 수 없다. 인간이 이성에 의해 하나님에 대한 참된 지식에 이르는 것이 가능하다는 자연신학은 인정될 수 없다. 그리스도 안에 나타난 하나님의 계시를 통하지 않고서는 하나님과 구원에 대한 진정한 지식에 접근하는 길은 없다. "내가 곧 길이요 진리요 생명이니 나로 말미암지 않고는 아버지께 올 자가 없느니라(요 14:6)." 이런 논쟁을 통해 바르트와 브루너는 자신들의 초기 입장을 다소 수정하기도 했다. 바르트는 그의 「교회 교의학」에서 예수 그리스도가 유일하고 참된 말씀이며 생명의 빛이지만 그 영광을 나타내는 수많은 작은 빛을 포함하고 있다는 것을 인정했다. 말년에 이르러 브루너의 입장에 보다 가까이 접근했으나 근본적으로 입장이 변한 것은 아니다. 양자 사이의 화해는 끝내 이루어지지 않았다. 바르트의 입장은 몰트만과 틸리히로부터 비판을 받았다. 니젤(W. Niesel)과 토렌스(T. F. Torrance)는 바르트를 지지하였고, 알트하우스(P. Althaus)와 발리에(J. Baillie)는 브루너를 지지하였다. 자연신학 논쟁은 현대신학의 새로운 관심을 불러일으키는 데 그 역사적 의의가 있다.

브루너는 어떤 특정한 신학 학파의 지도자는 아니었다. 브루너주의(Brunnerian)는 찾아 볼 수 없다. 그의 신학 정신은 자유주의 정신이었으나 프로테스탄트 자유주의의 약점을 간파해서 금세기에 새로운 신학 노선을 세웠다. 오늘날 대다수의 사람들은 그를 신정통주의에 속한 신학자로 보고 있다. 그는 평신도 아카데미를 세워 여러 직업에 종사하는 사람들에게 그리스도교 신앙을 설명해 주려고 노력했다. 그는 나와 너와의 관계와 인격적인 만남의 신학을 남달리 추구한 신학자였다.[29]

자연계시와 특별계시에 대하여 다음과 같은 판단을 내릴 수 있다. 먼저, 자연계시는 그리스도의 계시 안에 나타난 내용을 우리에게 보여주지 않는다. 예수 그리스도 안에서만 우리의 죄를 하나님이 담당하고 우리를 자기와 화해시켰다는 사실을 발견한다. 즉 자연계시 그 자체는 인간의 양심을 위하여 긍정적인 기능도 가지고 있으나, 우리를 성서의 하나님에게 인도할 수 없고, 인간을 죄의 사슬로부터 자유롭게 할 수 없으며, 인간을 구원에 이르게 할 수도 없다. 구원은 예수 그리스도의 계시를 통해서만 가능하다.

우리는 예수 그리스도의 계시를 깨달을 때에만 자연계시를 올바로 깨달을 수 있다. 그러므로 우리는 예수 그리스도로부터 출발해야 한다. 예수 그리스도로부터 자연계시를 보아야 한다. 자연계시로부터 출발하여 그리스도의 계시를 이해하고자 해서는 안 된다. 그리스도교 신앙은 다른 종교들이나 세계관이나 철학 사상으로부터 출발할 것이 아니라 예수 그리스도로부터 출발해야 한다.

계시는 일반계시와 특수계시를 포괄한다. 그러나 그리스도교 신학은 성서적 계시를 중심주제로 삼는다. 성서를 떠나서는 계시를 총체적으로 이해할 수 있

---

29 Barth, Tillich, Reinhold Niebuhr와 같이 Brunner도 성서무오설을 거부하였다. Cf. Emil Brunner, *The Divine Imperative* (Philadelphia: The Westminster Press, 1947); Charles W. Kegley, ed., *The Theology of Emil Brunner* (New York: Macmillan, 1962).

는 기반이 없어진다. 따라서 하나님의 계시를 알 수 있는 기초와 규범은 성서가 된다.

이원론적 계시와
일원론적 계시

미글리오리가 지적한 바와 같이 우리가 "계시를 일반계시와 특별계시로 구분하는 것은 중요하지만, 이것을 단순히 이분하는 것을 피하여야 한다."[30] 우리는 계시를 일반계시와 특별계시로 구별하는 것 이외에도 이원론적 계시와 일원론적 계시로 구별하여 그 의미를 깊이 새겨 볼 수 있다. 이원론적 계시는 계시를 율법과 복음으로 보는 것이다. 루터주의는 율법과 복음을 날카롭게 분리한다. 신의 계시는 율법과 복음으로 갈라져서 일어난다고 본다. 알트하우스(P. Althaus), 엘러트(W. Elert)와 같은 루터교회 신학자들은 이원론적 계시를 주장한다. 엘러트에 의하면 하나님 측에 있어서 율법과 복음은 서로 분리되어 계시되며 인간 측에 있어서 죄와 신앙의 분리에서 반영된다. 하나님에게 있어서 분노는 인간에게, 죄와 은혜는 신앙과 연관된다. 전통적으로 계시의 내용은 유일한 구원자이신 예수 그리스도 안에 나타나는 하나님의 은혜와 이방인들과 유대인들에게 나타나는 하나님의 분노로 대변된다.

루터에 의하면 계시는 율법과 복음의 두 가지 형태로 일어나는데 하나님의 분노는 율법을 통해 계시되는 반면, 하나님의 죄의 용서, 하나님의 은혜와 사랑은 복음을 통해 계시된다. 율법을 통해 하나님은 인간을 심판하고, 복음을 통해 하나님은 인간을 구원한다.

루터교 신학자들의 이원론적 계시 이해에 반하여 바르트는 일원론적 계시 이

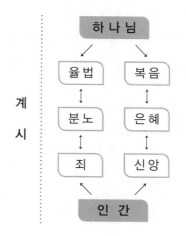

30 Daniel L. Migliore, 「조직신학입문」, p.58.

해를 주장한다. 바르트에게 있어서 계시는 율법과 복음으로, 즉 이원론적으로 나누어질 수 없다. 바르트에게 율법은 복음의 형식이다.[31] 복음을 통해서 말씀하거나 율법을 통해서 말씀하거나 하나님이 우리와 말씀하신다는 것은 우리 인간에게 이미 은혜이다. 하나님의 분노는 하나님의 상처받는 사랑이며 인간에 대한 하나님의 사랑의 반응의 방식이다. 하나님의 사랑은 하나님의 분노의 원천이다. 하나님의 사랑과 은혜는 복음에 속한 것이다. 이런 견해로 바르트는 계시의 일원론, 계시의 통일성을 주장한다.

바르트는 계시를 삼위일체의 사건으로 이해한다. 하나님은 자기 한 부분을 계시하는 것이 아니라 자기 자신을 계시한다. 하나님의 계시 사건에서 성부는 계시자, 성자는 계시, 성령은 계시가 가능하게 하는 존재(계시의 능력)로 구분되지만 계시는 통일성 속에 있다. 즉 하나님의 계시는 성부, 성자, 성령 사이에 일어난 삼위일체적 사건이다. 그러므로 삼위일체론은 예수 그리스도 안에 일어난 계시 사건의 해석이다. 바르트의 이런 견해는 몰트만에 의하여 계승되었다. 몰트만은 바르트의 계시 이해를 계승하여 십자가로써 풀어간다. 몰트만은 그리스도의 십자가 사건은 삼위일체적 사건이라고 주장한다. 루터도 "십자가에 달린 그리스도 안에 참된 신학과 하나님의 인식이 있다."고 하였다. 몰트만에게 성부는 성령 가운데서 성자를 십자가의 고난에 내어주고, 성령 가운데서 성자의 고난에 참여한다. 성자는 성부에 대한 사랑과 순종으로서 고난으로 나아간다. 따라서 십자가의 사건은 삼위일체 사건으로 이해된다. 삼위일체론은 십자가에서 완성된 하나님의 계시로부터 이해된다. 삼위일체론의 내용적 원리는 그리스도의 십자가다. 십자가의 형식적 원리는 삼위일체론이다.

이원론적 계시와 일원론적 계시에 대한 속성을 고려해 볼 때 우리는 이원론적 계시(루터 계열)와 일원론적 계시(바르트 계열) 이해는 모순되지 않는다는 결론에 이르게 된다. 왜냐하면 예수 그리스도 안에서 자기 계시하는 삼위일체 하나님은 율법과 복음의 두 형태로 계시하며 그리스도의 십자가의 사건은 율법이 계시하는 하나님의 분노와 심판의 계시인 동시에 복음이 계시하는 하나님의 사랑과 은혜의 계시이기 때문이다.

---

31 송기득, 「신학개론」, p.96; K. Barth, *Evangelium und Bildung* (Zürich: Evangelischer Buchhandlung, 1938), p.13.

발전적 계시와
완결적 계시

필만(Horst. G. Pöhlmann)은 계시를 발전적 계시와 완결적 계시로 구분하였다.[32] 하나님의 계시는 완결되지 않고 발전하고 있는가? 이런 물음에 트뢸츠(E. Troeltach)와 틸리히(P. Tillich)는 발전적 계시를 말하였다. 트뢸츠는 성서를 기초적이며 중심적인 계시로 본다. 그리고 현재의 종교적 체험은 현재적 계시로, 교회사의 전통과 현대의 종교적 감정의 세계는 계속되는 계시로 이해한다. 틸리히는 예수 그리스도를 궁극적 계시(최종적 본연의 계시)로 본다. 그러나 마지막 계시는 아니다. 이 궁극적 계시 이외에 교회의 역사 속에서 계속되는 의존적 계시가 있다. 예수 그리스도의 계시에 의하여 교회사 속에서 계속되는 계시는 역사가 끝날 때까지 지속된다. 틸리히는 역사를 준비의 단계와 수용의 단계로 구분한다. 준비의 단계는 오늘도 계속되고 있다. 이 준비 단계의 계시는 궁극적 계시를 지향한다. 따라서 궁극적 계시, 본래적 계시는 다시금 일어날 수밖에 없는 성격을 가지고 있다. 준비 단계의 계시는 본래적 계시가 일어날 때(종말)까지 계속된다. 이런 의미에서 계시는 발전적이다.

제2바티칸 공의회는 발전적 계시를 거부하고, 완결적(완결된) 계시를 주장한다. 계시는 예수 그리스도에게서 완결되었다고 본다. 제2바티칸 공의회에 따르면, 예수 그리스도 이외에 어떤 새로운 규범적 계시가 일어난다는 의미의 발전적 계시를 거부하고 하나님의 직접계시는 예수 그리스도 안에서 완결되었고, 과거에 일어난 이 계시는 역사적 사건이다. 그리스도 계시 이후에는 그리스도의 계시가 반복되는 시대가 아니다. 이것은 회상의 시간이다. 회상이란 그리스도의 계시가 과거의 사건으로 확보되면서 오늘 우리에게 현재화되는 것을 뜻한다. 그리스도의 계시가 현재화된다는 것은 신비주의 체험을 통하여 반복되는 것이 아니라 성령의 능력과 교회의 선포, 인간의 순종과 믿음 가운데서 나의 사건으로 받아들여지고 인정되며 효력을 가지게 됨을 뜻한다.

---

32 Horst G. Pöhlmann, 「교의학」, p.52~53.

역사로서의 계시

헤겔(G. W. F. Hegel)은 역사의 과정 자체를 하나님의 계시로 이해하고자 한 대표적 인물이다. 헤겔에게 있어서 역사는 하나님 자신의 활동이다. 역사는 하나님의 본성의 전개이다. 역사의 모든 것은 하나님으로부터 오며 하나님 없이는 일어날 수 없다. 역사는 본질적으로 하나님 자신이 하는 일이다. 하나님 자신은 역사의 과정으로 존재한다. 그럼에도 불구하고 헤겔은 하나님의 존재의 객체성을 주장한다. 헤겔의 이러한 견해를 오늘날 가장 분명하게 주장하는 학자는 구약 성서학자 폰 라드(G. Von Rad)의 영향을 받은 판넨베르크(W. Pannenberg)이다. 쿨만(Oscar Cullmann)도 계시를 역사적인 것으로 본다.[33] 불트만(R. Bultmann)은 하나님의 말씀, 케리그마를 중시하기에 역사성은 강조하나 역사는 경시한다.

판넨베르크는 그리스도의 계시만을 인정하는 바르트를 비판하고 위로부터 하강하는 계시는 세계역사의 지평을 상실한다고 보았다. 그는 초역사적 계시, 실존의 역사성으로 도피하는 계시론을 반대한다. 판넨베르크에 의하면, 계시는 특수한 역사가 아닌 보통의 역사에서 일어난다. 따라서 계시와 역사의 대립은 수정되어야 한다. 물론 계시는 하나님의 자기계시임을 인정한다. 계시는 역사적 사건을 통하여 이루어진다.[34] 판넨베르크는 직접계시(성서 기자들이 받았던 계시 등등)를 거부하고 간접계시(역사 행위 통하여 이루어지는, 성서를 통하여 후대 사람들이 받는 계시)를 주장한다. 하나님은 자기를 간접적으로 계시한다. 따라서 온전한 계시는 역사의 종말에서 일어난다. 역사적 종말은 예수의 운명(부활)에서 예기적(prolepsis)으로 일어났다. 그러므로 계시와 역사는 대립하지 않고 계시는 역사 속에서 역사로서 일어난다. 역사로서 일어난 계시는 역사의 종말에 이르러 완성될 수밖에 없다. 역사의 종말에 이루어질 이 완성된 계시가 예수의 운명 속에 미리 예기적으로 나타났다(pre-happening, pre-actualizing). 역사로서의 계시는 판넨베르크에 있어서 비밀스러운 신비스러운 사건이 아니다. 계시가 우리에게 계시되는 것은 믿음 때문이 아니라 우리의 언어를 통하여 하

---

33 송기득, 「신학개론」, p.100.
34 W. Pannenberg, *Offenbarung als Geschichte*, 전경연·이상점 옮김, 「역사로서 나타난 계시」 (서울: 대한기독교출판사, 1979)를 참고하라.

나님이 계시되기 때문이다. 그러므로 눈을 가지고 있는 사람은 모두 계시를 볼 수 있다. 즉 이성을 가진 자는 누구든지 하나님의 자기계시를 인식할 수 있다. 따라서 계시는 보편성을 가지고, 역사적—비판적 연구대상이 될 수 있고, 이 연구를 통하여 계시의 성격도 검증될 수 있다.

그리스도의 계시는 초자연적 계시가 아니라 역사로서 일어난 모든 계시의 전체 내지 완성을 뜻한다. 계시가 신앙 없이 이성에 의하여 인식될 수 있고 역사적 비판적 연구를 통하여 증명될 수 있다면 신앙이 필요하지 않게 될 것이다. 여기서 판넨베르크의 계시 이해는 계시가 신앙 없이도 이성에 의하여 인식될 수 있다는 오해의 여지가 있다. 이런 계시 이해는 우리의 실존과 무관하다. 여기에 문제가 있다. 판넨베르크의 계시관은 이런 문제가 있으나 말씀 위주의 신학에 대하여 역사적 차원을 열어주는 점에서 공헌한다. 우리는 역사의 사건이 하나님의 계시가 될 수 있음을 인정할 수밖에 없다. 그러나 그리스도의 계시를 깨닫고 신앙하는 자에게 역사로서의 계시는 궁극적 의미를 가지게 된다.

이성과 계시와의 관계

칸트(I. Kant)는 인간이성의 한계를 주장하며 이론적 측면으로는 우리는 하나님에 대해 아무 것도 알 수 없다고 하였다. 그는 계시에 대한 어떠한 긍정도 하지 않았다. 하지만 "이성의 한계 내에서의 종교" 이해의 기초가 되는 실천적·도덕적 이성에로의 전환을 제안한다.[35]

슐라이어마허(F. Schleiermacher)는 계시를 종교적 감정의 관점에서 재해석하였다. 종교적 감정은 앎과 행동 모두의 전제가 되는 일종의 독특한 이해다. 슐라이어마허는 이성과 계시 그 문제 자체를 피한다.[36]

헤겔은 이성과 계시의 이분법을 극복하고자 하여, 그리스도교는 "계시적 종교"(revelatory religion)임과 동시에 "계시된 종교"(revealed religion)라고 주장한다.

---

35 Immanuel Kant, *Religion within the Limits of Reason Alone*, trans. T. M. Green and H. H. Hudson (New York: Harper & Cros., 1960); *Critique of Practical Reason*, trans. Lewis White Beck (New York: Liberal Arts Press, 1956).
36 Friedrich Schleiermacher, *On Religion: Speeches to Its Cultured Despisers*, trans. Richard Crouter (Cambridge: Cambridge University Press, 1988), p.96~140; *The Christian Faith*, ed. H. R. Mackintosh and J. S. Stewart (Edinburgh: T.&T. Clark, 1928), p.44~52.

종교에서 계시된 것은 이성과 진리다. 따라서 하나님은 이성적인 분이다. 이성적인 하나님은 우리에게 계시하시고 폭로하시는 특성을 가진다. 궁극적으로 이성적인 것은 본질적으로 계시적이다. 헤겔에 따르면 계시에 의해 드러난 것은 하나님에 대한 진리들이 아니라 합리적 개방성이다. 이것이 바로 하나님이다. 하나님은 어떤 계시의 대상이 아니라 주체, 즉 계시의 사건이다. 이 사건의 중심에 그리스도가 있다.[37]

틸리히에 의하면, 이성은 유한하며 갈등을 경험하며 양면성에로 떨어진다. 이성의 구조 자체 내에는 항상 불완전성과 신학이 계시라고 부르는 것에 대한 개방성이 현존한다.[38] 하지슨(Peter C. Hodgson)은 이성의 파편성과 애매성 그리고 이성의 조직적 왜곡에 대해서 언급하였다. 이성의 파편성과 애매성은 이성의 유한성의 측면이다. 이것이 우리를 진리의 추구, 즉 계시의 추구로 나아가게 한다. 이성은 왜곡과 힘의 갈등으로부터 자유로워야 한다. 이성은 인간의 업적이지만 인간에 의해 타락될 때 악의 도구가 된다. 따라서 이성은 구원되어야 한다. 계시는 반이성적이라기보다는 이성이 자신의 왜곡에 대항하여 싸울 수 있게 힘을 주는 것이다. 계시는 이성을 대체하거나 파괴하는 것이 아니라 이성을 구원한다. 이 때 이성은 신앙적(faithful)이 된다.[39]

계시와 이성은 개신교 신학의 중요한 문제이다. 계시는 신비다. 하나님이 자기 자신을 열어 보이는 것이다. 하지만 그것이 인간에 의해서 깨달아지지 않으면 계시는 인간에게 아무 상관이 없다. 따라서 이 신비의 계시를 받아들이고 깨닫는 이성이 긍정되어야 한다. 계시와 이성과의 관계를 가장 깊이 연구한 학자는 아우구스티누스였다. 아우구스티누스와 안셀무스는 신앙을 중시하였고, 아베로에스(Averroes)는 이성을, 에텐느 질송(Etenne Gilson)은 이성과 계시의 조화를 중시하였다. 키에르케고르(Kierkegaard)의 영향을 받은 20세기 전반기의 신학, 특히 바르트를 중심으로 한 신정통주의 신학은 계시와 이성을 엄격하게 분리함으로써 계시와 이성은 격렬한 토의 대상이 되었다. 여기서 중요한 문제는 첫째, 이성은 그 자체의 능력으로써 계시를 인식할 수 있는가? 둘째, 이

---

37 Hegel, *Lectures on the Philosophy of Religion*, vol. 3 ed. and trans. Peter C. Hodgson (Berkeley, Calif.: University of California Press, 1987), p.63~64, 170~171, 251~253.
38 Paul Tillich, *Systematic Theology*, vol.1 (London: SCM Press, 1978), p.71~106.
39 Peter C. Hodgson, *Winds of the Spirit*, p.125~126.

성은 인간 속에 있는 신적인 것인가 혹은 하나님의 존재에 참여하고 있는 것인가? 셋째, 이성의 활동 자체가 하나님의 계시인가? 만약 이성이 인간 속에 있는 신적인 것이라면 이성의 활동은 하나님의 계시로 이해되어야 한다. 그러나 틸리히는 이성을 신적인 것으로 보지 않는다. 하나님은 존재 자체로서 이성의 모든 활동 속에 나타난다고 말할 수밖에 없다. 따라서 이성의 활동은 하나님의 계시라고 말할 수 있다. 에밀 브루너(E. Brunner)도 이성의 영역은 모든 신적인 것과 인간적인 것을 포괄한다. 그러나 예수 그리스도는 신앙할 때 접근된다. 이성의 인식 활동 그 자체가 계시인 것은 아니다. 이러한 상황에서 우리는 다음과 같은 자세를 취할 필요가 있다.

① 이성은 하나님의 피조물에 불과하다. 결코 신적인 것은 아니다. ② 이성은 하나님을 떠난 인간의 이기적인 본성의 노예 상태에 있다. ③ 이성의 활동이 하나님의 계시라고 볼 수 없다. 이성의 활동은 하나님이 인간에게 주는 한 기능에 불과하다. ④ 이성을 통한 계시는 한계가 있다. 하나님은 이성을 통하여 어느 정도 계시될 수 있을 것이다. 그러나 이성을 통한 계시는 다른 일반계시와 마찬가지로 그리스도교 신앙의 구원의 의미를 가지지 못한다. ⑤ 이성은 그 자신의 능력으로써 계시를 인식할 수 없다. 이성은 유일한 세계의 대상들을 인식할 수 있을 뿐이다(Kant). ⑥ 그러나 계시는 이성을 배제하지 않는다. 계시에 대한 신앙은 전혀 이해할 수 없는 것, 맹목적인 추종이 되어서는 안 된다. ⑦ 이성에 의한 이해는 신앙에 대한 대립을 뜻하지 않는다. 오히려 계시에 대한 신앙은 이성의 인식을 필요로 한다. 바르트는 이해를 추구하는 것(Fides Quaerens intellectum)을 신앙의 본질로 보았다. ⑧ 신앙 없이 계시에 대한 올바른 이성의 인식은 있을 수 없다.

상기한 진술을 통해 우리는 다음과 같은 결론에 이를 수 있다. ① 계시와 이성은 서로를 필요로 한다. 계시에 대한 신앙은 이성의 인식을 필요로 하며, 이성의 인식은 계시에 대한 신앙을 필요로 한다. ② 이성의 인식이 결여된 신앙은 맹목적 신앙 내지 광신이 되기 쉽다. 반대로 그리스도의 계시를 신앙하지 않는 이성은 세계를 참되게 변화시킬 수 있는 진리를 제시할 수가 없다. ③ 일반계시와 특별계시를 포괄한다. 그러나 그리스도교 신학은 성서적 계시를 중심주제로 삼는다. 성서를 떠나서는 계시를 총체적으로 이해할 수 있는 기반이 없어진다. 하나님의 계시를 알 수 있는 기초와 규범은 성서에 있다. 성서의 우월성이 여기에 있다. ④ 우리가 따라야 할 계시는 창조의 계시(일반계시), 말씀(성서)의 계시(특별계시), 성령계시(특별계시)다. 풍성한 계시를 위해 이 가운데 어느 한 계시도 경시되지 말아야 한다.

하나님은 율법을 통해서나 복음을 통해서나 자신을 계시하신다. 하나님은 예수 그리스도를 통해서 자기 자신을 계시했다. 역사적 사건으로서의 계시는 그리스도에게서 절정에 달한다. 예수 그리스도는 계시의 목표이며 중심이며 규범이며 핵심이다. 예수 그리스도를 통해서 하나님이 자기 자신을 계시하는 것은 인간을 구원하는 데 목적이 있다. 따라서 계시는 하나님의 인간구원의 행동이라고 볼 수 있다.[40] 즉 계시는 인간구원을 위한 하나님의 모든 역사적 사건을 통해서 전개된다. 구원의 참뜻을 볼 수 있는 '눈'을 가진 사람에게 인간화를 지향하는 모든 역사적 사건은 하나님의 계시로 나타난다.

---

40 송기득, 「신학개론」, p.102.

CHAPTER 03

신 론

신 론

신이라는 개념이 언제부터 인간들 사이에 정착되었는지는 분명치 않지만 인간 삶에 부정적이든 긍정적이든 중심적인 역할을 담당해온 개념 가운데 하나임은 분명하다. 신의 개념은 구체적 실효성이 없으면 당장 개념이 변하고 때로는 아주 급진적으로 달라지기도 한다.[1]

일반적으로 신이란 말은 하나님이란 말을 학적으로 부르는 말이다. 신에 대한 호칭에 있어서 '하나님'이냐 '하느님'이냐 하는 논란이 있지만 양자 모두 그럴만한 이유를 가지고 있다. 필자는 의도적으로 '하느님'이라고 할 만한 필요를 느끼지 않아 '하나님'이란 이름을 사용하고자 한다. 대다수의 종교는 그들 나름대로의 신관을 가지고 있다. 신앙의 대상이 되는 신이 몇 명이 있느냐에 따라 다른 신관이 있고, 그 신들의 유무 또는 인식의 방법에 따른 신관이 있다. 그들 가운데 대표적인 용어들을 살펴봄으로써 신론을 열어 보고자 한다.

첫째, 다신론(多神論, Polytheism)이 있다. 다신론은 많은 종족들 사이에서 발견되는 신관으로서, 여러 가지 신이 있는데 그 중 어느 신을 믿어도 그 신으로부터 도움을 받을 수 있다고 생각한다. 헬라인들과 로마인들에게는 다수의 신이 있다. 그 가운데 전문적인 신도 있다. 예컨대, 바다의 신인 헬라의 포세이돈, 전쟁의 신인 아레스, 사랑의 신인 아프로디테 등이 있다.

---

1 신의 개념을 위해서, Karen Armstrong, *A History of God*, 배국원 · 유지황 옮김, 「신의 역사」 I, II (서울: 동연, 1999)를 보라. 저자는 신을 추구했던 인간의 고뇌와 고독, 환상과 환희를 섬세하게 그리면서, '신이란 삶의 의미와 가치를 찾으려는 인간적 노력의 산물'로 보았다.

둘째, 단일신론(Henotheism)이 있다. 크게 다신론에 속하는 신관이다. 여러 가지 신의 존재를 인정하나 그 가운데 하나만을 택하여 섬기는 태도를 말한다. 주로 자기 민족신 하나에게만 충성한다.

셋째, 범신론(汎神論, Pantheism)이 있다. 지상의 모든 것이 신이라고 생각하는 것이다. 즉 자연과 우주 모두가 신이라고 보는 것이다. 주로 시인들이 즐겨 사용하였다.

넷째, 만유내재신론(萬有內在神論, Panentheism)이 있다. 이것은 모든 만물에 신적인 요소가 있거나 실제로 신이 내재하고 있다고 보는 신관이다. 범신론과 유사하나, 범신론이 만물을 신으로 보는 데 비하여 만유내재신론은 만물 속에 신성이 내재하였다는 것에 강조를 둔다.

다섯째, 이신론(理神論, Deism)이 있다. 자연신론으로 불리기도 하는데, 우주는 태초에 하나님이 직접 관할했지만 그 이후 우주 자체의 법칙에 의하여 운행된다고 보았다. 따라서 하나님이 우주를 떠난 후 자연신학만이 진정한 신학이라고 주장한 18세기 영국신학자들의 신관이다.

여섯째, 일신론(Monotheism)이 있다. 이것은 인격적으로나 도덕적으로 숭고한 단 하나뿐인 신을 생각한다. 그의 피조물인 인간의 절대 복종을 요구하시는 구약의 하나님이 여기에 해당된다.

이 외에도 신이 있다는 생각에서 유신론(有神論, Theism), 신이 없다는 생각에서 무신론(無神論, Atheism)이 있고, 하나님이 존재하시는지에 대해서 알지 못한다는 생각에서 불가지론(不可知論, Agnosticism)이 있고, 자연 속에서 하나님을 경험할 수 있다는 자연론(自然論, Naturalism) 등이 있다.

헬레니즘의 신관

그리스도교의 신관을 살펴보기 전에 헬레니즘의 신관을 살펴볼 필요가 있다. 왜냐하면 헬레니즘의 신관 이해는 우리의 그리스도교 신관 이해에 도움을 줄 수 있기 때문이다. 헬레니즘의 신관은 신을 형이상학적, 관념적, 초역사적, 무시간적, 정태적인 존재로 이해한다.

1) 플라톤의 신관

화이트헤드(N. A. Whitehead)는 서양철학은 플라톤(Plato)의 각주에 불과하다고 하였다. 플라톤은 동굴에서 사유하였다. 플라톤에 의하면 궁극적 실체는 이데아(idea)다. 개념(concept)은 이데아와 사물(object) 사이에 있다. 우리가 경험하는 대상들은 사물(objects)이다. 이미지(Image)는 사물에 대한 그림이다. 예를 들어 아이스크림을 보자. 사물은 실물이고, 이미지는 그림이며, 개념은 아이스크림이다. 여기서 이데아는 우유, 설탕, 색조, 계란 등과 같이 아이스크림이 될 수 있는 것, 즉 영원한 것, 근원적인 것이다. 사물, 이미지, 개념은 사라질 수 있다. 그러나 이데아는 사라지지 않는다. 플라톤은 이 세상이 이렇게 구성되어 있다고 믿었다. 사물(object)을 인식하는 것은 믿는(believe) 것이다. 이미지(Image)는 투영 또는 투사(reflection)되는 것이다. 개념(Concept)은 이해(understanding)되는 것이다. 이데아(Idea)는 개념(이해)을 통해서 인식한다. 이데아(Idea)를 아는 것이 세상의 근본을 아는 것이다.

플라톤의 신관은 추상적 신관이라 할 수 있다. 플라톤에게 있어서 존재하는 것은 하나의 관념에 지나지 않는다. 플라톤은 실제로 존재하는 것은 '이데아'의 세계라고 생각했다. 이데아의 정상에 지고선인 이데아가 군림하고 있다. 이 이데아는 모든 존재와 행동의 방향과 목적이다. 여기서의 신은 인격적인 존재라기보다는 하나의 관념적인 존재로서의 신이라 할 수 있다. 플라톤의 신관에서 우리는 뚜렷한 인격적인 신관을 발견할 수 없다. 플라톤은 물질적 세계와 정신적 세계(Idea)를 구분한다. 플라톤에게 있어서 신은 정신적 영역을 지키는 존재이다. 이 정신적, 신적 영역에 참여하는 것이 인간 존재의 내적 목적이다. 신적 영역에 참여하는 것, 될 수 있는 대로 신을 닮는 존재가 되는 것이 삶의 목적이다. 플라톤에게는 초월의 관념, 즉 경험적 현실을 초월한 그 무엇이 존재한다는 사상이 내재해 있다.

2) 아리스토텔레스의 신관

이 세상에서 존재하는 것은 질료(matter)가 존재하는 것이다. 보이는 탁자는 탁자 자체가 존재하는 것이다. 여기서 우리는 질료와 형상을 본다. 질료인 나무와 형상인 의자를 보는 것이다. 아이스크림이 녹는다면 아이스크림이 녹는다는 것은 질료는 변한다(change)는 것을 의미한다. 그러나 변하는 것이지 없는 것이 아니다. 여기서 다음과 같은 도식이 가능하다. 변화(change)=실재(actuality)+가능성(potentiality)이다. 도토리를 보라. 큰 나무가 될 가능성(potentiality)이 있다. 변화하는데 움직이면서(move) 변화한다. 어디를 향하여 움직이느냐? 움직임(move)은 목적(telos), 즉 완전함(end)을 향하여 움직인다. 움직임(move)은 원인(cause)에 의해 움직인다. 결정적 원인은 목적론적 원인에 의해 움직인다. 원인에는 형상적(form) 원인, 질료적(matter) 원인, 기술적 원인(efficient), 목적론적 원인(final cause)이 있다. 세상은 이런 원인들에 의해서 움직인다. 원인과 결과에 의해서 세상은 끊임없이 움직인다. 하나님을 인식하는데 플라톤의 철학은 어떻게 작용하고 있는가?

플라톤의 제자 아리스토텔레스(Aristotle)는 신을 '순수형상', '제일형상', '제일원인', '최고형상', '순수현실태', '부동의 동자'로 보고자 한다. 신은 질료(matter) 없는 형상(form)으로서 그 자체로서 완전한 형상을 갖는다. 이러한 신에 의해서 세계는 움직여진다. 그러나 이러한 신은 우리와 구체적인 관계를 가진 존재로서의 신이 아니다. 단지 우리의 사고구조가 요청하는 최고 존재로서의 신이다. 그러므로 이 신은 구체적 인격을 가진 존재가 아니라 추상적이고 막연한 존재이다.

플로티누스의 신관

플라톤과 아리스토텔레스를 비롯한 이러한 헬레니즘의 신관은 고대의 신관에 큰 영향을 미쳤다. 여기서 네오 플라토니즘(Neo-platonism)의 신관을 살펴보고자 한다. 왜냐하면 네오 플라토니즘의 신관은 우리의 그리스도교 신관 이해에 여러 가지 점에서 도움을 주기 때문이다. 플로티누스(Plotinus, 204~269)는 네오 플라토니즘의 대표적 학자라 할 수 있다. 플로티누스는 알렉산드리아에서 교육받고 로마에서 교사로 활동하였다. 플로티누스의 사상은 플라톤 철학에 동양의 신비 사상이 가미된 사상이라 할 수 있다.

플로티누스는 신을 '일자'(一者)로 보았다. '일자'는 모든 존재의 근원이 되고

모든 행동의 목적이 되는 일체의 행동이 필요 없는 자족적인 존재이다. '일자'
는 일체의 행동을 필요로 하지 않고, 언제든지 대자적(對自的)으로만 존재하는
존재이기 때문에 인간과 관계를 가지지 않는 신이다. '일자'는 존재의 제일원
리, 근원적 하나, 절대적 초월자로서 불변하며 영원히 존재한다.[2]

 '일자'로부터 마치 빛이 태양으로부터 나오듯이 누스(Nous, spirit)가 방사된
다. 누스는 영원자의 자기직관의 원리이다. 누스는 존재의 제2원리로서 모든
내용 있는 것들의 원천이다. 신은 누스의 원리에 의해서 자기 자신을 나타낸다.
누스는 플라톤의 이데아의 원천이다. 화가는 이 이데아를 보고 그림을 그린다.

 누스로부터 혼(Soul, Psyche)이 나타난다. 혼은 존재의 제3의 원리라 할 수 있
다. 혼은 삶의 원리로서 전 우주를 움직이는 원리이다. 물질을 지배하는 세계
창조의 힘이다. 불사의 실체라기보다는 운동의 원리, 현실화의 원리이다. 삶
이란 모호한 것이다. 혼은 모호성(Ambiguity)을 가지고 있다. 그래서 혼은 정신
(Nous)으로 갈 수도 있고 물질(낮은 차원)로 나갈 수도 있다. 혼은 그 모호성 때
문에 누스로부터 떨어질 가능성이 있다. 혼이 정신을 떠나 물질적 영역으로 향
하는 것이 악(Evil)의 근원이다. 악은 적극적인 힘이 아니고 누스의 부정이다.
존재론적 실재성을 인정하지 않는다. 비존재에의 참여이다. 비존재다. 선한 힘
의 결여, 존재의 힘의 부재이다.[3]

 플로티누스는 비존재를 메온(Meon, 존재가 될 가능성을 갖는 물질)이라 불렀다.
메온은 절대적인 비존재가 아니고 상대적인 비존재다. 절대적인 결핍이다. 혼
은 누스로부터 떠났으나, 덕의 훈련을 통해서, 또는 금욕에 의한 순화를 통해
서 '일자'로 돌아가기를 열망한다. 그러나 도덕과 금욕에 의해서 신과 하나가
되지는 않는다. 단지 신과의 합일은 은총에 의해서만 일어난다. '일자'의 경험
에 의한 무아경(ecstacy)의 절정에서만 드물게 일어난다.

신 인식론

우리는 어떻게 하나님을 인식할 수 있을까?

---

2 Ingeberg C. *Henel, Vorlesungen über die Geschichte des Christichen Denkens—Urchristentum bis Nachreformation*,
　송기득 옮김, 「폴 틸리히의 그리스도교 사상사」 (서울: 한국신학연구소, 1983), p.84~89.
3 아우구스티누스에게 존재로서의 존재는 선하며 악이란 선한 창조의 왜곡이다.

신을 인식하는 방법에는 크게 두 가지가 있다. 하나는 피조물을 통한 방법(자연적 인식, 일반계시)이고 또 다른 하나는 계시를 통한 방법(성서의 인식, 특수계시)이다. 자연적 인간에게 하나님이 계시다는 인식의 희미한 작은 불꽃이 있다. 창조자로서의 신은 피조물과의 관계를 맺고 있다. 우리는 피조물을 통하여 하나님의 솜씨와 능력을 보게 된다. 특히 자연의 무수한 법칙, 예를 들어 하늘의 무수한 별들의 움직임을 볼 때 우리는 우주를 지배하는 신이 있다는 사실을 알 수 있다. 이런 가능성 속에서 시작하는 신학을 자연신학이라고 한다. 칸트의 유명한 신 존재의 요청설은 이를 말해주고 있다. 칸트는 우주의 신비스러운 세계를 관찰할 때 신이 존재한다는 것을 부정할 수 없다고 하였다. 이런 외부적 자연계는 물론 인간의 내부에 있는 하나님의 형상(이성 또는 양심 또는 도덕)을 통한 신지식을 말하는 학자들도 있다.

다른 한편으로 우리는 성서의 인식, 즉 계시를 통해서 하나님을 인식할 수 있다. 구약의 출애굽 사건에서 신이 그 자신을 계시하셨다. 특히 모세에게, 이스라엘에게 그가 창조자이며 이 창조의 주관자임을 알게 하였다. 신약에서 예수는 계시자, 곧 신 자신임을 밝혔다. 신은 예수라는 인물을 통해서 우리에게 분명히 계시되었다. 예수는 계시자요 계시된 자이다. 요한복음은 예수를 선재한 로고스라고 하는 동시에 그 로고스가 곧 바로 예수 그리스도라고 말한다. 요한은 로고스는 처음부터 신이었다고 말한다.(요 1:1) 바울 역시 예수는 하나님과 동등한 실체로서 사람의 모양으로 나타나신 신이라고 말한다.(빌 2:6~8) 그리스도는 하나님이었기에 자신을 세상에 계시해 줄 수 있었다. 예수 자신은 빌립이 신을 보여 달라고 했을 때 "나를 본 자는 아버지를 보았거늘 어찌하여 아버지를 보이라 하느냐?" 말하면서 자신이 신이라는 사실을 주지시켰다. 따라서 우리가 참다운 신지식을 가지려면 예수 그리스도를 통하여야 한다.

자연을 통한 신 지식, 성서를 통한 신 지식, 그리스도를 통한 신 지식 외에도 신비적인 신 지식이 있다. 신비적 신 지식은 그리스도를 통하지 않고 신비한 체험을 통하여 얻기 때문에 일반적으로 주관주의에 빠질 위험성이 아주 많다.

마르틴 부버(Martin Buber)에 따르면, 하나님은 존재로부터 자유로운 분이다. 하나님은 언제나 존재하고자 하는 대로 존재한다. 신학에서 신의 존재 문제는 신이 존재하느냐, 그렇지 않느냐 하는 문제보다는 신의 존재를 어떻게 증명하느냐가 더 중요하다. 그러나 신은 어디까지나 신앙의 대상이지 증명의 대상이 아니기 때문에 이에 대한 증명은 쉬운 일이 아니다. 그렇다고 해서 신학은 신의 존재 증명 불가를 선언하고 무조건적 신앙을 허용하지 않는다. 왜냐하면 신의 존재 증명 시도를 통해서 우리는 신의 현실성을 색다르게 인식할 수 있기 때문이다. 우리는 신이 존재한다는 것을 어떻게 증명할 수 있을까? 칸트(Kant)는 우리의 인식이 오직 현상계만 있고 그것을 초월해서 파악할 수 없다고 하여 신 증명을 부인하였다. 그러나 도덕적 신 증명은 인정하였다. 신학계에 드러난 신 증명론에 대해서 살펴보자.[4]

신 증명론

1) 존재론적 증명(Ontological Argument)

캔터베리(Canterbery)의 대주교인 안셀무스(Anselmus)가 이 증명의 대표자라 할 수 있다. 안셀무스는 플라톤의 영향을 받아 주장하였다. 이 이론은 신의 개념(Idea of God)으로 신의 존재를 추론한다. 신의 개념이 신의 존재와 직결된다. 이 이론에 따르면, 신은 최고선이기 때문에 '그분보다 더 이상 위대한 것을 생각할 수 없는 개념'이다. 신은 "그 이상 더 위대하다고 생각할 수 없는 실재"(A Being than which nothing greater can be conceived)이다. 이것은 '가장 완전하게 상상할 수 있는 실재에 대한 개념'(the idea of the most perfect conceivable being) 이다. 그러나 이것은 '존재하는 것들 중에서 가장 완전한 실재에 대한 개념'과는 다르다.[5]

안셀무스의 논의는 하나님을 존재하는 것들 중에서 가장 완전한 존재가 아니라, 너무나 완전하기 때문에 '보다 더욱 완전한 분을 생각할 수 없는 실재'로서 기술한다. 가장 완전하게 생각될 수 있는 존재는 마음속뿐만 아니라 실제로도

---

4 Norman L. Geisler, *Philosophy of Religion*, 위거찬 옮김, 「종교철학 개론」 (서울: 기독교문서선교회, 1993), '제2장 신과 이성' 그리고 John Hick, *Philosophy of Religion*, 황필호 편역, 「종교철학개론」 (서울: 종로서적, 1987), '제2장 하나님을 믿을 수 있는 근거'를 참고하라.
5 Anselm begins by concentrating the monotheistic concept of God into the formula: "a being than which nothing greater can be conceived." It is clear that by "greater" Anselm means more perfect, rather than spatially bigger. It is important to notice that the idea of the most perfect conceivable being is different from the idea of the most perfect being that there is. John H. Hick, *Philosophy of Religion* (Englewood Cliffs, N.J.: Prentice Hall, 1990), p.15~16.

존재해야만 한다. 마음속에만 존재하는 신보다 마음속은 물론 현재에도 존재하는 신이 있다면 그는 '그보다 더 위대하다고 생각할 수 없는 실재'이다. 따라서 신은 존재한다고 볼 수밖에 없다. 관념 속에서와 실재 속에서 존재하는 것은 관념 속에서만 존재하는 것보다는 더 위대하다. 가장 완전한 존재라고 하는 관념 자체는 필연적으로 실재를 의미한다. 이것은 신은 존재하지 않을 수 없는 실재(uniquely necessary existence)라는 것이다. 이런 증명론은 데카르트(René Descartes)에 의하여 계승되었다.

그러나 이 증명에 대해서 안셀무스와의 동시대인으로서 프랑스의 말모띠에르의 수도승인 고닐롱(Gaunilon)이 문제를 제기하였다. 그에 의하면, 가장 완전하게 상상될 수 있는 섬은 실제로 존재하지 않으면 완전한 섬이 아니다. 우리는 가장 '완전한 섬'이라는 개념을 가질 수는 있지만 그것이 곧 실재한다는 보장은 없다. 이 논증의 문제점은 관념(개념)의 영역에서 현실의 영역에로 비약하고 있다는 데 있다. 즉 '신이 없다'고 믿는 사람도 '신은 가장 완전한 존재'라는 개념을 가질 수 있다. 이처럼 '현실'과 '개념'은 반드시 일치하지 않는다. 칸트도 이런 정황에 동의하여 생각된 존재는 생각일 뿐 결코 현실적 존재는 되지 못한다고 하였다. 이러한 고닐롱의 비판에 대한 비판이 제기되었다. 가장 완전한 섬이라는 개념은 하나님이라는 개념이 가지고 있는 '필수적인 존재'(necessary existence)라는 성격을 가지고 있지 않다는 것이다.

신은 영원하다. 신은 시간(과거, 현재, 미래) 안에 존재하지 않는다. 신은 시간으로부터 자유하다. 신은 완전하다. 데카르트는 다음과 같은 말로 신의 존재를 말하였다. "모든 사람은 신에 대한 개념을 가지고 있다. 그러므로 신은 실재한다." 이것은 다음과 같은 공리에 의해서 설명될 수 있다. '삼각형의 내각의 합은 180도다.'라는 개념이 존재한다. 이것은 삼각형의 필요적 특성이다. 삼각형의 필요적 특성은 삼각형의 존재를 상정한다. 완벽한 삼각형은 이데아(idea)에 존재한다. 완전은 있다. 따라서 필요적인 존재, 필요불가의 존재(necessary being)는 존재한다. 가장 완전한 실재는 하나님의 필요적 특성이다.[6]

6 Cf. John Hick, 「종교철학개론」, p.41~49.

2) 우주론적 증명(Cosmological Argument)

이 이론은 토마스 아퀴나스(Thomas Aquinas)에 의해서 주장되었다. 이것은 세계로부터 세계를 만든 창조주로까지 추론해 가는 증명이다. 세계에는 운동이 있다. 이 운동은 다른 것에 의해서 움직인다. 그리고 그것은 또 다른 것에 의해 움직인다. 이런 운동이 무한히 계속될 수 없다. 따라서 맨 처음의 '부동의 동자'(The unmoved Mover), 곧 신이 존재하지 않으면 안 된다. 아퀴나스는 아리스토텔레스의 철학을 가지고 있다. 사물(Things)이 존재한다. 사물이 존재하면 신은 존재한다(God exits). 도미노 이론에서 도움을 얻을 수 있다. 사물(Things)은 변한다(change). 변하는 것은 원인(cause)에 의한 것이다. 사물(Things)은 원인(Cause)에 의해서 변한다(change). 원인을 추적하면 존재의 원인이 있다. 부동의 동자(unmoved mover), 최초의 운동자(prime mover)가 있다. 결국 신이 존재한다는 사실을 알 수 있다. 여기서 최초의 운동자는 창조자(Creator)에 해당된다. Prime mover = Creator.

모든 일에는 원인이 있다. 어디엔가는 최초의 원인이 있다고 생각해야 한다. 이 최초의 원인이 우리가 하나님이라고 부르는 존재다. 아퀴나스는 우주론적 논리를 본다. 이 세상에 존재하는 것은 우연적인 것이다. 만일 이 세상의 것이 우연적인 것이라면 이 세상에는 아무 것도 존재하지 않았던 시절이 있었을 것이다. 그러나 우리가 보는 것과 같이 이 세상에는 여러 가지가 존재하고 있다. 그러므로 이 우주에는 우연이 아닌 어떤 실재가 꼭 존재하고 있음에 틀림없으며, 이 실재가 우리가 부르는 하나님이다. 어떤 사건이 일어났을 때 그것은 필연성에 연결되어 있다. 신은 그러한 필연성의 근거가 된다. 모든 사건의 결과는 그 결과를 선행하는 원인과 연결되어 있다. 그리고 그 원인은 또 다른 결과에 연결되어 있다. 그리고 다시 그 결과는 그 결과에 선행하는 원인과 연결되어 있다. 그러나 원인과 결과 도식은 끊임없이 계속되는 것이 아니라 반드시 제일 원인, 또는 최초 원인에서 종결되는데 이 제일 원인이 곧 신이라는 것이다. 이 증명론을 찰스 하지(Charles Hodge)가 지지하였다. 신은 '필연성의 근거', '제일 원인', '최초의 원인', '원동자'이다. 우연적인 존재에 근거를 부여하는 필연적인 존재(자존자, 自存者), 자기 존재의 원인을 자기 안에 가지고 있는 존재가 있어야 한다. 그것은 신밖에 없다.

칸트(Kant)는 이것을 반대하였다. 그에게 마음의 구조(structure of mind)는 사물을 이해하는 데 결정적 역할을 한다. 마음의 구조 안에 시간(time), 공간(space), 원인(cause)이 있다고 본다. 사물은 마음의 구조에 의해서 해석된 것이다. '사물은 시간과 공간 안에 존재한다.'란 명제가 보다 큰 명제, 근본적인 명제다. 이 명제를 제공할 수 있는 것이 마음의 구조다. 경험하기 전에 가지고 있는 것(관념)은 선험적(a priori)이다. 선험적 원리에 의해서 사물을 인지한다. 알려지지 않는 것은 알 수 없다.(The unknown is unknowable) 경험하지 않는 것은 알 수 없다(agnosticism). 순수이성으로 경험되지 않는 것을 수용할 수 없다. 이렇게 해서 형이상학을 부정한다. 그렇다고 칸트를 무신론자로 보는 것은 잘못이다. 칸트는 실천이성 비판에서 신의 존재를 수용한다.

3) 목적론적 증명(Teleological Argument)

목적론적 증명은 플라톤의 티마에우스(Timaeus)에서, 그리고 아퀴나스(Aquinas)와 윌리엄 팔리(William Paley, 1743~1805)에게서 볼 수 있다. 이들은 현세계에 일정한 질서가 있음을 인정한다. 그리고 그 질서는 세계 밖에 있는 어떤 존재에 의하여 결정된 것이다. 그 질서를 결정하신 분이 곧 신이라는 것이다. 세계의 모든 것에는 목적이 있다. 세계는 이 목적 자체에 의해서 질서지어 있다. 세계를 넘어선 질서부여자가 존재한다.

팔리(Paley)의 시계 유추(analogy)에 따르면, 사막에서 한 개의 시계를 발견했다면, 시계를 만든 어떤 이지적인 심성(an intelligent mind)이 있다고 가정하는 것이 현명한 일이다. 세계는 시계와 같이 복잡한 구조를 가지고 있기 때문에 세계의 설계자가 있다고 가정해야 한다. 질서는 어떤 존재에 의해서 결정된다. 신은 그 질서를 결정하신 분이다. 우주를 제정할 때 분명히 목적이 있었다.

예술가의 작품은 우연적으로 만들어지지 않는다. 세계는 가장 완전하게 만들어진 예술품이다. 그렇다면 세계는 가장 완전한 작가에 의해서 만들어졌다는 것은 진리이다. 따라서 세계를 만든 그 완전한 작가는 신이다. 영국의 근대 철학의 시조인 프란시스 베이컨이 이를 지지하였고 존재론적 증명이나 우주론적 증명에 찬성하지 않던 칸트도 목적론적 증명에는 그 타당성을 어느 정도 인정하였다. 이 증명론은 세계의 질서로부터 세계를 초월하는 질서 부여자를 추론한다.

목적론적 증명은 다음과 같은 측면에서 딜레마에 빠질 수 있다. 만약 신적인 실재가 존재하지 않는다면, 세계는 그저 '이해할 수 없는 맹목적인 것'이 되고 만다. 따라서 이 증명은 세계란 '이해할 수 있고, 질서 지어진 것'이라는 사실을 전제할 때만 가능하다. 아퀴나스의 필연적 존재는 논리적 필연성을 가리키는 것이 아니고, 신의 자존성(aseity)을 가리킨다. 그러나 세계에는 필연성과 함께 우연성도 있다고 가장한다면 목적론적 논증은 힘을 잃게 된다.[7]

4) 도덕론적 증명(Moral Argument)

사람을 죽이면 안 된다는 보편적 원리(universal principle)가 존재한다. 인간에게 도덕 법칙은 무조건적 명령이며, 정언적(定言的) 명령이다. 사람은 이것을 지켜야 한다. 사람은 거짓말이나, 살인 그리고 도적질해서는 안 된다. 그런데 거짓말하고 살인하고 도적질하는 사람이 있다. 이러한 사람을 누군가 심판해야 한다. 이 세상에는 정의(justice)가 있다. 이것을 심판해야 할 신이 존재해야 한다. 최고의 도덕적 관리자로서의 신은 존재해야 한다.

인간은 도덕적 의무를 지닌다. 도덕과 양심은 원초적인 관념이다. 우리의 도덕과 양심은 선에 기초하고 있다. 선을 지향하고 있다. 여기서 말하는 선은 시대나 환경에 따라 변화하는 선이 아니라 보편타당성을 가진 선을 말한다. 우리에게 선이 있다면 그것은 절대선이나 지고선에서 나왔다고 본다. 그리고 지고선은 곧 신이라고 본다. 인간 사회에 도덕법이 있음을 보아 그 도덕법을 주관하는 신이 존재한다고 보는 것이다.

뉴만(J. H. Cardinal Newman)의 주장에 따르면, 우리가 책임감을 느끼고 부끄러워하고 두려워한다면, 우리가 책임감을 느끼고 두려워하는 분이 존재한다는 것을 의미한다. 칸트도 이를 인정한다. 인간은 어떤 도덕적인 경험을 가지고 있다. 이 도덕적인 경험의 근원과 근거는 아무래도 하나님의 실재를 전제하고 있다. 인간에게는 도덕적 판단, 양심 등과 같은 선악관이 있다. 선은 절대선, 지고선에서 나왔다. 지고선은 신으로서 도덕적 주관자이다. 인간 사회에 도덕이 있다. 그러므로 신은 존재한다.

7 송기득, 「신학개론」, p.105~106.

이 논증의 약점은 도덕적 가치이념을 반대하는 사람들에게 받아들여지지 않는다는 것이다. 자연주의 윤리에 서 있는 사람들에게 선천적 도덕법칙은 인정되지 않는다. 따라서 이 논증은 그 타당성을 잃게 된다.

5) 역사적 증명(Historical Argument)

역사적 증명은 신이 존재한다고 믿는 종족들의 확신으로부터 신의 존재를 증명한다. 신이란 관념을 모든 인류가 가지고 있다는 것을 역사가 증명하고 있다. 이런 관념을 인류가 보편적으로 가지고 있다는 것은 그러한 신이 실재하고 있음을 말해 준다. 인간 사회에는 신에 대한 생각이 언제나 있어 왔다. 그래서 사람들은 그를 예배의 대상으로 느끼고 알아 그에게 예배를 드림으로 신의 존재를 인식하게 된다.

자연적 신 인식(신 증명)을 통해서 우리는 하나님의 본질과 은총을 알지 못한다. 이런 신 증명의 방법으로는 신이 구체적으로 어떤 분이며 우리와 어떤 인격적 관계를 가지는지 알 수 없다. 일반계시를 통해서 신의 존재를 인식한다 할지라도, 그 신은 우리에게 불분명하게 나타난다. 우리는 일반계시를 통해서는 구체적인 하나님, 구속적인 하나님을 알 수 없다. 이런 방법에 의한 신 지식은 보조적이고 예비적이지 확실하고도 충분한 지식을 가져다 줄 수 없고 다만 간접적인 지식을 가져다 줄 뿐이다.

신 증명론은 비그리스도인도 롬 1:18f, 2:14f에 의해서 하나님을 알 수 있다고 말한 것을 후원해 준다. "이는 하나님을 알 만한 것이 저희 속에 보임이라… 그의 영원하신 능력과 신성이 그 만드신 만물 안에 분명히 보여 알게 되나니 그러므로 저희가 핑계치 못할지니라." 한스 큉(Hans Küng)은 "비록 하나님은 증명될 수 없다 할지라도 하나님의 신앙은 주장만 되어서는 안 되고 참되다고 입증되어야 한다."고 했다.

우리는 신 증명론이 신의 존재를 확실하게 증명할 수 없다는 사실을 본다. 왜냐하면 신앙의 대상으로서 신은 논증의 대상이 아님에도 불구하고 신을 논증하려고 했기 때문이다. 신 존재 증명은 칼 바르트와 그 계열의 사람들로부터 비판을 받았다. 그들은 신 증명론은 신을 세계화하는 것으로서 신을 모든 세계의 궁극성을 보장하는 최고의 궁극적 존재에 머물게 한다고 비판한다. 그렇다면 신 증명론은 모두에게 무의미한 것인가? 아니다. 그것은 자연적 신 인식에 뿌리를 두고 있기 때문에 나름대로 의미가 있다. 로마서 1:18과 2:14은 자연적 신 인식을 말하고 있다. 자연적 신 인식(자연적 계시)에 근거하여 이방인, 즉 자연인도 하나님을 알 수 있다. 단지 그들이 하나님을 받아들이지 않을 뿐이다.

오늘날 세속화된 현대인에게 하나님은 '감추어져 있는 신'으로 나타난다. 그래서 우리는 신의 '암호해독'[8]이 필요하다. 오늘날 철학이나 심리학은 어느 정도 신 인식에 대한 이론을 제시하고 있다. 무신론자 블로흐(E. Bloch)도 인간 자신이 아닌, 인간을 초월하는 그 무엇이 존재한다고 보았다. 사회학자 베르거(P. L. Berger)도 인간에게 초자연적인 그 무엇이 엿보인다고 지적하였다. 프로이드(S. Freud)의 초자아(超自我)가 낳은 아버지상(像), 융(C. G. Jung)이 말한 집단무의식(集團無意識) 등은 인간에게 있는 신의 심층심리적 특성을 드러내고 있다.[9] 이와 같은 현상들은 비록 신에 대한 증명은 아닐지라도 적어도 신을 지시하고 있음에 틀림없다. 이러한 입장은 일반계시 곧 자연계시에 근거한다. 신 증명론은 사실상 신을 증명한 것이 아니라 신을 지시한 것이라 볼 수 있다. 따라서 신 증명론은 신을 지시하는 데 그 의의가 있다고 보아야 한다. 신을 지시하는 이 자체는 나름대로 신을 믿는 신앙에로의 초대 또는 신앙에로의 결단에 도움이 될 수 있다.

다양한 형태의
무신론

1) 마르크스주의적 무신론

포이에르바흐(Feuerbach)에게 종교란 환상이다. 신학은 인간학이다. 왜냐하면 인간의 신이란 신격화된 인간의 본질과 다름없기 때문이다. 포이에르바흐에게 신은 인간이 생각해 낸 가설이다. 인간 소원의 투사, 실제적 존재로 변형된 인간의 소원, 환상 가운데서 만족을 얻은 인간의 행복한 욕망이다. 따라서

---

8 Ed Stetzer & David Putman, *Breaking the Missional Code*, 이후천 · 황병배 옮김, 「선교암호해독하기」(서울: 한국교회 선교연구소, 2010)를 참고하라.
9 송기득, 「신학개론」, p.108~109.

만약 인간들의 소원이 없다면 신도 없다.[10] 포이에르바흐에게 그리스도교의 본질은 인간학이다. 뒤르켕(Emil Durkheim)은 종교는 사회 공동체의 산물이라고 하였다.

마르크스(K. Marx)에게 신은 형이상학적인 것으로 이성적 인간 자아의 거울 혹은 연장이다. 신은 환상이다. 환상을 쫓다가 결국 자아로 돌아온다. 그러므로 종교는 민중의 아편이다. 엥겔스(F. Engels)에게 종교는 인간의 두뇌 속에서 환상적으로 반사된 것이다. 블로흐(E. Bloch)에게 종교는 하늘로 투사된 노예국가의 영상이다. 이런 영상은 사라지게 된다.

2) 실존주의적 무신론

사르트르(J. P. Sartre)에게 신은 존재하지 않는다. 창조자 하나님은 불필요하고 장애물이 된다. 왜냐하면 인간이 자기 자신의 창조자이기 때문이다. 따라서 인간은 모든 일에 대해 스스로 책임진다. 만약 신이 존재한다면 인간은 아무 것도 아니다. 카뮈(A. Camus)는 인간이 신 관념에서 해방될 때 참인간이 된다고 하였다. 인간이 더 이상 신을 믿지 않을 때 인간은 책임적인 존재가 된다. 인간이 책임적인 존재가 되기 위하여 신은 존재하지 말아야 한다. 신의 죽음만이 인간의 자기계획을 가능하게 한다. 세상이 하나님이고 나의 나라는 세상에 속했다. 생철학적 무신론자 니체(Nietzsche)에 의하면 모든 신들은 죽었다. 신대신 새로운 가치 척도의 삶과 의지, 초인이 있을 뿐이다. 신은 약자의 유물이요 환상이다. 종교는 의지의 병, 약한 감정이다. 교회는 인간의 감옥이다.

3) 심리학적 무신론

프로이드(S. Freud)에게 종교는 유아시절의 환상이다. 종교는 인류 유아기의 아버지 열등감(complex)으로부터 생겨났다. 어린 시절 무력감이 일평생 지속됨을 인식한 인간의 강한 아버지에 대한 기대와 그분에게 매달리는 욕구에서 하나님의 존재가 발생하였다. 그러나 성숙한 인간은 이런 유아기적 환상 없이 살아갈 수 있다. 따라서 하나님은 인간의 환상이며, 인간의 소원충족이다. 프로이드는 신앙은 노이로제, 예배는 집단 노이로제라 했다. 에리히 프롬(E.

---

10 Ludwig Feuerbach, *Das Wesen der Religion* (Leipzig: A Kroner 1923), p.17f.

Fromm)도 종교를 집단적 환상의 만족으로 보았다.

4) 실천적 무신론

모든 것을 제작 가능케 하는 기술지배가 하나님을 대신한다. 풍요로운 현대
사회는 더 이상 신이란 소원 투사를 필요로 하지 않는다. 현대사회는 더 이상
신을 필요로 하지 않는다. 사신신학(死神神學)은 하나님의 무력을 인식하고, 고
통과 전쟁을 허락하는 하나님은 존재할 수 없다고 본다. 사신신학에서 하나님
은 귀먹고 죽은 하나님이다. 그러므로 반 뷰렌(Van Buren)은 신학은 윤리학이
며 유신론은 끝났다고 보았다.[11]

신을 인간의 환상 성취로 보는 무신론은 인간성을 과소평가하는 그릇된 초월
적 유신론에 의해 유발되었다. 허나 무신론이 거부하는 하나님은 그리스도교
의 하나님이 아니다. 왜냐하면 그리스도인의 하나님은 인간의 환상이 아닌 인
간을 부요케 하고 자유케 하고 인간에게 책임을 주기 때문이다. 이들이 부정하
는 것은 하나님이 아니라 세계 속에서의 그분의 활동이다. 무신론과 유신론은
순수이성으로 입증 곤란하다. 신 증명은 불가능하다. 그러나 하나님의 계시를
통해 세계 속에서 하나님을 입증할 수 있다. 하나님의 본질은 사랑이다. 예수
의 운명 안에서 신의 본질인 사랑이 나타난다.

하나님의 속성

성서의 하나님은 인간을 비인간화시키는 하
나님이 아니라 도리어 인간을 인간화시키는 구원의 하나님이다. 하나님은 언
제 어디서나 계시지만 일정한 형태로만 나타나지는 않는다. 성서가 가르치고
있는 신은 인류사회와 역사에 깊은 관심을 가지고 있는 신이다. 신구약에 나
타나는 하나님 상을 비교해 보면, 구약에서는 하나님의 형태를 고정시키지 않
지만, 신약에서는 나사렛 예수의 형태로 고정시킨다. 구약에서는 거룩한 분으
로 나타나지만 신약에서는 사랑하는 분으로, 구약에서는 인간이 아닌 분이지
만 신약에서는 인간이신 분으로, 구약에서는 주님으로 나타나지만 신약에서는

---

11 무신론적 신에 대한 저서들로, 리처드 도킨스, 「만들어진 신」; 도미닉 크로산, 「예수」; 얼 도허티, 「예수퍼즐」; 샘 해리
스, 「종교의 종말」; 크리스토퍼 히친스, 「신은 위대하지 않다」 등이 있다.

아버지로, 구약에서는 초월성의 속성을 지니신 분으로 나타나지만 신약에서는 내재성의 속성을 지닌 분으로 나타난다. 그렇지만 이 양자는 구별되지만 분리되지는 않는다. 구약성서도 하나님의 내재성을 알고 있고, 신약성서도 하나님의 초월성을 알고 있다. 신구약성서 모두를 통해서 나타난 성서의 하나님은 역사적인 하나님이다. 역사적인 하나님이란 인간의 역사 안에서 인간을 구원하는 일을 주도하는 하나님이란 뜻이다. 성서의 하나님은 역사적인 하나님이며 오늘도 끊임없이 활동하시는 하나님이다. 성서의 하나님은 무시간적이고 초역사적이고 스스로 가만히 있는 하나님이 아니고 행동하시는 하나님이다. 하나님은 행동으로 존재한다.

성서의 하나님은 세상과 관련된 속성들을 가지고 있다. 이 속성들 속에서만 하나님의 본질을 인식할 수 있다. 왜냐하면 하나님은 행동함으로써만 존재한다. 의자에 앉아 계시는 하나님이 아니다. 하나님의 행동 사역은 창조사건, 십자가 사건 등과 같은 일회적 사역이 있고, 구원의 완성을 위해 역사 속에서 발전, 진화하는 사건과 같은 계속적 사역이 있다. 하나님은 창조의 뜻에 맞게 인간을 보호하고 인도하신다.

하나님은 우주 만물의 창조자다. 무로부터 모든 존재를 창조하였다. 창조자로서의 하나님은 '사랑의 신'이다. 신은 모든 것을 언제든지 무한히 사랑한다. 신의 사랑은 언제든지 선행적(先行的)이다. 신의 사랑에는 한계가 없다. 하나님은 독생자를 보내시고 십자가의 사건을 통해서 그의 사랑(Agape)을 나타내셨다. "하나님은 사랑이다"라는 명제는 그리스도교의 신관에서만 볼 수 있는 것이다. 바르트는 하나님의 본질을 하나님의 사랑과 하나님의 자유로 보고, 은총과 거룩함, 자비와 공의, 인내와 지혜 등이 하나님의 사랑의 속성에 속하는 것으로, 그리고 단일성과 편재성, 불변성과 전능성, 영원과 영광을 하나님의 자유의 속성에 속하는 것으로 보았다.[12] 브루너는 하나님의 본질을 거룩함에 둔다. 따라서 그분은 우리와 한계성이 있다. 그러나 그분의 사랑이 우리와의 '친교'를 만들어 우리와의 한계선을 돌파한다.

슐라이어마허(Schleiermacher)에 따르면, 하나님의 속성은 영원성, 편재성, 전능성, 전지성, 거룩성, 공의로움, 사랑, 지혜와 관련한다. 하나님은 모든 것

12 송기득, 「신학개론」, p.111.

을 알고(전지), 모든 것을 할 수 있고(전능), 모든 곳에 계신다(편재). 하나님은 시공을 초월하여 모든 우주는 물론 인간의 마음과 정신세계도 아신다. 시공을 초월하여 모든 것을 하실 수 있으며 신은 시공을 초월하여 어디든지 계신다. 하나님의 절대적 속성에는 단순성, 불변성, 영원성, 편재성, 자기존재성 등이 있고, 상대적 속성에는 거룩, 사랑, 자비, 정의, 인내, 지혜 등이 있다.

웨인 그루뎀은 하나님의 속성을 비공유적 속성(incommunicable attributes)과 공유적 속성(communicable attributes)으로 분류한다. 첫째, 비공유적 속성의 예로는 영원성, 불변성, 무소부재 등을 들 수 있다. 둘째, 공유적 속성의 예로는 사랑, 지식, 자비, 공의 등을 들 수 있다.[13]

신의 첫째 속성으로 '인격성'을 말할 수 있다. 신은 인격적인 분이다. 리츨(A. Ritschl)은 하나님은 절대자가 아니라 하나님이 인간에게 향한 행동에서만 자신을 하나님으로 증명한다. 그는 비인격적인 형이상학적 신에서 인격적인 하나님을 주장한다. 우리는 하나님을 인격적인 하나님(Personal God)으로 이해한다. 따라서 하나님은 그것(It)이 아니라 그분(He)으로 말해져야 한다. 하나님은 인간에게 'It'로 존재하지 않고 'Thou'로 존재한다는 것이다. 하나님은 하나의 인격(A person)이 아니라 인격적(personal)으로 존재한다. 따라서 하나님에게 사랑, 정, 마음의 상태가 있다.(요일 4:8~16) 여기서 주지해야 하는 것은 하나님이 인격적인 신이라고 해서 단순히 인간에게 붙여진 '인격'이 아니라는 점이다. 이것은 독특한 인격, 절대적 인격성이다.[14] 하나님의 인격성은 무엇보다도 하나님의 '살아 있음'에 그 특징이 있다. 즉 역사 속에 나타나는 하나님의 여러 가지 활동 모습을 의미한다. 하나님은 인격적인 신이기 때문에 인간의 진정한 삶과 역사를 위해서 끊임없이 일한다. 하나님은 인격적인 분으로서 전지전능하며 편재하신다. 인격적인 하나님은 세계 역사 속에서 사람을 구원하시는 하나님이다. 구원하시는 하나님은 인간을 비인간화하는 비인격적인 하나님이 아니라 인간을 인간화하는 인격적인 신이다.

신의 둘째 속성으로 '존재 자체'를 말할 수 있다. 모든 존재는 존재 원인을 타자에게 둔다. 그러나 신은 존재 자체다. 모든 존재는 그 존재의 근거와 원인을

---

13 하나님의 비공유적 속성과 공유적 속성에 대한 웨인 그루뎀의 자세한 논의를 위해 Wayne Grudem, *Systematic Theology*, 「조직신학」 상(서울: 은성, 1997), p.212~321을 보라.
14 Heinrich, Ott, *Die Antwort des Glaubens* (Stuttgart, Berlin: Kreuz Verlag, 1972), p.118.

그 자체 안에 가지고 있지 않다. 계란은 계란 자체에서 나온 것이 아니고, 닭은 닭 자체에서 나온 것이 아니다. 나는 나 자체에서 나온 것이 아니다. 나는 어머니로부터 나왔고, 어머니는 할머니로부터 나왔다. 이처럼 모든 존재는 그 존재의 원인과 근거를 타자에 두고 있다. 존재의 원인과 근거를 타자에 두고 있다는 것은 모든 존재는 시작과 끝이 있다는 것을 말하고 또한 불완전하다는 것을 말한다. 즉 모든 존재는 유한하고 불완전하다. 하나님은 모세에게 자신을 "스스로 있는 자"(I am who I am)라고 밝히셨다. 하나님은 스스로 존재하는 자, 즉 자존자(自存者)이다. 틸리히는 이를 "모든 존재의 근원"(ground of all beings) 또는 "존재 자체"(Being itself)라고 불렀다.

신을 존재 자체로 보는 것은 다음과 같은 의미를 가진다. 첫째, 하나님은 존재의 근원을 자신 안에 가지고 있다는 것을 의미한다. 즉 신이 그의 근원을 타자에게 두지 않고 자체 안에 두고 있다는 것은 신이 모든 타자로부터 독립해 있다는 것을 의미한다. 신을 자존자로 이해한 것은 "아리스토텔레스로부터 시작하여 토마스 아퀴나스에 이르기까지 하나의 상식적인 이야기가 되었다."[15] 플로티누스도 하나님을 일자(一者)로 보았고, 아퀴나스도 신을 제일 원인(第一原因)으로 보았다. 17~18세기에 영국에서 발달한 이신론자(理神論者)들은 신이 천지를 창조하실 때 완벽하게 창조하셨기 때문에 창조 후 신은 피조 세계를 간섭할 필요가 없어 초월적 세계에서 독존(獨存)하고 있다고 보았다. 둘째, 하나님은 모든 존재의 근원이 되신다는 것을 의미한다. 이것은 하나님 없이는 아무 것도 존재하지 않는다는 것을 의미한다. 따라서 성서가 가르치는 바대로 모든 것은 "주에게서 나오고 주로 말미암고 주에게로 돌아간다."(롬 11:36, 고전 8:6, 골 1:16) 셋째, 하나님은 완전한 존재라는 것을 의미한다. 여기서의 완전은 상대적 완전이 아니라 절대적 완전을 의미한다. 하나님은 무엇을 필요로 하는 존재가 아니라 자족적인 존재라는 것을 의미한다. 하나님에게는 아무 부족한 것이 없다. 어떤 것에 의해서 구성된 분이 아니다.

신은 무한하고 제한이 없는 존재다. 단지 하나의 존재가 아니라 존재 자체다(Infinite, Unlimited, Not a being, but Being itself). 스스로 존재하는 자(self-existence)이며, 절대적이며 존재론적으로 독립된 자(Absolute ontological

---

15 이종성, 「조직신학개론」 (서울: 종로서적, 1984), p.55.

independence)이다. 하나님은 무엇을 필요로 하는 존재가 아니라 자신의 존재 근원을 자신 안에 갖고 있는 자족적인 존재다. 하나님은 모든 존재의 근원, 존재 목적이 된다. 이것은 하나님은 완전한 존재임을 의미하는 것이다.

신의 셋째 속성으로 '영'을 말할 수 있다. 하나님은 영적 존재이다. 하나님은 영(Spirit)으로서 물질적 존재가 아니라 모든 존재의 생명의 근원이다. 영은 삼위일체신의 존재 형식을 의미한다. 삼위일체 신 중 성자만 육체를 가지고 있으나 성부와 성령은 육체를 가지지 않는다. 신은 그 존재 방식에 두 가지 특징을 가지고 있다. 하나는 삼위일체라는 형식이고, 다른 하나는 영적 존재라는 것이다.

신의 넷째 속성으로 '영원성'을 말할 수 있다. 영원이란 시간의 제약을 받지 않으면서 시간과 구체적인 관계를 가지고 있는 것을 의미한다. 영원은 시작도 끝도 없다. 영원은 모든 시간과 시간적 존재를 승화시키는 능력을 가지고 있다. 영원은 초시간적이다. 시간 안에 있으면서 무한히 연속된다. 영원자는 시간에 의해서 영향을 받거나 제약을 받지 않는다. 그러나 영원자는 본질상 시간과 관계를 맺으면서 구체적으로 시간 안에 들어와 시간의 의미와 가치를 부여해 준다. 영원자는 그리스도를 통하여 역사와 시간 안에 구체화되어 그의 뜻을 실현시킨다.

신의 다섯째 속성으로 '삼위성'을 말할 수 있다. 헤겔에 의하면, 하나님은 추상적인 최고의 존재가 아니라 삼위일체 하나님으로 구체화한다. 하나님은 삼위일체의 존재 형식을 취한다. 삼위의 신은 위격을 가진다. 삼위일체 하나님은 자신을 나누고 통일한다. 삼위일체 하나님은 자신을 얻기 위해 자신을 잃는다. 삼위일체 하나님은 자신을 포기함으로써 자신에게 이른다. 삼위일체 하나님은 구체성을 가지면서 인류 사회와 역사에 깊은 관심을 가진 신이다.

신의 여섯째 속성으로 '불변성'을 말할 수 있다. 다음 성서 구절은 하나님의 불변성을 말해주고 있다. "천지는 없어지려니와 주는 영존하시겠고."(시 102:26), "나 여호와는 변하지 아니하나니."(말 3:6), "예수 그리스도는 어제나 오늘이나 영원토록 동일하시니라."(히 13:8) 네덜란드의 신학자 헤르만 바빙크(Herman Bavinck)는 하나님이 그의 존재에 있어서 변하지 않는다는 사실은 하나님께 예배하기 위해 창조주와 피조물의 구분을 유지하는 데 무엇보다도 중요하다고 보았다.[16] 이러한 하나님의 불변성은 최근 과정신학자들에 의해 종종 부인된다. 과정신학은 과정과 변화가 참된 실존의 본질이기 때문에 하나님도 시간이 지남에 따라 변해야 한다는 입장을 취한다. 과정신학의 아버지라 할 수 있는 찰스 하트숀(Charles Hartshorne)도 하나님도 우주 곳곳에서 일어나는 모든 일들을 경험하심으로 지속적으로 변해간다고 말한다. 과정신학자들은 하나님의 불변성에 관한 교리를 부인하고, 우리의 행동은 매우 중요한 것으로서 하나님의 존재에 영향을 끼칠 수 있다고 주장한다. 하나님의 불변성을 강조하는 것이 그리 중요해 보이지 않을 수도 있다. 그러나 만일 하나님이 변하신다면 어떨까 하는 생각을 잠시 해본다면 이 교리의 중요성이 선명해질 것이다. 만약 하나님이 그의 목적을 변경하신다면, 그의 약속을 바꾸신다면 그런 하나님을 우리가 어떻게 의지하고 신뢰하며 헌신할 수 있겠는가? 만약 하나님이 불변하지 않으신다면 우리의 믿음의 근거는 무너져 버리고, 우주에 대한 우리의 이해는 걷잡을 수 없는 혼동에 빠지게 될 것이다.[17]

　　신의 일곱째 속성으로 '초월성과 내재성'을 말할 수 있다. 하나님의 내재성을 주장하는 학자들로 본회퍼(Bonhoeffer), 불트만(Bultmann), 틸리히(Tillich), 로빈슨(Robinson) 등이 있다. 본회퍼는 바르트의 수직적 신학에 맞서 수평적 신학을 전개하였다. 그는 하나님에 관해서 세상적으로 말해야 하며, 하나님은 우리의 삶의 한복판에서 초월적이라고 하였다. 불트만은 실존철학에 입각하여 하나님에 관해서 말한다는 것은 자기 자신에 대해서 말하는 것으로 보았다. 틸리히는 초월성을 말했으나 하나님의 내재성을 보다 강조하였다. 틸리히에게 신은 세계에 내재된 초월이다. 하나님은 궁극적 관심을 일으키는 분, 존재 자체로서 본질적 존재와 실존적 존재 간의 대립을 초월해 있다. 하나님은 모든 존재의 가장 깊은 밑바탕이다. 하나님은 존재의 힘이다.[18] 로빈슨도 하나님은 우리의 삶 한복판에서 초월적이라고 하였다. 로빈슨에게 하나님은 세계 위에, 세계 밖에 있지 않고 우리의 삶 한가운데 있으며, 우리의 존재의 궁극적인 깊이다.

　　하나님의 내재성만을 강조하는 신 개념에는 다음과 같은 위험이 있다. 첫째,

16　Herman Bavinck, *The Doctrine of God*, trans. William Hendricksen (Edinburgh: Banner of Truth, 1977), p.149.
17　Wayne, Grudem, *Systematic Theology*, 「조직신학」 상(서울: 은성, 1997), p.230~231.
18　P. Tillich, *Systematic Theology*, vol. 1, p.222, 247, 273ff.

세상과 자유로이 대립해 있는 하나님을 이 세상만으로 영입한다. 하나님을 세계의 깊이로 파악하는 것은 세상과 대립해 있는 하나님의 자유를 위협한다. 둘째, 내재성은 모호하기 때문에 제멋대로의 해석에 금지책이 없다.

그렇다면 하나님의 초월성은 어떤가? 하나님의 초월성을 주장하는 이들로 바르트(Barth), 골비처(Gollwitzer), 퀸네스(Künneth) 등이 있다. 바르트에 의하면, 하나님은 인간과 모든 인간적인 것에 대해 무한한 질적 차이 속에서 대립되어 있다. 신은 인간적인 것들과 대립된, 질적으로 무한히 다른 존재이다. 골비처에 의하면, 하나님은 그 자체로서 존재하기 때문에 우리를 위해서 존재한다. 그러므로 인간은 하나님의 존재를 값없이 은총으로 받는다. 하나님은 현실적으로 존재하기 때문에 하나님은 일할 수 있는 존재이다. 퀸네스는 성서적인, 초자연적 세계 외적인 하나님의 초월성을 옹호한다. 그에 의하면, "하나님이 세계의 근거와 깊이로서 세계 안에 매어져 있으면 하나님의 자유와 인격이 손상 입는다."

결론적으로 보면, 하나님은 초월적이면서 동시에 내재적으로 생각되어야 한다.[19] 하나님은 단지 세상 너머에나 세상 안에만 있는 분이 아니라 세상 안에서 세상 너머에 있다. 세상 안에서 세상과 대립해 있다. 아우구스티누스는 하나님이 파악되면 그것은 하나님이 아니라고 하였다. 클레멘트(Clement)는 하나님은 모든 정의로부터 벗어난다고 하였다. 오로지 하나님이 취한 하나의 정의, 즉 예수 그리스도 안에서 내린 자기 정의만 있을 뿐이다. 즉 성육하신 예수 그리스도에게서 정의된 하나님이 있다.

도로테 죌레(D. Soelle)는 하나님의 속성을 묻는 것 자체에 대해서 반대한다. 왜냐하면 하나님은 이러한 속성들로 고정화될 수 없는 분이기 때문이다. 실제로 하나님은 사랑이니, 전지전능이니 이 같은 속성들로 묶여서도 안 되고 또 묶여질 수도 없는 분이다.[20] 하나님은 그리스도 사건을 통하여 가장 잘 드러난다. 십자가의 사건에서 하나님은 자신의 실체를 구체화하셨다. 인간의 아픔에 참여하는 하나님의 이 사랑이 하나님의 실체이다. 따라서 하나님의 사랑은 인간의 구원에 그 초점이 있다. 이러한 사랑은 하나님의 우연성이 아니라 하나님의 본질로 생각된다.

---

19 송기득, 「신학개론」, p.113.
20 이에 대하여 Dorethee Sölle, *Thinking about God* (London: SCM Press, 1990), p.42~53, 183~195를 보라.

예정론

예정론은 하나님이 선택해 주신 은혜를 말하는 것이다. 예수 그리스도 안에서 하나님은 유대인과 이방인 모두에게 은혜 베푸시길 결심한다.(롬 11:25~36) 창세전에 우리를 그리스도 안에서 택하셨다.(엡 1:4) 선택의 주체는 삼위일체 하나님이다. 하나님의 선택은 하나님이 다른 사람과 더불어 자신의 삶을 교제 속에서 나누고자 결심하신 것을 의미한다. 하나님의 선택의 목적은 개인들의 구원이 아니다. 구약에서 이스라엘 백성은 하나님의 선택의 대상이었으며, 신약에서는 예수 그리스도와 연합한 모든 사람들이 선택의 대상이었다. 하나님의 선택의 은혜는 하나님의 의로운 심판을 동반한다. 하나님은 모든 사람에게 자비를 베풀기를 원하신다.(롬 11:32) 만약 누군가가 은혜의 공동체에서 제외된다면 그것은 예정되었기 때문이 아니라(마 25:34,41) 그가 하나님의 은혜를 계속 거부해왔기 때문이다. 선택의 교리는 영원 전부터 하나님이 누구를 선택받은 자로 구원하시고, 누구를 버림받은 자로 저주하신다는 두려운 의식이 아니다. 하나님의 선택의 신비는 하나님이 자신의 삶을 다른 이들과 나누시고자 하는 하나님의 의지의 신비이다.

칼뱅(Calvin)의 예정론을 계승한 칼뱅주의자들은 '타락 전 예정론자'와 '타락 후 예정론자'로 갈리어 논쟁하였다. 타락 전 예정론은 인간의 선택과 유기에 대한 예정이 논리적으로 창조와 타락에 앞서 있다. 타락 후 예정론은 인간의 선택과 유기에 대한 예정이 창조와 타락 이후로 밀려 있다.[21] 타락 전 예정론은 타락을 하나님의 목적에 포함시킨다. 타락 후 예정론은 타락을 하나님이 예지한 것으로 본다. 타락 전 예정론이 예정의 대상을 아직 타락한 존재로 여기지 않은 반면에 타락 후 예정론은 예정의 대상을 타락한 존재로 여긴다. 작정의 순서로 볼 때, 전자는 예정작정-창조작정-타락작정의 순서이고, 후자는 창조작정-타락작정-예정작정의 순서이다. 이 순서는 시간적인 차이가 아니고 논리적인 차이다. 이에 대한 논쟁이 아르미니우스(Jakob Arminius, 1560~1609)와 칼뱅주의자 고마루스(Francis Gomarus, 1563~1645) 사이에 있었다. 아르미니우스는 타락 후 예정론에 입각하여, 하나님은 어떤 사람이 구원받고 어떤 사

---

21 R. A. Muller, *Dictionary of Latin and Greek Theological Terms* (Grand Rapids, Michigan: Baker Books, 1985), p.292.

람이 구원받지 못할 사람이 될 것인지 미리 아시고, 이 예지에 근거하여, 즉 인간의 자유 의지의 결과에 따라 구원받을 자와 저주받을 자를 예정하였다고 주장하였다. 이와 달리 칼뱅의 이중 예정론을 고수하는 고마루스는 타락 전 예정론에 입각하여, 하나님은 창조 이전에 인간의 행위와 관계없이 미리 구원받을 자와 유기될 자를 예정하였다고 주장하였다. 이 논쟁으로 네덜란드 교회가 분열될 위기에서 아르미니우스의 주장이 네덜란드의 남부 도시 도르트레히트(Dordrecht)에서 열린 국제 총회(1618~1619)에서 정죄된다. 그러나 어떤 관점에서 보느냐에 따라서 그 결과는 달라진다. 칼뱅의 예정론에는 타락 전 예정론과 타락 후 예정론이 모두 나타나고 있다. 그리고 양자 간의 차이는 본질적인 차이가 아니고 강조점의 차이 내지 관점의 차이에서 나온 것으로 볼 수 있다. 아르미니우스주의자들은 '칼뱅주의 5대 명제'[22]를 거부하였다. 아르미니우스주의자들은 '칼뱅주의 5대 명제'에 대항하여, 무조건적 예정(절대 예정)보다 조건적 예정을, 구속의 범위를 모든 사람들에게 확대시키는 보편속죄를, 불가항력적인 은총에 반대하고 저항할 수 있는 은총을 주장했다.[23] 아르미니우스주의자들이 말하는 예지의 대상은 인간의 태도, 즉 불신앙이었지만, 타락 후 예정론자가 말하는 예지의 대상은 인간의 타락이었다. 아르미니우스주의자들이 거부된 채 모인 도르트 회의 이후 인간의 타락이 예정에 포함되느냐 혹은 예지의 대상이 되느냐 하는 문제는 점차적으로 후퇴하게 되었다. 최근 연구에 따르면, 칼뱅 안에 타락 전 예정론적 측면과 타락 후 예정론적 측면 모두 포함되어 있다. 칼뱅의 최종판「기독교 강요」에 나타나는 구원론의 시간적 순서와 논리적 순서를 타락 전–타락 후 예정론 논쟁과 연관시켜 생각한다면, 타락 전 예정론은 논리적 순서의 처음, 곧 하나님의 예정에 강조점을 둔 것이며, 타락 후 예정론은 역사적인 순서의 처음, 곧 죄 아래 놓여 있는 인간의 상태에 강조점을 둔 것이다. 이 두 측면은 칼뱅의 예정론에서 어느 한쪽만 강조하거나 경시한 것이 아니다. 칼뱅의 눈으로 볼 때, 타락 전 예정론과 타락 후 예정론의 차이는 본질적인 차이가 아니라 관점 또는 강조점의 차이인 것이다.

---

22 첫째, 하나님은 영원 전에 인간의 구원과 저주를 예정하였다. 둘째, 하나님은 값없는 은총으로 그들의 도덕적 상태와 무관하게 구원하시기로 작정하셨다. 셋째, 그리스도는 선택된 사람들만을 위해 죽으셨다. 넷째, 불가항력적인 은총으로 선택받는다. 불택자들은 이 불가항력적인 은총에서 제외된다. 다섯째, 불가항력적인 은총을 받은 자들은 끝까지 은총으로 인도받고 보존된다.
23 Philip Schaff, *The Creeds Christendom, with a History and Critical Notes*, vol. 3 (New York and London: Harpe Brothers, Fanklin Square, 1919), p.545~549.

신정론

신정론(Theodicy; 神正論)은 악의 존재를 신의 섭리로 본다. 신정론은 하나님의 섭리와 악의 실재에 대한 문제를 다룬다. 그리스도교는 세상을 주관하시는 하나님의 주권과 섭리를 고백한다. 하나님은 피조물을 보살피신다. 마 5:45- 악인과 의인에게 비를 주시며, 마 6:26~30 - 공중의 새와 들의 백합화를 보살핌. 마 10:30- 머리털까지 세심. 우리는 하나님의 섭리를 믿는다. 그러나 우리는 역사적인 삶의 현실 속에서 악의 실재를 직면하게 된다.[24] 우리는 자연적인 악, 즉 병, 사고, 지진, 화재, 홍수, 갓난아기의 에이즈 병, 어린아이가 차에 치어 죽는 사건 등을 보면서 그 자체를 악으로 보고자 하는 유혹에 빠진다. 우리는 피조물의 무상과 유한성을 본다. 우리는 역사적인 영역에서도 악의 미스터리를 이해할 수 없다. 세계대전, 6·25, 베트남 전쟁, 질병, 살상, 굶주림, 유대인을 향한 증오심 때문에 독일 나치의 유대인 600만 명 대학살 사건을 보면서 과연 신은 있는가 의심하고 절망한다. 그러나 그것이 본래부터 악이라고 말할 수는 없다. 무고한 고통의 모든 경험은 피할 수 없는 신학적인 차원을 가진다. 고통은 하나님을 잠시 동안 부재의 모습으로 나타나게 한다.

하나님은 왜 악과 고난을 허용하시는가? 이 세계 속에 수많은 악과 고난은 어디로부터 오는 것인가? 이런 악의 현실 속에서 하나님은 얼마나 의로운 분인가? 악의 세력 앞에서 어떻게 하나님의 주권을 계속하여 주장할 수 있겠는가? 이러한 문제는 골치 아픈 문제이다. 이 문제는 유신론도 무신론자들도 해결하지 못했다. 예수 그리스도는 성전을 사흘 만에 짓는 자여 십자가에서 내려와 네 목숨이나 구해보라는 굴욕을 당하셨다. 그리고 "나의 하나님, 나의 하나님 나를 어찌하여 버리시나이까?" 외쳤다. "오, 주여. 언제까지입니까?"(시 13:1) 무기력하게 죽어 가는 예수님을 보고 백부장은 "이 사람이야말로 정말 하나님의 아들"이라고 고백하였다. 신정은 하나님의 섭리 문제의 미묘함을 보여준다.

터툴리아누스(Tertullianus)는 인간의 자유오용으로 악이 조성되었다고 본다. 여기서 중요한 것은 인간의 자유와 책임이다. 아우구스티누스는 하나님의 섭

---

24 Arthur A. Cohen, *The Tremendum: A Theological Interpretation of the Holocaust* (New York: Crossroad, 1981), p.81.

리는 거의 숨겨져 있다고 할지라도 개인의 삶과 역사 속에서 펼쳐지고 있다고 본다. 아우구스티누스는 「하나님의 도성」(City of God)에서 독재, 불의, 사회적인 분리, 전쟁, 그리고 다른 모든 악의 사건들은 하나님에 의한 것이 아니라 피조물이 자신들의 자유를 잘못 사용하는 데서 비롯된 것이라고 하였다. 그럼에도 불구하고 하나님은 이것을 허락하신다. 하나님은 그런 것들을 통해서 하나님의 목적을 완성하신다.

루터(Luther)는 명백한 답변을 회피한다. 그러나 악은 선을 위하여 있으며, 하나님은 악을 통하여 선을 요구하며, 죄를 통하여 의를 완성한다고 본다. 칼뱅(Calvin)은 모든 사건에 대한 하나님의 통치를 확실하게 강조한다. "모든 사건은 하나님의 은밀한 계획에 의하여 통치되고 어떠한 것도 하나님에 의하여 기꺼이 정해지지 않은 것이 없다." 칼뱅은 하나님의 섭리와 숙명론을 동일시하지 않는다. 하나님이 제1원인이고 우리는 제2원인이다. 하나님은 인간에게 위험을 예측할 수 있고 사려 깊게 행동할 수 있는 이성을 주셨다. 위험을 인지했다면 고통에 대한 대책이 있어야 한다. 피조물의 활동 속에 약간의 자유가 있다. 삼위일체 하나님의 섭리는 숙명론을 조장하지 않는다. 하나님의 보존은 우리의 인내를 통해서만이 아니라, 또한 악을 참지 못하고 그것에 용감하게 저항하는 것을 통해서 역사한다.

헤겔(Hegel)은 세계의 모든 것은 하나님의 자기소외로부터 오며 하나님의 자기활동이라고 보았다. 악은 정신의 변증법적 자기활동에 필요한 요소이며, 정신에 의해서 부정되고 고양된다. 정신으로서의 하나님은 악한 것을 부정함으로써 세계를 보다 높은 진리의 세계로 발전시킨다. 악도 하나님 자신에 의해서 정립된 것이다. 왜냐하면 세계의 모든 것은 하나님 자신이 하는 일이다. 악은 선으로 넘어가는 과정 속에 있으며, 악의 요소가 전혀 없는 선이란 유한한 세계 속에서는 있을 수 없다.

틸리히(Tillich)는 악을 비존재자로 생각한다. 실존하는 것은 비존재의 위협과 긴장 관계에 놓여 있다. 절대적으로 선한 것과 악한 것은 없다. 모든 것은 악한 것으로부터 선한 것으로 발전되어 가는 과정 속에 있다. 악한 것은 선한 것으로 발전되어 가는 과정 속에 있으며 일시적으로 악할 뿐이다. 악은 인간과 세계를 파괴하고 무(無)로 돌아가게 하고자 하는 무적(無的)인 것이다. 악은 인간의 본래성 속에 깊이 숨어 보이지 않는 인간의 삶을 부패시키고자 하는 하나의 세력이다. 우리는 한 인간이나 세계 속에서 어떤 것을 인식하듯 악을 인식할 수 없다. 그러나 악은 인간의 유혹과 죄 속에서 하나의 악한 의지로 나타나며 어디에나 있다.

악의 기원에 대해서 살펴보자. 도대체 악은 어디로부터 오는가? 악은 하나님의 피조물인가? 성서 어디에도 하나님이 악을 창조하였다는 말은 없다. 창세기 1:2에 카오스(Chaos)가 나타난다. "땅이 혼돈하고, 흑암이 깊음 위에 있고 하나님의 신은 수면에 운행하시니라."(The earth was without form and void, and darkness was upon the face of the deep.) 카오스는 천지 창조 이전의 혼돈을 말한다. 하나님이 창조하지 않은 형태(form)가 없고, 어두움으로 가득한 카오스가 하나님이 창조한 피조물의 세계에 대립해 있었다. 카오스는 하나님이 창조한 것은 아니다. 악은 무(無)로 이해될 수 있다. 무(無)는 인간과 세계를 다시 무(無)로 돌리려고 하는 위협적인 세력으로 나타난다.

악에 대한 바르트의 이해는 우리에게 도움을 준다. 바르트에 의하면, 악은 창조의 활동 속에서 하나님께서 원하지 않으셨던 것으로부터 신비스럽게 오는 무(無, nothingness)라는 소외된 힘이다. 악 혹은 무적(無的)인 것은 하나님도 아니고 하나님의 피조물도 아니다. 악은 하나님과 그의 피조물이 존재하는 것처럼 존재할 수 없다. 악은 무(無)로서 존재하지 않는 것으로서의 존재다. 악은 아무 것도 없는 것이 아니다. 악은 하나님과 동일한 것도 아니고, 하나님이 원하셨던 것도 아니지만 무는 그 자체에 엄청나게 위협적인 힘을 가지고 있다. 하나님의 선택에 있어서 선택되지 않은 것, 곧 버려진 것이 무(無)다. 무적(無的)인 존재는 하나님의 자리를 넘본다. 그래서 하나님의 분노와 심판의 대상이 된다. 하나님의 분노와 심판의 대상은 하나님의 은혜의 부정이요 악한 것이다. 악은 예수 그리스도 안에 나타난 하나님의 뜻과 모순되는 것이다. 하나님만이 그 무(악)를 정복할 수 있다.[25] 이런 성격을 가진 악은 하나님의 피조물에 대하여 중성적인 것, 제3의 것이 아니고, 적으로서 하나님을 모욕하고 인간을 위협한다. 이것은 죄의 형태에 있어서 죄책으로 경험되며 고통과 죽음의 형태에 있어서

---

25 K. Barth, *Church Dogmatics*, III/3, p.295. 악을 무로서 보는 바르트의 교리는 형이상학적 사색에 빠졌다는 비판을 받는다. 이에 대하여 G. C. Berkouwer, *The Triumph of Grace in the Theology of Karl Barth* (Grand Rapids: William B. Eerdmans, 1956)를 보라.

벌과 고난으로 경험된다.

왜 하나님은 인간의 타락과 함께 악으로 나타나는 무(無)를 허용하시는가? 원칙적으로 인간이 설명할 수 없다. 악의 이유를 인간이 답변할 수 없다. 그러나 우리는 신정론에 대해서 다음과 같은 정리가 필요하다. 하나님은 피조물의 자율성을 존중한다. 하나님의 통치는 하나님의 말씀에 의한 통치이지, 강압적이고 일방적인 힘에 의한 통치가 아니다. 선악과의 열매를 따먹지 말라는 하나님의 명령은 인간이 자유로운 결단을 내릴 수 있는 인간임을 전제한다. 악으로 나타날 수 있는 무(無)는 인간이 자신을 하나님 앞에서 자유로운 존재로 실현해 나가기 위하여 주어져 있는 현실이다. 만일 악(無)이 없다면 인간의 자유로운 결단과 자기실현은 불가능할 것이다. 따라서 하나님은 무(無)를 허용했다고 볼 수 있을 것이다.

이런 정리를 통해 우리는 다음과 같은 결론에 이르게 된다. 첫째, 무(無)로 인하여 인류가 당하는 불의와 고난은 인류 자신이 이끌어 온 귀결이다. 인간은 하나님의 계명을 어김으로써 참된 자유를 상실하고 무(無)를 악으로 경험한다. 둘째, 인간은 악의 노예 상태에 있기 때문에 자신의 힘으로 악을 이길 수 없다. 하나님만이 악에 대한 승리자다. 그리스도의 십자가에서 하나님은 악의 세력을 물리치신다. 인간의 편에서 십자가는 패배로 보이지만 하나님의 편에서 십자가는 승리를 뜻한다. 악에 대한 궁극적 승리가 일어난 곳은 골고다의 십자가이며 부활은 십자가에서 일어난 이 승리를 증명한다. 셋째, 악은 극복된 악이다. 피조물의 세계 속에서 지금도 활동하고 있는 악은 하나님에 의하여 극복된 악이다. 악은 지금도 세계 근처에서 죄와 파괴를 일으키고 있다. 허나 악은 사실상 하나님에 의하여 극복되었다. 예수 그리스도 안에서 새로운 피조물에 대하여 악은 더 이상 세력을 행사할 수 없다. 우리는 악에 대한 예수 그리스도의 승리를 믿어야 한다.

신정론은 우리에게 다음과 같은 가르침을 준다. 이유를 알 수 없을지라도 하나님의 손으로부터 오는 역경을 받아들이는 겸손을 가르친다. 우리가 안정을 누릴 때에도 감사하도록 가르친다. 아직 오지 않은 모든 불신과 근심으로부터 자유롭게 한다. 이 모든 것은 하나님의 섭리를 이해할 수 있을 때에만 가능해진다.

미글리오리는 최근의 신정론을 다음과 같이 정리하였다.[26]

첫째, 항의 신정론이다. 항의 신정론(Protest Theodicy)의 대표적 신학자로, 존 로스(John Roth)를 비롯한, 루벤스타인(Richard Rubenstein), 코헨(Arthur Cohen) 등이 있다. 항의 신정론은 역사 속에는 너무나 많은 비극과 불의와 살인이 있어서 우리가 하나님의 침묵과 부동에 대하여 항의하게 되는데, 그럼에도 불구하고 하나님께 신실하려고 결심하는 신정론이다.

둘째, 과정 신정론이다. 과정 신정론(Process Theodicy)의 대표적 신학자로 존 콥(John Cobb)과 데이비드 그리핀(David Griffin)을 꼽을 수 있다. 과정 신정론은 문제해결이 하나님의 능력의 근본적인 제한 속에 있다고 본다. 모든 것들은 어느 정도 그들 자신의 자유와 힘을 가지고 있다. 하나님은 힘을 독점하시지 않는다. 하나님께서 하시지 않는 일이 있다. 대참사를 막는다거나, 어린아이의 생명을 앗아가는 폭주차량을 막는다거나, 인간의 암세포 성장을 제거시키는 일 등이다. 하나님은 간접적 의미에서 악에 대한 책임이 있다. 그러나 하나님은 비난받을 수 없다. 하나님은 언제나 선을 의도하시고 아름다움과 비극이 엮어져 있는 세상에서 피조물과 고통을 함께 나눈다.

셋째, 인간형성 신정론이다. 인간형성 신정론(Person-making Theodicy)의 대표적 신학자는 존 힉(John Hick)이다. 힉은 악을 죄의 결과로 보는 아우구스티누스(Augustine)의 신정론과 악의 가능성과 경험은 하나님의 형상을 닮은 성숙한 인간을 향한 성장 가능성의 조건들로 보는 이레네우스(Irenaeus)의 신정론을 구별하였다. 힉에 의하면 하나님은 꼭두각시가 아닌 자유로이 예배하고 경배하는 인간을 원하신다. 인간은 불완전하게 창조되었다. 하나님께서 의도하는 바에 이르기까지의 과정에 자유로이 참여해야 한다.

넷째, 해방 신정론이다. 해방 신정론(Liberation Theodicy)의 대표자는 제임스 콘(James Cone)이다. 해방 신정론은 고통을 수동적으로 수용하는 것이 아니라 고통에 대항하는 하나님의 투쟁 속에 인간이 용감하게 참여하는 것을 지지한다. 하나님은 힘없는 이들에게 힘을 주셔서 지금 여기에서 예수의 십자가와 부활에서 자신들의 것으로 밝혀진 그 자유를 위해 싸우게 한다.

미글리오리는 신정론에 대하여 다음과 같이 대답을 제공한다. 첫째, 이 세상

---

26 이하는 Daniel L, Migliore, 「조직신학입문」, p.197~180의 논술을 따른 것이다.

에 왜 악이 많은지, 왜 그처럼 공평하지 못하게 악이 퍼져있는지 모르지만 우리는 하나님을 신뢰하고 인내해야 한다. 욥기는 세상을 대하시는 하나님의 방법을 이해시키고자 하였다. 둘째, 고난의 경험을 악한 사람에 대한 하나님의 심판, 혹은 하나님의 백성에 대한 징벌의 증거로 해석한다. 그러나 칼뱅은 성서는 열병, 전쟁, 그리고 이런 종류의 다른 재난들이 우리의 죄에 대한 하나님의 징벌이 아니라고 가르친다. 예수님은 사람이 장님이 된 것은 그 자신 혹은 그 부모의 죄 때문이 아니라고 했다.(요 9:1~3) 셋째, 이 땅의 고통을 우리가 하나님을 향하도록 하는 하나님의 교육(pedagogy)에 중심을 둔다. 그리스도교인들은 모든 고통을 영적인 성장을 위한 기회로 본다. 이것으로 현재의 삶을 직시하고 미래의 삶을 묵상하는 것을 배운다. 하나님은 위험을 있게 하셔서 세상적인 것에 대한 관심을 단념시키고 하늘을 향하게 한다. 넷째, 고통으로부터 배울 수는 있지만 고통이 유익하다고 하는 일반적인 진리로 전환되어서는 안 된다.[27]

지금까지의 신정론은 특별한 상황에 처해 있는 많은 신앙인들에게 위로와 도움을 준다. 즉 진리의 요소가 이들 각각에 담겨 있다. 하나님은 피조물들이 자신의 생명과 자유를 수행하도록 동반하신다. 자유 활동을 인정하시고 존중한다. 독재자처럼 행하시지 않는다. 피조물의 유한한 자율성 존중하신다. 피조물을 목적에로 인도하기 위해 모든 것들을 통치하시는데 그것은 하나님의 말씀과 영에 의해서지 강압적이고 일반적인 힘에 의해서 통치하시는 것은 아니다.

하나님은 고통 받는 자로서 피조물과 함께 한다. 창조 안에서 악은 홀로 초연하고 무관심하고 불변한 존재로서의 하나님의 명령에 의해서 극복되는 것이 아니라 하나님께서 세상의 고통을 참으로 경험하시고 극복하시는 하나님의 희생적인 사랑의 역사에 의해서만이 극복될 수 있다. 오로지 고통당하시는 하나님만이 우리를 도울 수 있다. 그 고통당하시는 하나님은 삼위일체 하나님이시다. 몰트만(J. Moltmann)은 십자가의 사건과 하나님의 삼위일체 사이의 깊은 관계를 강조한다. 아들의 고통과 아버지의 슬픔과 성령의 위로가 세상의 모든 고통을 끌어안는다. 그리스도교인은 악을 악으로 저항하는 것이 아니라 선으로 이겨야 한다.(롬 12:21) 하나님은 모든 것 안에서 선을 위하여 활동하신다.(롬

27 Daniel L. Migliore, 「조직신학입문」, p.168~171.

8:28) 하나님은 삶을 보존하시고 삶을 위협하는 모든 것들에 대항하여 활동하시는 것 이상의 일을 하신다.

신정론에 대한 우리의 결론은 하나님의 섭리와 악에 대한 우리의 성찰은 불완전하다는 것이다. 악의 기원에 대한 사색보다는 하나님의 사랑의 우위성과 궁극적인 승리의 확신 속에서 그 악에 저항하는 것에 더 관심을 갖는다.

삼위일체론

CHAPTER `04`

삼위일체론

삼위일체론은 그리스도교 신론의 핵심이라 할 수 있다. 삼위일체의 교리는 그리스도교 신앙에서 가장 중요한 교리 중의 하나이다. 하나님을 올바르게 이해하려면 삼위일체 교리를 연구해야 한다. 미글리오리가 지적한 바와 같이, 삼위일체 교리는 하나의 신비스럽고 사색적인 교리가 아니다. 삼위일체 교리는 하늘로부터 떨어진 것도 아니고, 석판에 새겨진 것도 아니다. 그것은 수 세기를 거쳐서 복음의 메시지에 대한 교회적 반성의 산물이다.[1] 삼위일체 교리는 그리스도교 믿음 속에서 경험되는 하나님의 자유로운 은혜의 신비에 대하여 교회가 일관적으로 표현한 것이다. 하나님에 대한 이해를 등한시할 때 교회의 정체성을 잃어버릴 수 있다.[2]

유일신론이 구약의 신관이라면 삼위일체 신관은 그리스도교 신학에 의해서 형성된 신관이라 할 수 있다. 그리스도교의 하나님은 삼위일체 하나님이다. 하나님은 삼위로 존재하지만 한 분으로서 통일된 단일인격체라는 것이다. 이것은 마치 1=3이고 3=1이라는 것이다. 이것은 하나의 역설이다. 어떻게 우리는 이것을 이해할 수 있을까? 불행하게도 성서에는 삼위일체라는 말도 없거니와 셋이 하나이고 하나가 셋이 되는 방식을 설명해 주는 구절도 없다.

일반적 인식론은 인간의 능력의 한계 내에서 형성된 인본주의적 인식론이다. 일반적 인식론은 논리(logos)와 감성(pathos)과 윤리(ethos)를 토대로 한 이성의

---

1 Daniel L. Migliore, 「조직신학입문」, p.104.
2 Ibid., p.113.

한계 내에서 형성되는 지식이다. 이 지식은 이성의 한계 너머에 있는 존재에 대하여 말할 때 부정적으로만 말했다. 이것을 부정신학(*Theologia negativa*) 또는 부정방법론(*via negativa*)이라 한다.

이와는 달리 그리스도교 지식론은 초자연적 존재로부터 주어진 계시를 통해서만 가능하다고 본다. 그리스도교 지식론은 일반적 지식론의 세 가지 기본적인 차원인 '논리'와 '감정'과 '윤리' 외에 '신비'를 수용한다. 예수의 제자들은 바로 이 신비의 차원을 체험하였다. 제자들의 체험적 지식은 삼위일체라는 교리 형성의 인식론적 자료가 되었다. 제자들의 이러한 경험적 지식론은 교부들에 의해 삼위일체론으로 정착되었다.

삼위일체 교리의
성서적 근거

모든 교리는 성서의 가르침에 그 판단표준을 두고 있다. 성서에서 삼위일체론의 직접적 근거가 되는 내용은 발견되지 않는다. 다만 후세의 교부학자들이 신구약성서 도처에 명시적으로 암시적으로 단편적으로 언급된 내용을 종합하여 삼위일체론이라는 교리를 만들었다. 그들이 삼위일체라는 교리를 말할 수밖에 없었던 성서적 근거들을 여러 곳에서 찾아볼 수 있다.

창 1:26 "우리의 형상을 따라 우리의 모양대로 우리가 사람을 만들고"라고 언급한다.

창 11:7 인간이 바벨탑을 쌓았을 때 "우리가 내려가서" 그 일을 막자라고 언급한다.

창 18:2~21 야훼 하나님이 마므레 상수리 수풀 근처에서 아브라함에게 나타났을 때 세 사람의 모습으로 나타났다.

"눈을 들어 본즉 사람 셋이 맞은편에 서 있는지라 그가 그들을 보자 곧 장막 문에서 달려나가 영접하며 몸을 땅에 굽혀…"

마 3:16~17 예수가 세례 받을 때 성령이 비둘기같이 내려 하늘로부터 이는 내 사랑하는 아들이라는 소리가 있었다.

마 28:29 세례 베풀 때에 "아버지와 아들과 성령의 이름으로 세례를 주라"고 하였다.

요 14:26 삼위가 하나 되어 구속사역을 수행하신다는 것을 언급하고 있다.

"보혜사 곧 아버지께서 내 이름으로 보내실 성령 그가 너희에게 모든 것을 가르치고 내가 너희에게 말한 모든 것을 생각나게 하리라."

행 2:33 제자들은 예수를 중심한 인류구속사역에 삼위일체 하나님이 역사하심을 느꼈다.

"하나님이 오른손으로 예수를 높이시매 그가 약속하신 성령을 아버지께 받아서 너희가 보고 듣는 이것을 부어 주셨느니라."

행 10:38 베드로는 삼위일체 하나님이 사역하심을 고백한다.

"하나님이 나사렛 예수에게 성령과 능력을 기름 붓듯 하셨으매 그가 두루 다니시며 선한 일을 행하시고 마귀에게 눌린 모든 사람을 고치셨으니 이는 하나님이 함께 하셨음이라."

고후 13:13 삼위일체 하나님의 축복에 대한 언급이 있다.

"주 예수 그리스도의 은혜와 하나님의 사랑과 성령의 교통하심이 너희 무리와 함께 있을지어다."

고후 1:20~22 바울은 삼위일체라는 용어를 사용하지 않으나, 아버지와 아들과 성령이 언제든지 함께 그리스도 안에서 사역하고 있음을 강력하게 의식하고, 그 사실을 교인들에게 가르치려고 노력하였다.

벧전 1:2 베드로는 이 구절에서 세 위격을 언급하였다.

"곧 하나님 아버지의 미리 아심을 따라 성령이 거룩하게 하심으로 순종함과 예수 그리스도의 피 뿌림을 얻기 위하여 택하심을 받은 자들에게 편지하노니 은혜와 평강이 너희에게 있을지어다."

엡 4:5~6 "주도 한분이시요 믿음도 하나요 세례도 하나요 하나님도 한 분이시니 곧 만유의 아버지시라. 만유 위에 계시고 만유를 통일하시고 만유 가운데 계시도다."

요1서 5:8 "증거하는 이가 셋이니 성령과 물과 피라. 또한 이 셋이 합하여 하나이니라."

언급된 성서 본문들을 통합해보면 하나님은 세 위격이면서도 한 분이라는 결론이 나온다. 물론 성서 안에 삼위일체라는 용어나 그것에 직결되는 논리는 없다. 그러나 성서에 삼위일체론적 신앙고백이 있다. 성서기자들은 세 위격을 체험하는 동시에 그들이 상호모순 없이 세상을 향하여 사역한다고 믿었다. 삼위일체론은 사변주의에서 나온 것이 아니라 경험을 토대로 나온 것이다.

삼위일체론은 체험적이며 실천적이고 가장 이론적 교리이다. 예수의 언행, 바울의 글, 유대인들과 예언자들이 체험한 하나님은 삼위일체 논리로 정립될 수 있는 흐름이 있다. 초대 교회는 하나님이 세 분으로 존재하는지 또는 하나의 통일된 신으로 존재하는지에 대하여 연구하였다. 그 결과 삼위일체 신관을 말하게 되었다. 그 이후 아우구스티누스[3]와 동방의 3대 신학자들[4]에 의해 삼위일체론은 그리스도교의 중요 교리로 고백되었다.

삼위일체의
표현 형식

초대 교회 교부들은 삼위일체 하나님에 대한 완벽한 지식을 가지는 것이 불가능하다 해도 최대 근사치적 지식을 가지기 위하여 노력하였다. 그 결과 두 가지 표현 형식이 작성되었다. 하나는 동방교회의 형식이요, 다른 하나는 서방교회의 형식이다.

1) 동방교회의 형식

동방교회는 하나님의 특별한 존재 양태에 대하여 말할 때 '미아 우시아 트레이스 휘포스타세이스'(μία οὐσία τρεῖς ὑποστάσεις)라는 형식으로 표현하였다.[5] 동방교회의 형식은 이레네우스(Irenaeus, c. 130~c. 200), 오리게네스(Origenes, c. 185~c. 254), 그리고 가이사랴의 바실(Basil of Caesarea, 330~370)을 비롯한 카파도키아 교부들에서 찾아볼 수 있다.

삼위일체에 대한 성서 구절 이외에 가장 초기의 규범은 이레네우스에게서 찾아볼 수 있다. 이레네우스는 아버지와 아들과 성령에 대한 신앙을 명백하게 고백하였다. "한 하나님, 전능하신 아버지 …를 믿는다. 한 그리스도 예수, 하나님의 아들을 … 믿는다. 성령을 … 믿는다."[6] 이레네우스는 한 분 하나님이 존재한다는 것과 구약의 하나님과 예수 그리스도 안에 계시된 하나님은 실재에

---

3 아우구스티누스의 대표적 저서로 「고백록」(confession), 「신의 도성」(City of God), 「삼위일체론」(On the Trinity)을 꼽을 수 있다.
4 카파도키아에서 활동한 바실 대제(Basil the Great, 330~379), 니사의 그레고리(Gregory of Nyssa, 335~394), 나지안주스의 그레고리(Gregory of Nazianzus, 329~390)를 말한다. 4세기의 삼위일체론은 이들에 의해 꽃을 피우게 되었다.
5 이종성, 「삼위일체론」(서울: 대한기독교출판사, 1991), p.286.
6 Irenaeus, Contra Haereses, Lib., 1, cap. 10, ≠ 1.

있어 하나이며 동일하신 분이라는 점을 주장하였다.[7] 이레네우스는 아버지와 아들과 성령은 동일한 신성을 공유한 한 분 하나님이지만 그 안에서 구별되시는 분이라고 고백하면서, 우리가 예배하는 그 하나님은 우리의 지식의 질서 속에서 완전히 파악될 수 없다고 본다. 그래서 하나님에 대한 이해는 분명한 한계와 질서 속에서 수행되어야 하고 예배와 헌신 속에서 수행되는 것으로 보았다.[8]

이레네우스는 영지주의[9]를 비판하면서 합리적으로 하나님의 삼위일체 본성의 신비를 설명할 수 없다고 보았다. 누구도 하나님의 본성과 목적을 완전히 이해할 수 없으며 이것을 망각하는 것은 어리석음에 이르는 것이라고 하였다.[10] 이레네우스는 아들이 어떻게 아버지로부터 출생했는지에 대해서 이해할 수 없다고 인정하였다. 그는 아들과 성령을 하나님이 "창조 사역을 수행할 때 참여한 하나님의 두 손"이라고 표현하였다. 이레네우스는 아버지와 아들과 성령의 사역을 다음과 같이 기술한다. 아들은 인간을 아버지께로 인도하고, 성령은 인간으로 하여금 아들을 맞을 준비를 하게 하고 아버지는 인간에게 불멸성을 선물로 주신다.[11] 이레네우스는 성부는 창조의 경륜을, 성자는 화해와 회복의 경륜을, 성령은 인간 갱신의 경륜을 이루어가는 것으로 이해하여 그는 경륜적 삼위일체 또는 경세적 삼위일체론을 전개하였다.[12]

오리게네스는 이단으로 처리되기 전 「그리스도교 원리론」(De Principiis)을 발표했는데 거기서 모든 것을 창조한 한 하나님이 계시고, 모든 피조물보다 먼저 아버지로부터 태어난 예수 그리스도가 있으며, 성령이 아버지와 아들과 함께한다고 하였다. 그러나 그는 성령이 탄생했는지 또는 하나님의 아들이라고 불러야 할지에 대해서 더 연구해 보아야 한다고 하였다. 이처럼 그는 교회의 복음을 학적으로 정리하려고 하였으나 삼위일체 하나님에 대해서는 모호한 태도를 취하였다.[13]

오리게네스는 "빛이 광채 없이 존재할 수 없는 것처럼, 아들도 아버지 없이

7 Gerlad O'Collins, *The Tripersonal God:Understanding and Interpreting the Trinity* (New York: Paulist Press, 1999), p.97.
8 Roger E. Olson, Christopher A. Hall, *The Trinity*, 이세형 옮김, 「삼위일체」(서울: 대한기독교서회, 2004), p.43.
9 영지주의자들은 구원을 악으로 정의되는 물질세계로부터 선으로 정의되는 순수한 영의 세계로 들어가는 것으로 보았다.
10 Roger E. Olson, Christopher A. Hall, 「삼위일체」, p.42.
11 Gerlad O'Collins, *The Tripersonal God: Understanding and Interpreting the Trinity*, p.102.
12 J. N. Kelly, *Early Christian Doctrines* (New York: Harper &Row, 1978), p.170~174.
13 이종성, 「삼위일체론」, p.287.

존재할 수 없다."고 하였다. 그는 아들이 아버지와 같은 분임을 다음과 같이 기술한다. "아들은 진리, 지혜, 혹은 생명으로 아버지 하나님의 완전한 본질이었다. 때문에 진리와 지혜와 생명은 아들과 나누어질 수 없고 그의 본질과 분리될 수도 없다."[14] 오리게네스는 신성에 위계 등급이 있다고 보고, 아버지, 아들(성령), 피조물을 그 등급에 비례하여 생각한다. 오레게네스는 예수를 제2하나님으로 성부에게 종속하는 존재로 이해하였다. 그러나 아버지와 아들과 성령의 공유된 신성 안에서 어떻게 이러한 비례적 등급이 가능한지 적절하게 설명하지 못한다. 오리게네스는 성령을 피조된 존재로 보지 않는다. 그는 성령이 모든 피조물들을 능가하는 것처럼 아버지도 성령을 능가한다고 주장하였다.[15]

네오가이사랴 지방 감독으로 있던 타우마투르구스(Gregorius Thaumaturgus, 270년경)는 삼위일체 하나님에 대하여 언급하였다. 그는 하나님은 한 분만 계시며 살아있는 말씀의 아버지는 독생자의 아버지이며 한 성령이 계신다고 하였다. 그리고 성령 안에서 아버지 하나님과 아들 하나님이 계시되었으며 삼위일체 하나님 안에는 창조된 것이나 의존하는 것이 없다고 하였다. 그에 의하면 "아버지를 가지지 않은 아들이나 아들을 가지지 않은 성령도 없다. 삼위일체 하나님은 언제든지 동일하고 변화나 변동이 없다."[16]

4세기에 삼위일체 신학 발전에 기여한 인물들로서 카파도키아 교부들인 바실 대제(Basil the Great, 330~370), 나지안주스의 그레고리(Gregory of Na-zianzus, 329~390), 니사의 그레고리(Gregory of Nyssa, 335~394)를 꼽을 수 있다.[17] 나지안주스의 그레고리는 바실의 친구였고, 니사의 그레고리는 바실의 동생이었다. 이들에 의해 '페리코레시스'(perichorsis)란 용어가 사용되었다. 헬라어 페리코레시스는 서로가 신성을 공유하면서 서로가 서로에게 사랑의 침투적 관계를 유지하면서 친교한다는 뜻이다. 이것은 삼위가 각각 기능과 개성을 유지하면서도(tres hypostasis) 공통된 하나의 신성(mia ousia)을 공유하며 깊은 친교를 나눈다는 것이다. 그래서 카파도키아 교부들은 성령은 성부와 성자와

---

14 Origen, *The First Principles*, ANF, vol.4, book 4, chapter 28, p.377.
15 Roger E. Olson, Christopher A. Hall, 「삼위일체」, p.40~41.
16 P. Schaff, *The Creeds Christendom with a History and Critical Notes*, vol. 2 (Grand Rapids: Baker Book House, 1983), p.24f.
17 카파도키아 학파의 삼위일체론에 대한 이해를 위해, 김홍기, 「평신도를 위한 신학」(서울: 이화대학교출판부, 2006), p.19~38을 보라.

함께 우리의 예배와 찬양을 받으시는 분이라는 것을 정립하였다.[18] 이들의 주장은 381년 콘스탄티노플 회의에서 정통 교리로 인정되었다. 즉 성령의 동일본질론이 인정을 받은 것이다.

카파도키아 교부들은 하나님의 존재가 아버지와 아들과 성령의 위격적 구분을 가지고 있어도, 이 모든 세 위격들은 그 의지와 활동에 있어서 하나임을 강조한다. 이들은 언제나 의지와 행위에서 하나이다. 이들은 한 분 하나님이지 세 분 하나님이 아니다. 예수의 인간적인 의지는 하나님의 의지와 구별된다. 그러나 예수는 자신의 인간 의지를 아버지의 의지에 따른다. 따라서 예수의 의지는 아버지의 의지와 하나가 된다. "삼위일체의 관계 속에서는 불일치나 갈등의 가능성이 없다. 왜냐하면 세 위격은 모두 의지와 활동에 있어서 하나이기 때문이다."[19]

바실은 본성(ousia)은 보편적인 것으로, 위격(hypostasis)은 특수한 것으로 구분한다. 그리고 성부를 아버지 되심(paternity), 성자를 아들 되심(sonship), 성령을 성화케 하는 능력 혹은 성화(sanctifying power or sanctification)로 표현하였다.[20] 바실은 엄청난 서신 교환을 통해 성령의 신성을 옹호하였다. 그는 성령의 성격과 활동은 아버지와 아들과 함께, 선, 거룩함, 영원함, 지혜를 공유하며 활동한다. 따라서 성령은 아버지와 아들과 동일한 본성을 소유해야 한다고 추론한다.[21] 바실은 계시가 성부로부터 성자를 통하여 성령 안에서 나온다는 것을 인정하지만, 그것을 수단과 장소의 개념으로 이해하지 않는다. 바실은 창조라는 계시 행위에서 세 분이 함께 일하신다고 보았다. 즉 창조의 뜻과 섭리는 성부가, 그 생성케 하는 힘은 성자가, 그 창조를 완성하는 것은 성령이 하신다.

나지안주스의 그레고리는 짧은 기간이기는 하지만 아리우스 논쟁이 가열되었던 매우 결정적인 시기에 콘스탄티노플의 감독으로 봉직하면서 그 당시 그 도시 전체를 뒤흔들었던 아리우스주의를 공격하는 데 일조하였다. 그는 자신의 신학적 연설에서 삼위일체적 사유에 도움이 되는 개념으로 계시의 개념을

18 J. N. Kelly, *Early Christian Doctrines*, p.260~262.
19 Roger E. Olson, Christopher A. Hall, 「삼위일체」, p.58.
20 J. N. Kelly, *Early Christian Doctrines*, p.265.
21 Saint Basil, *Letters*, letter 189, p.59; Basil the Great, *On the Holy Spirit*, trans. David Anderson (Crestwood, N.Y.: St. Vladmir's Press, 1980), p.76~78.

제안하면서 바질과 함께 아들과 성령의 신성을 옹호하였다.[22] 나지안주스의 그레고리는 단호하게 말한다. 성령은 피조물도 아니고 하나님의 능력도 아니다. 그는 하나님이시다.[23] 그리고 나지안주스의 그레고리는 성령은 오순절 강림 사건 이후부터 존재하셨다는 주장을 반대하고, 성령은 태초부터 계시고 구약 시대에도 계셨다고 주장한다.[24] 또한 성령은 우리의 예배의 대상임과 동시에 예배를 주관하시는 분이라고 주장한다. 그에 의하면 성령은 친히 우리로 하여금 예배드리게 하고, 기도를 드리게 하며 동시에 그 행위는 곧 그가 예배를 받으시고 기도를 받으시는 행위라는 것이다. 더 나아가 나지안주스의 그레고리는 우리는 성령 없이 완전해질 수 없으며, 오직 성령과의 교제를 통해 완전에 이를 수가 있다고 보았다. 그에게 성령은 우리 가운데 내재하셔서 우리를 가르치고 지도하시며, 진리로 인도하시며 신적 생명의 참여자가 되게 하신다. 성령은 우리를 그리스도께로 인도하는 스승이다.[25]

니사의 그레고리는 삼위일체 교리가 본질적으로 삼신론이었다는 잘못된 개념을 바로 잡는 데 관심을 두었다. 니사의 그레고리에 의하면, "아버지와 아들과 성령이 갖는 하나의 본질은 삼위일체가 실제로 세 하나님이라는 결론에 다다를 수 없게 한다."[26]

카파도키아 교부들은 성령은 삼위의 일위(一位)로서 성부, 성자와 동일본질이시고 영원히 존재하시는 분임을 밝혀내었다. 이와 같이 카파도키아 교부들을 비롯한 동방교회 교부들의 삼위일체에 대한 인식은 동방교회에서 '미아 우시아 트레이스 휘포스타세이스'라는 형식으로 표현되었다. 우리는 이 표현 양식에 나타난 용어들을 살펴봄으로써 동방교회의 삼위일체 하나님에 대한 이해를 구할 수 있을 것이다.

(1) 우시아

우시아(ousia)는 헬라철학에서 '근원적 존재'를 의미하는 말로 사용되었다. 이것은 인간이 눈으로 볼 수 있는 유형적인 것이 아니라 그 유형적인 것을 있게

---

22 Gregory of Nazianzus, "The Fifth Theological Oration—On the Spirit," in *Christology of the Later Fathers*, ed. Edward R. Hardy (Philadelphia: Westminster Press, 1954), p.207.
23 김홍기, 「평신도를 위한 신학」, p.30.
24 Ibid., p.33.
25 Ibid., p.34~36.
26 Roger E. Olson, Christopher A. Hall, 「삼위일체」, p.59.

하는 근원적 존재 또는 힘을 말한다. 플라톤은 그러한 근원적 존재를 이데아 (idea)라고 불렀다. 그는 우시아와 이데아를 동일한 것으로 해석하고 실제로 존재하는 것은 현상계가 아니라 이데아의 세계, 곧 우시아의 세계라고 하였다. 아리스토텔레스는 플라톤과 달리 '우시아'를 구체적으로 존재하는 것으로 보았다. 그는 모든 실재에는 실체와 속성이 있다고 생각하면서 구체적이고 개별적인 속성을 '제1 우시아'라고 하였고 구체적인 것에 공통적인 실체를 '제2 우시아'라고 하였다. 그러나 이들은 형이상학적인 것과 현상계를 의미하는 것이 아니라 실체적 존재를 의미한다.[27]

(2) 휘포스타시스

아리스토텔레스는 휘포스타시스(hypostasis)를 '밑에 서 있는 것', 또는 '침전물'(沈澱物)을 의미하는 말로 사용하였다. 실질적으로 이 말은 '우시아'와 같은 뜻을 가진 말로 이해되기도 하였다. 즉 어떤 존재의 기초 또는 근원을 의미했다. 이 말은 '우시아'와 분명한 구분 없이 사용되었다. 소크라테스 시대에는 '우시아'보다 '휘포스타시스'를 더 선호하였고, 아리스토텔레스 이후부터는 '우시아'를 더 많이 사용하였다. 로마에서는 '휘포스타시스'를 '서브스탄티아'(substantia)로 번역하여 '우시아'의 동의어로 사용하였다.[28] 일반적으로 교부들은 '휘포스타시스'를 '우시아'의 동의어로 사용하였다. 아타나시우스 (Athanasius)는 "휘포스타시스는 우시아다."라고 하여 이 두 낱말이 같은 것을 의미한다고 하였다. 그러나 362년 아타나시우스가 주관했던 알렉산드리아 대회부터 이 두 낱말이 구분되어 사용되었다. 이때부터 대다수의 교부들은 '우시아'는 하나님의 본체 또는 실체 자체를 의미하는 것으로, '휘포스타시스'는 하나님 존재의 특별한 양태 또는 존재방법을 의미하는 것으로 이해하였다. 이러한 구분은 카파도키아의 세 신학자들에 의해 더 분명하게 정착되어 '휘포스타시스'는 세 위격을 설명하는 낱말로 사용되었다.[29] 바실은 '우시아'와 '휘포스타시스'를 다음과 같이 구별하였다. 우시아는 '일체'를 의미하고, 휘포스타시스는 '삼위'를 의미한다. 이런 구별은 아버지와 아들과 성령이 한 실체(우시아)이며, 이

27 이종성, 「삼위일체론」, p.291.
28 J. F. Bethune-Baker, *An Introduction to the Early History of Christian Doctrine* (London: Methuen & Co. Ltd., 1903), p.117, 236.
29 W. F. Adeney, *The Greek and Eastern Churches* (New York: C. Scribner's sons, 1908), p.74.

는 세 가지 형태나 세 가지 차원, 또는 세 위격으로 존재한다는 것을 의미한다.

2) 서방교회의 형식

서방교회는 삼위일체 하나님을 말할 때 '우나 서브스탄티아 트레스 페르소나'(una substantia tres personae)라는 형식으로 표현하였다. 터툴리아누스(Tertullianus, c. 160~c. 220)는 서방교회의 삼위일체의 형성에 지대한 영향을 끼쳤다. 이레네우스가 역사 속에서 삼위의 구원 역사를 중시하는 경세적 삼위일체론을 전개하였다면 터툴리아누스는 삼위의 내적 친교를 중시하는 내재적 삼위일체론을 강조하였다. 터툴리아누스에게 삼위는 신성을 공유하고, 신성의 공유 속에서 사랑의 관계를 가지는 것으로 생각되었다. 터툴리아누스는 개인적인 신앙고백서를 작성하였는데 천지를 창조한 하나님과 그의 아들이라고 불리는 말씀인 예수 그리스도와 신자들을 인도하는 성령을 믿는다. 그는 삼위를 설명할 때 헬라어 '휘포스타시스'나 '프로소폰'을 쓰지 않고 라틴어 '페르소나'라는 단어를 사용하였다. 그는 프락세아스(Praxeas)라는 정체불명의 사람에게 보낸 반박문에서 '페르소나'를 사용하였다. 그때부터 서방교회 교부들은 삼위일체를 설명할 때 아버지와 아들과 성령이 고유의 '페르소나'를 가지고 있는 것으로 이해했다.

터툴리아누스는 처음으로 삼위일체적 관계를 분석하면서 '위격'(person)이란 말을 사용하였고, 처음으로 하나님에 대한 삼위일체란 의미가 담긴 라틴어 'Trinitas'를 사용하였다. 또한 그는 처음으로 "세 위격 안에 하나의 실체"[30]란 삼위일체적 표현을 전개하였다.[31] 터툴리아누스는 하나님에 대한 모델을 하나의 실체(substantia)와 세 개의 구별된 위격들(personae)로 구성하였다. 그는 순교자 저스틴(Justine Martyr, c. 100~c. 165)이 표현한 태양과 빛의 유비를 발전시켜[32] "태양이신 아버지는 성령이란 특별한 초점을 가진 빛이신 아들을 내

---

30 Gerlad O'Collins, *The Tripersonal God: Understanding and Interpreting the Trinity*, p.105.
31 Roger E. Olson, Christopher A. Hall, 「삼위일체」, p.46.
32 저스틴은 「트리포와의 대화」(Dialogue with Trypho)에서 그리스도를 "주", "하나님의 아들", "하나님", "말씀" 등으로 이해하고, 그리스도는 예배를 받으시기에 마땅한 분이라고 주장하였다. 그리고 그리스도는 아버지와 분리되지 않는다고 생각하였다. 저스틴은 이를 위하여 빛이 하늘에 있는 태양과 구분될지라도 빛과 태양이 나누어지거나 분리되지 않는 경우를 통해 예증하였다. 이것은 이후에 수용된 동일본질(homoousios)을 예견한 것이다. Gerlad O'Collins, *The Tripersonal God: Understanding and Interpreting the Trinity*, p.90. 저스틴은 하나님과 아들과 영을 높이고 예배한다고 하였다. Justin Martyr, 「제1변명」, p.6; Roger E. Olson, Christopher A. Hall, 「삼위일체」, p.37에서 재인용. 이러한 인식은 이후의 삼위일체적 사유와 모델을 제공하는 발판이 되었다.

신다."[33]고 하였다. 로저 올슨과 크리스토퍼는 터툴리아누스가 삼위일체적 관계를 설명하는 데 있어서, 아버지를 "신성의 전 실체"(the whole substance of deity)로, 아들을 파생된 분으로 표현하여 아들이 아버지보다 열등하다는 인상을 주는 실수를 범하고 있지만 그럼에도 불구하고 그는 삼신론과 양태론의 위험을 비켜간 훌륭한 신학자로 간주된다.[34]

451년에 작성된 칼케돈 신조에서는 예수 그리스도는 신성과 인성에 있어서 완전하며, 그는 참하나님이요 참사람이요 또한 아버지와 동일한 '우시아'를 갖고 있다고 하였다. 그리고 예수 안에 한 '페르소나'가 있다고 하였다. 삼위일체 신앙을 결정적으로 고백한 아타나시우스 신조는 제4, 5, 26, 27조항에서 삼위일체 하나님에 대하여 고백하였다. 제4항은 한 하나님 안에 삼위가 있는데(persona), 그 '페르소나'는 혼돈되거나 그 실체가 분할되지 않는다고 하였다. 제5항은 구체적으로 아버지와 아들과 성령의 '페르소나'가 있다고 하였다. 제26항은 각 '페르소나'는 함께 영원하고 동등하고 하였다. 제27항은 삼위일체 안에서 통일이, 통일 안에서 삼위가 예배된다고 하였다. 여기서 'una substantia tres personae'란 표현은 쓰지 않았지만 그 내용은 이것을 말하고 있다. 여기서 하나님(신성)과 함께 가지는 측면을 본체(substantia)라 하고, 자체의 고유한 측면을 위격(persona)이라 불렀다. 이런 경로를 거쳐 서방교회는 한 실체, 세 위격(una substantia tres personae)을 말하였다.[35]

(1) 서브스탄티아

서방교회가 사용한 '서브스탄티아'(substantia)는 어떤 것의 밑에 있는 것, 어떤 것을 존재케 하는 본성, 또는 근본 원칙을 의미한다. 이 말은 환상적이나 가공적인 존재를 말하는 것이 아니라 참존재, 근원적 존재를 의미한다. 서방세계에서는 헬라세계와 같이 '우시아'와 '휘포스타시스'를 구별하지 않고 '우시아'와 '휘포스타시스'를 일률적으로 '서브스탄티아'로 번역하였다. 터툴리아누스도 그의 「영혼론」(De Anima 11)에서 이 두 단어를 구별하지 않고 사용하였다.[36] 따

---

33 Roger E. Olson, Christopher A. Hall, 「삼위일체」, p.48.
34 Ibid., p.48~49.
35 이종성, 「삼위일체론」, p.289~290.
36 Tertullianus, Adv. Praxean, p.7, 26; J. F. Bethune-Baker, An Introduction to the Early History of Christian Doctrine, p.232.

라서 동방교회에서 세 위격을 의미하는 말인 '휘포스타시스'가 서방교회에서는 일체(一體)를 의미하는 '서브스탄티아'로 이해되었다. 이로 인해 용어 사용의 혼란이 일어나 동방교회는 서방교회가 삼신론(tritheism)을 가르친다고 오해하기에 이르렀다. 이런 오해는 아우구스티누스의 삼위일체론을 통하여 어느 정도 완화되었으나 아직까지도 그 영향이 남아 있다.

(2) 페르소나

신약에서는 '페르소나'에 해당하는 말로 '프로소폰'을 사용하였다. 라틴어 '페르소나'에 해당하는 헬라어가 '프로소폰'이다. 이 말은 신약성서에서 얼굴 또는 현존(現存)을 의미한다.(살전 2:7) 이 말은 불행하게도 사벨리우스와 그의 추종자들에 의하여 오용되었다. 이들은 로마교회 안에서 일반적으로 사용되던 '페르소나' 대신에 '프로소폰'을 사용하였다. 이들은 이 말을 쓰면서 하나님은 이름은 셋이나 실체는 한 분에 지나지 않는 분으로 이해하였다. 이들에게 하나님은 때로는 아버지로, 때로는 아들로, 때로는 성령으로 나타나는 기능을 발휘하지만, 별개의 '휘포스타시스'를 가지고 있지 않는 분, 그리고 하나님은 한때는 창조자로, 한때는 구속자로, 한때는 생명의 부여자로 나타나는 분이었다. 이것은 군주신론자의 주장과 같은 것이었다. 이에 동방교회 신학자들은 서방교회의 이러한 오용과 오해를 경계하여 '프로소폰'이란 말을 기피하고 '휘포스타시스'를 사용하였다.[37]

'우시아'가 로마인들에게 생소한 낱말인 것과 같이 '페르소나'는 헬라인들에게 생소한 낱말이었다. 이 말은 성서 밖에서는 무대에서 배우가 사용하던 가면[38]을 의미하는 개념으로 사용되었고, 성서적 용어로 사용된 개념은 사람의 조건, 신분, 기능을 의미하였다. 이 말은 단지 어떤 존재를 대역하는 것이 아니라, 구체적으로 그 존재의 실체를 가진 존재로 이해하였다. 자아의식을 가진 주체자를 의미하는 것이 아니라 하나님과의 관계에서 확실한 신분(status)을 가진 존재라는 뜻이다.[39] 이것은 "단지 아버지의 기능을 대행하는 것이 아니라, 자체가 실체적으로(substantially), 지적으로(intellectually), 그리고 다른 것에 이양되지 않

---

37 J. F. Bethune-Baker, *An Introduction to the Early History of Christian Doctrine*, p.105, 233f; J. N. D. Kelly, *Early Christian Doctrines*, p.263~269.
38 가면이 극중 인물을 대신하고 대변하는 역할을 한다.
39 J. N. D. Kelly, *Early Christian Doctrines*, p.115.

는(incommunicable) 주체성을 가지고 있다. 단지 아버지의 다른 형태의 존재 양태(modus)가 아니라 그의 고유한 존재 실체다."[40] 서방교회는 '페르소나'라는 이 용어를 적극 활용하여 군주신론이나 종속론을 막는 데 공헌하였다.

삼위일체를 표현하기 위해 사용된 용어를 통해서 우리는 다음과 같은 사실을 파악할 수 있다. 동방교회는 '우시아'와 '휘포스타시스'란 말을 분명한 구별 없이 사용하였으나, 362년 알렉산드리아 대회부터 '우시아'는 하나님의 본체를 의미하는 것으로, '휘포스타시스'는 하나님 존재의 특별한 양태를 의미하는 것으로 이해되면서 이 두 낱말이 구분되어 사용되었다. 그래서 동방교회는 삼위일체를 '미아 우시아 트레이스 휘포스타시스'라는 형식으로 표현하였다.

서방교회는 '우시아'와 '휘포스타시스'에 대한 구별이 없었기 때문에 하나님의 본질 가운데서 보편적인 것을 의미하는 '휘포스타시스'를 선호하여 이 말을 '서브스탄티아'로 번역하여 사용하였다. 서방교회는 동방교회가 사용하는 '우시아' 대신에 '서브스탄티아'를 사용하였고, 동방교회가 의미하는 '휘포스타시스'의 자리에 동방교회가 모르는 '페르소나'라는 말을 터툴리아누스가 도입하여 사용하여 삼위일체의 형식을 'una substantia tres personae'로 결정지었다. 'μία οὐσία τρεῖς ὑποστάσεις'와 'una substantia tres personae'란 이 두 형식은 모두 '하나의 본체와 세 가지 위격'이란 동일한 뜻을 가지고 있다.

삼위일체의 세 가지 명제

삼위일체는 다음과 같이 정의될 수 있다. 하나님은 성부, 성자, 성령 삼위로 영원히 존재하는데, 삼위는 각자 완전한 하나님이시다. 그럼에도 하나님은 한 분이시다. 삼위일체 교리는 우리가 이해할 수 없는 비밀이다. 삼위일체 교리는 세 명제로 요약할 수 있다. 첫째, 하나님은 삼위이시다. 둘째, 각 인격체는 한 하나님이시다. 셋째, 하나님은 한 분이시다.

하나님이 삼위라는 말은 성부는 성자가 아니라는 말이다. 그들은 독립된 인격체이다. 또 성부는 성령이 아니라는 의미이다. 그들은 독립된 인격체이다.

---

40 이종성, 「삼위일체론」, p.297.

그리고 성자는 성령이 아니라는 의미이다. 그들은 독립된 인격체이다. 독립된 인격체인 성부, 성자, 성령은 완전한 하나님이시다. 성서는 하나님은 유일하신 한 분이시라고 가르친다. 삼위의 각 위는 그 목적과 생각의 동일함에서만 하나인 것이 아니라, 본질과 본성에 있어서도 하나이시다. 이것은 하나님은 세 분의 하나님이 있는 것이 아니라 오직 한 분만이 계시다는 것을 말하는 것이다. 신약 성서는 이를 이렇게 증거하고 있다. "하나님은 한 분이시요 또 하나님과 사람 사이에 중보자도 한 분이시니 곧 사람이신 그리스도 예수라."(딤전 2:5) "우리에게는 한 하나님 곧 아버지가 계시니."(고전 8:6) "네가 하나님은 한 분이신 줄 믿느냐 잘하는도다 귀신들도 믿고 떠느니라."(약 2:19)

교회 역사를 통해 삼위일체를 이해하려는 시도가 끊임없이 계속되어 왔다. 그러나 수많은 오류들이 발생하였다. 삼위일체 교리에 대한 모든 오류는 위의 세 가지 명제 중 하나를 부인함으로써 발생하였다. 우리의 경험 중 어느 한 사람이 어느 때는 교수로, 어느 때는 아버지로, 또 어느 때는 아들로 행동할 때가 있다. 이 한 사람은 교수이고 아들이고 아버지이다. 여기서 우리는 세 분이 독립된 인격체라는 것을 볼 수가 없다. 그래서 첫 번째 명제를 부인하게 된다.

하나님을 세 잎 클로버로 유추하는 시도가 있다. 하나님을 세 잎 클로버로 유추하는 경우에 각각의 잎이 따로 있지만 그럼에도 한 클로버라고 주장하고픈 유혹이 있다. 그러나 각각의 잎은 결국 클로버의 한 부분이요 온전한 잎은 아니다. 삼위의 하나님의 각 위는 하나님의 한 부분이 아니라 온전한 하나님이시다. 그리고 클로버의 잎은 비인격적인 것으로서 삼위일체의 각 인격체처럼 독립적이면서도 복잡한 개성을 소유하고 있지 않다. 이 같은 세 잎 클로버 유추는 두 번째 명제를 부인하게 된다.

세 부분으로 된 나무의 유추가 있다. 뿌리, 줄기, 가지가 한 나무를 이룬다. 그러나 이것들도 모두 나무의 일부분일 뿐 그 어느 것도 나무 전체라고 할 수 없다. 더구나 뿌리, 줄기, 가지는 각각 다른 특성을 가지고 있어서 하나님의 모든 속성을 동일하게 소유하고 있는 삼위의 경우와는 본질적으로 다르다. 한 인간 안에 있는 지·정·의도 삼위일체의 유비로서 적절하지 못하다. 인격의 세 부분 중 그 어느 것도 온전히 한 인간을 이루지 못하고, 이 부분들은 그 특성에 있어서 동일하지 못하고 각기 다른 능력을 소유하고 있다.

우리는 아마도 삼위일체를 바르게 이해하기 위한 유비를 이 세상에서 찾아보기 힘들 것이다. 왜냐하면 삼위일체는 이 세상의 그 어떤 유비와도 일치할 수 없기 때문이다. 하나님은 영원히 필연적으로 삼위 하나님으로 존재하신다. 삼위가 모두 동일하고 온전한 하나님이시라면 이 세 분은 영원부터 존재하셨으며, 하나님은 삼위로서 영원 전부터 존재하셨다.(참조. 요 17:5, 24)

삼위일체의 원리

하나님의 실재에 대한 삼위일체적인 이해는 성령에 의하여 그리스도를 통하여 세상을 향하신 하나님의 사랑의 역사 속에 내포되어 있다. 몰트만(Moltmann)은 복음은 아버지와 아들과 성령의 위대한 사랑 이야기라고 하였다.[41] 오늘날 우리에게 결정적으로 중요한 것은 삼위일체의 깊은 원리를 잃지 않는 것이다.[42] 삼위일체의 원리는 "타인을 위하여 자신을 자유롭게 내어주며, 상호의존하며, 삶을 나누는 공동체를 창조하는 신비한 사랑의 원리이다."[43] 하나님은 고독한 단자(monad)가 아니라 자유롭게 자신을 전달하시는 사랑이시다. 삼위일체 하나님의 통치는 강압적인 힘의 규칙이라기보다는 최고의 사랑의 규칙이다. 삼위일체 하나님의 힘은 강압적인 사랑이 아니라 창조적이고 희생적인, 그리고 힘을 주는 사랑이며, 삼위일체 하나님의 영광은 다른 삶을 지배하는 데 있지 않고 다른 사람과 삶을 나누는 데 있다. 이러한 의미에서 하나님을 삼위일체로 고백하는 것은 "하나님은 사랑이시다."라는 신약의 증언을 확신하는 것이다.[44]

하나님을 삼위일체로 고백하는 것은 하나님의 영원한 생명이 인격적인 삶의 관계성 속에 있다는 것을 확언하는 것이며, 또한 자신이 하나님의 공동체 안에 존재한다는 것을 확신하는 것이다. "하나님은 자신이 나누는 삼위일체적인 사랑의 삶 속에서, 공동체가 창조되는 것을 목적으로 삼으신다."[45] 하나님의 삼위일체 삶은 사랑하고, 사랑받고, 서로 사랑하는 것이다. 삼위일체의 세 위격은

---

41 Daniel L. Migliore, 「조직신학입문」, p.105~106.
42 이에 대하여 Catherine Mowry LaCugna, "The Baptismal Formula, Feminist Objections, and Trinitarian Theology," *Journal of Ecumenical Studies* 26(Spring 1989), p.235~250을 보라.
43 Daniel L. Migliore, 「조직신학입문」, p.115~116.
44 Ibid., p.110.
45 Eberhard Jüngel, *God as the Mystery of the World* (Grand Rapids: William B. Eerdmans, 1983), p.384.

서로 깊은 관계 속에서만이 독특한 정체성을 가진다. 삼위일체는 본질적으로 사랑 안에서의 위격간의 교제(Koinonia)다.[46] 삼위일체의 인격들은 고립되고 독립된 자아(selves)가 아니라 관계 속에서 개인적인 정체성을 가진다. 삼위일체 인격은 타인으로부터 자신을 완전히 분리시키는 폐쇄된 주체가 아니다. 하나님 안에서의 인격은 관계적인 실재이며, 서로 사랑을 주고받는 것에 의하여 정의된다.[47]

페리코레시스(Perichoresis)는 기술적인 삼위일체 개념을 표현하는 용어이다. 삼위일체의 삶은 서로 내재하며, 서로를 위하여 여지를 남겨두고, 비교할 수 없을 정도로 서로에게 호의적이다.[48] 삼위일체 삶을 묘사하기 위한 두 가지 유비가 있다. 첫째, 기억, 이해, 의지 같은 심리학적 유비(Augustine)가 있다. 서방교회는 이 유비를 선호하였다.[49] 둘째, 사회적 유비가 있다. 이것은 사랑하고, 사랑받고, 서로 사랑한다는 삼자관계의 유비이다. 동방교회는 이 유비를 선호하였다.[50]

초대 교회의 삼위일체론

초기 그리스도교 공동체는 예수 그리스도 안에서 만난 하나님을 예배하고 공부하고 기도하며 묵상하면서 하나님은 인간의 인식과 언어적 분석을 넘어서는 신비롭고 복잡한 분임을 깨닫게 되었다. 1세기에 활동하였던 로마의 감독 클레멘트(Clement of Rome, c. 96)는 아버지, 아들 성령을 언급하였다. 아버지와 아들과 성령을 한데 묶어서 표현하고 있다. "우리는 우리에게 임하신 한 분 하나님, 한 분 그리스도, 한 분 은총의 영을 가지지 않았느냐?"(클레멘트 1서 46:6). 그는 아버지를 창조자로 연결시키고(클레멘트 1서 19:2), 예수를 "창조자의 종"으로 표현하였다.(클레멘트 1서 19:2, 16:2)

---

46 Daniel L. Migliore, 「조직신학입문」, p.116.
47 John J. O'Donnell, *The Mystery of the Triune God* (London: Sheed & Ward. 1988), p.100~111.
48 Daniel L. Migliore, 「조직신학입문」, p.119.
49 서방교회의 대표적 삼위일체론으로 아우구스티누스의 *On the Trinity*를 말할 수 있다. 아우구스티누스의 심리적 유비에 대한 비판은 Colin Gunton, "Agustine, the Trinity, and the Theological Crisis of the West," *Scottish Journal of Theology* 43 (1990), p.33~58을 보라.
50 동방교회에서는 3대 카파도키안(Cappadocians) 교부, 특히 니사의 그레고리(Gregory of Nyssa)가 대표격이라 할 수 있다.

1세기 후반부에 활동한 안디옥의 감독 이그나티우스(Ignatius, c. 35~107)는 에베소 교회에 보내는 편지에서 에베소 교인들을 "아버지와 예수 그리스도 우리 하나님의 뜻으로 순전한 고통을 통해 연합하고 선택된 자"[51]들로 표현하였다. 그는 같은 편지에서 그리스도를 "아버지의 마음", "우리의 구원자", "우리의 나누어질 수 없는 삶"[52]으로 표현하였고, 또한 그리스도를 "육과 영을 가지신 분으로, 나시고 또한 나시지 않은 분으로, 인간 안에 있는 하나님으로, 죽음 안에 있는 참생명으로, 그리고 마리아와 하나님으로부터"[53]나신 분으로 표현하였다. 이와 같은 표현은 예수는 인간의 씨와 성령의 씨로부터 탄생된 분임을 말하는 것이다. 이그나티우스가 사용한 이런 표현은 삼위일체적 초보적 의미를 보여주고 있다.

2세기 초기의 자료들, 즉 「헤르마스의 목자」(The Shepherd of Hermas), 「디다케」(The Didache), 「폴리캅의 순교」, 「바나바 서신」(The Epistle of Barnabas) 등은 삼위일체에 대하여 세련된 성찰을 보여주지 못하고 있다.

「헤르마스의 목자」는 유일한 하나님만이 존재한다고 주장하였으나 아들과 영의 이해에 대해서는 모호한 표현을 하고 있다. "영이 하나님의 아들"이라고 표현하여 영과 아들을 하나로 연합한 듯이 보이고, 또한 아들을 천사로 보는지 또는 천사보다 더 나은 존재인지에 대한 분명한 입장을 보이지 않고 있다.

교리문답서인 「디다케」에서도 하나님을 "아버지"로(「디다케」 8:2, 10:2), 예수를 "주님"으로(「디다케」 8:2, 9:5) 언급하였고, 성령도 세례 예문에 한정해서 하나님으로 표현하였다.

「폴리캅의 순교」는 폴리캅의 삼위일체적 고백을 전해준다. 폴리캅은 순교하면서 하나님에 대한 삼위일체적 고백을 하였다. "오 전능하신 주 하나님, 당신의 사랑하는 아들 예수 그리스도의 아버지시여… 성령의 순전함 속에서… 영원한 생명의 부활에 이르는… 여러 순교자들의 반열에 오르기 위해 오늘 이 시간 저를 사랑하시오니 찬양을 돌려드리나이다."[54]

「바나바 서신」(The Epistle of Barnabas)은 그리스도를 선재하는 이로, 그리고

---

51 Roger E. Olson, Christopher A. Hall, 「삼위일체」, p.30에서 재인용.
52 이그나티우스가 에베소 교회에 보내는 편지 1:30, 1:1, 1:3.
53 이그나티우스가 에베소 교회에 보내는 편지 7:2.
54 「폴리캅의 순교」(The Martyrdom of Polycarp, 14:1~2), Roger E. Olson, Christopher A. Hall, 「삼위일체」, p.32에서 재인용.

하나님이 창조시에 "우리의 형상과 모양을 따라 인간을 만들자."라고 말했을 때 말 걸었던 분으로 묘사하였다.(『바나바 서신』, 12:2)

대략 100년에서 150년 사이의 그리스도교 초기 역사에서 다양한 삼위일체적 질문들이 떠오르기 시작하였다. 사도 후기의 저술가들은 하나님의 통일성을 주장하였고 동시에 그리스도를 하나님으로 예배하는 것이 타당하다고 인정하였으나 그리스도가 어떻게 하나님이 될 수 있는지에 대한 이해는 충분하지 못하였다. 4세기에 이르러서야 교회는 니케아 공의회를 통해서 하나님은 하나의 본질(ousia, one being, one substance)이면서 세 위격(hypostases, three subsistances, three persons)으로 존재한다고 이해하기에 이르렀다. 삼위일체에 대한 초대교부들의 사상적 발전은 그들이 선언하고 고백한 신조들에 잘 나타나 있다. 신조는 어느 한 개인이 만든 것이 아니라 교회가 온 힘을 기울여 제정한 것이다. 신조를 만들 때 가장 중요한 근거는 '성서'이다. 그리고 제정된 신조는 언제나 새로운 시대 정황 속에서 다시 검증받는다. 잘못된 신조는 배척되고 옳은 신조는 살아남는다. 즉 그리스도교 역사에서 오랫동안 유지된 신조는 성서적 근거와 교리사적 타당성이 상당히 높은 것이다. 초대 교회와 후대 교회에 가장 큰 영향력을 끼친 신조는 사도신경과 니케아 신조, 그리고 아타나시우스 신조라 할 수 있다.[55] 그 신조들은 삼위일체를 어떻게 이해하였는지 간략하게 살펴보고자 한다.

1) 사도신경

사도신경은 대다수의 교파에서 가장 표준적인 신조로 사용하고 있는 신앙고백이다. 주기도문이 모든 기도의 표준이며 십계명이 모든 율법의 대강령이라고 한다면, 사도신경은 모든 신조의 표준이라 할 수 있다. 사도신경은 사도들이 직접 작성한 것은 아니다. 이것은 어느 한 개인이 작성한 것이 아니라 초대 교회 시절부터 약 150년 동안 주로 서방교회에서 점차적으로 형성된 것이다. 이것은 신앙 자체를 고백하기 위하여 작성된 것이 아니라, 세례식 때 수세자의 신앙을 확인하기 위하여 작성되었다.

이 신조에는 두 가지 원본이 있다. 루피누스(Rufinus, 390년)가 만든 서방교

---

55 이하는 이종성의 논술을 따르고 있다. 이종성, 「삼위일체론」, p.48ff.

회의 라틴어 텍스트와 안키라(Ancyra, 336~341년)가 작성한 동방교회의 헬라어 텍스트가 있다. 이 두 텍스트의 내용은 대체로 동일하지만 그 표현에 약간의 차이가 있다. 오늘날 우리가 사용하고 있는 텍스트는 6세기 이후부터 로마교회에서 사용된 계승텍스트(*Textus receptus*)로서 가장 포괄적인 내용을 담고 있다.

이 신조는 구원에 필요한 모든 신앙 조항을 포함하고 있다. 특히 이 신조의 내용과 구조가 삼위일체론적으로 되어 있다. 성부와 성자와 성령을 동일하게 신앙고백의 대상으로 삼고 있다. 이 신조는 아버지로서의 하나님 곧 천지를 창조하신 하나님에 대한 믿음과 우리의 주요 구주이신 하나님의 독생자에 대한 믿음과 성령에 대한 믿음을 고백하고 있다. 2세기 초부터 교회는 삼위일체론적 신앙을 가지고 있었으며 그것을 고백의 형식으로 표현했다.

2) 니케아 신조

예수 그리스도는 창조주 하나님과 어떤 관계가 있을까? 그는 창조주 하나님과 동일한가? 아니면 가장 뛰어난 피조자인가? 콘스탄티누스 황제가 그리스도교를 공인하기 전에는 이런 신학적인 문제가 음성적으로 논의되었으나 공인된 이후에는 공개적으로 논의되었다. 이런 신학적 작업은 헬라어를 사용하는 동방교회 신학자들에 의해서 활발하게 진행되었다. 특히 동로마 제국의 수도인 콘스탄티노플과 바울의 선교본부가 있었던 시리아의 안디옥과, 헬레니즘과 유대교의 접촉이 가장 활발했던 이집트의 알렉산드리아 지역에서 더욱 활발히 진행되었다.[56]

알렉산드리아에서 활동한 유명한 학자들로 알렉산드리아의 클레멘트 (Clement of Alexandria, c. 150~c. 215), 암모니우스 삭카스(Ammonius Saccas, 175~242)와 그의 제자들인 플로티누스(Plotiuns, 204~269)와 오리게네스(Origenes, 185~253) 등이 있다. 알렉산드리아의 클레멘트는 「교육자」 (*Paidagogos*)와 「스트로마타」(*Stromata*)에서 삼위일체적 고찰을 하였다. 「교육자」에서 "아버지와 아들과 성령께 드리는 초기 그리스도교인의 탄원과 찬미"의 내용을 다루고 있다. 클레멘트는 「스트로마타」에서 아들을 어디서나 존재하며 어느 곳에 한정되지 않는 완전한 아버지의 빛으로, 그리고 가장 완전하고 거룩

---

56 이종성, 「삼위일체론」, p.52.

하며, 피곤하거나 지침이 없이 우주를 섭리하시는 분으로 기술하였다.[57]

　　신플라톤주의자 플로티누스는 일자(一者)를 주장했으나 오리게네스는 헬라 철학의 이성주의와 합리주의의 영향을 받아 군주신론적 신 이해를 지향하였다. 그는 야훼 하나님은 진짜 하나님이나 그리스도는 제2의 하나님이라고 하였다. 이것은 삼위일체 하나님을 거부하고 야훼 하나님의 주권이 성자와 성령 위에 있으며 그리스도는 하나님에게 종속된다는 군주신론(monarchianism)을 말하는 것이다. 알렉산드리아에서 오리게네스의 영향은 지대하였다.[58]

(1) 아리우스의 신학

　　오리게네스에게 볼 수 있었던 성자종속론적 경향들이 아리우스(Arius, c. 250~c. 336)에게 나타났다. 알렉산드리아 출신인 아리우스는 하나님의 절대성과 초월성을 강조하여 하나님은 모든 것의 근원이며 그분만이 출생하지 않는 자족적인 존재로 보았다. 그에게 있어서 하나님은 불사불멸하고 영원하며 참되며 주권적이고 지혜와 선과 모든 것을 판단할 능력을 가지고 있으며 그의 본체는 다른 존재에 분여해 줄 수도 없고, 관계를 가질 수도 없으며 직접적인 교류도 하지 않는 분이었다.

　　아리우스가 하나님을 절대적 존재와 초월적 존재로 이해하였기 때문에 그는 그리스도를 포함한 모든 다른 존재를 피조물로 이해하였다. 우리에게 중요한 관심거리는 그의 그리스도론이다. 그에 의하면 ① 아들은 피조자다. 아들은 만물 가운데 뛰어난 존재이지만 하나님의 피조물이라고 하였다. 아들은 완전한 피조물이기 때문에 전적으로 아버지 하나님께 의존한다. ② 로고스는 시작된 것이기에 시초(始初)를 가지고 있다. 이것은 로고스는 존재하지 않았을 때가 있었다는 것을 말하는 것이다. 이것은 아들은 무로부터 만들어졌으며 언제나 존재했던 것은 아니며, 한때 그는 존재하지 않았던 때가 있었음을 의미한다.[59] ③ 아들은 아버지와 관계를 가지거나 직접적인 지식을 가지지 않는다. 그는 비록 하나님의 말씀이요 지혜이기는 하지만 하나님의 본질로서의 말씀이나 지혜는

57　Roger E. Olson, Christopher A. Hall, 「삼위일체」, p.38.
58　이종성, 「삼위일체론」, p.53.
59　Athanasius, *Four Discourses Aganist the Arius*, NPNF Second Series, vol.4 (peabody, Mass.: Hendrickson, 1994), p.308~309.

아니다. ④ 말씀(그리스도)은 변하기도 하고 죄를 범하기도 한다. 아들의 본성은 죄를 범할 수도 있다.[60] 아리우스의 이러한 그리스도론은 오리게네스의 신학이라고 할 수 있다. 아리우스주의자들의 주요 관심은 삼위일체론이 아니라 그리스도론이었다. 아리우스에게 있어서 결정적인 문제는 아들이 하나의 피조된 존재라는 것이다. "아리우스주의자들은 아버지와 아들을 동등하게 생각하지 않았다. 이들은 철학적, 신학적, 주석적인 이유를 들어 아버지와 아들의 동등성을 거부하였다."[61]

(2) 아타나시우스와 니케아 회의

알렉산드리아의 감독 알렉산더(Alexander, 318~328)는 자기 밑에서 동역자로 일하던 아리우스를 면직하였다. 그리고 아리우스를 지지하고 따랐던 가이사랴 출신의 교회사가인 유세비우스(Eusebius, 265~338/40)도 파문하였다. 325년 6월에 콘스탄티누스 황제의 명에 의하여 니케아 회의가 개최되었다. 이 회의에서 알렉산드리아의 감독 아타나시우스(Athanasius, c. 296~373)는 아리우스의 그리스도론을 논박하고 성자와 성부의 동일본질(homoousios)을 강조하였다. 그는 아들의 본체는 아버지의 본체에서 나왔으며 아들의 본체는 아버지의 본체와 동일하다고 하였다. 아타나시우스는 아들이 육체를 입은 행위를, 인성과 신성 사이의 참된 연합이 그의 인격 안에 나타난 것으로 본다. 그는 예수가 베드로의 장모를 치유했을 때 손을 뻗은 것은 예수지만 그녀의 병을 치유한 것은 하나님의 힘이었으며, 소경을 고칠 때, 내뱉은 침은 사람의 것이었지만 두 눈을 열게 한 것은 하나님의 일이었으며, 나사로를 죽음에서 일으킬 때, 일어나라고 외친 것은 사람의 목소리였지만 그를 죽음에서 일으킨 것은 하나님으로서 일으킨 것으로 보았다.[62] 니케아 회의 참석자 중 아리우스 지지자가 많았지만 격렬한 논쟁 끝에 니케아 회의는 아타나시우스의 해석을 받아들여 로고스(말씀)의 신성을 전적으로 인정하고 고백하는 신조를 결정했다. 이 결정이 그 이후에 계속된 모든 그리스도론과 삼위일체론의 표준이 되었다.[63] 아타나시우스의 지도력에 힘입어 325년의 니케아 공의회는 양태론과 종속론을 반대하고 아들의

---

60 이종성, 「삼위일체론」, p.54~55.
61 Roger E. Olson, Christopher A. Hall, 「삼위일체」, p.51.
62 Athanasius, *Four Discourses Aganist the Arius*, NPNF Second Series, vol.4, p.411.
63 이종성, 「삼위일체론」, p.56~57.

아버지와의 동일본질을 선언하였다. 아타나시우스는 성자와 성부의 동일본질 개념을 속죄주의 개념으로 이해하였다. "아타나시우스는 삼단논법으로 동일본질을 주장하였다. 첫째, 하나님만이 인간의 죄를 속죄하신다. 둘째, 예수는 인간의 죄를 속죄하신다. 셋째, 그러므로 예수님은 하나님이다."[64]

(3) 니케아 신조의 신학

니케아 신조는 한 하나님을 믿는다는 것과 예수 그리스도는 아버지의 본체에서 나온 하나님의 아들로서 참하나님이라는 것과 성령을 믿는다고 고백하였다. 니케아 신조는 아버지 하나님과 예수 그리스도의 본질적 동일성을 강조한다. 그리고 예수 그리스도는 시간 안에서 시초(始初)를 가지는 것이 아니라 영원 전부터 존재한다는 것도 강조한다. 한 마디로 그리스도는 아버지와 병존(竝存)하는 것이 아니라 아버지와 동일한 존재라는 것이다.

362년 알렉산드리아 회의에서 아타나시우스는 성령은 성부와 성자의 본성으로부터 분리될 수 없는 분, 즉 성부와 성자의 신성에 속하는 본성을 가진 분으로 주장하였다. 그리고 성령은 성부와 성자로부터 이중으로 유출된다는 이중유출설을 거부하고 성령의 단일유출설을 주장하여, 성자는 성부의 아들이고, 성령은 성부의 영으로 표현된다고 하였다.[65]

381년에 작성된 니케아-콘스탄티노플 신조는 325년에 작성된 신조를 보완한 신조로서 성령에 대한 조항을 확대하였다. 여기서 성령은 '생명의 부여자'로 아버지로부터 나온 자로, 그리고 아버지와 아들과 함께 예배와 영광을 받는 분으로 고백하였다. 그러나 성령의 본체가 성부와 동일하다거나 성령의 능력이 아버지와 동동하다는 직접적인 언급은 없다. 그러나 전체적으로 성부 성자 성령을 동일하고 동등한 동시적 존재로 이해하고 있다.[66]

니케아 신조에는 분명한 삼위일체 신앙이 굳게 흐르고 있었으나 삼위일체라는 표현을 하지 않았다. 이 당시에는 그리스도의 본성이 하나님의 본성과 어떤 관계에 있느냐에 관심이 있었기 때문에 삼위일체에 대한 충분한 고려는 하

---

64 김홍기, 「평신도를 위한 신학」(서울: 이화대학교출판부, 2006), p.15.
65 J. N. Kelly, *Early Christian Doctrines*, p.258~259. 성부와 성자의 동일본질이 고백된 니케아 회의 이후 성령은 성부와 동일한 신성이 아니라 유사한 신성을 지녔다는 주장이 마케도니아 학파(Macedonian School)에 의해서 제기되었다. 마케도니아 학파는 성령의 인격성을 인정하지 않고 성령을 에너지나 도덕적 감화력으로 이해하는 유사본질을 주장하였다. 김홍기, 「평신도를 위한 신학」, p.38~39.
66 이종성, 「삼위일체론」, p.57~59; 김홍기, 「평신도를 위한 신학」, p.15.

지 않았다. 삼위에 대한 고백은 있었으나 그 삼위가 한 분이라는 점에 대해서는 언급하지 않았다. 삼위일체론을 가장 명백하게 고백한 신조는 아타나시우스 신조라 할 수 있다. 니케아(Nicea, 325) 공의회는 삼위일체 교리를 공식화하였다. 이후 콘스탄티노플(Constantinople, 381) 공의회와 칼케돈(Chalcedon, 451) 공의회의 입장도 니케아 공의회와 같은 입장에 서 있었다.[67]

니케아 신학은 그 당시 교회지도자들의 신학에서 잘 드러나고 있다. 4세기 후반의 밀란의 감독인 암브로스(Ambrose, Bishop of Milan, c. 339~397)는 그의 저서 「성령론」(On the Holy Spirit)에서 하나님의 네 가지 특성을 "죄가 없으시며, 죄를 용서하시며, 피조물이 아니고 창조자이시며, 예배를 드리시는 분이 아니라 예배를 받으시는 분"[68]으로 기술하였다. 암브로스는 욥기 33:4을 주석하면서 성령을 창조자로 이해한다. 그리고 "성령도 또한 아버지와 아들과 더불어 하나의 신성을 가진 것으로 고백해야 한다."[69]고 말하였다.

암브로스는 하나님은 아들과 나뉘지 않는 분이며, 만세 전에 아들이 아버지에게서 출생되었음을 주장한다. 그는 하나님의 한 본성 안에 위격적 구분들이 존재하지 않는다는 사벨리우스의 입장을 부인하고 아버지와 아들이 하나의 동일한 인격임을 주장한다.[70] 그리고 하나님은 한 분이시고 그 이름도 하나라고 보았다. "너희는 가서 아버지와 아들과 성령의 이름으로 세례를 주라"(마 28:19)는 말씀의 표현에서도 "이름으로"라고 되어 있지 "이름들로"라고 되어 있지 않다고 주지시켰다.[71]

포이티어스의 감독 힐러리(Hilary of Poitiers, 315~367)는 수육하신 분이 신성 그 자체가 아니고 삼위일체의 제2 위격이라고 가르친다.[72] 힐러리는 빌립보서 2:7의 주석에서 형체의 비움이 본성의 파괴가 아니라고 한다. 스스로를 비운 이는 자신을 비울 때 존재하기를 멈추거나 존재를 부여받을 때 존재하지 않는

---

67 Daniel L. Migliore, 「조직신학입문」, p.108. 라틴어 필리오케(filioque)는 '아들로부터'라는 의미를 가지고 있다. 325년판과 381년판 니케아 신조는 "성령은 성부로부터 나오셨다"고 기록하였다. 이후 589년 톨레도(Toledo) 공의회는 "성령은 성부와 성자에게서 나오셨고."라는 내용으로 니케아 신조를 수정하였다. 이런 내용이 담긴 니케아 신조가 교회에서 점차 사용되기 시작하였다. 1017년에 이르러 이 내용은 공식적으로 인증을 받게 되었다. 이후 이 문제는 정치적인 이유로 치열한 논쟁을 벌이게 되었다. 1054년에 이르러 filioque라는 문구가 니케아 신조에 삽입되었다. 이 같은 사태는 동방교회와 서방교회의 분열을 초래하였다.

68 Ambrose, On the Holy Spirit, NPNF Second Series, vol.10 (Peabody Mass.: Hendrickson 1994, book3), chapter 18, p.154.

69 Ibid., p.155.

70 Ambrose, On the Christian Faith, NPNF Second Series, vol. 10, book 1, chapter1, para 6, p.202.

71 Ibid., p.202~203.

72 Roger E. Olson, Christopher A. Hall, 「삼위일체」, p.66.

것이 아니다. 왜냐하면 그는 자신을 비울지라도 그 자신의 본성을 그대로 간직하고 있기 때문이다.[73]

니케아 회의 이후 칼케돈 회의까지 동일본질론은 알렉산드리아 학파에 의해서 계속 계승되었다. 예수의 동일본질을 고백한 325년의 니케아 회의와 성령의 동일본질을 고백한 381년의 콘스탄티노플 회의를 거치면서, 431년 에베소 회의와 451년 칼케돈 회의까지 문제가 된 것은 예수가 참하나님이며 참인간이라면 예수의 한 인격 속에 어떻게 신성과 인성이 조화될 수 있는가? 하는 것이다. 이 문제에 대하여 안디옥 학파의 네스토리우스(Nestorius)와 알렉산드리아 학파의 시릴(Cyrill)이 대립하였다. 네스토리우스는 마리아를 그리스도를 낳은 '그리스도의 어머니'(christokos)라고 불러야 한다고 주장하였고,[74] 시릴은 마리아를 하나님을 낳은 '하나님의 어머니'(theotokos)라고 불러야 한다고 주장하였다.[75] 이는 결국 네스토리우스는 예수의 인성을 보다 강조하고 시릴은 예수의 신성을 보다 강조하는 것으로 이해된다. 이런 강조의 차이는 431년 에베소 회의를 통해 네스토리우스의 주장은 이단으로 처리되고, 시릴의 주장이 정통으로 인정되었다. 이 같은 신조는 451년의 칼케돈 회의에서 다시 한번 고백되었다. 즉 예수의 두 본성이 구분되어지되 예수의 한 인격 속에서 분리되거나 나누어지지 않고, 변화나 혼동이 없이 조화를 이루고 있음이 고백되었다.[76]

3) 아타나시우스 신조

아타나시우스 신조는 5세기까지의 교회가 성부와 성자와 성령에 대하여 믿고 고백한 삼위일체론적 신앙을 잘 표현해주고 있다. 이 신조의 정확한 저자나 편집자는 알려져 있지 않다. 그러나 이 신조의 내용이 철저한 정통주의 교리를 담고 있기 때문에 4세기에 그리스도교의 정통교리의 수호자로 알려진 아타나시우스가 이 신조를 저작했을 것이라는 추측이 있다. 9세기경부터는 이 신조를 아타나시우스 신조라고 불렀다.[77] 이 신조는 니케아 회의 때부터 칼케돈 회의에 이르기까지 네 회의에서 결정된 교리를 매우 정확하게 요약하고 있다. 또

73 Hilary of Poitiers, *On the Trinity*, p.9, 44, 334~335; Roger E. Olson, Christopher A. Hall, 「삼위일체」, p.67을 참고하라.
74 Alister McGrath, *Historical Theology* (Oxford: Blackwell Publishers, 1998), p.55.
75 Ibid., p.60~65.
76 Ibid., p.58~61.
77 이종성, 「삼위일체론」, p.59.

한 아우구스티누스의 삼위일체론과 성육신론까지도 포함하고 있다. 이 신조는 크게 2부로 구성되어 있는데, 제1부는 3항부터 28항까지 삼위일체론의 정통적 내용을 고백한다. 이 신조는 그때까지 작성된 어느 신조의 삼위일체론보다 가장 치밀하고도 형이상학적인 삼위일체론을 고백하고 있다. 이 신조는 삼위의 본체적 통일성을 세심한 논리로 설명한다. 하나님은 세 위격 또는 실체 안에 있으며, 각 위격은 모든 면에 있어서 하나님과 동일, 동격, 동등한 것으로 설명된다. 이 신조는 처음으로 삼위일체론이 내포하고 있는 신비적 관계를 세밀하게 설명하고 있다. 여기에는 군주신론적 성부우선적 삼위일체론과 사벨리우스적 종속론적 삼위일체론이 배제되고 있다.[78] 제2부 29항부터 44항에 이르는 부분에서 에베소 회의(431년)와 칼케돈 회의(451년)의 그리스도론을 간결하게 설명하고 있다. 이 신조는 제23항에서 성령의 출원 문제에 관하여 언급하였는데 성령은 성부와 성자로부터(*Filioque*) 출원한다고 하여 동방교회로부터 비판을 받기도 한다. 루터는 아타나시우스 신조를 사도시대 이후로 가장 중요한 신조로 간주하였고 퓨리탄이었던 리처드 박스터(R. Baxter)도 이 신조를 삼위일체론에 관한 최상의 설명이라고 격찬하였다.[79]

4) 이단적 삼위일체 교리들

사도신경과 니케아 신조, 그리고 아타나시우스 신조는 하나님에 대한 잘못된 이해로부터 그리스도교 신앙을 보호하려고 교회가 선언한 것이다. 그러나 교회사를 통해서 고전적 삼위일체 교리로부터 벗어난 교리들이 다양하게 나타났다. 그 대표적인 경우로 다음과 같은 교리들이 있다.

(1) 양태론(Modalism)

양태론은 하나님은 세 위가 아니라 다만 다른 때에 다른 형태로 나타나시는 한 위라고 보는 이론이다. 이러한 이론은 3세기경에 로마에 살았던 사벨리우스(Sabellius)에 의해 주창되어 사벨리안주의(Sabellianism)라 부르고, 다른 한편으로 양태론적 군주신론(Modlalistic Monarchianism)으로 불리기도 한다. 3

---

78 Philip Schaff, *The Creeds Christendom with a History and Critical Notes*, vol. 2, p.66~68.
79 이종성, 「삼위일체론」, p.62.

세기의 사벨리안주의는 하나님의 본성의 통일성을 강조하여 세 위격의 구분성과 독립성을 무시하는 군주신론(Monarchianism)과 세 양태는 하나님의 가면(피조물)에 불과하다고 주장하는 양태론으로 발전되었다.[80] 양태론적 군주신론은 성자와 성령은 성부의 한 현현 곧 나타나심의 양태라고 보아 결국 십자가에 달리신 분은 성부 하나님이라는 결론에 이른다. 이런 결론은 성부수난설(Patripassianism)을 초래하게 하였다.

사벨리안주의는 성부와 성자란 이름은 서로 다른 관계들 중에 계신 같은 분을 지시하며, 그리스도의 신성은 성부이고, 그리스도의 인성은 성자임을 주장한다. 사벨리우스에 의하면 성부, 성자, 성신은 하나이며 같은 존재인 하나님에 대한 세 가지 이름이다. 하나님은 입법자(성부)로, 구속자(성자)로, 생명 주시는 자(성령)로 나타났다. 따라서 사벨리우스는 삼위일체의 독립적 위격(신적 위격의 삼위성)을 부인하고, 세 위격을 연속되는 하나님의 계시의 삼위성으로 대체하였다.

양태론은 하나님은 다른 여러 형태로 자신을 계시하셨다고 가르칠 뿐만 아니라 우주에는 오직 한 분 하나님이 계시다고 가르친다. 양태론은 하나님은 오직 한 분이시라는 것을 분명하게 강조한다. 그러나 양태론의 결정적인 결함은 본질의 통일성을 강조하기 위하여 삼위간의 개인적인 관계를 부인하는 것이다. 따라서 양태론은 예수께서 세례를 받으실 때 성령이 비둘기같이 강림하셨다는 사실을 부인해야 하고, 예수가 성부께 기도하신 모든 경우를 부인해야 하고, 성부께서 그리스도의 고난을 보고 만족하셨다는 사실을 부인하게 된다. 이로서 양태론은 속죄의 핵심도 잃게 된다.

(2) 아리안주의(Arianism)

아리안주의는 성자와 성령의 완전한 신성을 부인한다. 아리안주의는 알렉산드리아의 장로 아리우스(Arius of Alexandria, c. 260~c. 336)에 의해 주창되었다. 그에 의하면 성부만이 하나님이며, '성자'는 피조물이다. '성자'는 성부의 본질

---

80 단일신론으로 표현되기도 하는 군주신론(Monarchianism)은 역동적 군주신론(dynamic monarchianism)과 양태론적 군주신론(modalistic monarchianism)으로 구분되기도 한다. 역동적 군주신론은 성부만이 참 하나님이고, 성자와 성령은 단지 하나의 에너지에 불과하다는 것이다. 양태론적 군주신론은 성부만이 참하나님이고, 성자와 성령은 성부의 양태에 지나지 않는다는 것이다. 단일신론에 대한 간략한 이해를 위해 Louis Berkhof, *The History of Christian Doctrine*, 신복윤 옮김, 「기독교교리사」(서울: 성광문화사, 1993), p.87~90을 보라.

로부터 출생한 것이 아니라 무(無)로부터 존재케 된 하나님의 피조물이다. 따라서 아리우스는 "성자가 없었던 때가 있었다."고 주장하였다. 성자는 성부에 의해 창조되었으며 창조되기 전에는 성자와 성령은 존재하지 않았다. 성자는 다른 피조물보다 먼저 창조되었으며 다른 피조물보다 더 위대하지만 그는 본질에 있어서 성부와 동일하지 않다. 성부와 유사하다고 말할 수 있을지라도 성자는 성부와 같은 본질이 아니다. 아리우스는 성자는 초자연적 하늘의 존재이며 모든 우주가 지음을 받기 전에 하나님에 의해 지음을 받았고 심지어 그 본질에 있어서 하나님과 유사하다는 것(유사본질, homoiousios)까지 인정하였다. 그러나 '동일본질'(homoousios)을 인정할 수 없었다. 325년에 개최된 니케아 공의회는 성자는 낳으신 것이지 창조되신 것이 아님을 확인하였다.[81] 니케아 신조는 성자는 성부와 '동일본질'(homoousios)임을 선언하였다. 니케아 신조는 381년 콘스탄티노플 공의회에 의해 재선언되었다. 아리안주의는 성자의 온전한 신성을 부인하고 삼위일체를 부인하여 이단으로 정죄되었다.

(3) 성자종속설(Subordinationism)

종속론은 성자와 성령이 제2의 신성임을 주장하는 학설이다. 성자종속설은 성자가 영원하며 창조되지 않은 하나님이지만 그 존재와 속성에 있어서 성부와 동일하지 않다고 주장했다. 성자는 그 존재에 있어서 성부에 비해 열등하고 종속되어 있다. 테오도투스(Theodotus)는 예수는 본래 하나님이 아니었는데 세례 받을 때 성령을 받아 특별한 능력을 받게 되어 완전한 삶을 살게 되었다고 가르쳤다. 이것은 예수는 하나님 자신이 아니라 신적인 존재라는 것을 의미한다. 초대 교부 오리게네스는 이 같은 성자종속설을 지지하였다. 그러나 교회는 그의 입장을 지지하지 않았으며, 니케아 공의회는 오리게네스의 가르침을 이단으로 정죄하였다. 오리게네스의 가르침을 저지하는 데 공헌한 인물로 328년부터 알렉산드리아의 주교로 일했던 아타나시우스를 꼽을 수 있다. 그는 삼위일체 교리를 정립하는 데 기여한 인물 가운데 한 사람이다. 그는 아리우스파로부터 끊임없는 공격을 받았지만, 평생 동안 아리우스 이단에 대항하여 가르치

---

81 Philip Schaff, *The Creeds Christendom with a History and Critical Notes*, vol.1 (Grand Rapids: Baker Book House, 1983), p.28~29.

고 집필하는 일에 혼신의 노력을 다하였다.

(4) 양자론(Adoptionism)

양자론은 예수께서 세례를 받으시기 전까지는 평범한 사람으로 사셨는데 하나님께서 예수님을 양자로 입양하시고 그에게 초능력을 주셨다는 이론이다. 양자론자들은 그리스도는 인간으로 태어나기 전까지는 존재하지 않으셨다고 본다. 따라서 그들은 그리스도를 영원한 분으로 그리고 초자연적 존재로 보지 않는다. 양자로 입양된 이후에도 예수님은 그 본질에 있어서 신성을 소유한 것이 아니다.

양자론은 주로 유대인들에 의하여 형성된 에비온주의(Ebionism)로부터 나온 예수 이해다. 에비온주의는 히브리어로 '가난하다'란 뜻으로 처음에는 모든 그리스도인들을 지칭했으나 나중에는 유대교적 그리스도인들을 지칭했다. 이들은 모세의 율법을 준수하면서 바울을 배척하고 유대교의 율법을 지킬 것을 주장했다. 그래서 신약의 마태복음을 제외한 다른 복음서들과 바울서신들을 배척하였고, 그리스도의 동정녀 탄생을 부인했다. 예수 그리스도의 인성이 진짜 인성이었다고 주장하였고, 예수의 신성은 그가 세례 받을 때 성령이 강림한 때부터라고 했다. 양자론자에 의하면, 예수에게서 신적인 면이 있었다면 그것은 그의 본성에서 나온 것이 아니라 신으로부터 주어진 것이다.

양자론의 장점은 나사렛에서 나신 예수를 진짜 인간으로 보는 것이다. 그러나 양자론의 단점은 그리스도의 선재사상, 성육신 사건, 선재, 부활, 승천 등을 진짜 역사적 사건으로 보지 않음으로써 예수 그리스도로부터 신성을 삭제해 버리는 것이다. 즉 예수의 신성을 부인하고 야훼신의 양자로서 아들의 칭호를 받았다고 함으로써 삼위일체론을 부인하는 것이다. 예수님을 신으로 보지 않고 하나님께서 특별한 능력을 부여하신 위대한 사람으로 보는 현대인들은 양자론자에 해당된다.

(5) 가현설(Docetism)

가현설은 양자설과는 달리 예수의 인성을 부인하는 것이다. 영지주의(Gnosticism)가 이에 해당한다. 영지주의는 그리스도의 참된 인간성을 부정한다. 영지주의자는 영지(신비적인 지식)를 통해 우주를 바로 이해하고 물질세계를 구원할 수 있다고 주장한다. 영지주의는 영혼은 거룩하고 육체는 악하다는 이원론에 근거하여 선하고 거룩한 영적 존재인 예수는 악하고 더러운 육체를 가질 수 없으며, 예수가 이 땅에 오신 것은 다만 유령적 존재로 나타났다는 것이다.

가현설은 헬라적 사고방식에서 나온 것으로 역사적 예수와 신앙의 그리스도 사이의 모순을 극복하기 위해 예수의 역사적 실재를 부인한다. 따라서 가현론자들은 성육신을 부인하고 예수는 하나님의 환영(幻影)에 불과하다고 주장한다. 그리스도가 육체를 가질 수 없는 이유는 절대자는 유한자와 합일을 이룰 수 없고, 물질은 악하기 때문에 신령한 세계는 항상 이물질과 대립 상태에 있다는 것이다. 따라서 그리스도는 예수와 일시적으로 결합한 것이고 예수가 태어날 때 내려와서 예수가 십자가에 달릴 때 떠나갔다고 보아, 그리스도는 십자가 위에서 죽지 않았고 죽은 것은 단지 인간 예수라고 주장한다. 신적인 존재는 가변적이고 부패할 수밖에 없는 인간의 육체를 입을 수 없다. 예수 그리스도가 인간을 구원하기 위하여 육체를 입으셨다면 그것은 예수가 육체를 입은 것처럼 보였을 뿐이지 진짜로 육체를 입은 것은 아니다. 가현설은 예수 그리스도의 신성을 강조하는 장점도 있으나 헬라적 사고방식에서 예수의 인성을 경시하거나 무시하고, 또한 예수를 환상적 존재로 만드는 단점을 가지고 있다.

(6) 삼신론(Tritheism)

삼신론은 세 위격의 독립성과 구분성을 강조하여 하나님의 본성의 통일성 무시하고, 세 개의 개인적이고 분리된 신을 주장하는 이론이다. 삼신론은 하나님은 삼위이고 세 인격체가 모두 온전한 하나님이라면, 하나님은 세 분이라는 것이다. 이로써 삼신론은 하나님이 한 분이라는 것을 부인한다. 교회 역사에는 이러한 이론에 현혹된 사람들이 있었다. 하나님이 세 분 계시다면 우리는 어느 하나님께 절대적으로 충성을 해야 하는지에 대한 혼란을 겪게 될 것이다. 삼신론은 우주 안에 있는 궁극적인 통일성을 파괴하게 된다. 이러한 경향의 신관은 많은 신이 있다고 믿는 이방 종교들에서 찾아볼 수 있다.

왜 교회는 삼위일체 교리를 그렇게 중시하였는가? 삼위일체 교리는 그리스도교 신앙의 핵심이 되기 때문이다. 삼위일체 교리의 중요성은 다음 세 가지 점에서 드러나고 있다. 첫째, 만약 성자의 신성이 부인된다면, 대속의 문제가 생기고 믿음으로 의롭게 된다는 가르침에 문제가 생긴다. 성자가 온전하신 하나님이 아니고 피조물이라면 우리의 대속자와 구원자가 될 수 없다. 둘째, 만일 성자가 하나님이 아니고 단지 인간이라면 우리는 그가 아무리 위대하다 할지라도 그를 예배하고 그에게 기도할 필요가 없다. 셋째, 만일 삼위일체가 없다면 창조 전 하나님의 존재 안에 상호간의 관계가 없다는 의미이고, 만일 개인적인 관계가 없다면 어떻게 하나님이 인격적인 분이 되실 수 있는지 이해할 수 없게 된다. 삼위일체 교리는 그리스도교 신앙의 중추가 되는 교리다. 그래서 아타나시우스는 그리스도의 신성과 삼위일체 교리로 그리스도교가 서고 쓰러질 수 있음을 당대 누구보다도 확실히 이해하고 있었다.[82] 그는 모든 오류와 오해는 삼위일체 교리에 대한 잘못된 이해로부터 비롯된다고 하였다.[83]

아우구스티누스의 삼위일체론

하나님의 세 위격이 어떻게 하나의 실체를 가진 하나님과 동일할 수 있는지에 대한 근거, 즉 삼위일체론의 논리적 근거가 필요하다. 아우구스티누스(Augustinus ST. of Hippo, 354~430)의 삼위일체 교리에 대한 관심은 카파도키아 교부들의 삼위일체론을 연결하여 셋이 한 분 하나님이라는 가정 하에 셋 사이에 존재하는 구분들을 상세히 설명하는 것이다. 아우구스티누스는 "아버지와 아들과 성령이 존재하며 이들 각자가 하나님이며 이들 모두가 한 분 하나님이다. 이들 각자는 하나의 완전한 실체"[84]라고 한다. 이들 각자는 동일한 영원한 본성을 가지고 있지만 이들 각자는 구분된다고 하였다.

아우구스티누스는 아버지는 영원한 아들과 분리하여 활동하지 않는다고 본다. 아우구스티누스는 이를 다음과 같이 설명한다. 아들은 동정녀에게서 탄생

---

82 Herman Bavinck, *The Doctrine of God*, trans. William Hendricksen (Edinburgh: Banner of Truth, 1977), p.281.
83 Ibid., p.285.
84 Augustine, *On Christian Teaching* (Oxford: Oxford University Press, 1997), p.10.

하였고 아버지는 탄생하지 않았다. 아들이 탄생하고 아버지가 탄생하지 않았다는 이것이 바로 아버지와 아들의 일이라고 본다. 아버지는 부활하지 않았고, 아들은 부활하였다. 그러나 아들의 부활은 아버지와 아들의 일이었다.[85]

아우구스티누스는 하나님은 세 실체로 존재하는 것이 아니라 세 관계로 존재한다고 본다. 세 관계는 ① 낳으시고(begetting), ② 나고(begotten), ③ 출원(being bestowed)하는 관계 안에서 성립된다. 아우구스티누스에 의하면, 아버지는 아들을 낳게 했기 때문에 아버지로서 구별되고, 아들은 탄생되었기에 아들로서 구별되고 영은 아버지와 아들에 의하여 주어졌기 때문에 아버지와 아들의 공동선물로 존재한다. 아버지와 아들과 영은 언제든지 다른 두 위와의 관계 안에서 존재한다. 이 서로 다른 셋은 상호관계라는 관계성에 의해서만 가능하다. 아우구스티누스는 이 관계개념을 플로티누스의 제자였던 포르피리(Porphyry)에게서 배웠다. 한 신성 안에 삼위가 상호관계를 가지면서 존재한다는 내재적 삼위일체론은 아우구스티누스의 관계개념에 의해서 설명된다. 아우구스티누스는 "아버지와 아들과 성령은 관계다."라고 말한다. 아우구스티누스는 페르소나의 통일성을 강조한다. 삼위일체 하나님의 통일성을 부각시킴으로써 모든 종류의 종속주의를 거부하였다. "아버지는 선하다. 아들이 선하다. 성령이 선하다. 그러나 선이 셋이 있는 것이 아니라 하나의 선만이 있다. 왜냐하면 하나님 외에 선한 분은 없기 때문이다." 세 위격은 삼중적이 아니라 삼위일체다. 삼위일체 하나님은 단일적이고 분할할 수 없는 한 행동, 한 의지를 가진다.

아우구스티누스에 대한 비판이 있다. 너무 단일성을 강조한 나머지 세 위의 고유한 기능이 부인되거나 취소된다는 것이다. 이에 대해서 아우구스티누스는 각 위격은 특유한 페르소나를 가지고 있기 때문에 표면적으로는 각 위격이 개별적으로 사역하는 것 같으나 근원적으로는 한 행동으로 이해되어야 한다고 하였다.

아우구스티누스는 삼위일체를 유비(analogia)와 모상(vestigium)을 통해서 이해하고자 하였다. 그는 다음과 같은 세 가지 형태의 유비를 제시하였다.[86]

첫째, 통일(unitas), 종류(species), 질서(ordo)의 유비다. 우주는 통일이다(통

---

85 Augustine, *Sermons on Selected Lessons of the New Testament*, Sermons 2, trans R. G. MacMullen, NPNF First Series, vol.6 (Peabody, Mass.: Hendrickson, 1994), p.261; Cf. Roger E. Olson, Christopher A. Hall, 「삼위일체」, p.72.
86 이하는 이종성의 논술에 따른 것이다. 이종성, 「삼위일체론」, p.477ff.

일). 우주 안에 삼라만상이 개별적으로 존재한다(종류). 우주는 무질서하게 존재하는 것이 아니다(질서). 이처럼 우주 속에 통일, 종류, 질서가 있다.[87]

둘째, 자연(natura), 교육(doctrina), 실천(usus)의 유비다. 우리는 자연을 사용하면서 살고 있다(자연). 자연은 교육에 의하여 개발되어야 한다. 교육에 의해 자연에 대한 지식을 얻는다(교육). 자연과 교육은 우리 삶에 이용되어 우리를 기쁘게 한다(실천). 이것이 자연과 교육의 목적이다.[88]

셋째, 물리학(physica), 논리학(logica), 윤리학(ethica)의 유비다. 물리학은 우주의 원리를 추구하는 철학이다. 자연의 조성자(하나님)로 본다.[89] 논리학은 지성의 부여자로 본다. 윤리학은 사랑의 정화자로 본다. 물리학을 통해 하나님의 창조의 비의를 발견하고, 논리학을 통해 비물체적인 것을 알게 되고, 윤리학을 통해 주덕, 주선인 하나님을 알게 된다.

아우구스티누스는 세 가지 형태의 삼위일체의 모상을 제시한다.

첫째 모상은 존재(esse), 지식(nosse), 의욕(velle)이다. 이 같은 것을 인간의 영혼, 정신 상태에서 발견한다. 자아 안에 세 가지가 있다. 나는 존재하고, 알고 의욕한다. 나는 알고 의욕하는 존재다. 나는 존재하고 알기를 원한다. 하나의 삶이 불가분리의 관계에 있다. 내가 존재한다는 것과 안다는 것과 의욕하는 것의 차이점을 간과할 수 없다.[90]

둘째 모상은 마음(mens), 의식(notitia), 사랑(amor)이다. 마음은 그 자체를 알아야 한다(의식). 그 자체(의식)를 알기 위해서는 그 마음을 사랑해야 한다. 마음 자체와 마음에 대한 사랑과 그 마음에 대한 의식이 있는데 이 세 가지는 하나다. 그것들이 완전할 때, 그 세 가지는 동등하다. 마음도 실체요 의식도 실체요 사랑도 실체이다. 그러나 그 세 실체가 따로 존재하는 것이 아니라 하나로서 존재한다.[91]

셋째 모상은 기억(memoria), 이해(intelligentia), 의지(voluntas)의 유비다. 아우구스티누스에 의하면 기억은 이해의 작용을 통해 그리고 그렇게 하려는 의지를 통해서만 유지된다고 본다. 기억이란 말은 의지와 이해와 기억의 작용에

---

87 Augustinus, De Trinitate, VI, trans. A. W. Haddan(1872), p.10~11.
88 Augustinus, De civ. Dei, XI, p.25.
89 Augustinus, De civ. Dei, VIII, p.6.
90 Augustinus, Conf., XIII, p.11, 12; Augustinus, De civ. Dei, IX, p.26.
91 Augustinus, De Trinitate, IX, trans. A. W. Haddan(1872), p.4~5.

의해서만 표현될 수 있고 이해라는 말도 역시 홀로 표현될 수 없고, 기억과 의지와 이해의 작용에 의해서 표현될 수 있으며, 의지란 말도 역시 기억과 이해와 의지의 작용에 의해서 표현될 수 있다.[92]

아우구스티누스에 의하면, 기억은 지식을 우리 마음속에 살아있게 하는 능력이다. 기억은 이해된 지식을 담아두는 창고와 같다.[93] 지식을 기억 속에 넣어둔다. 의지는 지적이고 정신적인 활동을 통합하는 기능을 가지고 있다. 이 세 가지가 인간 영혼 깊은 곳에 동시적으로 함께 존재한다. 이 세 가지는 세 가지의 실체나 삶이 아니라 하나의 삶이다. 세 마음이 아니라 하나의 마음이다. 세 실체가 아니라 하나의 실체다. 복수로 말할 것이 아니라 단수로 말해야 한다.[94]

아우구스티누스는 우리가 하나님을 이해한다는 것은 쉬운 문제가 아니라고 한다. "우리가 하나님에 대해 말하고자 하는 바를 이해할 수 있다면 그것은 이미 하나님이 아니기 때문이다. 우리가 이해할 수 있는 것은 하나님 말고 다른 것을 이해한 것이다. 만일 하나님을 우리가 생각하는 바대로 이해할 수 있다면, 우리는 그렇게 생각함으로써 스스로를 속인 것이다."[95] 아우구스티누스에게 삼위일체는 하나의 신비이다. 이 신비는 어리석은 이들에게는 닫혀있지만 이 신비를 보기에 합당한 사람들에게는 이 신비가 열려져 있다.[96]

중세의 삼위일체론

중세에는 삼위일체에 대한 성찰이 퇴조하였다. 다만 중세 초기 영향력 있는 신학자 보에티우스(Boethius, d. 522년경)가 아

---

92 Augustine, *Sermons on Selected Lessons of the New Testament*, Sermons 2, trans R. G. MacMullen, NPNF First Series, vol.6 (Peabody, Mass.: Hendrickson, 1994), p.265.

93 Augustinus, *De Trinitate*, XIV, trans. A. W. Haddan(1872), p.6, 8.

94 이종성은 타 종교에서 발견되는 삼위일체 신관의 모상을 다음과 같이 소개한다. 첫 번째 모상은 고대 중국의 3대 신(神)의 모상으로 '상제-노자-황제노군'이다. 노자는 도를 신격화하였다. 상제는 호천상재, 황천상재다. 2세기경부터 노자는 상제 다음가는 신으로 예배하는 대상이 되었다. 황제가 노자와 함께 신앙 대상(황제노군)이 되었다. 상제-노자-황제노군은 고대 중국의 삼주신이다. 논리 구조상 삼위일체론과 유사하다. 두 번째 모상은 수메르와 바벨론의 모상으로 '아누(Anu)-엔릴(Enlil)-에아(Ea)'이다. 수메르 신화에서 아누(Anu)는 하늘의 신이며, 모든 신의 아버지다. 신적 세계에서 최고의 위치에 있다. 엔릴(Enlil)은 땅과 공기를 지배하는 신이다. 에아(Ea)는 물과 바다를 다스리는 신이다. 지혜의 원천이다. 마귀를 퇴치하고 병을 고쳐주는 신이다. 세 번째 모상은 힌두교의 모상으로 '브라마(Brahma)-비슈누(Vishnu)-시바(Siva)'이다. 브라마는 창조자로, 비슈누는 보존자로, 시바는 파괴자로 간주된다. 이 세 모상에서 한 분이 나타난다. 이들은 첫째가 되기도 하고 둘째, 셋째도 된다. 네 번째 모상은 로마의 3대 신 '쥬피터(Jupiter)-마스(Mars)-퀴리누스(Quirinus)'이다. 쥬피터는 가장 강력한 신이다. 마스는 전쟁의 용사다. 퀴리누스는 전쟁의 신이다. 로마인들은 다신론자인 동시에 공적인 신관을 가지고 있다. 로마인들은 세 신을 택해서 섬겼다. 이종성, 「삼위일체론」, p.490ff.

95 Augustine, *Sermons on Selected Lessons of the New Testament*, Sermons 2, trans R. G. MacMullen, NPNF First Series, vol.6(Peabody, Mass.: Hendrickson, 1994), p.263.

96 Ibid., p.398.

우구스티누스와는 달리 아버지와 아들과 성령의 보다 분명한 구분을 요구하였다. 500년에서 1000년 사이의 삼위일체에 관한 가장 큰 논쟁은 '필리오케'(*filioque*)에 관한 논쟁이었다. 보에티우스가 중세 초기 서방 라틴 신학의 대표자라면 동방교회에서는 동방교회의 대주교였던 포티우스(Photius, d. 897년경)가 그 대표자라 할 수 있다. 포티우스는 성령이 아버지와 아들로부터 발출되었다는 고백은 성령이 내재적 삼위일체 안에서 아들에 종속되었다는 것을 보여준다고 주장하였다. 그는 아버지로부터의 아들의 출생과 발출, 그리고 아버지가 성령의 원천이 된다는 것을 주장하였다.[97] 서방세계는 포티우스의 입장을 반박하였고, 동방교회는 포티우스의 입장을 받아들였다.

중세의 탁월한 신학자인 켄터베리의 안셀무스(Anselmus of Canterbury, 1033~1109)와 피터 아벨라드(Peter Abelard, 1079~1142), 토마스 아퀴나스(Thomas Aquinas, 1224~1274)는 일반적으로 그리스도의 인격과 삼위일체에 대해 초기 교회 공의회가 선언한 권위를 받아들였다. 중세 후기에 서방 세계에서 삼위일체와 관련해서 모였던 두 개의 교회 회의는 제4차 라테란 회의(the Fourth Lateran Council, 1215)와 플로렌스 회의(the Council of Florence, 1438~1445)였다.

1) 안셀무스

안셀무스는 아우구스티누스의 영향을 크게 받았다. 아우구스티누스에게 있어서, 성령은 아버지와 아들을 연합하며 이 둘로부터 발현하는 "사랑의 연합"으로, 삼위일체의 제삼의 위격이었다. 안셀무스는 이러한 아우구스티누스의 성찰을 채택하였고 여기에 스콜라주의적 해석을 시도하였다. 안셀무스는 삼위일체를 이성으로 입증하기 위해 많은 논리와 논리적 인과관계를 사용하였다. 이러한 시도는 삼위일체에 대한 아우구스티누스의 심리학적 유비의 스콜라주의적 표현이다. 안셀무스에 따르면 지고의 영인 아버지는 영원히 스스로를 표현하는데 이 영원한 자기표현이 곧 그의 본질에 속하는 그의 말씀(아들)이다. 그러나 아버지와 아들은 동일하지 않다. 왜냐하면 사유가 지성에서 출생한 것처럼 아들이 아버지에게서 출생하였기 때문이다. 중요한 것은 이들은 본질과 존재에

---

97 Roger E. Olson, Christopher A. Hall, 「삼위일체」, p.78~79.

있어서 하나라는 것이다. 그리고 이 둘을 하나로 묶는 제삼의 관계가 곧 성령이다. 성령이란 아버지와 아들 둘로부터 영원히 발출하는 신적 본질 내에 있는 제삼의 관계이다.[98] 안셀무스가 삼위일체 교리의 역사에 있어서 중요한 것은 아우구스티누스의 삼위일체에 대한 심리학적 모델을 보강했다는 것이다.[99]

2) 빅터의 리처드

리처드(Richard of St. Victor, d. 1173)는 휴(Hugh of St. Victor, d. 1141)의 제자였다. 휴는 아버지와 아들과 성령의 세 위격들의 구분을 강조한 학자였다. 휴는 리처드가 위격들 사이의 구분을 좀 더 발전시키도록 영향을 주었다. 빅터의 리처드는 삼신론에 빠지지 않으면서 세 위격들의 구분에 대한 휴의 암묵적 강조를 더 발전시켰다. 아우구스티누스의 전통이 신적인 본질의 일치를 강조하고 그 일치 안에서 어떻게 다양성이 존재할 수 있는지 설명하는 것을 시작점으로 한다면, 빅터의 리처드는 아버지와 아들과 성령의 위격들과 인간의 인격들로 시작하여 본질의 통일이 어떻게 위격들 사이에서 구성되는지를 보여주고자 한다. 리처드는 사랑의 개념을 통하여 이를 설명한다. 리처드에 따르면, "둘 사이의 사랑은 셋 사이의 사랑보다 온전하지 못하다. 오직 두 위격이 만들어내는 상호 사랑 안에는 이기심의 기미가 언제나 묻어난다. 제삼자가 사랑의 원에 속할 때에만 사랑은 온전하다. 왜냐하면 아주 뜨거운 상호 사랑 속에서 당신이 최고로 사랑을 받고, 당신이 최고로 사랑을 하는 그분에 의해 또 다른 이가 당신이 받은 사랑과 동일하게 사랑을 받는 일은 무척이나 탁월한 일이기 때문이다." 리처드는 하나님의 사랑과 같은 온전한 사랑은 인격들의 삼위일체에서만 나타날 수 있는 것으로 보았다.[100]

3) 피터 아벨라드와 피오레 요아킴

삼위일체에 대한 성찰이 사벨리우스주의나 삼신론에 너무 기울어져 이단으로 판명된 학자들이 있다. 피터 아벨라드와 피오레 요아킴(Joachim of Fiore)이

---

98 Anselm, *Saint Anselm: Basic Writings*, trans. S. N. Deane (La Salle, Ill.: Open Court Publishing Co, 1962), ch. 30~63, 91~127; Roger E. Olson, Christopher A. Hall, 「삼위일체」, p.82 참조.
99 Roger E. Olson, Christopher A. Hall, 「삼위일체」, p.82~83.
100 Edmund J. Fortman, *The Triune God: A Historical Study of the Doctrine of the Trinity* (London: Hutchinson & Co, 1972), p.193; Roger E. Olson, Christopher A. Hall, 「삼위일체」, p.86.

그들이다. 아벨라드는 삼위일체론을 '놋', '인장', '날인'에 비유하였다. 아벨라드의 삼위일체 교리가 양태론적인지에 대하여 논의의 여지가 있으나 1121년 스와송 공의회(Council of Soissons)는 아벨라드를 정죄하고 그의 책들을 공공의 장소에서 불태웠다.[101]

아벨라드와는 달리 요아킴은 신성의 위격들의 셋 됨(threeness)을 강조하였다. 그 결과 그의 삼위일체 교리가 삼신론에 빠졌다는 비난을 받았다. 요아킴에 따르면 세계 역사는 세 시기로 나눌 수 있으며 각각의 시기는 삼위일체의 세 위격이 배타적으로 활동한다고 보았다. 요아킴은 구약의 시기를 성부의 시기로, 신약의 시기를 성자의 시기로, 미래의 시기를 성령의 시기로 연결시켰다. 삼위일체의 위격들은 하나님의 역사 참여를 통해 분리된다. 만약 요아킴이 역사 속에서 하나님의 세 위격들의 분리의 필요성에 대해 생각하지 않았다면 1215년 제4차 라테란 공의회에서 정죄 받지는 않았을 것이다. 라테란 회의는 아버지, 아들, 성령의 삼위는 하나님의 실재 안에서 갖는 독특한 관계에 의해서만 구별될 뿐이라고 주장하였다.[102] 현대에 이르러 제4차 라테란 회의는 하나님의 셋 됨을 희생하면서 하나님의 하나 됨을 우선시하였다고 비판하는 학자들이 있다.[103]

4) 토마스 아퀴나스

신학적 천재 또는 교회의 박사라 불리는 토마스 아퀴나스는 아우구스티누스의 심리학적 모델과 리처드의 공동체 사회적 모델을 창조적으로 종합했다고 볼 수 있다. 아퀴나스에게 있어서 통일을 가져오는 신적인 본성인 하나님의 실체는 하나의 관계적-지적 본질이다. 그에게 "위격이란 하나의 지적 본성을 갖는 구별된 현존이다."[104] 삼위일체에 대한 아퀴나스의 해석에 의문이 제기된다. 아버지, 아들, 성령의 관계들은 참으로 온전한 의미에서 인격들인지, 아니면 존재의 양태들인지, 또는 실체의 현존들인지 명확하지 않다.

---

101 Roger E. Olson, Christopher A. Hall, 「삼위일체」, p.88.
102 Ibid., p.89~91.
103 Karl Rahner, *The Trinity* (New York: Herder and Herder, 1970), p.15~21.
104 Edmund J. Fortman, *The Triune God: A Historical Study of the Doctrine of the Trinity* (London: Hutchinson & Co, 1972), p.208.

니케아—콘스탄티노플 신조 이후, 긴 중세를 거치는 동안 교회나 공의회가 삼위일체론에 대해 다른 의견을 가진 경우는 없었다. 삼위일체에 대한 새로운 해석들은 제시되었지만, 삼위일체 그 자체에 대한 의문은 제기되지 않았다. 중요한 회의였던 제4차 라테란 회의(1215), 제2차 리옹 회의(1274), 플로렌스 회의(1438~1445)가 성령의 출원과 연관된 '필리오케'(*Filioque*) 문제를 포함해 삼위에 대한 논의를 정리했다.

5) 제4차 라테란 회의

삼위일체에 대하여 제4차 라테란 회의는 다음과 같이 정리하였다.

"우리는 참하나님은 오직 한 분만이 계시고 그분께서는 영원하시며 무량하시고 전능하시며 변함이 없으시고 파악될 수 없으시며 형언할 수 없는 분으로서 성부 성자 성령의 세 위격이시지만 유일한 본질과 실체 내지는 완전히 단일한 본성을 이루고 계시다는 것을 굳건히 믿으며 단적으로 고백하는 바이다. 성부께서는 그 기원이 없으시고 성자께서는 오로지 성부께로부터 나셨으며 성령께서는 성부와 성자 두 위로부터 동등하게 발하셨으며 영원히 시작과 끝이 없으시다. 낳으시는 분 성부와 나시는 분 성자와 발하시는 분 성령께서는 하나의 실체를 이루시고 동등하시며, 다같이 전능하시고 영원하시며, 우주의 유일한 원리로서 보이는 것들과 보이지 않는 것들, 영적인 것들과 물질적인 것들, 모든 만물의 창조주이시다."[105]

6) 제2차 리옹 회의

1274년에 소집된 제2차 리옹(Lyon) 회의는 성령이 아버지와 아들로부터, 두 원리에서가 아니고 하나의 원리에서, 두 발출에서가 아니고 하나의 발출에서 발출한다는 필리오케 개념을 받아들여 동방대표자들을 만족시켰다. 동방교회가 필리오케를 반대한 것은 필리오케의 이중적 발출을 용납할 경우 성령과 아버지와 아들의 동일성을 파괴시킬 뿐 아니라 삼위일체의 통일성을 파괴시킬 수 있다는 생각에서였다.[106]

105 Giuseppe Alberigo, ed. *Conciliorum Oecumenicorum Decreta*, 김영국·손희송·이경상·박준양·변종찬 옮김, 「보편공의회 문헌집」, 제2권 전편 (서울: 가톨릭출판사, 2009), p.230. 삼위일체 신앙에 대한 제4차 라테란 공의회의 진술을 위해서 이 책 p.230~233을 보라.
106 Roger E. Olson, Christopher A. Hall, 「삼위일체」, p.94.

리옹 회의는 아버지와 아들과 성령이 삼위일체 되심을 믿으며, 삼위일체 각각의 위격이 완전하고도 온전한 한 분이신 하나님임을 믿으며, 영원히 아버지로부터 태어난 아들이 아버지와 동일 실체이며, 아버지와 아들로부터 발출한 성령이 완전하고 참된 하나님임을 믿으며, 그 성령이 아버지와 아들과 동일 동등하며, 동일 실체이고 동일 전능하며 동일하게 영원한 것을 믿으며, 삼위일체가 세 하나님들이 아니고 전능하고, 영원하며, 나뉘지 않고, 변하지 않는 한 분 하나님임을 믿는다고 선포하였다.[107]

제2차 리옹 회의는 삼위일체에 대하여 다음과 같이 정리하였다.

"충실하고 헌신적인 신앙으로써, 나는 성령께서는 영원으로부터 성부와 성자에게서 발(發)하심을 고백하는데, 이는 두 가지가 아닌 단 하나의 원리(原理, principium)로부터의 발출(發出, processio)이며, 두 가지가 아닌 단 하나의 기출(氣出, spiratio) 때문인 것이다. 바로 이것이 모든 믿는 이들의 어머니이며 교사인 거룩한 로마교회가 지금껏 고백하고 설교하여 가르쳐왔던 것이며, 또한 영원히 믿고 설교하고 고백하며 가르치는 바이다."[108]

7) 플로렌스 회의

플로렌스 회의(1438~1445)는 삼위일체 교리와 연관된 서방교회의 마지막 전체회의였다. 이 회의에서 삼위는 존재 방식을 제외하고는 모든 것이 동일하다는 결론을 내렸다. 플로렌스 회의는 성령이 두 원리에서가 아니라 하나의 원리에서, 두 발출에서가 아니라 하나의 발출에 기초하여 필리오케 문구의 삽입에 동의하는 것을 포함하여 많은 부분들에서 제2차 리옹 회의에서 정리한 내용을 확인하였다.

일반적으로 볼 때 중세의 시기는 아우구스티누스에게서 유래한 가톨릭-정통 삼위일체 교리를 정리한 시기였다고 할 수 있다. 이 시기에 삼위일체에 대한 지성적 이해를 추구하였지만 독창적인 발전은 없었다.

107 Edmund J. Fortman, *The Triune God: A Historical Study of the Doctrine of the Trinity* (London: Hutchinson & Co, 1972), p.218.
108 Giuseppe Alberigo, ed. 「보편공의회 문헌집」, 제2권 전편, p.314.

종교개혁자들의
삼위일체론

　　　　　　　　　　　개신교 종교개혁자들은 삼위일체를 니케아
신조와 아우구스티누스의 삼위일체론을 통해서 이미 정리된 교리로 생각하고
더 이상 삼위일체의 본질적 내용을 재고하지 않았다. 대부분의 개신교 신학자
들은 삼위일체를 너무 합리적으로 살피는 것을 피하고 교부시대에 성립된 삼
위일체의 교의를 고백하고자 하였다.

　종교개혁의 중심적 지도자 마르틴 루터(Martin Luther, 1483~1546)는 논리와
사색을 중시했던 스콜라 신학을 반박하고 스콜라 형이상학을 "매춘부"라고 몰
아붙이기까지 하였다. 루터는 삼위일체에 대하여 세 위격들의 구분을 강조하
였다.

　루터를 계승한 필립 멜랑히톤(Philipp Melanchthon, 1497~1560)도 루터와 마
찬가지로 경세적 삼위일체를 더욱 강조하기 위하여 내재적 삼위일체에 대한
형이상학적 사색을 피하였다. 멜랑히톤의 근본적 입장은 신적 본질의 통일성
과 위격에 관한 니케아 신조를 따랐다. 멜랑히톤은 전통적 삼위일체 교리를 따
랐고, 삼위일체적 관계들에 대한 자세한 형이상학적 사색을 거부하였다. 단지
멜랑히톤은 모든 위격들이 구원사 속에서 가지는 독특성을 강조하였다. 전체
적인 맥락에서 멜랑히톤은 내재적 삼위일체에 대한 지나친 스콜라주의적 설명
을 피하면서, 동시에 하나님의 본질의 통일과 세 위격들의 구분을 고백하는 것
에 머물러 있었다.[109]

　칼뱅(John Calvin, 1509~1564)의 삼위일체론의 핵심은 「기독교 강요」 1권 13장
에서 찾아 볼 수 있다. 칼뱅도 아우구스티누스의 「삼위일체」(De Trintate)를 근
본적으로 수용한다. 루터와 멜랑히톤과 마찬가지로 칼뱅도 영원하고 분리될
수 없는 하나의 본질인 한 분 하나님의 통일과 세 위격의 구분을 강조하는 경향
이 있다.

　종교개혁의 좌파 가운데 세르베투스(Michael Servetus, 1511~1553)와 파우스
투스 소시누스(Faustus Socinus, 1539~1604)와 같은 합리주의적 반삼위일체주

109　Roger E. Olson, Christopher A. Hall, 「삼위일체」, p.99~101.

의자들과, 발타자르 협마이어(Balthasar Hubmaier, 1528)와 메노 시몬스(Menno Simons, 1561) 같은 재세례파주의자들이 있다.[110] 스페인의 의사이며 신학자인 세르베투스는 반니케아주의자였으며 삼위일체 교리를 반대하였다. 그는 종속론을 주장한 것 때문에 정죄를 받아 화형 당했다. 소시누스는 세르베투스보다 보다 분명하게 그리스도의 본질적인 신성과 신성에 있는 삼위성을 부인하였다.

종교개혁이 마무리되면서 서방신학의 관심이 구원과 신학에 대한 과학의 도전 등과 같은 문제로 이동하면서 삼위일체 교리는 현대에 이르기까지 관심 밖으로 밀려나게 되었다.

근대의
삼위일체론

17세기와 18세기는 이신론과 경건주의가 크게 작용한 시기였다. 자연종교와 합리적 그리스도교를 주창했던 이신론자들 가운데 영향력이 있는 사람들로 존 로크(John Locke, 1632~1704), 존 톨랜드(John Toland, 1670~1722), 그리고 매튜 틴달(Matthew Tindal, 1656~1733) 등이 있었다. 일반적으로 이신론자들은 삼위일체를 신비적이거나 합리적인 영역을 넘어서는 것으로 생각하여 내면적으로 삼위일체 교리를 부인하였다. 또한 경건주의자들과 복음주의적 부흥운동가인 스페너(Philip Jakob Spener, 1635~1705), 진젠도르프(Nikolaus Ludwig Count von Zinzendorf, 1700~1760), 웨슬리(John Wesley, 1703~1791), 그리고 에드워즈(Jonathan Edwards, 1703~1758) 등은 하나님과 그리스도를 경험하는 일에 관심을 두었고 니케아의 정통 삼위일체에 대하여 크게 관심을 두지 않았다.[111]

경건주의 운동의 지도자 진젠도르프는 삼위일체를 성령을 "우리의 사랑하는 어머니"라고 표현하였다. 그가 성령을 어머니로 표현한 것은 성령이 여성임을 말하려고 한 것이 아니라 성령이 생명을 주신 후 그 생명을 양육하는 성령의 기능을 말하려고 한 것이다. 진젠도르프는 내재적 삼위일체에 대한 언급을 피하

---

110 Ibid., p.103.
111 Ibid., p.113~114.

고 경세적 삼위일체에 대해서만 언급하였다. "진젠도르프는 삼위가 서로 공동으로 상속하고 상호 침투하는 것을 의미하는, 삼위일체의 위격들의 상호 침투 또는 순환(perichoresis) 개념을 사용하였다."[112]

감리교 창시자 존 웨슬리는 삼위일체란 성서를 통하여 계시된 진리로 보았다. 웨슬리에게 중요한 것은 아들과 성령과 아버지를 한 하나님으로서 경외하는 것이다.[113] 삼위일체 사실을 믿는 것이 중요한 것이지 하나님이 어떤 방식에 의하여 삼위일체가 되는지 이해하는 것은 중요하지 않다. 웨슬리는 삼위일체에 대한 이성적 능력에 대한 한계를 은유적으로 다음과 같이 표현하였다. "인간을 잘 이해할 수 있는 벌레를 발견하거든 가지고 오라. 그리하면 나도 당신에게 하나님을 잘 이해시킬 수 있는 사람을 보여 주리라."[114]

웨슬리는 삼위일체 하나님은 신앙에 의해서 파악될 수 있는 것으로 보았다.[115] 웨슬리 신학에서 삼위일체 교리에 대한 증언은 근본적으로 신학적이거나 철학적인 사색에 근거하지 않고 하나님에 대한 그리스도인의 경험으로부터 나온다.[116] 웨슬리의 삼위일체론은 신앙체험의 분석이지 사변적이 아니다. 신앙체험의 서술이 웨슬리의 삼위일체의 논리다. 삼위일체의 사실이란 체험될 수 있는 것이다. 우리가 삼위일체의 하나님을 경험한다는 것은 하나님이 셋이 아니라 우리가 하나님의 경험을 세 번 다르게 경험한다는 것이다. 이것은 하나님이 자신을 우리에게 세 번 다른 방식으로 계시하시기 때문에 가능하다.

웨슬리에게 삼위일체 신에 관한 지식은 참된 그리스도교 신앙의 필수조건이다. 웨슬리는 삼위일체 하나님을 부인하는 사람들은 살아있는 참된 종교를 가진 자들이라고 볼 수 없다고 하였다.[117] 웨슬리는 아타나시우스(Athanasius) 신조에 동의하면서 "이 신조에 동의하지 않는 자는 의심할 여지없이 영원히 멸망하리라."고 말하였다.

112 Ibid., p.122.
113 William R. Cannon, *Theology of John Wesley* (Nashville: Abingdon-Cokesbury, 1946), p.160.
114 John Wesley, *The Journal of John Wesley*, vol. 7, ed. Nehemiah Curnock (London: The Epworth Press, 1938), p.367.
115 Lycurgus M. Starkey, Jr., *The Work of the Holy Spirit* (Nashville: Abingdon, 1960), p.41.
116 Charles W. Carter, ed. *A Contemporary Wesleyan Theology*, vol.1(Michigan: Francis Asbury Press, 1983), p.128; Lycurgus M. Starkey, *The Work of the Holy Spirit: A Study in Wesleyan Theology* (Nashville: Abingdon, 1960), p.24.
117 John Wesley, *The Works of John Wesley*, vol. 6, ed. Thomas Jackson (Grand Rapids: Baker Books, 1998), p.205.

현대의
삼위일체론

1) 전통적 삼위일체론의 경시

19~20세기 자유주의 신학자들 가운데 삼위일체론을 경시하는 풍조가 있었다. 슐라이어마허(F. D. E. Schleiermacher, 1768~1834), 헤겔(G. W. F. Hegel, 1770~1831), 리츨(A. Ritschl, 1822~1889) 등이 이에 해당하는 사람들이라 할 수 있다. 현대신학의 아버지라 불리는 슐라이어마허는 삼위일체 교리를 그리스도교 교리의 핵심으로 여기지 않았다. 그는 신학을 그리스도인의 자아의식을 설명하는 것으로 이해했기 때문에 하나님 자신 안에 있는 본질과 위격을 취급하는 삼위일체 같은 것에는 별 의의가 없는 것으로 보았다. 슐라이어마허는 신앙의 본질이 신자들이 하나님에 대하여 가지는 절대의존의 감정에 있다고 보았다. 그는 삼위일체론을 그의 주저 「신앙론」(1822) 결론 부분에서 간단하게 다루었다. 그에게 하나님은 대자적, 대타적 개념으로 분리되거나 구분되는 분이 아니다. 하나님은 언제든지 단일적이며 통일적으로 존재한다. 그에게 있어서 하나님의 세 위격은 세상에 대한 하나님의 관계를 말할 뿐이다. 따라서 삼위일체라는 것은 하나님 사역의 여러 가지 측면을 말해주는 것에 지나지 않는다.(양태론적 해석) 전반적으로 슐라이어마허는 초대 교회가 이단으로 여긴 사벨리우스주의에 동조하는 태도를 취하고 있다. 사벨리우스에 의하면 아들과 성령은 하나님의 표현양태(modus)라고 본다. 태양에서 열과 빛이 나온다. 그러나 이 열과 빛은 태양과 동일한 존재가 아니다. 이와 마찬가지로 아들과 성령도 아버지의 한 양태에 지나지 않는다. 즉 하나님은 하나의 위격(Prosopon, Persona)을 가지고 있다.

헤겔은 종교는 그 자체로부터 정당성을 발견하는 것이 아니라 철학에서 온다고 보았다. 그러므로 헤겔은 종교보다 철학을 앞세운다. 신앙이나 교리는 철학의 심판을 받는다. 그에게 삼위일체론은 종교적으로 진리가 아니라 철학적으로 진리였다. 그는 하나님을 절대정신으로 이해하고, 삼위일체론과 그리스도교 신학의 교리를 관념론적 입장에서 접근한다.

리츨은 헤겔의 관념론을 따르지 않고 칸트의 인식론을 따라 종교적 지식은 전적으로 신앙에 의한 가치 판단에 의하여 구성된다고 보았다. 종교는 원칙적으로 실제적인 문제를 취급하기 때문에 형이상학적 사유나 이론은 아무 가치를 가지지 못한다. 따라서 리츨은 하나님과 그리스도에 관한 모든 사변적이고 형이상학적인 교리를 부인했다. 그래서 리츨에게 삼위일체론은 이해할 수 없는 것이다. 그런 까닭에 그는 삼위일체론은 그리스도교 신학에 없어도 무방하다고 보았다. 리츨의 제자 하르낙(A. Harnack, 1851~1930)도 그리스도교로부터 모든 초자연적 요소를 삼위일체론과 함께 신학으로부터 제거하려고 하였다.

슐라이어마허, 헤겔, 리츨과는 달리 삼위일체론을 중시하는 학자들이 등장하였다. 리츨학파의 좌익대표자가 하르낙이라면 우익대표는 헤르만(W. Herrmann, 1846~1922)이라고 할 수 있다. 헤르만은 삼위일체론의 중요성을 강조한다. 헤르만에 의하면, 삼위일체론은 하나님이 단일적 본질을 세 가지 형태로 계시할 필요성에서 나타난 것이다. 삼위일체론은 사랑하시는 아버지로서, 우리에 대해서 능력으로 사역하는 그리스도로서, 우리 안에 있는 본성을 극복하는 영으로서 하나님이 우리를 구속하시는 모습을 잘 그려준다. 바르트는 베를린 대학에서 하르낙보다 헤르만의 영향을 받았을 것으로 보인다.

리츨의 제자로서 바젤과 베를린대에서 교수로 사역한 카프탄(J. W. M. Kaftan, 1848~1926)은 삼위일체론을 신관의 중심 위치로 회복시키려고 노력하였다. 그에 따르면 그리스도교 신관의 특이점은 삼위일체 신관에 있다. 삼위일체 신관을 떠나서는 교회의 교리라고 정당하게 부를 수 있는 신관은 없다.[118] 그는 리츨학파 중 유독 전통적 삼위일체론을 긍정적으로 받아들임으로써 그리스도교가 전통적 신앙과 신학으로 받아들이고 있는 삼위일체론을 회복시켰다.

2) 전통적 삼위일체론 수호

자유주의 신학의 저류에는 전통적 삼위일체론을 옹호하고 주관적, 사변적, 불가지론적 자유주의자들의 삼위일체론에 반대하는 하나의 흐름이 있다. 독일의 루터교회 안에서 일어난 보수운동의 대표격인 학파(에어랑겐 학파, Erlangen School)가 있다. 이들은 현대적 방법으로 전통교리를 재해석하려는 자유주의

---

118 Julius Kaftan, *Dogmatik* (Tübingen und Leipzig: Mohr, 1897), p.153, 231ff.

신학을 참고하면서 전통적 교리를 최대한 따르려는 특징이 있다. 에어랑겐 학파 창시자인 토마시우스(G. Thomasius)는 하나님을 아버지와 그리스도를 통해서 관계를 갖는 분으로, 그리스도를 살아 있는 인격자로 하나님의 아들로서 우리와 하나님 사이를 연결시키는 분으로, 성령을 우리에게 신앙을 주시고 그리스도인의 삶을 주신 분으로 이해한다. 이러한 일을 하는 세 주체는 다 같이 우리의 믿음의 대상이다. 이들은 위격적으로는 다르나 근본적으로는 서로 동일하다. 토마시우스가 강조하는 것은 하나님이 가지는 공동체(Gemeinde)의 체험이다.

미국의 찰스 핫지(Charles Hodge)는 프린스톤 신학을 형성해서 미국 내 장로교회뿐만 아니라 다른 교파에도 많은 영향을 주었다. 핫지는 삼위일체 교리는 세상에 분명하게 계시되어 있기 때문에 수용되어야 한다고 주장한다. 그 교리가 이해할 수 없는 오묘한 교리이기는 하지만 불가능한 교리가 아니다. 그러나 그 교리를 합리적으로 설명할 수 있다고 기대하기는 어렵다고 보았다. 우리가 이해하지 못한다 할지라도 믿어야 한다.[119]

전통적 삼위일체론을 수호하는 경향은 로마 천주교의 삼위일체론에서 더욱 두드러지게 나타나 있다. 우리는 로마 천주교에서 삼위일체론을 비판하거나 이를 반대하는 저서들을 찾아 볼 수 없다. 클라인(F. Klein)은 삼위일체론이 신비적 내용을 포함하고 있다는 이유로 침묵을 지킬 필요는 없다고 하였다. 이것은 모든 사람에 의하여 파악될 수 있는 하나의 사실이다. 이것이 교리로서 교회에 의하여 결정되었기에 그 교리를 이해하든 못하든 간에 믿어야 한다. 그는 삼위일체 교리를 로마 천주교회의 대표적 교리로 간주하였다. 삼위일체 교리가 로마 천주교회를 다른 종교와 구별하는 표준이라고 보았다. 이들은 삼위일체 교리가 불변의 교리요 신앙의 모든 신비를 밝혀주는 원천적 신비라고 한다. 이 교리의 가능성이나 사실성을 따지지 않고 이 교리가 주는 신앙의 깊은 의의와 가치를 확인하고자 한다. 신구약성서가 삼위일체 교리를 말하고 있다. 구약성서의 강조점은 하나님의 통일성이고 신약성서의 강조점은 세 분의 위격성이다. 이것은 예수는 하나님의 아들이며, 성령이 아버지와 아들로부터 출원한다는 것을 보여준다. 삼위일체에 관한 지식을 우리는 예수로부터 가질 수 있다.

119 이종성, 「삼위일체론」, p.606.

세 위격이 실재한다는 것, 그 셋이 동등하다는 것, 그러나 그들이 구별된다는 것, 그 셋은 하나로 통일되어 있다는 것이다. 삼위일체 교리는 교부들이나 어떤 철학자들에 의하여 작성된 것이 아니다. 하나님이 직접 성서를 통하여 기록케 하였고 교회로 하여금 그 내용을 세상에 밝히도록 하였다. 그러므로 삼위일체 교리는 하나님이 직접 자체의 신비적 내용을 알려준 것이다. 삼위일체 하나님에 대한 지식은 전적으로 구속적 계시에서 나오는 것이다.

20세기에 이르러 삼위일체가 신학적인 주목을 받고 활기찬 논의의 주제로 각광을 받게 되었다. 바르트(Karl Barth, 1886~1968)가 삼위일체 신학에 대한 논의에 활력을 불어넣었다고 볼 수 있다. 그로부터 시작하여 칼 라너(Karl Rahner, 1904~1984), 폴 틸리히(Paul Tillich, 1886~1965), 몰트만(Jurgen Moltmann, 1925~), 레오나르도 보프(Leonardo Boff, 1938~), 동방정교회 신학자 존 지지울라스(John Zizioulas, 1931~), 가톨릭 여성신학자 케서린 라쿠나(Catherine LaCugna, 1952~1997) 등에 의하여 전개되고 확장되었다.

3) 바르트의 삼위일체론

삼위일체론의 중요성을 인식하고 그 교리가 가지고 있는 신비적 의미를 밝히려고 노력한 학자들이 있다. 바르트의 그리스도론적 삼위일체론이 이에 해당된다. 바르트에게 삼위일체론은 그리스도교 신앙의 가장 근본적인 교리다. 하나님은 누구인가? 하나님의 계시가 어떻게 일어났는가? 그 결과가 무엇인가? 이 물음에 대한 대답이 삼위일체론과 직결된다.

바르트에게 하나님은 자신을 통하여 자신을 계시하시는 하나님이다. 성서는 하나님이 아들을 통하여 자신을 우리에게 계시하신다는 것과 그 계시를 우리에게 확인시키시고 보장해 주는 분이 성령임을 말해준다. 성서가 이처럼 삼위일체로 계시는 하나님을 우리에게 계시해 주시기 때문에 우리는 삼위일체 하나님에 대해서 말할 수 있는 것이다. 바르트는 삼위일체론이 내용적으로나 외형적으로 교의학의 서두에 있어야 한다고 하였다.[120] 물론 성서는 삼위일체 교리를 직접 가르치진 않는다. 그러나 그 가능성을 제공해 준다. 교회는 그 가능성을 가지고 삼위일체 교리를 작성했다.

---

120 K. Barth, *Church Dogmatics*, I /1, (Edinburgh: T & T Clark, 1975), p.345.

바르트는 그의 저서 「교회교의학」을 하나님의 말씀에 대한 그리스도교 신앙의 기초와 하나님 말씀의 삼위일체적 성격에 대해 숙고하는 것으로 시작한다. 바르트에게 삼위일체 교리의 기초는 계시다. 계시는 곧 하나님 자신이다. 계시는 예수 그리스도와 직결되어 있다. 삼위일체론은 예수 그리스도, 즉 아들을 중심으로 작성되었다. 그러나 그 셋은 동일한 중요성을 가진다. 하나님은 자아 계시에 있어서 계시자인 동시에 계시 자체이다. 하나님은 계시에서 아들의 아버지로서 계시되었다. 하나님은 자신을 영으로 계시한다. 하나님의 영은 아버지와 아들의 영으로 자신을 계시한다.[121] 바르트에게 하나님의 말씀(계시)은 계시자, 계시, 계시된 것의 형식을 가진다. 만일 하나님이 계시자, 계시, 계시된 것의 구조를 갖는다면, 하나님은 아버지와 아들과 성령으로서 삼위일체적이어야 한다. 계시는 삼중적 의미를 가지나 내용은 하나다. 계시의 내용은 절대로 분할되지 않는 통일을 의미한다.[122]

바르트에 따르면, 예수가 실천한 것은 아버지의 뜻에 따라 실천한 것이다.[123] 예수 그리스도의 주권은 하나님의 주권과 동일하다. 예수의 주권은 창조자로서의 하나님의 주권과는 다르다.[124] 아들은 아버지가 아니다. 아들은 아버지의 아들로서 또는 말씀으로서 존재한다.[125] 여기서 바르트는 예수 그리스도를 통하여 계시된 하나의 사건의 통일성과 다양성을 인정하려고 한다. 창조와 화해는 전적으로 다른 두 가지 사건이다. 창조자와 화해자 사이에는 선후 차이가 있다. 그러나 주권에서 분리되거나 존재에 있어서 다른 존재가 아니다. 차이가 있다면 존재양태(modus)만 다를 뿐이다. 계시된 내용을 주라고 확신케 하고 그 것을 역사화하는 것은 성령의 사역이다. 영과 아들은 동일하지 않다. 영은 예수 그리스도와 동일하지 않다. 성령은 아들과 동일하지 않으나 그리스도의 영이다. 성령은 그 자체가 계시된, 계시의 내용도 아니다. 다만 그것을 가르치고 밝혀준다.[126] 성령이 한 일은 모두 하나님의 일로 돌린다. 하나님 아버지는 예수 그리스도의 하나님 아버지다. 아들은 언제든지 아버지의 아들로 이해된다. 그러나 아버지와 아들은 성령의 증거에 의하지 않고는 알려지지 않는다. 영은

---

121 Ibid., p.368.
122 Ibid., p.382.
123 Ibid., p.443.
124 Ibid., p.449f, 472.
125 Ibid., p.469.
126 K. Barth, *Church Dogmatics*, I /2, p.578.

아버지의 영이요, 아들의 영이다.[127] 이 어느 것도 다른 것으로 전환될 수 없으며 매순간마다 한 분 하나님으로 계시된다.

바르트의 삼위일체 논리에 대한 이해는 다음과 같다. 하나님은 아들과 성령과 동시적으로 동일하게 존재하기 때문에 "셋 안에서 하나(three-in-oneness)로 계시는 하나님"이다. 셋 중 어느 하나도 다른 둘 없이는 알 수 없으며 셋 중 하나는 다른 둘과 함께 있다.[128]

오늘날 우리의 주목을 받고 있는 사회학적 삼위일체론은 하나님의 위격(person)을 전면에 두고, 그의 통일성을 이차적으로 취급한다. 그러나 바르트는 하나님의 통일성을 강조하여 하나님의 통일성을 주권(Lordship)으로 표현한다.[129] 하나님의 주권을 하나님의 본질, 신성, 실체, 본체, 본성과 동일시한다. 하나님의 본질의 단일성을 강조하면서 하나님의 위격을 세 위격(three-persons)과 연결시키지 않고 단일적인 하나님의 본질과 연결시켜 양태(modus)로 표현한다. 그의 의하면 하나님의 주권은 삼중적이 아니라 삼중적으로 된 하나이다. 하나님은 삼중적으로 반복된 한 분의 하나님이다.[130]

바르트는 하나님의 단일성을 강조한 다음 전통적 삼위일체 교리에서 사용되고 있는 페르소나(persona)에 대하여 이의를 제기한다. 그리고 모두스(modus)로 설명하려고 한다. 하나님은 존재의 세 가지 양태 안에서 하나다. 한 분의 인격적 하나님이 한 존재양태에서만 존재하는 것이 아니라 아버지의 양태 안에서 존재한다. 특유하고 구별된 하나님의 존재의 절대적이고 개별적인 양태를 설명하려면 모두스(modus)라는 말을 써야 한다고 하였다.[131] 바르트가 '모두스'를 사용했다고 해서 그를 양태론(modalism)으로 보는 것은 지나친 것이다. 셋으로 구별되어 불리는 것은 그의 본성에서의 구별이었으며, 그 구별에 따라 우리에게 계시되었으므로 계시에서, 인간의 경험에서 셋으로 이해된다. 하나님의 존재양태는 일시적이거나 단순한 허상이 아니고, 하나님의 존재의 실제다. 우리가 하나님을 알 수 있는 것은 세 가지 분리할 수 없는 그러면서도 독특하고

---

127 바르트는 Filioque 교리를 인정한다. 바르트는 출원에 순서가 있다고 본다. 아버지가 먼저 있고, 그 다음에 두 위격이 따른다. 상호간의 교제가 있다. 인간 사이에 있는 모든 교제와 교류는 하나님의 교류에 근거하고 있다.
128 K. Barth, *Church Dogmatics*, I/1, p.423ff.
129 이종성, 「삼위일체론」, p.624.
130 K. Barth, *Church Dogmatics*, I/1, p.383, 402.
131 Ibid., p.413~414.

개별적인 존재양태 안에서이다. 초대 교회는 'una substantia tres persona'를 고백하였다. 바르트는 'persona'를 'modus'로 대치하고자 하였다.[132]

하나님의 통일성, 단일성에 대한 지나친 강조에 몰트만은 바르트의 삼위일체론을 군주신론이라고 비판한다.[133] 바르트는 하나님의 통일성을 페리코레시스 (perichoresis, 상호내재)로 선언한다.[134] 페리코레시스는 아버지와 아들과 영의 실체에 대하여 더 깊게 설명한 용어이다.[135] 페리코레시스는 아버지와 아들과 영이 그들 사이에서 하나라는 뜻이다. 또한 그 위격의 존재양태가 서로 동일하다는 뜻이 아니라 서로 안에 공재(co-present)한다는 뜻이다.[136]

바르트는 삼위일체론을 그리스도교 신학의 중요한 교리로 인식했다. 계시는 삼위일체론의 기초가 된다. 하나님이 그리스도를 통하여 계시한 내용은 삼위일체 하나님이다. 그리스도는 역사적 예수 안에서 성육신했으므로 삼위일체 하나님은 형이상학이나 신비주의의 대상이 아니라 우리의 역사적 지식의 대상이다. 내재적 삼위일체론과 경세적 삼위일체론을 인정한다.[137] 바르트는 하나님의 사역과 하나님의 존재를 같이 말함으로써 경세적 측면과 내재적 측면을 함께 말한다.[138] 바르트의 삼위일체론의 전체적인 흐름은 하나님의 주권과 절대적 주체성을 강조하는 것과 하나님이 아들과 성령의 우위에 있는 것이다. 계시된 하나님으로부터 하나님 자신에 대한 지식을 얻는 길 이외에 하나님을 알 수 있는 길은 없다. 바르트는 하나님이 계시를 통하여 자신을 계시했음에도 불

---

132 바르트는 '페르소나'라는 낱말을 포기하고자 제언하는 것이 아니라 '모두스'(modus)라는 말이 '페르소나'보다 더 적합하다고 보는 것이다. 이종성, 「삼위일체론」, p.627.

133 J. Moltmann, *The Trinity and the Kingdom of God: the Doctrine of God*, trans. Margaret Kohl (London: SCM Press, 1981), p.139~144.

134 K. Barth, Church Dogmatics, Ⅰ/1, p.425.

135 K. Barth, Church Dogmatics, Ⅰ/2, p.555.

136 K. Barth, Church Dogmatics, Ⅰ/1, p.424.

137 경세적 삼위일체(Economic Trinity)는 구원의 섭리 속에서 아버지, 아들, 성령으로 구분되는 사랑을 말하지만, 내재적 삼위일체(Immanent Trinity)는 하나님의 존재의 심연 속에 나타난 세 형태의 사랑을 말한다. 하나님의 존재 속에서 영원히 구분된 품격을 보고자 한다. 경세적 삼위일체는 경륜적 삼위일체, 객관적 삼위일체, 구속사적 삼위일체, 실용적 삼위일체, 아래부터의 삼위일체 등으로 지칭될 수 있다. 그리고 내재적 삼위일체는 주관적 삼위일체, 존재론적 삼위일체 (ontological Trinity), 영원한 삼위일체(eternal Trinity), 본질적 삼위일체(essential Trinity), 위로부터의 삼위일체 등으로 지칭될 수 있다. 특히 경세적 삼위일체는 계시의 삼위일체(the Trinity of revelation)로 불리기도 한다. 베버와 제베트는 경세적 삼위일체를 계시적 삼위일체(revelational Trinity) 또는 기능적 삼위일체(functional Trinity)로 언급하기도 한다. Otto Weber, *Foundation of Dogmatics*, vol.1, trans. Darrell L. Guder (Grand Rapids: Eerdmans, 1981), p.388; Paul K. Jewett, *God, Creation and Revelation* (Grand Rapids: Eerdmans, 1991), p.305. 삼위일체 교리가 사색적인 존재론으로 빠질 때 그것은 독단적인 것으로 비판을 받는다. 올바른 삼위일체 신학은 먼저 사색적으로 삼위일체를 영원성에 놓고, 그리고 그 후에 계시와 그리스도교의 경험 속에서 삼위일체의 증거를 찾는 것이 아니라 오히려 성서에 의하여 증언되고 교회의 시작으로부터 구원의 역사로부터 구체적으로 시작된다. 이런 측면에서 삼위일체 신학의 논리는 경세적 삼위일체로부터 내재적 삼위일체로 가야 한다. Daniel L. Migliore, 「조직신학입문」, p.106~108.

138 K. Barth, *Church Dogmatics*, Ⅰ/1, p.474.

구하고 그가 우리의 이성에 의해 파악될 수 없다고 한다. 하나님에 대한 불가측성과 하나님의 숨어있음은 하나님의 본성에 속한다.[139]

4) 라너의 삼위일체론

몰트만에 따르면, 라너의 삼위일체론은 바르트의 삼위일체론과 유사하다.[140] 라너에 의하면 하나님의 존재는 신비적이며 그에 대한 인간의 이해도 일종의 신비적 특성을 지닌다. 이 신비성은 하나님의 자아전달(self-communication)이다.[141] 이들은 경세적, 내재적 자아전달을 동시에 가지고 있다. 경세적 삼위일체론을 강조하면 양태론에 빠지고 내재적 삼위일체론을 강조하면 사변적인 단일신론에 빠질 위험성이 있다. 라너는 이 두 가지 위험성을 피하기 위해서 이들이 자체 안에 경세적 측면과 내재적 측면을 가지고 있다고 한다. 경세적 자아전달 안에 내재적 자아전달이 이해된다.[142] 아버지와 아들과 영은 한 신성(godhead)과 동일하여 상대적으로 서로 구별된다고 이해해야 한다. 이 셋은 서로 관계되어 있다. 이렇게 이해할 때 본성의 동일성과 세 위격의 구별성이 가능하다. 삼위 사이에 있는 관계는 본성적 관계가 아닌 상대적 관계다. 바르트는 자기계시(self-revelation)로 라너는 자아전달(self-communication)로 삼위일체를 말한다. 하나님은 예수 그리스도와 성령 안에서 자신을 우리에게 전달한다. 하나님의 자아전달은 아들과의 자아전달을 필요로 한다. 그리고 이 자아전달은 언제든지 자유로운 사건으로 이루어진다.[143] 라너의 자아전달은 하나님 아버지의 자아전달과 아들과 영의 자아전달을 말하고 있다. 전자는 무기원적인 존재이고, 후자는 아버지로부터 보내심을 받은 자아전달이다. 여기서 우리는 질적 차이를 보게 된다. 그러므로 군주신론이라는 비판을 받을 수 있다.

라너에게 경세적 삼위일체론은 내재적 삼위일체론이요, 내재적 삼위일체론은 경세적 삼위일체론이다.[144] 이것을 가리켜 "라너의 규정"(Rahner's Rule)이라고 부른다. 경세적 삼위일체론은 하나님의 내적 또는 초월적 삼위일체론을 경시하는 경향이 있다. 5세기 아우구스티누스에 의해서 내재적 삼위일체론이 구

---

139 Ibid., p.368f.
140 J. Moltmann, *Trinity and the Kingdom of God* (London: SCM Press, 1981), p.44.
141 K. Rahner, *The Trinity* (New York: Herder and Herder, 1970), p.46.
142 Ibid., p.63.
143 Ibid., p.86.
144 Ibid., p.22.

체적으로 형성되었다. 라너는 경세적 삼위일체론은 내재적 삼위일체론에 근거하고 있다고 본다. 그래서 하나님의 절대성과 삼위일체 안에서의 우월성을 주장한다. 즉 삼위일체 안에 일종의 질서, 순서가 있다고 본다. 내재적 삼위일체론이 경세적 삼위일체론에 선행한다. 라너는 내재적 삼위일체론은 경세적 삼위일체론의 기초가 된다고 본다. 그러나 이들을 시간적으로 이해해서는 안 된다. 둘은 언제나 동시적으로 이해되어야 한다.[145]

라너는 그리스도교인의 삶을 포함하는 구원에 적절치 못한 내재적 삼위일체에 대한 모든 사색을 피하고 삼위일체와 구원의 관계를 규명하여 삼위일체를 보다 실천적인 교리로 만들고자 하였다. 라너도 바르트와 같이 페르소나(persona)란 말이 적합하지 않다고 본다.[146] 그 이유는 페르소나는 정신적 독자성과 자유 행동의 중심체를 의미하기 때문에 삼신론에 빠질 위험이 있기 때문이다. 하나님의 자아전달은 세 가지 다른 양상으로 나타난다. 한 분 하나님이 실재(subsisting)의 세 가지 특이한 방법으로 실재한다. 하나님은 결정적이고 특이한 실재의 방법(in this determinded distinct manner of subsisting) 안에서 존재하고 우리를 만난다.[147] 라너는 실재의 특이한 방법이라는 말이 바르트가 제안한 모두스(modus)보다 더 적절하다고 본다. 라너에 따르면 "하나님 안에 세 의식들이 있는 것이 아니고 하나의 의식이 삼중적인 방식으로 현존한다. 하나님 안에는 아버지와 아들과 성령 각자의 그 본래적 방식에 따라 이들에 의해 공유되는 하나의 참된 의식이 있다."[148] "한 분 하나님은 세 가지 구별된 방식들(아버지와 아들과 성령)로 현존한다."[149] 하나님은 세 가지 실재의 방법을 통해서 삼중적으로 존재한다. 라너의 삼위일체론의 특징은 아버지로서의 하나님을 무기원적 존재로 또한 절대적 존재로 부각시킨다.[150]

라너의 삼위일체론은 바르트에서 볼 수 있는 바와 같이 군주론적 신관이 잠재되어 있다. 왜냐하면 라너에게서 아들은 아버지의 자아전달로 나타나고, 영은 아버지와 아들의 자아전달로 나타나기 때문이다. 여기서 아버지는 원류에 아들과 영은 지류에 해당된다. 이런 의미에서 삼위일체를 온전히 이해하는 데

---

145 Ibid., p.99~103. 이후 논의되는 내재적 삼위일체론과 경세적 삼위일체론의 관계를 보라.
146 Ibid., p.57, 103.
147 Ibid., p.109f.
148 Ibid., p.107.
149 Ibid., p.109.
150 이종성, 「삼위일체론」, p.654.

'자아계시'나 '자아전달'이라는 용어는 적합해 보이지 않는다.

5) 몰트만의 삼위일체론

몰트만은 20세기 신학에서 삼위일체에 관한 가장 논쟁적인 통찰을 제시한 신학자로 알려져 있다.[151] 몰트만이 보기에, 바르트와 라너는 하나님의 존재와 의식의 통일을 지나치게 강조하였다. 바르트는 삼위일체를 하나님의 말씀에 기초해서, 라너는 구원의 경험에 기초해서 설명하고자 하였다. 칸트는 순수 이성으로는 하나님을 알 수 없지만 실천이성으로는 하나님을 알 수 있다고 하였다. 몰트만은 실천이성, 즉 십자가의 신학의 빛 안에서 삼위일체론을 이해하려고 노력하였다.[152] 몰트만은 십자가의 사건을 하나님의 삶 안에 있는 사건으로 받아들인다. 몰트만에 의하면 하나님은 예수 그리스도 안에서, 특히 예수의 죽음 안에서 나타나셨다. 이것은 하나님은 예수 안에서 고난당하시고 죽으셨음을 의미한다.[153] 하나님이 그렇게 할 수 있었던 것은 그가 삼위일체적이기 때문이다. 즉 하나님은 사랑의 아픔을 경험할 수 있는, 구분된 세 인격들을 가진 참된 공동체이기 때문이다. 십자가의 사건은 삼위일체론적 관점에서만 이해될 수 있다. 즉 나누어짐과 구별됨이라는 견지에서만 이해된다. 경세적 삼위일체론은 구원의 역사와 경험이 완결되고 완성될 때 그 자체가 내재적 삼위일체론으로 완성된다.[154]

몰트만은 아버지 하나님을 아들인 예수와 생명을 주는 영과 결합시킨다. 이런 맥락에서 우주적인 군주의 모습을 형성하는 것은 불가능하다. 삼위일체 구조 속에서 보면, 아버지 하나님은 이 세상의 권력자의 원형이 아니다. 그가 가진 것은 전능이 아니라 사랑이다. 삼위일체 하나님의 영광은 그리스도의 공동체 안에서 반영된다. 신자들과 가난한 자들과의 교제 안에서 반영된다. 생명의 영은 권능의 어떤 축적이나 주성(主性)의 절대적 실권에서 나오는 것이 아니라 예수 그리스도의 아버지와 아들의 부활에서 나온다.[155]

몰트만에 따르면, 폭력과 무법적 독재를 막는 길은 삼위일체론의 참뜻을 바

151 Roger E. Olson, Christopher A. Hall, 「삼위일체」, p.137.
152 J. Moltmann, *The Trinity and the Kingdom of God*, p.160; J. Moltmann, *The Crucified God*, trans. R. A. Wilson and John Bowden (London: SCM Press, 1974), p.235ff.
153 J. Moltmann, *The Crucified God*, p.192.
154 J. Moltmann, *The Trinity and the Kingdom of God*, p.161.
155 Ibid., p.197f.

르게 아는 것이다. 몰트만은 교권적 삼위일체론을 비판한다. 교회의 감독제도를 도입한 것은 이그나티우스였다. 감독은 교회에 대하여 그리스도를 대신한다. 교회의 감독제도는 교회의 통일을 가져다 주었다. 그러나 그것은 은사를 희생시키는 대가를 치러야 했다. 공동체 안에 조화나 통일이 없어도 감독의 권위로서 외형적 질서와 통일이 유지되었다. 몰트만에 의하면 군주적 감독개념은 교황권 신학으로 발전되었다. 한 교회, 한 교황, 한 베드로, 한 그리스도, 한 하나님이 존재한다. 교황의 권위가 교회의 통일을 보장한다. 베드로가 있는 곳에 교회가 있다. 교황권에는 과오가 없다고 선포하였다. 이것이 가능한 것은 교권자들의 군주적 유일신론적 사고방식 때문이었다. 몰트만은 교회의 통일이 교황권에 의하여 보장되거나 유지되는 것이 아니라 삼위일체론적 신앙에 있다고 본다. 그리스도인의 공동체의 통일은 삼위일체론적 통일이다. 그것은 요 17:21의 말씀과 같이, "아버지께서 내 안에, 내가 아버지 안에 있는 것같이 그들도 하나가 되는 것이다." 아버지 안에 아들이 내재하고 아들 안에 아버지가 내재하는 것이다. 그리스도인의 공동체는 하나님의 삼위일체성에 참여한다. 몰트만은 교회가 가지는 권위와 통일은 교황 한 사람 위에 있는 것이 아니라 삼위일체 하나님으로부터 온다고 한다. 사랑으로서의 하나님은 신자들의 공동체 안에서 나타난다. 군주적 유일신론은 교회를 교권단체, 거룩한 영토로 정당화한다. 삼위일체 신론은 교회를 공동체에 의하여 구성되는 것으로 본다. 조화의 원칙은 삼위일체론의 원칙이다. 권력의 원칙은 삼위일체론의 원칙에 배치된다. 몰트만은 중세기 이후 현재까지 정치적 유일신론의 교권적 유일신론의 영향을 받아 성서적 삼위일체론을 오해했다고 본다. 그리고 로마 천주교의 교황권 같은 비성서적 교권의식을 버리고 성서적 삼위일체론을 재건해야 한다고 주장한다.[156]

몰트만은 12세기 반교회적 종말론을 주장하다가 파문당한 요아킴(Joachim of Fiore, 1132~1202)의 신국론을 평가하면서 4왕국론을 논한다. 요아킴의 신국론은 아우구스티누스의 7세대론적 종말론과 카파도키아의 신학자의 종말론을 결합한 것이다. 7세대론적 종말론은 세계 역사를 7세대로 나누고 고통의 6세대가 지난 다음에 평안히 설 수 있는 제 7세대가 오고, 7세대가 끝나면 영원한 영

---

156 이종성, 「삼위일체론」, p.672~673.

광의 왕국이 시작된다고 본다. 카파도키아 신학자의 종말론은 아버지 왕국, 아들의 왕국, 성령의 왕국이 순서대로 나타나는 것으로 본다. 크게 볼 때, 동일한 하나님 나라가 아니지만 아버지와 아들, 성령에 따라 고유한 모습이 나타난다. 각 왕국이 단절되어 있지 않다. 요아킴은 두 종말론을 종합하여 성령왕국론을 발전시켰다. 아버지의 나라는 지배로 인해 공포가 일어난다. 아들의 나라에서는 구속으로 하나님의 자녀가 됨으로 신뢰가 확립된다. 영의 나라에서는 성령의 사역으로 중생하여 새사람이 된다. 세 왕국은 서로 유리되지 않고 너무도 밀접하게 관계되어 있어서 한 왕국이 다음 왕국을 내포하고 있다. 아버지의 왕국은 스가랴에서 끝나고, 아들의 왕국은 1260년에 끝나고, 성령의 왕국은 1260년 이후부터 시작된다. 요아킴 사후에 그의 가르침은 이단으로 정죄되었다. 그 당시 요아킴의 삼왕국론-자연왕국(하나님의 왕국), 은총왕국(그리스도 왕국), 영광왕국(성령왕국)-의 영향이 컸다. 이 같은 영향은 루터교회와 칼뱅주의 신학자들에게서도 발견된다. 몰트만은 요아킴의 왕국론이 3왕국론으로 끝나지 않고 4왕국론이었다고 지적한다. 성령왕국은 왕국의 완성형으로서 종말론적 왕국이다. 이것은 영광의 왕국이다. 따라서 요아킴의 4왕국은 아버지 왕국, 아들의 왕국, 성령의 왕국이 삼위일체 하나님의 영광의 왕국 안에서 종합된다. 개신교는 아버지 왕국, 아들의 왕국을 말하면서도 성령의 왕국은 말하지 않는다. 성령의 왕국 대신에 제4의 왕국인 영광의 왕국만 말한다.[157] 이것은 개신교의 왕국론은 삼위일체론이 아님을 증명하는 실례라고 이종성은 지적하고 있다.[158]

몰트만이 요아킴의 왕국론을 선호하는 이유는 그것이 군주적 삼위일체론을 극복하고 인간의 자유를 정당화시켜 주기 때문이다. 영광의 왕국을 실현하는 삼위일체 하나님은 인간의 자유를 원하시고 정당화하여 끊임없이 자유를 위하여 남녀를 자유롭게 한다. 삼위일체 왕국론은 자유에 관한 신학적 교리다. 자유에 관한 신학적 개념은 하나님의 삼위일체론적 역사다.[159]

몰트만은 하나님은 인간의 역사와 함께 인간의 모든 고통과 슬픔을 인간과 함께 체험하신다는 것을 그리스도론적 견지에서 주장한다. 그의 방법론은 '데오리'(theorie)에서 '프락시스'(praxis)로 가는 전통적 방법에서 역으로 프락시스

---

157 J. Moltmann, *The Trinity and the Kingdom of God*, p.207f.
158 이종성,「삼위일체론」, p.677.
159 J. Moltmann, *The Trinity and the Kingdom of God*, p.218.

에서 데오리로 간다. 교리에서 신앙으로, 위에서 아래로 전체에서 개체로, 원리에서 경험으로가 아니라, 삶의 현실과 실존적 상황에 부딪힘으로써 구원의 도리를 알게 되는 방법을 사용한다. 몰트만은 경세적 삼위일체론과 내재적 삼위일체론 양자를 수용한다. 유일신론을 강하게 비판하면 그 반작용으로 삼신론에 빠지기 쉽다. 이를 피하기 위해 몰트만은 삼위일체론적 창조론, 삼위일체론적 성육신, 삼위일체론적 영화(성화)를 주장한다. 이종성의 지적에 따르면, 몰트만에게 결여된 것은 삼(三), 일(一)의 논리적 근거가 없다. 삼위일체를 주장하면서 삼(三)이 일(一)이라는 논리가 어떻게 성립되며 설립된다면 그 논리적 근거가 어디에 있는지 고려하고 있지 않다.[160]

6) 판넨베르크의 삼위일체론

판넨베르크는 삼위일체 교리를 보다 이성적으로 이해하려고 한다. 그가 이런 이성적 경향을 선택한 근본적인 이유는 "나와 아버지는 하나이니라"(요 10:30)에 근거를 두고 있다. 이는 숫자적인 개념으로 하나가 아니라, "아버지께서 내 안에 계시고 내가 아버지 안에 있다"(요 10:38)는 의미에서다. 판넨베르크의 삼위일체 사유는 그의 그리스도론적 입장과 관계해서 전개된다. 판넨베르크에 있어서 그리스도론은 신학의 기초가 되고 신론은, 더욱 명확하게는 삼위일체론은 신학의 중심이 된다. 판넨베르크 신학에 있어서 예수와 아버지와의 인격적인 관계는 그의 그리스도론의 기초를 제공한다. 이런 차원에서 판넨베르크의 그리스도론은 그의 삼위일체론을 인도한다.

판넨베르크는 하나님의 신비에 대한 논의에 반대한다. 그에 의하면, 계시 안에 주어진 삼위일체는 신비가 아니다. 계시는 판넨베르크의 삼위일체론의 출발점이 된다. 판넨베르크의 역사로서의 신적 자기계시 개념은 삼위일체적 존재론적 근거를 제공하고 또한 현대 세계에서 하나님의 질문에 대한 자리를 제공한다. 삼위일체는 교리로서 나타난 것이 아니라 성령의 삶의 능력과 예수 안에서 성육하신 아들의 이야기로서 계시된다. 판넨베르크는 나사렛 예수의 운명과 삶이란 한 특별한 사건 속에서 하나님의 계시의 교리를 만나게 된다. 계

---

160 이종성, 「삼위일체론」, p.682.

시의 사건은 하나님 자신의 존재로부터 분리되지 않는다.[161] 이것은 판넨베르크 신학에 있어서 핵심적인 사항이다.

판넨베르크는 삼위일체를 이해하기 위해서 예수의 역사로부터 시작한다. 왜냐하면 예수의 보편적 역사에서, 아버지, 아들과 성령의 구별과 일치가 지각될 수 있기 때문이다. 부활은 예수를 본질적으로 하나님과 같은 분으로 제정한다. 판넨베르크는 예수와 하나님 아버지의 일치를 본질의 일치로 간주한다. 이 본질의 일치는 예수의 부활에 의해서 주장된다. 예수의 부활은 하나님의 본질의 계시로서 해석된다. 부활의 사건은 예수를 신으로서의 신분을 위한 소급력이 있게 하는 의미를 가질 뿐만 아니라, 존재론적으로 구성하는 힘을 가진다.[162]

판넨베르크는 아들과 아버지와의 일치 그리고 아버지로부터 아들의 구별의 증명을 시도한다. 판넨베르크 신학에서 하나님의 아들로서 예수의 자기의식은 삼위일체 하나님 이해를 위한 존재론적 근거가 된다. 예수는 그 자신을 하나님의 아들로서 계시한다. 예수는 그 자신을 하나님의 아들로서 자각한다. 예수는 그 자신을 하나님의 아들로서 느꼈고, 하나님을 그의 가장 사랑하는 아버지로 불렀고, 하나님에 의해서 세계로 보냄 받은 자로 알았다. 예수는 그 자신을 아버지의 아들로서 느꼈기 때문에, 아버지의 이름으로 죄를 용서했고, 죄인들과 함께 먹는 자유를 취했다. 아버지와 함께하는 예수의 통일성은 아버지에 대한 예수의 무조건적인 자기 항복(self-surrender)에서 성취된다. 이런 방법으로 예수는 그 자신이 아버지의 아들임을 증명하였다.[163] 예수의 절대적이고 실천적인 아버지의 의지와의 일치는 하나님과 함께 하는 그의 본질의 일치의 매개물이며 예수의 신적 아들됨에 대한 모든 주장들의 기초가 된다.[164]

판넨베르크의 자기 구별의 이해는 판넨베르크의 삼위일체 교리의 핵심이다. 아버지, 아들과 성령의 상호간의 자기 구별은 삼위일체 관계의 구체적인 형태를 구성한다. 하나님의 아들로서의 예수는 그 자신을 아버지로부터 구별한다. 아버지로부터 예수의 자기 구별은 아버지에게 헌신함으로써 증거된다. 판넨베르크에 있어서 하나님의 자기 구별은 삼위일체의 인격과 그들 자신의 신성을

---

161 W. Pannenberg, *Jesus—God and Man*, trans. Lewis L. Wilkins and Duane A. Priebe (London: SCM, 1968), p.67~69, 106~108, 129, 143, 154.
162 이에 대하여 김영선, 「예수와 삼위일체 하나님」(서울: 기독교문서선교회, 1996), p.105~129를 참조하라.
163 W. Pannenberg, *Basic Questions in Theology*, vol. 2, Trans. by George H. Kehm (Philadelphia: The Westminster Press, 1971), p.249.
164 W. Pannenberg, *Grundzüge der Christologie* (Gütersloh: Gerd Mohn, 1964), p.362.

구성한다.[165]

아들은 아버지와 관계할 뿐만 아니라 성령과도 관계한다. 그들은 처음부터 함께 있으며 이들 둘은 아버지에 의해서 보내진다. 아들은 성육하고, 성령은 아들에 의해서 취해진 인간성을 창조한다. 예수가 행동하고 아버지를 계시하는 것은 항상 성령의 능력 안에서 이루어진다. 아들은 아버지에게서 태어나고, 그 자신이 그를 아버지로 호칭함으로써, 그리고 그의 삶과 운명 속에서 나타난 그의 아버지에 대한 자기 포기를 통하여, 성령과 아들은 그 자신을 아버지로부터 구별한다.

판넨베르크의 아버지, 아들과 성령의 관계성의 교리는 세 인격들의 일치와 구별을 이해하는 길을 제공한다. 각각의 인격이 그들의 특별한 속성을 소유하고 있는 동안, 인격들은 타자와 함께, 타자를 통하여, 타자 안에, 그리고 타자를 위하여 존재한다. 각각의 인격은 다른 두 인격들과의 관계 속에서 결정된다. 판넨베르크에게 있어서 자기 구별에서 계시되는 인격들의 삼위성은 하나님의 통일성의 논의로 나아간다. 판넨베르크에게 삼위일체 없이 하나님의 통일성을 생각하는 것은 불가능하다. 우리가 먼저 하나님의 통일성을 생각하고 그 다음 그가 어떻게 셋이 될 수 있는가를 요청하는 것이 아니다. 오히려 하나님의 통일성을 아는 것은 삼위일체로부터 주어진다. 하나님의 통일성이 문제가 되는 것은 우리 가운데 계신 아버지, 아들과 성령이신 하나님의 본성과 특색들에 대한 질문에서 기인된다. 판넨베르크 신학에 있어서 삼위일체론은 '위로부터', 전통적인 본질의 개념에서 명명되어온 하나님의 통일성으로부터, 성육신의 원리와 강하와 상승의 필연적인 결과로부터(from the principle of incarnation anf its corollary of descent-ascent) 주어지는 것이 아니고, 하나님의 자기 계시의 영역에서, 예수의 부활에서 나타난 역사적인 사건의 영역에서, 예수의 행위와 운명의 영역에서 주어진다.

판넨베르크는 아버지와 아들 사이의 관계의 생생한 이해를, 헬라 철학의 전통 안에서가 아니라, 히브리 종말론적 전통 안에서 본다. 이 히브리 종말론적 전통 안에서 진리는 모든 창조물의 전체 역사가 계시되는 때, 곧 종말에 발생

---

165 티모시 브라드쇼(Timothy Bradshaw)에 의하면, "헤겔은 인격의 개념을 상세히 설명한 첫 번째 사람이다. 이에 따르면 하나님의 통일성은 정확하게 신성한 인격들의 상호 관계로부터 이해된다." T. Bradshaw, *Trinity and Ontology* (Edinburgh: Rutherford House Books, 1988), p.217.

한다. 판넨베르크에 따르면 "그들이 무엇인가 하는 것은 그들이 무엇이 될 것인가에 의해서 결정된다. 사물의 본질은 오직 미래에서 결정되게 된다."[166] 그러므로 판넨베르크의 사상에는 신적 본질을 이해하는 두 길이 있다. 하나는 예수 그리스도이며, 다른 하나는 종말론적인 시각이다. 판넨베르크의 신학 안에서, 삼위일체의 세 인격들의 구별과 일치하는 하나님의 자기 계시로서 예수의 부활로부터, 그리고 아버지, 아들과 성령의 상호간의 자기 구별로부터 이해된다. 그럼에도 불구하고, 이것은 종말의 때까지 계속된다.

로버트 젠슨(Robert Jenson)이 잘 지적했듯이, 가장 지성적인 입장에서, 삼위일체 신학 작업을 판넨베르크보다 더 열심히, 혹은 더 성공적으로 연구한 현대 신학자들은 없다. 그러나 젠슨의 평가와는 달리, 판넨베르크의 삼위일체론에 대한 비판도 없지 않다. 로저 올손(Roger E. Olson)은 판넨베르크의 내재적 삼위일체 이해는 종말론적 특질을 가지고 있다고 보며, 삼위일체적 인격의 통일성은 하나님 나라의 사역 안에서 나타난 그들의 자기 구별 위에 기초되어 있음을 강조한다.[167] 브라이언 맥더모트(B. McDermott)도 판넨베르크의 삼위일체 신학은 미완성적이라고 지적한다. 왜냐하면 그가 출판한 저작을 통해서 평가해 볼 때 판넨베르크는 그의 삼위일체에 대한 이해를 완전히 발전시키지 않았기 때문이다. 그리고 맥더모트는 판넨베르크의 저작에서는 삼위일체에 대한 토론이 대단히 빈약하다고 지적한다.[168] 안토니 핸슨(Anthony T. Hanson)은 판넨베르크의 삼위일체에 대한 이해는 라틴적 시각이나 혹은 관계성의 시각의 극단적인 형태라고 보았다.[169] 윌리암 힐(William Hill)의 경우는 판넨베르크의 삼위일체론은 영광송이지, 교리도 아니고 복음도 아니라(Pannenberg's Trinitarianism is neither doctrine nor kerygma but doxology)고 비판한다. 힐에 의하면, 판넨베르크의 시각은 궁극적으로 비삼위일체적이라고 한다. 힐은 판넨베르크에 있어서 하나님은 마지막 단계의 사유에서는 삼위의 인격들이 아니라고 주장한다. 왜냐하면 성령은 신성에 있어서 구별적인 인격으로 이해될 수 없다. 오히려 신자를 포옹하는 말씀으로서 이해될 수 있기 때문이다.[170] 그러나 이런 평가나 비

---

166 W. Pannenberg, *Jesus-God and Man*, p.169.
167 Cf. Roger E. Olson, "Trinity and Eschatology: The Historical Being of God in Jurgen Moltmann and Wolfhart Pannenberg," *Scottish Journal of Theology* 36 (1983), p.213~227.
168 B. MaDermott, "Pannenberg's Resurrection Christology: A Critique," *Theological Studies* 35 (1974), p.719.
169 Anthony Hanson, *Grace and Truth*, Southampton (U.K.: Camelot, 1975), p.87.
170 William Hill, *The Three Personed God* (Washington D.C.: Catholic University of America Press, 1982), p.162~166.

평은 한편으로는 부정적이며, 다른 한편으로는 판넨베르크의 입장에 대한 충분한 이해의 결핍의 결과라 본다.

7) 보프의 삼위일체론

로마 천주교 신학자들은 교황청으로부터 신앙적으로나 신학적으로 엄격하게 통제를 받는다. 그 가운데 삼위일체론을 현대적 감각에 맞추어 설명한 신학자가 브라질의 대표적 가톨릭 해방신학자 레오나르도 보프(Leonardo Boff)다. 현대 신학은 철학과 인간학의 영향으로 하나님을 형이상학적으로 이해했다. 보프는 유일신론적 경향과 무삼위일체론적 경향을 비판하고 삼위일체 신관으로 돌아갈 것을 주장한다. 삼위는 영원히 동등하고 사랑의 위격이다. 사랑의 힘이 그 세 위격을 하나로 묶어주기 때문에 완전한 통합(상호내재, perichoresis)이 이루어진다. 세 위격은 너무나 철저하게 공재하기 때문에 서로 분리될 수 없다.[171] 보프는 삼위일체 교리는 어떤 학자의 이론이나 공의회의 결정이 아니라 성서가 가르치고 있는 바라고 주장한다. 그는 대표적으로 네 구절을 택한다. 1) 마 28:19, 초대 교회의 세례−삼위일체에 대한 믿음이 표현되었다. 2) 고후 13:13, 축도−삼위일체 하나님의 본질이 표현되었다. 3) 살후 2:13~14, 바울의 삼위일체론적 사고 구조를 본다. 4) 고전 12:4~6, 삼위일체론 형성에 이르는 길을 볼 수 있다.[172] 보프는 삼위일체 교리는 성서 전체에서 발견되는 교리라고 본다.[173]

보프는 삼위일체론에 대한 일곱 가지 명제를 제시하였다.[174]

① 제1의 위격은 하나님 아버지다. 그는 창조자이며 무기원적이다. 삼위일체의 삶의 근원이며 추진체이다. 독생자의 아버지다. 성령의 내쉼의 원리다.

② 제2의 위격은 아들이다. 그는 아버지로부터 신적본성과 본질과 실체를 받는다. 그것을 받을 때 자의적인 행동이나 강요에 의해서 받는 것이 아니라 상호교류를 통하여 받는다. 아버지와 같은 실체에 있으며 아버지의 말씀이요, 이미지요, 상징이다.

③ 제3의 위격은 성령이다. 단일근원으로서 아버지와 아들로부터 출원한다. 아버지와 아들과

171 Leonardo Boff, *Trinity and Society*, trans. Paul Burns (Maryknoll, N.Y. : Orbis Books, 1988), p.23.
172 Ibid., p.36~38.
173 Ibid., p.40f.
174 Ibid., p.97~99.

같은 실체를 가지고 있다. 아버지와 아들과 함께 예배와 영화의 대상이 된다.

④ 내적 순서에서 아버지의 특성은 무기원적 존재와 부성이다. 아들의 특성은 탄생하는 데 있고, 성령의 특성은 아버지와 아들로부터 내쉼을 받는 데 있다. 구속의 역사, 경세적 삼위일체에서, 아버지는 구속사의 기원이며 아들과 성령사역의 근원이다. 아들은 성육신에 적용되고, 성령은 성화의 기능이 있다.

⑤ 위격은 출원과 기원의 관계를 통해서 서로 구별된다. 그 구별은 상호간에 있는 상대적 반대에 근거하고 있다. 부성, 자성, 입김을 내쉼, 내쉼된 입김.[175]

⑥ 위격간의 상호침투는 신적 위격의 존재의 기초가 된다. 이것을 영원한 교제라고 한다. 세 위격 사이에는 교제와 관계가 있다.

⑦ 삼위일체 계시는 신비의 성격을 띠고 있다. 삼위일체 진리는 사람들의 이해를 위한 노력이 계속됨에도 불구하고 계속해서 신비로 남아 있다.

보프에게 인간 사회는 삼위일체론의 모상이다. 삼위일체 하나님의 신비는 사회생활과 그의 원형에 이르는 길을 가르쳐 준다.[176] 보프는 인간 사회를 위한 모델로서 아버지와 아들과 성령 사이의 평등한 사랑의 공동체적 삶을 제시하고자 하였다. 보프에 의하면, "아버지와 아들과 성령의 공동체는 사회를 발전시켜 삼위일체의 형상과 모양을 따라 재건하고자 하는 사람들이 꿈꿔온, 인간 공동체의 원형이 된다."[177] 보프는 지배와 압제가 난무하는 사회보다는 평등한 형제와 자매의 공동체의 이상을 뒷받침하는 신학적 하나님의 비전이 필요하다고 주장한다. 그는 "바르트와 라너를 포함하여 아버지와 아들과 성령의 온전히 구별된 인격적 현존을 간과하려는 모든 신학자들을 비판한다."[178] 그는 하나님을 공동으로 평등한 인격들로 구성된 공동체로 본다. 인격들이란 분리된 개체들로 존재하지 않는다. "인간의 인격들이 관계들 안에 그리고 관계들을 위해 존재하는 것처럼, 인격적인 하나님은 관계들 안에 그리고 관계들을 위해 존재한다."[179]

---

175 성령을 아버지와 아들에 의하여 내쉼된 입김(Breathing out)으로 이해하는 동시에 성령의 사역은 아버지와 아들에 의하여 이루어진다고 이해한다. Boff, *Trinity and Society*, p.97.
176 이종성, 「삼위일체론」, p.691.
177 Leonardo Boff, *Trinity and Society*, p.7.
178 Roger E. Olson, Christopher A. Hall, 「삼위일체」, p.147.
179 Ibid., p.148.

보프는 아버지와 아들과 성령의 구별된 세 인격들이 한 분 하나님, 한 존재, 한 본질임을 설명하기 위해 상호내재(peichoresis)를 사용한다. 상호내재는 각 인격들은 독특한 자기 자리를 가지면서 다른 인격 안에서 하나의 실체를 형성함을 표현한다.[180] 세 인격들은 하나의 의지, 하나의 이해, 하나의 사랑을 갖는다. 보프는 이런 상호내재의 통일을 아버지의 통일로 보기보다는 완전한 인격적 공동체의 사랑의 통일로 본다. 사랑의 교류는 세 인격들 사이에서 얻어지며, 생명 또한 이들 사이에서 흐르게 된다.[181]

보프는 이런 하나님의 삼위일체적 연합이 인간 사회를 위해 필요한 모델이 되어야 한다고 생각한다. 그래서 우리의 사회가 불평등한 사회가 될 때, 그 사회는 삼위일체를 거스르는 것이 되고, 사회가 공동체에 기반을 두고 나눔과 평등 그리고 정의를 구현할 때, 그 사회는 삼위일체를 존중하는 것이라고 하였다. 보프의 삼위일체론의 주된 관심은 다양성 안에 상호 존재하는 통일성을 강조하면서 가족과 교회를 포함한 사회의 위계질서를 타파하고자 한다.

보프는 삼위일체 하나님의 신비성 가운데 포함되어 있을 여성적 차원에 대한 더 구체적이고도 적극적인 연구를 촉구한다. 예수를 여러 가지 억압에서 자유케 하는 위대한 해방자로 본다. 예수는 여자에 대하여 자유로운 태도를 가졌다. 성령은 완전한 해방의 수행자로 본다. 보프는 성령을 여성적 위격으로 이해할 수 있다고 본다. 보프는 삼위의 기능을 인간의 해방에 초점을 두어 이해했다. 해방의 근원과 목표로서의 아버지, 완전한 해방의 중개자로서의 아들, 완전한 해방의 수행자로서의 성령을 말한다. 이 세 위가 인간에게 완전한 해방을 줄 수 있다고 본다.

보프의 삼위일체론에는 몇 가지 특징이 있다. 첫째, 삼위일체론의 성서적 근거를 강조하였다. 천주교는 성서보다 교회발표를 중시했다. 둘째, 태초부터 삼위 간에 교제(communion)가 있었다고 주장하였다. 그리고 관계 개념보다 교제 개념을 사용하였다. 교제라는 개념의 근거로서 페리코레시스(perichoresis) 개념을 중요시하였다. 셋째, 바르트의 존재양태(modus of being)와 라너의 삼중적 자아전달(Threefold Self-communication)보다 '페르소나'를 선호하였다. 동

---

180 Leonardo Boff, *Trinity and Society*, p.32.
181 Ibid., p.84.

방교회의 삼위일체론의 도식은 '미아 우시아 트레스 휘포스타세이스'로, 서방 교회의 삼위일체론의 도식은 '우나 서브스탄티아 트레스 페르소나'로 표현된 다. 보프는 바르트나 라너가 제안한 '우나 서브스탄티아 트레스 서브스탄티아' (Una substantia tres subsistentia)보다 전통적 표현형식이 더 적합하다고 하였다. 넷째, 여성신학과 삼위일체론을 연결시켜 이해했다. 다섯째, 삼위를 해방이라는 관념에서 이해하였다. 그래서 보프의 삼위일체론은 사회학적이며 정치적이라는 평가를 받는다. 그러나 어떠한 해방인지가 불분명하다. 정치적 해방, 경제적 해방, 신분적 해방, 성적 해방 등 종합지향적 해방으로 보인다. 여섯째, 송영의 대상으로서 삼위일체 하나님을 이해하였다. 논리적, 추상적, 사변적으로 접근하거나 이해할 교리가 아니다. 삼위일체는 신비적이다. 칸트는 이성 안에 있는 지각과 판단력으로 삼위일체 교리를 이해할 수 없다고 하였다. 키에르케고르(Kierkegaard)는 신앙적이고 실존적이며 도발적인 결단을 가져야 이해할 수 있다고 하였다. 보프는 송영을 토대로 삼위일체 하나님을 이해하는 것이 좋은 길잡이가 된다고 하였다. 바르트와 라너는 한 쌍을 이룬다. 이들은 삼위일체론적 유일신론이라는 비판을 받는다. 몰트만과 보프는 한 쌍을 이룬다. 이들은 정치신학자라는 비판을 받는다.

8) 사회적 삼위일체론

오늘날의 삼위일체론은 심리학적 유비보다 사회적 유비에 관심을 기울여 이해하려는 경향이 크다. 오늘날의 그리스도교의 사회윤리는 삼위일체 신학에 기반을 둔다. 다른 사람들의 공동체 속에서 정의, 자유, 평화를 위한 그리스도교의 희망은 하나님의 삼위일체적인 논리에 일치한다. 그리스도교인의 사회윤리는 하나님의 삶이 본질적으로 자신을 내어주는 사랑이라는 것을 확신하는 것이다.[182]

오늘날 호지슨, 보프, 라쿠나, 지지울라스 같은 학자들이 삼위일체론을 사회학적으로 접근하여 세인의 주목을 받고 있다. 현대적 감각에 맞추어 설명한 그들의 삼위일체론을 '사회적 삼위일체론'이라 부른다. 사회적 삼위일체론은 하나님의 존재를 신적 사회(divine Society), 신적 공동체로 이해하는 것이다. 하나

182 Daniel L. Migliore, 「조직신학입문」, p.120.

님의 사회적 존재성을 사회개념으로 발전시킨 일링워즈(F. R. Illingworth)는 그의 「삼위일체」(1907)에서 "하나님은 사회다. 인간의 사회는 삼위일체 하나님의 피조된 희미한 반영"이라고 하였다. 프랜시스 홀(Francis Hall)은 하나님이 공동체적 존재(사회적 존재)임을 강조하였다. 그는 세 위가 개별적으로 독존하는 위격을 말하지 않는다. 그에 의하면, 세 위가 공동체적으로 마치 많은 사람이 함께 생존하는 사회와 같은 자체 관계를 가지면서 존재한다.[183]

사회적 삼위일체론은 12세기 리처드(Richard)에 의하여 처음 논의되었다. 하나님은 '절대적 사랑'과 '절대적 권능'과 '절대적 덕'이다. 하나님 안에 하나의 위격이 아니라 그 사랑의 대상으로서 제2의 위격을 가지고 있어야 한다. 두 위격만으로 충분치 않다. 하나님 안의 두 위격은 서로가 가지고 있는 사랑을 제3자에게 나누어 주어야 두 위격이 가지고 있는 덕이 완성된다. 하나님의 절대적 사랑과 절대적 덕이 삼위일체 하나님의 세 위격을 가능케 한다. 리처드의 삼위일체론은 토마스 아퀴나스에 의해 거부되었다. 왜냐하면 자체 안에 모든 선을 가지고 있는 하나님은 그 선을 나타내기 위하여 그 대상을 필요로 한다는 것은 이치에 맞지 않기 때문이다.[184]

20세기 중반의 영국 신학자인 레오나르도 호지슨(Leonardo Hodgson)은 사회적 삼위일체 개념을 추구하였다. 그는 수학적이기보다는 유기체적이고 "내재적으로 구성적인 통일"(internally constitutive unity)의 개념을 주장한다.[185] 유기체적이고 내면적으로 구성적인 통일은 단지 수학적으로 하나됨으로 이루어진 추상적인 통일이 아니라 실재적이며 구체적인 통일이다. 이것은 다양성과 일치하는 통일이고, 전체의 부분들로 이루어진 통일이며 부분들로 이루어진 한 전체의 통일이다. 호지슨은 하나님을 삼위일체의 사회적 유비로 생각할 때에만 삼위일체적 기도의 삶을 전재할 수 있다고 생각하였다.[186]

스코틀랜드에 있는 글래스고우 대학의 조직신학 교수인 지지울라스(John D. Zizioulas)는 「공동체로서의 존재」(Being as Communion: Studies in Personhood and the Church)를 통해 사회적 삼위일체론 논의에 크게 공헌하였다. 그는 인격성의 본성을 탐구하여, "인격성이란 관계의 신비이며, 관계를 갖지 않는 인격

---

183 Francis J. Hall, *Trinity* (New York: Longmans, Green, and Co., 1923), p.187.
184 이종성, 「삼위일체론」, p.577.
185 Leonardo Hodgson, *The Doctrine of the Trinity* (New York: Charles Scribner's Sons, 1944), p.141.
186 Roger E. Olson, Christopher A. Hall, 「삼위일체」, p.143~145.

이란 존재하지 않는다."[187]고 주장하였다. 동방의 삼위일체 교부들은 "삼위일체 하나님은 완전히 인격적이며, 하나님의 본질은 하나님의 인격성"이라고 주장했다. 그들은 "하나님은 인격적으로 존재하고, 인격적으로 존재한다는 말은 공동체 안에 그리고 공동체를 위해 존재한다"고 본다.[188] 지지울라스는 "하나님에게 있어서 인격이 존재에 선행하든지 아니면 존재가 곧 인격이고 인격이 공동체라고 주장한다." "하나님의 실체인 하나님조차 공동체와 상관없는 어떤 존재론적인 내용이나 어떤 참된 존재도 가지고 있지 않다."[189] "하나님이 된다는 것은 인격들 사이의 완전한 연합을 이루는 것"[190]이다. 지지울라스는 존재론적 체계 안에서 실체보다 순수 인격성을 강조하고 연합으로써 순수 인격성을 강조한다.

지지울라스는 4세기의 아타나시우스와 카파도키아 교부들이 지고의 존재는 순수한 실체의 고립된 자기 충족이 아니고 오히려 인격성 곧 타자들 안에 그리고 타자들을 위해 존재한다는 이해를 상기시키면서 존재하는 것은 타자를 사랑하는 것이라고 본다. 따라서 지지울라스는 "스스로 안에 사랑을 구현하시는 하나님이 계시다면 그분의 형상과 모양을 따라 지음 받은 인간의 존재 양식도 사랑"[191]이라고 주장한다.

9) 코헛의 자기대상이론으로 본 삼위일체론

몰트만은 아버지를 제1의 인격체로, 역사적 인간 예수를 제2의 인격체로, 성령을 제3의 인격체로 소개한다. 이것은 신약성서적 지지를 받지만 그러나 아버지, 아들, 성령이라는 명칭들은 다분히 남성중심적 언어들이기 때문에 여성신학이 발전한 현대 신학계에는 결코 타당하지 않다.

존캅을 포함한 현대 과정신학자들은 하나님을 창조주, 구속주, 성화주 (Sanctifier)로 표현한다. 이것은 남성 중심적 언어에서 탈피한 장점이 있다. 그러나 이것은 현대인들의 경험들을 고려한 설명이라기보다는 그리스도교 교리의 고수를 위한 작위적 설정이라는 한계를 가지고 있다. 그리고 창조, 구속, 성

187 Ibid., p.155.
188 Ibid., p.156.
189 John D. Zizioulas, *Being as Communion: Studies in Personhood and the Church* (Crestwood, N.Y.: St. Valdmir's Press, 1997), p.17.
190 Roger E. Olson, Christopher A. Hall, 「삼위일체」, p.157.
191 Ibid., p.157.

화라는 언어 자체가 이미 보통 사람들의 언어라고 보기에는 너무 신학적 냄새가 나는 단점이 있다.

현대 조직신학자들은 과정철학을 이용한 관계적 차원에서 삼위일체론 설명을 시도하고 있다. 하인즈 코헛(Heinz Kohut)은 그의 정신분석학을 통해 삼위일체론을 설명하였다. 그는 자기대상이론에서 강조하는 세 가지 관계적 경험들(총애감, 경외감, 일체감)을 통해서 하나님께서 인간과 더불어 관계하는 세 가지 서로 다른 종류의 양식들을 설명한다. 하인즈 코헛은 자기대상이론을 통해 이것을 다룬다. 코헛에게, 자기대상(selfobject)이란 자기(self)와 대상(object)이 하나로 묶여진 것이다. 다시 말해서 객관적으로는 대상이지만 주관적으로는 자기의 경험이 되게 해주는 주관적 실체로서의 경험을 의미한다. 대상에는 반영적(거울) 자기대상(Mirroring selfobject), 이상적 자기대상(Idealizing selfobject), 쌍둥이 자기대상(Twinship selfobject)이 있다. '반영적 자기대상'은 아이가 자신의 위대성을 가지도록 도와주지만 '이상적 자기대상'은 다른 사람의 위대성을 인정하도록 도와준다. 따라서 이 두 가지 자기대상들을 경험할 때에 아이는 비로소 스스로 소신 있고 적극적인 존재가 되고, 동시에 타인들과 더불어서 겸손과 예의를 가지고 관계할 수 있는 보다 성숙한 존재가 될 수 있다. 그러므로 '이상적 자기대상'의 경험은 아이로 하여금 이 세상에서 경거망동하지 않도록 도와준다. 세상은 혼자 사는 것이 아니라 다른 존재들과 함께 살아가는 것이다. '쌍둥이 자기대상'은 어떤 대상과 함께 어떤 활동이나 일을 하면서, 그 대상과 자기가 한 몸이 되는 느낌을 갖는 것이다. 경험적으로 볼 때에 이 세 가지 자기대상들은 각각 독립적 실체들이며, 각각 다르게 경험된다. 그러나 이 대상들은 바로 한 부모에게서 다 경험된다. 즉 엄마가 '반영적 자기대상', '이상적 자기대상', '쌍둥이 자기대상'의 역할을 수행했고, 또 아버지도 그와 같은 대상이 된다. 비록 경험적으로는 서로 다른 세 가지의 존재들이지만 존재론적으로는 그들은 모두 한 존재인 것이다.

아이와 부모와의 관계에서 한 부모는 아이의 주관적 경험의 세계에서는 각각 서로 다른 세 가지의 실체로 경험된다. 하나님과 인간의 관계를 이런 자기대상의 개념으로 유추해서 해석한다면, 하나님은 한 분이지만, 그 하나님을 경험하는 인간의 주관적 입장에서는 분명히 독립적인 세 분의 실체들을 경험하는 것과 같다. 한 하나님이지만 인간이 경험하는 하나님은 '반영적 자기대상', '이상적 자기대상', '쌍둥이 자기대상'으로 각각 다르게 경험된다. 예수 그리스도는 우리에게 '반영적 자기 대상'이 된다. 하나님은 한 분이지만 인류가 경험했던 예수 그리스도는 '반영적 자기대상'으로서의 하나님의 존재가 가장 극명한 결정체로 나타난 역사적 사건이다.[192]

니케아 회의와 콘스탄티노플 회의에서 그리스도교의 하나님을 세 분이면서 동시에 한 분이신 하나님으로 고백했다. 왜냐하면 그것이 그들의 경험이었기 때문이다. 그러나 그들의 경험을 이론적으로, 논리적으로, 그리고 과학적으로 증명하려 했을 때에 초대 교회 신앙인들은 무수한 의견과 대립을 겪어야만 했다. 그것은 인간의 언어로 설명하기에는 너무나 깊은 하나님의 신비였기 때문이다. 하인즈 코헛은 그 신비를 인간의 언어로 풀 수 있는 열쇠를 제공했다.

경세적 삼위일체와
내재적 삼위일체와의 관계

경세적 삼위일체와 내재적 삼위일체와의 관계는 세 가지 관점에서 생각해 볼 수 있다. 첫 번째 관점은 내재적 삼위일체 중심의 관점으로, 경세적 삼위일체는 내재적 삼위일체의 인식 근거이고, 내재적 삼위일체는 경세적 삼위일체의 존재 근거라는 것이다. 헤르만 바빙크(Herman Bavinck), 오트(Heinrich Otto), 푈만(Horst G. Pöhlmann) 등은 첫 번째 관점을 지지한다.[193]

두 번째 관점은 경세적 삼위일체와 내재적 삼위일체를 동일시하는 관점으로, 경세적 삼위일체는 내재적 삼위일체이고, 내재적 삼위일체는 경세적 삼위일체라는 것이다. 칼 라너(K. Rahner), 몰트만(J. Moltmann), 융엘(E. Juengel) 등은 두 번째 관점을 지지한다.[194] 두 번째 관점은 첫 번째 관점의 약점을 보완하려

---

192 Heinz Kohut, *How does Analysis Cure*? (Chicago and London: The University of Chicago Press, 1984); Heinz Kohut, *The Restoration of the Self* (Madison: International Universities Press, 1977); Heinz Kohut, *The Analysis of the Self* (New York: International Universities Press, 1971); 김영선, 「관계신학」(서울: 대한기독교서회, 2012), p.250~256을 참조하라.
193 Hermann Bavinck, *The Doctrine of God*, trans. William Hedriksen (Grand Rapids: Baker, 1977), p.320; Heinrich Otto, *Die Antwort des Glaubens*, 김광식 옮김, 「신학해제」(서울: 한국신학연구소, 1974), p.115; Horst G. Pöhlmann, 「교의학」, p.155~156을 보라.
194 J. Moltmann, *The Crucified God*, p.241~247; J. Moltmann, *The Trinity and the Kingdom of God*, p.152~161; Eberhard Jüngel, *God as the Mystery of the World*, trans. Darrell L. Guder (Grand Rapids: Eerdmans, 1893), p.246~381을 보라.

는 시도로서 내재적 삼위일체와 경세적 삼위일체의 통일성(unity)을 추구한다. 이 관점은 "경세적 삼위일체는 내재적 삼위일체이고 내재적 삼위일체는 경세적 삼위일체"라는 칼 라너의 명제를 따르고 있다. 이들의 관점은 내재적 삼위일체는 경세적 삼위일체이므로 이 양자는 본질적으로 내용상 차이가 없는 것처럼 보여질 수도 있다.[195] 그러나 그들의 글을 분석해 보면 내재적 삼위일체는 송영적 의미를 드러내는 형이상학적 구조를 상정하고 있고, 실질적으로 중요한 것은 경세적 삼위일체가 된다. 이들에게 경세적 삼위일체는 내재적 삼위일체를 풍성하게 하는 것이 될 수 있다. 이런 점에서 경세적 삼위일체가 내재적 삼위일체로 언급되는 것이다. 몰트만에게 있어서 구원의 역사와 구원의 경험의 총괄 개념을 뜻하는 경세적 삼위일체의 인식은 내재적 삼위일체보다 선행한다. 십자가 사건은 내재적 삼위일체에 영향을 미치며 심지어 그것을 구성하는 사건이기도 하다. 몰트만에 따르면 구원의 역사와 경험이 완성될 때에야 내재적 삼위일체가 완성된다. 따라서 경세적 삼위일체는 내재적 삼위일체를 이루는 과정이든지 또는 내재적 삼위일체에 영향을 미친다.

세 번째 관점은 경세적 삼위일체 중심의 관점으로, 경세적 삼위일체만이 존재하며, 내재적 삼위일체는 추상적인 것일 뿐이라는 것이다. 헨드리쿠스 베르코프(Hendikus Berkhof)가 이 관점에 서 있다. 베르코프는 경세적 삼위일체만으로 삼위일체를 이해해 보려고 한다. 베르코프에게 삼위일체는 시간 안에 있는 한 역사다. 즉 삼위일체는 사람을 향해 지속적이고 개방된 사건을 지시하는 말이다. 그는 하나님을 역사의 과정에서 나타나는 삼위일체 사건으로 이해하고자 한다. 그래서 "삼위일체는 '자신 안에 있는 추상적인 하나님'(an abstract God in himself)이 아니라, '우리와 함께 하시는 계시된 하나님'(the revealed God with us)에 대한 묘사"이다.[196]

현대인은 역사의 과정과 역사와 시간 내에서의 하나님의 경험을 강조하는 두 번째 관점 또는 세 번째 관점을 선호할 수 있다. 왜냐하면 이들 관점들은 경세적으로 그리고 실존적으로 삼위일체를 이해하고자 하기 때문이다. 그러나 우리는 첫 번째 관점을 경시하지 말아야 한다. 만일에 경세적 삼위일체에 의해

---

195 J. Moltmann, *Trinity and the Kingdom of God*, p.152~154; E. Jüngel, *God as the Mystery of the World*, p.382~384를 보라.
196 Hendikus Berkhof, *Christian Faith: An Introduction to the Study of the Faith*, trans. Sierd Woudstra (Grand Rapids: Eerdmans, 1986), p.336~337.

하나님 자신이 더 풍성해지거나 또는 오직 경세적 삼위일체만 있다면 하나님은 역사를 필요로 하시는 하나님이 되시고, 따라서 역사 없이는 온전한 하나님이 될 수 없을 것이다. 그러나 하나님은 역사를 필요로 하지 않으시며, 역사에 의해 도움을 받지 않으신다. 오히려 역사가 하나님에 의해서 창조되고 진행된다. 그러기에 내재적 삼위일체를 경세적 삼위일체의 존재 근거로 인정하는 것이 필요하다. 내재적 삼위일체가 영원에 있지 않으면 경세적 삼위일체도 있을 수 없다. 경세적 삼위일체에 의해 구축되어야 하는 내재적 삼위일체는 엄밀한 의미에서 하나님의 내재적 삼위일체가 아니라고 할 수 있다. 이런 면에서 첫 번째 관점, 즉 내재적 삼위일체는 경세적 삼위일체의 존재 근거이고, 경세적 삼위일체는 내재적 삼위일체의 인식 근거라는 점은 주지의 사실로 확증되어야 한다. 그러나 우리는, 첫 번째 관점이 추구하는 지나친 내재적 삼위일체론에 대한 강조는 하나님과 세상을 분리시키며, 하나님을 세상과는 아무런 관계가 없는 존재로 만들 수 있고, 예수 그리스도가 역사 안에서 이룩하신 구속의 의미를 희석시킬 위험성이 있음을 직시해야 한다. 또한 내재적 삼위일체와 경세적 삼위일체를 동일시하는 두 번째 관점은 영원하시며 세상을 초월하신 하나님을 우리의 경험과 역사 속에 묶어두려는 위험성을 내재하고 있다. 따라서 우리는 이 두 개의 관점을 조화시켜서 영원하신 하나님은 이 세상에 종속되지 않는다는 것과 동시에 계시 속에 나타난 삼위일체 하나님은 영원하신 하나님과 동일하다는 관점을 추구해야 한다.

노틀담 대학의 캐서린 모리 라쿠나(Catherine Mowry LaCugna)는 하나님의 본질에 대한 내재적 삼위일체에 대한 성찰로부터 경세적 삼위일체에 대한 성찰로 관심을 돌리고자 한다. 그녀는 삼위일체의 사색은 실제적인 삶과 관계되어야 한다고 생각한다. 라쿠나에 의하면 "내재적 삼위일체는 초역사적, 초경험적, 혹은 초경세적인 것이 아니며", "오히려 내재적 삼위일체적인 용어로 하나님을 말하는 것은 그리스도와 성령의 경륜 속에서 우리와 함께 하시는 하나님의 삶에 대하여 말하는 것"이다.[197] 또한 "내재적 삼위일체적 신학은, 하나님 안에 있는 어떤 것에 대한 분석일 수 없으며, 오히려 구원 역사 안에 하나님의 자기표현의 구조 혹은 양식에 대해 생각하고 말하는 방식이다."[198] 그녀는 삼위일

197 Catherine Mowry LaCugna, *God for Us: The Trinity and Christian Life* (New York: Harper, 1991), p.229.
198 Ibid., p.225.

체가 점차 쇠퇴하여 추상과 사색에로 사라져 가는 원인을 내재적 삼위일체와 경세적 삼위일체 사이의 단절 또는 분리에서 찾고자 한다.[199] 라쿠나는 이를 해결하기 위해서 내재적 삼위일체란 말조차 세상과 관계없는 하나님의 내면적인 삶을 의미하는 것이 아니고, 그리스도와 성령 안에 계시된 하나님을 의미하는 것으로 바꿔야 한다고 생각했다. 구원 역사와 관계없는 삼위일체란 우리의 생명과 신앙에 아무런 열매가 없는 것이다. 그래서 라쿠나는 하나님은 그리스도와 성령 안에서 우리 안에 계신 분으로 인식한다.

삼위일체론의 신학적 적용

삼위일체론을 우리가 단순히 하나님에 대하여 가르치고 또한 무조건 믿어야 하는 교리로 간주한다면 그것은 삼위일체론이 주는 진리를 망각하는 것이다. 삼위일체론은 단순히 하나님에 대하여 가르치기보다는 우리와 관계를 맺는 하나님의 속성과 활동을 보여주는 동시에 우리가 다른 사람과 어떻게 관계를 맺고 살아야 하는지에 대하여 가르친다. 삼위일체론은 하나님의 삶은 하나님에게만 속하는 삶만이 아니라 우리가 지향해야 하는 삶의 본질을 말하려고 한다. 그런 의미에서 삼위일체 하나님의 삶은 우리의 삶이기도 하다.[200] 하나님을 안다는 것은 하나님과의 사랑의 관계 가운데 들어가는 것이며, 하나님의 삼위일체적 사귐에 동참하는 것이다.

삼위일체론에 담겨 있는 하나님 모델에서 우리는 평등하고 정의로운 사회 모형을 발견할 수 있다. 특히 보프(L. Boff)는 삼위일체 하나님은 완전한 사회의 모형이라는 확신을 토대로 삼위일체론과 인간 사회를 긴밀히 연결시킨다. 그는 삼위일체적 하나님의 실재가 다른 모든 것의 원형이기 때문에 그리스도교는 삼위일체론에 담겨 있는 뜻을 살려 사회 변혁을 추구해야 한다고 주장한다.[201] 물론 근본적으로 삼위일체 하나님의 공동체적 삶과 인간 공동체의 삶이 동일시될 수 없다. 우리는 인간의 유한성을 전제로 삼위일체 하나님과 사회의

199 Roger E. Olson, Christopher A. Hall, 「삼위일체」, p.151~152.
200 Catherine Mowry LaCugna, *God for Us: The Trinity and Christian Life*, p.228.
201 Leonardo Boff, *Trinity and Society*, trans. Paul Burns, p.7~12, 119; Leonardo Boff, *Holy Trinity Perfect Community*, 김영선 · 김옥주 옮김, 「성삼위일체 공동체」(서울: 크리스천 헤럴드, 2011), p.72~78.

관계를 생각할 수밖에 없다. 유한한 인간은 삼위일체 하나님과 같은 방식으로 다른 사람과 관계를 맺을 수 없다. 삼위일체 하나님의 위격들은 자신의 정체성과 통전성을 상실하지 않고도 자신을 상대방에게 자유롭게 내어줄 수 있으며 동시에 다른 두 위격의 충만한 삶을 선물로 받아들인다. 그러나 인간은 삼위일체 하나님처럼 자신을 상대방에게 내어주고 상대방을 받아들일 수 없다. 그렇다고 해서 삼위일체론이 인간 사회의 비전이 된다는 통찰이 무시되어서는 안된다.

존재의 원리를 속성이나 본질에서 찾기보다는 인격(hypostasis)에서 찾고자 하는 신학자들이 있다. 이들은 궁극적인 것은 속성이나 본질이 아니라 인격이라고 본다. 이들에게 하나님은 신적 본질이기 때문에 존재하는 것이 아니라 인격이기 때문에 존재한다. 인격은 최고의 존재론적 원리다. 지지울라스(John D. Zizioulas)는 "속성이나 본질 없는 인격은 존재하지 않는다. 그러나 존재론적 원리 혹은 존재의 원인—즉 존재하는 것을 가능하게 하는 것—은 속성이나 본질이 아니라 인격 혹은 휘포스타시스다. 그러므로 존재는 속성까지 거슬러 올라가는 것이 아니라 인격에 이르기까지 거슬러 올라간다."[202] 이들에게 하나님의 본질과 속성은 항상 구체적으로, 실존적으로, 인격으로 존재한다. 인격은 개체가 아니라 타자를 향하여 개방되고, 타자를 향하여 나아가 하나가 되려는 황홀한 실재(ecstatic reality)다. 인격의 성취는 자신을 넘어 타자와의 사랑의 관계 속에서 이루어진다. 삼위일체 하나님은 서로에게 침투하고 서로에게 거함으로 존재한다. 이러한 삼위일체 하나님의 상호침투와 상호내주를 신학적으로 표현한 개념이 '페리코레시스'(perichoresis)다. 삼위 하나님의 페리코레시스는 인간사회의 비전을 제시한다.

콜린 건튼(C. E. Gunton)은 삼위일체 하나님의 위격은 각기 별도로 존재하다가 서로 관계를 맺음으로 일치에 들어가는 것이 아니라고 주장한다.[203] 각각의 위격은 별도로 존재하지 않는다. 각 위격은 오직 관계를 통해서 하나의 위격이된다. 개별적인 위격이 있은 다음 비로소 관계가 이루어지는 것이 아니다. 삼위일체 하나님에게 있어서 존재한다는 것은 곧 관계 속의 존재다. 인격으로 존

---

202 John D. Zizioulas, *Being as Communion: Studies in Personhood and the Church*, p.41.
203 C. E. Gunton, *The One, The Three, and the Many: God, Creation, and the Culture of Modernity* (Cambridge: Cambridge University Press, 1993), p.214.

재한다는 것은 곧 타자와 함께 존재한다는 말이다. 이는 삼위일체 하나님은 곧 공동체이며, 관계성이며, 사랑이며, 생명이며 자유임을 말하는 것이다.[204]

삼위일체 하나님의 인격에서 발견되는 깊은 진리는 현대 세계의 문제들을 해결할 수 있는 길을 터준다. 즉 인격 중심적 사회는 민족 간의 갈등, 문화적인 충돌, 자유와 평등의 갈등 등을 치유하고 새로운 사회를 향한 비전을 갖게 한다. 편견과 혐오를 버리고 연대감과 상호 존중을 보이는 것은 인격중심 사회의 근본적인 모습이다. 인격중심 사회는 다름과 차이를 존중한다. 그 사회에서 차이는 적개심과 불화의 원인이 아니라 함께 나누고 소통해야 할 이유가 된다. 우리는 삼위일체론에서 이상적인 공동체의 원형을 발견한다. 하나님을 고독한 일자로 이해하느냐, 사귐과 관계 가운데 있는 분으로 이해하느냐에 따라 그리스도인의 사회적 태도가 결정된다. 하나님에게 있어서 존재한다는 것은 곧 사랑한다는 것을 말하는 것이다.[205] 삼위일체론 속에 있는 이 같은 진리는 그리스도인들에게 이상적인 사회에 대한 비전을 제시한다. 삼위일체 하나님은 우리에게 사회적 비전을 보여줄 뿐만 아니라 그 비전을 향하여 나아가도록 촉구하며 그에 필요한 지침과 힘을 주신다. 이러한 사회적 비전, 즉 하나님 나라를 이루기 위해 그리스도인은 성령의 능력 안에서 십자가를 지는 삶을 사는 것이다.

삼위일체론에 대한 총체적 결론

삼위일체의 각 위는 신성에 있어서는 동일하지만 역할에 있어서 각기 다른 기능을 가지고 있다. 이것은 성부와 성자와 성령은 본질과 존재에 있어 동일하지만 개성과 직분과 기능에 차이가 있다는 것을 의미한다. 창조 사역에서 성부는 우주가 존재하도록 말씀하셨지만, 성자는 이 말씀이 이루어지도록 하셨다. 성령도 다른 방법으로 일하셨다. "하나님의 영은 수면 위에 운행하셨다."(창 1:2) 구속사역에 있어서 성부는 구속을 계획하시고, 성자는 구속을 성취하셨고, 성령은 우리를 거듭나게 하시고, 거룩하

---

204 이에 대하여 김영선, 「관계신학」 (서울: 대한기독교서회, 2012), p.185~210을 참고하라.
205 Michael J. Hime and Kenneth R. Himes, "Rights, Economic, & the Trinity," *Commonweal* 113(1986), p.139.

게 하시고, 섬김을 위한 능력을 주셨다. 성부와 성자와 성령이 행하시는 다른 기능들은 영원부터 영원까지 존재하는 삼위간의 영원한 관계가 겉으로 표출된 것에 불과하다. 하나님은 언제나 삼위—성부와 성자와 성령—로 존재하신다. 이 구분들은 하나님 자신에게 본질적인 것이므로 그 기능이 바뀔 수 없다.[206] 삼위 는 존재에 있어서는 동등하지만 역할에는 차이가 있다. 그루뎀에 의하면 "존재 론적 동등성을 강조하지 않으면 삼위가 모두 온전한 하나님이 될 수 없고, 역 할에 있어서의 차이를 강조하지 않으면 삼위간의 교제와 차이가 없게 되고, 결 국 영원토록 성부와 성자와 성령으로 존재하는 구분된 삼위가 될 수 없다."[207]

하나님은 한 분, 즉 나뉨이 없는 한 존재라고 말하면서 동시에 어떻게 이 존 재 안에 세 개의 위격이 있다고 말할 수 있는가? 하나님의 존재는 각 위가 하나 님의 존재의 삼분의 일을 차지하는 것으로 이해되지 않는다. 성부, 성자, 성령 은 모두 하나님의 모든 것이다. 하나님은 본질의 나뉨이 없이 성부도 한 위격 이시고, 성자도 한 위격이시고, 성령도 한 위격이시다. 성부, 성자, 성령은 모 두 한 분이시다. 그러나 삼위의 구분을 하나님의 존재에 추가된 속성으로 생각 해서는 안 된다. 삼위일체 각 위는 하나님의 모든 속성을 소유하고 있으며, 어 느 위도 다른 위가 소유하지 않은 속성을 소유하지 않는다.

"우리는 삼위일체 각 위는 실재이며, '나'(1인칭), '너'(2인칭), 그리고 '그'(3인칭) 로 상대방과 관계하고 있음을 잊어서는 안 된다."[208] 우리는 삼위의 구분을 존 재의 구분으로 보지 않고 관계의 차이로 볼 필요가 있다. 하나님의 존재는 우 리의 존재보다 훨씬 위대하고 방대해서 나뉘지 않는 한 존재 안에서 상호간의 관계가 가능하기 때문에 세 위격의 존재가 가능하다. 삼위간의 속성에는 아무 런 차이가 없고, 유일한 차이는 상호간의 관계, 그리고 피조물과의 관계이다. 각 위격간의 차이는 존재의 차이가 아니라 관계의 차이다. 그럼에도 각 위격은 실제적으로 존재해야 한다. 이와 같은 세 위격 형태의 존재는 우리의 이성으로 이해할 수 없다. 왜냐하면 이 같은 형태가 피조 세계에서는 존재하지 않기 때 문에 또한 그로 인하여 경험할 수 없기 때문이다. 삼위일체 하나님은 우리가 이해할 수 없는 하나의 신비인 것이다. 삼위일체 하나님의 이해를 위한 세상의

206 Wayne Grudem, 「조직신학」 상, p.357~358.
207 Ibid., p.361.
208 Ibid., p.364.

모든 유비에는 다 결함이 있다. 우리는 삼위일체의 비밀을 온전히 이해할 수는 없지만 우리에게 통일성과 다양성을 허락하신 하나님의 지혜를 보면서 삼위일체로 존재하시는 하나님을 어렴풋이나마 느낄 수 있다. 그래서 우리는 적절하다고 생각되는 용어를 통해 가능한 한 조금이라도 더 명확하게 설명하고자 한다.[209]

삼위일체론은 하나님의 본질과 속성에 관한 신앙적 지식 탐구 결과로 얻어진 결론이다. 이 탐구 작업에는 두 가지가, 즉 신앙과 지식이 상호작용한다. 이 두 가지는 분리될 수 없고 분리되어서는 안 된다. 그리스도교 신학은 이 두 가지가 불가분리의 관계에서 성립되는 것이다. 그래서 안셀무스가 인식한 바와 같이 "신학은 지식을 추구하는 믿음"인 것이다.

하나님은 인간의 이성적 판단력에 의해서는 파악될 수 없는 신비적 존재다. 수수께끼 같은 존재다. 루터의 동역자 멜랑히톤은 "우리는 하나님의 신비를 찬양한다. 이것이 하나님을 연구하는 것보다 낫다."[210]고 하였다. 인간의 능력으로는 하나님을 이해할 수 없다. 하나님 편에서 내려오는 하나님의 지식(계시)에 따르지 않고서는 하나님을 알 수 없다. "아들과 또 아들의 소원대로 계시를 받은 자 외에는 아버지를 아는 자가 없느니라."(마 11:27) 삼위일체 하나님은 예배의 대상이다. 예배 안에서 삼위일체 하나님은 가장 확실하게 나타난다. 예배 안에서 이해되고 체험되는 삼위일체 하나님을 신학자들은 예배하는 태도로 연구해야 한다. 예배하는 경건한 마음 없이는 삼위일체 하나님을 알 수 없다. "참된 신학은 감사와 찬양과 경외 안에서 나타난다. 찬양 안에서 표현된 그것이 진짜 신학이다."[211]

가장 이론적이고 추상적이며 형이상학적이라고 할 수 있는 삼위일체론은 가장 실제적인 삶의 장 안에서 이루어진다. "주 예수 그리스도의 은혜와 하나님의 사랑과 성령의 교통하심이 너희 무리와 함께 있을지어다."(고후 13:13) 세 분의 축복이 아니라 삼위일체 하나님의 축복인 것이다. 삼위일체는 신비다. 삼위일체가 인간의 지식으로는 이해할 수 없는 신비에 싸여 있다 할지라도 그것이 성서를 통해 계시되었기 때문에 삼위일체 교리는 진술되어야 한다.

---

209 Louis Berkhof, *Systematic Theology* (Grand Rapids: Eerdmans, 1969), p.88~89.
210 J. Moltmann, *The Trinity and the Kingdom of God*, p.1.
211 Ibid., p.153.

창조론

창조론

　하나님의 '창조'가 없다면 '창세기'가 있을 수 없고 '창세기'가 없다면 '구약'이 있을 수 없고 '구약'이 없다면 '예수 그리스도'도 '신약'도 있을 수가 없다. 따라서 창조는 성서에 들어오는 '대문'이며 이를 통과하지 않고는 구원이나 중생, 부활, 마지막 심판과 같은 성서의 핵심적인 축복과 약속에 이를 수가 없을 것이다. 이처럼 창조는 그리스도교의 핵심을 차지하는 교리들 가운데 하나다. 우리가 창조론을 거론할 때 유의해야 할 사항이 있다. 먼저 창조론에는 다양한 형태가 있다는 것을 인정해야 한다. 실제로 창조론에는 수없이 다양한 형태가 있었다. 고대 헬라인들의 창조론, 이집트인들의 창조론, 바벨론인들의 창조론, 중국인들의 창조론, 그리스도교의 창조론, 이슬람, 힌두교, 불교의 창조론이 있었고, 그리스도교의 창조론에서도 아우구스티누스의 창조론, 아퀴나스의 창조론, 칼뱅의 창조론이 있는가 하면 복음주의자들의 창조론과 자유주의자들의 창조론이 있다.

　오늘날의 과학적 창조론도 역사적으로나 신학적으로는 물론 과학적으로도 하나의 주요한 창조론일 뿐 유일한 창조론은 아니다. 우리는 다른 창조론을 만나게 된다. 우리는 어떤 창조론은 틀렸고 어떤 창조론은 옳다는 식의 심판자적 자세를 가질 수 없다. 우리는 신앙의 불가지론에 빠지지 않으면서도 아울러 지적인 독단에 빠지지 않도록 주의해야 한다. 물론 그렇다고 아무 기준도 없이 어떤 이론이라도 받아들여야 한다는 의미는 아니다. 반그리스도교적이며 반성서적인 이론은 철저하게 저지해야 한다.

창조신앙의
하나님 이해

사도신경은 다음과 같이 고백한다. "전능하사 천지를 지으신 하나님 아버지를 내가 믿사오며." 이 고백은 그리스도교 창조신앙의 고백이다. 창조론은 세계를 설명하는 추상적 이론이나 가설이 아니고 하나님을 인간과 세계의 창조주로 믿는 신앙고백이다. 이 고백은 인간의 이성적 연구나 세계에 대한 관찰을 통해서 얻어지는 것이 아니라 하나님과의 만남을 통하여, 즉 신앙을 통하여 얻어지는 인식이다. 창조론의 근거는 그리스도론에 있다고 말할 수 있다. 왜냐하면 우리는 예수 그리스도를 만남으로써 창조자 하나님을 만나기 때문이다.

예수 그리스도 안에서 인간을 구원하시는 하나님은 창조주 하나님이다. 그리스도교의 창조자 하나님은 단순한 전지전능한 하늘에 계신 신이 아니라 예수 그리스도의 아버지다. 창조주 하나님은 예수 안에서 고통과 고난을 당하셨다. 창조는 아버지만의 사역이 아니라 삼위일체 하나님의 사랑의 사역이다.[1]

창조신학의 핵심은 세계와 인류가 어떤 과정 속에서 생겨났는가를 밝히는 데 있지 않고 하나님과 세계 및 인간에 관한 기본적인 입장을 표명하는 데 있다. 창조신앙은 그리스도교인의 중심적 신앙이고 중요한 신학 항목이다. 과학은 창조신앙을 신화라 매도해 왔고, 교회는 과학의 공격을 방어하는 동안 창조신앙을 잘못 이해하거나 외면해 왔다.

우리는 창조신앙의 하나님을 바르게 이해할 필요가 있다. 첫째, 창조신앙의 하나님은 피조물과 관계하시는 하나님이시다. 피조물과 함께 계시고자 하시는 하나님이다. 이 하나님은 피조물을 사랑하시는 하나님이다. 예수 그리스도 안에서 고통을 당하는 바로 그 하나님은 창조의 하나님이시다.[2]

둘째, 창조신앙의 하나님은 피조물을 초월하여 계신 분이다. 그러나 세계와

---

1 이에 대하여 Jürgen Moltmann, *Der Gekreuzigte Gott: Das Kreuz Christi als Grund und Kritik chrislicher Theologie*, 김균진 옮김, 「십자가에 달리신 하나님」(서울: 한국신학연구소, 1995), p.205~296을 참조하라.
2 이에 대하여 몰트만, 「창조 안에 계신 하나님」, p.14~34를 보라.

함께 있고자 하며 세계를 위하여 고난을 당하신다. 피조물은 하나님의 존재로부터 유출된 것, 진화된 것, 변형된 것이 아니라, 무로부터 창조되었다. 태초 이전에 아무런 시간이 없었듯이 창조 이전에는 아무런 현존하는 것이 없었다.

셋째, 창조신앙의 하나님은 자유로운 하나님이시다. 창조의 하나님은 어떤 억압이나 필연성 때문에 세계를 창조한 것이 아니라 그가 자유롭게 원하셨기에 창조한 것이다. 창조는 하나님의 자유로운 의지의 산물이다. 창조할 때 삼위일체 하나님 이외에 아무 것도 없었다. 그는 세계에 대하여 자유롭게 존재한다.

넷째, 창조신앙의 하나님은 고난당하신 하나님이시다. 피조물에 대한 사랑 때문에 자기를 제한하시는 하나님이다. 우리는 예수 그리스도 안에서 인간을 위하여 수고하고 고통을 당하는 하나님의 모습과 지금도 성령의 능력 속에서 애쓰고 노력하는 하나님을 창조 사건 속에서 발견한다.

창조신앙의
세계관

"신이 만든 세계는 새롭게 되어 마침내 구원을 받는다. 창조의 세계와 구원의 세계는 결국 하나의 세계다. 그러나 이 두 세계는 엄밀히 구별되어져야 한다. 왜냐하면 창조 그 자체는 구원이 아니기 때문이다. 창조는 구원을 기다리고 있다. 우리는 이 구원의 실현에 적극적으로 참여할 책임이 있다."[3]

알트하우스(P. Althaus)에 따르면, 창조신앙은 하나님의 초월성과 내재성을 보증한다. 창조신앙은 하나님과 세계를 구별한다. 하나님과 세계와는 엄격한 차이가 있다. 하나님은 세계 전에 있었다. 하나님은 창조자요, 세계는 그의 피조물이다. 하나님은 있었으나 세계는 없었던 시기가 있었다. 물론 그 시기는 피조물의 시간이 아니라 영원을 말한다.

창조신앙에서 세계는 하나님으로부터 나오거나 하나님께 속해 있지 않다. 세계는 하나님에 의해 하나의 시작을 가진 세계이다. 세계는 신성이나 마력을 그 본성으로 가지고 있지 않다. 하나님이 보시기에 좋은 피조물(세계)이다. 하나님

---

3 송기득, 「신학개론」(서울: 종로서적, 1986), p.139.

이 인정한 세계다. 세계는 하나님 앞에 서 있다. 하나님은 세계와는 다르지만 분리되지 않는다. 하나님은 세계 내에서 내재하시고 초월하신다.

창조신앙에서 세계는 역사에 개방되어 있다. 창조신앙은 고정된 세계관을 거부하고 세계를 역사로 이해한다. 세계는 하나님의 미래를 지향하고 있기 때문에 주어진 현상태에 머물러 있을 수가 없다. 세계는 하나의 열려있는 현실로 이해되어야 한다. 창조는 미래를 지향한다. 이스라엘은 창조를 야훼의 구속의 역사로 이해하였다. 창조는 역사의 지평을 열어 준다. 태초의 창조와 함께 시간이 시작한다. 시간은 변화를 통해서만 인지된다. 태초의 창조는 변화될 수 있는 창조다. 이 세계는 고정된 공간이 아니라 하나님과 자신 사이에 일어나는 역사임을 뜻한다. 따라서 세계는 완결된 것이 아니라 하나님과의 사귐으로 개방되어 있다. 세계는 고정된 신적 질서에 따라 영원히 윤회하는 것으로 이해한 고대근동이나 기타 자연종교의 신화적 세계관에 반하여, 성서의 창조신앙은 창조된 세계를 하나님과 미래를 향하여 열려 있는 역사로 이해한다.

창조와 섭리

창조가 하나님의 직접적 창조라면 섭리는 하나님의 간접적 창조라고 할 수 있다. 그러나 창조와 섭리는 구분되지만 분리되지 않는다. 왜냐하면 섭리는 계속적인 창조에 속하기 때문이다. 섭리는 하나님이 미리 보시고 아시고 그것에 대하여 대책을 세우는 것을 말한다. 하나님은 과거의 것, 현재의 것 그리고 미래의 것도 미리 아시고 보신다. 하나님은 과거와 현재 그리고 미래를 동시적으로 보실 수 있다. 하나님에게는 미래라는 것도 과거라는 것도 없다. 하나님은 모든 시간을 지배하고 계신다. 하나님에게 모든 것은 현재로 나타난다.

그리스도교 신관은 하나님을 사람의 생각과 계획에 따라 활동하시는 분이 아니라 자기의 본질과 계획에 따라 개인이나 사회나 역사를 주관하시고 지배하시는 분으로 이해한다. 따라서 인류의 역사는 사람의 손에 있는 것이 아니라 하나님의 손에 있다. 즉 하나님의 섭리에 따른다. 섭리는 하나님이 세계를 유지, 동반, 인도하셔서 그의 계획된 목표를 이르게 함을 뜻한다.

섭리는 창조 사건이 끝난 것이 아니라 지금도 계속되고 있음을 말한다. 이신론(Deism)은 세계가 자연질서에 따라 움직이는 것으로 보았다. 이신론에 따르면, 하나님은 한 동작자에 불과하다. 따라서 세계는 하나님을 더 이상 필요로 하지 않는다. 섭리 신앙은 이신론의 주장과는 달리, 하나님은 지금도 세계를 유지, 동반, 인도하시는 살아 계신 하나님이심을 믿는다. 그리고 세계를 지배하는 것은 우연이나 악이 아니라 하나님이라는 것을 고백한다. 섭리 신앙에 따르면, 우리의 삶과 세계는 운명의 힘에 묶여 있는 것이 아니라 하나님의 주권 아래 있다. 하나님이 세계와의 관계에 있어서 무엇을 하시고자 하는 의도와 목적은 예수 그리스도 안에서 답변된다. 예수 그리스도의 계시 사건 속에서 하나님의 의지와 목적이 나타난다. 허나 이것은 신앙인의 눈으로만 인식된다. 이것은 인간적인 해석이나 설명이 아니라 피조물에게 하나님이 자기를 계시하는 신앙고백으로써만 가능하다. 하나님이 피조물과의 관계에 있어서 무엇을 하시고자 하시며 그의 의도와 목적이 어디에 있는가의 문제는 예수 그리스도의 계시에서 답변된다.

섭리는 하나님이 세계를 '유지'하시는 것을 말하는 것이다. 하나님은 창조 당시만이 아니라 지금도 활동하신다. 창조 다음에 유지가 일어난다(계속적 창조). 하나님은 보존, 협동, 통솔, 허용(악을 원하거나 인가하지 않고 허용한다), 제지(악을 저지한다), 조종(악을 선으로 돌려놓는다), 한계설정(특정 한계에 이르기까지 악을 방임한다) 등을 통해 계속적으로 창조하시고, 간접적으로 창조(섭리)하신다.

섭리는 '유지'만이 아니라 '동반'하시고 또한 '인도'하시는 것을 말한다. 하나님은 피조물 안에서 일어나는 모든 것에서 함께 활동하며 동반하신다. 십자가 상에서 고난과 죽음을 당하신다. 피조물의 고난 속에서 함께 하신다. 그리고 우리의 짐을 아신다. 모든 피조물의 활동은 결국 하나님의 목적을 위하여 봉사하며 이 목적으로 인도된다. 때로는 피조물들이 자유 가운데서 죄를 지을 수 있도록 허용하신다.

섭리는 결코 신의 간섭이 아니다. 섭리는 창조의 연속이다. 섭리의 신앙에는 위험성이 깃들어 있다. 그것은 모든 것이 신의 섭리로 잘 될 것이라는 기대 아래, 위기를 극복하려는 강력한 의지를 저버리고 방관하는 태도를 지니는 것이다. 그래서 그리스도교는 역사의 섭리 사상에다 '신앙'을 첨가하였다. 여기서 신앙은 '그럼에도 불구하고'의 신앙이다. 전통적 섭리 사상은 '협력'이란 개념을 이끌어 낸다. 하나님은 세계의 제일 원인으로서, 자연법칙이나 인간의 자유라는 제이 원인과 협력하여 활동한다. 사람도 제일 원인(신) 없이 활동하지 못한다. 따라서 역사는 제일 원인과 제이 원인의 협동을 통해 전개된다.[4]

아우구스티누스에 따르면 하나님의 섭리는 거의 숨겨져 있다 할지라도, 개인의 삶과 역사 속에서 펼쳐지고 있다. 아우구스티누스는 그의 책 「신의 도성」(City of God)에서 모든 악의 사건들은 하나님에 의한 것이 아니라, 피조물들이 자신들의 자유를 잘못 사용하는 데서 비롯된 것이며, 그럼에도 하나님은 이러한 사건들을 일어나도록 허락하시며, 그것들을 통해서 하나님의 목적을 완성하신다고 하였다.[5] 칼뱅은 모든 사건에 대한 하나님의 섭리를 더 확실하게 강조한다. "모든 사건은 하나님의 은밀한 계획에 의하여 통치되고, 어떠한 것도 하나님에 의하여 기꺼이 정해지지 않은 것이 없다."[6] 그렇다고 칼뱅은 섭리와 숙명론을 동일시하지는 않는다. 하나님은 인간에게 위험을 예측할 수 있고 사려 깊게 행동할 수 있는 이성을 주셨다. 따라서 우리는 우리에게 나타나는 상황에 적절하게 대처해야 한다.[7]

창조와 악

오늘날 수없이 발생하는 악의 문제로 인해 신정론(神正論, Theodicy)은 세인의 관심과 주목을 크게 받게 되었다. 신정론은 악의 존재를 신의 섭리로 보는 것이다. 우리는 현세에 스탈린, 모택동, 히틀러, 김일성 등을 통해 악이 존재하고 있음을 안다.[8] 아우슈비츠(Auschwitz)와 같은 비극이 어떻게 하나님의 섭리를 정당화할 수 있는가? 신은 어째서 이런 가공할 만한 비극을 허용하시는가? 신은 과연 존재하고는 있는 것인가? 악이 극단적으로 확장되고 있는 오늘날 신은 세계를 섭리하고 세계 안에서 활동하고 계시면서 세계의 악을 저지하고 계신다고 말할 수 있는가? 신학자들은 신은 선(善)

---

4 송기득, 「신학개론」, p.133.
5 Augustine, *City of God*, 13.4를 보라.
6 J. Calvin, *Institutes of the Christian Religion*, 1.16.2, 3.
7 Ibid., 1.17.6.
8 폴란드 남부 마우폴스키에(Małopolskie)주(州)의 도시로 폴란드에서는 '오슈비엥침'(Oświęcim)으로 불린다.

한 신임을 말한다. 그렇다면 왜 악이 존재하느냐?

이레네우스(Irenaeus, 130~200)는 신은 무슨 일이든지 강제로 하지 않기 때문에 악에 대해서도 그대로 내버려두었다고 함으로써 악이 신의 창조물이 아니라고 함과 동시에 신의 전능성도 함께 인정하였다. 터툴리아누스(Tertullianus, 160~225)는 인간이 창조주로부터 받은 자유를 오용함으로써 악이 조성되었다고 보았다. 인간이 가지는 자유의 한계성과 악에 대한 인간의 책임성을 중시하였다. 아우구스티누스(Augustinus, 354~430)는 신을 선하신 분으로 규정하였다. 신의 창조 중에는 악이 포함되지 않았다. 하나님이 지으신 모든 것을 선한 것으로 보았다.(딤전 4:4) 아우구스티누스에게 악은 선에서의 이탈, 선이 결여된 것이다. 악이란 존재가 따로 있는 것이 아니라 선이란 실체적 존재에 결함이 생긴 것을 악이라 한다. 그는 악의 존재를 부인하고 신의 신성(神性)과 그의 창조물의 선성(善性)을 강조하였다. 악이란 '선의 결여'라고 하여 악의 실재성을 부인하는 것은 악 때문에 심한 고통을 받고 있는 인간들에게 더욱 고통을 주게 된다. 헤겔처럼 악은 선을 실현하려는 계기라고 하여 현실적인 악을 합리화한다면 오히려 그것은 악을 조장하게 되는 것일 수도 있다. 선을 실현하려는 계기로서 하나님이 악을 허용했다는 헤겔의 말은 모든 사람이 수긍할 수 있는 것이 아니다.

루터(Luther) 역시 악의 존재를 인정하였다. 신은 그 악을 통하여 선을 이룬다. 신은 두 가지 방법으로, 본래적 방법(예수 그리스도 통해서)과 비본래적 방법(악의 존재 통해서)으로 역사하신다.

현대 신학자 브루너(E. Brunner)도 악의 실재를 인정하였다. 그에 의하면, 악은 신의(神意)에 대립된다. 악은 창조된 신의 질서를 전도시키는 것이며, 인간의 자유를 오용한 것이다.[9] 신은 악을 원치 않는다. 그래서 십자가가 나타난다. 이 십자가의 중심에서 악의 문제가 해결된다.[10] 이것이 악의 존재 문제에 대한 브루너의 해석이다. 바르트(K. Barth)도 악의 존재를 인정하였다. 바르트에 따르면 전능하신 하나님은 악을 극복하여 신의 섭리 수행에 이용한다.

많은 악을 허용하는 하나님이 존재할 수 있는가? 세계의 악을 막지 않는 하나님이 존재할 수 있는가? 하나님이 악을 허용한 것은 악을 선으로 인도하기

---

9 E. Brunner, *Dogmatics*, vol.2, trans. Olive Wyon (Philadelphia, Westminster Press, 1950), p.180.
10 Ibid., p.182.

때문이다. 악이 없다면 윤리적인 선(인내, 실천, 자비, 덕행), 열심히 하나님을 찾도록 인간에게 동기를 부여하는 다른 여러 가지 행위들이 없어진다. 인간 세상에 '상과 벌'이 존재한다. 세계 속에 악이 어떻게 하나님의 섭리와 조화되는지 인간은 모르나 하나님은 안다. 라이프니츠(Leibniz)에 의하면, 하나님이 물리적 악을 허용한 것은 죄를 벌하고 선으로 이끌기 위해서이다. 도덕적 악은 하나님이 인간의 자유 때문에 허용한 것이다.

우리는 신이 세계에서 이처럼 엄청난 악과 고통을 허용한 의미가 무엇인지 알지 못한다. 하나님의 생각은 우리의 생각과 전혀 다르다.(사 55:8) 신정론을 놓고 우리가 물어야 하는 것은 우리가 겪는 고통을 어떻게 극복하고 악의 세력을 어떻게 이길 수 있겠는가 하는 것이다. 하나님은 우리 인간을 홀로 고통 가운데 내버려두지 않고, 우리와 함께 고통을 겪는다. 십자가의 의미가 그것이다. 참된 십자가는 부활을 통한 승리다. 하나님이 십자가와 부활을 통해서 그렇게 했듯이 우리도 희생을 통한 승리의 원리를 따라야 한다. 하나님은 악의 허용자가 아니라 악의 희생자이다. 하나님은 우리와 함께 고통을 걸머지신다. 따라서 우리는 하나님과 함께 고통을 짐으로써, 아니 우리의 고통을 대신 걸머진 하나님의 고통에 함께 참여함으로써 고통을 극복하는 것이다.

성서는 악의 근원에 대하여 우회적으로 언급하였다. 에베소서 2:2은 "너희가 그 가운데서 행하여 이 세상 풍속을 따르고 공중의 권세 잡은 자를 따랐으니 곧 지금 불순종의 아들들 가운데서 역사하는 영"이라고 하였다. 베드로후서 2:4은 "하나님이 범죄한 천사들을 용서하지 아니하시고"라고 말하였고, 유다서 6절은 "자기 지위를 지키지 아니하고 자기 처소를 떠난 천사들을 큰 날의 심판까지 결박으로 흑암에 가두셨으며"라고 기록하였다. 이 같은 성서 구절들은 악은 타락한 천사에게서 기인한다는 것을 암시해 준다.

하나님은 천사의 타락을 막을 수 있었으나 하나님은 천사들의 만행을 저지하지 않으셨다. 악이란 것은 피조물 자체 안에 내포되어 있다. 따라서 악은 피조물 자체에서 나오는 것이다. 모든 피조물은 죄적인 존재다. 따라서 모든 피조물은 하나님의 구원을 필요로 한다. 모든 존재는 하나님의 도움과 용서 그리고 사랑을 필요로 한다.

이종성은 신정론에 대해 다음과 같은 해석의 가능성을 제시한다. 첫째, 크리스천 사이언스 교도의 입장이다. 선만 주장하고 악을 환상으로 간주하고자 한다. 악을 생각지 않으므로 악의 문제를 해결하려고 한다. 둘째, 비관주의 말세주의자 입장이다. 악만 실재하고 선은 현세에 존재하지 않는 것으로 본다. 셋째, 선악이란 개념을 완전히 초월하여 존재 전체를 하나의 신비로 보려는 견해다. 이외에도 선악이란 개념을 역사를 진행시키는 항구적인 2대 원동력으로 보는 견해, 선은 영원한 실재적 존재이나 악은 피조 세계 안에서만 존재하는 현실적 실재로 보는 견해가 있다.[11]

악의 존재를 부인하려고 하나 경험적으로 악의 현실적 존재를 부인할 수 없다. 하나님은 창조 후에 보시기에 좋다고 하였다.(창 1:31) 이렇게 보면 악은 신이 창조한 것이 아님을 알 수 있다. 신은 악의 근원이 되거나 악을 조장시키는 일을 하지 않는다. 신은 선 자체이시다. 악은 하나님의 창조에 포함되지 않았다.

창조와 구원

바르트(K. Barth)에 의하면 창조는 하나님과 인간의 계약의 역사를 가능케 한다. 따라서 창조는 계약의 역사의 시작이요, 계약의 역사는 창조의 목적이다. 바르트에게 창조는 하나님의 구원 사건의 시작이다. 창조는 구원의 외적 근거이고, 구원은 창조의 내적 근거이다. 따라서 구원이 창조에 근거하고 있을 뿐만 아니라 창조도 구원에 근거하고 있다.[12] 창조의 하나님은 초월자, 절대자, 영원자가 아니라 인간의 모습을 취하여 고통당하시는 하나님이다. 여기에 그리스도교 창조신앙의 특성이 있다. 창조신앙이 참으로 그리스도교적 창조신앙이고자 한다면 그것은 구속론적 사건, 즉 예수 안에서 일어난 하나님의 구원의 사건으로 이해되어야 한다. 바르트에게 있어서 구원의 진정한 근거와 의미, 계시와 완성은 예수 그리스도다.[13]

구약에 있어서 창조신앙의 근거는 구속사의 신앙이다. 구약의 창조는 하나의 독립된 사건으로 기술되지 않고 오히려 구원사와의 연관 속에서 기술되고 있다. 즉 창조는 구속론적으로 이해되고 있다. 그리스도교의 창조신앙의 근거

---

11 이종성, 「조직신학개론」(서울: 종로서적, 1984), p.91~92.
12 K. Barth, *Kirchliche Dogmatik*, III/1 (Zollikon–Zürich: Evangelischer Verlag, 1945~1951), p.106f.
13 K. Barth, *Kirchliche Dogmatik*, IV/1, p.22f.

도 역시 예수 그리스도의 구속의 사건에 있다고 보아야 한다. 만일 창조가 예수 그리스도의 계시를 떠나 이해된다면 그것은 유대교의 창조 이해와 아무 차이가 없다. 그러므로 창조는 구속의 역사의 시작이다. 따라서 창조신앙의 근거도 예수 그리스도의 구속의 사건의 관점에서 보아야 한다.

창조와 구원은 매우 긴밀히 결합되어 있다. 창조는 구원의 시작이고, 구원은 창조의 완성이다. 바르트는 구원을 창조 안에서, 창조를 구원 안에서 취급하였다. 창조는 그 자체가 구원이 아니다. 창조는 구원을 열망한다. 창조는 구원하지 않고 구원될 것이다. 창조와 구원은 상호배타적이 않고 서로를 포함한다. 창조와 구원은 분리될 수 없지만 구분되어야 한다.

하나님의 섭리와 목적은 세계의 구원에 있다. 섭리를 통한 하나님의 구원의 역사와 세계사는 어떤 관계가 있을까? 이에 대한 몇 가지 이론들이 제시되고 있다.

첫째, '구원사와 세계사는 일치한다.'는 이론이다. 일반적으로 신학은 하나님의 구원사를 초역사로서 세속적인 세계사로부터 구분하고, 구속사는 신앙에 의하여 인식된다. 신앙에 의해 인식되는 구원사는 객관성과 보편성을 결여한다. 모든 역사적 활동은 서로 교통하기 때문에 구원사와 세계사를 분리하는 것은 잘못이다. 예수 그리스도 안에서 미리 앞당겨 일어난 구원사는 세계사와 마찬가지로 원칙상 이성에 의하여 인식될 수 있다. 인식의 문제와 존재의 문제에 있어서도 구원사와 세계사의 구분을 반대한다. 판넨베르크(Pannenberg)에 의하면, 하나님은 역사적인 구원의 사건들을 통하여 자기를 계시하며 세계사 전체가 하나님의 자기 계시의 장이 된다. 따라서 세계사는 구원사가 된다. 역사는 세계 속에서 일어나는 하나님의 행동이다. 역사의 모든 사건들은 하나님 자신이 일으키는 구원의 사건들이다. 이 사건들의 역사가 곧 세계사이다. 이를 위한 성서적 근거를 묵시사상(Apocalipticism)[14]에서 발견하고 묵시사상은 구원의 역사를 보편사, 즉 보편적 세계사로 확대시켰다.[15] 판넨베르크는 이러한 역사 이해를 헤겔(Hegel)의 역사관으로부터 전수받았다. 헤겔에게 세계사는 곧 구원사이다. 세계사의 모든 것은 정신(하나님)의 자기활동이다.

---

14 이에 대하여 D. S. Russell, *The Method and Message of Jewish Apocalyptic* (London: SCM Press, 1980)을 보라.
15 이에 대하여 W. Pannenberg, *Offenbarung als Geschichte*, 전경연·이상점 옮김, 「역사로서 나타난 계시」(서울: 대한기독교서회, 1979)를 보라.

둘째, '구원사와 세계사는 관계가 있다.'는 이론이다. 오스카 쿨만(Oscar Cullmann)에 의하면 구원사는 '점진적 감소'와 '점진적 확대'의 형식으로 일어난다.

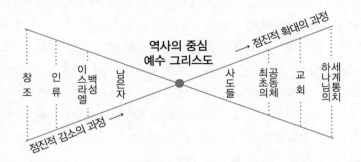

이러한 형식으로 일어나는 하나님의 구원사는 역사 안에서 전개된다. 이러한 의미에서 구원사는 역사에 속한다. 구원사는 그 자체를 위하여 일어나는 것이 아니라 세계사를 위하여 일어난다. 구원사는 세계사의 중심이요, 열쇠다. 그 반면에 세계사는 구원사의 외적 근거를 형성한다. 세계사의 목적 역시 그 자체를 위하여 있지 않다. 세계사는 예수 그리스도와 함께 시작된 구원사를 위해 봉사한다. 세계사와 구원사는 서로를 위해 봉사하는 관계성 속에 있다.

셋째, '구원사와 세계사는 구분된다.'는 이론이다. 에벨링(G. Ebeling)은 구원사와 계시를 구분한다. 그에 의하면 세계사는 하나님의 구원의 역사와 동일시될 수 없다. 이런 에벨링의 사유는 헤겔과 판넨베르크 입장과는 차이가 있다. 이 세계의 역사는 참된 구원의 역사, 즉 하나님의 구속의 역사가 아니라 하나의 독특한 비구속사이다. 세계사는 참된 구원사가 그 속에서 일어날 수 있는 외적인 바탕이며, 구원사를 위한 도구일 뿐이다. 인류의 역사와 개인의 삶의 역사 자체가 구원사는 아니다. 따라서 에벨링은 구원사와 세계사를 구분한다.

넷째, '구속사의 세계사적 지평이 거부된다.'는 이론이다. 불트만(R. Bultmann)은 구원사를 개인의 실존으로 위축시켜 구속사의 세계사의 지평을 거부한다. 케제만(E. Käsemann)은 구원사를 개인의 실존적 역사성으로 위축시키는 것은 신약성서에 어긋나는 것으로 본다. 신학은 개인에게서 시작하여 개인으로 끝날 수 없다. 몰트만(Moltmann)은 케제만에 동의해서 구원의 미래에 대한 세계사의 지평에 개방되어 있다.

다섯째, '신앙을 통해 구원사가 인식된다.'는 이론이다. 궁극적으로 구원사는 예수 그리스도의 구원의 사건에 대한 신앙 가운데서 인식될 수 있다. 그렇다면 참된 의미의 그리스도교적 구속사는 예수 그리스도의 삶과 죽음 속에 일어난 하나님의 사건에 대한 신앙 가운데서 인식될 수 있다고 보아야 한다.

정리하면, 하나님의 구원사는 세계사와 구분되지마는 분리되지 않는다. 하나님의 구원사는 세계사의 밖과 세계사 위에서 일어나는 것은 아니다. 구원사는 개인의 내면적 실존에만 해당되는 것이 아니다. 피조물의 세계 전체에 해당된다. 궁극적 구원사는 예수 그리스도 사건에 대한 신앙 가운데서 인식될 수 있다.

창조론과 현대과학

창세기의 세계관과 자연과학적 세계관은 근본적으로 대립된다. 그 대표적 경우가 창조론과 진화론의 대립이다. 창조와 진화의 문제는 순전히 지식의 문제라기보다는 세계관의 문제라고 볼 수 있다. 창조론적 세계관을 가진 사람에게는 모든 것이 창조의 증거로 보이지만 진화론적 세계관을 가진 사람들에게는 모든 것이 진화의 증거로 보인다. "세계관은 일종의 신앙과 같아서 기존의 세계관과 상반된 세계관을 받아들이는 것은 마치 종교적 개종과 같은 의식의 전환을 요구한다."[16] 과학을 신앙의 범주로 이해하려고 한 토마스 쿤(Thomas Kuhn)의 용어를 사용한다면 진화론과 창조론은 세계를 보는 일종의 패러다임(paradigm)이요 세계관이다.[17]

1) 진화론의 본질

진화론적 사상은 이미 기원전 5~6세기부터 그리스의 자연철학자들―아낙시만드로스(Anaximandros, B.C. 611~545), 엠페도클레스(Empedocles, B.C. 493~433), 아리스토텔레스(Aristotle, B.C. 384~322)―에 의해 주장되었다. 4세기경 로마가 그리스도교 국가가 되면서부터 18세기 계몽시대에 이르기까지 유럽

---

16 양승훈, 「창조론 대강좌」(서울: CUP, 1998), p.28.
17 Thomas Kuhn, *The Structure of Scientific Revolution* (Chicago: University of Chicago Press, 1961)을 보라.

에서는 성서의 창조설이 지배적이었다. 그러나 계몽사상이 등장한 18세기부터 진화론에 대한 논의가 이루어지기 시작했다. 프랑스의 라마르크(Jean Baptist de Lamarck, 1744~1829)와 뷔퐁(Georges Louis Leclere Buffon, 1707~1788), 영국의 다윈(Charles Robert Darwin, 1809~1882), 월레스(Alfred Russel Wallace, 1823~1903) 등에 의해 생물진화의 이론은 현대적 형태로 다듬어졌다.[18] 그 대표적인 경우를 라마르크의 용불용설(The Theory of Use and Disuse)과 다윈의 진화론에서 찾아볼 수 있다.

라마르크는 동물의 신체 기관 중에서 많이 쓰이는 것은 점점 발달하고 쓰이지 않는 것은 퇴화하는데 이런 변화는 자손에게 유전되며 이런 변화가 여러 세대에 걸쳐 축적되면 조상과는 전혀 다른 생물이 출현하게 된다고 주장한다. 그 한 예로 기린의 목이 길어진 것을 든다. 땅위의 풀을 다 뜯어먹고 난 기린들은 부득이 나무에 높이 달린 잎사귀를 따먹기 위해 목을 길게 뻗어야만 했으며 이로 인해 기린의 목이 길어졌다고 한다. 라마르크는 후천적으로 획득된 형질 (Acquired Character)의 유전을 믿었다.[19]

현대생물진화론을 주장한 다윈은 1831년부터 5년간 박물학자의 자격으로 영국 군함 비글호(Beagle)를 타고 세계를 일주하였다. 그는 항해를 하면서 세계 곳곳의 동식물을 자세히 관찰한 결과 오늘날 지구상에 존재하는 다양한 생물들은 단일 종 혹은 몇몇 종으로부터 오랜 세월에 걸쳐 진화함으로 존재하게 되었다는 결론에 이르게 되었다. 1869년 그는 불후의 저서, 「종의 기원」(The Origin of Species by Means of Natural Selection)을 출판하였다. 다윈은 「종의 기원」에서 "나는 유추를 통하여 모든 동물과 식물은 하나의 원형으로부터 왔다는 신념에 이르게 되었다."고 하였다. 미국 유전학자 뮬러(Hermann Joseph Muller, 1890~1967) 등이 서명한 '인본주의 선언서'(Humanist Manifesto)에서는 "인류를 포함한 모든 생물이 최초의 생명체에서, 아니 더 나아가 무생물에서 진화했다는 것은 지구가 둥근 것이 사실이듯이 확실하게 정립된 사실이다."고 하였다.[20] 진화론은 물질과 에너지, 그리고 그들을 조작하는 자연적 과정만을 강조하므로 어떠한 초자연적 존재나 과정의 개입을 인정하지 않는다. 오늘날 진화론의

18 양승훈, 「창조론 대강좌」, p.157~158.
19 Ibid., p.158.
20 Ibid., p.32.

영향은 단순히 생물학이나 지질학의 이론에만 국한된 것이 아니라 학문의 전 분야, 아니 문화의 전 영역에서 하나의 배경신념(background, belief)으로서 기능하고 있다.[21]

진화론자들은 오래 전부터 무신론적 진화론으로 성서를 정면 공격할 뿐 아니라 진화론을 창조론과 조금씩 섞어감으로 진화론과 그리스도교 신앙의 통합을 시도하고 있다. 유신론적 진화론, 진행적 창조론 등이 그 같은 시도라고 할 수 있다.

유신론적 진화론(Theistic Evolution)은 진화론의 일종으로 하나님께서 진화의 과정을 통해 모든 생물을 창조했다는 이론이다. 다시 말해서 하나님의 창조 사역이 진화라는 방법으로 조종되며 동시에 섭리 사역의 일부분을 이루고 있다고 주장한다. 유신론적 진화론은 하나님의 창조와 섭리의 차이를 무시한 이론으로 비성서적이라 할 수 있다.

진행적 창조론(Progressive Creation)은 생물체가 오랜 시간에 걸쳐 진화를 하다가 진화 과정만으로는 완성시킬 수 없는 부분은 하나님이 그 때마다 중재하여 창조하신다는 주장이다. 예를 들면 인간도 처음에는 원숭이 같은 조상으로부터 점점 인간의 모양으로 진화하다가 때가 오자 하나님께서 창조한 영원한 혼을 받아 오늘날의 인간이 되었다는 것이다. 이 이론은 성서적 근거나 과학적 증거가 없다. 결국 본질상 보편적 진화론과 다를 바 없다.[22]

2) 진화론의 문제

다윈 진화론의 문제는 유전법칙과 충돌하는 것이다. 오스트리아 부린(Brünn)의 수도원장이었던 멘델(Gregor I. Mendel, 1822~1884)은 수도원 뜰에서 완두로 식물의 유전에 관한 연구를 하였다. 멘델의 유전법칙에 의하면 부모에게 없는 형질은 절대로 자손에게 나타나지 않는다. 따라서 이것은 한 생물의 종류로부터 다른 생물이 진화될 수 있다는 다윈의 진화론과는 정면으로 충돌하는 주장이다. 멘델법칙을 요약하면, 한 세대에서 다음 세대로 유전적 정보가 전달되는 데는 일정한 질서가 있으며 그 종의 유전인자에 포함된 정보 내에서만 변이

21 Ibid., p.44.
22 Ibid., p.95.

가 가능하고 새로운 것은 생기지 않는다는 것이다. 영국의 생물학자 베이트슨 (William Bateson)은 말하기를 "멘델의 실험결과를 다윈이 보았더라면 '종의 기원'이란 책을 내놓지 않았을 것"이라고 했다.[23] 멘델의 유전법칙은 수많은 실험으로 증명된 과학적 사실임에 반해 진화론은 아직까지 가설의 단계를 벗어나지 못하고 있다.[24]

멘델의 유전법칙에 반하여 진화론자들은 '돌연변이 이론'을 주장한다. 자연 돌연변이는 10만 내지 100만 세대에 한번 정도 일어난다고 본다. 대진화(macro evolution)[25]가 일어나려면 한 세포에서 수많은 연속적 돌연변이가 일어나야 하므로 자연계에서 돌연변이를 통한 대진화란 확률적으로 불가능하다. 돌연변이가 일어난다 할지라도 대부분의 돌연변이가 생물체에 해롭게 나타나기 때문에 돌연변이는 진화의 실질적 메커니즘이 될 수 없다. 분명하게 말할 수 있는 바는 돌연변이는 '퇴화의 메커니즘'은 될 수 있을지 모르나 '진화의 메커니즘'은 될 수 없다. 돌연변이를 진화의 메커니즘으로 선택하는 데 대한 마지막 난점은 자연계에 존재하는 돌연변이 '교정장치'(Repair system)이다. 진화론은 돌연변이가 일어나므로 더 좋고 복잡한 고등동물로 전환해 나간다고 주장하지만 실제로는 DNA 교정장치라는 것이 있어서 변이가 무한히 확대되는 것을 막는다.[26]

오랜 세월동안 점진적으로 하등동물에서 고등동물로 변했다는 것이 진화론의 요지였다. 그렇게 오랜 세월이 걸렸고 또 점진적으로 진화한 것이 사실이라면 점점 진화해 가는 과정을 보여주는 종과 종 사이의 중간 형태들(transitional forms)의 생물이 당연히 화석으로 나타나야만 한다. 그러나 진화의 중간 형태를 명백히 보여주는 화석이 아직까지 별로 없다는 것이다. 이 같은 사실로부터 하버드 대학의 굴드(Stephen Jay Gould) 교수는 생물진화는 장기간에 걸친 점진적 변이가 축적되어 일어나는 것이 아니라 수백만 년 동안 서서히 변화하다가 몇 세대 동안 갑작스럽게 도약하게 되어 새로운 종류의 생물이 생긴다는 이

---

23 Peter J. Bowler, *Evolution: The History of an Idea*, Revised Edition (Berkeley and Los Angeles, CA.: University of California Press, 1989), p.27.
24 양승훈, 「창조론 대강좌」, p.163~166.
25 생식이 가능한 생물 종의 집단 내에서 일어나는 작은 변이를 '소진화'라고 하고, 한 종에서 새로운 종이 나타난 더 고등한 생물체로 진화되는 것을 '대진화'라고 한다. 소진화의 예로는 다양한 품종의 면양(綿羊)이나 개 등이 나타나는 것 등이고 대진화는 물고기가 개구리로 된다거나 원숭이가 사람이 되는 것과 같이 어떤 생물이 완전히 다른 종으로 바뀌는 것이다. 진화론자들은 소진화가 점진적으로 축적되어 대진화가 일어나며 대진화의 결과 지구상에 오늘날처럼 다양한 생물군이 존재하게 되었다고 설명한다. 이에 반해 창조론자들은 소진화는 거의 무한한 다양성을 가지고 일어나지만 일정한 종의 한계 내에서만 일어나며 서로 다른 종은 창조주에 의해 창조되었다고 본다. 양승훈, 「창조론 대강좌」, p.157.
26 양승훈, 「창조론 대강좌」, p.169~172.

론을 제시하였다. 급격한 유전인자의 변화로 '괴물'이 나올 수도 있으므로 굴드 교수의 이론을 "괴물이론"이라고 부른다. 그러나 이러한 '괴물'은 지금까지 한 번도 관측되거나 실험실에서 만들어진 적이 없으며 진화론자들의 기대 사항이기 때문에 "있기를 바라는 괴물"(Hopeful Monster)이라고 부르기도 하였다.[27] 이 같은 괴물이론(Monster Theory)은 종래의 점진적 진화를 부인하고 갑작스럽게 새로운 종이 출현하는 것으로, 소진화(micro evolution)가 쌓여 대진화가 일어나는 것이 아님을 밝혔다.

지금까지 살펴본 바와 같이 돌연변이나 돌연변이와 자연선택의 결합이 종의 한계를 넘는 대진화를 일으킨다는 주장은 과학적 근거가 없다. 돌연변이의 자연선택을 통한 진화 가능성에 대한 진화론자 럽트럽(S. Lovtrup)은 이렇게 말하고 있다. "나는 언젠가 다윈의 신화가 과학사에서 가장 큰 사기극으로 밝혀질 것이라고 믿는다."[28] 지금까지의 연구결과는 유전적 변이가 가능하기는 하나 분명히 한계가 있어서 생물이 한 종류에서 다른 종류로 진화되지 않음을 보여 주고 있으며 이는 생물은 처음부터 그 종류대로 창조되었다는 성서의 주장을 증거한다.

많은 사람들이 진화론의 문제점을 지적하였는데도 왜 오늘날 진화론은 사라지지 않는가? 여기에 대해서 프린스톤 대학의 생물학 교수였던 콩클린(Edwin Conklin)의 지적이 좋은 대답이 될 수 있다. "다른 생물학 분야에서 채택되는 혹독한 방법론적 비판이 진화론적 사변에는 왜 아직까지 영향을 미치도록 하지 않았는가는 아마도 종교적 헌신이… 그 이유일 것이다."라고 하였다. 많은 사람들이 진화론은 과학적이고 창조론은 종교적이라고 믿지만 콩클린은 진화론 역시 강력한 신앙적 헌신에 의해 지지되고 있음을 지적한 것이다.[29] 우리는 진화론자들의 잘못을 보면서 창조론자도 편견으로 인해 자연의 증거를 잘못 해석하는 일이 생기지 않도록 유의해야 할 것이다. 창세기 첫 장은 하나님께서 모든 생물들을 처음부터 "그 종류대로" 창조하셨다는 사실을 여러 차례 반복하여 강조하고 있다. 그리고 그 종류대로 창조된 생물들은 원시적이고 불완전한 형태가 아니라 나름대로 모든 기능이 완벽하게 작동할 수 있는 형태로, 즉 "보

---

27 Stephen Jay Gould, "The Return of Hopeful Monsters" in *Natural History*, 86(June/July 1977), p.24; 양승훈, 「창조론 대강좌」, p.176~177.
28 S. Lovtrup, *Darwinism: The Refutation of Myth* (London: Croom Helm, 1987), p.422.
29 Edwin Conklin, *Man Real and Ideal* (New York: Scribners, 1943), p.52.

시기에 좋도록" 창조되었다. 성서의 기록은 지상의 모든 생물들이 하나나 혹은 몇몇의 조상들로부터 진화했다는 생물진화론과 양립할 수 없음을 분명히 하고 있다.[30] 창조의 사실성과 역사성을 받아들이는 데는 상당한 믿음이 필요하다. 그러나 무신론적 진화론을 받아들이기 위해서는 훨씬 더 큰 믿음이 필요하다. 왜냐하면 진화론도 일종의 믿음이기 때문이다.

성서적 창조론

성서의 창조론을 받아들인다는 것은 다음과 같은 사실을 인정하는 것이다. 첫째, 창조주 하나님을 인정하는 것이다. 둘째, 이 세계가 하나님의 피조 세계임을 아는 것이다. 사람이 하나님의 창조를 받아들일 때 비로소 인간이 어디로 와서 어디로 가는지를 알게 된다. 오늘날 창조 과학자들의 연구로 유신론적 창조론이 과학적 설득력을 얻고 있다. 창조 과학자들은 창조의 증거로 다음과 같은 내용들을 제시한다.

첫째, 물의 밀도의 신비에서 찾아볼 수 있다. 얼음은 물보다 밀도가 작기 때문에 수면에 뜨며, 물은 표면에서부터 언다. 만일 물이 다른 물질처럼 온도가 낮아질수록 밀도가 증가한다면 물은 얼면서 강이나 바다 밑바닥으로 가라앉게 된다. 그러면 강이나 바다 밑바닥에서 서식하고 있는 대부분의 동식물들은 얼어 죽게 될 것이다. 하나님은 생명 유지의 기본 물질이요 지구상에서 가장 풍부한 물을 통해 자신의 사랑을 나타내고 있다. "물은 돌같이 굳어지고 깊은 바다의 수면이 얼어붙는 것"은 특별한 하나님의 섭리이다.(욥 38:30)[31]

둘째, 태양과 달의 위치에서 찾아볼 수 있다. 지구와 달, 그리고 태양의 상대적 위치를 생각해 본다면 불가피하게 이들을 현재의 위치에 정확하게 배치하신 창조주가 계시다는 결론에 이를 수밖에 없다.

셋째, 지구 자기장의 세기로부터 찾아볼 수 있다. 지구는 북극이 N극, 남극이 S극인 거대한 자석이므로 지구 주변에는 자기장이 형성되어 있다. "현재의 지구 자기장의 세기는 생명체들에게는 아무런 해를 끼치지 않으면서도 무서운

---

30 Byron C. Nelson, *After its kind* (Minneapolis, MN: Bethany Fellowship, 1970)을 보라.
31 양승훈, 「창조론 대강좌」, p.50~51.

우주선(宇宙線)을 효과적으로 차단할 수 있는 적당한 크기이다. 만일 지구 자기 장의 세기가 현재보다 크거나 작다면 지구의 모든 생명체는 전멸할 것이다. 자 장으로 지구를 겹겹이 싸서 지구를 보호해 주는 자기 차단막은 우연히 존재하 는 것일까? 창조주의 설계가 아니면 설명할 방법이 없다.[32]

넷째, 지구의 중력에서 찾아볼 수 있다. 지구의 크기와 무게는 현재 지구의 중력을 결정한다. 지구 중력이 현재보다 크면 지구의 대기는 생명을 질식시키 는 암모니아와 메탄으로 가득 차게 되고, 현재보다 작으면 지구표면에 산소가 사라지고 이산화탄소가 많아져 모든 동물은 질식하게 된다. 그러므로 지구가 지금의 크기로 창조된 것은 하나님의 치밀한 창조 설계의 결과라 할 수 있다.[33]

다섯째, 대기의 층상구조에서 찾아볼 수 있다. 지구의 기상현상과 대류현상 이 활발하게 일어나는 곳은 대류권(對流圈)이다. 대류권은 지구 전체 공기량의 75%와 대기 수분의 대부분이 포함되어 있기 때문에 대부분의 구름은 대류층 에서 형성된다. 대류권은 극지방에서는 지면으로부터 약 6km까지이고 적도 지방에서는 16km까지이다. 대류권 꼭대기로부터 50km에 이르는 영역은 성 층권(成層圈)이라 불린다. 성층권 중간 20~35km 영역에는 오존층이 있다. 오 존층은 태양으로부터 오는 자외선을 흡수하여 성층권의 온도를 일정하게 유지 해 줄 뿐 아니라 지상의 생명체를 보호해주는 중요한 역할을 한다. 성층권 위 에는 다시 온도가 하강하는 중간권(中間圈)이 있다. 지면으로부터 50~80km에 해당하는 중간권의 온도는 영하 2도에서부터 영하 90도에 이른다. 이곳에서 는 외계로부터 유입되는 수많은 별똥별의 대부분을 태워 인간을 포함한 지상 의 생명체들을 보호한다. 지구 대기의 층상구조는 눈에 보이지 않는 여러 층으 로 이루어져 지상의 생명체들을 보호하고 있다. 생명체들을 보호하는 이런 보 호막은 누가 만들었을까? 마치 양파 껍질과 같이 지구를 겹겹이 둘러싸고 있 는 대기의 층상구조를 생각하노라면 "암탉이 그 새끼를 날개 아래 모음같이"(마 23:37), "자기의 눈동자같이 지키시는"(신 32:10) 창조주 하나님의 섭리와 사랑 을 생각하지 않을 수 없다.[34]

여섯째, 대기의 조성에서 찾아볼 수 있다. 오늘날 대기는 질소와 산소가 전체

---

32 Ibid., p.57.
33 Ibid., p.58.
34 Ibid., p.62.

의 99%를 차지하고 있다. 우선 대기 중의 산소와 질소의 비율을 보면 현재 대기의 78.1%는 질소, 20.9%는 산소로 이루어져 있다. 만일 산소의 함량이 현재보다 많다면 생명 기능이 너무 빨리 진행되어 생명체들은 얼마 지나지 않아 종말을 고하게 된다. 또한 현재보다 대기 중의 산소 함량이 적다면 생명 기능이 너무 늦게 진행되어 지구상의 생명체들은 계속 존재할 수 없게 된다. 지구의 대기 조성은 지구에 생명체가 살기에 너무나 적합하도록 설계되어 있다. 대기의 질소와 산소의 적절한 비율은 우연히 된 것은 아니다.

일곱째, 지구의 온도에서 찾아볼 수 있다. 지구와 가장 가까운 달, 화성, 금성만 해도 일교차, 연교차가 200도 이상 되기 때문에 생명체가 살 수 없다. 그러나 지구에는 일교차가 20도, 연교차가 40도를 넘는 곳이 많지 않다. 무엇 때문에 지표면의 온도변화가 이처럼 작은가? 지구의 온도를 따뜻하게 일정하게 유지하는 데 기여하는 것은 바람이다. 바람은 지구의 온도를 일정하게 유지한다. 해수의 흐름도 지구의 온도를 일정하게 유지시켜 준다. 더워진 적도의 바닷물은 팽창하여 극지방으로 흐르고 극지방의 차가운 바닷물은 해저로 가라앉은 후에 적도를 향해 흐른다. 태양열이 가장 뜨겁게 쬐는 적도 부근이 대부분 바다라는 것도 놀라운 사실이다.[35] 지구의 자전시간, 즉 하루의 길이도 지구의 온도를 적당하게 유지하는 데 큰 기여를 하고 있다. 만일 현재보다 하루의 길이가 길다면, 낮에는 너무 더워서, 밤에는 너무 추워서 살기가 곤란할 것이다. 오늘날 하루 길이는 땅이 더워질 듯하면 밤이 되고 추워질 듯하면 해가 떠오르는 정확하게 계산된 길이다.[36] 이처럼 다양한 방법을 통해 지구가 인간을 포함한 각종 생명체들이 살기에 적합한 온도를 유지하고 있는 것은 창조주 하나님이 설계하셨다는 것에 대한 증거가 된다.

여덟째, 열역학 제1법칙과 열역학 제2법칙에서 찾아볼 수 있다. 에너지 보존법칙이라 불리는 열역학 제1법칙은 에너지는 저절로 생성되거나 소멸될 수 없으며 다만 그 형태만 변할 뿐이라는 것이다. 즉 에너지의 형태는 변환될 수 있지만 그 총량은 항상 불변하다는 것이다. 열역학 제1법칙에 의하면 물질과 다양한 형태의 에너지는 저절로 생겨날 수 없기 때문에 반드시 누군가에 의해서

35 Ibid., p.62~64.
36 Ibid., p.66~68.

창조되었을 수밖에 없다. 대폭발 이론에서 가정하고 있는 바 태초에 대폭발을 일으킨 물질도 결국은 누군가에 의해 창조된 것일 수밖에 없다. 왜냐하면 에너지는 저절로 만들어지거나 소멸되지 않기 때문이다. 결국 열역학 제1법칙의 결론은 창조주가 있을 수밖에 없다는 사실이다.[37]

열역학 제1법칙이 에너지의 양적인 보존을 다룬 것이라면 제2법칙은 에너지의 질적인 쇠퇴현상을 다룬 것이다. 엔트로피(entropy) 증가의 법칙이라고 하는데 이것은 고립된 세계에서는 모든 과정에서 엔트로피가 점점 더 증가하는 방향으로 진행된다는 것이다. 엔트로피란 계(系)의 무질서(disorder)의 정도 또는 에너지의 무용성(uselessness)의 정도를 나타내는 것이다. 진화론자들은 동식물이나 씨나 알에서 시작하여 성장하는 현상은 질서도가 증가되는 것이므로 열역학 제2법칙은 생명체의 성장에는 적용되지 않는다고 주장하기도 한다. 그러나 계속적인 에너지와 물질의 공급이 없다면 생명체는 유지되거나 성장할 수 없기 때문에 결국 생명체도 열역학 제2법칙을 따르는 셈이다. 열역학 제2법칙에 의하면 우주의 역사는 무시무종한 것이 아니라 완벽한 질서가 유지되었던 태초와 완전한 무질서의 종말이 있음을 예고한다. 오늘날 많은 사람들은 우주는 시작도 끝도 없다고 말하지만 이것은 열역학 제2법칙에 위배되는 주장임을 기억해야 한다. 우주가 분명한 시작과 종말이 있다는 열역학 제2법칙의 결론은 만물이 창조된 태초가 있었으며 만물이 선악 간에 심판 받는 종말이 있을 것이라는 성서의 주장과 통하는 점이 있다.[38]

이 외에도 지구와 달의 중력적 상호작용, 인간의 DNA의 구조의 신비를 살펴보면 하나님의 존재 개입이 요구된다.

진화론자들은 만물이 불완전하고 하등한 하나나 혹은 몇몇 종으로부터 점진적으로 진화되었다고 주장하지만 창조론자들은 하나님께서는 처음부터 "그 종류대로" 그리고 "보시기에 좋도록"(창 1:21) 만물을 창조하셨다고 본다. 우리는 창조 과정의 세세한 부분들에 대해서 잘 모른다. 그리고 현대 과학이나 이성적 논리로도 잘 설명되지 않는다.

창세기는 만물의 기원에 관한 이스라엘의 민족적 신화라고 보는 이론

37 Ibid., p.71, 139~141.
38 Ibid., p.71~72.

(Mythical Theory)이 있다. 어떤 사람들은 성서의 창조기사가 다른 창조 신화들과 본질적으로 다르지 않은 이스라엘 민족의 신화라고 생각한다. 그러나 성서의 창조론은 다른 나라들의 창조신화와는 본질적으로 다르다. 첫째, 다른 창조신화들은 모두 기존물질로부터의 창조인데 비해 성서의 창조는 무로부터의 창조라는 점이다. 둘째, 다른 모든 창조신화들이 범신론적 혹은 다신론적 사상에 기초하고 있는 데 반하여 성서의 창조는 유일신론적이다. 셋째, 동서양을 막론하고 대부분의 고대 사상가들은 물질계를 경시한 데 비해 성서의 창조기사에서는 어디에서도 물질계를 경시했다는 흔적을 찾아볼 수 없다. 넷째, 대부분의 고대 창조신화들이 창조를 우발적인 사건으로 취급하고 있는 데 비해 성서의 창조는 명백히 목적을 가진 창조였음을 지적하고 있다.[39]

1) 생명의 기원

생명의 기원에 대한 여러 학설이 존재한다. 지구에서 자연적으로 발생했다는 이론, 다른 천체에서 왔다는 이론, 초자연적으로 창조되었다는 이론 등이다. 첫째, 고대 헬라인에 의해 제기된 자연발생설(Theory of Spontaneous Generation)[40]이 있다. 헬라 이오니아(Ionis)학파의 탈레스(Thales)나 그의 제자 아낙시만드로스(Anaximandros)와 같은 자연 철학자들은 생물은 열과 공기와 태양에 의하여 진흙에서 우연히 발생하였다고 주장하였다. 아리스토텔레스(Aristoles, B.C. 384~322)도 건조하면서도 축축하거나 축축하면서도 건조한 것으로부터 생명이 발생하였다고 하였다. 근세에 이르러서도 데카르트(René Descartes, 1596~1650)는 생물은 축축한 흙에 햇빛을 쬐든지 또는 부패시킬 때 우연히 발생한다고 주장하였다. 현대에 이르러 소련의 생화학자 오파린(A.I. Oparin, 1894~1980)은 지구상에서 긴 세월을 통해 무기물로부터 유기물로 진화(화학진화)가 일어났고 이 유기물이 최초의 생물(원시생물)을 형성했다고 주장하였다. 시카고 대학의 화학자인 유레이(Harold Urey, 1893~1981)와 밀러(Stanley L. Miller, 1930~2007)도 실험을 통해 자연발생설을 주장하였다.

그러나 자연발생설에 대한 반론도 만만치 않았다. 이탈리아 의사 레디

39 Ibid., p.101.
40 Ibid., p.103~112.

(Francesco Redi, 1626~1698)는 생물은 반드시 생물로부터만 발생한다는 생물발생론(Theory of Biological Generation)을 발표하였고, 프랑스의 조블로(Louis Joblot)는 미생물일지라도 자연발생하지는 않는다는 결론을 내렸다. 프랑스 과학자 파스퇴르(Louis Pasteur, 1822~95)는 생물은 그 생물의 모체에서만 유래한다고 발표하였다.

둘째, 외계생명설이 있다. 19세기 말 스웨덴의 물리학자인 아레니우스(Svante Arrhenius, 1859~1927)는 생명이 외계에서 왔다는 이론을 제기하였다. 우주에서 출발한 원시 포자들이 우주 복사선의 압력에 의해 추진력을 갖게 되었으며 우주공간을 돌아다니다 지구에 도달했다는 것이다. 이에 대한 비판이 제기되었다. 어떻게 살아있는 포자가 우주 방사선에 의해 머나먼 우주공간으로 밀려오면서도 해를 받지 않고 살아 있었는지에 대한 설명을 하지 못한다. 외계 생명의 기원에 대한 구체적인 증거가 부족함으로 이것은 단순한 추측의 산물로 간주된다.

셋째, 생명은 초자연적으로 창조되었다는 이론이 있다. 생명은 자연적으로 발생할 수 없다. 유일한 대안은 생명은 생명체로부터만 나올 수 있다. "생명이 생명체로부터만 나올 수 있다면 최초의 생명은 어디에서 왔을까? 우주에서 온 것도, 자연에서 저절로 발생한 것도 아니라면 결론은 간단하다. 창조주에 의해 창조된 것이다. 혹자는 자연발생되지 않았다고 해서 반드시 창조되었다고 할 수 있느냐고 항의할지 모른다. 그러나 논리적으로 볼 때 스스로 존재하게 되지 않았다면 누군가에 의해 창조되었다는 선택밖에는 존재하지 않는다."[41]

"분명히 말할 수 있는 바는 현재의 생명체는 생명을 준 초월적 창조주가 없이는 존재할 수 없다는 사실이다. 복잡하고 정교한 DNA의 구조와 유전 메커니즘은 고도의 지적인 존재의 개입을 가정하지 않고는 도저히 상상할 수 없다. 또한 DNA와 단백질이 동시에 있어야만 생명현상이 유지되는데 이런 것들이 자연발생적으로 일어났다고 믿는 것은 지혜를 가진 창조주가 이를 창조하시고 간섭하셨다고 믿는 것보다 훨씬 더 불합리하다. 그러므로 태초에 생명을 만든 창조주가 있어야 한다는 것은 불가피한 논리적 귀결이다."[42]

41 Ibid., p.112~116.
42 Ibid., p.128.

2) 인류의 기원

사람은 과연 진화론자들의 주장처럼 원숭이로부터 진화되었는가? 창조론에서는 처음부터 사람은 사람대로, 원숭이는 원숭이의 종류대로 창조되었다고 보고 사람과 원숭이 사이에는 중간 형태의 화석이 존재하지 않는다고 예측한다. 창조론에서는 오늘날 중간 형태라고 제시되는 화석들은 원숭이 또는 사람 중 어느 한편이지 중간 형태가 아니라고 본다.[43]

사람이 원숭이로부터 진화했다는 진화론의 가설은 중간 형태의 화석이 발견되지 않으므로 확정된 것이 아니다. 원숭이와 사람의 중간 형태라고 인용되던 많은 화석들을 자세히 검토해 보면 원숭이류가 아니면 사람이었지 결코 원숭이와 사람의 중간 형태의 동물은 아닌 것으로 밝혀지고 있다. 화석으로 나타나는 생물의 형태는 처음부터 이미 완전하게 그 종류대로 발견됨으로써, 오히려 화석은 종류대로 창조되었다는 창조론의 예측과 가깝다는 것을 말해주고 있다.[44]

양승훈 교수는 그의 저서 「창조론 대강좌」에서 한 편의 콩트(conte)를 소개하고 있다. 이 콩트는 "로봇의 기원"에 대한 이야기를 통해 인간의 기원이 하나님에게 있다는 것을 일깨우고 있다. 3차 대전 후 사람의 뒤를 이어 지구의 주인이 된 로봇들이 그들의 기원을 연구하면서 로봇은 사람에 의해 만들어지지 않았나 하는 생각을 하게 된다. 그 내용을 간단히 살펴보면 다음과 같다.[45]

3차 대전 발발

2060년 9월 24일 금요일 저녁 6시 30분에 이란이 이스라엘의 예루살렘을 향해 발사한 핵미사일을 이스라엘 방위군이 요격하자, 수십 기의 아랍 연합군 핵미사일이 예루살렘을 공격하게 된다. 이렇게 시작된 전쟁은 급속도로 확대되어 하루 만에 수천 개의 메가톤급 원자탄과 수소탄들이 상대편의 도시, 농촌을 가리지 않고 발사되었다. 지구 상공에는 수많은 핵미사일이 날아가서 터지는 바람에 세계는 순식간에 불바다가 되어 수십 수백 층의 고층 건물들과 산들이 흔적 없이 사라져버렸다. 3차 대전이 시작된 것이다. 이 전쟁으로 인해 110억에 이르던 인간의 95%가 순식간에 죽음을 당했다. 지하 핵벙커로 피했던 소수

---

43 Ibid., p.195, 200.
44 Ibid., p.238.
45 이 콩트는 양승훈, 「창조론 대강좌」,(서울:CUP, 1998), p.11~25에서 발췌 요약한 것이다.

의 사람들과 히말라야나 마이크로네시아의 몇몇 섬 등 오지에 살던 일부 사람들을 제외하고는 모두 죽었다. 그러나 이들조차도 방사능으로 오염된 식량과 식수로 2090년에 이르러서는 한 사람도 남김없이 모두 죽었다. 사람들이 없는 지구의 모습은 전쟁전과 크게 달라졌다. 핵전쟁 이후 돌연변이로 생겨난 동식물들이 지구 곳곳에서 나타났다. 이런 돌연변이 동식물들 외에 지구상에서 정상적인 상태를 유지하며 살아가는 것은 방사능의 영향을 거의 받지 않는 로봇들뿐이었다.

로봇 사회

2030년에 이르러서 "고온 초전도체를 포함한 신소재 혁명과 더불어 마이크로메카닉스(Micromechanics)의 발달로 머리카락 정도 굵기의 다양한 모터들이 산업현장에서 보편적으로 사용되고 있었다. 이러한 메카트로닉스(Mechatronics), 인공 지능, 슈퍼컴퓨터의 발달은 소형의 고기능 로봇들의 발달로 이어졌다." 이런 마이크로메카닉스의 발달로 인해 로봇들은 인간과 거의 구별이 없을 정도로 발달하였다. 2050년에 이르러서는 휴먼 로봇이 등장하였다. 휴먼 로봇들은 스스로 사고하고 판단하는 능력이 있어서 인간의 지시가 없어도 자신들의 임무를 충실히 감당하였다. 이들 로봇들은 사람들의 일상 생활업무를 대부분 담당하기 시작했다. 특수 고무로 만들어진 어떤 휴먼 로봇의 피부는 잘 손질한 여자들의 피부를 능가하는 감촉을 가지게 되었으며, 자세히 보지 않으면 로봇인지 사람인지 구별하기 어려워 때로는 사람들만이 참가하는 운동 경기에 로봇이 몰래 출전하여 물의를 일으킬 정도였다.

2130년, "검은 금요일" 70주년이 되었을 쯤에는 휴먼 로봇들에 의해 핵전쟁으로 인한 외형적인 피해들이 대부분 복구되었다. 핵전쟁으로 폐허가 된 세계는 로봇들에 의해 다시 재건되었다. 외형적으로만 본다면 이 세계는 전쟁 전이나 큰 차이가 없었다. 도리어 어떤 면에서는 전쟁 전에 비해 더 살기 좋은 세상이 되었다고 할 수 있다. 단지 세상의 주인이 사람으로부터 로봇으로 바뀌었다는 점을 제외하고는 모든 지구상의 도시들은 2060년 이전과 별로 다를 바가 없는 듯이 보였다. 사회의 대부분의 기능은 오히려 과거 인간들이 만들었던 사회보다 더 완벽하고 부드럽게 돌아가고 있었다.

최초 로봇의 기원

학교에서는 선생 로봇들이 학생 로봇들을 가르치고 있었다. 2260년에 이르러서 로봇은 그야말로 전문가가 아니면 거의 인간과 구별할 수 없을 정도로 발달하였다. 외모만이 아니라 지적 능력이나 자아의식과 역사의식 등 반성능력을 가진 로봇이 보편화되었다. 학자 로봇들은 로봇인 자신들의 기원에 대한 연구에 관심을 가지게 되었고 이것은 사회의 중요한 문제로 대두되었다. 그러나 불행하게도 과거에 대한 로봇의 지식은 핵전쟁 이전으로 거슬러 올라갈 수 없었다. 핵전쟁 이후 40여 년이 지날 때까지는 로봇들 중에 "검은 금요일"과 그 이전의 역사를 기억하는 로봇이 없었다. 그 이유는 핵전쟁까지의 로봇들은 과거에 대한 반성능력이 없었기 때문이다. 그리고 2090년까지 제작된 로봇의 수명은 50년에 불과하였기 때문이다.

학자 로봇들은 폐기된 초기 로봇들의 몸체를 분석해 로봇의 기원에 대해 일말의 단서를 찾으려고 하였다. 이들의 연구를 통해 철, 크롬, 니켈, 구리, 금, 은과 같은 각종 광물질 원소들이 로봇의 몸체를 구성하며, 이런 대부분의 광물질 원소들은 땅으로부터 출토되었음이 파악되었다. 그리하여 학자 로봇들은 로봇의 기원은 땅이라는 잠정적인 결론을 내리고, 각종 기자회견과 국제학술회의에서 연구 결과를 발표하였다.

저절로 이론

문제가 생겼다. 누가 로봇의 몸체를 이루는 원소들을 정제, 환원시켰느냐? 자연에는 존재하지 않는 소재는 매우 복잡한 열처리 공정을 거쳐야 했다. 누가 로봇의 부품을 만들었고, 누가 이 복잡한 로봇을 설계하였는가? 머리 좋은 로봇 학자들은 도대체 이처럼 정교한 설계들이 어떻게 만들어질 수 있었는지, 그리고 로봇의 설계가 저절로 되었다고 해도 누가 이 설계도를 따라 수만 개의 부품들을 조립했느냐에 대한 의문에 적절한 해답을 찾을 수가 없었다. 일부 진보적 학자 로봇들은 이 모든 과정은 자연적인 확률과정으로부터 일어날 수 있다고 주장하였다. 학계에서는 이들의 이론을 "저절로 이론"이라고 불렀다.

스스로 있는 자

그러나 모든 학자 로봇들이 "저절로 이론"을 받아들인 것은 아니었다. 일단의 저명한 학자 로봇들은 "저절로 이론"을 반박했다. 첫째 가장 간단한 로봇의 팔 하나가 저절로 만들어질 수 있는 확률은 거의 제로에 가깝다는 연구결과가 있기 때문이고, 둘째는 "저절로 이론"은 열역학 제2법칙에 정면으로 위배되기 때문이다. 이 법칙은 정교한 로봇이 저절로 해체되기는 하지만 자연계에서 저절로 만들어질 수 없다는 것을 증거한다. 이렇게 "저절로 이론"이 문제가 되자 일부 학자 로봇들은 외계 기원설을 주장하였으나 다른 별에서도 어떻게 로봇이 만들어졌는지에 대한 새로운 의문이 생기기 때문에 많은 학자 로봇들의 주목을 받지 못했다. 이런 가운데 일부 다른 로봇 학자들은 최초의 로봇은 로봇이 아닌 다른 어떤 지능을 가진 존재가 설계하여 만들었을지도 모른다는 소위 "설계 이론"을 주장하였다. 이들은 깊은 산 속이나 지하 벙커 속에서 무더기로 유해가 발견되는 '사람'이라는 생물이 최초 로봇의 설계자일 가능성이 크다고 주장하였다. 이들은 유해와 함께 발굴되는 과거의 고도의 과학문명의 흔적들을 증거로 제시하였다.

그러나 "저절로 이론" 지지자들은 현재 눈에 보이지도 않는 "사람"이라는 존재를 어떻게 받아들일 수 있느냐고 반박하였다. 그들은 한편으로는 과학은 오로지 관측이 가능한 물질적 현상만을 대상으로 한다고 주장하면서 다른 한편으로는 원천적으로 관측이 불가능한 "저절로 이론"을 고집하였다. 이들은 '사람'이라는 존재를 기원 논쟁에 끌어들여서는 안 된다고 주장하면서 '사람' 대신 "우연과 오랜 시간"을 그 대안으로 제시하였다. 이들은 다른 존재가 최초의 로봇을 만들었다고 하는 주장은 로봇 전체의 자존심을 상하게 하는 이론이라고 반발하였다. 이들은 "우연과 오랜 시간"은 좋지만 "사람"이라는 존재는 받아들일 수 없었다. 수많은 학술회의를 거치면서 "저절로 이론"의 지지자들이 점점 늘어갔다. 그래서 많은 학교에서 최초의 로봇은 땅으로부터 오랜 시간 동안 확률적인 과정을 통하여 저절로 만들어졌다는 이론을 가르쳤다. 많은 선생 로봇들은 '사람'이라는 생물이 최초의 로봇을 설계하여 만들었다는, 로봇계 전체의 자존심을 상하게 하는 주장에 대해 더 이상 신경을 쓸 필요가 없다고 격려하였고, 최초의 로봇은 '사람'이라는 생물이 만들었다고 주장하는 사이비 학자 로봇들에게 절대 속아서는 안 된다는 주의도 주었다. 이 콩트는 앞으로는 누가 뭐래도 모든 로봇은 스스로가 스스로의 주인이기 때문에 "스스로 있는 자"라는 당당한 자부심을 가지고 살아가야 한다는 당부의 말로 끝을 맺고 있다.

3) 우주의 기원

밤하늘의 아름다운 별을 바라보면서 때로는 경외심을 느낄 때가 있다. 그래서 임마누엘 칸트는 밤하늘의 별들을 보면서 "가슴이 뛰노라."고 노래하였다. 특히 몽골의 밤하늘의 별들을 본 사람은 이 노래에 공감할 것이다. 이 아름답고 신비한 우주는 언제 어떻게 생성된 것일까? 인간은 이에 대한 호기심을 품고 연구하기 시작하였다. 현대 과학의 연구에 따르면, 태양계는 9개의 행성과 그 행성을 돌고 있는 32개 이상의 위성, 그리고 화성과 목성 사이에 있는 1600개 이상의 소행성과 수백 개에 이르는 혜성으로 구성되어 있다. 태양은 전체가 고온의 기체 덩어리로서 핵융합 반응을 하면서 타고 있는 불덩어리이다. 중심부의 온도는 수천만 도에 이르나 표면은 섭씨 6천도 정도이고 직경은 140만 km로서 지구의 약 109배, 크기는 지구의 33만 2천 배이다. 이와 같이 태양은 지구의 크기에 비하면 엄청나게 크지만 태양계가 속해 있는 은하계에 비하면 너무 작다. 태양은 은하계 내에 있는 수많은 항성들 중의 하나이다.[46]

은하계는 직경이 10만 광년으로, 1,000억 개 가량의 별들로 이루어져 있다. 태양은 이들 별 가운데 평균 정도 크기의 별에 불과하다. 은하계가 이처럼 크지만 우주에는 은하계와 같은 것들이 셀 수 없이 많다. 이런 은하계들이 모여서 성단을 이루고 성단이 모여 초성단(Supercluster)을 이룬다. 우리는 얼마나 많은 초성단이 우주에 있는지 모른다. 아인슈타인의 우주론에 따르면 우주는 20억 광년 정도의 직경을 갖고 있는 구(球) 모양을 가지고 있다. 우주의 가장자리를 본 사람이 없다. 아니 가장자리가 있는지조차 모른다. 현대 과학은 우주가 유한한지, 무한한지 혹은 평편한지 휘었는지, 휘었으면 어느 정도 휘었는지 아무도 확실히 말할 수 없다.[47] 그래서 파스칼은 "무한한 우주의 영원한 침묵은 나를 전율케 한다."고 말하였다.

---

46 Ibid., p.351.
47 Ibid., p.352.

이와 같은 우주는 어떻게 생성되었을까? 우주의 기원에 대한 대표적 이론으로 '르메트르의 우주 기원론'과 이로부터 기인된 '대폭발 이론'(Big Bang Theory) 등이 있다. 벨기에의 사제이며 수학자인 르메트르(Abbe Georges Lemaitre)는 우주는 태초, 즉 "어제가 없는 바로 그 날"(a day without yesterday)에 무한히 작은 점, 수학의 용어를 빌면 특이점(singularity)으로부터 시작되었을 것이라고 제안했다. 태초에 모든 물질과 모든 에너지는 단일 에너지 점에 모여 있었을 것으로 보았다. 그는 태초의 이 상태를 "원시원자"(primordial atom)라고 불렀으며 이것이 폭발하는 것을 "대소동"(big noise)이라고 불렀다. 그 후 앨퍼(Ralph Alpher)와 허먼(Robert Herman)이 르메트르의 이론을 대폭발 이론으로 발전시켰다.[48]

현재 과학은 '빅뱅이론'을 제기하고 있다. 빅뱅이론은 지금부터 1백억~2백억 년 전에 초고온 초밀도를 가진 원초물질이 폭발해 오늘날과 같은 우주가 형성되었다는 이론이다. 그러나 창조과학자들은 빅뱅이론은 우주의 기원에 대한 답을 제공하지 못하고 있다고 지적한다.

첫째, 빅뱅이론은 에너지 보존의 열역학 제1법칙에 위배된다. 우선 대폭발 이론은 대폭발을 일으킨 맨 처음 원초물질[49]은 어디서 왔으며, 초고밀도의 에너지(질량) 덩어리는 어디서 왔으며, 처음 폭발은 어디서 일어났으며, 또한 어떤 과정을 거쳐 별들이 현재의 우주와 같이 분포되었는가 등의 본질적인 문제에 관해서는 전혀 대답하지 못한다. 빅뱅이론은 그 자체가 일종의 우주 형성 과정에 대한 이론이지 우주의 기원에 대한 이론은 아니다. 원초물질의 대폭발을 주장하는 빅뱅이론은 무에서 원초물질의 존재까지의 엄청난 논리적 비약을 밝히지 못하고 있다.

둘째, 빅뱅이론은 엔트로피 증가법칙인 열역학 제2법칙에 위배된다. 대폭발이 일어났을 때 어떻게 은하와 그들의 집합인 성단을 형성할 수 있겠는가? 만일 임의적인 대폭발의 결과 저절로 현재와 같이 질서 있는 우주가 형성되었다고 한다면 엔트로피 증가법칙인 열역학 제2법칙에 위배된다.[50] 물리학자 양승훈에 따르면 빅뱅이론에 따라 대폭발로 질서 있는 우주가 형성될 가능성은 인

---

48 Ibid., p.359~360.
49 물리학에서는 이를 아일램(Ylem)이라 한다.
50 엔트로피증가법칙인 열역학 제2법칙은 시간이 흐름에 따라 자연의 반응은 점점 엔트로피가 증가하는 쪽으로 진행된다는 법칙이다. 즉 무질서해진다는 이론이다. 모든 에너지는 시간이 흐르면 흐를수록 무질서 상태로 빠져든다.

쇄소에서 대폭발의 결과로 흩어진 활자들이 날아가 저절로 대영백과사전 한 세트를 완성할 수 있는 가능성보다 훨씬 희박하고, 또한 임의적인 대폭발로 현재와 같은 우주가 형성될 확률은 쓰레기더미로부터 점보제트 여객기가 저절로 형성될 확률보다도 작다며, 현재와 같은 질서 있는 우주가 만들어지려면 반드시 우주의 설계자가 있어야 한다고 주장하였다.[51] 우주가 무질서 상태가 아니라 질서 상태로 유지되고 있는 것은 창조주의 섭리(providence)가 처음부터 개입되었다는 것을 증거한다. 양승훈은 인간이 창조주를 억지로 부정하려들지만 않는다면 우주의 법칙과 질서로부터 창조주의 존재는 선명하게 드러날 것으로 본다. 창조과학자들은 분명하지는 않지만 우주는 대폭발에 의해 존재하게 됐을 가능성이 있을 수 있다고 전제하였다. 현재와 같은 질서 있는 우주가 태어나기 위해서는 반드시 창조주의 지혜와 설계 그리고 섭리가 있어야 한다는 것이 그들의 우주 생성에 대한 결론이다.

우리가 잠정적으로 내릴 수 있는 결론은 대폭발 이론은 현재까지 우주의 기원에 관하여 제시된 어떤 과학적 이론들보다 관측결과를 잘 설명할 수 있는 작업가설이라는 것이다. 현대 대폭발 이론의 가장 큰 문제점은 창조주의 개입을 철저히 배제한 채 오로지 자연적인 인과관계를 찾으려는 시도만을 과학이라고 정의하면서 우주의 기원을 찾으려고 하는 것이다. 분명하지는 않지만 우주는 대폭발에 의해 존재하게 되었을 가능성이 있다. 그러나 그러한 대폭발이 있었고 그로부터 현재와 같은 질서 있는 우주가 태어나기 위해서는 반드시 창조주의 지혜와 설계, 그리고 섭리가 있어야 한다.[52]

인간이 창조주를 억지로 부정하려들지만 않는다면 우주의 법칙과 질서로부터 창조주의 존재를 부정할 수 없다. 온 우주의 존재는 그 자체가 유신론적이기 때문에 무신론적 우주론 혹은 자연적 과정으로 우주의 기원을 설명하려고 하면 상당한 논리적 비약을 감수해야 한다. 우주의 기원에 관한 진화론이나 창조론은 모두 과학적 방법을 통하여 직접 증명할 수 없다는 점에서 과학의 한계를 넘는다고 할 수 있다. 그러나 현재의 인간이 갖고 있는 과학적 지식으로 유추해 볼 때 우주가 자연의 내적 동인에 의해 저절로 존재하게 되었다고 보는 무

51 양승훈, 「창조론 대강좌」, p.366~367.
52 Ibid., p.368.

신론적 진화론보다는 인격적인 창조주에 의해 존재하게 되었다고 보는 게 더 자연스럽다고 할 수 있다. 왜냐하면 무신론적 진화론을 믿는 것은 인격적인 창조주를 믿는 것보다 더 큰 믿음을 필요로 하기 때문이다.

신앙고백으로서의 창조신앙

하나님이 하늘과 땅의 창조자라는 고백은 어떻게 현대인에게 정당화되느냐? 일반적으로 성서의 연대는 약 6천 년으로, 자연과학적 연대의 우주연령은 130억~200억 년으로 추정한다. 태양의 나이는 약 70억 년, 지구의 나이는 약 46억 년, 지구 위의 생물의 나이는 약 10억 년으로 보고 있다.

하나님의 6일 창조를 태초에 있었던 우주적 폭발과 동일시하여 자연과학적 인식법과 조화하려는 입장이 있다. 과학은 객관적 증언을, 창조는 신앙의 증언을 한다. 창조신앙은 궁극적으로 신앙이지 자연과학에 의하여 증명될 수 있는 객관적 지식이 아니다. 따라서 양자 사이에 갈등과 대립이 없다는 입장이다.

아인슈타인(A. Einstein)은 우주는 유한하다고 보았다. 뉴턴(Isaac Newton)은 우주는 무한하다고 이해하였다. 1929년 미국의 물리학자 허블(E. P. Hubble)은 우주는 계속적으로 확장하고 있다고 주장하였다. 우주의 확장은 130억 년 전에 섭씨 1천억 도의 온도와 물보다 40억 배나 되는 깊은 농도와 함께 일어난 우주적 폭발과 함께 시작되었다는 것이다. 아직도 우리는 우주가 고정된 것인지, 계속 확장되고 있는지, 아니면 축소되고 있는지 모른다. 우리는 질문하게 된다. 폭발이 가능하게 한 재료가 무엇인지? 이 재료는 어디에서 온 것인지? 우리는 이에 대해서 모른다. 이것이 자연과학의 한계다. 자연과학은 경험의 영역 안에 있는 것만 설명한다. 그것을 초월해서 모른다. 이 문제에 대한 창조신앙의 답변은 우주의 궁극적 근원은 하나님께 있으며 하나님으로 인하여 모든 것이 있게 되었다는 것이다. 인류와 우주가 어디로 와서 어디로 가는지의 문제는 신앙고백의 문제다. 이 신앙고백을 자연과학은 증명할 수도 부인할 수도 없다. 이것은 자연과학의 연구 범위를 넘어서는 문제다. 모든 것이 무로부터 무로 돌아가는 것이 아니다. 모든 것은 하나님으로부터 와서 하나님께로 돌아가는 것이다. 이것이 성서적, 신학적 답변이다.

성서는 자연과학적 교과서가 아니라, 종교적 진술이다. 창세기 1~2장은 현대인의 우주이론과 견주려는 과학적 설명이 아니라 하나님에 대한 신앙적 선언, 신앙고백, 신조이다. 그러므로 가톨릭교회가 지동설을 주장한 폴란드 천문학자 코페르니쿠스(Nicholas Copernicuss, 1473~1543)를 화형에 처한 일이 일어나서는 안 된다. 따라서 성서에 기록된 진술을 절대화 하여서 자연과학의 새로운 발견과 발명을 방해해서는 안 된다. 성서의 기자들은 자연과학적 진술을 전달해주고자 하는 것이 아니라 하나님과 세계와 인간에 대한 그들의 신앙을 증언한다.

루드비히 비트겐슈타인(Ludwig Wittgenstein 1889~1951)은 과학과 신학은 각각 독특한 언어를 사용하는 두 개의 다른 언어게임(language game)이라고 하였다. 언어에는 과학적 언어와 예술적 언어 또는 신학적 언어가 있다. 과학적 언어는 인간관계와 가설을 말하는 언어이고, 예술적 언어나 신학적 언어는 풍부한 상징과 이미지와 신적 은율을 말하는 언어다. 두 가지 언어 중 단 한 가지만 진리의 소리라고 주장하는 것은 근거가 없고 교만한 것이다. 두 언어의 일치는 진공청소기의 소리를 오르간 소리와 비교하려는 노력과 같다. 과학과 신학의 두 언어가 완전하게 다르거나 상호배타적이지 않다. 우리가 경험하는 세계는 다양한 차원(물리적, 화학적, 생물학적, 개인적, 사회적, 도덕적, 종교적)이 있으며 각 차원의 고유한 용어로 이해될 수 있을 뿐만 아니라 보다 높은 차원의 새로운 이해 또한 열려져 있다. 과학과 신학은 서로 싸울 필요가 없고 서로 영향을 미치며 서로 의존한다. 과학자들은 점점 과학적 물음에 있어서 개인적인 참여와 창조적인 상상력을 인식한다. 과학자들과 신학자들은 진리를 위하여 함께 대화하는 것이 요청된다. 양자는 서로 개방을 필요로 한다.[53] 세계를 신적, 악귀적, 신비적 존재가 아니라 인간을 위한 하나님의 선물로서 이해할 때, 인간은 세계에 대해 자유로운 태도로 연구하고, 발견하고 발명하게 된다. 창조신앙은 세계를 세계화시킴으로써 세계에 대한 탐구의 자유를 가능케 한다. 모든 자연과학적 인식들은 절대적이 아니고 상대적이다. 아인슈타인은 "종교 없는 과학은 절

---

53 Daniel L. Migliore, 「조직신학입문」, p.155~157.

름발이요, 과학 없는 종교는 장님"이라고 하였다. 창조신앙과 자연과학이 서로 주의 깊게 듣고 대화할 때 각자의 연구는 참된 자유를 누릴 수 있을 것이다.

창조와 생태학적 위기

지금까지의 창조론은 인간의 창조에 관심을 두었다. 그러나 오늘날 전 세계적 현상으로 나타난 생태학적 위기를 맞아 하나님에 의해서 창조된 다른 것들에 관심을 갖게 되었다. 세계는 기름유출, 화학쓰레기, 산성비, 산천의 오염 등으로 생태학적 위기를 맞고 있다. 따라서 그리스도교는 그리스도교의 창조론을 다시 생각하게 되었다.[54] 그 동안 인간만이 하나님의 형상대로 창조되었고, 또한 다른 모든 창조물들을 지배하도록 하나님으로부터 명령받았다는 가르침은 자연환경을 무자비하고 야만스러운 방법으로 대하는 것에 대한 종교적 정당성을 부여해 주었다. 인간에게 '지배하라'는 명령은 좋은 창조(선한 창조)에 대한 존중과 사랑, 보호를 요구한다. 인간은 자연에 대해서 절대적인 권리를 가질 수 없으며 오히려 인간은 자연을 돌보고 보호하도록 위탁받는다. 지구는 창조주 하나님께서 우리가 보호하도록 위탁하신 것이다. 인간만이 아니라 모든 피조물들도 나름대로 창조자이신 하나님께 영광을 돌린다. 하늘이 하나님의 영광을 노래하고, 창공은 그의 솜씨를 알린다.(시 19:1) 인간에게는 세계에 대해서 이기적인 방종과 절대적인 권리보다는 지혜로운 보살핌과 유지가 필요하다. 따라서 인간은 환경남용을 회개해야 한다. 만약 우리가 땅에 대해 주인이라기보다는 청지기로 인식한다면 우리는 자연을 남용할 수 없을 것이다.

창조론은 하나님의 주권을 확신한다. 무로부터의 창조는 하나님만이 존재하는 모든 것의 근원임을 의미한다. 창조는 하나님의 선물이며 하나님의 자유로운 은혜의 행위이다. 창조는 사랑이신 하나님의 특성을 적절하게 표현한다. 하나님을 창조자로 말하는 것은 그의 사랑이 창조의 행위 속에서 자유롭게 일관되게 나타난다는 것을 말하는 것이다. 즉 창조론은 하나님이 자신을 낮추시는 행위(Kenosis, 예수가 인간의 모습을 취함에 따른 신성포기, 예수의 비하를 의미)이

---

54 린 화이트(Lynn White, Jr.)는 현재 우리가 당하는 생태학적 위기는 우리의 엄청난 죄로 인한 것이라고 결론을 내린다.

다.[55] 창조론은 인간의 피조성, 하나님의 창조성을 긍정하는 것이다. 창조론은 신학적인 억압이라기보다는 인간의 자유에 대한 대헌장이다. 우리는 창조자의 마음에 따라 존재하는 피조물이다. 슐라이어마허(F. Schleiermacher)는 하나님께 대한 절대 의존의 보편적 감정을 말하였다. 오토(Rudolf Otto)는 인간의 피조성을 언급하였다. 이것은 단순히 과거의 먼 사건에 대한 감정이 아니라 지금 여기에서 항상 어디서나 하나님의 창조능력을 의존하는 의식이다. 창조론은 유한성, 한계성에도 불구하고 비록 완벽하지는 않지만, 창조는 좋다는 것이다.

만약 하나님이 선하시다면 그의 선물인 피조물도 좋은 것이다. 하나님께서 보시기에 좋았더라(창 1:10, 18, 21, 25, 31). 좋은 창조(선한 창조)라고 말하는 것은 첫째, 하나님이 창조하신 피조물이 원래부터 악하다는 것을 부정하는 것이다. 그리스도교 신앙은 하나님이 창조하신 모든 것은 좋다고 선언한다. 둘째, 하나님께서 모든 것을 귀하게 여기신다는 것을 의미한다. 인간만이 아니라 모든 것(모든 동식물 포함해서)을 귀하게 여기신다. 모두가 하나님의 피조물로서 우리가 존중할 가치가 있다. 인간은 하나님의 창조를 파괴할 권리를 부여받지 못하였다. 피조물 중 인간만을 사랑하신다는 것은 창조론에 대한 인간 중심의 왜곡이다.[56]

바르트(K. Barth)는 좋은 창조에 그늘진 면이 있다고 하였다. 창조가 완벽하다는 것은 아니다. 세상 속에는 존재하지 말아야 하는 많은 것들, 병, 전쟁, 파괴, 억압의 힘들이 있지만 이들은 창조의 의도가 아니다. 하나님은 악한 세력의 원인자가 아니라 그 반대자이다.

모든 피조물의 공존과 상호의존성이 있다. 인간은 동물, 흙, 태양과 물, 그것들이 생산해 내는 삶의 모든 형태들과 더불어 존재한다. 바르트는 인간의 기본적인 형태로서 공존을 말했는데 이것은 인간이 하나님과의 관계에서만이 인간이 된다는 것을 의미한다. 하나님은 창조자와 보호자로서 목적을 가지시며 계속적으로 활동하신다. 하나님은 세상을 혼돈이 아닌 질서의 세계로 만드신다. 정의를 확장하고 공동체를 형성하며 만물을 새롭게 하시는 등 어디서나 계속해서 일하신다. 창조를 일회적인 사건으로 보지 말고 미래를 향하여 열려 있는 사건으로 보아야 한다.

---

55 Daniel L. Migliore, 「조직신학입문」, p.141.
56 Ibid., p.144~145.

인간론

오늘날의 우리는 그 어느 때보다도 인간의 본질에 대한 견해가 다양하게 상존하는 시대에 살고 있다. 신학은 물론 철학, 심리학, 사회학, 생물학 등 여러 학문들이 인간의 본질에 대한 다양한 이해를 제시하고 있다. 신학이 인간론의 출처를 성서에서 찾는 것과 같이 여타 학문들도 저마다 인간의 삶의 경험과 현실 속에서 그 출처를 찾는다.

인간이란 무엇인가? 인간은 어디서 왔다가 어디로 가는가? 인간의 삶의 의미는 무엇인가? 인간은 인간에게 최대의 관심거리와 문제가 된다. 신, 세계, 생명 등을 인간의 최대의 관심거리와 문제로 거론할지라도, 인간이 존재하지 않는다면 이 모든 것은 아무 의미가 없다. 따라서 인간에게 최대의 관심사는 인간이다. 인간이 인간에게 가장 중대한 문제임에도 불구하고 지금까지도 이에 대한 명백한 대답을 얻지 못하고 있다.[1] 왜냐하면 인간의 문제는 매우 복잡하고 난해하기 때문이다. 실로 인간이란 매우 불확실하고 모순되고 애매한 존재이다.[2] "나는 생각한다. 고로 존재한다."(Cogito ergo sum)는 데카르트(R. Descartes)의 말처럼 인간은 항상 자신을 생각한다. 세상에서 가장 귀한 일은 자기 자신을 찾는 것이다.[3] 그러므로 인간이 가장 진지하게 탐구해야 하는 것

---

1 Rollo May, *Man's search for himself*, 백상창 옮김, 「자아를 잃어버린 현대인」(서울: 문예출판사, 1974), 서문.
2 Max Scheler, 신상호 옮김, 「哲學的 人間學」(서울: 정음사, 1977), p.137이하; R. Niebuhr, *The Nature and Destiny of Man* (New York: Charles Scribner's Son's, 1964), p.1.
3 Ernst, Cassirer, *An Essay on man introduction to a philosophy of human culture*, 최명관 옮김, 「인간이란 무엇인가?」(서울: 전망사, 1988), p.7.

은 자신을 아는 것이다.

소크라테스(Socrates, B.C. 470~399)는 "너 자신을 알라"(Know yourself)고 말하여, 내가 누구인가? 하는 인간학의 문제를 제기하였다. 인간학의 문제는 학문적 세계에서 가장 중요한 문제 가운데 하나다. 인간을 완벽하게 정의하기가 쉽지 않다. 인간이란 무엇인가? 하는 문제에 대한 답을 인간 자신 안에서 찾기가 매우 힘들다. 그 이유는 첫째, 인간은 미완성의 존재이기 때문이다. 인간은 죽는 순간까지 발전하여 가는 존재다. 따라서 인간의 문제는 계속 연구되고 토의되어야 한다. 둘째, 인간은 관계성 안에 있는 존재이기 때문이다. 인간은 여러 가지 관계 속에서 살 수밖에 없다. 따라서 유동적이고 가변적이다. 사실 인간은 이웃과 하나님과의 관계를 통하여 나를 발견할 수 있다. 셋째, 인간은 희망하는 존재, 즉 개방된 존재이기 때문이다. 인간은 주어진 것에 만족하지 않고 언제나 새로운 것을 추구한다.

신학은 복음 선포의 대상이자 전도의 대상인 인간과 접촉해야 한다. 그리고 인간의 실존상황에서 제기된 문제에 대답해야 한다. 더 나아가 신학은 인간 존재의 본질과 현상을 신학적으로 해석하고 이를 적용해야 한다. 인간 이해를 시도함에 있어서 다양한 유형들이 제시되었다. 여기서 그 유형들을 모두 탐구할 수 없다. 그 가운데 대표적인 유형들을 살펴보고자 한다.

생물학적 인간

현대 인간학은 인간의 고유성을 하나님으로부터 찾기보다는 자연세계 안에서 인간의 지위, 특히 고등동물의 존재양식을 고찰함으로써 찾고자 한다. 이것은 인간을 우주의 질서라는 테두리 안에서 이해하는 것이다. 근대 인간학에서도 인간과 동물을 비교 연구할 경우 인간의 고유한 성품을 영혼불멸이라는 개념에서 이해하고자 하였다. 그러나 동물적 육체와 결합된 정신적 영혼을 가지고 인간을 설명하는 것은 19세기에 이르러 문제시되었다. 왜냐하면 이들은 육체와 영혼을 나누는 이원론(二元論)을 극복하고 인간 고유성을 육체성에서 이해하고자 하였기 때문이다. 이런 방식의 연구는 헤르더(J. C. Herder), 막스 셸러(Max Scheler), 헬무트 플레스너(Helmuth

Plessner), 아놀드 겔렌(Arnold Gehlen)에게서 찾아볼 수 있다.[4]

1) 막스 셸러

인간의 일차적 위치는 이성보다는 충동(衝動)에 있다. 인간은 '충동적 존재'다. 생물학적 인간학의 대표적 학자라 할 수 있는 막스 셸러(Max Scheler, 1874~1928)는 인간의 충동을 세 가지로 구분한다.[5] 첫째, '계급투쟁'과 '생존투쟁'에 의한 충동이 있다. 이 이념에 연관된 대표자로 마르크스(K. Marx)가 있다. 마르크스는 계급이 사라진 사회에서는 모든 사람이 개인적 이해에 매달리지 않고 서로 협동할 수 있을 것으로 믿었다. 그러나 사회 구조가 바뀐다 할지라도 인간의 탐욕과 이기심은 사라지지 않는다는 것을 경험한다.[6] 왜냐하면 인간의 충동이 사회구조보다 뿌리가 더 깊기 때문이다. 둘째, '생식의 충동'이 있다. 생물계에서 생식본능은 가장 강력한 생의 의지다. 프로이드(Sigmund Freud)에 의하면 인간을 이끌어 가는 근본적인 원동력은 성적 본능(libido)이다. 우리의 문화가 리비도를 억제할 때, 그 억제된 본능은 무의식 속에 들어간다. 무의식 속에 있는 성적 본능은 우리를 지배하고 있는 근본적인 힘이다.[7] 셋째, '권력 충동'이 있다. 이 이념은 마키아벨리(Niccolo Machiavelli),[8] 니체(Friedrich Wilhelm Nietzsche)[9] 등에 의해 대변된다. 인간을 지배하는 가장 강력한 힘은 권력의지다. 권력을 추구하고 초인이 되기를 갈망하는 인간은 강력한 존재의 폭력과 연약한 존재의 희생을 정당화하는 위험에 빠질 수 있다.[10]

신학적 관점에서 보면 본능 혹은 충동도 하나님의 선한 피조물의 일부다. 성서는 본능을 아름답고 즐거운 축복 또는 선물로 본다. 우리가 인간의 본능을 잘 절제하고 선용한다면 행복을 누릴 수 있지만, 그것을 오용하고 남용한다면

---

4 Wolfhart Pannenberg, *Anthropology in Theological Perspective* (Philadelphia: The Westminster Press, 1985), p.27~28. 이후 *ATP*로 표기.
5 M. Schleler, 「哲學的 人間學」, p.155 이하.
6 R. Trigg, *Ideas of Human Nature*, 최용철 옮김, 「인간 본성에 관한 101가지 철학적 성찰」(서울: 자작나무, 1996), p.117 이하.
7 R. Trigg, 「인간 본성에 관한 101가지 철학적 성찰」, p.141 이하. 프로이드는 인간의 무의식적 차원을 발견하고 이를 심도 있게 연구하였다. 그는 인간을 성적 충동의 에너지 다발로 보았다.
8 이탈리아의 정치사상가, 역사가(1469~1527)로 정치는 도덕으로부터 구별된 고유 영역임을 주장하는 마키아벨리즘(Machiavellism)을 제창하여 근대적 정치관을 개척하였다. 저서로 「로마사론」, 「군주론」 등이 있다.
9 독일의 철학자(1844~1900)이며 실존 철학의 선구자로서 그리스도교와 민주주의의 윤리를 약자의 노예 도덕으로 간주하여 강자의 군주 도덕을 찬미하였으며, 그 구현자를 초인(超人)이라고 하였다. 그는 '신은 죽었다'고 선언하고, 피안적(彼岸的)인 것에 대신하여 차안적(此岸的)인 것을 본질로 삼는 가치 전환을 시도하였다. 저서로 「비극의 탄생」, 「짜라투스트라는 이렇게 말했다」 등이 있다.
10 R. Trigg, 「인간 본성에 관한 101가지 철학적 성찰」, p.93 이하.

불행을 겪게 될 것이다. 인간의 본능도 하나님의 계명 아래 있다. 하나님의 계명은 본능을 부인하거나 파괴하지 않지만, 본능을 신성화하거나 절대화하지도 않는다.[11]

셸러는 생명체의 심적 현상을 네 단계로 구분하면서 인간의 문제를 풀고자 하였다. 첫째 단계는 식물의 본질을 이루는 무의식적, 무감각적, 무관념적 '감정충동'(感情衝動)이다. 이 같은 감정충동은 빛에 대한 식물의 반응에서 찾아볼 수 있다. 감정충동은 인간에게도 있다. 둘째 심적 단계는 '본능'(本能)이다. 이것은 무의식적, 무감각적, 무관념적 감정충동에 뒤따르는 두 번째의 심적 단계로서 하등동물의 본질을 이루고 있다. 셋째 단계는 '연상기억'(聯想記憶)이다. 이것은 자신의 동일한 행동을 통하여 자신의 행동을 변화시켜가는 능력으로서 모든 동물의 본질을 이루고 있다. 넷째 단계는 '실천적 지능'이다. 이것은 새로운 상황에 직면하여 갑작스럽게 의미 있는 행동을 하는 능력이라는 점에서 연상기억과 구분된다. 실천적 지능은 갑작스럽게 작용하는 통찰이나 사유의 특징을 나타낸다. 생명체의 심적 단계를 구분한 셸러는 우주 안에서 차지하는 인간의 위치를 살핀다.

셸러는 인간은 동물과 본질적인 차이가 있는데 그것은 '정신' 또는 '인격'이라는 것이다. 인간을 정신적 존재로 파악하는 셸러는 인간의 특별한 경향을 세계개방성에서 찾는다. 셸러에게 정신 혹은 인격의 본질은 '세계개방성'에 있다.[12] 동물은 충동과 환경, 곧 세계에 고착되어 있지만 인간은 세계로부터 벗어나 개방적인 행동을 할 수 있다. 셸러는 인간은 본능이나 주위 세계에 한정되지 않고 오히려 주위 세계에 대하여 자유로운 존재임을 드러내었다. 셸러에 의하면 정신 혹은 인격은 생명의 진화에 근거해 있지 않고, 오로지 만물의 최고 원인인 신에 근거해 있다. 그렇기 때문에 인간은 자기 자신과 이 세계를 초월할 수 있다.[13] 따라서 인간의 정신은 자연적 진화로는 설명될 수 없고 궁극적 존재인 신에 의해 설명될 수 있으며, 인간의 정신의 기원에 대한 대답을 위해서는 하

---

11 참조. K. Barth, *Barth Brevier*, 이신건 · 오성현 · 이길용 · 정용섭 옮김, 「칼 바르트의 신학묵상」(서울: 대한기독교서회, 2009), p.586 이하.
12 동물은 생존과 삶에 있어서 타고난 자신의 행동도식(동물의 환경 및 주변 세계)에 따라 제한을 받지만 인간은 환경과 무관한 것은 아니지만 오히려 그것을 넘어서려는 특징을 가지고 있다. 판넨베르크는 인간의 이러한 특징을 '세계개방성'이란 개념으로 표현하였다. Pannenberg, *What is Man?* (Philadelohia: Fortress Press, 1970), p.3, 34. 이후 *WM*으로 표기; *ATP*, p.34.
13 Max Scheler, 「哲學的 人間學」, p.9~130.

나님 개념이 불가피하다.[14]

셀러의 인간상은 충동적인 존재(식물)로부터 시작하여 본능적인 존재(고등동물)를 거쳐 정신적, 인격적 존재(인간)로 진화하는 인간상을 제시함으로써 궁극적으로는 그리스도교적 인간상에 도달하는 것같이 보인다. 하지만 셀러가 인격 개념을 신적인 본성을 갖는 것으로까지 지나치게 절대화한 점은 비판받을 여지가 있다. 셀러에게 있어 하나님은 세계를 현실화하는 가운데 존재하는 하나님, 미완성의 하나님, 생성되어가는 하나님이다. 그리고 하나님이 생성되는 유일한 장소는 인간의 자기의식이다. 하나님의 생성은 인간에게 의존해 있고 인간은 하나님의 생성에 의존한다는 셀러의 사상은 철저히 세계내적이다.

2) 헬무트 플레스너

헬무트 플레스너(Helmuth Plessner, 1892~1985)는 인간학의 중요한 개념으로 '탈중심성'(脫中心性, exocentricity)을 제시한다. 플레스너는 1928년에 출간된 그의 저서 「유기체의 단계와 인간」(Die Stufen des Organischen und der Mensch)에서 셀러의 '정신' 개념 대신에 '탈중심적' 입장(exocentric position)을 제시한다. 플레스너에 의하면 인간은 자신의 삶의 표현의 중심을 자신 안뿐만 아니라 자신 밖에도 지니고 있다. 인간은 다른 동물과는 달리 '탈중심적' 위상을 갖는 존재다. 고등동물은 식물과는 달리 생명표현의 중심을 그 자신이 갖고 있다. 그러나 인간은 자기중심을 넘어서 자신 밖으로까지 나아간다. 인간은 자기반성(自己反省) 능력을 갖고 있기 때문이다. 정신은 인간 특유의 탈중심적 위상 형성에 의해서 형성되고 존립한다. 정신은 세계 속에 있으면서도 세계와 대립하며, 자신 속에 있으면서도 자신과 대립한다. 인간은 이러한 탈중심적 위상으로 인하여 다른 생물과 다른 법칙 속에서 산다. 인간은 다른 동물과 같이 자연적인 모습대로 살아갈 수 없고 인위적(人爲的) 수단을 통하여 살아갈 수 있는 존재다. 인간은 탈중심적 존재이므로 문화 활동을 한다. 더 나아가 인간은 자체 속에 머물러 있는 필연적인 존재, 곧 절대자의 관념에 도달한다. 결국 인간은 탈중심적 위상으로 인하여 신앙을 필요로 하는 존재, 곧 유토피아를 동경해야만 하는 존재다. 따라서 플레스너에게 인간의 종교는 이러한 관점으로부터 설명

---

14 Max Scheler, *Man's Place in Nature* (New York: The Noonday Press, 1961), p.36~44; *ATP*, p.35~36.

된다. 정신개념에 의해서 추구된 플레스너의 '탈중심성' 개념은 셸러의 '세계개방성'과 유사한 의미를 지니고 있다. 플레스너도 인간을 개방적 존재로 보고 있다는 점에서 근본적으로 셸러의 인간 이해를 따르고 있다. 판넨베르크는 플레스너가 사용하는 탈중심성의 개념은 "자의식의 또 다른 이름이며 정신의 또 다른 표현"이라고 말하면서도 실제로 플레스너가 말하는 인간의 탈중심적 중심의 그 밖이 구체적으로 무엇을 말하는지 알 수 없다고 비판하였다.[15]

3) 아놀드 겔렌

아놀드 겔렌(Arnold Gehlen, 1904~1976)은 셸러의 '정신' 개념을 피하는 대신에 '세계개방성' 개념을 수용한다.[16] 겔렌은 셸러에 반대하여 인간이 짐승과 다른 점은 단지 정신의 유무만이 아니라 물리적 운동양식에서도 간파된다고 보아 셸러의 정신 개념으로 돌아가지 않으면서도 셸러의 세계개방성이라는 개념을 수용한다. 셸러가 인간의 충동이나 본능을 억제하는 것으로 '정신'의 개념을 제시한 반면에 겔렌은 인간 실존의 독특한 특성으로 '불완전성' 개념을 제시하였다. 셸러는 정신에 의한 억제하는 힘을 제시한 반면에 겔렌은 본능과 지각 사이의 간격을 제시하였다.[17] 겔렌은 동물은 지각이 본능을 방출하는 데 직접 기여하지만 인간은 지각이 본능적 관심에 제한되지 않고 사물들에 관심을 돌릴 수 있다는 점에서 셸러가 말하는 정신의 개념을 피할 수 있었다. 인간을 생물학적 틀에서 볼 때 동물과 비교하여 인간은 신체적 독특성을 가지고 있다. 겔렌은 이것을 인간의 불완전한 특성으로 보았다. 인간은 동물과는 달리 여러 면에서 '결함을 지닌 불완전한 존재'로 태어난다. 인간은 다른 고등포유동물들과 비교해서 너무 미숙한 상태로 태어난다. 이것이 겔렌의 유명한 명제인 "모자라는 존재"로서의 인간을 말하는 바탕이 된다. 인간은 태어나자마자 무기력하여 아무 활동을 하지 못하는 데 반하여, 동물들은 태어나자마자 즉시 걷기도 하고, 보기도 하며 활동을 한다. 생물학적으로 인간은 아직 확정되지 않은 미완성의 동물이다. 이런 면에서 볼 때 인간은 결함을 지니고 있다고 볼 수 있다.[18] 그래서 이 '불완전성'을 극복하려는 것이 인간의 과제인데 그것이 언어와

---

15 *ATP*, p.37.
16 Ibid., p.38.
17 Ibid., p.39.
18 오영석, 「조직신학의 이해」(서울: 대한기독교서회, 1992), p.139~140.

문화였다. 언어와 문화는 행동의 결과이다. 행동과 언어와 문화, 그리고 기술을 통해서 인간은 생물학적 결함을 극복한다.[19]

'불완전한 존재'로서 결핍을 충족하기 위해 무제한적 세계개방성 속에서 인간을 파악하는 겔렌에 대해서 플레스너는 인간은 갓난아이의 반사적 행동에서 보듯이 타고난 행동도식을 가지고 있어서 불충분한 개방이라고 비판하였다.[20] 그러나 판넨베르크는 인간이 본질적으로 타고난 행동도식에 갇혀 있지 아니하고 오히려 그러한 행동도식을 변형하거나 초월할 수 있는 능력에 있어서 제한이 없다고 보아 겔렌의 무제한적 세계개방성을 지지한다. 판넨베르크는 셀러나 겔렌에 의하여 언급된 인간의 세계개방성을 어떤 주어진 상태의 특성으로서가 아니라 인간의 '자기실현'의 방향으로 이해한다. 그래서 판넨베르크에 있어서 세계개방성으로 표현되는 인간의 본성은 '역사의 결과'에 의해서 간파된다. 왜냐하면 역사의 과정 속에서 인간만이 인간의 특별한 본성에 도달하게 되기 때문이다.[21]

셀러에게서 인간의 정신, 인격이 신으로부터 기인된다면 겔렌에게서 인간은 엄격한 의미에서 자기로부터 기인된다. 이런 점에서 겔렌은 플레스너와 같은 입장에 서 있다. 겔렌도 인간을 '개방적 존재'로 보는 점에서 셀러와 플레스너와 맥을 같이 한다. 그러나 겔렌은 셀러와는 다르게 인간의 세계개방능력을 위해 신을 끌어들이지 않는다. 왜냐하면 그에게 신이나 종교도 인간의 창조물에 불과하기 때문이다. 셀러가 정신의 존재를 하나님 개념에로 돌린 반면에 불완전한 존재로서 인간의 특성을 파악하였던 겔렌은 종교와 신을 인간의 행동의 산물로서 생각했다.[22]

---

19 판넨베르크는 겔렌이 말하는 언어를 인간 현존 극복의 첫째가는 주도력(主導力)으로 이해한다. 그에 따르면 인간의 경험들과 바라는 것들을 타인에게 전달하려는 욕구가 인간의 언어의 계속적인 형성에 자극을 주게 되며, 문화도 언어 없이는 불가능하다고 보았다. 언어와 문화에 더하여 판넨베르크는 인간의 상상(imagination)을 인간 본질의 한 특성으로 보고 세계개방성과 연관시킨다. 사람들은 창조적으로 언제나 새로운 형식들, 구조들, 형상들을 발굴한다. 이것은 상상의 역할이다. 상상은 이미 있었던 것만을 반복하는 것이 아니고 언제나 창조적으로 새로운 것을 발굴한다. 이 창조적 발굴은 미래를 위한 개방성과 관련된다. 미래를 위한 이 개방성은 세계개방성으로 나타난다. 따라서 판넨베르크는 상상이 인간의 무제한적 개방성과 관계를 가진다고 보았다. WM, p.14~27. 판넨베르크는 "독일 관념론은 세계에 대한 인간의 지배가 논리적 이성의 힘에 근거를 두고 있었으나… 19세기에 와서는 인간의 행동에서의 지도적 역할을 상상에 돌리는 인간학의 출발점들도 발견되었다."고 주장하였다. WM, p.7과 H. Knittermeyer, Schelling und romantische Schule (München: E. Reinhardt, 1929)와 J. G. Herder, Ideen zur Philosophie der Geschichte der Menschheit, II (Berlin: Aufbau-Verlag, 1965)를 참조하라.
20 겔렌에 대한 비판은 인간을 모자라는 존재로 규정한 그의 주장에 쏠려 있다. 이런 비판에도 불구하고 겔렌의 개념은 근대철학적 인간학의 전통이론으로 남아있다. ATP, p.40.
21 ATP, p.42.
22 Ibid., p.39~40.

겔렌에게 있어서 인간은 "행동하는 존재"다. 인간은 행동을 통하여, 즉 언어, 문화, 기술을 통하여 자신의 생물학적 조건의 약점을 장점으로 전환시킨다. 따라서 셀러가 말하는 정신 개념이 겔렌에게는 행동으로 대치된다. 그리하여 겔렌에게 인간은 자신의 세계를 스스로 일구어 내는 존재이다. 인간은 스스로 창조하는 존재이며, 종교와 신도 인간의 창작물로서 인간이 세계를 일구어 내는 데 따르는 부수적 산물로 생각된다. 그러나 종교를 단지 창조적 부산물 또는 인간의 상상물로 보는 것은 종교의 본질을 제대로 보지 못하는 결과를 초래한다. 왜냐하면 종교는 단순히 생물학적 기원을 통해서 완전하게 설명될 수 없기 때문이다.

4) 헤르더

현대 철학자 헤르터(J. G. Herder)도 겔렌처럼 동물과 구별되는 인간의 특성을 "간격과 결핍"(gaps and wants)으로 보았다.[23] 헤르더는 이 결핍을 고도로 발달한 인간 두뇌, 혹은 이성으로 보았다. 겔렌은 인간의 행동(언어와 문화)을 결핍된 인간의 자기 향상의 원천으로서 이해한 반면에 헤르더는 인간의 자기 향상의 원천으로서 이성과 자유를 전제하였다. 판넨베르크에 의하면, 셀러의 정신 개념이 겔렌에게서는 행동개념으로 그리고 헤르더에게는 이성과 자유로 대치된다. 겔렌은 헤르더가 말하는 인간의 자기완성의 필수적 요인과 원천으로서의 이성과 자유를 인간 행동의 부산물로 간주하는 반면에 셀러에게는 겔렌이 주장하는 행동은 정신이란 개념을 대체하지 못한다.

헤르더는 동물에게 있어서 본능인 것이 인간에게 있어서는 하나님의 형상이라고 보았다. 이 하나님의 형상은 한편으로는 인간의 목표이자 목적이고, 다른 한편으로 이미 윤곽의 형태로 현존하고 있어서 인간 삶의 방향을 제시한다.[24] 헤르더에게 하나님의 형상은 아직 완료되지 않은 인간성으로 묘사된다. 헤르더의 하나님 형상의 개념은 본질적인 인간 실현의 목표로서의 개념을 지니고 있다. 인간의 능력은 자기 초월의 요소를 지니고 있다. 이러한 인간의 자기 초월은 현대 철학적 인간학에서 인간의 특별한 성격을 정의하는 데 있어서 세계

23 Ibid., p.43.
24 Ibid., p.44~46.

개방성과 마찬가지로 폭넓은 지지를 얻고 있다.

5) 판넨베르크

판넨베르크는 신학이 보편타당성을 주장하기 위해서는 인간학의 지지를 받아야 한다고 생각한다. 따라서 그는 그 자신의 보편사 신학(普遍史 神學)[25]에 충실하면서 인간에 대한 신학적 이해를 시도해 나간다. 신학이 독선적인 자기기만에 빠지지 않기 위해서는 인간학에 대한 고려를 게을리할 수 없다는 것이 판넨베르크의 기본 입장이다.[26] 판넨베르크는 그의 보편사 신학의 신념에 따라 인간의 본질을 세계개방성(openness to the world)과 자기중심성(self-centrality) 개념을 통하여 규명해 나간다.[27]

판넨베르크는 인간을 인간으로 만들고 그를 짐승으로부터 구별하는 표현형식을 '세계개방성'이라고 하였다. 판넨베르크는 동물과의 비교 속에서 인간이 세계개방적이라고 말해질 수 있는 것이 무엇인지를 탐구한다. 판넨베르크에 의하면 인간은 주변 세계에 한정되지 않고 세계를 넘어서 자신을 개방하는 반면에 짐승은 고정된 일정한 주변 세계에 한정되어 있으며, 그 주변의 특이한 표지에 본능적으로 반응한다. 인간은 사물들에 대해 호기심을 갖고 사물들의 희귀성과 특수성에 대해 이른바 숨 막히는 관심을 경주하는 점에서 특유하게 인간적이며 짐승과 다르다.[28]

셸러에 대하여 판넨베르크가 아쉬워하는 것은 신적 실재와의 교류를 인간의 본질에 속하는 것으로 보면서 '정신'의 개념을 도입하여 그 정신의 기원을 초월적인 것에서 찾았다는 것이다. 플레스너도 세계개방적인 인간의 행동을 묘사하기 위해서 '탈중심성'의 개념을 취하였으나 신적 실재를 정당화시키기 위해서 이 개념을 도입하지 않았다. 그러나 판넨베르크는 이 개념을 확장하여 인간 삶의 탈중심적 구조는 세계의 사물에 제한되지 않고 그것을 넘어서는 '개방성'

---

25 신학의 보편성을 확보하기 위하여 신학이 여타 학문들로부터 배척되거나 고립되는 것을 차단하고, 신학을 보편적이고 우주적인 지평으로 이끌어 내는 것을 신학적 과제로 삼았던 판넨베르크는 역사를 그리스도교 신앙의 가장 포괄적인 지평으로 설정하면서(Pannenberg, *Basic Questions in Theology*, vol. I, trans. George H. Kelm (Philadelphia: The Westminster Press, 1970), p.15. 이후 *BQT*로 표기), 그리스도교의 진리 주장이 받아들여지려면 역사 전체와 관련을 가져야 한다고 주장하였다.(*BQT*, vol. I, p.159) 그래서 미래 속에서 과거와 현재를 연결하는 고리로 보편사(普遍史)를 제안한다.
26 *ATP*, p.15~16.
27 이 두 용어는 판넨베르크가 인간의 본성을 논하기 위하여 사용하고 있는 핵심적 개념이다. 특히 '자기중심성'(self-centrality)은 '자아 관련성' 혹은 '자기폐쇄성'으로 번역될 수도 있다. 왜냐하면 이 개념은 세계개방성과 대립되는 개념으로서 자신을 개방하기보다는 자신을 폐쇄하고 자아 중심적인 의지, 버릇, 습관, 사상 등을 지향하고 있기 때문이다. 본 글에서는 특별한 경우를 제외하고는 '자기중심성'으로 사용하고 있다. *ATP*, p.43~153; *WM*, p.1~13, 54~67.
28 *WM*, p.3~6.

으로 이해하였다.[29]

판넨베르크는 인간을 모든 경험, 주어진 상황을 넘어서 세계까지도 넘어서 자신을 계속 열고 있는 존재로 보았다.[30] 동물은 그 주변의 상황에 제한을 받지만 인간은 주변의 조건들에 제한을 받으면서도 그것을 넘어서서 그 무엇인가에 의존한다. "신뢰하지 않고 살 수 있는 사람은 없다. 신뢰의 행위에서 사람은 스스로 그가 신뢰하는 자에게 자신을 내맡긴다."[31] 인간은 의존하는 대상에 의지할 때에 자신을 포기한다. 판넨베르크에 따르면 인간은 무제한적인 의존(신뢰)을 희구하는 존재다. 인간에게 있어서 최후의 무조건적인 신뢰는 신을 가질 때에 나타난다. 인간의 무제한한 의지는 판넨베르크에 있어서 세계개방성의 핵심으로 파악된다. 판넨베르크는 이러한 의존이 인간으로 하여금 모든 제한적 세계를 넘어서게 한다고 보았다. 판넨베르크는 인간이 제한적 세계를 넘어서 탈중심적으로 계속해서 나아갈 때, 세계에서 인간의 삶의 통일을 가능하게 하는 타자와의 관계를 맺는다고 말한다. 철저하게 세계를 넘어서도록 하는 인간의 탈중심적 구조에서 판넨베르크는 신적 실재를 본다.

판넨베르크는 죽음을 넘어서는 희망에 의해서 표현되는 인간의 세계개방성과 인간의 운명으로 주어진 하나님의 형상을 별개로 보지 않는다. 하나님의 형상이 미래적 목표로서 주어진 인간의 운명을 지시하듯이 죽음을 넘어서는 희망도 세계개방적인 존재로서의 인간의 운명을 지시한다. 판넨베르크는 자신의 죽음을 아는 것이 인간의 일에 속하는 것과 같이 죽음을 넘어서 바라는 것도 인간의 일에 속한다고 본다.[32] 인간의 세계개방적 목표는 세계를 넘어서 신이라는 대상을 생각하게 하는 것과 같이 그것은 죽음을 넘어선 삶도 생각하게 한다. 그러므로 인간은 그의 목표인 세계개방성에서 죽음을 넘어서는 생을 생각하지 않고는 자신을 이해할 수 없다. 판넨베르크에게 죽음을 넘어서 희망하는 것은 인간의 본질에 속한다.[33] 죽음을 넘어서는 희망은 인간들로 하여금 참인간의 목표를 파악하게 해준다.[34]

판넨베르크의 인간학은 인간의 본성 속에는 동물과 구별되는 특성이 있으며,

---

29 이 점에 관하여 *ATP*, p.66~70을 보라.
30 *WM, p.8.*
31 Ibid., p.29.
32 Ibid., p.44.
33 그리스도인은 이런 희망에 이르는 길을 예수의 부활에서 발견한다.
34 *WM*, p.52~53.

세계개방적 특성은 인간의 운명을 잘 드러내 주는 것으로 보면서, 인간의 운명을 하나님의 형상이라는 개념과 연결시켜서 하나님의 형상을 하나님과 연합하려는 인간의 성향이라고 이해하였다. 따라서 판넨베르크 인간학에서는 하나님의 형상은 인간의 세계개방성에 의해서 인간학적인 구조를 가지고 있으며 인간에게 성취되었다가 잃어버린 것이 아니라 인간의 운명으로 주어져 있어서 미래적인 성취를 내다보고 있는 것으로 이해된다.

판넨베르크는 인간의 본성을 세계개방성뿐만 아니라 인간의 자기중심성(self-centrality) 혹은 자기폐쇄성으로 해명하고자 한다. 인간은 세계개방성을 통하여 하나님을 향한 자아 완성의 길을 가끔 중단하게 되는데 이는 인간의 자기중심성에서 비롯되는 것이다. 인간은 세계를 넘어서 신을 향해 부단히 움직인다. 그러나 때로는 인간은 신을 묻는 것을 잊는다. 인간이 신을 망각하는 것은 단순히 인간의 안일에서 오기보다는 오히려 자기중심성에서 온다. 인간은 스스로 신의 진리에서 살 수 없기 때문에 그 삶은 우선 세계개방성과 자아 사이의 충돌에서 머문다. 이때 인간은 쉽게 그의 하나님 신뢰를 자기 신뢰로 대치시키고 자기 자신을 신에 대해 닫아버리는 '자기 고집'에 사로잡히게 된다.

판넨베르크에 의하면 자신을 자신 안에 가두는 자기 고집, 하나님 신뢰를 자기 신뢰로 대치시키는 자기 고집이 인간의 죄가 된다.[35] 자기 고집을 죄로 보는 판넨베르크는 자기 고집 그 자체를 죄라고 보지 않는다. 그리고 세계를 이용하여 자아를 주장하고 관철시키는 것도 죄가 아니다. 그러나 이 자기 고집이 죄가 되는 것은 "자아가 자신을 고집하고 더 높은 생의 통일성에 참여하지 않으면서 인간의 무한한 목표를 방해하는 한, 죄가 되는 것이다."[36] 판넨베르크는 인간의 자기 고집적인 폐쇄성을 죄의 본질로 간주하고, 죄의 근원이 자기 자신에 대한 인간의 사랑에 있다고 보았다.

그리스도교 신학에서 이것은 한편으로는 신에 대해 책임적인 경외와 감사를 거부하는 '불신앙'으로, 다른 한편으로는 '탐욕'으로 나타난다.[37] 판넨베르크에 의하면 하나님과 인간의 구별에 대한 거부는 죄를 형성하게 하였고 또한 죽

---

35 Ibid., p.63.
36 Ibid., p.65.
37 Ibid., p.63.

음을 불러들였다.[38] 인간은 하나님과 같이 되려는 욕망에서 자신을 하나님과 구별하는 데 실패함으로써 스스로 고립을 자초하였다. 인간은 그 자신의 존재와 다른 사람과 하나님과의 내적인 관계를 통해서 그 자신의 정체를 형성해 나간다. 따라서 친구와 이웃 사회와 국가 그리고 하나님으로부터의 소외는 인간의 중심성 혹은 폐쇄성에서 비롯되는 것이다. 판넨베르크는 인간의 '자기 고립' 또는 '자기 소외'를 죄의 본질로 간주하고, 이 '자기 고립'도 '자기 고집'과 마찬가지로 인간의 자기 자신에 대한 사랑에 있다고 보았다. 자기 자신에 대한 지나친 사랑으로 인하여 자기를 세계에 대하여 개방하지 못한다. 이 자기 소외의 죄 또한 인간 스스로 해결할 수 있는 것이 아니다. 자기 소외와 개방의 갈등의 해소는 인간 편에서는 불가능하고 단지 인간이 하나님과의 사랑의 교제를 나누려는 노력을 기울일 때 하나님은 인간의 소외라는 죄의 문제를 해결하신다.

예수는 하나님의 완벽한 형상이며, 그는 처음부터 인간에 대한 신의 창조의 표준이라고 이해된다.[39] 이러한 판넨베르크의 사고는 우리로 하여금 인간은 처음부터 하나님의 형상으로서 완성된 인간이 아니며, 인간은 그의 운명에 도달하기 위한 역사, 하나님과 함께 참되고 완전한 인간성의 실현을 위한 역사를 가지고 있으며, 이 역사의 목표는 이미 예수에게서 나타났다는 사실을 인식하게 한다.[40]

판넨베르크의 인격 개념에 대한 정의는 그의 인간론 이해를 위해서 아주 중요하다.[41] 판넨베르크는 인격을 '나'(I), '경험적인 자아'(ego)와 '자신'(self)의 통합적인 실체로 본다.[42] 그리고 'ego'는 삶의 다양한 사건들을 경험하는 주관성으로, 'self'는 'ego'의 경험을 통합하는 객관적 실체로 간주하고, 통합하는 요소로 본다. 그에게 있어서 정체성(identity)은 오직 이 'self'를 통하여 주어진다. 따라서 'self'는 인격의 예기적인 표증이다. 판넨베르크 교리에 있어서, 인격은 'I'도 아니고 'self'도 아니다. 인격은 'I'의 현재 안에서 우리의 진정한 'self'를 통하여 각인되는 'self'의 현존인 것이다. 이 인격은 'I'의 현현을 넘어가는 신비, 아직 미완성된 전체로서의 신비와 관련된다. 따라서 판넨베르크에 있어서 인격은

38 W. Pannenberg, *Grundfragen Systematischer Theologie* Band 2 (Göttingen: Vandenhoeck und Ruprecht, 1980), p.126. 이후로 GST 2로 표기.
39 W. Pannenberg, *Faith and Reality* (London: Search Press, 1977), p.44. 이후 FR로 표기.
40 FR, p.45.
41 Timothy Bradshaw, *Trinity and Ontology* (Edinburgh: Rutherford House, 1988), p.234. 이후로 TO로 표기.
42 GST 2, p.92.

주관적인 'ego' 혹은 'I'를 위한 본체를 제공하는 객관적인 'self'로서 예기적으로 존재하는 미래적 실체(entity)로 이해된다.[43]

미래적 실체로서의 인격은 양도할 수 없는 자유를 가진 존재로서 인간을 의미한다.[44] 인간의 인격은 자아의 신비 안에 예기적으로 나타난 미래적 실체로서 아직 결정되어진 존재가 아니라 자유로운 미래에 그 근거를 두고 있다. 인간은 그의 존재를 자유의 원천인 열려진 미래로부터 받는다.[45] 미래적 실체로서의 인격에 대한 논의를 통하여 판넨베르크는 인간의 마지막 의미는 미래로부터 주어진다고 주장한다.[46] 인격으로서의 인간의 정체는 항상 미래의 실체이다. 그러므로 인간의 마지막 종말은 그 자신의 개인의 종말로부터 결정된다. 개인의 본질적 미래는 전체로서의 인류의 본질적 미래로부터 분리될 수 없다.[47] 판넨베르크에게 있어서 인간은 종말에 의해서 결정되고, 종말에 의하여 그의 진정한 존재를 발견한다.[48]

판넨베르크 인간학에서 분명히 제시되는 바, 인간의 본질 물음에 대한 대답은 미래의 하나님에 의해서 주어진다. 이 미래의 하나님은 세계의 역사의 종말에서 자신을 결정적으로 계시하신다. 하나님 자신의 결정적 계시는 예수의 사역과 운명에서 완전히 계시되었기 때문에 미래의 하나님은 이미 현존하여 우리의 마지막 운명을 결정하신다. 이때야 비로소 인간의 진정한 본질이 무엇인지 드러나게 된다.[49]

판넨베르크는 보편사 신학의 방법론을 가지고 신학 이외의 타 영역의 인간학적 연구 결과를 수용하여 인간은 하나님을 향하여 무한히 개방시켜 나가는 세계개방적 존재임을 밝혀내었다. 그리하여 신학이 타학문과의 공통적 기반을 상실하지 않으면서 그들의 인간학적 연구가 지니는 한계점을 지적하였고 또한 신학의 고립을 초래하지 않으면서 인간의 본질에 대한 해명을 위한 공통적 기반을 제시한 점은 그의 신학적 공헌이라 볼 수 있다.

---

43 김영선, 「예수와 삼위일체 하나님」,(서울: 기독교문서선교회, 1996), p.226~231을 참조하라.
44 *TO,* p.236.
45 Ibid., p.235~237.
46 Ibid., p.262.
47 *BQT,* Vol. 3, p.202.
48 *TO,* p.392.
49 *BQT,* Vol. 2, p.232.

문화 · 이성적 인간

　　　　　　　　　　인간은 동물과 다른 존재이다. 인간은 문화, 이성, 정신, 인격, 예술, 양심, 윤리, 문명 등 동물에게 전혀 없는 것을 통하여 인간됨을 부여받았다. 인간은 문화를 창조하고 형성하는 존재다. 인간에게 문화 능력이 있다. 니버(R. Niebuher)는 인간을 문화 이상의 존재, 문화를 초월할 수 있는 존재로 본다. 브루너(E. Brunner)는 인간의 본질은 '책임성'에 있다고 하였다. 불트만(R. Bultmann)은 인간의 본질은 '그의 의지'에 있다고 본다. 인간이 인간다워지는 것은 그의 결단 속에 있다. 부버(M. Buber)는 인간의 본질은 '대화' 속에 있다고 본다. 인간은 '나와 너'의 대화를 통해서 인간이 된다.

　인간을 지배하고 있는 가장 강력하고 영향력이 큰 인간학은 인간을 '이성적 존재'로 보는 이성적 인간학이라 할 수 있다. 일찍이 헬라인들은 인간을 이성적 존재로 파악하였다. 헬라인들은 인간의 특성과 고유성을 이성의 합리적 능력 안에서 보고자 하였다. 이성에 대한 신뢰감은 헬라인들의 인간관에 뿌리를 내리고 있다. 이성은 인간 안에 본래적으로 내재한 자연의 빛과 같은 것으로 이해하였다. 자연은 황소에게 뿔을, 말에게는 굽을, 토끼에는 속력을, 사자에게는 이를 주었지만, 인간에게는 사유할 수 있는 이성을 주었다고 한다. 헬라인들은 인간의 본성에 내재한 이성으로 살아가는 개인을 본래적인 인간으로, 참된 개인으로 여겼다.[50]

　플라톤에게 이성은 인간의 영혼의 가장 높은 부분이다. 헬라철학은 인간은 어떠한 자연도 갖지 않는 이성을 소유하고 있는 것으로 사유하였다.[51] 데카르트(1596~1650)를 비롯한 근대철학도 인간을 이성적 존재로 파악하였다. 인간을 이성적 존재로 보는 이러한 신념은 계몽주의에 이르러 최고로 발전되었다. 헬라철학에서 이성은 영원한 이데아를 알려주는 형이상학적 기관이었다. 그러나 계몽주의자들은 이성과 감각을 분리하는 헬라철학과는 달리, 이성을 감각과 합동시키면서 현실세계를 알려주는 기관으로 이해하였다. 그러므로 이성은 형이상학의 세계로 통하는 길이 아니라 현실세계를 대상으로 삼는다.[52] 이러한

---

50 오영석, 「조직신학의 이해」, p.133~134.
51 이규호, 「사람됨의 뜻」(서울: 제일출판사, 1976), p.27 이하.
52 Ibid, p.32ff.

신념은 칸트(I. Kant)와 헤겔(G. W. F. Hegel)의 철학에서 좀 더 체계적으로 발전되었다. 칸트는 그의 3대 비판서(순수이성비판, 실천이성비판, 판단력비판)를 통해 인간의 이성이 관여하는 정도를 밝혀내려고 하였고, 헤겔도 이성 혹은 정신의 지위를 신(神)의 위치까지 높여 놓았다.[53] 프랑스의 사상가 볼테르(Voltaire, 1694~1778)에 의하면 이성은 인간 의식의 절대적 척도일 뿐만 아니라 인간 진보의 원동력이기도 하다.

하지만 인간은 이성만으로 살지 않는다. 수학자, 물리학자, 철학자인 파스칼(Pascal)이 말한 바와 같이 "이성의 위대성은 이성의 한계를 아는 데 있다." 파스칼은 이성에 대한 과대평가와 수학에 치우친 보편과학의 노력을 경계하면서, 이성과 더불어 소망, 감정, 상상력, 정서, 감동, 열정 등도 자신의 고유한 권리를 지녀야 한다고 강조했다. 이성에 대한 절대적 신념이 붕괴된 듯이 보인다. 이성을 최고로 발전시켰던 근대의 인간은 물론 현대인조차도 인류의 역사에서 가장 비이성적으로 행동했다. 이성은 이성에 의해 치유되기 어렵게 되었다. 우리는 이성의 위대성과 비극성을 동시에 경험하게 되었다. 어떻게 이성을 평가해야 하는가? 푸코(Michel Foucault)[54]와 데리다(Jacques Derrida)[55] 같은 학자는 이성 자체를 부인하거나 해체하려고 한다. 위르겐 하버마스(Jürgen Habermas)[56]는 도구적 이성을 비판하고 합리적 이성 또는 의사소통적 이성을 추구하고자 한다. 우리는 이성의 역기능 때문에 그 순기능을 포기할 수 없다. 이성의 약점은 어느 정도 이성에 의해서 조정되고 극복될 수 있다. 그러나 우리는 이성에 한계가 있음을 인정해야 한다. 신학적 관점에서 보면 이성 역시 하나님의 피조물이다. 인간의 이성이 때로는 위대하고 놀라운 일을 행하기도 하지만, 때로는 비참할 정도로 무기력하고 사악하기까지 하다. 우리는 이성의 기능이 어디까지 확장되고 어디서 멈추어야 하는지 알지 못한다. 따라서 인간의 이성도 하나님의 조명을 필요로 한다.

---

53 Ibid., p.23 이하 참조; 이성에 대한 칸트의 이해를 위해서 Richard Kroner, *Von Kant bis Hegel*, 연효숙 옮김, 「칸트: 헤겔」(서울: 서광사, 1994)을 보라.
54 푸코(1926~1984)는 프랑스의 철학자로서 각 시대의 앎의 기저에는 무의식적 문화 체계가 있다는 사상에 도달하였다. 저서에 「광기와 문명」, 「감시와 처벌」, 「지식의 고고학(考古學)」, 「성(性)의 역사」 등이 있다.
55 프랑스 철학자 데리다는 여러 저작에서 철학서를 읽는 방법을 제시하였다. '해체'(解體)라고 부르는 이 방법을 통해 그는 형이상학을 가장 많이 비판하는 철학자들에게까지도 형이상학적 가설과 선험적 가정을 사용하고 있음을 밝히고 있다.
56 하버마스의 경우 이성은 단순히 도구적인 차원을 넘어서 사회적으로 문제를 해결하고 인간들에게 서로 의사소통의 가능성을 줄 수 있다고 생각하여 이성이 가진 긍정적 가능성을 높게 평가하였다. 그는 이러한 의사소통의 가능성을 주제로 하여 정치철학 등 여러 분야에서 자신의 이론을 전개해나갔다.

칼 마르크스적 인간

헤겔(Hegel)에게 인간은 사유하는 존재다. 정신만 인간의 참된 본질이다. 정신의 참된 형태는 사유하는 정신, 즉 논리적, 사변적 정신이다. 칼 마르크스(Karl Marx)[57]는 인간을 자연적 존재, 생산하는 존재, 사회적 존재, 공산주의를 향한 도상의 존재로 본다. 마르크스에 의하면 첫째, 인간은 자연적 요구를 가진다. 신체적이고 감정적인 존재다. 둘째, 인간은 욕구해결을 위해 노동하는 존재다. 인간의 본질을 노동에 두고 이를 통해 물질을 생산한다. 셋째, 인간은 사회적 존재다. 인간은 경제적 생활에 의해서 결정된다(Marx). 인간은 신적 정신에 의해서 결정된다(Hegel). 역사는 경제적 조건의 변화로 일어난다. 넷째, 인간은 공산주의를 향한 도상의 존재다. 빈익빈 부익부의 자본주의 체제를 폭력적 혁명으로 전복하고 노동자가 지배하는 사회주의 사회를 거쳐 공산주의를 이루어야 할 당위성을 가진 존재다. 인간의 참된 자기실현은 공산주의 사회에서만 가능하다. 여기서 인간소외, 경제소외는 사라진다. 인간은 착취의 대상이 아니라 자유로운 존재다.

마르크스의 인간 이해는 관념성과 추상성에서는 벗어났지만 과연 인간은 사회적, 경제적, 물질적 조건에만 의존하는가? 하는 것에 대한 문제점을 남긴다. 사유 재산 없이 풍부한 빵과 자유와 평등을 가진 인간은 과연 본래적인 인간인가? 이런 인간은 인격성, 정신성을 상실한 인간이다. 따라서 이런 인간 이해는 부분적이고 전체로서의 인간을 이해하지 못하는 약점을 지니고 있다.

진화론적 인간

인간을 진화론적으로 이해하고자 하는 사람들이 있다. 이들 가운데 대표적인 학자로 샤르댕(Pierre Teilhard de Sardin)이 있다. 샤르댕은 인간의 출현을 다음과 같이 설명한다. 진화는 점진적 복잡화

---

57 칼 마르크스(Karl Heinrich Marx, 1818~1883)는 공산주의 혁명가, 역사학자, 경제학자, 철학자, 사회학자, 마르크스주의의 창시자이다. 1847년 공산주의자동맹을 창설했다. 1847년 프리드리히 엥겔스와 공동집필해 이듬해 2월에 발표한 「공산당 선언」과 1867년 초판이 출간된 『자본론』의 저자로 널리 알려져 있으며, 러시아의 10월 혁명을 주도한 레닌은 마르크스를 이론적 기반으로 삼았다.

의 법칙을 통해 일어나는데, 복잡화의 과정에 의식 또는 정신현상의 증대가 수반된다. 이와 같이 생명이 고도의 복잡화에 이르렀을 때 생명의 결정적 변화가 나타나는데 여기서 인간이 출현한다. 우주 안에서 돌이킬 수 없는 전혀 새로운 하나의 정신현상으로 나타난 것이 인간이다. 인간은 진화의 최첨단에 서 있으며, 우주 안에서 탁월한 위치를 차지하고 있고 또한 존엄한 지위를 가지고 있다. 샤르댕에게 우주 발생은 생명 발생을 거쳐 정신 발생으로 끝맺는다. 하지만 정신 발생은 그리스도 발생에서 완성된다. 만물은 그리스도 안에서 존재하며, 그리스도에 의해 통일되며, 그리스도 안에서 완성된다. 그리스도는 진화의 최종적 수렴점(收斂點)이요, 진화의 오메가다. 그러므로 그리스도는 인류 진화의 에너지일 뿐만 아니라 그 종점이요 목표이기도 하다. 그리스도는 인류를 하나님에게로 이끌어 간다. 이 같은 샤르댕의 진화론적 인간 이해는 하나님에게까지 미친다.[58]

창조는 신앙고백이다. 따라서 창조는 과학에 의해 입증될 수 없다. 그럼에도 불구하고 오늘날 창조신앙이라는 무기로 진화론을 무조건 매도하는 그리스도교인들이 적지 않다. 전통적 창조론이 진화론을 반대하는 이유는 진화론이 하나님의 창조 행위 혹은 섭리를 반대한다는 것 때문이다. 그러나 모든 진화론자가 무신론자는 아니다. 진화는 무신론의 도구가 아니라 자연의 법칙을 규명하는 학문이다. 창조와 진화에서 하나님의 섭리와 피조물의 의지가 반드시 상반되는 것은 아니다. 태초의 창조의 비해 계속적 창조, 또는 진화적 창조는 하나님의 단독 행위가 아니라 피조물 안에서의, 피조물을 통한 하나님의 동반행위다. 그러므로 계속적인 창조에는 하나님의 자유와 피조물의 자유가 함께 있다. 그 동안 보수적 신학 또는 폐쇄적 복음주의 신학은 진화론을 그리스도교의 적대자로 여겨왔다. 샤르댕은 신앙과 과학을 아무런 모순 없이 통일하고, 우주적 진화와 종교적 구원을 일치시켰다. 따라서 과학의 이름으로 종교를 불신하고 종교를 미신 정도로 취급하고 있는 현대인에게 종교적 메시지를 남기었다. 신학적으로 볼 때, 하나님은 진화를 통해 만물을 구원하지만, 바로 구원을 통해 만물을 진화시키는 하나님이라고 말할 수 있다. 진화와 구원은 쉽게 분리될 수

---

58 이에 대하여 P. T. de Sardin, *Phénomène Humain*, 양명수 옮김, 「인간현상」(서울: 한길사, 1997)을 참조하라. 샤르댕 사상 이해를 위하여, J. Hemleben, *Teilhard de Chardin*, 김경재 옮김, 「떼이야르 드 샤르댕」(서울: 한국신학연구소, 1977)과 N. M. Wildiers, *Teilhard de Chardin*, 이홍근 · 이덕근 옮김, 「테이야르 드 샤르댕의 사상 입문」(칠곡: 분도출판사, 1974)을 보라.

없지만, 이 둘은 확실히 구분되어야 한다. 진화는 구원에 의해 보완되어야 한다. 이렇게 이해하면 진화론은 그리스도교 신학 안에서 자리를 잡게 될 것이다.

과정철학적 인간

　　　　　　　　　　　20세기의 데카르트라 불리는 화이트헤드(A. N. Whitehead)는 20세기의 철학을 대표하는 사람 가운데 하나다. 그가 주창한 과정철학의 핵심은 "과정이 곧 실재"라는 것이다. 화이트에게 현실적인 것은 과정 중에 있고, 과정 중에 있지 않은 것은 충분히 성숙된 현실이 아니다. 그의 과정철학은 헬라 철학자 헤라클리투스(Heraclitus)의 사상에 기원을 두고 있다. 헤라클리투스는 "존재는 형성에 선행하며 모든 변화의 바탕에는 근원적인 실재가 있다"고 가르친 그와 동시대의 사상가 파르메니우스(Parmenides)와는 정반대로 "형성의 개념이 존재, 혹은 실재의 개념보다 앞에 있다"고 보았다. 화이트헤드의 철학은 '유기체의 철학'이라고 불린다. 왜냐하면 실재는 복합체, 곧 유기체이기 때문이다. 유기체의 개념은 모든 실재를 관계성 안에서 이해할 수 있는 틀을 제공한다.[59] 과정철학은 개인주의와 고립주의를 반대하고, 만물의 상호 의존성에 가치를 둔다.

　화이트헤드는 인간을 단일한 본질로 보지 않고 시간의 흐름 속에서 지속되는 현실 사태의 연속성으로 본다. 그는 인간을 복합적이고 시간적 본성을 갖는 지속적 대상으로 본다. 인간은 다른 실재들과 분리되어 있는 존재로 정의될 수 없다. 화이트헤드의 과정철학을 신학적으로 수용한 과정신학은 인간의 책임을 충분히 간직하면서도 하나님의 사랑에 개방하는 삶을 강조한다.[60] 과정신학은 하나님과 이웃에 대해 열린 인간의 형태를 지원하고 공동체적 삶의 양식을 제시한다.[61] 하지만 과정신학은 '무로부터의 창조'를 부인하고, 악에 대한 책임의 일부분을 하나님에게 돌린다. 사실 과정사상은 신학보다는 과학에 가깝다. 그러나 과학을 신뢰하는 현대인들에게 인간에 대한 이해를 새롭게 이해할 수 있

59　이에 대하여 A. N. Whitehead, *Process and Reality*, 오영환 옮김, 「과정과 실재」(서울: 민음사, 2003)를 참조하라.
60　화이트헤드가 말하는 신은 어떤 자기 충족적인 실체가 아니라, 스스로 존재하기 위해서 다른 여러 현실적 존재와 서로 관계한다.
61　J. B. Cobb, D. R. Griffin, *Process Theology: An Introductory exposition*, 류기종 옮김, 「과정신학」(서울: 도서출판 열림, 1993)과 R. B. Mellert, *What is Process Theolgy*, 홍정수 옮김, 「과정신학 입문」(서울: 대한기독교서회, 1989)을 참조하라.

는 가능성을 주고 있다.

동양적 인간

　　　　　　　　　　　그리스도교 신학은 일반적으로 서양적 이해를 기반으로 발전되어 왔다. 지금까지 상술된 인간의 이해, 즉 생물학적 인간학, 문화적 인간학, 이성적 인간학, 충동적 인간학, 칼 마르크스적 인간학, 진화론적 인간학, 과정철학적 인간학 등은 모두 서양적 이해에 근거해 있다고 볼 수 있다. 따라서 우리는 동양적 관점에서 인간이 어떻게 이해되고 있는지 살펴보는 것이 인간 이해의 균형을 위해서 도움이 될 것이다. 고따마 붓다, 공자, 맹자, 노자의 사상은 동양 사상의 가장 중요한 뿌리가 된다고 볼 수 있다. 따라서 붓다, 공자, 맹자, 노자의 사상을 중심으로 인간 이해를 살펴보고자 한다.

1) 붓다

　고따마 붓다(B.C. 623~544)는 인간의 본성을 악도 선도 아닌 중도적인 것으로 본다.[62] 인간은 자기 업의 창조자다. 붓다에 의하면, 인간은 자신의 노력과 지혜에 의해 업의 과정을 변화시킬 수 있다. 따라서 붓다는 인간 생활의 중요한 요소로서 좋은 만남과 훌륭한 배움과 진정한 깨달음과 올바른 행동을 강조하였다. 인간은 죽음으로 종말을 고하는 존재가 아니라 열반에 이를 때까지 계속되는 존재로 본다. 그래서 붓다는 열반에 이르는 길을 가르쳤다. 그 가르침은 바른 견해, 바른 사유, 바른 말, 바른 행위, 바른 생활, 바른 노력, 바른 전념, 마음의 바른 통일이라는 팔정도(八正道)다. 불교는 실재를 비인격적 혹은 초인격적으로 파악한다. 불교는 인간을 번뇌와 고통에 빠진 존재로 본다. 그리고 번뇌의 원인을 무지(無知)와 이로 인해 발생하는 것에서 찾는다. 불교는 인간 존재 자체를 무상하고 윤회(輪廻)에 속박된 것으로 본다. 불교는 인간의 구원을 주체적 각성을 통한 해탈에 초점을 맞춘다. 그리스도교와 불교의 차이점은 실재에 대한 이해에 있다. 그리스도교는 하나님에 의해 창조되고 유지되고 갱신되는 세계를 믿는다. 따라서 인간이 비록 유한하고 죄에 빠진 존재지만,

---

62 붓다의 삶과 가르침을 정리한 책, 성열 스님, 「고따마 붓다─역사와 설화」(서울: 문화문고, 2008)를 참고하라.

궁극적으로는 구원에 참여하게 될 주체로 인정된다. 그러나 불교는 창조주 하나님도, 영속자인 자아도 불멸의 영혼도 없다.[63] 여기서 문제는 실체도 없고 영속성도 없는 허무한 인간이 어떻게 궁극적 진리를 깨닫고 해탈에 이를 수 있는지에 대한 것이다.

2) 공자

공자(孔子, B.C. 551~479)는 군자(君子)를 이상적인 인간으로 제시한다. 군자는 관직에 있는 사람, 즉 세습된 신분적 특권을 바탕으로 정치에 참여할 수 있는 귀족 관리를 가리킨다. 이에 더하여 군자는 정치적인 지위뿐만 아니라 그에 상응하는 정치적인 능력, 곧 덕(德)을 갖춘 사람을 의미한다. 공자는 군자의 요건으로 '덕'을 중요시하였다. 덕이란 원래 윤리적 도덕성을 의미하였다. 군자가 통치하는 사람이라면 통치를 받는 사람은 '소인'이다. 공자는 군자의 역할에 의해 사회가 새롭게 통합될 수 있기를 기대하였다. 따라서 군자라는 인간상은 사회 통합의 실질적인 주체로 설정되었다. 공자는 군자가 갖추어야 할 덕으로 공손(恭遜), 경건(敬虔), 정의(正義), 인(仁), 예(禮), 지혜(知慧), 용기(勇氣), 효(孝), 공경(弟), 충(忠), 신의(信義) 등을 꼽았다. 이 중에서 인(仁)과 예(禮)는 군자가 갖추어야 할 두 가지 큰 축이다. 인(仁)은 '남을 사랑하는 것'이고, 예(禮)는 '자신의 신분에 따라 준수해야 할 각종 예식, 생활규범, 도덕규범'이다. 인(仁)이 예(禮)의 내면적 기초라면, 예(禮)는 인(仁)이 구체적으로 표출될 때 따라야 하는 규범이다.[64] 공자는 사회통합의 실질적 주체로 군자라는 인간상을 강조하였지만, 인간은 본질적으로 같다고 보았다. 그리고 공자는 모든 사람이 행복을 추구해야 한다고 믿었다. 또한 군주라 할지라도 금수(禽獸)같이 행동하는 이가 있고, 소인이라 할지라도 존경받는 행동을 하는 이가 있다고 보았다.

3) 맹자

맹자(孟子, B.C. 372~289)는 인간의 본성이 선하다고 주장한 최초의 사람이었다. 맹자는 모든 인간이 선한 본성을 가지고 있다고 했다. 이 같은 선한 본성은

---

63 그리스도교와 불교와의 대화를 위해서 P. Tillich, *Christianity and the encounter of the world religions*, 정진홍 옮김, 「기독교와 세계종교」(서울: 대한기독교서회, 1969), p.49 이하를 보라.
64 이성규 편, 「동양철학, 그 불멸의 문제들」(서울: 이화여자대학교 출판부, 1996), p.181 이하.

인의예지(仁義禮智)와 같은 인간의 도덕적 능력에서 발현된다. 그러므로 훌륭한 정치는 인간의 선한 본성을 깨닫는 일로부터 시작된다. 맹자에 의하면 악은 존재하지 않으며, 존재하는 것은 단지 선한 본성뿐이다. 사람이 악을 행하는 것은 자신이 선한 본성을 가지고 있다는 것을 깨닫지 못하고, 선한 마음을 발전시킬 생각을 하지 못했기 때문이다. 그러나 선한 행동을 하는 사람은 인의예지를 갖춘 선한 마음을 구하고 이를 확충한다. 인간이 악을 행하는 원인은 타고난 재질에 있지 않다. 맹자에게 인간 본래의 선한 본성을 사유하는 일은 마음의 기능이다. 그래서 사유하는 마음을 감각 기관이나 육체보다 소중히 여겼다. 사유하는 마음을 따르는 자는 대인(大人)이고, 감각 기관이나 육체를 따르는 자는 소인(小人)이다. 대인은 본성을 사유하는 마음을 자각한 사람이다.[65]

공자와 맹자는 인간의 노력과 수양을 통해 이성적 인간을 이룰 수 있다고 믿었고, 이를 기초로 이상적인 사회를 건설할 수 있다고 보았다. 이들은 인간의 도덕적 가능성 혹은 능력을 낙관적으로 보았다. 그리스도교가 인간의 자력적 가능성을 신뢰하지 않고, 하나님의 은총 혹은 성령의 능력에 의한 인간을 본데 반하여 공자와 맹자는 초월적 인격신을 신뢰하지 않고 인간의 도덕적 가능성을 신뢰하였다. 이들은 하늘(天)을 '인격적 존재'로 생각하지 않고 우주 안에 감지되는 '도덕적인 힘' 정도로 생각하였다.[66]

4) 노자

노자(老子, B.C. 5세기)의 핵심 개념은 도(道)이다. 하늘의 법리를 뜻하는 도의 개념은 고대 중국의 하늘(天) 사상에서 찾아볼 수 있다. 도(道)란 근본적으로 불가해한 세계의 궁극적인 원인을 의미한다. 도는 시작도 없고 끝도 없으며 이름조차도 없다. 노자에 의하면 도를 인식할 수 있는 길은 무지를 깨우치는 일이다. 우주의 영원한 실재이며 동시에 온갖 만물이 걸어가야 할 도(道)는 인간 존재의 근원임과 동시에 인간이 다시 돌아가야 할 고향이다. 노자에게 진정한 성인은 도(道)와 하나가 되는 사람이다. 도는 인간 생활의 기준이 된다. 인간이 도를 따르기 위해서는 물질에 대한 과도한 욕구를 없애야 한다. 물질에 대한 욕

---

65 이성규 편, 「동양철학, 그 불멸의 문제들」, p.217 이하.
66 H. G. Creel, *Chinese thought*, 이동준·이동인 옮김, 「중국사상의 이해: 孔子로부터 毛澤東에 이르기까지」(서울: 경문사, 1997), p.45 이하.

구는 명예욕을 통해서도 드러난다. 성인은 욕망하지 않음을 욕망한다. 노자에게 도(道)의 개념은 그리스도교의 하나님처럼 궁극적 실재를 지시하지만, 내용적으로는 다르다. 도의 개념은 인격적이라기보다는 자연적이다. 그리스도교의 하나님은 만물의 창조자이지만, 노자의 도는 우주만물의 궁극적 원리이다. 이렇게 볼 때 노자의 사상은 공자와 맹자와는 다르게 형이상학적 경향이 강하다. 그러나 노자는 단순한 세계도피나 고행의 윤리를 추구하지 않았다. 그가 실제로 추구하고자 한 것은 중국 사상의 기본특징에 해당하는 중용(中庸)이다.[67]

그리스도교 인간

신은 영원불변하고 무한하며 고통이 없는 분이다. 그러나 인간은 신에 비교하여, 하루살이 같고, 유한하고, 고통을 겪고, 불확실하며 반드시 죽는다. 여기서 그리스도교 인간학의 문제가 제기된다. 첫째, 존재 문제가 제기된다. 이것은 신을 바르게 이해함으로써 해결된다. 왜냐하면 틸리히(Tillich)의 말처럼 신은 모든 존재의 근원이기 때문이다. 인간은 신의 피조물이다. 판넨베르크(Pannenbeg)도 하나님에 관하여 말할 때 인간에 관하여 말할 수밖에 없다고 하였다. 전적 타자인 신은 나의 실존을 규정하는 현실이다. 둘째, 실존 문제가 제기된다. 이는 인간이 예수 그리스도의 지상생활을 바르게 이해함으로써 해결된다. 예수 그리스도는 실존적 삶을 사셨다. 비극으로 끝나는 것이 아니라 부활로써 해결된다. 셋째, 삶의 문제가 제기된다. 인간의 삶의 문제는 삶의 주동자이신 성령에 의해서 해결된다. 인간은 단순히 물리적인 존재가 아니라 신의 호흡과 영이 주입된 삶을 가졌다. 사람의 삶의 근원은 신에게 있다. 신이 우리의 삶을 주관한다. 넷째, 공동체 문제가 제기된다. 인간은 혼자서 살 수 없다. 남녀의 공동체는 하나님의 창조질서다. 그리고 가정을 비롯한 사회 국가, 국제사회가 필요하다. 이상적 공동체는 교회다. 교회는 하나님의 부르심을 받은 자들의 모임으로서 사랑의 공동체이며 성령의 공동체이다. 다섯째, 사회에 관한 문제가 제기된다. 공동체에 살다보니 도덕과

---

67 H. J. Störig, *Kleine Weltgeschichte der Philosophie*, 임석진 옮김, 「세계철학사」 상권, (서울: 분도출판사, 1976), p.118 이하.

윤리가 있다. 그리스도교 윤리는 사랑이다. 여섯째, 시간과 영원의 문제가 제기된다. 인간의 이성으로 해결하지 못한다. 이것은 예수 그리스도 안에서 해결될 수 있다.

우리는 그리스도교 인간 이해의 전제로서 현대의 대표적 인간 이해의 유형을 간단히 살펴보았다. 이제 그리스도교 인간 이해의 핵심을 살펴보고자 한다. 그리스도교 인간학의 출발은 인간의 자기 인식에서 출발하지 않고 예수 그리스도 안에서 성육하신 하나님의 말씀으로부터 밝혀지는 인간에 대한 이해로부터 출발한다. 인간의 실존이나 자기 이해의 분석이 아니며 동물과 비교해서 나타나는 것도 아니다. 하나님이 우리 인간의 창조주요 주님이라는 성서의 말씀으로부터 밝혀진다. 따라서 예수 그리스도 안에 계시된 삼위일체 되신 하나님에 대한 인식이 전제되어 있지 않은 인간에 대한 인식은 엄밀한 의미에서 그리스도교적 인간 이해가 아니다. 왜냐하면 하나님에 대한 인식이 인간에 대한 인식의 전제가 되기 때문이다.

그리스도교 인간학의 핵심적 진리는 이것이다. 인간은 하나님의 형상대로 창조되었다는 것이다. 폰 라드(Von Rad)는 이 진리를 이렇게 표현하였다. "인간은 땅 위에 있는 하나님의 간접계시다." 인간의 본래적 형상은 특수한 형상으로 '의와 거룩함'이었다. 이것은 인간의 타락으로 상실되었다. 타락 후에도 갖고 있는 인간의 형상은 비본래적 형상으로 타락한 인간의 보편적 형상이 되었다.

예수 그리스도는 보이지 않는 하나님의 형상이다. 예수 그리스도는 하나님이 인간에게 원하셨던 형상, 즉 하나님의 형상을 지니고 있다.(고후 4:4, 골 1:15) 인간 이해에 대한 그리스도교의 이해는 예수 그리스도를 통해서만 가능하다. 참인간 이해는 그리스도를 이해하는 것이다. 바르트(Barth)는 그리스도 중심적 인간학을 발전시킨 대표적 사람이라 할 수 있다.[68]

1) 하나님의 형상으로서의 인간

그리스도교 인간학에서 무엇보다도 먼저 숙고하고자 하는 것은 인간은 하나님의 형상으로 창조된 인간이라는 것이다. 하나님의 형상으로서의 인간은 그리스도교적 인간학의 뼈대를 이루고 있다.[69] 성서는 인간을 하나님의 형상대로

---

68 K. Barth, *Church Dogmatics*, III/2를 보라.
69 오영석, 「조직신학의 이해」, p.145.

창조되었다고 한다. 인간이 하나님의 형상대로 창조되었다는 직접적인 기록은 창세기에 나타난다.(창 1:26~27, 9:6) 여기서 중요한 것은 하나님의 형상이란 구체적으로 무엇을 의미하는 것인지 살펴보는 것이다.

첫째, 하나님의 형상을 '이성', 또는 인간의 '영혼'이나 '정신' 등으로 이해하려는 견해가 있다.[70] 초대 교부 터툴리아누스(Tertullianus)는 인간 속에 있는 '의지의 자유'를 하나님의 형상과 모양으로 이해하였고, 이레네우스(Iraeneus)는 인간의 합리적이고 자유스러운 성품, 곧 인간의 합리성, 이성을 하나님의 형상으로 보았으며, 오리게네스(Origenes)는 하나님의 형상을 하나님처럼 불가시적이고, 비신체적이고, 파괴될 수 없고, 죽을 수 없는 인간의 영혼(정신)으로 보았다. 아우구스티누스(Augustinus) 역시 하나님의 형상을 인간의 정신 혹은 영혼 속에서 찾고자 하였다. 토마스 아퀴나스(T. Aquinas)도 하나님의 형상을 인간의 지성 혹은 이성에서 찾고자 하였다. 칼뱅(Calvin) 역시 하나님의 형상을 일차적으로 인간의 영혼 속에서 찾고자 하였다. 그러나 지나친 의인화에 대해서는 우려를 나타내었다.[71] 여기서 우리가 주지해야 하는 것은 인간의 탁월한 이성의 능력과 깊고 오묘한 정신의 세계 등은 신적인 본질과 동일시 될 수 없다는 것이다. 왜냐하면 인간이 하나님의 형상으로 창조되었다는 것은 인간 안에 신적인 요소나 신과 유사한 본질이 내재한다는 것을 의미하지는 않기 때문이다.[72]

둘째, 하나님의 형상을 인간의 '외모와 외형' 등으로 이해하는 견해가 있다.[73] 궁켈(H. Gunkel)은 "아담은 130세에 자기의 모양, 곧 자기의 형상과 같은 아들을 낳아 이름을 셋이라 하였고"(창 5:3)라는 말씀을 근거로 하나님의 형상을 하나님과 같은 인간의 외모와 외형으로 보았다. 다른 현대의 주석가들도 창세기 5:3에 나오는 '첼렘'이라는 단어를 '조각, 주조형상, 동상'으로 해석하고자 하였다. 폰 라드(G. Rad)도 하나님의 형상이라는 표상을 신체적 외관에서 비롯된 것으로 이해하였고, 침멀리(W. Zimmerli)나 슈탐(J. J. Stamm)도 하나님의 형상을 형태나 외모가 닮았다는 관점에서 이해하고자 하였다.[74]

---

70 Daniel L. Migliore, 「조직신학입문」, p.191~192.
71 J. Calvin, *Institutes of the Christian Religion*, 1.15.3; 이신건, 「인간의 본질과 운명」(서울: 신앙과지성사, 2010), p.119~121.
72 오영석, 「조직신학의 이해」, p.145.
73 Daniel L. Migliore, 「조직신학입문」, p.190.
74 C. W. Westermann, *Genesis 1~11, 2. Auflage* (Neukirchen–Vluyn: Neukirchner Verlag, 1976), p.205 이하. A. Peters, *Der Mensch* (Gütersloh: Gütersloher Verlagshaus, 1994), p.197.

셋째, 하나님의 형상을 '관계성'에서 이해하고자 하려는 견해가 있다. 이 견해에 의하면 하나님의 형상은 하나님, 이웃, 세계와의 관계 회복에서 찾아지고, 그리스도의 뒤를 따르는 사람들의 삶 속에서 나타난다. 바르트와 브루너는 하나님의 형상을 철저히 그리스도 중심적으로 이해했다. 바르트와 브루너는 하나님의 형상을 영혼의 능력이나 인간의 외모의 형태에서 보려는 견해를 배격하고 인간과 하나님의 관계 속에서 이해하고자 하였다.[75] 바르트는 창세기 1:17에 근거하여 하나님의 형상을 '나와 너'의 관계 속에서 서로 대면한다는 것에서 찾는다. 왜냐하면 이러한 대면 관계는 하나님과 인간 사이에도, 그리고 하나님 안의 삼위일체 관계 안에서도 존재하기 때문이다. 인간이 하나님과 또는 동료 인간들과 이 같은 관계를 맺을 수 있는 능력을 지니고 태어났다는 사실이 바로 인간이 하나님의 형상대로 창조되었다는 것을 의미한다. 이 같은 관계론적 하나님 형상은 인간에게 덧붙어 있거나 인간 안에 있는 그 어떤 것이 아니기 때문에 인간이 임의로 처분할 수 있는 소유물이 될 수 없다.[76] 인간은 그 자신을 위한 존재가 아니라 너를 지향하는 존재다. 인간은 너와 함께 하는 나이다.[77]

브루너 역시 하나님 형상을 관계 개념을 통해 이해하였다. 그는 하나님의 형상을 '실질적 형상'과 '형식적 형상'으로 구분하고 '실질적 형상'은 하나님을 경외하며 하나님을 사랑하는 반응을 뜻하고, '형식적 형상'은 하나님의 사랑에 대해 반응할 수 있는 인간의 능력, 동료 인간에 대한 책임성을 뜻한다고 보았다. 브루너에 의하면 전자는 죄로 인해 상실되었다. 이 같은 관점은 이미 리델(W. Riedel)에 의해서 시도되었다. 리델에 의하면 하나님의 형상은 하나님이 인간과 교제할 수 있고 인간이 하나님과 교제할 수 있다는 사실에 있다.[78]

넷째, 하나님의 형상을 자연 또는 세계에 대한 '통치'의 관점에서 이해하려는 견해가 있다. 오버홀처(J. P. Oberholzer)는 하나님의 형상은 인간의 자연 지배 능력에서 드러난다고 말했다.[79] 하나님의 형상을 자연에 대한 인간의 통치 혹은 관리 능력에서 찾으려는 견해는 간접적으로 다음과 같은 시편의 고백에서 찾아볼 수 있다. "그를(인간을) … 주의 손으로 만드신 것을 다스리게 하시

---

75 A. Peters, *Der Mensch*, p.199.
76 K. Barth, *Kirchliche Dogmatik*, Ⅲ/2 (Zollikon–Zürich: Evangelischer Verlag, 1945~1951), p.222 이하.
77 Ibid., p.382.
78 A. Peters, *Der Mensch*, p.199.
79 C. W. Westermann, *Genesis* 1~11, 2. *Auflage*, p.213.

고 만물을 그의 발 아래 두셨으니."(시 8:5~6) 그리고 다음과 같은 창세기의 말씀도 이를 지원해 준다. "땅을 정복하라… 모든 생물을 다스리라… 온 지면의 씨 맺는 모든 채소와 씨 가진 열매 맺는 모든 나무를 너희에게 주노니…"(창 1: 28~29) 인간은 만물의 통치자를 이 땅에서 대리하는 존재다.[80] 세계를 창조하고 통치하시는 하나님은 하나님의 형상대로 창조된 인간에게 세계를 다스릴 수 있는 전권을 부여해 주었다. 그러나 하나님의 형상은 모든 인간 외에 피조물을 다스리기 위해 주어진 통치권이지, 인간을 다스리기 위해 주어진 통치권이 아니다.[81] 인간의 자연 지배는 하나님을 섬기는 종의 지배이며, 자연의 보존이기도 하다. 그러므로 자연 지배는 자연 착취로 오해되어서는 안 된다.[82] 인간의 자연 지배는 하나님을 위한 하인의 지배이다.[83] 인간은 타피조물보다 탁월한 존재로 창조되었을지라도 자연의 주인이 아니라 자연의 일부이며, 자연과 함께 하나님의 영광에 참여할 동료 피조물이다. 하나님의 형상으로 창조되었다는 것은 인간이 타피조물과 구분되며, 세계에 대하여 하나님을 대리하는 자, 타피조물을 다스릴 자, 세계에 대한 하나님의 전권을 위임받은 자라는 것을 의미한다. 이것은 다음과 같은 이해를 내포하고 있다. 인간은 다른 피조물에 대하여 힘과 지배를 행사하는 데 있어서 하나님을 닮았다.

다섯째, 하나님의 형상은 인간에게 영원히 주어져 있는 어떤 불변의 것, 고정된 것, 동전 위에 영원히 찍힌 '이미지' 같은 것이 아니다.[84] 또한 인간에게 영원히 주어져 있는 어떤 자질, 언어 능력, 이성적 기능, 주체적 책임성이 아니다. 오히려 하나님의 형상은 인간이 지향해야 할 '종말론적 희망'이다. "하나님의 형상대로 창조되었다는 것은 어떠한 상태나 조건이 아니라, 목적을 향한 운동, 즉 인간은 아직 실현되지 않은 삶의 완성을 향하여 끊임없이 존재한다는 것이다."[85] 따라서 인간에게 주어져 있다기보다는 언제나 인간 앞에 서 있다. 하나님의 형상은 인간의 소유물이 아니라 인간이 수행해야 할 과제다.

하나님 형상에 대한 이해는 상술한 바와 같이 간단하게 정리되기에는 매우

---

80 J. Moltmann, *Gott in der Schöpfung*, 김균진 옮김, 「창조 안에 계신 하느님」(서울: 한국신학연구소, 1987), p.266 이하.
81 H. W. Wolff, *Anthropologie des Alten Testaments*, 문희석 옮김, 「구약성서의 인간학」(서울: 분도출판사, 1976), p.278 이하.
82 A. A. Hoekema, *Created in God's image*, 류호준 옮김, 「개혁주의 인간론」(서울: 기독교문서선교회, 1991), p.139 이하.
83 J. Moltmann, 「창조 안에 계신 하느님」, p.266.
84 Daniel L. Migliore, 「조직신학입문」, p.192.
85 Ibid., p.201.

복잡한 개념이다. 왜냐하면 하나님의 형상을 본질적 요소로 보느냐 아니면 기능적 요소로 보느냐, 관계의 기능으로 보느냐 통치의 기능으로 보느냐에 따라서 그 해석과 이해가 달라질 수 있기 때문이다. 예컨대, 신약성서는 하나님의 형상이 그리스도라고 말하고 있다.(고후 4:4, 골 1:15, 히 1:3) 이것은 인간이 하나님의 형상인 그리스도를 닮거나 본받아야 할 존재임을 말하는 것이기도 하다.(롬 8:9) 그래서 이레네우스(Iraeneus)와 클레멘트(Clement) 같은 초대 교부는 인간을 하나님의 형상으로 본 것이 아니라 그리스도의 장성한 분량까지 성장해 나가는 과정의 출발점으로 보았다. 이렇게 보면 하나님의 형상은 하나님의 선물일 뿐만 아니라 동시에 인간의 과제이기도 하다. 이런 의미에서 하나님의 형상은 은사이면서 임무이기도 하다. 다시 말하면 하나님의 형상은 명령임과 동시에 약속이다. 하나님의 형상은 인간에게 주어진 고정불변의 실체가 아니라 미래의 약속이고, 종말론적 희망이다.[86] 하나님의 형상은 인간에게 속한 영광의 표현이 아니라 인간이 장차 하나님의 영광에 참여하도록 부름을 받았다는 사실을 가리킨다. 따라서 하나님의 형상은 인간의 소유가 아니라, 궁극적으로 성취되어야 할 약속이다.[87] 하나님의 형상은 인간이 소유하고 있거나 행하는 어떤 것을 가리키는 것이 아니고 인간의 존재를 가리킨다. 그는 인간이기 때문에 하나님의 형상이다. 하나님의 형상은 인간의 구조 안에 있는 어떤 것으로서 인간의 목적 성취를 가능하게 하는 요소를 가리킨다. 이것이 인간으로 하여금 하나님, 인간, 세계와의 관계를 가능하게 한다.[88]

하나님의 형상 개념은 인간의 전인성(全人性)을 약화시키거나 부인하지 않는다. 우리가 하나님의 형상 개념을 이해할 때 인간의 신체적인 것과 영적인 것을 분리하지 말아야 한다. 왜냐하면 하나님의 형상은 부분적 속성에 있지 않고 온 인간의 구조를 나타내기 때문이다.[89] 하나님의 형상은 인간 존재 안에 있는 것도 아니고, 인간의 존재를 벗어나는 것도 아니다.[90]

하나님의 형상 개념은 인간이 근본적으로 하나님과의 관계 안에서 살도록 창조되었다는 것을 의미한다. 인간이 하나님의 형상으로 창조되었다는 것은 '나

---

86 J. Moltmann, 「창조 안에 계신 하느님」, p.267.
87 G. Ebeling, Dogmatik des Christlichen Glaubens, Ⅰ (Tübingen: J.C.B. Mohr, 1982), p.414.
88 M. J. Erickson, Christian theology, 신경수 옮김, 「복음주의 조직신학」, 중권 (서울: 크리스챤 다이제스트, 1999), p.64~83.
89 L. Scheffczyk, Einführung in die Schöpfungslehre (Darmstadt: Wisseenschaftliche Buchgesellschaft, 1987), p.107.
90 C. W. Westermann, Genesis 1~11, 2. Auflage, p.218.

와 너', '나와 우리'의 관계적인 존재로 창조되었다는 것을 뜻한다.[91] 이것은 인간이 공동체적 존재임을 직시하게 해준다. 공존의 인간성은 하나님의 형상으로 창조된 인간의 본성이다. 인간은 정신과 육체로써 타자와 관계를 맺는 존재다. 인간은 관계 속에 태어나고, 관계 안에서 형성되어 가는 존재다. 인간은 본질적으로 사회적, 공동체적 존재다. 인간은 고정된 하나의 불변적 실체가 아니라 타자와 부단히 관계를 맺음으로써 자신을 형성해 가는 존재다. 인간이 하나님의 형상에 따라 창조되었다는 것은 인간이 하나님에게 응답하는 존재라는 것을 의미한다. 이것은 또한 인간이 하나님을 사랑하고 예배하고 그와 교제하는 존재라는 것을 의미한다.[92]

참된 인간은 다른 인간들과 함께 산다. 참된 인간은 이웃에 대해서 개방적인 태도를 갖는다. 인간은 상호의 관련성, 상호의 도움, 상호의 깊은 연대성을 필요로 한다. 인간은 자신의 자유, 기쁨, 행복, 복지를 타인의 그것들과 함께 연결시켜 생각하고 추구할 때, 자신의 참된 인간성을 실현하게 된다. 그러므로 자신의 삶의 의미를 발견하고, 참된 인간성을 실현하기 위해서 모든 사회적인 관계들을 단절하고 토굴이나 산속에서 홀로 은자의 생활을 하는 것은 처음부터 배제되어야 한다.

하나님의 형상은 인간의 죄로 인해 파괴되었다.[93] 타락 후에 하나님의 형상은 그 기능을 발휘 못한다. 인간은 그리스도를 통해서 하나님의 형상을 회복할 수 있다. 인간이 그리스도 안에서 계시된 형상을 입는다는 것은 존재의 유비가 아니라 관계의 유비다. 그리스도 안에서 하나님의 형상을 입은 인간은 신적인 존재로 변형되거나 질적으로 변질되는 것이 아니라 하나님에게 상응하는 인간, 하나님 자신과의 상응 가운데 있는 존재다. 이런 의미에서 인간은 하나님의 형상이다.

2) 하나님의 피조물로서의 인간

인간은 하나님에 의해서 창조된 유한한 존재, 즉 하나님의 피조물이다. 인간

---

91 오영석, 「조직신학의 이해」, p.145, 147.
92 관계적 존재로서의 인간이해를 위하여 김영선, 「관계신학」(서울: 대한기독교서회, 2012), p.242~328을 참조하라.
93 엄밀한 의미에서 하나님의 형상은 인간에게서 은폐되고 잠식된 것이다. 그것은 파괴될 수 없고 상실될 수 없다. 살인자와 범죄자, 타락한 자의 일그러진 얼굴에도 왜곡되고 어두워진 인간의 하나님의 형상은 드러난다. 오영석, 「조직신학의 이해」, p.149.

이 하나님의 피조물이라는 것은 인간은 다른 피조물과 같이 연약하고 사멸적인 존재로 창조되었고, 땅에 의존되어 있고, 땅으로 돌아가야 할 존재라는 것을 의미한다. 그러나 인간은 피조물 가운데 최고의 피조물로서 다른 피조물과는 다르게 존엄한 존재로 나타난다. 하나님의 피조물로서의 인간은 하나님께서 자유로이 말씀하시며 하나님께 자유로이 응답하는 존재다. 하나님으로부터 온 존재요, 하나님과의 사귐 가운데서 살아가야 할 존재다. 우리는 이 존재의 모습을 예수 그리스도에게서 발견한다.

인간 창조에 대한 성서의 표현은 '인간은 흙으로 만들어졌으며, 종국에는 흙으로 돌아갈 존재'(참조. 창 2:7, 3:19)라는 것이다. 하나님은 '흙으로 창조된 인간'의 코에 생기를 불어 넣음으로써 인간이 살아 있는 존재가 되게 하셨다.(창 2:7) 하나님이 인간의 코에 '루아흐'를 불어넣었다는 것은 단순히 생명력, 호흡, 또는 생기를 불어넣었다는 것을 의미한다. 하나님의 루아흐가 인간의 몸(흙)에게 주어졌다는 것은 창조자가 불어넣은 생기가 흙으로 창조된 인간을 살아 있는 생명체, 곧 산 사람으로 만들었다는 것을 의미한다. 따라서 우리는 이 같은 사실을 왜곡하여 하나님이 인간에게 어떤 신적인 것을 부여했다거나 또는 인간을 불멸하도록 창조했다고 인식하지 말아야 한다. 하나님에 의해서 인간이 살아 있는 생명체, 곧 산 사람으로 창조되었다는 것은 인간의 생명은 인간의 소유가 아니라 하나님의 소유와 선물이라는 것을 의미한다.[94]

하나님의 피조물로서의 인간은 책임적 존재다. 하나님 앞에서 언제나 자기를 책임져야 할 존재라는 것이다. 또한 하나님의 피조물로서의 인간은 사회적 존재다. 피조물로서 이웃과의 관계 속에서 이웃을 위하여 살아야 할 책임적인 존재이며 사회적인 존재라는 것이다. 따라서 하나님의 피조물로서의 인간은 이웃과의 관계를 맺고 사는 공동체의 존재가 되어야 한다. 인간은 그의 정체성을 타피조물과의 공존 속에서 찾는다. 참인간이 되는 것과 공동체 안에 사는 것은 분리할 수 없다. 우리는 이 진리를 아프리카 속담에서 찾을 수 있다. "나는 네가 인간이기 때문에 인간이다."[95] 인간은 본질적으로 관계적이고, 사회적 존재이다. 이 본질적인 사회성과 양성 공존성(Co-humanity)은 남녀로서 우리가 함

---

94 C. W. Westermann, *Genesis* 1~11, 2. *Auflage*, p.277 이하.
95 Allan Boesak, *Black and Reformed* (Maryknoll, N.Y.: Orbis Books, 1984), p.51.

께 존재한다는 사실에 의해 증거된다. 그래서 바르트(Barth)는 "인간 존재는 상호적 존재다"라고 하였다. 우리가 우리의 상호적 존재의 중요성을 무시한다면 우리는 삶의 모든 영역에서 고독한 인간(Homo solitarius)이라는 비인간적인 공상에 의해 유혹을 받게 될 것이다. 인간은 남성 혹은 여성이며 그들은 성을 인식하도록 부르심 받았다. 인간은 남성과 여성이며 상호 동등 속에서 인간 전체성을 발견하도록 부름을 받았다. 남성과 여성으로서의 인간은 질서 속에서 상호 공존한다.[96]

하나님의 피조물로서의 인간은 목적을 향한 존재다. 하나님의 형상대로 창조되었다는 것은 어떠한 상태나 조건이 아니라 목적을 향한 운동이다. 인간은 아직 실현되지 않은 삶의 완성을 향하여 끊임없이 존재한다. 그래서 인간의 삶은 역동적이다. 하나님의 피조물로서의 인간은 역사적 존재로서 하나님의 미래를 향한 도상의 존재다. 하나님의 새로운 미래가 인간에게 열려 있다. 인간은 이 미래를 기다리는 존재다. 판넨베르크(Pannenberg)가 말하는 인간은 죽음에 이르는 존재(Heideggar)가 아니라 죽음을 넘어서는 새로운 미래를 기다리는 존재다. 따라서 하나님의 피조물로서의 인간은 개방된 인간으로 존재한다. 판넨베르크에게 있어서, 인간이 된다는 것은 우리가 명확하게 상상할 수 없고 완전히 실현할 수 없는 미래에 대하여 개방하는 것이다. 세계에 대하여 개방하고, 미래에 대하여 개방한다. 성서에 있어서 미래를 기다림은 인간의 본질에 속한다. 인간이란 무엇인가는 과거로부터가 아닌 미래로부터 답변된다. 판넨베르크에게 인간은 그 본질에 있어서 역사적이다. 역사로서의 인간이다. 인간은 그 본질에 있어서 하나님에게 의존되어 있으며 하나님과의 관계 속에 있다. 인간은 세계를 향하여 언제나 개방되어 있다. 인간의 세계개방성은 하나님과의 관계성을 전제한다. 역사로서의 인간은 이 세계 밖에 있으며 예수 그리스도 안에서 이 세계 속에 오시는 하나님과 관계해서 이해될 수 있다. 이런 의미에서 하나님의 피조물로서의 인간은 하나님의 새로운 세계를 추구하는 존재다. 하나님 나라에 대한 희망을 갖는 존재다. 하나님의 피조물로서 인간은 이 세계로부터 살지 않고 그가 기다리는 하나님의 미래로부터 살아간다.

96 Barth, *Church Dogmatics*, III/4, p.133ff.

3) 타락한 죄인으로서의 인간

피조물은 하나님이 보시기에 좋았다.(창 1:31) 그리스도교는 인간을 근본적으로 선한 존재로 본다. 왜냐하면 선한 하나님이 그의 형상을 따라 인간을 창조하였기 때문이다. 인간은 타락으로 하나님의 형상을 상실하였다. 이에 대하여 의견이 다양하다. 종교개혁자들은 인간의 하나님의 형상은 타락으로 왜곡되고 변질되었지만 여전히 남아있다고 보았다.[97] 칼뱅도 하나님의 형상이 죄로 인해 부분적으로 약화되고 부패되었지만 전적으로 파괴되거나 상실된 것으로 보지 않았다.[98] 웨슬리는 하나님의 형상을 도덕적 형상과 자연적 형상, 정치적 형상으로 구분하고, 인간의 타락으로 도덕적 형상은 본질적으로 파괴되었지만 자연적 형상과 정치적 형상은 완전히 파괴된 것이 아니라고 하였다.[99] 웨슬리는 인간은 타락으로 하나님의 형상을 상실하고 악마의 형상과 짐승의 형상을 지니게 되었다고 주장하였다. 그러나 우리가 웨슬리의 주장을 곡해하여 인간이 짐승의 형상과 악마의 형상으로 변질되었다고 볼 수 없다. 전체적으로 볼 때 인간의 타락으로 하나님의 형상은 완전히 상실된 것이 아니라 그 기능이 변질되었거나 부패되었다고 할 수 있다.

하나님을 떠난 인간의 의지, 이성, 감정의식은 근본적으로 악으로 기울어지는 성향으로 나타난다. 따라서 그는 선을 원하지만, 부패한 그의 본성 때문에 선을 행할 수 없게 된다. 그리스도교의 신앙에 의하면 이러한 인간은 타락된 인간, 하나님으로부터 소외된 인간이다. 타락된 인간, 소외된 인간의 생활태도는 억압, 착취, 위선, 사기, 폭력 등 구조악의 형태로 표현되고 그들은 근본악의 노예처럼 생활한다.

그리스도교의 인간론에서 '인간은 죄인이다'라는 명제를 선언한다. 하나님의 형상으로 지음받은 인간은 죄를 지음으로 타락하게 된다. 여기서 우리는 다음과 같은 물음을 묻지 않을 수 없다. 죄란 무엇인가? 인간이 어떻게 죄인이 되었을까? 죄인이 될 가능성이 애초부터 있었는가? 그 가능성을 현실화한 계기와 실체는 무엇인가? 죄의 실체를 악이라 한다면 악의 기원은 어디에 있는가?

97 A. Peters, *Der Mensch*, p.194.
98 J. Calvin, *Institutio christianae religionis*, 김종흡 · 신복윤 · 이종성 · 한철하 옮김, 「기독교강요」, 상 (서울: 생명의말씀사, 1988), p.294. 칼뱅 사후에 칼뱅주의자들은 인간의 전적 타락으로 하나님의 형상은 완전히 상실되었으며, 오직 하나님의 예정에 의한 무조건적 은혜를 통해 구원받을 수 있다고 주장하였다.
99 J. Wesley, *Wesley's Standard Sermons of Jon Wesley*, ed. E. H. Sugden, vol. 2 (London: Epworth Press, 1954), p.228~231; 참조. 김영선, 「존 웨슬리와 감리교 신학」(서울: 대한기독교서회, 2002), p.134~138.

(1) 죄란 무엇인가?

먼저 그리스도교가 말하는 죄란 무엇인가에 대해서 살펴보자. 결론적으로 말하면 그리스도교가 말하는 죄의 본질은 불신앙, 불순종, 교만, 정욕이다. 첫째, 그리스도교는 '불신앙'을 죄의 본질로 이해한다.[100] 불신앙이란 인간의 의지와 하나님의 의지가 분리되는 것이다.[101] 불신앙은 인간 존재의 중심에서 하나님과 분리된 것이다. 하나님을 믿지 않는 것, 하나님으로부터 소외되는 것, 사람이 자신을 하나님으로 높이는 것, 인간의 자기 고양(인간의 자만) 등이 여기에 해당된다. 틸리히(Tillich)는 불신앙, 교만, 욕정과 같은 전통적 의미의 죄 개념을 '소외'라는 개념으로 해석한다. 불신앙은 하나님께 등을 돌리는 행위다. 교만은 사람이 자신의 유한성을 인정치 않는 것이다. 욕정은 온 세계를 자기 안으로 끌어들이려는 욕망이다. 틸리히에게 죄는 소외로서 하나님으로부터의 소외, 더 나아가 인간과 자연으로부터의 소외까지 포함된다.[102]

둘째, 그리스도교는 '불순종'을 죄의 본질로 이해한다. 인간의 시조 아담은 선악과를 먹지 말라는 하나님의 계명을 어기고 하나님에게 불순종한다.(창 3:1~21) 페솨(päscha)는 반항, 헤트(Het)는 계율을 어기는 것, 아우온(Awon)은 악한 일, 악의(惡意)를 의미한다. 신약에서 불순종은 하나님의 의와 율법에 대한 불순종, 하나님에 대한 불순종, 하나님을 미워하는 사람을 의미한다. 헤겔(Hegel)은 악을 신의 부정으로 생각하였다. 트뢸츠(E. Troeltsch)에게 죄는 은혜에 대한 반항에서 나온다. 죄는 신에 반역하려는 지향성이 있다. 죄의 근원은 원죄(유전적인 죄)에 있지 않고 개인에게 있다. 브루너(E. Brunner)는 악을 신의(神意)에 대립되는 것, 인간의 자유를 오용한 것으로 본다.[103] 터툴리아누스(Tertullianus, 160~225)에 의하면 악은 인간의 자유 오용으로 조성된다. 악에 대한 인간의 책임성이 요구된다.

셋째, 그리스도교는 '교만'을 죄로 간주한다. 선악과를 따먹으라는 뱀의 유혹에 넘어가는 것은 하나님의 영광을 찬탈하고 그 스스로 하나님이 되려고 하는 인간의 교만성에서 비롯된 것이다. 인간의 교만은 불순종, 불신앙의 구체적 형태다.[104]

---

100 루터(Luther)도 죄를 불신앙으로 보았다.
101 P. Tillich, *Systematic Theology*, vol.1 (London: SCM Press, 1978), p.46.
102 P. Tillich, *Systematic Theology*, vol. II, p.29ff.
103 E. Brunner, *Dogmatics*, vol. I (Philadelphia: Westminster Press, 1950), p.180.
104 K. Barth, *Kirchliche Dogmatik*, IV/1 (Zollikon-Zürich: Evangelischer Verlag, 1945~1951), p.468. 니버(R. Niebuhr)는 교만을 권력의 교만, 지적 교만, 도덕적 교만, 정신적 또는 종교적 교만으로 분류하였다. R. Niebuhr, *The Nature & Destiny of Man*, vol. 1 (New York: Charles Scribner's Sons, 1964), p.186.

넷째, 그리스도교는 '정욕'을 죄로 간주한다. 정욕은 불신앙과 불순종 그리고 교만 외에 죄의 또 다른 표지로서 온 세계를 자신 안으로 끌어들이려는 무한한 욕구다.[105] 아퀴나스(Aquinas)는 원죄의 형상은 '원의'(原義)의 결여이며, 원죄의 질료는 욕정이라 하였다. 욕정은 죄의 성질을 지니고 있다. 욕정은 감각적, 신체적 영역을 초월하여 인격의 핵심까지 뻗친다.

바울은 죄를 인간의 책임 있는 행동으로 본다.(롬 7:15~20) 죄를 저지른 주체는 사람이 아니고 사람 안에 있는 죄다. 그래서 바울은 자신의 뜻(의지)과는 달리 악한 일을 하게 된다고 탄식한다. 죄는 우리로 하여금 법을 어기는 행위를 연상하게 한다. 자연법이든 율법이든 모든 법을 어기는 행위는 모두 죄다. 우리에게 악법도 있다. 법을 어겼다는 사실 그 자체는 죄가 아니다. 죄란 근본적으로 하나님의 은혜와 하나님과의 관계의 필요성을 부정하고 반대하는 것이다. 죄란 하나님에 대한 우리의 관계의 분열이다.(시 51:4) 하나님의 은혜의 거부요, 자신을 절대화하는 것이요, 교만하여 타인을 필요로 하지 않는 자아우상에 빠지는 것이다. 자기 한계를 인정하지 않는 것이다. 하나님에 의해서 약속된 인간의 운명을 부정하는 것이다.

바르트는 교만, 태만, 허위성을 인간의 세 가지 형태의 죄로 규정하였다. 바르트에게 죄는 그리스도 안에 나타난 하나님의 계시에 의해서만 인식된다. 그리스도 안에서 죄된 인간을 인식하게 된다. 그리스도를 알기 전이나 그리스도 밖에서는 인식될 수 없다. 첫 번째 죄의 형태는 '교만', 사랑의 불순종이다. 두 번째 죄의 형태는 '태만'이다. 하나님의 구원의 길을 따르지 않고 제멋대로 하는 것이다. 세 번째 죄의 형태는 '허위', 자기파괴다. 현실 세계 안에 악의 존재를 인정한다. 하나님은 그 악을 극복해서 신의 섭리에 수용한다.[106]

(2) 죄는 어디로부터 기원되었는가?

불신앙, 불순종, 교만, 정욕, 태만, 소외, 허위 등으로 이해되는 이러한 죄는 어디로부터 기원되었는가? 죄의 기원 문제는 인류학의 가장 난해한 문제 중의 하나다. 창세기 2~3장은 에덴동산에서의 인간의 타락에 대한 이야기를 말해주

---

105 P. Tillich, *Systematic Theology*, vol.1, p.51.
106 K. Barth, *Kirchliche Dogmatik*, Ⅳ/1, p.439ff.

고 있다. 이것은 죄의 기원에 대한 역사적인 설명이라기보다는 선한 창조와 죄의 보편성에 대한 상상력이 풍부한 묘사라 할 수 있다. 죄의 기원과 관련하여 천사장 루시퍼(Ruciper) 이야기가 거론되기도 한다. 루시퍼의 이야기를 통해 우리는 죄는 인간의 행위 속에 교묘히 배어있다는 것을 알게 된다.

하나님이 지으신 창조물 중 뱀은 간교하다.(창 3:1) 뱀은 악의 대명사가 되었다. 악 자체는 어디서 오는 것일까? 악은 하나님의 우주 창조 역사에 포함되어 있지 않았다. 악의 존재에 대한 책임을 하나님께 돌리려고 하나 이런 생각은 잘못된 것이다. 사탄 또는 마귀라고 불리는 악은 타락한 천사에서 시작되었다는 견해가 있다. 엡 2:2은 공중의 권세 잡은 자, 불순종의 아들 가운데서 역사하는 영에 대해서 언급하였다. 벧후 2:4에서 하나님은 범죄한 천사들을 용서치 아니하였다고, 유다서 6절은 자기 지위를 지키지 아니하고 자기 처소를 떠난 천사들을 큰날의 심판까지 영원한 결박으로 흑암에 가두셨다는 것을 언급하였다. 이를 근거로 악은 타락한 천사에서 기원했다는 설이 나오게 되었다. 악의 존재에 대한 직접적인 책임이 하나님에게 있게 된다. 하나님은 천사의 타락을 막을 만한 능력이 있는 분이다. 이 문제에 대해서 천사를 포함한 모든 피조물은 상대적 존재다. 모든 피조물은 불완전, 유한, 상대적이다. 불완전한 것을 악이라고 볼 수밖에 없다. 하나님은 완전하시고 무한하시며 영원하시다. 악은 모든 피조물에 내포되어 있고, 피조물 자체에서 나온다. 이런 의미에서 모든 피조물은 죄적인 존재다. 따라서 모든 피조물은 하나님의 용서와 축복을 받지 않고는 그 자체로 구원을 얻거나 완전해질 수가 없다. 이렇게 볼 때 죄와 악에 대한 책임을 하나님이 질 수 없다.

죄는 선이라고 일반적으로 칭송되는 것에 포함된다. 죄는 선을 행하는 위장 속에서 가장 유혹적으로 악마적으로 활동할 수 있다. 따라서 죄는 우리가 책임져야 할 자기선택의 행위다. 아우구스티누스에 따르면 악이란 존재는 따로 있는 것이 아니라 선이란 실체적 존재에 결함이 생긴 것이다.[107] 선의 결핍은 교

---

107 Augustinus, *De Civitate Dei*, X, p.17. 아우구스티누스는 354년 북아프리카 히포(Hippo)의 작은 마을 타가스트(Tagaste)에서 이교도의 아들로 태어났다. 방탕한 생활을 하던 중에 물질세계를 악으로 정죄하는 마니교(Manichaeism)에 귀의하였으나 이에 만족하지 못하고 그의 지적 배회는 계속되었다. 이후 악은 단순히 선의 결여에 불과하다는 신플라톤주의의 해석에 마음이 끌려 밀란으로 가서 그 당시 유명한 설교가 암브로스 감독을 만나 "최고의 축복은 하나님을 아는 것이다."라는 말씀에 깨우침을 받게 되었다. 이후 담장 너머에서 부르는 어린아이들의 노래 속에 "펴서 읽으라"는 구절을 주의 음성으로 여기고 즉시 성서를 펴서 읽은 말씀(로마서 13:12 이하)을 통해 하나님을 만나는 체험을 한다. 이는 마치 바울의 다메섹 도상의 체험과도 같은 것이었다.

만, 자기 사랑, 욕정 등으로 나타나게 된다.

(3) 죄의 결과는 무엇인가?

인간이 죄를 범함으로 이 세상에 도덕적, 물리적 악이 존재하게 되었다. 타락으로 인한 죄의 결과는 다음과 같은 모습으로 나타났다. 첫째, '하나님 소외'로 나타났다. 타락으로 인간은 하나님과의 교제가 단절되었다. 인간은 타락으로 하나님을 두려워하게 되었고 그로부터 도피하게 되었다.(창 3:8~10) 둘째, '인간 소외'로 나타났다. 아담과 하와 간의 죄책에 대한 전가는 인간을 소외로 몰아넣었다.(창 3:12~13) 이 같은 인간 소외는 형제 살해(가인 살해)를 유발하였고, 이후 이웃과 인류를 살해하는 데까지 이르게 되었다. 셋째, '자연 소외'로 나타났다. 인간과 땅 사이의 유대관계에 단절이 일어났다. 인간이 노동한 만큼 땅은 결실을 주지 않는다.(창 3:18~19) 모든 인간의 하나님 소외와 인간 소외 그리고 자연 소외는 원죄로 인한 것이다. 그렇다면 원죄란 무엇인가 물어볼 필요가 있다.

(4) 원죄란 무엇인가?

원죄는 아담의 개인적인 범죄 행위일 뿐만 아니라 모든 인류의 보편적 행위임을 설명하려는 신학적 개념이다.(참조 롬 5:12) 아우구스티누스[108]를 비롯한 루터,[109] 칼뱅[110] 등의 종교개혁자들은 유전적 죄론을 주장하였다. 루터는 시편 51:5의 말씀("내가 죄악 중에서 출생하였음이여, 어머니가 죄 중에서 나를 잉태하였나이다.")에 근거하여 죄의 유전을 말하였다. 루터는 유전죄를 교리적으로 설명하지는 않았지만 그에게 있어서 분명한 점은 우리가 아담의 혈통으로 인해 죄인되었다는 사실이다. 칼뱅도 사람은 부패한 본성에서 자녀를 낳기 때문에 죄의 자녀를 낳는다고 보았다. 감리교회의 설립자 존 웨슬리도 아담의 모든 후손은 죄의 본성을 가지고 태어난다고 보아 유전적 죄론의 입장을 취한다.[111] 유전적 죄론은 우리가 범하지도 않은 죄에 대한 죄책을 우리에게 전가하는 약점이 있

---

108 Augustinus, *City of God*, in *Nicene and Post-Nicene Father* (Grand Rapids: Eerdmans, 1983), p.252.
109 P. Althaus, 「*Theologie M. Luthers*」 (Gütersloh: Gütersloher Verlahaus Mohn, 1962), p.144.
110 J. Calvin, 「기독교강요」 상, p.371.
111 John Wesley, *The Works of John Wesley*, ed. Thomas Jackson, vol. 11 (Grand Rapids/Michigan: Baker Books, 1998), p.332~336, 426~428; 웨슬리의 원죄에 대한 자료로 John Wesley, *The doctrine of original sin according to Scripture, reason, and experience* (Salem, Ohio: Schmul Pub. Co., 1999)를 보라.

다. 에밀 브루너에 의하면 종교개혁자들은 이런 약점을 극복하지 못했다.[112] 그렇다면 어떻게 이 약점을 극복할 수 있을까? 다음과 같은 원죄 이해는 이러한 약점을 극복하는 데 도움이 될 수도 있다. 원죄는 모든 인간이 무조건으로 행위적인 죄를 범한 인간이라는 것이 아니라, 인간은 악에로의 경향 또는 인간의 성품과 영혼의 부패성을 지니고 태어난다는 것을 의미한다. 그러나 이 같은 이해가 유전적 죄로부터 자유로워지는 것은 아니다. 오히려 개인의 죄는 죄의 보편성과 함께 생각되어야 한다. 죄를 지은 인류가 개인으로 분열되더라도 그는 개인임과 동시에 아담이기도 하다. 인류는 모든 공동체를 포괄하는 집단 공동체다. 모든 인간이 분리된 많은 개인으로 나누어지면서도 총체적으로 죄를 지은 인류로서 하나라는 사실은 아담의 본성을 지닌 인간의 독특한 구조다. 이 같은 인간의 구조는 죄의 유전을 수용하게 된다. 이런 의미에서 인간은 죄인인 것이다. 아우구스티누스는 아담으로부터 이어받았다는 원죄설을 인정하였다. 이러한 죄론은 중세신학에 영향을 미쳤다. 죄는 아담에게서 유래한다. 원죄는 근원적인 죄다. 원죄의 열매로서 현실죄가 생긴다. 원죄와 현실죄는 밀접하게 결합되어 있다. 원죄와 현실죄는 두 실재가 아니고 한 실재의 두 얼굴이다. 게르하르트(J. Gerhard)는 원죄를 인간 본성의 가장 깊은 부패로 본다. 원죄 또는 죄는 사람에게서 선을 빼앗고 사람을 악하게 만든다. 원죄는 행동죄의 원천이다.

계몽주의 신학은 전통적 원죄설을 비판한다. 왜냐하면 원죄론은 인간 자기 자신의 행위에 대해서 책임을 갖는다는 윤리적 원칙을 소홀히 한다고 보기 때문이다. 계몽주의 신학은 죄를 인격적인 것으로 이해한다. 칸트는 인간 안에 있는 철저한 악, 즉 근본악을 인정한다. 인간 안에 악이 있다는 것이다. 슐라이어마허에게 죄는 사람의 현실 존재의 피안에 그 근거를 가지고 있다.

원죄는 사람이 죄의 주체이며 객체임을 보여준다. 사람이 스스로 죄를 짓지만 이미 죄 가운데 존재한다는 것을 의미한다. 신 없는 사람에게 신에 대한 죄는 존재하지 않는다. 다만 인간에 대한 죄가 있을 뿐이다. 인간의 도덕적 판단의 기준은 경건성이 아니고 인간성(人間性)이다. 스체스니(G. Szczesny)는 악은 신의 율법을 범하기 때문에 악이 되는 것이 아니고 인간의 의무를 저버리고 인

---

112 E. Brunner, *Der Mensch im Widerspruch*(Zürich: Theologischer Verlag, 1970), p.146 이하. 존 테일러(John Taylor of Norwich)는 원죄는 인간의 책임성을 회피하게 하는데 인간의 책임성을 주장하기 위하여 원죄의 교리는 사라져야 할 교리로 보았다. John Taylor, *The Scripture Doctrine of Original Sin Proposed to Free and Candid Examination*, 4th ed. (London: J. Wilson, 1767)을 보라.

간성(人間性)에 대해서 자기를 폐쇄하기 때문에 악이 된다고 하였다.[113] 프라크
(A. Plack)는 악을, 억압된 인간의 충동적 삶이 '안전'을 희구하게 된다는 전제에
서 출발한다. 악의 뿌리는 억눌린 도덕에 따른 성적 충동의 억압이다. 충동을
억누르는 데서 공격이 생긴다. 공격이 악을 자아낸다. 죄의 뿌리는 공격성에서
자란다. 따라서 프라크는 무조건적인 성적 자유를 요구한다.[114]

(5) 비인간화의 실체로서 악의 개념

계몽주의 이후 악은 불신앙이 아니고 인간의 본성에 역행하는 것으로 보았
다. 곧 인간의 자기 소외가 악이라는 것이다. 가치의 변화는 악의 상대화를 낳
는다. 그렇다면 오늘날의 악을 규명할 수 있는 공통분모는 무엇인가? 악의 실
재를 부정하려고 하나 경험적으로 악의 현존을 부인할 수 없다.

오늘날 탈그리스도교 윤리는 무엇이 선이고 악이냐에 대해서 공통적인 대답
을 제시하지 못한다. 오늘의 인간 문제는 사람의 자기 소외에 있다. 사람이 하
나님으로부터 소외되었기에 마침내 인간의 자기 소외를 가져왔다. 오늘날 공
통적인 것은 결국 인간화(人間化)의 실현에 있다. 악은 사람을 비인간화(非人間
化)하는 실체이며, 선은 사람을 인간화하는 실체라고 규정한다. 오늘날의 비인
간화는 거의 체제에서 비롯된다. 경제악, 사회악, 구조악, 체제악이다. 이런 것
들이 현대의 악의 대표라 할 수 있다. 죄가 하나님에 대한 불신앙이라는 것은
인간화를 위해 활동하는 하나님에 대한 불신앙이기 때문에 죄는 비인간화의
실체가 된다.

진정한 죄는 인간화를 지향하는 법을 어기는 것이다. 진정한 죄는 비인간화
하는 온갖 실체를 가리킨다. 불효, 간음, 도적, 살인 같은 윤리 도덕적인 죄를
전제한다. 그러나 그리스도교가 묻는 죄는 단순히 도덕적인 것보다 더욱 인간
의 구원에 근원적이고 전체적이다. 그리스도교가 죄를 묻는 근본적인 의도는
인간의 구원에 있다는 것을 알아야 한다. 인간화를 가로막는 일체의 것이 죄
다. 여기서 죄와 인간의 구원은 연결된다. 인간은 하나님 앞에 선 존재다. 사
람의 죄도 하나님 앞에서 문제된다. 하나님과의 관계에서 죄의 본질이 규정

---

113 Gerhard Szczesny, *Die Zukunft des Unglaubens* (München: P. List, 1958), p.227f.
114 Arno Plack, *Die Gesellschaft und das Böse* (München: P. List, 1971), p.249ff.

된다.

요약하면, 원죄와 현실죄는 두 실재가 아닌 한 실재의 양면이다. 인간은 죄의 주체인 동시에 죄의 객체이다. 사람이 죄에 잡혀있는 이상, 죄에서 해방될 능력과 수단이 없다. 사람은 은혜에 의해서 죄로부터 해방된다. 죄인식은 특수 계시인 예수 그리스도에 의해서 인식된다. 죄는 하나님에 대한 반항이지 단지 율법에 대한 위반이나, 선에 대한 중지가 아니다. 죄는 불신앙으로서 초도덕적이다. 하나님을 믿지 않는 것이 죄다. 이때의 하나님은 사람을 죄와 악에서 구원하는 해방자다. 따라서 하나님을 믿는다는 것은 하나님의 인간 해방의 역사에 참여하는 것을 말한다. 하나님의 인간 해방의 역사는 인간화의 실현의 과정이며, 악을 극복하는 것이다. 악은 비인간화의 실체이다. 여기서 우리는 악의 정체를 확실히 한다. 그리스도교는 이점에서 인간을 구원할 수 있는 기회를 가진다.

4) 그리스도 안에서의 새로운 인간

전통적 그리스도론은 예수 그리스도는 참인간이며 참신임을 고백한다. 예수 그리스도는 하나님의 형상을 상실하지 않은 참다운 인간이다. 예수 그리스도는 '하나님을 위한 존재'이며, '인간을 위한 존재'이며, '만물을 위한 존재'이다. 예수는 하나님 아버지께 전적으로 순종하고 그분만을 신뢰하였으며 하나님 나라와 하나님의 공의를 추구하였다. 그는 하나님을 향해 전적으로 열린 존재, 하나님을 위한 존재로서 하나님의 형상의 현존이었다. 그리스도의 특이성은 이웃을 위한 그의 헌신과 봉사에 있다. 그는 남을 위한 존재다. 그리스도는 다른 사람들을 위한 사람이다. 그의 본질은 자기헌신이고, 자기포기이다. 그러므로 동료와 이웃을 위하지 않는 인간은 참인간이 아니다. 더 나아가 예수 그리스도는 만물의 유지자요 화해자다. 참인간은 하나님과 인간은 물론 만물과도 화해한다. 이런 의미에서 참된 인간은 자연과 화해해야 한다.

타락으로 변질된 인간의 하나님의 형상은 회복되어야 하고, 왜곡된 하나님의 형상은 치유되어야 하고, 부패된 하나님의 형상은 갱신되어야 한다. 이것을 어떻게 이룰 수 있을까? 이에 대한 대답은 오직 예수 그리스도를 통해서만 가능하다. 이것은 인간의 깨달음이나 수양을 통해서 이룰 수 있는 것이 아니다. 오직 하나님의 본체의 형상이신 예수 그리스도[115]를 닮아감으로써만 인간은 비로소 참다운 인간, 인간다운 인간으로 회복되고, 치유되고, 갱신될 수 있다. 하나님은 땅 위에 있는 그의 형상인 예수 그리스도를 통하여 화해하고 구원하신다.[116] 하나님의 형상의 회복은 그리스도와의 사귐 속에서 일어난다. 예수 그리스도에게 완전히 순종하는 자는 그의 형상을 지니게 될 것이다. 타락한 인간은 성육하신 분과 사귐을 나눔으로써 본래적 인간성을 다시 선사받게 된다. 새롭게 창조되는 것이다. 새로운 인간이 되는 것이다. 그리스도를 따르는 자는 그의 형상을 입으며, 그의 모습을 닮는다. 그래서 우리는 바울과 같은 고백을 할 수 있게 된다. "이제는 내가 사는 것이 아니요 오직 내 안에 그리스도께서 사시는 것이라. 이제 내가 육체 가운데 사는 것은 나를 사랑하사 나를 위하여 자기 자신을 버리신 하나님의 아들을 믿는 믿음 안에서 사는 것이라."(갈 2:20) "이는 내가 사는 것은 그리스도니 죽는 것도 유익함이라."(빌 1:21) 그리스도를 닮아가는 사람은 하나님을 닮아가는 사람이다. 그리스도인은 그리스도의 형상을 닮음으로써, 그리스도를 따름으로써 땅 위에 있는 하나님의 형상이 된다. 하나님의 형상이 다시 회복되어 참다운 인간이 되는 것은 주의 영, 성령의 능력 안에서 일어난다.(고후 3:18)

예수 그리스도는 하나님의 약속된 통치에 근본적으로 개방하여 살았던 새로운 인간의 위대한 개척자이다.(히 12:2) 그리스도교인의 자유는 예수 그리스도의 새로운 인간성에 나타난 하나님의 은혜에 기초한다. 그리스도교인이 된다는 것은 믿음, 사랑, 소망에 의해서 예수 그리스도 안에 나타난 새로운 인간에 참여하는 것이다. 믿음, 사랑, 소망은 새로운 인간의 자유 표현이다.

믿음이란 무엇인가? 믿음은 성령에 의하여 예수 그리스도 안에서 우리에게 확장된 하나님의 자비하심을 믿고 확신하는 것이다. 칼뱅은 믿음을 우리를 향하신 하나님의 자비하심에 대한 견고하고 확실한 지식으로 간주한다. 믿음은 그리스도 안에서 값없이 주어진 약속의 진리에 근거하고 있으며 또한 성령을 통하여 우리의 이성에 계시되었고 또한 우리의 마음에 확증되었다고 설명한다. 믿음은 우리 자신을 하나님께 맡기는 자유로운 행위다. 마음과 뜻과 힘을

---

115 참조. 고후 4:4, 골 1:15, 히 1:3.
116 J. Moltmann, 「창조 안에 계신 하나님」, p.267.

다하여 하나님을 사랑하라(신 6:5, 막 12:30)는 제1의 계명에 기쁘게 응답하는 것이다.

사랑이란 무엇인가? 사랑은 인간이 되는 새로운 길이다. 그리스도교인의 사랑은 값없이 자신을 내어 주는 것이다. 하나님이 먼저 사랑하셨기에 우리는 사랑한다.(요일 4:19) 그리스도 안에 존재한다는 것은 모든 인류와 가족이 된다는 것이다.(갈 3:28)

소망이란 무엇인가? 소망은 성령의 권능으로 예수 그리스도 안에 나타난 하나님의 은혜로운 약속의 성취를 기대하며 사는 인간의 자유이다. 그리스도교인이 소망 속에 산다는 것은 하나님의 은혜에 의해서 모든 것들이 변할 수 있고, 병과 죽음이 인간의 운명을 위한 마지막 말이 아니며, 평화가 가능하며, 원수들 사이에서 화해가 일어날 것을 기대하며 사는 것이다. 또한 이런 목적들의 성취를 위해서 기도하고 봉사하도록 부름 받았다는 것과 이 세상 속에서 정의와 평화를 위한 투쟁 속에서 인내하는 것을 의미한다. 그리고 하나님의 궁극적인 승리를 확신하는 것이다.

믿음, 사랑, 소망은 모든 인간의 자유 활동이다. 믿음, 소망, 사랑은 관계 속에 있는 새로운 인간의 자유의 표현이며, 예수 그리스도 안에서 하나님의 은혜에 의하여 가능하게 된 다른 사람들과 연대하는 인간이 되는 새로운 방법의 표현이다.

"진정으로 인간이 되는 것이 무엇을 의미하는지에 대한 모든 견해는 하나님이 무엇이냐에 대한 확실한 이해를 내포하며, 하나님이 무엇이냐에 대한 모든 이해는 인간이 된다는 것이 무엇을 의미하는지에 대한 특별한 견해가 된다."[117]

영 · 육 통일체로서의 인간

1) 성서의 이해

구약성서에서 인간을 지칭하는 용어로 '루아흐'(ruah), '네페쉬'(nephesh), '바

---

117 Daniel L. Migliore, 「조직신학입문」, p.132.

사르'(basar), '렙'(leb) 또는 '레아브'(leab) 등이 사용되고 있다. '루아흐'는 바람, 숨, 영, 생명력 등으로 번역될 수 있다. 이것은 인간 안에서 인간을 움직이는 힘, 생명의 모체가 되는 힘을 가리킨다. 이 힘은 하나님에게 근원을 두고 있다.

'네페쉬'는 영혼, 생명, 사람 등으로 번역된다. 흙으로 만든 인간에 '루아흐'가 주입되어 인간은 살아 있는 존재, '네페쉬'가 되었다. 여기서 인간은 '네페쉬'를 가지고 있는 것이 아니라, '네페쉬'로서 살아 있다.[118] KJV를 비롯한 오래된 영어 성서들과 한글 개역성서에서는 '네페쉬'를 대부분 '영혼'으로 번역한다. 영혼은 육체와 구분되는 사람 내부에 있는 어떤 영적 존재를 가리키는 단어로 사용된 것으로 본다. '네페쉬'는 일반적으로 아카드어 napishtu 혹은 napa-shu(숨)에서 유래된 것으로 본다. 아카드어 napishtu는 그 의미가 원래 '숨'에서 시작하였지만 생명, 생명체, 사람, 육체, 동물, 목, 목구멍 등 다양한 의미로도 사용된다. 숨은 곧 생명을 대변하는 말이다. "숨이 있다"는 것은 "살아있다"는 다른 표현일 수 있다. 창세기 1:30의 "땅의 모든 짐승과 공중의 모든 새와 생명이 있어"에 "생명이 있어"를 직역하면 "생명의 숨이 있어"로 번역할 수 있다. 열왕기상 17:21~22에서 아이의 '네페쉬'가 그 몸으로 돌아오고 소생하였다고 하였는데, 이 때에 '네페쉬'는 숨으로 해석할 수 있다.

'바사르'는 동물과 인간에게 공통적으로 속해 있는 특성으로서 살, 육신, 몸을 의미한다. '바사르'는 허약하고 몰락할 인간의 특성을 의미한다.[119] '렙' 또는 '레아브'는 마음, 감정, 이성, 결의, 하나님의 마음 등으로 번역되는데 이것은 오직 인간에게만 사용되었다.[120]

구약성서가 인간에 대하여 사용하는 이러한 용어들은 인간을 다양한 층으로 구분하여 설명한 것이지, 독립되어 있는 별개의 요소를 지칭하는 것은 아니다. 구약성서는 이같이 다양한 용어들을 통해 인간을 설명하지만 인간을 이분법적 또는 삼분법적으로 나누지 않는다.[121] 우리는 구약성서에서 헬라사상에서처럼 몸을 사멸하는 존재로, 영혼 불멸하는 존재로 보는 이분법을 찾아볼 수 없다. 영혼과 몸은 사람의 구성요소로서 분리되지 않는다. 사람은 영혼을 가진 것이

---

118 H. W. Wolff, 「구약성서의 인간학」, p.29 이하.
119 Ibid., p.57f.
120 Ibid., p.82f.
121 플라톤 철학은 인간은 몸, 혼, 영의 세 요소로 구성되어 있다는 삼분설(trichotomy)을 주장한다. 그러나 칼뱅을 비롯한 종교개혁자들은 인간은 육과 영혼의 두 요소로 구성되었다는 이분설(dichotomy)을 주장한다.

아니라 '살아있는 영혼'이다.(cf.창 2:7)

신약성서 역시 몸과 영을 분리시키지 않고 통일적 전체성으로 다룬다. 사람은 "영-몸"(Geist-Leib)이다. 우리는 몸의 한 부분인 입을 통해서 기도하고 노래하고 말한다. 그러나 내 입이 기도하고 노래하고 말한다고 해서 그것은 입만의 일이 아니라 나의 몸과 마음, 즉 나의 존재가 그렇게 하는 것이다. 몸은 단순히 물리적인 실체가 아니며 물체의 집합도 아니다. 영혼은 몸에 충만하여 있으며 영혼은 몸을 매개로 하여 세상에 표현된다. 즉 영혼은 몸으로 소리치고 행동하고 상황을 바꾼다.

신약성서는 인간을 가리키는 용어로 '프뉴마'(pneuma), '프쉬케'(psyche), '사르크스'(sarx), '소마'(soma) 등을 사용하였다. '프뉴마'는 영(靈)으로, '프쉬케'는 혼(魂)으로 번역될 수 있다. '프뉴마'는 구약성서의 '루아흐'에, '프쉬케'는 '네페쉬'에 상응한다. 신약성서에 인간의 몸을 나타내는 단어로 '사르크스'와 '소마'가 있다. '사르크스'는 보통 육신, 육체로 번역되며, '소마'는 보통 몸으로 번역된다. '사르크스'는 육체적인 측면을 나타내기 위해 사용되고, '소마'는 살아 있는 몸, 부활체, 교회 공동체를 나타내기 위해 사용된다.[122] 구약성서의 '렙' 또는 '레아브'에 해당하는 신약성서의 단어는 '카르디아'(cardia)이다. '카르디아'는 마음으로 번역되지만, 육체적, 영적, 정신적 생명의 자리를 의미한다. '카르디아'는 인간을 향하여 하나님이 찾는 인간 속의 최고의 중심이다. 이것이 종교적 삶의 뿌리가 되고, 인간의 도덕적 행위를 결정한다.[123]

영과 육은 다음과 같은 속성을 가지고 있다. 영은 영원하고 무시간적이며 신적이다. 이에 반해 육은 제약적이고 무가치한 세계 속에 속해 있다. 이런 이원론적 근거는 바울서신(롬 7~8장)에서 찾아볼 수 있다. 바울에게 육은 죄 가운데서 하나님의 의지를 거역하는 존재로서 인간을 뜻한다.

성서가 말하는 인간은 둘이나 셋으로 나눌 수 있는 조합물이 아니라 단일체다. 영, 혼은 인간을 특별한 관점에서 묘사한 것이지 서로 분리될 수 있는 요소들이 아니다.[124] 영혼과 몸은 인간 생명의 단일성의 구성적이고 서로에 속한 측면들이지, 서로에게 환원될 수 있는 측면들이 아니다. 영혼은 몸에 매여 있고,

---

122 A. A. Hoekema, 「개혁주의 인간론」, p.357 이하.
123 Ibid., p.356f.
124 L. Scheffczyk, *Einführung in die Schöpfungslehre*, p.102.

몸은 영혼에 매여 있다.[125] 인간은 영혼을 가지고 있는 것이 아니라, 살아 있는 영혼이다. 인간은 몸을 가지고 있는 것이 아니라, 영혼의 작용을 받는 몸이다. 영혼과 몸은 서로 관통하고 침투하며 일체를 이룬다. 그러므로 인간은 구분될 수는 있지만 분리될 수 없는 전체적 인간이다.[126]

정신은 몸을 통제할 수도 있고 병들게 하거나 심지어 죽일 수도 있다. 반대로 몸도 정신을 통제할 수도 있고 병들게 하거나 심지어 죽일 수도 있다. 몸과 정신은 평화롭게 공존하거나, 심각하게 갈등하기도 한다. 그러나 몸과 정신은 서로에게 소급되거나 환원될 수 없는 단일적이고 전인적인 복합적 존재다. 몸이 없는 정신은 존재할 수 없고, 정신이 없는 몸도 실존할 수 없다. 그러므로 인간은 몸과 정신을 가지고 있다고 말할 수 없다. 왜냐하면 인간은 그 자체로서 몸이요 정신이기 때문이다. 몸은 오직 정신을 통해서만 자신을 실현할 수 있고, 정신도 오직 몸을 통해서만 세계 안에서 실존할 수 있고 작용할 수 있다.[127] 인간은 유기적으로 결합되어 있는 통합적인 존재다. 인간은 정신적인 것과 육체적인 것의 합성물이 아니라 유기적으로 얽혀 있고 묶여 있는 완전한 통일체로 이해되어야 한다.

2) 철학적 이해

인간은 어떤 관점에서 바라보느냐에 따라서 크게 달라진다. 첫째, 영혼의 불멸성과 우월성을 강조하는 견해가 있다. 플라톤은 정신적인 것이 물질적인 것보다 더 우월하다고 보았다. 플라톤에 의하면 인간은 몸으로부터 분리되어야 깨끗해진다. 영혼은 몸이라는 감옥 속에 갇혀 있다. 영혼이 몸으로부터 탈출하는 것을 죽음으로 보았다. 몸은 사라질 수 있으나, 영혼은 계속 존재한다. 영혼은 영원한 이데아의 세계, 정신적인 세계, 신적인 세계와 관련을 맺고 있다.[128] 플라톤의 사상은 몸이나 이 세계를 죄악시하거나 경시하는 사고를 조장한다. 몸과 영혼의 이원론은 서구사상, 특히 그리스도교 교리에 큰 영향을 미쳤다. 구원을 몸으로부터의 해방으로 보거나 순전히 정신적이고 내세적인 것으로 보

---

125 C. A. van Peursen, *Lichaam-ziel-geest*, 손봉호·강영안 옮김, 「몸·영혼·정신: 철학적 인간학 입문」(서울: 서광사, 1985), p.213.
126 J. Moltmann, 「창조 안에 계신 하느님」, p.304 이하.
127 심상태, 「인간, 신학적 인간학 입문」(서울: 서광사, 1989), p.76 이하.
128 C. A. van Peursen, 「몸·영혼·정신: 철학적 인간학 입문」, p.41 이하.

는 사상은 플라톤으로부터 기인된 것이다. 몰트만이 지적한 바와 같이 몸을 멸시하는 플라톤의 사상은 그리스도교의 창조신앙과 결합될 수 없다.[129]

둘째, 영혼과 몸의 분리와 결합을 강조하는 견해가 있다. 데카르트는 몸과 영혼의 분리를 주장하였다. 데카르트는 영혼을 정신적인 것의 본체로, 몸을 물질적인 것의 본체로 보아 양자를 구분하고 대치시켰다. 그는 한편으로는 영혼과 몸의 분리를 주장하였지만 다른 한편으로는 영혼과 몸의 결합을 매우 강조한다. 인간은 영혼과 몸의 통일체이며, 영혼은 인간의 몸 안에 자리를 잡고 있다. 영혼과 몸의 결합은 부수적인 것이 아니라 인간됨의 본질적인 것이다. 데카르트는 몸과 영혼이 송과선(松科腺)이라는 기관을 통하여 상호작용한다고 보았다. 그러나 데카르트에게 영혼과 몸의 관계는 일방적인 지배와 소유의 관계로 묘사된다. 나는 사유하는 주체이며, 나는 나의 육체를 소유하고 있다.[130]

셋째, 몸의 실체만을 일방적으로 강조하는 견해가 있다. 포이에르바허는 몸의 배후에 신비로운 다른 존재, 즉 영혼이 도사리고 있는 것이 아니라고 보았다. 그는 영혼이나 정신의 존재를 부인한다. 그는 인간을 살아 움직이는 유기적인 존재로 보았다. 그에게 몸은 곧 영혼이다. 인간은 타인과의 상호관계 가운데서도 순전히 물질적인 존재요 유기적인 존재다. 이처럼 포이에르바허는 영혼을 궁극적으로 육체적인 범주로 환원시킨다.

넷째, 정신만을 일방적으로 강조하는 견해가 있다. 아일랜드의 철학자 버클리는 물질의 존재를 부인하고 인간의 정신을 가시적인 세계의 중심으로 보았다. 버클리에게 물질이란 존재하지 않고 정신(특히 하나님과 인간의 정신)만이 존재한다. 모든 감각적 사물은 관념이다. 이 관념은 오직 정신 안에 존재한다. 몸의 현상은 정신에 의존해 있다. 사물의 존재는 항상 정신과 관계를 맺고 있다. 버클리는 몸의 존재를 부인하지 않았다. 그러나 몸은 정신의 현존을 상징하는 것에 지나지 않는 것으로 보았다.

다섯째, 정신과의 긴장 가운데 있는 몸과 영혼의 통일성을 강조하는 견해가 있다. 아리스토텔레스는 몸과 영혼의 통일성을 가장 두드러지게 강조하였다. 그는 초기에 영혼을 독립적인 실체로 보았지만 후기에는 영혼과 몸을 따로 분

---

129 J. Moltmann, 「창조 안에 계신 하느님」, p.294.
130 Ibid., p.296f.

리할 수 없는 것으로 보았다. 몸과 영혼은 하나다. 몸과 영혼의 관계는 질료와 형상의 관계다. 질료는 형상 없이 존재할 수 없고, 형상 역시 독립해서 존재할 수 없다. 영혼과 몸이 하나로 이해될 수밖에 없다. 아리스토텔레스는 영혼을 자연적인 몸이나 몸의 잠재성을 실현하는 힘으로 보았다. 아리스토텔레스 입장에서 영혼과 몸 어느 것도 그 자체로서는 존재할 수 없다. 영혼은 몸의 실현이다. 영혼은 몸은 아니지만 몸을 떠나서는 따로 존재할 수 없다. 몸도 영혼을 통해서만 비로소 몸으로 존재할 수 있다. 아리스토텔레스는 영혼과 정신을 구분하고 정신을 인간에게만 있는 고유한 능력으로 이해한다. 정신은 영혼이 아니면서도 영혼과 불가분리적 관계를 이루면서 활동한다. 정신의 활동은 영혼에 의해 이루어지는 신적인 힘으로 나타난다. 현실적으로 인간 안에 침투하여 사유와 반성을 가능케 하는 정신은 죽음과 함께 없어지지만, 원리적으로 초월해 있는 초개인적인 신적인 정신은 불멸한다. 아리스토텔레스의 인간 배후에는 영혼과 몸의 반대편에 정신이 있다는 새로운 이원론이 감추어져 있다. 아리스토텔레스에게 영혼과 정신의 관계는 항상 모호하고 불확실한 것으로 남아 있다.[131]

3) 신학적 이해

플라톤 철학은 인간은 영, 혼, 몸으로 구성된다는 삼분법을 주장한다. 서구신학은 인간은 몸과 영으로 구성된다는 이분법을 주장한다.[132] 그러나 인간은 플라톤 철학과 서구신학 그리고 영지주의에 있어서와 같이 이원론적, 삼분법적으로 구성되지 않는다. 불트만에게 '혼'(psyche)과 '영'(pneuma)은 육안에 갇혀 있는 높은 정신적 삶의 기관이나 원리가 아니고 오히려 살아있는 통일체로서의 신체(soma)로서 살아 움직이고 있는 '나'(ich)이다. '혼'은 신약성서에서 인간 속에 있는 불멸적인 것이 아니라 '영'과 같이 인간의 '의지적 자아'이다. 그러나 '영'은 '혼'과는 달리 '의식적' 혹은 '인지적 자아'(롬 8:16)이기도 하다.

중세의 토마스 아퀴나스는 인간의 이성과 인간의 의지를 강조하였다. 인간은 하나님의 자연적(이성, 정신력), 초자연적 형상(은총을 입은 하나님의 자녀의 형

---

131 C. A. van Peursen, 「몸 · 영혼 · 정신: 철학적 인간학 입문」, p.113.
132 헬라의 이원론적 인간 이해에 의하면, 인간은 육체와 영혼의 결합된 존재이다. 육체는 썩어 소멸되지만 영혼은 불멸하는 실체이다. 영혼은 육체의 생명을 구성하고 움직이는 본질적인 원리이다. 그러나 육체는 비본래적인 것이며, 잠정적인 현상일 뿐이다. "영혼은 고귀하고 순수하나, 육은 감각적이고 저열한 범주에 속한다. 육은 악한 것이고 벗어버려야 할 더러운 옷과 같은 것이다. 죽음은 육의 감옥으로부터 영혼이 해방되는 것이다. 이러한 입장에서 소크라테스는 독배를 마시면서 영혼이 육의 감옥에서부터 해방되어 영원 불사할 것을 확신했다." 오영석, 「조직신학의 이해」, p.137.

상)이다. 종교개혁자들은 신 중심적 인간으로 출발하였다. 인간의 자아가 부상했으나 그 자아는 자율적 자아가 아니라 신율적 자아다. 자연적 자아가 아니라 신앙하는 자다. 루터는 인간의 이성을 하나님의 은사로 보았다. 계몽시대에 이르러 인간론은 인간 중심적 경향을 띠게 되었다. 인간의 자율적 오성은 모든 전통적 권위에서 해방되었다. 인간은 오직 생각하는 인간으로서의 인간이다. 이 시대의 인간에 대한 사고는 데카르트의 "Cogito ergo Sum"(나는 생각한다. 그러므로 존재한다)으로 대변되었다. 헤겔(Hegel)은 인간을 영원한 의식으로 정의하였다. 인간이 동물과 구별되는 것은 인간의 의식, 정신에 있다는 것이다. 자유주의는 인간 영혼의 무한한 가치를 염두에 두었다. 다윈에게 인간은 이성을 가진 동물이다. 프로이드에게 인간은 충동과 감정에 의해 조종당하는 존재이지 이성의 존중을 받는 존재가 아니다. 무의식에 의해서 결정되는 존재지, 자의식에 조종 받는 존재가 아니다.

현대에 이르러 인간을 영육의 일치 속에 있는 전인으로 보는 경향이 나타났다. 인간은 육, 영, 혼을 가진 것이 아니라 육, 영, 혹은 혼이다. 인간은 영, 육 또는 영, 육, 혼의 조합물이나 합성물이 아니다. 또 그렇게 나눌 수 있는 것도 아니다. 인간은 정신적인 것과 육체적인 것의 합성물이 아니라 통일체이다. 신약성서에서도 영과 육은 플라톤에서와 같이 나누어지지 않으며 육은 영의 감옥으로 볼 수 없다. 육체 없는 영혼은 알지 못하고 영혼 없는 육체도 알지 못한다. 영과 육의 통일체로서의 인간은 하나님과의 관계 속에 있고 하나님과 이웃, 세계에 대해서 책임을 지닌 존재다. 이 사실을 예수 그리스도에게서 본다. 육안에 있는 영으로서 인간인 동시에 영을 가진 육으로서의 인간이었다. 단순한 영적인 삶이 아니라 영과 육이 하나가 되어 있는 총체적 인간의 삶이었다.

그리스도교적 관점에서 보면 인간의 몸은 육과 영혼이 본질적으로 혼연일체화된 생명체이다. 인간의 몸은 육체화된 영혼이고 영혼으로 된 육체이다. 인간의 육은 영혼과 구별되어 있는 어떤 다른 것이 아니다. 영혼과 육은 모두 하나님의 선한 창조물로서 존귀하고 선하다. 육은 천하고 영혼만이 영원불멸한 실체이므로 존귀하다고 결코 말하지 않는다. 인간은 영과 육의 통일체로서 살아간다.[133] 영과 육 양자는 구별될지언정 분리될 수 없다. 따라서 영이 건강하면

---

133 오영석, 「조직신학의 이해」, p.13.

육도 건강하다. 영은 정신적인 것으로서 인지, 사유, 결단하며 육을 살아 움직이게 하고, 육은 물질적인 것으로 영을 살아 움직이게 한다. 이 과정에서 육과 영은 서로에게 영향을 주지만 서로 구분된다. 육으로서의 인간은 모두 동일하다고 볼 수 있으나 영으로서의 인간은 어떤 다른 인간과도 혼돈되거나 교환될 수 없는 고유한 인격이다. 현실의 인간에게 있어서 인간의 주체성을 결정하는 것은 육이 아니라 육 안에 있는 영이다. 인간은 영과 육의 통일체인 동시에 영과 육은 서로 구분된다. 인간은 물질적이고도 영적인 존재다. 인간의 참된 인간성은 인간의 정신이나 이성에 있는 것이 아니고 자연과 세계와의 사랑의 관계 속에서 하나님의 새로운 피조물의 세계를 형성하는 데 있다.

CHAPTER 07

그리스도론

그리스도론

신학에서의 중심 문제는 하나님의 문제다. 바르트(K. Barth)는 "하나님은 예수 그리스도 안에서 자기를 계시하며, 인간은 예수 그리스도 안에서 하나님을 인식한다."고 하였다. 하나님은 예수 그리스도 안에서 인간의 모습을 취하시고 자기를 계시하며 활동하시는 하나님이다. 인간에 대한 하나님의 계획과 심판, 하나님의 약속과 요청은 예수 그리스도 안에서 나타났다. 따라서 하나님의 문제는 예수 그리스도의 문제가 된다.

그리스도론은 조직신학의 중심을 형성한다. 그리스도론은 예수 그리스도의 인격과 사역, 즉 그리스도 안에 밝혀진 하나님의 목적과 활동에 대한 성찰이다. 그리스도의 인격과 사역의 교리들은 분리되지 않는다. 그리스도의 본질은 그의 삶에 의해서 규정되기 때문이다. 그리스도론의 참된 초점은 예수 안에서 하나님이 결정적으로 드러나고 세상의 구원을 위하여 은혜스럽게 활동하시는 것을 이해하는 것이다.[1]

그리스도론은 예수 그리스도에 대한 진술을 의미한다. 우리는 예수 그리스도의 진술 기록을 성서에서 찾는다. 성서는 2000년 전의 자료다. 성서는 나사렛 예수에 대한 객관적이며 역사적 전기가 아니다. 성서의 예수 그리스도에 대한 지식은 학문적·역사적 지식이 아니라 신앙의 지식이다.[2] 성서는 예수에 대

---

1 Cf. Schubert Ogden, *The Point of Christology* (New York: Harper Row, 1982).
2 Daniel L. Migliore, 「조직신학입문」, p.222.

한 신앙고백이요 신앙의 증언이다. 성서의 예수는 예수가 그리스도라는 신앙을 확충하기 위한 기본 의도에서 묘사된 예수이며 선포된 예수다. 전승자료와 구전을 모아 마치 사실인양 그려 놓았지만 단편적인 것이다.

초기 그리스도교 공동체는 역사적 예수를 그리스도로서 선포하였다. 역사적 예수 그리스도는 그리스도교 신앙의 근거요 대상이며 내용이다. 19세기 신학은 역사적 예수에 큰 관심을 갖고 성서적·교의학적 그리스도의 뒤에 숨어 있는 역사적 예수를 찾고자 하였다. 그 결과 예수에 대한 신앙적 고백은 비역사적인 것으로 판단되었다. 알버트 슈바이처(Albert Schweitzer)는 그의 저서 「역사적 예수 연구」(The Quest of the Historical Jesus)를 통해 다음과 같은 결론을 내렸다. 예수에 대하여 기록하고 있는 신약성서는 역사적 접근이 아니라 신앙 고백적 접근이기 때문에 예수에 대한 역사적 연구는 별 실효가 없다. 사실 복음서는 예수에 대한 객관적인 정보를 제공하고 있지 않다. 따라서 예수의 역사적 사실을 조목조목 재건한다는 것은 거의 불가능하다.

역사적 예수와 케리그마의 그리스도

역사의 예수가 그리스도가 되는 것은 예수를 그리스도라고 고백한 사람들에게 국한된다. 나사렛 예수는 어느 날 제자들에게 "사람들이 인자를 누구라고 하느냐?" 물었다. 제자들은 "세례 요한, 더러는 엘리야, 어떤 이는 예레미야나 선지자 중의 하나"라고 대답하였다. 이에 예수는 "너희는 나를 누구라 하느냐?"고 물었다. 이에 베드로가 "주는 그리스도시요 살아 계신 하나님의 아들"이라고 대답하였다.(마 16:13~16, 막 8:27~29, 눅 9:18~21) 마태는 '메시아'(21:5)와 '교회의 교사'(23:8)로, 마가는 '하나님의 아들'로, 누가는 '죄인들의 구주'로, 요한은 아버지를 '계시한 자'로 보았다. 사도 바울은 예수를 '하나님과 동등한 분'으로 표현하였다. "그는 근본 하나님의 본체시나 하나님과 동등됨을 취할 것으로 여기지 아니하시고 오히려 자기를 비워 종의 형체를 가지사 사람들과 같이 되셨고 사람의 모양으로 나타나사 자기를 낮추시고 복종하셨으니 곧 십자가에 죽으심이라."(빌 2:6~8)

"너희는 나를 누구라고 생각하느냐?"고 예수가 인류에게 던진 질문에 수많은 사람들이 대답을 시도해 왔다. 역사 속의 나사렛 예수에 대한 정체성을 모르면서 예수를 그리스도로 고백하는 것은 복음의 확실성을 약화시킨다. 그러나 불트만(R. Bultmann)에 의해 역사적 예수에 대한 질문은 거부되었다.[3] 불트만은 그리스도가 있었다는 사실에 대해서만 알 수 있을 뿐, 역사적 예수에 대한 객관적 사실에 대해서는 아무것도 알 수 없다고 주장하였다. 역사적 예수를 구축하려고 역사비판, 양식비판, 편집사 비판을 거쳤지만 역사적 예수를 정립하지 못했다. 단지 아는 것은 정치범으로 십자가에 죽었다는 것이다. 역사적 예수가 실패했더라도 그리스도교 신앙의 근거가 무너지는 것은 아니다. 왜냐하면 그리스도교가 역사적 예수를 자신의 신앙의 바탕으로 삼지 않았기 때문이다. 그리스도교는 예수는 그리스도라는 신앙고백과 그 선포 위에 세워졌다. 그리스도교의 바탕은 역사적 예수가 아니라 선포된 그리스도이다.[4] 불트만에게는 복음 안에서 선포되는 그리스도를 인격적으로 만나는 일이 중요하다. 왜냐하면 복음 안에 예수 그리스도가 현존하여 있기 때문이다.

그리스도교 신앙은 역사의 예수를 그리스도로서 선포한 신앙고백에서 이루어진 것이 사실이다. 그러나 역사의 예수를 떠나서 그리스도의 의미를 물을 수 없다. 이 점에서 우리는 그리스도의 의미를 역사적 예수에게서 찾으려는 노력을 높이 평가해야 한다. 켈러(Martin Kähler)는 역사적 예수가 아니라 신앙의 그리스도가 중요하다고 본다. 참된 그리스도는 선포된 그리스도라고 했다. 믿음은 역사적 예수와 독립된다. 복음서들이 예수에 관하여 그려놓은 강력한 그림이 있지만 그러한 믿음은 역사적 연구 결과로부터 나온 것은 아니다. 그러나 켈러는 예수를 역사적 예수, 즉 설교 속에 선포되는 예수와 그리스도론의 역사 가운데 존재하는 예수로 분리하는 작업을 거부하였다. 어떤 경우에도 예수는 오직 한 분일 뿐이다. 만약 예수가 역사와 아무런 접촉점이 없다면 예수 그리스도의 중요성에 관한 진지한 믿음은 존재할 수 없다. 만약 예수가 역사와 접촉점이 있다면 역사가의 판단은 배제될 수 없다.

불트만의 제자들(Bultmannian)은 역사적 예수와 케리그마(Kerygma)의 그리

---

3 W. Schmithals, *An Introduction to the Theology of R. Bultmann* (London: SCM Press, 1967), p.195~196.
4 Hans Conzelmann, G. Ebeling, Ernst Fuchs, E. Käsemann 등은 반대한다.

스도, 선포하는 예수와 선포되는 그리스도 사이에 연속성이 있음을 증명하고자 했다. 케제만(E. Käsemann)은 역사적 예수와 케리그마 사이에 연속성이 있다고 본다. 승천하신 주님과 땅위에 계셨던 주님의 동일성을 주장한다. 케제만은 불트만이 예수의 생애와 케리그마 사이의 연속성을 거부한다고 보고, 역사적 예수 가운데서 역사적 요소를 확장함으로써 케리그마의 역사적 요소에 대한 불트만의 거부감을 수정하려고 했다.

에벨링(G. Ebeling)은 역사성이 없는 케리그마는 신화에 불과하다고 보고, 예수가 거기에 있으므로 신앙이 발생한다고 하였다. 예수의 모든 활동에 있어서 결정적으로 중요한 것은 신앙을 증거하고 일으키는 일이다. 부활 이후의 신앙은 부활 이전의 예수에 대한 올바른 이해를 의미한다. 부활을 통하여 예수는 신앙의 근거가 되었다. 이것은 예수의 말씀과 진리와 현실이 하나님의 진리와 현실임을 보여준다. 예수의 산상설교가 역사적 예수의 모습을 드러낸다.

본캄(G. Bornkamm)은 케리그마 안에서 역사를 찾고, 이 역사 안에서 케리그마를 찾고자 한다. 예수의 모든 말과 행동 속에는 언제나 하나님의 현실과 하나님의 권위가 있었다.(막 1:22, 마 7:21, 8:5ff) 예수 안에 현존하는 하나님의 현재는 하나님의 나라를 의미한다. 푹스(E. Fuchs)에게 예수의 역사적 특이성은 그의 특이한 태도, 곧 사랑의 태도에서 나타난다. 그의 사랑의 태도는 감히 하나님을 대신하여 행동하고자 하는 사람의 태도다. 라이마루스(Reimarus, 1694~1768)에게 역사적 예수와 케리그마의 그리스도는 동일한 인간이다.

역사적 예수는 케리그마의 그리스도이고, 케리그마의 그리스도는 역사적 예수라는 연속성을 '성령의 사역'에서 찾을 수 있다. 예수의 모든 활동은 성령과 결부된다. 예수는 성령으로 탄생되었고(마 1:20, 눅 1:35), 예수의 모든 활동은 성령 가운데 이루어졌다. 따라서 지상에 살았던 역사적 예수는 하나님의 영이 그 위에 있는, 하나님의 기름부음을 받은 자, 곧 그리스도였다. 성령 가운데서 역사적 예수는 케리그마의 그리스도이고, 케리그마의 그리스도는 역사적 예수이다. 이 연속성은 역사적 예수의 인격 안에 주어진 것도 아니고 부활을 통하여 형성된 것도 아니고, 성령 안에서 성령을 통하여 주어진 것이다.

몰트만과 판넨베르크에게 역사적 예수는 그리스도로 규정된다. 몰트만에게 역사의 예수와 신앙의 그리스도, 십자가에 달린 분과 부활하신 그분의 동일성은 종말론적 비밀이다. 판넨베르크에게 역사적 예수와 케리그마의 그리스도 사이의 연속성을 형성하는 것은 부활에 있다.[5] 부활은 역사적 예수와 하나님의 일치를 위한 토대를 제공한다. 부활은 역사적 예수의 사건을 해명하는 동시에 모든 죽은 자들이 다시 살아나게 될 하나님의 미래를 향한 종말론적 기다림을 의미한다. 부활로서 역사적 예수는 케리그마의 그리스도로 증거된다. 선포자 예수는 선포되는 그리스도가 된다. 지상의 예수는 승천하신 그분을 말한다. 역사적 예수는 우리 신앙의 근거다. 그리스도론의 출발점은 역사적 예수에게 있다. 제레미아스(J. Jeremias)는 그리스도교의 근원은 역사적 사건(나사렛 예수라는 남자의 등장)에 있다고 하였다. 신앙이 예수의 역사를 근거시키는 것이 아니라, 예수의 역사가 우리의 신앙을 근거시킨다. 그러므로 그리스도론의 과제는 예수의 역사로부터 그의 의미에 대한 참된 인식을 찾아야 하는 것이다.

그러나 역사적 예수만을 그리스도론의 출발점으로 택할 수 없다. 왜냐하면 역사의 예수는 케리그마의 근거로서 전제되어 있고 케리그마의 예수는 역사적 예수 안에 포함되어 있기 때문이다. 그러므로 양자택일을 벗어나서 역사의 예수인 동시에 케리그마의 그리스도, 케리그마의 그리스도인 동시에 역사의 예수, 즉 신약성서에 기술된 전체로서의 예수 그리스도를 그리스도론의 출발점으로 삼아야 한다. 진리는 부분에 있지 않고 전체에 있다. 그러므로 역사의 예수와 케리그마의 그리스도 중 어느 하나만을 분리할 수 없다. 케리그마 속에서 예수의 역사를 찾고, 예수의 역사 속에서 케리그마를 찾을 수 있다. 십자가에 달리신 예수는 부활하신 그리스도다. 예수론(Jesusology)과 그리스도론(Christology)은 분리될 수 없다. 만약 그렇지 않다면 선포된 그리스도는 신화나 종교적 가공물일 뿐이다. 역사는 선포의 근거요, 선포는 과거에 일어난 역사의 진술이다. 예수의 진리는 역사와 선포가 함께 형성하는 전체다.

예수의 신성과 인성에 대한 성서적 증거

예수의 신성(Deity of Christ)

---

5 W. Pannenberg, *Jesus-God and Man* (London: SCM Press, 1968), p.88~106.

에 대하여 직접적으로는 구약과 신약이 증거하고 있다.(사 9:6, 렘 23:6, 단 7:13, 미 5:2, 요 1:1~3, 14, 18, 25~27, 11:41~44, 20:28, 마 5:17, 9:6, 11:1~6,27, 14:33, 16:16, 25:31, 28:18, 막 8:38, 롬 1:7, 9:5, 고전 1:1~3, 2:8, 고후 5:10, 갈 2:20) 간접적으로는 예수의 권위를 통해서 증거된다. 신성은 예수의 말과 행위 그리고 그의 가르침에서 증거되고 있다.(마 7:28~29, 히 1:1~2) 첫째, 예수의 가르침의 권위는 선지자의 권위를 뛰어 넘는 데서 증거된다. 안식일에 대한 그의 가르침에서 예수는 자신이 하나님과 동일한 권위가 있음을 의미하였고, 율법을 수여하는 그분과 똑같은 권위로 말씀하셨다.(막 2:28, 눅 6:5) 둘째, 예수를 경배했을 때 증거된다. 경배는 오직 하나님만이 받으시는 것으로 이해되는데, 예수는 하나님으로서의 경배를 받아들인다. 셋째, 예수가 자신을 믿으라고 권면한 사실에서 드러난다. 자기에 대한 신앙을 하나님에 대한 신앙과 동일하게 여겼다.(요 14:1) 넷째, 이적을 행함으로 증거된다. 자신의 주권적 의지로부터 이적을 행할 수 있는 능력이 있었다. 사도들은 자신의 힘으로 이적을 행할 수 없었다. 이적을 올바르게 이해하면 예수께서 이적을 행하셨다고 볼 수 있다.

우리는 그리스도의 신성을 통해서 '그리스도의 선재'를 인식할 수 있다. 선재 사상은 아들은 성육신 이전에 존재하고 있었다는 것이다. 선재사상은 초대 교회가 이 개념을 신화론적 개념에서 그리스도론을 설명하는 개념으로 사용했다는 견해(R. Bultmann)도 있으나, 초기의 그리스도교의 전통이었고 이 사상은 그리스도교 사상 안에서 이른 시기에 나타났다.(요 1:1, 14, 8:58, 17:5, 고전 8:6, 10:4, 고후 8:9, 빌 2:6~7, 골 1:15, 16a, 17, 히 1:2, 계 22:16) 선재사상은 예수 그리스도가 인류의 위대한 종교 지도자 가운데 하나라고 해석하는 것을 방지해 준다. 선재사상은 예수가 하나님이라는 사실과 자신의 주권적인 선택으로 이 세상에 오셨다는 사실을 계시해 준다. 선재사상을 부인하는 것은 신학적으로 심각한 오류를 범하는 것이다.

오랫동안 그리스도의 신성에 대해서 일방적으로 강조된 결과 그의 인간성에 대하여 공정한 평가를 내리는 데 인색해졌다. 그리스도의 참된 인간성에 대한 만족할만한 성서적 증명이 있다.(요 8:40, 행 2:22, 롬 5:15, 고전 15:21) 첫째, 예수는 인간성을 지니고 오셨다.(요 1:14, 딤전 3:16, 요일 4:2) 둘째, 육체와 이성적 영혼을 소유하고 계셨다.(마 26:26, 28, 38, 눅 23:46, 24:39, 요 11:33, 히 2:14) 셋째, 소년시절을 비롯한 인간의 정상적인 성장과정을 거쳤다.(마 4:2, 8:24, 9:36, 막 3:5, 눅 2:40, 52, 22:8, 요 4:6, 11:35, 12:27, 19:28, 30, 히 2:10, 18, 5:7, 8) 넷째, 예수에게는 네 명의 동생들(야고보, 요셉, 시몬, 유다)이 있었다.(마 12:46~49, 13:55) 다섯째, 참된 인간이었음에도 불구하고 그에게는 죄가 없었다.(눅 1:35, 요 8:46, 14:30, 고후 5:21, 히 4:15, 9:14, 벧전 2:22, 요일 3:5)

그리스도의 본성: 예수의 신성과 인성

1) 예수의 두 본성의 필요성

예수의 두 본성의 필요성은 다음과 같은 이유에서 찾아질 수 있다. 첫째, 예수는 중보자로서 신이며 인간이어야 했다. 예수가 신도 인간도 아니라면 그는 우리의 중보자가 될 수 없다. 둘째, 구속주로서 예수는 구속사업을 위해 인간이어야 했다. 셋째, 예수는 죄없는 사람이어야 했다. 예수는 죄 범하지 않았고 죄 범할 수도 없었다. 왜냐하면 그 안에는 인간성과 신성이 결합되어 있었기 때문이다. 예수 그리스도가 참사람이기는 하나 일반 사람과 다른 점이 있다. 그것은 그가 죄가 없다는 것과 그가 죽었다가 다시 사셨다는 것이다.[6] 넷째, 그리스도는 인간을 구속하고 구원하기 위해서 참인간이며 신이어야 했다.[7]

2) 니케아 신조

고대 교회의 그리스도론은 그리스도의 기능보다 본질에 관심했다. 오리게네스는 신인(神人)인 그리스도 안에서 그리스도의 참된 하나님 되심을 보지 못했다. 초대 교회 이래로 예수의 신성과 인성에 대한 여러 논쟁이 있었다. 그 가운데 아리우스(Arius of Alexandria, 250~336)는 예수 그리스도는 영원하신 분, 하나님의 아들이 아니고 피조물이라고 하였다. 그는 예수는 아버지와 비슷한 본질을 가지고 있다는 유사본질(homoiousios)을 주장하였다. 이에 반하여 아타나

---

6 이종성, 「조직신학개론」, p.111.
7 Louis Berkhof, *Manual of Christian Doctrine*, 「기독교신학개론」(서울: 은성문화사, 1974), p.163.

시우스(Athanasius, 296~373)는 예수 그리스도는 하나님과 한 본체라는 동일본질(homoousios)을 주장하였다. 따라서 콘스탄틴(Constatine) 황제는 이 문제를 콘스탄티노플(Constantinople)의 니케아(Nicaea) 섬에서 논쟁하도록 조치하였다. 그 결과물로 나온 것이 니케아 신조(The Nicene Creed, 325)이다. 니케아 신조는 그리스도의 신성을 확신하여 그리스도를 피조물이 아닌, 아버지와 같은 본질(본체)임을 고백하였다.[8] 그리고 신성과 인성의 관계에 대한 진술은 고려하지 못했지만,[9] 그리스도의 성육신과 인성에 대해서는 확고히 하였다. 니케아 신조는 사도신경 노선을 따랐다. 이것은 학술적인 모임이 아니라 주교들의 모임이었다. 니케아 신조에서 보듯이 양성론, 즉 예수와 하나님이 동일하다는 결론에 이르기까지 약 300년이 걸렸다.[10] 니케아 신조는 칼케돈 신조와 함께 예수의 본체에 관한 표준적 신조로 간주되고 있다.

3) 네스토리우스와 키릴루스의 논쟁

니케아 회의 이후 로마는 A.D. 337년 행정적으로 동로마와 서로마로 분리되었다.[11] 동로마는 콘스탄티노플(Constantinople)이 서로마는 알렉산드리아(Alexandria)가 중심지역이 되었다. 새로 생긴 콘스탄티노플의 세력보다 기존해 있었던 알렉산드리아의 세력이 더 강했다.[12] 왜냐하면 콘스탄티노플은 새로 생겼고 알렉산드리아는 기득권을 가지고 있었기 때문이다. 이런 상황에서 콘스탄티노플과 알렉산드리아는 동방교회의 대주교 자리를 놓고 권력다툼을 벌였다. 이들의 권력다툼은 아리우스와 아타나시우스의 논쟁처럼, 콘스탄티노플의 대주교 네스토리우스(Nestorius)와 알렉산드리아의 대주교 키릴루스(Cyrillus) 간의 논쟁으로 가열되었다.

콘스탄티노플(안디옥)의 대주교 네스토리우스는 '크리스토코스'(Christokos)를 주장하였다. '크리스토코스'는 마리아는 그리스도의 어머니라는 것을 의미한다. 이는 그리스도의 인성을 주장하는 것이다. 알렉산드리아의 대주교 키릴루스는 '테오토코스'(Theotokos)를 주장하였다. 마리아는 하나님의 어머니라는 것

---

8 이런 고전적 그리스도론은 애매하고 추상적이며 신앙의 경험과는 거리가 먼 개념이다.
9 칼케돈(Chalcedon) 신조에서는 시도되었다.
10 이종성, 「조직신학개론」, p.99.
11 결국 1054년에 동방교회와 서방교회로 분열되었다.
12 노로 요시오, 김덕순 옮김, 「존 웨슬리의 생애와 사상」(서울: 기독교대한감리회 교육국, 1993), p.360~361.

이다. 그는 하나의 본성, 즉 신성을 주장하였다. 그는 그리스도의 신성과 인성을 구별하지 않고, 신성과 인성의 혼합으로 생각하였다. 알렉산드리아의 키릴루스가 아폴리나리우스주의(Apollinarianism)[13]와 유티케스주의(Eutychianism)[14]를 추종하는 자라고 말하는 것은 지나친 말이 될지 모르지만 키릴루스의 그리스도론은 결국 예수 그리스도의 인간성을 위태롭게 하는 것으로서 그 점에 있어서는 아폴리나리우스주의와 그 후에 나타난 단성론(Monophysitism)과 마찬가지다. 키릴루스는 아폴리나리우스의 말을 자신의 그리스도론의 근거로 삼고, 하나의 본성, 그리고 그것은 하나님의 말씀의 성육신이라고 말하였다. 키릴루스의 발언은 그리스도에 있어서 신성과 인성의 구별을 애매하게 만든다. 키릴루스는 수도승들에게 자기가 믿는 것을 강요하였다. 난처해진 키릴루스의 제자들의 대표 몇 사람이 그 당시 명성을 얻고 있는 네스토리우스에게 자문을 구하였다. 이런 제자들의 행태에 대해 키릴루스는 심히 분노하였다. 사태의 중대성을 깨달은 키릴루스는 신학적 방법을 찾아 네스토리우스에게 압력을 가하였다. 네스토리우스는 마리아를 하나님의 어머니(Theotokos)라고 호칭하는 것은 위험하니 그리스도의 어머니(Christokos)라고 호칭하는 것이 좋다고 했다. 이것은 그리스도의 신성과 인성의 구별을 엄수하였던 전형적인 안디옥형의 그리스도론이었다. 그러나 키릴루스는 그 당시 평판이 좋았던 통속적인 마리아 숭배에 아첨하여 마리아가 하나님의 어머니라고 고백하지 않는 것은 이미 전세계 교회가 받아들인 니케아 콘스탄티노플 신조에 충실한 것이 아니라면서 네스토리우스를 공격하였다.

네스토리우스와 키릴루스의 논쟁이 431년에 개최된 에베소 회의를 통해 수습이 되었다. 에베소의 주교 멤논(Memnon)과 키릴루스는 안디옥의 요한을 수반으로 한 시리아의 주교들이 에베소에 도착하기 전에 회의를 열어 네스토리우스를 이단으로 규정하였다.[15] 그 후에 에베소에 도착한 네스토리우스의 친구

---

13 아폴리나리우스(Apollinarius, 310~390)에 의하면 인간 예수의 인격은 하나님의 로고스에 의하여 바뀌었다고 본다. 아폴리나리우스주의(Apollinarianism)는 그리스도의 인성을 위협하는 것이라고 해서 A.D. 381년 콘스탄티노플 공의회에서 이단으로 규정되었다. 노로 요시오, 「존 웨슬리의 생애와 사상」, p.361.
14 단성론(Monophysitism)은 6세기에 시리아, 이집트, 아르메니아에서 우세한 그리스도론으로, 예수 그리스도의 신성과 인성이 결합한 이상 이미 두 개의 본성이 아니라 하나의 본성이라는 것이다. 이와 같은 단성론의 선구자는 칼케돈 회의에서 이단으로 선언된 유티케스주의(Eutychianism)였다. 유티케스(Eutyches)에 의하면 예수의 신성과 인성에 대한 관계는 한 방울의 물이 대해(大海)에 속한 물과 같이 예수의 인성은 신성 가운데 매몰되어 있다는 것이다. Apollinarianism과 Eutychianism은 알렉산드리아 학풍을 형성하였다. 노로 요시오, 「존 웨슬리의 생애와 사상」, p.362~363.
15 이런 이유로 '에베소 강도회의'라고 일컬어지기도 한다.

들, 곧 시리아의 주교들은 분개하여 회의하여 키릴루스와 멤논을 이단으로 선언하였다. 그 후 교묘한 정치운동 및 선전에 의하여 키릴루스가 개최한 에베소 회의가 정당한 것이라고 역사에 남게 되었다. 이리하여 역사는 이들 편에 서게 되었다. 네스토리우스의 패배로 안디옥(Antioch) 그리스도론이 위기에 봉착하자 네스토리우스 측은 안디옥 대주교를 중심으로 세력을 규합하여 안디옥 학풍의 위세를 만회하려고 노력하였다. 그 노력의 일환으로 안디옥 측은 자신들이 마련한 '타협안'에 키릴루스가 서명하면 네스토리우스를 이단자로 선언하고 이집트의 사막으로 유형시키겠다는 조건을 제시하였다. 이에 만족한 키릴루스는 A.D. 433년 안디옥 측에서 준비한 '타협안'에 서명하였다. 이 타협안은 키릴루스의 그리스도론을 정정하도록 요구한 것이다. 이 타협안은 네스토리우스도 동의할 수 있는 것이었다. 이로써 안디옥은 실제적으로 승리를 이끌어 내었고, 키릴루스는 네스토리우스를 사막으로 유형 보냄으로써 에베소회의 정당성을 인정받았다.

4) 칼케돈 신조

마르키안(Marcian) 황제가 콘스탄티노플의 칼케돈(Chalcedon)에서 회의를 소집했다. 칼케돈 신조(The Chalcedon Creed, 451)의 그리스도론은 안디옥 측이 키릴루스에 제시한 타협안의 재확인에 불과하다. "이 유일하신 그리스도는 하나님의 아들이요 주가 되시며 독생자이신데 그의 신성과 인성은 어느 한 편에 더함이나 부족함이 없으며 나눌 수도 뗄 수도 없으신 분으로 인정하지 않으면 안 된다." 칼케돈 신조가 그리스도의 신성과 인성을 고백할 때 키릴루스는 받아들일 수 없는 것이었다. 내용적으로 네스토리우스의 승리라고 본다. 칼케돈 회의는 안디옥형의 그리스도론도 승인할 수 있는 듯한 방식으로 마리아가 하나님의 어머니라는 문장을 그 신조에 삽입하여 로마의 대주교 레오와 알렉산드리아의 키릴루스를 칭송하는 것으로 알렉산드리아형의 그리스도론의 패배를 외관상 은폐하였다. 이단으로 선언된 네스토리우스주의는 네스토리우스 본래의 그리스도론과는 다른 것이다. 네스토리우스는 신성과 인성의 혼합으로밖에 생각되지 않는 키릴루스의 발언에 반대한 것이다. 네스토리우스에 따르면 신성과 인성이 결합할 때 하나님과 사람은 하나의 형태(prosopon)를 형성한다. 이 결합의 형태는 신성이 인성으로 변화되거나 인성이 신성으로 변화되거나 하는 것이 아니면서 신성이 인성의 형태를 인성은 신성의 형태를 취할 수 있게 된다. 네스토리우스에 의하면 양성 어느 것도 결합의 형태와 동일시되어서는 안됨에도 불구하고 이 결합의 덕분에 인성에 대하여 말하게 되는 것이 신성에 대하여, 신성에 대하여 말하게 되는 것이 인성에 대하여도 무방하다는 것이다. 이런 의미에서 네스토리우스도 양성혼합의 위험을 방지한 것이라면 마리아를 하나님의 어머니라고 호칭할 수 있었다. 그러므로 교회가 이단시했던 네스토리우스주의와는 전혀 다른 것이다.[16]

칼케돈 회의는 니케아 회의에서 가결된 신앙고백을 재확인하고, 그리스도의 신성에 대하여 그는 참하나님이라고 고백하였다. 따라서 예수와 하나님의 본체가 동일하다는 것을 재차 강조하였다. 예수는 참신(Vere Deus)이요 참인간(Vere Homo)이며,[17] 예수의 신성과 인성은 서로 혼돈과 변동이 없으며 분할이나 분리가 없다는 것이다. 두 본성은 어떤 방법으로도 손상될 수 없다는 것이다. 칼케돈 신조는 성육신의 교리를 확장하는 의도가 있었고, 예수의 무죄와 동정녀 탄생을 인정하였다.

칼케돈 신조가 고백한 예수의 인격의 통일성(The unity of the person of Christ)에 대한 반론들이 있다. 헤르만(W. Herrmann)에 의하면, 예수는 하나님과 본질적으로 같지 않다. 그는 다만 하나님의 계시에 지나지 않는다. 트뢸츠(E. Troeltsch)에 의하면 예수는 하나님이 아니고 하나님에게 인도하는 분일 따름이다. 예수는 인격적 삶의 원상이며 상징에 지나지 않는다. 그러나 바르트(K. Barth)는 예수는 신이라고 전제하고 그리스도론을 그리스도의 신성에서 출발한다. 그는 역사의 예수에 대한 학문적 연구에 무관심하다.[18]

---

16 노로 요시오, 「존 웨슬리의 생애와 사상」, p.363∼368.
17 이신건, 「조직신학입문」(서울: 한국신학연구소, 1993), p.107.
18 오늘날 역사적 예수에 관한 연구는 아주 다양한 결과들을 내놓았다. 로버트 펑크는 역사적 예수를 세속적인 '현인'으로 보아, 나사렛 예수는 하나님의 아들이기보다는 유대적인 '소크라테스'에 가깝다고 하였다. 마커스 보그는 역사적 예수는 '영의 사람', '파괴적인 현인', '사회적 예언가'였다고 말한다. 존 크로산은 역사적 예수는 급진적인 사회 정의를 선포했던 사람으로 이해한다. 루크 존슨은 그리스도교 신앙은 역사적 예수를 보여주려는 것이 아니다. 루크 존슨에 따르면, 그리스도교 신앙은 성령의 증거에 의해 유지되는 것이다. 4복음서와 바울서신들, 그리고 1∼2세기에 나온 여타의 다른 자료들은 예수의 생애와 사역에 관한 믿을 만한 역사를 알려준다. 그 자료들은 대체로 예수는 사랑과 이타심을 설교했던 유대인의 농부였으며, 모함으로 인해 본디오 빌라도에게 심판을 받았고, 십자가에 처형당해 매장되었다가, 후에 그를 메시아로 여기며 그가 말한 복음을 전파하는 데 헌신했던 증인들 앞에 나타나셨다는 사실을 보여준다.

그리스도의 두 본성의
교리에 대한 오류들

　　　　　　　　　　　　　　　성서가 예수의 신성과 인
성을 증거하고 있음에도 불구하고, 그리스도의 신성을 부인하는 자, 그리스
도의 인성을 부인하는 자들이 있어 교회가 혼란을 겪기도 하였다. 그리스도의
신성을 부인하고 그리스도의 인성을 주장하는 학자로 오리게네스(Origenes),
아리우스(Arius), 네스토리우스(Nestorius) 등이 있었고, 그리스도의 인성을
부인하고 신성을 주장하는 학자로 사벨리우스(Sabellius), 아폴리나리우스
(Apollinarius) 등이 있었다.

1) 그리스도의 신성 부정

그리스도의 신성을 부정하는 이들이 있다. 에비온파(Ebionities), 알로기파
(Alogi), 종교개혁기의 소시니안파(Socinians), 현대의 유니타리안파(Unitarians)
와 현대 자유주의 신학자들이 그들이다.

에비온파(Ebionism)는 그리스도의 신성을 부정하였다. 이들의 이론은 '순인
설'(純人說)로 번역되기도 한다.[19] 에비온파는 유대주의에서 나온 것으로 히브리
어로 '가난하다'란 뜻으로 처음에는 모든 그리스도인들을 지칭했으나 나중에는
유대교적 그리스도인들을 지칭했다. 이들은 모세의 율법을 준수하면서 바울을
배척하고 유대교의 율법을 지킬 것을 주장했다. 그래서 신약의 마태복음을 제
외한 다른 복음서들과 바울서신들을 배척하였고, 그리스도의 동정녀 탄생을
부인했다. 예수 그리스도의 인성이 진짜 인성이었다고 주장하였다. 예수의 신
성은 그가 세례 받을 때 성령이 강림한 때부터라고 했다. 이들 주장의 장점은
나사렛에서 나신 예수를 진짜 인간으로 보는 것이다. 단점은 그리스도의 선재
사상, 성육신 사건, 부활, 승천 등을 역사적 사건으로 보지 않음으로써 예수 그
리스도로부터 신성을 삭제해 버리는 것이다.

소아시아의 이교도의 그룹(A.D. 170)인 알로기파(Alogi)도 그리스도의 신성
을 부정하였다. 몬타니즘(Montanism)은 2세기 중엽에 일어난 반영지주의적 이

19　이종성, 「조직신학개론」, p.106.

단운동으로 이들은 2세기 교회가 정착화·제도화됨에 따라 성령의 계시를 경시하는 것에 반대해서, 그리스도의 재림이 가까왔으며 하늘에 새 예루살렘이 건설될 것이므로 신자는 결혼을 금하고 금식과 금욕생활을 하도록 주장했다. 알로기파는 몬타니즘에 강하게 반발하여, 복음서와 요한계시록을 인정하지 않고 성령과 로고스의 신성(the divinity of the Holy Ghost and of the Logos)을 부정했다.

양자설(Adoptionism)도 그리스도의 신성을 부정한다. 양자설의 주장은 순인설과 비슷하다. 야훼신의 전적인 신성은 인정하는 반면, 그리스도의 전적인 신성을 부인하고 예수에게서 신적인 면이 있었다면 그것은 그의 본성에서 나온 것이 아니라 신으로부터 주어진 것이라고 보았다. 이들 주장의 단점은 예수의 신성을 부인하고 야훼신의 양자로서 아들의 칭호를 받았다고 함으로써 실질적인 삼위일체론을 부인하는 것이다.[20]

소시니안파(Socinians)도 그리스도의 신성을 부정하였다. 소시누스(Socinus)는 이성을 중시하여 이성은 영의 눈이며, 난문제의 판단자는 교황도 믿음 있는 그리스도교인도 아니고 이성이라고 믿는다. 계시의 진리는 이성 이상의 것이기는 하지만 이와 반대되는 것은 아니다. 이적은 믿어야 하지만, 삼위일체와 그리스도의 신성, 영혼 불멸 등은 이성과 모순되므로 믿어서는 안 된다고 하였다. 그는 교회의 모든 권위를 부정하고 모든 권위를 성서에 두며 성서를 이성으로 해석하였다. 그리고 인간의 무능력, 완전타락을 배격하고, 종교를 교리의 속박에서 해방시켜 편견 없는 성서연구를 장려했다.

유니타리안주의(Unitarianism)도 그리스도의 신성을 부정한다. 유니타리안주의는 그리스도교 사상의 한 파로서 하나님의 단인격성(unipersonality)을 주장하기 때문에 그리스도의 신성과 삼위일체 교리를 부정한다.

2) 그리스도의 인성 부정

그리스도의 인성을 부정하는 이들이 있다. 제2세기의 그노시스파(Gnosticism)는 그리스도의 참된 인간성을 부정했다. 영지주의자들은 영지(신비적인 지식)를 통해 우주를 바로 이해하고 물질세계를 구원할 수 있다고 주장한다. 영

---

20 Ibid., p.107; Louis Berkhof, 「기독교교리사」, p.126~128.

지주의자들은 예수의 신성만을 강조해서 결국 가현설(假顯說, docetism)을 주장하게 되었다.

가현설도 그리스도의 참된 인간성을 부정하였다. 가현설은 헬라적 사고방식에서 나온 것이다. 역사적 예수와 신앙의 그리스도 사이의 모순을 극복하기 위해 이들은 예수의 역사적 실재를 부인한다. 성육신을 부인하고 예수는 하나님의 환영(幻影)에 불과하다고 주장한다. 그리스도가 육체를 가질 수 없는 이유는 절대자는 유한자와 합일을 이룰 수 없고, 물질은 악하기 때문에 신령한 세계는 항상 이물질과 대립 상태에 있다는 것이다. 따라서 그리스도는 예수와 일시적으로 결합한 것이고 예수가 태어날 때 내려와서 예수가 십자가에 달릴 때 떠나갔다고 보아, 그리스도는 십자가 위에서 죽지 않았고 죽은 것은 단지 인간 예수라고 주장한다. 신적인 존재는 가변적이고 부패할 수밖에 없는 인간의 육체를 입을 수 없다. 예수 그리스도가 인간을 구원하기 위하여 육체를 입으셨다면 그것은 예수가 육체를 입은 것처럼 보였을 뿐이지 진짜로 육체를 입은 것은 아니다. 이것은 성육신을 부인하고 예수는 하나님의 환형에 불과하다고 주장하는 것이다. 가현설의 장점은 예수 그리스도의 신성을 강조하는 것이다. 단점은 헬라적 사고방식에서 인성을 경시하거나 무시하는 것이다. 예수 그리스도를 환상적 존재로 만든다.[21]

그리스도의 신성이나 인성 어느 한쪽을 부정하는 이들 외에도 그리스도의 두 본성을 완전히 부정하는 이들이 있었다. 아리우스파(Arianism, 250~336)는 그리스도를 하나의 창조된 존재로 보며 또한 신도 인간도 아닌 일종의 반신(半神)으로 간주했다. 아폴리나리우스주의(Apollinarianism)는 예수 그리스도는 2/3만 인간이고 1/3은 신성이라고 이해하였다. 이들의 장점은 예수의 무죄성을 변호한 것이지만 단점은 예수를 괴이한 인간으로 보는 것이다.[22] 유티케스파(Eutychianism)는 그리스도의 두 본성을 인간적인 것도 아니고 신적인 것도 아닌 어떤 제3의 성질에 융합된 것으로 보고, 그들은 가끔 그리스도의 인간성이 신성 속에 흡수되고 있는 것으로 표현하고 있다.

21 이종성, 「조직신학개론」, p.105~106.
22 Ibid., p.107~108.

그리스도의 인격에 관한
초기 그리스도교의 신학

　초기 그리스도교는 예수의 완전한 신성과 인성을 확신하였다. 초기 그리스도교 공동체는 예수는 그리스도(막 8:29)요 주님(고전 12:3)이라고 고백했다. 그들에게 예수는 완전한 인간인 동시에 완전한 하나님이었다. 예수가 한 인간을 용서할 때 예수라는 인간 속에서 표현되고 구현된 하나님의 용서가 있다. 한 개인의 용서가 아니라 하나님의 용서이다.[23] 하나님은 예수 안에서 그리고 그를 통하여 행하시고 고통당하시고 승리하신다. 예수의 완전한 신-인(神-人)의 진술은 그의 인격의 통일성에 대한 신비를 말한다. 두 본성이 본질적으로 혼돈과 변화와 나눔과 분리가 없이 한 품격 속에서 결합된다. 그리스도의 신인의 인격적인 통일성은 우리가 완전히 이해할 수 없는 하나의 역설이지마는 그리스도인의 경험에서, 유비에서, 그 실제의 어떠한 것을 알 수 있다.[24] 실제로 예수는 인간처럼 한계와 유한을 경험했다. 1세기의 한 유대인으로서 그 시대의 문화와 종교적 유산에 영향을 깊이 받았다. 육체적으로, 지적으로, 영적으로 자랐으며, 배고픔과 목마름을 경험했고, 모욕과 고문을 당하고 십자가에서 처형당했다.[25] 예수의 완전한 인간성은 그의 구원의 전제조건이었다. 예수의 완전한 인간성은 그의 성(남성)에 있는 것이 아니라, 하나님과 이웃을 향한 그의 무조건적 사랑과 타인을 포괄하는 그의 놀라운 사랑에 근거해 있다.[26]

　예수 그리스도 안에서 신성과 인성은 서로 자신을 내어주는 사랑 속에서 결합된다. 그것은 서로가 자신을 제한하며 서로에게 자신을 완전히 개방하는 성령의 결합이다.[27] 자신을 내어주고 타인을 인정하여 공동체를 창조하는 것은 하나님의 본성이다. 사랑의 삼위일체적인 교제는 예수 그리스도 안에서 참하나님과 참인간의 결합에 대한 근거와 원형이 된다. 카스퍼(Walter Kasper)에 의하면 예수 그리스도 안에서 하나님과 인간의 중재는 삼위일체 신학에 비추어

---

23 Daniel L. Migliore, 「조직신학입문」, p.231.
24 Donald Baillie, *God was in Christ* (New York: Scribner's, 1948), p.106~132.
25 가현론자(Docetist)는 예수는 발자국을 남기지도 않고, 눈을 깜박거리지도 않는다고 하였다.
26 Daniel L. Migliore, 「조직신학입문」, p.229~230.
27 Ibid., p.234.

서만 이해될 수 있다.[28] 예수의 신성과 인성에 대하여 많은 학적 토론이 있었으나 아직도 만족할만한 해결을 보지 못하고 있다.[29]

그리스도론의 방법

그리스도론의 방법에는 크게 두 가지가 있다. '위로부터의 그리스도론'(From above Christology)과 '아래로부터의 그리스도론'(From below Christology)이다.

1) '위로부터의 그리스도론'의 방법

고대 교회는 '위로부터의 그리스도론'의 방법을 주장하였다. '위로부터'의 그리스도론의 전형적인 인물은 칼 바르트다. 바르트의 그리스도론은 그리스도의 신성에서 출발한다. 바르트의 신학 여정은 사람이 하나님께 나아가는 것이 아니고 하나님이 사람에게 온다는 데 집중했다. 즉 하나님의 자유로운 은혜의 행위인 그리스도의 구원사건은 위로부터 아래로의 길이지 아래로부터 위에로의 길이 아니라는 것이다. 하나님만이 신과 인간을 화해시킨다.[30] 따라서 '위로부터의 그리스도론'은 역사적 예수에 대한 학문적 연구에 별로 관심을 갖지 않는다. '위로부터'의 방법에는 문제점이 있다. 첫째, 신을 전제한다. 둘째, 예수의 신성 근거를 제시 못한다. 셋째, 역사적 예수의 특수성을 감안하지 못한다. 판넨베르크는 '위로부터의 그리스도론'의 위험을 다음과 같이 우회적으로 말한다. "하나님은 역사 안에서 자기를 계시하신다."

2) '아래로부터의 그리스도론'의 방법

틸리히(Paul Tillich)와 판넨베르크(Wolfhart Pannenberg)가 이 방법을 대표하

---

28 Walter Kasper, *Jesus the Christ* (New York: Paulist Press, 1976), p.249.
29 1998년 4월 27일 「조선일보」의 기사에 의하면 독일 시사주간지 「포커스」는 현재 이탈리아 토리노 성당에 있는 성의(聖衣)와 혈흔을 연구한 결과, 예수의 키는 181cm, 몸무게 80kg, 혈액형은 AB형이라고 발표하였다. 물론 이 발표는 그 성의가 십자가에 못박혔던 예수의 시신을 정말로 덮었던 성의라는 전제에서 나온 것이다. (「조선일보」, 1998. 4월 27일자 신문) 영국 영화 제작자 데이비드 롤프는 예수를 덮은 수의만 있으면 예수의 DNA를 채취할 수 있으며 이를 통해 예수를 복제할 수 있다고 「가디언」지(紙)가 발표하자, 영국 국교회는 이런 일이 가능하다면 예수가 어떻게 신이면서 동시에 인간의 몸을 할 수 있는지의 문제를 비롯한 여러 문제를 해명할 수 있을 것이라는 반응을 보인 데 반하여, 영국 복음연맹과 복제양(羊) 돌리를 만든 로슬린 연구소는 복제를 하려면 살아 있는 세포가 필요하다며 복제 가능성을 일축하였고, 가톨릭 측도 그렇게 복제된 예수는 예수를 닮은 인간일 뿐이라고 일축하였다.
30 송기득, 「신학개론」, p.182.

는 인물이다. 칸트(I. Kant)와 슐라이어마허(F. Schleiermacher)는 예수를 '이상적 인간'으로, 리츨(A. Ritschl)은 세계 속에서의 '하나님 나라의 건설자'로, 틸리히는 '새 존재'(New Being), '본질적·실존적 인간'으로 보았다. 틸리히에 의하면, 구원은 인간의 상황에 충분히 관여하고 있는 존재로부터 오는 것이지 그저 땅 위를 거닐고 있는 하나님으로부터 오는 것은 아니다. 그리스도는 본질적 인간이면서 실존적 인간이다. 예수는 그 자체가 하나님이 아니고 하나님과 하나된 사람이고 동시에 인간을 하나님께로 인도하기 위하여 하나님에게서 떠난 인간들과 함께 길을 걷는 사람이다. 예수는 실존적 소외를 극복하기 위해서 실존 아래 있는 본질적인 존재, 새로운 존재가 됨으로써 구원을 얻게 한다.

판넨베르크는 예수는 하나님과 일치하는 분으로 본다. 하나님과 예수의 신성은 역사 안에서만 계시된다. 역사적 인간 예수로부터 그의 신성을 인식한다. 예수의 신성(예수와 하나님과의 일치)은 부활에 의해서 근거를 갖는다. 이것으로 예수는 하나님을 대신하게 된다.

예수는 우리에게 구원의 행동을 보여주셨기 때문에 우리는 예수의 신성을 인식한다. 거꾸로 예수는 신성을 가졌기 때문에 우리에게 구원의 행동을 할 수가 있다. 이렇게 보면 그리스도론은 인식의 차원에서 보면 '아래로부터'의 그리스도론이 되며, 존재의 차원에서 보면 '위로부터'의 그리스도론이 된다. 결국 그리스도론은 '아래로부터의 그리스도론'인 동시에 '위로부터의 그리스도론'이 되어야 한다. 그러므로 한 쪽으로만 치우친 그리스도론은 문제가 된다.

'위로부터의 그리스도론'과 '아래로부터의 그리스도론' 방법 외에도 종말론적 방법, 성령론적 방법, 삼위일체적 방법이 제시되기도 한다. 종말론적 방법을 시도하는 에벨링(G. Ebeling)은 위의 두 방법을 상호 보완적인 것으로 보고 종말론적 입장에서 그리스도론을 전개한다. 그에 의하면, 예수는 '유대교 후기 묵시 사상'(Apocalypticism)에서 이해되어야 한다. "예수가 누구이고 그가 무엇을 가지고 오는가의 문제는 구약성서로부터 그리고 유대교의 기다림으로부터만 이해될 수 있다."[31] 예수의 선포의 중심인 하나님 나라는 유대교 말기에 나타난 묵시사상의 종말론에서 유래하는 개념이다. '유대교 후기 묵시 사상'의 내용은 다음과 같다. ① 이스라엘이 약속한 구원은 역사의 종말에 도래할 것으로

---

31 H. J. Kraus, *Reich Gottes*, 박재순 옮김, 「조직신학」(서울: 한국신학연구소, 1997), p.340.

생각한다. ② 이 역사의 종말에 메시아가 오실 것이며, ③ 이때 모든 죽은 자들이 부활하여 하나님의 심판을 받을 것이며, ④ 그 다음 하나님 나라의 통치가 올 것이다. 따라서 예수의 인격과 주장은 구약성서적이며 묵시사상의 종말론적 배경에서 이해되어야 한다. 예수는 이스라엘이 기다리던 장차 오시는 분, 이스라엘이 대망하는 메시아로 이해된다.[32]

성령론적 방법은 그리스도론의 전제로 성령론을 내세운다. 성령론적 방법은 그리스도론을 성령론적 관점에서 이해하고자 하는 것이다. 그래서 예수를 구약성서의 예언에 상응하여 성령 가운데서 활동하시는 분으로 본다. 성령론적 방법에 의하면 예수의 역사는 성령의 역사인 것이다.

삼위일체적 방법은 예수를 삼위일체적으로 이해하려는 것이다. 예수는 하나님을 그의 아버지로 부른다. 아버지가 그 안에 있고, 그가 아버지 안에 있다.(요 14:10) 예수 안에서 하나님은 피조물, 곧 인간이 됨으로써 자기를 내어준다. 하나님은 성령과 함께 예수 안에 있고 그 안에서 활동하신다. 예수의 역사는 예수와 아버지와 성령 사이에 이루어지는 삼위일체적 역사이다.

그리스도의 호칭

그리스도의 본질, 본성 혹은 그의 상태와 그의 직위를 가리키는 다양한 호칭들을 성서에서 찾아볼 수 있다. 신약성서에서 예수에 대한 호칭은 대략 55개 정도 발견된다.[33] 예수는 하나님의 아들, 사람의 아들(인자), 그리스도, 고난 받는 사람, 영광의 주, 메시아, 중보자, 주(퀴리오스), 선지자, 제사장, 왕 등으로 호칭된다. 이 가운데 대표적인 예수의 호칭을 살펴봄으로써 우리는 예수에 대한 이해를 공고히 할 수 있을 것이다.[34]

첫째, "예수"라는 이름은 히브리어 어원에서 비롯된 여호수아(Joshua)의 헬라어 형이다. 바빌로니아 포로 생활 이후 역사책의 정규 형식으로는 예수아(Jeshua)이다.(스 2:2) 이 이름은 구약성서에서 잘 알려진 예수의 두 유형에서 볼 수 있다. 첫째, "모세의 수종자 눈의 아들 여호수아"(Joshua the son of Nun,

---

32 케제만(E. Käsemann)에게 묵시사상은 모든 그리스도교 신학의 어머니다.
33 이신건, 「조직신학입문」, p.102.
34 이하는 그리스도의 명칭에 대하여 Louis Berkhof가 정리한 것을 발췌 요약한 것이다. Louis Berkhof, *Manual of Christian Doctrine*, 「기독교신학개론」(서울: 은성문화사, 1974), p.160~165.

Moses' minister, 수 1:1)에서 찾아볼 수 있다. 여호수아는 하나님의 백성 이스라엘로 하여금 적을 정복케 하여 그들을 성지로 인도한 '훌륭한 지도자'로서 예수의 이름을 예시하고 있다. 둘째, 여호사닥의 아들 여호수아(Joshua)인데 하나님의 백성의 죄를 짊어진 '대제사장'으로서 예시하고 있다.(슥 3:1)

둘째, "그리스도"라는 이름은 구약의 '메시아'라는 이름에 해당한다. 그리스도란 "기름 부음을 받은 자"(the anointed one)라는 이름에 대한 신약의 동의어이다.(막 8:29) 구약시대에 왕과 제사장은 격식대로 기름 부음을 받았다.(출 29:7, 레 4:3, 삿 9:8, 삼하 19:10) 여기서 기름은 성령을 상징한다.(사 61:1, 슥 4:1~6) 기름 바름 그 자체는 성화된 사람에게로 영이 옮겨감을 의미한다.(삼상 10:1, 16:13~14)

셋째, "사람의 아들"이란 이름은 예수의 가장 일반적인 지칭이다.(시 8:4, 단 7:13, 요 12:43, 행 7:56, 계 1:13, 14:14) 이 이름은 그리스도의 인간성을 표현한다. 그리고 마 16:27~28, 막 8:38, 요 3:13~14, 6:27, 8:28에서 "인자", 즉 사람의 아들은 예수의 독자성과 그의 초인간적 인격 그리고 그가 하늘의 영광 속에서 구름타고 장차 오실 그 영광을 시사한다. 이런 면에서 보면 사람의 아들이란 이름은 예수의 메시아성을 은폐하는 목적으로도 사용되었을 가망성도 있다. 왜냐하면 사람의 아들이란 이름 속에는 그 당시 유대인 사이에 유행되고 있었던 메시아성에 대한 일반적인 이해가 포함되지 않았기 때문이다.

넷째, "하나님의 아들"이란 이름은 구약에서는 한 민족으로서의 이스라엘(출 4:22, 호 11:1)과 다윗의 집에 약속된 왕(삼하 7:14, 시 89:27)과 천사들(욥 1:6, 38:7) 그리고 대체로 경건한 사람들(시 73:7, 잠 14:26)에게 적용되었다. 신약에서는 예수 자신은 물론 그의 제자들과 마귀까지도 예수를 "하나님의 아들"로 고백하였다. 그의 초자연적 활동(눅 1:35), 하나님의 후계자 혹은 대표자의 의미(마 8:29, 24:36, 막 13:32), 삼위일체의 제2위의 분으로서 사용(마 11:27, 14:28~33, 16:16, 21:33~46, 22:41~46, 26:63)되었다.

다섯째, "주님"이란 이름은 단순히 공손하고도 정중한 인사의 형식으로서 "선생님"이란 의미로서 사용(마 8:2, 20:33)되고, 그리스도의 높으신 인격과 지고하신 영적 권위를 표현하기도 한다. 주님이란 이름은 하나님의 이름과 동등하게 사용되기도 한다.(막 12:36~37, 눅 2:11, 3:4, 행 2:36, 고전 12:3, 빌 2:11)

그리스도의
성육신과 탄생

1) 성육신

그리스도의 성육신은 신적 위엄을 버리시고 종의 형태로 인성을 취하신 것을 가리킨다. 성육을 통해서 하나님의 아들은 인류 중의 한 육신이 되셨다. 하나님의 아들은 그의 본래적 존재를 단념하고 하나의 실제적 인간으로의 변신이 아니라 그의 신적 본성에 덧붙여 완전한 인간성을 취하셨다.(요 1:4, 롬 8:3, 딤전 3:6, 요일 4:2) 우리를 구원하실 수 있는 분은 오직 성육하셔야 했다. 성육신은 인간 구원을 위한 것이다.

2) 동정녀 탄생

바르트는 동정녀 탄생 교리를 성육신 교리와 연관시켰다. 동정녀 탄생 교리는 인간의 구원에 있어서 하나님의 주권적 은총을 계시한다. 동정녀 이야기는 예수의 근원에 대한 신학적 설명이다.(Otto Weber) 마리아는 그리스도의 인성이 성립되는 하나의 통로라 할 수 있다. 그리스도의 성육은 동정녀 탄생에 의하여 이루어졌다.(마 1:18~25, 눅 1:26~28, 렘 31:22)[35] 이로써 그리스도는 무죄하신 분임의 근거가 된다.

동정녀 탄생에 대한 비판적 시각이 있다. 첫째, 동정녀 탄생설은 신화나 창작물 또는 신학적 설명이라는 것이다. 동정녀 탄생설은 세례요한과 예수의 친척들, 친구들, 이웃에 의하여 보존되었다. 그 당시 사람들은 위대한 장군이나 황제를 찬양하는 방법으로 동정녀 탄생설을 주장하였다. 동정녀 탄생설은 한국의 고주몽설화(동명성왕)처럼, 예수의 전형적인 신화라는 것이다.(H. Theilicke) 동정녀 탄생설은 성육신을 생물학적으로 설명하기 위한 시도다.(E. Brunner) 그래서 브루너는 성육신 교리를 받아들이지만 동정녀 탄생 교리는 거부한다. 예수가 만약 아버지 없이 태어났다면 그는 완전한 인성을 가질 수 없다는 것이

---

35 로마 가톨릭과 개신교는 12월 25일을 성탄절로 지키고 있으나 그리스 정교회와 아르메니아 교회는 1월 7일을 성탄절로 지킨다. 예수의 출생 연도가 정확하게 언제인지 가려내기 쉽지 않다. 그러나 최근 연구에 의하면 기원전 6년이 정확한 연도라고 한다. 정용섭, 「기독교를 말한다」(서울: 한들출판사, 2001), p.39.

다. 가톨릭교회가 동정녀 탄생 교리를 주장한 것은 옳지만 그 기사가 '진정한 역사적 문서'라고 믿는 것은 잘못되었다고 믿는다.(Brown) 대부분의 신학자들 (특히 Bultmann에게 영향 받은 신학자들)은 동정녀 탄생기사가 일종의 신화라고 본다.

둘째, 성서적 관점에서 예수가 동정녀 마리아에게서 탄생했다는 기록은 마태복음과 누가복음에만 기록되어 있고 마가복음과 요한복음에는 이에 대한 기록이 전혀 없다. 특히 마가복음은 복음서 중에서도 가장 먼저 기록되었고 또한 요한복음은 복음서들 가운데 가장 늦게 기록되었는데, 이 복음서들이 예수 탄생에 대하여 침묵하고 있다. 그 이유는 성서는 신문보도가 아니라 신학자의 신앙고백이며 역사신학적 진술이라는 데서 찾아야 할 것이다. 예수의 동정녀 탄생설은 역사적 사실로서 기록된 것이 아니라 초대 교회가 예수의 신성을 강조하기 위해 삽입한 비본래적인 교설이라는 견해가 있다.[36] 초대 교회가 그리스도의 위력을 높이기 위해서 사용한 수단이다. 그리스도는 멜기세덱(히 7:3, 아버지, 어머니 없었음)과 같이 되신 분이다. 초대 교회는 이 교리로 예수를 원죄로부터 차단하고 그리스도가 구주가 될 수 있는 가능성을 제공했다.

셋째, 동정녀 탄생설은 인간의 생물학적 지식과 인간의 출생에 관한 지식에 상반된다는 근거에 의해 거부된다. 남자와 여자 사이에만 아이가 생길 수 있다는 것이다.

판넨베르크에 의하면[37] 예수의 동정녀 탄생 이야기의 핵심은 성령의 역사로 예수가 마리아의 몸을 통해 출생하였기 때문에 예수는 하나님의 아들로 보아야 한다는 것이다. 동정녀 마리아 출생이 우리에게 말하고자 하는 메시지의 초점은 인간 마리아의 몸을 통한 성령의 역사는 곧 예수가 하나님의 아들임을 알려준다는 사실이다. 따라서 동정녀 탄생의 사실성 여부를 따지기보다는 그 설화의 신학적 현실성을 모색하는 것이 그리스도인의 바람직한 자세라 할 수 있다. 예수가 실제로 신이었다면 동정녀 탄생사건뿐 아니라 더 많은 초자연적인 일을 하실 수 있을 것이다. 성서의 말씀을 제대로 들을 수 있다면 예수의 동정녀 탄생설과 그의 무죄성은 아무 어려움 없이 믿고 고백할 수 있다.

---

36 이종성, 「조직신학개론」, p.109.
37 W. Pannenberg, *Das Glaubensbekenntnis*, 정용섭 옮김, 「사도신경 해설」(서울: 한들출판사, 2000), p.98~107을 참조하라.

역사적 그리스도론은 동정녀 탄생과 성육신이 연결되어 있다고 본다. 동정녀 탄생 이야기는 역사적인 연결점도 없이 임의로 만들어낸 초대 교회의 창작물로 보는 것에는 다소 무리가 있어 보인다. 초대 교회는 동정녀 탄생 이야기의 역사적 확신이 존재할 가능성과 성육신과 탄생이 하나라는 관점 때문에 동정녀 탄생을 성육신의 교리의 일부로 믿었다. 동정녀 교리는 건전한 교리의 일부였음을 많은 신조가 말해왔다.

예수의 하나님 나라 선포

마 4:17, 막 1:14~15은 예수가 하나님 나라를 선포하시면서 공생애를 시작한 것을 보여준다. 하나님 나라는 예수가 지향한 목표였다. 하나님 나라는 예수의 메시지의 핵심으로서 그의 인격과 활동을 지배하고 있는 중심 개념이다. 예수가 선포한 하나님 나라는 무엇을 말하는가? 하나님 나라는 하나님의 통치와 주권의 성취를 의미한다. 하나님 나라는 구체적으로 어떻게 다가오는가? 근본적으로 하나님 나라는 하나님의 선물이다. 그러나 하나님 나라가 그분의 선물이라고 해서 인간은 그저 아무런 일도 하지 않고 잠잠히 기다리는 것이 아니다. 예수는 하나님 나라의 도래 앞에 인간의 철저한 변화와 세계의 철저한 개혁을 요구한다. 하나님 나라는 해방과 구원, 치유와 평화의 나라다. 하나님 나라는 가난한 자에게 주어진다. 부자들, 권력자들에게도 하나님 나라의 문이 열려 있다. 그들이 온전히 하나님을 의지하고 실제로 가난한 자들의 운명에 참여할 준비를 갖춘다면 하나님 나라에 들어갈 수 있다.

우리는 교회에서 하나님 나라라고 하면 예수 믿고 죽은 다음에 가게 되는 천당쯤으로 생각하고 있다. 특히 천당(天堂)이라는 단어는 대궐이나 호화맨션 쯤으로 생각하기 쉽다. 우리가 하나님 나라를 이런 의미로 이해하면 예수가 선포한 하나님 나라에 접근할 수 없다. 구약 성서에 의하면 그런 천당 개념은 없다. 인간이 죽으면 누구나 할 것 없이 음부(스올)에 가게 된다. 구약시대 때 죽음은 말 그대로 죽음이다.(참고. 시 6:5~6) 이에 반하여 신약시대에 죽음은 죽음이 아니라 새로운 세계로, 즉 하나님 나라로 들어가는 사건이 되었다. 하나님 나라는 우리가 초대권을 가지고 음악당에 들어가는 개념으로 이해할 수 있는 것이 아니라 그 세계에 참여하는 개념으로 이해할 수 있는 것이다. 하나님 나라의 속성은 어떤 힘이나 변화나 열린 마음 같은 방향성과 같은 것들이지 어떤 조건이나 상태는 아니다. 하나님 나라는 우리를 전혀 새로운 삶의 지평으로 옮긴다. 하나님 나라의 능력은 우리의 슬픔을 기쁨으로 만들고, 고난을 희망으로 만들기도 한다. 우리는 역사적 예수를 그리스도로 고백하고 그를 믿고 따른다. 역사적 예수는 하나님 나라의 실현을 이 땅에서 추구하였다. 우리는 역사적 예수를 따르는 자로서 하나님 나라를 이 땅에서 실현해야 한다.

그리스도의 십자가와 부활

하나님의 구원의 행위는 그리스도 안에서 이루어진다. 루터파에서는 십자가 사건이 선교의 중심이 되고, 부활의 메시지는 뒷전에 놓는다. 불트만은 부활에 대해서 말한다는 것은 십자가의 의미를 표현하는 것이라고 하였다. 이와 반대로 부활이 구원의 근거로서 지배적인 자리를 차지한다고 주장하는 학자들이 있다. 퀸네스(W. Künneth)는 부활 없이 십자가는 구원의 사건이 되지 못한다고 하였다. 부활에 의해서만 십자가는 구원의 사건이 된다.

역사의 예수는 십자가와 부활의 참뜻을 제대로 구현했다. 십자가는 의를 위한 수난이고, 부활은 악과 죽음의 세력에 대한 극복이다. 사도 바울에게 십자가와 부활은 모두 구원의 핵심적 의미를 가진다.(고전 1:12f, 갈 6:14) 케제만(E. Käsemann)은 부활의 주에게는 십자가의 못자국이 남아 있다고 하여, 부활의 영광이 아무리 찬양되더라도 그것은 십자가에 달린 분의 부활이라고 하였다. 이들의 지적한 바와 같이 십자가와 부활은 상관관계를 지닌다. 십자가에 달린 예수를 보고 우리는 우리가 끝까지 보존된다는 신뢰를 가진다.

1) 그리스도의 십자가

예수는 왜 십자가에 죽으셨나? 미글리오리에 따르면 첫째, 그리스도는 죄 많은 세상이 하나님의 심판 아래 있다는 것을 드러내기 위해서 죽었다. 십자가는 우리가 심판 아래 있다는 하나님의 비폭력적 사랑의 계시이다. 둘째, 그리스도는 우리에게 하나님의 용서를 중재하기 위해 죽으셨다. 십자가는 하나님 자신의 희생적 선물이며 세상 한 가운데서 하나님의 용서와 우정을 중재한다. 셋째, 그리스도는 새로운 인간을 위한 새로운 미래를 열기 위해 죽으셨다. 부활의 빛에서 본 십자가는 하나님의 비폭력적인 사랑이 승리한다는 분명한 약속이다. 하나님은 우리에게 희망을 빼앗기 위해 십자가를 지신 것이 아니라 모든 십자가를 끝장내려고 십자가를 지신 것이다.[38]

십자가의 사건은 속죄의 사건을 표현한다. 사람의 희생으로는 속죄가 충족될 수 없기 때문에 하나님이 사람 대신 희생의 제물이 된 것이다. 하나님이 그 자신을 십자가에 매달은 것은 순전히 그의 사랑의 실천이다. 신의 본질은 진노가 아니라 사랑이다. 예수는 율법의 지배를 벗어나 죄인을 위하여 대가를 지불하시고, 죄인을 위하여 의와 영생의 공로를 세우셨다. 그 사건이 십자가의 사건이다. 인류는 그리스도를 통한 속죄(The Atonement Through Christ)를 통해 하나님과 화해하고 구원을 얻게 되었다. 그리스도의 속죄 사역에 관한 여러 해석들이 있다. 이들의 해석들을 살펴보고자 한다.[39]

(1) 우주적 투쟁설

그리스도의 속죄 사역은 하나님과 이 땅에 있는 악의 세력과의 극적인 투쟁이다. 그리스도는 십자가와 부활에 의해 결정적으로 악의 세력을 무찌르고 악의 포로들을(인간을) 자유롭게(구원)하셨다. 이 이론의 약점은 신앙인들을 그들의 투쟁에 대해서 단순한 방관자로 만든다. 그리고 예수의 인성을 악의 세력을 속이기 위한 단순한 위장으로 축소시킨다.

---

38 Daniel L. Migliore, 「조직신학입문」, p.247~249.
39 뒤따르는 이론들에 대해서 Gustav Aulen, *Christus Victor* (New York: Macmillan, 1951)과 Daniel L. Migliore, 「조직신학입문」, p.236~241을 보라.

(2) 배상설(Ransom Theory)

배상설은 이레네우스(Irenaeus, c. 135~c. 202)에 의해서 처음으로 주장되었다. 이후 오리게네스(Origenes, c. 185~c. 254), 아우구스티누스(Augustinus), 루터(Luther)에 의해 지지를 받았다.[40] 이 이론에 따르면, 하나님이 인류를 마귀로부터 석방시킬 때 마귀에게 대가를 지불해야 했다. 하나님은 강제적 방법을 쓰지 않고 마귀에게 값을 치르시고 인류를 석방하는 방법을 취하셨다. 마귀는 하나님의 아들이신 예수의 생명을 요구했다. 인간은 지불 능력도 없었다. 하나님만이 그 배상을 제공할 수 있기에 그리스도는 모든 사람을 위한 보상금이 되었다. 하나님은 그리스도 안에서 인간이 되시기 때문이다. 배상의 개념은 값의 지불을 의미한다. 이 값이 바로 예수 그리스도의 죽음이라 믿었다. 그의 죽음으로서, 배상이 주어지고, 하나님의 명예가 회복되고, 정의가 실천되고, 죄인들이 용서 받는다. 이 이론의 장점은 그리스도의 인성이 우주적 투쟁설보다 더 중요한 역할을 한다는 것이다. 단점은 은혜는 배상을 위해서 조건적인 것이 된다. 죌레(Dorothee Sölle)는 그리스도의 대리 개념은 적절치 못하다고 보았다. 왜냐하면 대리 가능한 것은 비인격적이기 때문이다. 그런 까닭에 죌레는 대리보다는 대표의 행위로서 이해되어야 한다고 제언한다.

(3) 만족설(Satisfaction Theory)

안셀무스(Anselm)가 제기한 이론이다. 하나님은 자기의 의를 확립하고 인간의 죄를 벌하고 상처 입은 영예를 회복하는 길을 택하셨다. 이 일은 신 이외에 어느 누구도 할 수 없었다. 그래서 예수가 십자가에서 돌아가셨다. 이로써 십자가의 공로로 하나님의 영예가 회복되고, 인간이 구원받고, 하나님은 만족하셨다. 만족하신 하나님은 그리스도에게 어떤 상급을 내리려했으나 그리스도는 그 상급이 필요치 않으므로 대신 인간에게 상급, 즉 구원이 주어진 것이다. 이것은 안셀무스의 만족설의 논리이다.[41]

---

40 이종성, 「조직신학개론」, p.115; Wayne Grudem, *Systematic Theology*, 「조직신학」 중(서울: 은성, 1996), p.111.
41 Louis Berkhof, 「기독교교리사」, p.199~202.

(4) 도덕 영향설 또는 도덕 감화설(Moral Influential Theory)

중세 신학자 아벨라드(Peter Abelard, 1079~1142)에 의해서 강조되었다. 예수의 십자가는 신의 만족을 주기 위한 사건이 아니라 사람에게 감화를 주기 위한 것이었다. 예수의 십자가는 하나님의 사랑의 크심을 보여주는 사건이다. 이로써 우리도 사랑의 생활을 하도록 감화를 받는다. 하나님의 사랑에 놀람과 감사 속에서 인간은 응답할 수밖에 없는 방법으로 하나님과 화해한다. 이 이론의 장점은 하나님의 사랑의 무조건성과 우리 인간의 응답의 중요성을 강조하는 것이다. 약점은 하나님의 사랑을 감상주의화하는 경향이 있다. 이 세상에서의 악의 능력과 강인성을 과소평가하고, 예수를 단지 우리가 따라야 할 모델로서 묘사한다.[42]

(5) 형벌 만족설(Penal Satisfaction Theory)

형벌 대속설(Penal Substitution Theory)이라고도 한다. 형벌 대속설은 토마스 아퀴나스(Thomas Aquinas)의 속죄론에서 볼 수 있다. 이 이론은 죄의 벌을 인간이 감당할 수 없기에 하나님의 아들 예수가 담당하여 죄의 문제를 해결했다는 것이다. 그 결과 하나님이 만족하시고 모든 죄를 용서하신다는 것이다. 루터와 칼뱅을 포함한 종교개혁자들은 대체로 안셀무스의 만족설을 따랐으나 그것을 더 보완하여 죄에 대한 벌을 강조하였다.[43]

(6) 통치설(Governmental Theory)

네덜란드의 법률학자이며 신학자인 그로티우스(Hugo Grotius)에 의해서 주창되었다. 그리스도의 죽음은 우주통치의 배상이다. 그리스도의 죽음을 통하여 우주의 권위가 회복되었고 인간은 속박이 풀리고 은총을 얻게 되었다는 설이다. 인간의 죄로 인하여 하나님의 통치가 손상을 입었다. 신은 그의 아들 예수 그리스도를 세상에 보내셔서 그의 무너진 통치권을 재확립하시기 위하여 죄를 벌하셨다.[44]

---

42 Ibid., p.202~204; Wayne Grudem, 「조직신학」 중, p.111~112.
43 이종성, 「조직신학개론」, p.116~117; Louis Berkhof, 「기독교교리사」, p.207~209.
44 Louis Berkhof, 「기독교교리사」, p.217~219; Wayne Grudem, 「조직신학」 중, p.113.

(7) 고전설(Classical Theory)

아울렌(G. Aulen)에 의해서 주창되었다. 십자가의 사건은 마귀의 세력과 신의 사랑과의 투쟁에서 신의 사랑이 승리한 것으로 본다. 십자가의 사건은 아벨라드(Abelard)처럼 도덕적으로 감화를 주기 위한 것이라기보다는 신의 사랑의 승리를 의미하는 사건이었다고 본다.

우리는 다양한 속죄 이론을 살펴보았다. 여기서 주의할 점은 다음과 같다. 첫째, 모든 이론을 일반적인 요소로 축소할 것이 아니라 다양성을 존중해야 한다. 둘째, 그리스도의 속죄 사역은 선교, 가르침, 십자가, 부활 등의 복음 전파를 포괄한다. 셋째, 속죄의 사역은 하나님의 은혜로운 주도권에 기초하지만 또한 인간의 응답을 요구한다. 넷째, 속죄의 교리는 하나님의 은혜와 심판에 이바지한다. 다섯째, 그리스도의 속죄 사역은 개인과 사회, 온 우주를 위하여 의미를 가진다.

십자가의 사건은 하나인데 이에 대한 해석과 이해가 상술한 바와 같이 다양하게 나타나고 있다. 다양한 해석들은 그 나름대로 성서적 근거를 가지고 이해한 것이다. 따라서 이 가운데 어느 한 가지 이론으로 십자가의 구속의 사건이 내포하고 있는 심오한 진리를 다 설명할 수 없을 것이다. 따라서 우리는 이런 해석과 이해가 통합된 통전적(wholstic) 이해가 필요하다.[45]

2) 그리스도의 부활

예수의 부활은 역사적 사건이지만 역사에서 유비를 찾을 수 없는 새로운 하나님의 행위였기 때문에, 역사적으로 입증하거나 반증할 수 있는 사건은 아니다. 그것은 하나님의 새로운 창조였다. 판넨베르크는 부활하기 전의 예수의 주장들(Claims)과 빈 무덤(The Empty Tomb) 사건, 그리고 부활 후의 현현(Apparence) 등을 통해 부활의 역사성을 말한다.[46] 그러나 부활이 먼저 증명되고 이 증명에 따라 부활한 분을 믿는 것은 신앙이 아니다. 에벨링(G. Ebeling)은 이런 방법은 부활에 대한 모독적 행위라고 했다. 부활한 것은 예수의 시체가

---

45 이종성, 「조직신학개론」, p.121 ; Louis Berkhof, 「기독교교리사」, p.205~206.
46 김영선, 「예수와 삼위일체 하나님」(서울: 기독교문서선교회, 1996), 제2장을 참고하라.

소생한 것이 아니라 영의 몸(고전 15:44)이라고 한 것은 부활이 과학적 검증이나 반증의 대상이 아니라는 것을 말한다. 빈 무덤은 결코 부활의 증거가 아니고 부활을 믿는 사람들에게 부활을 이해하는 지시이다. 예수의 부활 신앙은 빈 무덤의 현실성이 보여주는 그의 부활을 믿는 것이다. 예수가 그때 빈 무덤에서 나오지 않았다면 그는 지금 우리에게 올 수 없다. 빈 무덤의 의미는 예수의 부활을 증거하는 데 있지 않고 예수는 무덤에 있지 아니하고 갈릴리에 있다는 사실을 가리킨다. 갈릴리에서만 부활한 예수를 만날 수 있다.

부활은 다음과 같은 본질과 의미를 지니고 있다. 첫째, 부활은 예수의 주장을 정당한 것으로 입증한 사건이다. 둘째, 부활은 도래하고 있는 종말의 표징이다. 셋째, 하나님 나라의 궁극적 수립의 시초다. 넷째, 죽음의 죽음, 심판과 저주의 극복이다. 다섯째, 예수를 하나님의 유일한 아들, 우리와 세계의 주로 입증한 사건이다. 여섯째, 예수의 재림 기대를 가능케 한 사건이다. 일곱째, 부활은 예수의 시체의 단순한 소생, 지상적 생명에로의 복귀가 아니라 전혀 새로운 변화를 의미한다. 부활은 지금의 몸 대신에 전혀 다른 것의 나타남이 아니라 철저한 변화로서 영적인 몸을 갖는 것이다.

우리는 매년 부활절을 지키면서 색칠한 계란을 나누며 인사도 나누고, 다채로운 활동을 한다. 그러나 예수의 부활 신앙이 그리스도교의 근본 교리임을 잃는다면 이 모든 일은 헛된 일일 것이다. 바울 사도는 누구보다도 부활 신앙을 바로 증거하였고 그 부활의 능력이 개인의 사생활과 복음 전파의 핵심이 되었다. 그러면 그 부활의 성격은 어떤 것일까? 예수의 부활은 실제적 부활이다. 부활을 부정하는 이들이 있다. 예수가 기절했다가 다시 깨어났다고 주장하는 이들이 있다. 그리고 정신적으로 흥분상태에 빠졌던 사도들과 여인들이 예수의 환영을 보았을 뿐인데 그것을 실제로 나타난 것으로 혼동했다는 이들도 있다. 그러나 이것은 모두 성서에 대한 무지에서 비롯된 것이다. 백부장과 군인들은 살인 경험이 많은지라 그가 완전히 죽은 것을 선언했다.(막 15:45, 요 19:33) 그러므로 예수의 기절론은 일고의 가치가 없다. 어떤 사람은 예수님의 죽음을 극화하여 그가 십자가에 달릴 때 영혼은 슬쩍 빠져나왔고 부활할 때는 다시 슬쩍 들어갔다고 한다.

부활은 그리스도 신분에 있어서 위대한 전환점(turning point)을 가져다주는 사건이었다. 예수의 부활은 예수를 보다 높은 차원에로 높여준다. 예수의 부활은 영의 완전한 조직으로 변형된 육체였기 때문이다.(눅 24:31, 36, 39, 요 20:19, 21:7, 고전 1:50) 부활은 신자들에게 미래의 부활에의 상징과 원인이 되었다.(롬 4:25, 5:10, 6:4~5,9, 8:11, 고전 6:14, 15:20~22, 고후 4:10~11,14, 골 2:12, 엡 1:20, 빌 3:10, 살전 4:14, 벧전 1:3)

미글리오리는 부활에 대한 학자들의 다양한 해석을 상상하여 다음과 같이 소개하였다. 그는 바르트와 몰트만과 판넨베르크를 상상적으로 대화시키면서 부활에 대한 그들의 이해가 어떻게 특성화되고 있는지를 분석한다. 먼저 바르트에 대한 이해를 보자.[47]

(1) 바르트

바르트에게 부활은 하나님의 행위로서 '계시의 사건'이다. 부활이 역사 안에서 일어나지만 그것이 일어난 역사는 일반적인 역사 연구로 접근할 수 없는 초월적인 역사라고 주장한다. 바르트에게 부활 사건은 역사적 사건으로의 증명이 불가능하다. 제자들의 부활 신앙은 모든 사람이 동의할 수 있는 사실로부터 도달할 수 있는 결론이 아니다. 부활 사건은 참으로 일어났지만 이 행위는 현대 역사적 연구와 근거를 추구하는 과제를 뛰어 넘는다. 이에 대하여 판넨베르크는 바르트가 계시와 이성, 신앙과 역사를 따로 분리하는 경향이 있다고 공격한다. 판넨베르크에게 신앙인들이 부활을 주관적으로 진리라고 인정할지라도 부활은 객관적으로 진리인 것이다. 불트만은 부활 사건을 시공간 안에서 하나의 사건으로 제자들이 응답했었던 진짜 일어난 사건으로 제시하는 바르트의 견해는 해석될 필요가 있다고 보고 바르트의 사관은 성서문자주의와 근본주의에 빠지게 한다고 비판한다. 그리고 바르트가 철학적, 해석학적으로 고지식하다고 공격하였다. 이에 대하여 바르트는 불트만이 그리스도교 신앙과 신학을 인류학으로 만들었다고 비판하였다.

---

47 뒤따르는 진술들은 Daniel L. Migliore, 「조직신학입문」, 부록 B, 부활에 관한 대화, p.405~425에서 발췌 요약한 것이다.

(2) 몰트만

몰트만은 부활을 예기적·선취적·약속적 성격을 가지고 있는 사건으로 본다. 부활은 그리스도인의 희망의 기반이며 교회 사명의 기초다. 신학의 진정한 과제는 세상에 새로운 해석을 제공하는 것이 아니라 세상의 변화에 참여하는 것이다. 초대 교회는 부활을 세상의 변화의 시작으로 이해했다고 보았다. 불트만은 이 변화에 대해서 편협하고 지엽적이고 개인주의적으로 해석하였다. 몰트만에게 부활은 '새로운 자기 이해'를 넘어서 사회적이고 정치적인 세상을 다르게 이해하고 행동하는 것이다. 그러므로 부활은 개인적인 삶의 영역에서뿐만 아니라 사회정치적 영역에서도 혁명적인 의미를 내포하는 신앙의 표현이어야 한다. 몰트만은 부활은 약속의 사건으로서 역사를 만들고, 역사를 열고, 인간의 소외와 불의한 현재 상태에 만족하지 않게 하는 사건으로 본다. 여기에 종말론적인 개념이 내포되어 있다. 이에 대하여 판넨베르크는 비판을 제기한다. 그것은 사회적인 예언자의 역할 수행을 그만하고 그리스도교 신앙의 주장에 대한 책임성 있는 진술을 제공하라는 것이다. 왜냐하면 이것이 신학의 진정한 과제이기 때문이다.

몰트만에게 십자가와 부활을 안다고 하는 것은 모든 것을 변화시키기 원하시는 하나님의 사랑의 역사와 고통과 기쁨에 참여하는 것이다. 그러므로 진정한 부활절 신앙은 역사적인 증거 속에서가 아니고 세상을 위하여 고통 받고 해방시키고 화해하는 사랑이신 하나님 자신의 역사로부터 오는 희생과 봉사와 정신 속에서 분명해진다.

(3) 판넨베르크

판넨베르크는 신앙의 합리성, 즉 현대 과학에 근거하여 발전되어야 할 새로운 그리스도교 변증론에 대한 필요성과 그리스도교 신앙과 역사적 연구 결과와의 뗄 수 없는 연결들을 강조한다. 그는 역사로부터 부활을 분리시키는 것을 반대한다. 그에게 부활은 하나의 역사적인 사건이다. 부활이 역사적 사건이 아니라면 교회의 메시지는 속임수이며 우리는 아직도 죄와 죽음의 속박 속에 있게 된다. 판넨베르크는 계시의 사건으로 부활을 보는 바르트보다는 약속의 사건으로 부활을 보는 몰트만을 더 선호한다. 그러나 몰트만이 부활절의 신앙에 대한 사실적인 증거를 무시하는 것은 결국 바르트와 같은 입장에 놓이게 된다고 염려한다. 판넨베르크에게 어떤 사건의 완전한 의미는 역사의 종말에 가서야 마침내 결정된다. 모든 역사적 사건은 역사의 종말에서 완전하게 알려질 수 있다. 부활을 초역사적인 영역에 놓고 '계시의 사건', '약속의 사건'으로 부르든지 혹은 존재론적 영역에 놓고 '새로운 자기 이해'(불트만)로 부르는 것은 거의 차이가 없다. 유대교와 그리스도교의 묵시적 상황(Apocalypticism) 속에서 부활의 의미를 파악할 때에야 비로소 부활의 의미를 알게 된다. 초대 교회 제자들은 예수의 부활이 일반적인 부활과 최후 심판의 전조가 되었다고 믿었다. 신앙이 현대의 정신과 교통하려면 합리적이어야 한다. 예수의 부활을 믿는 우리의 믿음을 위한 이유를 제공해 줄 수 없다면 그리스도교 신앙은 독단적이고 권위주의적인 것이 되고 만다. 이에 대해 불트만은 "나는 물·위를 걷는 사람에 대한 보도를 역사적인 사실로 받아들이지 않는다."고 응수한다. 이에 대해 판넨베르크는 역사는 엄밀히 고유하고 유일하고 일회적인 무대이고, 죽은 자로부터의 그리스도의 부활은 죽은 자로부터의 부활이 일어나지 않는다는 것과 같은 어떤 일반 법칙을 위반하기 때문에 비역사적이라고 불릴 수 없다고 응답한다. 미확인된 비행체(U.F.O)를 본 사람들이 있다. 우리는 그들을 향하여 비역사적이라고 말할 수 있는 근거가 없다. 여기서 바르트의 비판이 제기된다. "신앙을 역사 비판적인 이성의 결론에 의존하게 한다. 당신의 접근 방법은 지식이 먼저이고, 그 다음이 신앙인 것 같다. 이것은 신학 연구의 적절한 방법이 아니다."

바르트와 불트만은 신앙의 주장들에 대한 이유와 증거를 제공하려는 모든 시도에 의심하고 부활이 역사적인 사건이 되도록 말해질 수 있다는 의식에 모호성을 갖고 있다. 그러나 이 이유와 증거가 무시당할 때 그리스도교 신앙은 독선적이고 권위적인 것이 되고 만다. 바르트와 불트만은 판넨베르크가 신앙을 객관적인 역사적 진술과 동일하게 여기는 것과 같다고 불평한다. 이성의 틀 안에서 그리스도교의 진리 주장의 정당성을 입증하려고 하는데 진정한 신학적 책임성은 예수 그리스도에 응답하는 것이라고 바르트는 판넨베르크를 비판한다. 몰트만은 판넨베르크가 부활 신학을 발전시키고 있다고 치하하였다. 부활은 예수의 주장이 권위가 있다는 것을 하나님이 입증한 것이다. 예수 자신이 누구였다고 하는 것은 하나님의 보증이다. 역사 속에서 예기적으로 역사의 목적을 실현한 것은 바로 부활 사건이었다. 예수의 부활은 하나님의 입증이라는 것을 강조해야 한다고 판넨베르크는 주장한다.

미글리오리는 세 신학자의 부활에 대한 입장을 정리하고, 그들이 부활절 설교를 어떻게 할 것인가를 다시 상상한다. 그리고 다음과 같이 정리한다. 바르트는 신학은 더 나은 그리고 더 충실한 설교를 위해 존재한다고 믿는다. 바르트에게 부활절 메시지의 본문은 "그는 살아나셨고 여기 계시지 않는다."(막 16:6)는 것이다. 천사가 이 메시지를 가져왔으며, 이것은 계시였고, 기쁘고 즐거운 소식이었다는 것이다. 불트만에게 부활절 메시지의 본문은 부활하신 주님이 도마에게 한 말씀, 즉 "너는 나를 보기 때문에 믿느냐, 보지 않고 믿는 사람들이 복이 있다."(요 20:29)는 것이다. 부활 신앙은 십자가의 걸림돌에 대한 존재론적인 응답이다. 불트만에게 특별한 사건의 가시적인 증거 제시는 중요하지 않다.

몰트만에게 부활절 메시지의 본문은 "보라 나는 모든 것을 새롭게 한다."(계 21:5)는 것이다. 위험을 무릅쓰고 십자가에 달리고 부활한 그리스도를 섬기며, 세상의 아픔과 고통에 관심을 갖는 교회만이 약속의 말씀을 들을 것이라고 강조한다. 판넨베르크에게 부활절 메시지의 본문은 "죽은 자의 부활이 없다면 그리스도는 다시 사시지 않았으며 그리스도가 다시 사시지 않았으면 우리의 선포와 믿음도 헛되다."(고전 15:13~14)는 것이다. 그리스도의 부활은 새로운 것에 근본적으로 개방되어 있는 현실이해에 의존한다. 부활의 사실이 현실과 모든 그리스도교 신앙과 삶에 대한 그리스도교의 해석에 기초가 된다.

우리가 어떤 방식으로 부활을 이해하든 교회의 진정한 존재가치는 예수님의 부활을 증거하는 것(설교)이요, 또한 그 부활을 1년에 52회 축하하는 것(주일 성수)이다.

그리스도의 승천과 재림

부활이 예수 생애의 전환점이었다면 승천은 부활에 있어서 없어서는 안 될 보충과 완성이라고 볼 수 있다. 승천은 장소적 이전뿐만 아니라 그리스도 인간성의 현저한 변화를 내포하고 있다.(마 18:10, 고후 5:1) 루터파의 승천관은 승천을 장소적 이전으로 보지 않고 한상태의 변화로 본다. 승천의 의의는 모든 신자들에 대한 승천의 예고에 있다.(엡 2:6, 요 17:24) 그리스도는 승천 후 하나님의 오른편에 앉으신다.(마 29:64) '하나님의 오른편'이라는 표현은 문자 그대로 채용하기보다는 권능과 영광의 처소를 표현하고 있는 상징적 지시로 이해되어야 하며, 교회와 우주에 대한 통치권이 그에게 위임된다는 것을 의미하고 있다. 이것은 신인(神人)으로서의 공식적인 취임을 의미한다.

그리스도는 심판자로서 재림하신다.(마 19:2, 25:31~34, 눅 3:17, 롬 2:16, 14:9, 고후 5:10) 어떤 학자는 그리스도의 재림은 이미 오순절에 성령으로 오신 그때 실현된 것이라 주장하나 이것은 영적이고 무형적인 강림에 대해서만 언급하고 있다. 성서는 우리에게 육체적이며 유형적인 강림을 기다리라고 가르쳐주고 있으며(행 1:1), 오순절이 지난 후에도 우리는 그리스도의 재림을 기다리라고 가르침을 받았다.(고전 1:7, 4:5, 11:26, 빌 3:20)

그리스도인의 소망이란 미래를 향한 개방에 있고, 사랑에 대한 근본적인 순종의 삶에 있다. 아직 우리의 미래가 결정되지 않았다. 역사의 과정은 유동적이다. 그 과정은 변화가 가능하다. 우리는 하나님 나라에 협력할 수 있다. 따라서 보다 나은 정의 세계와 보다 적은 사회악, 경제악의 세계를 바라볼 희망이 있다. 예수만이 유일한 소망이라는 것이 역사적 그리스도론의 주장이다.

그리스도의 직무

전통적으로 그리스도의 직무(The office of Christ)로 선지자직, 제사직, 왕의 직이 거명되고 있다. 고대로부터 여러 교부들에 의하여 그리스도의 직무가 언급되었으나 세 가지 직무를 체계적으로 언급한 사람은 칼뱅이었다.[48] 선지자직(The Prophetic office)은 예언자의 직무와 같이 하나님의 말씀을 계시하는 것이다. 그리스도는 자신을 선지자로 말씀하셨고(눅 13:33, 신 18:15), 메시지를 가져오셨고(요 8:26~28), 다가올 일을 예언하셨

---

48 Calvin, *Institutoi* II ; 15, 1~6.

다(마 24:3~35, 눅 19:41~44). 그는 특수한 권위로 말씀하셨다.(마 7:29) 선지자는 꿈과 환상과 혹은 언어적 교통에 있어서 신적 계시를 받아 백성들에게 전달한다.(민 12:6~8) 선지자의 의무는 하나님의 뜻을 백성에게 계시해주고, 그것을 도덕적 양상에서 해석해주고, 죄에 대항하여 싸우며, 백성들을 인도하며, 미래에 대한 하나님의 영광스러운 약속에 대하여 주의를 환기시킨다. 그리스도는 이 같은 선지자의 직무를 감당하셨다.

제사직(The Priestly office)은 하나님과 인간의 화해를 담당하는 직무이다. 성서는 그리스도의 제사직에 대해 언급하였다.(시 110, 히 3:1, 4:14) 제사장은 그들의 대표로서 백성 중에서 선출된 사람이며, 하나님에 의해서 임명된다. 그는 백성을 대신하여 하나님에게 관련된 일, 즉 종교적인 일을 담당한다. 주로 죄씻음 받으려고 제물과 번제를 드리고 백성들을 위하여 중재 역할을 담당한다. 그리스도는 친히 인간과 하나님을 화해시키려고 제사장의 직무를 담당하셨다.

하나님의 주권을 확립하는 왕의 직무(The Kingly office)가 그리스도에게 있다. 하나님의 아들로서 그리스도는 모든 피조물을 지배할 수 있는 하나님의 주권에 참예하신다. 그리스도의 왕의 직무는 교회에 대한 영적 왕권, 즉 그의 백성과 교회에 대한 왕적 통치를 뜻한다. 그리스도의 영적 왕국은 현재적이며 미래적이다. 이 영적 왕권은 재림시에 끝나는 것이 아니고 영원히 계속된다.(시 45:66, 72:17) 우주를 지배하시는 그리스도의 왕권은 예수가 하나님의 우편에 오르셨을 때 정식으로 수여되었다. 이 왕권은 왕국의 원수들에 대한 승리를 이루기까지 지속될 것이다.(고전 15:24~28)[49]

19~20세기의
그리스도론

19세기의 신학 형성에 중추적인 역할을 한 사람은 임마누엘 칸트, 헤겔, 그리고 슐라이어마허라 할 수 있다. 칸트는 도덕적 측면에서, 헤겔은 정신적 측면에서, 슐라이어마허는 직관의 측면에서 종교

---

49 Louis Berkhof, 「기독교신학개론」, p.184~193; 오영석, 「조직신학의 이해」(서울: 대한기독교서회, 1992), 제2장 "예수 그리스도의 삼중직론"; Wayne Grudem, 「조직신학」 중, p.188~198을 참조하라.

를 말하고자 하였다. 19세기의 역사적 그리스도론은 자유주의 신학자들에 의해서 그 면목이 드러나게 되었다.

자유주의 신학자 슐라이어마허로부터 출발하는 역사적 그리스도론은 그리스도의 완전한 인성(Full humanity)을 강조하는 것이 그 특징이다. 첫째, 슐라이어마허는 예수 그리스도를 원형적인 인간으로 이해한다.[50] 이러한 슐라이어마허의 이해는 플라톤과 칸트의 원형 개념을 창조적으로 변형한 것으로 보인다. 칸트는 그리스도를 도덕적 완전성을 구비한 인간, 즉 도덕적 심성의 원형으로 간주하였다. 슐라이어마허에게 첫째 아담은 인간의 불완전성과 미완성을 드러낸다. 첫째 아담의 미완성적이며 불완전성은 둘째 아담인 예수를 통해 완전해졌다. 둘째 아담은 하나님의 의식이 자기의식을 지배하는 내적 변화를 이룬다.[51]

둘째, 슐라이어마허는 예수가 하나님 의식(God-consciousness)을 소유한 분으로 이해한다. 슐라이어마허에게 하나님 의식에 대한 인식은 절대적 의존의 감정이다. 하나님 의식이란 하나님에 대한 유일한 지식을 가지고 있다는 의식, 자신이 하나님 안에 존재한다는 의식, 그리고 이 인식을 다른 사람에게 전달하고 종교심을 일어나게 할 수 있는 능력에 대한 의식이다. 이러한 하나님 의식은 그리스도가 하나님에 대한 유일한 지식을 소유하고 있다는 인식을 가져온다. "아들 외에 아버지를 아는 자가 없다."(마 11:27) 그러므로 예수는 하나님의 존재가 발견되는 자리가 된다. 슐라이어마허는 예수의 신성을 예수가 소유한 하나님 의식으로 이해한다. 슐라이어마허에게 예수의 신성은 그의 인성을 산출하는 생산적 요소이다. 그리고 예수의 인성은 신성의 수용과 표현을 위한 완전한 도구이다. 그 결합의 행위에 있어서 신성은 능동적이고 인성은 수동적이다. 결합의 상태에 있어서 모든 활동은 공동적이다.[52]

셋째, 슐라이어마허는 예수를 근본적으로 무죄한 인간으로 이해한다. 예수는 그의 본질적 무죄성과 절대적 완전성으로 인하여 다른 사람과 전혀 다른 존재이다.[53] 그리스도의 무죄성은 하나님 의식을 교란되지 않게 유지할 수 있는 능력을 언급하는 말이다. 죄는 하나님 의식의 교란이며, 하나님이 아닌 세상을

---

50 "슐라이어마허에게 예수는 '하나님 의식을 가지고 있는 존재'라는 사실 외에는 나머지 인간들과 완전히 같다." F. Schleiermacher, *Christian Faith*, ed. H. R. Mackintosh and J. S. Stewart (Philadelphia: Fortress, 1928), p.367.
51 Louis Berkhof, 「기독교교리사」, p.135; Stanley J. Grenz & Roger E. Olson, *20th Century Theology*, 「20세기 신학」(서울: IVP, 1997), p.40~41.
52 F. Schleiermacher, *Christian Faith*, p.425.
53 "예수는 하나님 의식의 일정한 힘 때문에 모든 인간들과 구분된다." F. Schleiermacher, *Christian Faith*, p.385.

의존하는 의식이다. 예수 그리스도는 왜곡되지 않은 하나님 의식을 가졌다. 그리스도의 죽음과 수난은 그의 하나님 의식의 견고함을 보여준다. 그는 죽을 때까지 자신의 하나님 의식을 변함없이 유지했다.[54] 그리스도가 하는 일은 믿는 자의 하나님 의식을 강화하고 하나님과의 사귐을 가지게 하는 데 있다. 이것이 그리스도의 화해행위이다.[55]

슐라이어마허는 전통적 니케아, 칼케돈 신조의 그리스도론을 거부했다. 그는 그리스도의 신성, 그리스도의 선재, 동정녀 탄생, 구속적 죽음, 육체적 부활, 승천, 그리고 재림 등을 거부한다.[56] 슐라이어마허는 예수의 자연적 탄생을 주장한다. 그에 의하면 마리아는 유전된 죄성으로부터 자유롭지 못하다. 왜냐하면 남성배제가 죄로부터 자유롭게 할 수 없기 때문이다. 예수는 요셉을 아버지로 불렀고, 예수의 족보와 동네사람들이 예수를 요셉의 아들로 불렀다. 그럼에도 슐라이어마허는 그리스도의 무죄성을 주장한다. 그리고 그리스도의 무죄성은 신적 행위에 근거(의존)해 있다고 진술한다. 이러한 슐라이어마허의 그리스도론은 인간적 지평에서 출발하는 아래로부터 그리스도론을 형성한다.

19세기 말 자유주의 신학의 핵심 인물은 리츨(Albrecht Ritschl)이다. 리츨은 신학에서 형이상학을 삭제하고 종교를 가능한 한 윤리학과 밀접히 연관시키려고 했다는 점에서 칸트를 따랐다. 리츨은 예수에 대한 진정한 종교적 평가는 그의 역사적 행위, 종교적 확신, 그리고 윤리적 동기에 관심을 갖는 것이지 그가 가졌을 것으로 가정하는 그리고 타고난 기질이나 능력에 대하여 관심을 가지지 않는다.[57] 리츨은 예수의 신성에 대한 전통적 신조를 거부했다.[58] 리츨은 그리스도는 단순한 인간이지만 그가 이루신 사역을 보아서 우리는 그에게 신격(神格)을 부여하며, 하나님의 일을 하신 분이기 때문에 그는 신적 존경(神的 尊敬)을 받을 만하다고 보았다. 리츨에게 예수는 하나님 나라의 유일한 담지자로 오셨기 때문에 그는 그리스도인들에게 하나님의 가치를 가진 이로 판단된다. 그러므로 예수의 신성은 하나님과 인류를 위한 그의 삶이 가진 가치에 기

---

54 Louis Berkhof, 「기독교교리사」, p.134~135.
55 송기득, 「신학개론」, p.180; Stanley J. Grenz Roger E. Olson, 「20세기 신학」, p.71~72.
56 Louis Berkhof, 「기독교교리사」, p.135.
57 Stanley J. Grenz Roger E. Olson, 「20세기 신학」, p.84.
58 Albrecht Ritschl, *The Christian Doctrine of Justification and Reconciliation*, trans. H. R. Mackintosh and A. B. Macaulay(Edinburgh: T. & T. Clark, 1900), p.398.

초하여 내린 하나의 가치 판단이다.[59] 리츨의 관심은 예수를 하나님 나라의 공동체에 지속적으로 힘을 공급해 주는 힘찬 도덕적 이미지로서 묘사하는 것이다. 그러나 그는 그리스도의 선재(pre-existence)와 성육신, 그리고 동정녀 탄생 등에 대해서는 별로 할 말이 없었다.[60]

리츨 이후의 20세기 자유주의 신학자 하르낙(Adolf von Harnack)은 그리스도교 사상사에서 오랫동안 애용하였던 교리적 방법을 배제하고 그 대신 역사학적 방법을 동원했다. 그래서 그는 그리스도교의 모든 영역에 역사적 사고방식을 적용시킬 때 예수 그리스도의 복음은 방해받지 아니하고 자유로이 세상 속으로 들어갈 수 있을 것이라고 하였다. 그는 오늘날의 그리스도인들은 예수의 인격에 대해 설명한 교리의 멍에에서 자유로울 수 있어야 한다고 주장했다. 그리고 그리스도의 본성, 특히 그의 신성을 뒷받침하는 명확한 증언을 찾아내어 신앙과 지식의 근거로 삼는 것은 불가능하다고 믿었다. 예수를 자신의 인격 속에서 복음의 능력을 구현한 사람으로, 그리고 여러 스승들 중에 한 사람의 스승이 아니라 참스승(the master)으로 보았다.

헤르만(W. Herrmann)도 자유주의 학풍에 입각하여, 예수를 하나님과 본질적으로 같지 않은 분으로 보았으며, 예수는 하나님의 계시에 지나지 않았다고 보았다. 헤르만에게는 예수의 도덕적 에너지, 인간구원의 능력이 중시되었다. 트뢸취(E. Troeltsch)도 그의 스승들과 같이 예수는 인격적인 삶의 원상이며, 신앙의 상징에 지나지 않는다고 보았다. 그에게 예수와 하나님의 일치는 본질적인 일치가 아니고, 의지의 일치다. 예수는 하나님이 아니고, 다만 우리를 하나님에게 인도하는 분일 뿐이다.[61]

특징적 그리스도론

1) 실존적 그리스도론(Existential Christology)

덴마크의 종교철학자 키에르케고르(Sören Kierkegaard, 1813~55)는 실존적

---

59 Cf. ibid., p.386~484.
60 Louis Berkhof, 「기독교교리사」, p.140 ; James Richmond, *Ritschl: A Reappraisal, A Study in Systematic Theology* (London: Collins, 1978), p.203.
61 송기득, 「신학개론」, p.181.

그리스도론의 창시자라 할 수 있다. 불트만과 틸리히는 실존적 그리스도론과 관계가 깊다. 불트만은 하이데거(M. Heidegger)로부터 영향을 받고 실존적 범주에서 예수를 보았다. 틸리히도 실존적 범주에서 예수를 '새로운 존재'(New Being)로 보았다. 틸리히에게 '비존재'(Non Being)는 인간 안에 있는 죄의 파괴적인 힘이다. 구원은 비존재에서 새로운 존재로 옮기는 것이다. 비존재로 떨어지지 않고 새로운 존재로 살아갈 수 있는 인간은 역사상 오직 한 분 예수다. 그리스도로서의 예수는 진정한 그리스도교적 인생을 살았던 인물(새 존재)이었다. 따라서 예수는 그리스도교 복음의 중심이다. 그리스도가 선포되는 곳에 그 복음의 청중들도 자신을 비존재로부터 새 존재로 전이할 수 있다는 가능성이 존재한다.

바젤의 푸리츠 부리(Fritz Buri)도 그리스도론의 실존 구조에 서 있다. 그는 상징(symbol)이 복음서의 초월적인 메시지를 담고 있는 것으로 본다. 그는 역사적 예수는 버릴 수 있어도 몇몇 초월의 상징(some symbol of transcendence)과의 만남을 통하여 자기 자신을 이해하려고 한다. 이것은 신학화라기보다는 일종의 철학화 작업이다.

실존적 그리스도론은 다음과 같은 문제점이 있다. 첫째, 철학이 그리스도교 신학에 지나치게 개입되는 것이다. 실존적 그리스도론은 키에르케고르와 하이데거와 쉘링(Schelling)의 철학 체계를 조합한 것으로 보인다. 이것은 신약성서의 메시지를 왜곡하는 것이다. 둘째, 그리스도론적 성서 본문에 대한 순수한 해석이 없다. 신약성서의 개념을 취하여 실존주의적 해석을 가하여서 이것이 신약성서가 의미하는 것이라고 한다. 그러나 실존적 그리스도론은 철학적인 것이지 성서적 그리스도론이 아니라는 것이다. 셋째, 영지주의라는 비판이 제기된다. 실존적 그리스도론에서 십자가의 수난, 속죄, 칭의는 격하된다. 이 같은 실존적 그리스도론의 문제점을 보면서 우리는 그리스도론이 성서의 본문과 떨어져 논의될 때 불편한 감정을 갖는다. 성서 본문의 우선권이 무시되어서는 안 된다. 이런 점에서 실존적 그리스도론은 좀 더 성서의 본문에 접근하여 이해하려는 노력이 요구된다.

2) 과정신학 그리스도론(Process Christology)

미국의 그리핀(D. R. Griffin)과 콥(John Cobb)은 과정신학의 그리스도론을 주도한 인물이라 할 수 있다. 그리핀은 화이트헤드(Whitehead)의 과정철학을 사용하여 예수를 그리스도교 신앙, 그리스도교 설교, 그리스도교 예배의 중심에 놓았다. 과정철학은 모든 초자연적 사건을 부인한다. 그러나 특별한 사건, 최상의 사건은 인정한다. 그리핀은 화이트헤드의 전제 위에 예수가 하나님의 최상의 사건, 즉 하나님의 결정적인 계시임을 밝히려고 시도했다. 그는 예수의 육체적 부활을 부인한다. 그리핀에게 자연적 방법으로는 예수의 신체적인 모습이 하나님의 영원하신 성품과 목적의 표현이었음을 묘사하는 것은 불가능하다.

존 콥은 종교다원주의(Religious Pluralism)와 계몽주의적 세대에서 어떤 방법으로 예수의 유일성을 설명할 수 있을까에 관심을 기울인다. 그의 그리스도론도 그리핀의 그리스도론과 같이 신성, 성육신, 무죄성, 동정녀 탄생, 구속적 죽음, 육체적 부활, 그리스도의 임재, 그리스도의 재림에 관한 것들은 존재하지 않는다. 그는 역사적 인물과 그의 역사적 인생을 통해 로고스가 예수 안에서 가장 완전한 현현을 실현했다는 의미에서의 성육신을 주장한다. 그는 로고스로서의 그리스도를 '창조적 변형의 원리'로써 이해하고 '화육'을 '구체화의 실현'이란 원리로써 해석한다. 존 콥에게 복음서에 나타난 예수의 말씀과 모습은 우리 속에서 변화를 일으키는 영향력을 가지고 있으며 이로써 창조적 변형이 가능하다. 창조적 변형의 원리로서의 로고스는 예수 안에서 독특한 현현으로 일어났다.

3) 해방의 그리스도론(Liberation Christology)

해방의 그리스도론은 구티에레즈(G. Gutierrez), 소브리노(Jon Sobrino), 보프(Leonardo Boff), 세군도(Juan Luis, Segundo) 등과 같은 해방신학자들에 의해서 주창되었다. 예수 그리스도에 대한 모든 이해와 고백은 특별한 상황으로부터 나오고 특별한 요구와 열망을 반영한다. 고난과 희망의 역사 속에서 형성된 그리스도에 대한 이해는 해방 그리스도론으로 나타났다. 구티에레즈에 의하면 이전의 그리스도론은 철학적·사색적·추상적이어서 현장과 거리가 멀다. 그래서 오늘의 정치 경제의 현상을 옹호하는 꼴이 된다. 구티에레즈는 예수를 해방자, 정치반역자, 비판자(세상 정치 비판)로 본다. 그리고 십자가와 부활을 구원받는 수단이라기보다는 해방의 맥락에서 이해한다. 하나님 나라는 하나님의 공의와 사랑의 질서를 향한 점진적 변형으로서 해석한다.

해방의 그리스도론이 공통적으로 강조하는 것들이 있다. 첫째, 그리스도 안에서 하나님은 가난한 자들과 친밀하게 연대하신다. 하나님의 구원의 역사 속에서 첫 번째로 분명하게 포함되어야 할 사람은 바로 가난한 자들이다. 해방의 그리스도론은 위로부터의 그리스도론이 아니라 아래로부터의 그리스도론을 시도한다. 둘째, 구원에는 개인적이고 정치적인 차원(죄와 불의의 집단적인 구조)이 있다. 예수는 단순히 죄인들 하나하나에 직면하는 것이 아니라 삶의 죄스러운 구조에 직면해 있다. 셋째, 십자가를 억압받는 자들과 함께 하시는 하나님의 약속임과 동시에 불의한 고통에 대한 하나의 항거로 이해한다. 넷째, 그리스도의 부활을 삶의 포괄적인 변화와 하나님의 의가 우주적으로 승리하는 것으로 해석한다. 다섯째, 그리스도론은 그리스도교의 실천에 불가분리적으로 연결된다. 소브리노(Sobrino)에 따르면 예수를 따르는 것은 예수를 알기 위한 전제조건이다. 그리스도교의 실천을 통해서만 우리는 예수께 가까이 갈 수 있다.

해방의 그리스도론의 약점은 지역적 그리스도론으로 국한될 위험이 있다는 것이다. 그들의 관점에서 그리스도를 보기 때문에 그리스도론의 보편성 문제가 제기된다는 것이다.

이 외에도 패러다임 그리스도론(Paradigm Christology), 계시적 그리스도론(Revelational Christology), 환원주의 그리스도론(Reductionist Christology) 등도 제시되고 있다. 패러다임 그리스도론은 예수에 관한 것들은 패러다임으로 선언되어야 한다고 주장한다. 예수는 자신의 삶 속에 독특한 혹은 패러다임적인 것을 보여주는 분이다. 진정한 인물로서의 예수, 교회 안에서 설교되는 분으로서의 예수는 우리의 신앙의 대상이 되셨다는 것을 표현하는 것이 패러다임 그리스도론이다.

판넨베르크의 그리스도론은 계시적 그리스도론의 성격을 갖는다. 판넨베르크에게 모든 역사는 하나님의 계시 아래 있다. 구약의 환상은 예수 그리스도 안에서만 진정한 의미가 밝혀진다. 예수 그리스도의 부활에서만 그리스도의 인격이 분명해진다. 예수의 주장과 예수의 가르침(하나님 나라)은 부활사건 전까지는 확증되지 않았지만, 부활사건을 통해 확증되었다.

환원주의 그리스도론은 예수 그리스도를 인간보다 높이면서 하나님으로까지는 보지 않는다. 예수 그리스도는 하나님으로 충만한 인간(God-fillled man)이며, 인간의 실존적 모델(Model)이다. 환원주의 그리스도론은 그리스도교회의 역사적 그리스도론과 단절하고 있다. 예수의 육체적 부활은 역사적, 실제적 실수라고 주장한다. 즉 예수 그리스도는 사실상 죽었으며 그의 재는 팔레스타인의 어디엔가 굴러다니고 있다는 것이다. 이들은 교회가 인간을 실제적으로 구원할 수 있는 구세주를 갖고 있지 않다고 주장한다.

살아계신 예수 그리스도는 우리의 모든 신학적 성찰을 뛰어 넘는다. 어느 그리스도론도 예수 그리스도의 신비와 넓이와 깊이를 다 이해했다고 주장할 수 없다. 우리의 신앙은 그리스도 안에 계시된 하나님 속에 있는 것이지 어떤 특별한 신학적인 체계나, 그리스도론적인 공식에 있는 것이 아니다. 판넨베르크가 말한 바와 같이, 우리는 종말에 이르러서야 예수를 올바로 이해할 수 있을 것이다.

CHAPTER 08

교회론

08

CHAPTER | **교회론**

교회의 설립과 기초

1) 교회의 기원

교회는 예수의 부활 후 그리고 성령 강림 후에 모인 제자들의 모임에서 생겨나기 시작하였다. 신약성서에 나타나는 최초의 그리스도교 공동체는 부활하신 그리스도와 만남으로써 형성된다. 이 공동체는 십자가의 죽음과 부활에서 하나님 나라의 새로운 시작을 경험하며, 하나님께서 그 자신을 부르셨고, 선택하신 종말론적 구원 공동체로 이해된다.

교회의 기원에 대해서 여러 가지 견해와 논란이 있지만 일반적으로 교회의 출발은 오순절 성령강림 사건(행 2:1~3)에서 시작되었다고 할 수 있다. 오순절 날 예수님의 제자들을 비롯한 120명의 추종자들이 마가 요한의 다락방에 모여서 기도할 때 성령이 임하는 사건이 발생하였고,[1] 이때부터 이들은 예수님을 기억하고 그분의 약속이 실현되기를 기다리는 마음으로 모여 기도하고 복음을 전하였다.(행 2:44~46) 오순절 성령강림 사건으로 성령으로 충만한 공동체

---

1 오순절 성령강림과 함께 시작한 교회는 성령을 받은 사람들의 모임이었다. 따라서 최초의 교회는 예수 그리스도를 통하여 구원받은 하나님의 백성으로 이해되었다.

는 하나님 나라의 복음을 유대인뿐만 아니라 이방인에게도, 즉 소아시아와 그리스 그리고 로마 지역에도 전하였다.[2] 이로써 유대와 사마리아 지역에 예수 믿는 공동체와 이방인 지역에 예수 믿는 공동체가 생겨나게 되었다. 이들 공동체가 상호 합류함에 따라 이 공동체는 급속도로 확장되었다. 이렇게 교회들이 세워질 수 있는 동력은 오순절 사건에서 비롯된 것이다. 이들 원시 그리스도교 공동체가 언제 유대교로부터 독립되어 교회가 되었는지 정확히 알 수 없지만 이 원시 그리스도교 공동체가 현대 교회의 모체가 되었다는 것만은 분명한 사실이다.[3]

2) 교회의 설립

역사적으로 볼 때 예수는 그리스도교의 창설자로 활동하지도 않았으며, 또한 직접 교회를 설립하지도 않았다. 그러나 예수가 그리스도교의 창설자라든지, 교회의 설립자라든지 하는 이러한 인식은 그리스도교 또는 교회가 예수 그리스도를 떠나서는 생각될 수 없다는 데서 나온 것이다.[4] 우리는 예수가 직접 교회를 설립했다는 진술을 어느 복음서에서도 찾아볼 수 없다. 복음서 가운데 유일하게 마태복음 16:18이 교회로서의 에클레시아에 관해 말하고 있다. 그러나 이 구절은 현재의 교회가 아닌 미래의 교회 설립을 암시하고 있다. 최근에 이르기까지 가톨릭교회는 예수가 교회를 세웠다고 주장한다. 이런 주장은 마태복음 16:18~19에 근거하고 있다. 그러나 오늘날의 많은 신학자들은 이 본문은 예수 자신의 말씀이 아니라고 주장한다.[5] 마태복음 16:18~19의 이야기는 베드로 계열의 공동체가 그들의 정통성을 주장하기 위한 관심에서 첨부된 것으로 추론될 수 있다. 원시 그리스도교 공동체는 통일된 공동체가 아니라 마태 공동체, 마가 공동체, 누가 공동체, 요한 공동체, 베드로 공동체 등을 포괄하는 복

---

2 따라서 할례를 받지 않은 이방인들의 공동체가 생겨나게 되었다.
3 Johannes Weiss, *Earliest Christianity: A History of the Period A.D. 30~150*, vol. I (New York: Harper Torchbooks, 1959), p.45.
4 스페인 교회의 대표적인 교의학자로서 스페인 부르고스 신학대학에서 교의신학 교수로 활동 중인 호세 안토니오 사예스 (Hosé A. Sayés) 신부는 교회가 예수를 통해 정식으로 그리고 공적인 행위에 의해 설립되었다고 보지 않는다. 다만 교회 설립에 대한 예수의 분명한 의도를 추측하게 해주는 일련의 행위들(그의 사역을 총체적으로 볼 때)을 통해 예수는 교회의 초석을 마련하였다는 의미에서 논의될 수 있다고 하였다. José Antonio Sayés, *La Iglesia de Cristo: curso de eclesiología*, 윤주현 옮김, 「교회론」(서울: 가톨릭출판사, 2008), p.96.
5 참조, 이제민, 「교회는 누구인가」(왜관: 분도출판사, 2001), p.103.

합적인 공동체였다.[6] 따라서 바울 계열의 공동체와 대립 관계에 있었던 베드로 계열의 공동체가[7] 그들의 정통성을 내세우기 위하여 이 구절을 첨가한 것으로 보는 것이다.[8]

사실 예수의 주된 관심사는 하나님 나라를 세우는 것이었지 교회를 세우는 것이 아니었다. 예수가 하나님 나라를 선포하였지만 실제로 온 것은 교회였다. 이렇게 보면 부활 이전에 살았던 예수는 교회를 세우라고 명령한 적도 없고, 또한 교회를 직접 세우지도 않았다. 교회는 예수의 가르침에 의존되어 있지만 부활절 이전의 예수에 의해 직접 설립된 것은 아니다. 따라서 예수를 교회의 설립자로 간주하는 것은 그렇게 간단한 것이 아니다.

마커스 보그(Marcus J. Borg)는 역사적 부활 사건을 교회 시작의 동인으로 본다.[9] 쉬나켄부르크(Rudolph Schnackenburg)는 처음 교회의 태동은 부활 이후에 예수의 제자들이 의식적으로 모인 데서 시작되었다고 보았다.[10] 콘첼만(Hans Conzelmann)도 쉬나켄부르크와 같이 교회의 태동을 부활한 예수가 제자들과 사람들에게 나타난 이후의 사건으로 보았다.[11] 여기서 쉬나켄부르크는 오순절 성령강림 사건은 교회의 효력에는 큰 사건이었지만, 즉 능력의 인침의 순간이었지만, 교회 태동의 사건은 아니라고 보았다.[12] 이 같은 이견은 이렇게 조정될 수 있을 것이다. 부활 사건이 처음 교회 태동의 영적이며 정신적 동인, 즉 내부적 동인이라면 오순절 사건은 현실적, 실제적 동인, 즉 외부적 동인이라고 할 수 있다. 따라서 우리는 이 두 가지 요인을 떠나서 처음 교회의 태동을 말할 수는 없을 것이다. 그럼에도 불구하고 우리가 실제적으로 느끼는 처음 교회 태동의 사건은 성령강림 사건에 있다.

결론적으로 예수는 직접 교회를 설립하지 않았으며, 예수의 부활 사건과 성

6 처음 교회는 역사의 변동과 함께 여러 가지 형태와 모습(예루살렘 공동체, 헬라주의 유대인 공동체, 이방 그리스도교 공동체 등)으로 나타나게 되었다. Ernst Käsemann, "Unity and Diversity in the New Testament Ecclesiology," *Novum Testamentum* 6(1963), p.290; 참조. 은준관, 「신학적 교회론」(서울: 대한기독교서회, 2000), p.115~120.
7 베드로 공동체는 율법적인 데 반하여 바울 공동체는 카리스마적이었다. Hans Conzelmann, *An Outline of the Theology of the New Testament* (New York: Harper & Row, 1969), p.42, 268.
8 김균진, 「기독교조직신학」 Ⅳ, (서울: 연세대학교출판부, 1993), p.39.
9 Cf. Marcus J. Borg, & N. T. Wright, *The Meaning of Jesus: Two visions*, 김준우 옮김, 「예수의 의미」(서울: 한국기독 교연구소, 2001), p.201~202.
10 Rudolph Schnackenburg, *The Church in the New Testament* (New York: Herder & Herder, 1966), p.12.
11 Hans Conzelmann, *History of Primitive Christianity* (Nashville: Abingdon Press, 1973), p.33ff. 바르트와 불트만 그리고 쉴라터(Adolf Schlatter)와 취코브스키(F. Cweikowski)도 이와 같은 생각을 하고 있다. Adolf Schlatter, *The Church in the New Testament Period* (London: S.P.C.K., 1955), p.4; Frederick J. Cweikowski, *The Beginning of the Church* (Ireland: Gill & MacMillan Co., 1988), p.65.
12 Rudolph Schnackenburg, *The Church in the New Testament*, p.15.

령강림 사건이 교회 설립의 결정적인 사건이 되었다고 할 수 있다. 우리가 주목해야 하는 것은 정작 예수의 본질적 관심은 교회를 설립하는 데 있지 아니하고 하나님 나라를 선포하는 데 있었다는 것이다.

3) 교회의 정의

교회에 해당하는 헬라어는 '에클레시아'(ecclesia)이다. 대체로 에클레시아는 다음과 같은 속성을 지니고 있다.

첫째, 신약성서가 교회의 의미로 사용한 '에클레시아'라는 개념은 본래 세속적이며 정치적인 개념으로서, 사람들의 모임 또는 집회를 의미하였다. 교회를 에클레시아로 부르기 훨씬 이전에 에클레시아는 시민의 전체 모임을 의미하기도 하였고, 선출된 정치 지도자들의 모임이기도 했고, 법률제정에 관한 주전 150년의 공청회를 의미하기도 하였다.[13] 그러나 신약성서의 에클레시아란 개념은 이런 헬라어의 어원에서 나온 것이 아니라, 구약성서를 헬라어로 번역하는 과정에서 나타난 개념이다. 구약성서를 헬라어로 번역한 성서, 70인역(Septuaginta)은 히브리어 '카할'(kahal)을 '에클레시아'로 번역하였다.[14] 히브리어 성서에 나오는 '카할'은 '부르심'의 의미를 가지고 있었다. 그런데 '카할'은 유대인들이 자신들의 공식 모임을 지칭한 용어였기 때문에 신약성서는 '카할' 대신 '에클레시아'를 사용한 것이다.[15] 본래 '카할'이란 단어는 종교적 의미와 무관한 세속적으로 '모인 사람들의 무리'를 뜻하였다. 그러나 구약성서는 이런 의미의 '카할'을 '하나님의 계약 공동체' 또는 '하나님의 공동체'를 뜻하는 것으로 사용하였다.

둘째, 에클레시아는 하나님에 의하여 모여진 하나님의 백성, 또는 하나님의 부름을 받은 사람들의 모임이다. 에클레시아라는 말은 '주님의'라는 수식어가 덧붙여질 때에만 교회라는 의미를 갖게 된다. 신약성서에서 에클레시아란 개념은 언제나 하나님 또는 그리스도라는 소유격과 결합되어서 나타난다. 그래서 교회를 뜻하는 에클레시아는 스스로 모였거나 다른 사람들을 통하여 모인

---

13 Eric G. Jay, *The Church* (Atlanta: John Knox Press, 1980), p.5.
14 구약에서의 총회(the day of the assembly, 신 5:22, 9:10, 23:1~3)는 신약에서 교회(ecclesia)로 번역되었다. 교회라는 말은 복음서에서 마태복음 16:18, 18:17에만 나타난다.
15 Eric G. Jay, *The Church*, p.6~7.

사람들의 모임이 아니라, 하나님에 의하여 모여진 하나님의 백성을 의미한다. 에클레시아는 하나님이 세상으로부터 불러내신 사람들의 모임을 가리킨다. 즉 에클레시아는 임의적인 인간들이 자발적으로 모여 형성된 모임이 아니다. 이 모임은 오직 하나님의 부르심에 의하여 형성된 것이다.

셋째, 에클레시아는 세상으로부터 하나님의 부르심을 받은 공동체이자, 또한 다시 세상으로 파송을 받는 공동체다. 교회는 세상으로부터의 구별과 세상으로의 파송이라는 긴장관계를 가지고 있다. 에클레시아는 세상으로부터 구별되는 동시에 세상 속에 있으며, 세상 속에 있으면서 세상에 속하지 않고 하나님께 속한 공동체이다.

넷째, 에클레시아는 고정되어 있는 기구나 건물이 아니라 '모임'이나 '공동체'의 속성을 드러낸다. '모임'이라는 말은 에클레시아가 결코 정적인 기관이 아니라, 오직 구체적인 회합의 사건으로서만 실존한다는 사실을 지시한다. 그리고 '공동체'라는 말도 에클레시아가 추상적 상부 조직이 아니라, 특정한 장소와 시간에 특정한 행위를 위해 모인 공동체임을 강조한다. 에클레시아는 개개 에클레시아가 모여서 전체 에클레시아가 되는 것이 아니고, 전체 교회가 나뉘어 개개 교회가 되는 것도 아니다. 오히려 하나님의 교회 그 자체는 여러 장소에 존재한다.[16] 개 교회는 그 자체로서 하나의 독립된 에클레시아이다. 하나님의 에클레시아는 다양성을 가진 개 교회로 나타나는 동시에 전체로서 한 교회이다.[17]

4) 교회의 기초

(1) 말씀과 성례전

교회는 복음이 순수하게 선포되고 성례전이 바르게 집행되는 곳에 존재한다. 말씀과 성례전이 없는 교회를 우리는 교회라 말할 수 없다. 따라서 말씀과 성례전은 교회의 기초라 할 수 있다. 하나님은 기록된 말씀과 선포되는 말씀을 통하여 인간을 만나고 인간을 구원하여 주신다.(살전 2:13) 따라서 교회는 말씀

---

16 Hans Küng, *The Church* (Kent: Search Press, 1981), p.84~86.
17 김균진, 「기독교조직신학」 IV, p.63.

으로부터 탄생하며 유지되고 성장한다. 그러므로 교회는 말씀없이 존재할 수 없다.

(2) 인간의 믿음

우리는 각 사람의 신앙적 결단과 믿음 없는 교회를 상상할 수 없다.[18] "교회는 본질적으로 믿음을 통해서 은총으로 말미암아 의롭게 된 사람들의 공동체이다."[19] 그리스도인들은 믿음을 통해 교회 공동체에 속하고 신앙 훈련을 받고 성장한다. 이런 의미에서 인간의 믿음은 교회의 기초를 형성한다. 물론 이 믿음은 하나님의 말씀과 성령의 역사로 말미암아 생성된다. 그러므로 말씀과 성령의 사역 없이는 개인의 신앙적 결단과 믿음이 교회의 기초라 말할 수 없다. 여기서 우리가 주목해야 할 사항은 각 사람의 믿음은 교회의 원초적 기초라고 할 수 없다는 것이다. 왜냐하면 교회의 원초적 기초는 개인의 신앙적 결단과 믿음이 아니라 하나님의 말씀과 성령의 역사이기 때문이다.

(3) 예수 그리스도

교회는 하나님이 예수 그리스도 안에서 성령을 통하여 그의 백성을 모으고 그들을 구원하시는 하나님의 행위에 의해 형성되는 것이다. 따라서 교회의 가장 궁극적이며 근원적인 기초는 그리스도라 할 수 있다. 에벨링의 지적과 같이, 예수를 교회의 설립자로 보기보다는 교회의 기초로 보아야 할 것이다.[20] 그리스도가 교회의 기초가 된다는 것을 에베소서 2:20~22에서 찾아볼 수 있다. 그리스도가 모퉁잇돌이며 교회는 이 모퉁잇돌을 중심으로 서로 연결되고 점점 커져 주님의 성전이 된다는 것이다. 그러므로 교회의 기초는 예수가 베드로에게 명한 말씀에서 찾아지는 것이 아니라, 부활 이전의 예수의 의도와 명령에 있는 것이 아니라, 예수 그리스도의 사건 전체에서 찾아야 한다.

그리스도가 교회의 기초라는 것은 다음과 같은 것을 의미한다. 첫째, 교회는 예수 그리스도에게 정초되어 있다는 것이다. 둘째, 교회는 예수 그리스도에게

---

18 트리엔트 교리문답서는 인간의 이성으로는 교회의 근원과 과제, 그리고 가치를 인식할 수 없으며, 오직 신앙에 의해서만, 신앙의 눈으로만 인식될 수 있음을 명시하고 있다. Hans Küng, *The Church*, p.30.
19 Jürgen Moltmann, *The Church in the Power of the Spirit* (Minneapolis: Fortres Press, 1993), p.35.
20 Gerhard Ebeling, *Dogmatik des christlichen Glaubens*, Ⅲ (Tübingen: Mohr, 1982), p.359. 펠만에 의하면 교회는 그리스도를 통해서 세워졌으며, "교회의 본래적 표지와 본질적 구성요소는 그리스도이지 교회의 회원들, 그들의 서열, 자질과 숫자가 아니다." Host G. Pöhlmann, 「교의학」, p.411~412.

상응해야 하며 그를 닮아야 한다는 것이다. 셋째, 교회는 그리스도를 지향해야 한다. 넷째, 예수 그리스도가 교회의 주시기 때문에 그리스도만이 교회를 다스려야 한다는 것이다. 결론적으로 예수가 교회의 기초란 의미는 교회의 존재와 삶과 미래는 철저히 그리스도에 근거하여 규정된다는 것을 말한다. 이것은 그리스도의 관심이 교회의 관심을 규정하고 그리스도의 목적과 미래가 교회의 목적과 미래를 규정함을 뜻한다.

교회의 본질

폴 미니어(Paul Minear)는 신약성서에서 교회에 적용되는 비유와 유추를 무려 마흔 여섯 가지나 찾았다. 학자들마다 교회를 보는 시각에서 근소한 차이를 보이기는 하지만 일반적으로 하나님의 백성, 그리스도의 몸, 성령의 전, 이 세 가지 개념이 교회의 본질을 신학적으로 잘 드러내고 있다는 데 동의하고 있는 것으로 보인다.[21]

1) 하나님의 백성

대부분의 신학자들은 교회의 가장 근원적이며 기초적인 본질은 하나님의 백성이라고 말하고 있다. 즉 교회는 하나님의 백성이라는 것이다. '교회는 하나님의 백성이다'라는 명제는 이해하기 쉬운 명제는 아니다. 왜냐하면 우리는 우선적으로 교회하면 교회를 '하나님의 백성들의 공동체' 또는 '하나님의 백성들의 모임' 그 자체로 생각하기 보다는 오히려 우리가 살고 있는 마을이나 도시에 위치하고 있는 어떤 건물들로 생각하기 때문이다. 우리가 교회를 하나님의 백성으로 이해하는 것은 오늘날의 교회에서 무엇을 의미하고 있는가? 이에 대한 대답은 다양한 차원에서 시도될 수 있을 것이다. 그 가운데 중시해야 할 관점은 대체로 다음 몇 가지로 요약될 수 있다.

첫째, 교회가 하나님의 백성이라는 것은 모든 신자가 하나님의 백성이라는 것을 의미한다. 교회가 하나님의 백성이라는 것은 교회는 하나님의 부르심에 대한 인간의 대답과 동의에 근거하고 있다는 것을 의미한다.[22] 우리가 교회에

21　Paul S. Minear, *Images of the Church in the New Testament* (Philadelphia: Westminster, 1960)를 보라.
22　그리스도를 통한 하나님의 부르심이 개인의 믿음의 결단보다 선행한다.

속하게 되는 것은 어떤 혈통과 전통에 의해서가 아니라 개인적인 신앙, 즉 하나님의 부르심에 '아멘'으로 응답하는 것에 의해서다.

둘째, 교회가 하나님의 백성이라는 것은 교회는 초역사적인 실재 또는 관념적 실재가 아니라는 것을 의미한다. 교회는 본질적으로 세계 속에 존재한다.[23] 하나님의 백성은 역사적 백성이다. 하나님의 백성으로서의 교회는 이스라엘과의 연속성 속에 있으며 구약성서의 메시아적 희망과 기다림 속에 있는 역사적 존재이다. 이로써 교회에 대한 관념화는 배제된다.

셋째, 교회가 하나님의 백성이라는 것은 교회의 사유화는 배제된다는 것을 의미한다. 우리가 주지해야 할 것은 교회는 자신들의 기쁨과 유익 그리고 자신들의 목적과 목표를 이루기 위해 모인 동아리나 동호회 같은 모임이 아니다. 또한 교회란 우리의 의지를 관철시키기 위한 우리의 조직이나 기관이 아니다. 교회 구성원들이 자신들의 삶 가운데서 표현하는 것은 하나님의 의지이지 교회 지도자들의 의지나 교회 구성원 대다수의 의지가 아니다.[24] 교회는 단지 교회 구성원들의 공동 의지나 '공동 정신'에 근거하고 있는 것은 아니다. 교회의 본질은 전적으로 하나님의 의지에 의존되어 있다.[25] 하나님의 백성은 하나님의 의지를 구현하려고 언제 어디서든지 함께 모이는 사람들이다.[26]

넷째, '교회는 하나님의 백성이다'라는 명제는 교회는 거룩하다는 것을 의미한다. 하나님의 백성에게 요구되는 특질은 '거룩성'이다.[27] 하나님으로부터 불림 받은 하나님의 백성, 즉 에클레시아는 거룩한 공동체이다. 왜냐하면 하나님의 백성으로 부르신 분이 거룩할 뿐만 아니라 하나님의 백성으로 부르신 하나님은 항상 하나님의 백성이 거룩하기를 기대하시기 때문이다.

다섯째, '교회는 하나님의 백성이다'라는 명제는 교회는 오류와 죄악에 빠질 수 있다는 것을 의미한다. 하나님의 백성은 거룩한 사람들, 즉 의인들만이 아니라 동시에 죄인들로 구성되기 때문이다. 교회가 죄인인 동시에 의인인 사람들로 구성되는 한, 교회는 세속과 오류, 죄 등에서 완전히 벗어날 수 없다. 따라서 교회는 정화를 필요로 하고 회개와 갱신의 길을 가야만 하는 존재이다.[28]

23 Hans Küng, The Church, p.130.
24 Shirley C. Guthrie, Christian Doctrine (Atlanta: John Knox Press, 1968), p.355~356.
25 Hans Küng, The Church, p.128.
26 Shirley C. Guthrie, Christian Doctrine, p.355.
27 Millard J. Erickson, The doctrine of church, 이은수 옮김, 「교회론」(서울: 기독교문서선교회, 1992), p.36.
28 Hans Küng, The Church, p.131~132.

여섯째, 교회가 하나님의 백성이라는 것은 교회는 모든 민족적, 인종적 구별을 넘어서 서로 보편적 가족이 된다는 것을 의미한다. 모든 그리스도인들은 민족과 국가, 인종과 지역 그리고 성의 구별이 없이 한 하나님의 백성이다. 세계의 모든 교회는 한 하나님의 백성으로서 하나가 된다. 따라서 교회는 서로에 대하여 관심과 사랑을 가질 수밖에 없다.[29] 교회가 하나님의 백성이라면 교회의 존재 목적은 교회 자체에 있지 않다. 그것은 궁극적으로 온 세계를 위한 하나님의 구원의 역사에 있다.[30]

2) 그리스도의 몸

하나님의 백성으로 이해된 교회는 그리스도의 몸으로 해석되는 것이 중요하다. 왜냐하면 교회는 하나님의 백성 사상으로부터만 그리스도의 몸으로 이해될 수 있기 때문이다. '그리스도의 몸'이라는 개념은 하나님의 새 백성의 새로운 측면과 독특성을 표현해 주는 개념이다. 교회는 하나님의 백성인 한에 있어서만 그리스도의 몸이며 그리스도에 의해 새롭게 구성된 하나님의 백성인 동시에 그리스도의 몸이 된다.[31] 교회 공동체의 지체들은 일상의 삶 속에서 한 몸의 지체로서 살아야 한다. 왜냐하면 그들은 그리스도 안에서 '한 몸'을 이루고 있기 때문이다.[32]

바울은 고린도전서 10:16~17과 고린도전서 12:13을 통해 개체교회를 그리스도의 몸으로 명명하고 있다.[33] 고린도 교회 공동체는 세례와 만찬을 통해 그리스도의 몸으로 입증되고 실현된 공동체다.[34] 바울은 공동체의 지체들이 서로 하나가 되어 서로 도우며 사는 마음을 가질 것을 촉구하기 위해 그리스도의 몸이라는 표상을 사용하였다.(고전 12:12~27, 참조. 롬 12:4f)[35] 그리스도의 몸으로

---

29 김균진, 「기독교조직신학」 IV, p.76.
30 Inid., p.86~87.
31 Hans Küng, The Church, p.225.
32 Ibid., p.227, 229. 교회가 그리스도의 몸이라면 그 몸은 하나가 되어야 한다. 그것이 하나가 되어야 하는 이유는 그리스도가 한 분이시며, 그리스도는 결코 나누어질 수 없기 때문이다. Stig Hanson, The Unity of the Church in the New Testament: Colossians and Ephesians (Lexington, Ky.: American Theological Library Association, 1963), p.152.
33 고린도전서 10:16~17은 성만찬을 통해, 고린도전서 12:13(참조, 12:12, 14~27, 6:5~17)은 세례를 통해 교회가 그리스도의 몸이 됨을 말하고 있다. 교회가 그리스도의 몸이라는 명제는 교회는 개체교회(個體教會)인 동시에 전체교회(全體教會)라는 것을 의미한다. 그리스도의 복음을 듣고 죄를 고백하며 새로운 피조물이 되기를 결단하는 구체적 구원의 사건은 지역 또는 지방에 있는 개체교회 안에서 일어난다. 그러므로 개체교회는 그 자체로서 하나의 완전한 교회이며 그리스도의 몸이다. 고린도전서와 로마서에서 그리스도의 몸은 개체교회를 가리키는 반면, 에베소서와 골로새서에서 그리스도의 몸은 전체교회 혹은 세계교회를 가리키고 있다. 김균진, 「기독교조직신학」 IV, p.88~89.
34 Hans Küng, The Church, p.227.
35 Ibid., p.228.

서의 교회는 구체적으로 다음과 같은 것을 의미한다.

첫째, 교회는 그리스도와 한 몸이 된다는 것을 의미한다.

그리스도의 몸으로서의 교회 개념은 그리스도가 교회에 현존한다는 사실에서 더욱 확증된다. 그리스도의 몸으로서의 교회상이 강조하는 바는 그리스도가 지상에서 인간의 육체 안에서 활동하신 것과 같이, 교회는 현재 그리스도가 활동하시는 장소라는 것이다.[36] 이런 의미에서 우리는 '그리스도가 계신 곳에 교회가 있다'라는 명제로부터 출발한다.[37]

그리스도가 교회에 현존한다는 사실에서 우리가 주시해야 것은 교회는 그리스도에 대한 복종 속에서 발전한다는 것이다.[38] 암브로시우스(Ambrosius)의 말을 따르면 교회는 달(月)과 같다. 달은 그 빛을 자기 자체로부터 그리고 자체를 위해서 가지고 있는 것이 아니다. 만일 교회가 참된 교회라면 그리스도의 빛을 그 얼굴에 반사한다. 그렇기 때문에 "교회는 그리스도의 지배를 우선 자신 안에서 반사하고 묘사해야 한다."[39]

둘째, 교회의 머리는 그리스도가 된다는 것을 의미한다.

교회가 그리스도의 몸이라는 명제는 교회의 머리는 그리스도임을 나타내는 것이다. 그리스도와 교회의 한 몸된 관계에 있어서 그리스도는 교회의 머리가 된다.(엡 1:22, 4:15, 5:23, 골 1:8) 아우구스티누스에 의하면 "그리스도는 교회의 머리인 것처럼 또한 그의 몸은 교회이며, 전체적 그리스도는 머리요 또한 몸이다."[40] 쉴리어(Heinrich Schlier)도 "한 머리는 몸 없이는 존재하지 않기 때문에 완전한 의미에서의 그리스도는 머리와 몸의 통일로서 이해되어야 한다"[41]고 하였다. 여기서 주목해야 할 사항은 머리가 몸을 규정하며, 몸이 머리를 규정하는 것이 아니라는 사실이다.

그리스도가 교회의 머리이며 교회 성장의 근원과 목적이기 때문에, 교회는 오직 교회의 머리이신 그리스도께 복종할 때에만 성장하게 된다. 그리스도가 교회의 머리이고 교회가 그리스도의 몸이라면, 그리스도의 존재가 교회의 존재

36 Millard J. Erickson, 「교회론」, p.36.
37 Jürgen Moltmann, The Church in the Power of the Spirit, p.122.
38 Hans Küng, The Church, p.238.
39 Jürgen Moltmann, The Church in the Power of the Spirit, p.106.
40 Augustine, Sermo, 137n. 1(Mpl 38, 754). Jürgen Moltmann, The Church in the Power of the Spirit, p.72에서 재인용.
41 H. Schlier, Der Brief an Epheser (Düsseldorf: Patmos, 1969), p.91ff., 206ff.

를 결정하며 그리스도론이 교회론의 내용을 결정한다. 따라서 교회론의 문제는 그리스도론적으로 답변된다. 교회에 대한 모든 진술은 사실상 그리스도에 관한 진술이요, 그리스도에 대한 모든 진술은 교회에 대한 진술을 내포한다.

셋째, 교회의 구성원들은 서로 하나가 된다는 것을 의미한다.

교회가 그리스도의 몸이라는 명제는 교회에 속한 모든 지체들의 통일성을 의미하는 것이다.[42] 그러나 이 통일성은 단일성을 말하는 것이 아니라, 다양성 속에서 한 몸이 되는 것이다. 몸에 딸린 지체는 많지만 그 모두가 한 몸을 이루는 것처럼 그리스도의 몸도 그러하다.(고전 12:12~13) 몸의 각 지체들은 그 특징과 기능에 있어 모두 다르다. 각자의 취미, 지적능력, 소질, 은사, 신앙생활의 삶의 형태가 다르다. 그러나 이 모든 자체가 그리스도 안에서 한 몸을 이루고 각자는 서로 서로의 지체 구실을 하고 있다.(롬 12:4~6)

고린도전서 12장에서 바울이 강조하는 바는 신자 개개인은 다른 모든 신자들과 의존관계에 있다는 것이다. 비록 몸의 지체가 많으나 한 몸이라는 것이다.(12절) 이것은 마치 한 지체가 고통을 받으면 모든 지체도 고통을 받고 한 지체가 영광을 얻으면 모든 지체도 함께 즐거워하는 것과 같다.(고전 12:26) 결국 각 지체는 다른 지체들을 필요로 한다는 것이다.[43]

교회는 서로 헤어져 살다가 주일에 한 번 교회에 모여 예배를 드린 다음, 다시 자신의 삶의 자리로 돌아가는 곳이 되어서는 안 된다. 그것은 서로의 기쁨과 슬픔, 행복과 불행, 서로의 문제들을 함께 나누는 삶의 공동체, 형제자매들의 공동체가 되어야 한다. 그리스도의 몸인 교회는 다양한 사람들의 모임이기 때문에 서로의 관용이 필요하다. 모든 교회는 그리스도의 한 몸에 속하기 때문에 에큐메니칼 교회일 수밖에 없다. 교회가 서로 충돌하고 갈등하는 것은 그리스도의 몸의 개념에 위배되는 것이다.[44]

넷째, 모든 교인과 교회들의 평등을 의미한다.

교회가 그리스도의 몸이라는 명제는 교회에서 모든 차별이나 계급이 없으며 모든 사람들이 평등하다는 것을 의미한다. 그리스도의 몸은 '보편적'이다.[45] 그

---

42 그리스도의 몸으로서의 교회는 '통일된 몸'이어야 한다. Millard J. Erickson, 「교회론」, p.39.
43 Millard J. Erickson, 「교회론」, p.37~38.
44 김균진, 「기독교조직신학」 IV, p.90~91.
45 Millard J. Erickson, 「교회론」, p.39.

몸 안에 들어오는 모든 사람들에게 동일하게 적용되어야 한다. 교회는 근본적으로 평등한 사람들의 사귐이다. 그러므로 교회 안에는 계급이 있을 수 없다. 교인들은 은사와 기능에 있어서 차이가 있지만 한 몸을 이루는 지체로서 모두 평등하다.(고전 12:14~22) 그리스도의 몸에 속한 모든 지체들이 평등하다면 특정한 인종이나 지역, 성이나 사회적 신분의 사람들이 교회를 지배할 수 없다. 교회 안에서 세상과 사회의 모든 차이는 무시된다. 교회는 사회적 지위나 소유나 인종이나 민족이나 성에 따라서 인간을 구분하고 차별하는 인간의 사회를 닮아서는 안 된다. 오히려 교회는 이러한 사회의 병폐를 극복하고 세상 속에서 자매와 형제의 공동의 삶을 예시적으로 실현하고 보여주어야 한다. 그리하여 이 사회와 세계가 평등한 형제들의 공동체가 되도록 영향을 주어야 한다. 교회가 지역별로 나누어져 파벌 싸움을 하는 것은 그리스도의 몸을 찢는 행위이다.

오늘날 발생하고 있는 교회의 분열 행위는 그리스도의 몸을 파괴하는 것이다. 1054년 필리오케(Filioque)논쟁으로 교회는 동방교회와 서방교회로 분열되었다. 1517년 루터에 의해 로마교회로부터 개신교가 분열되었다. 루터나 츠빙글리, 칼뱅은 처음부터 다른 교파를 만들기 위해서 종교개혁 운동을 일으킨 것은 아니었다. 그러나 로마교회가 비성서적이고 비복음적인 요소를 개혁하지 않고 오히려 개혁 운동을 탄압하고 박해했기 때문에 불가피하게 분열하게 되었다. 교회의 본질은 분열에 있지 아니하고 일치에 있다는 것을 주지해야 한다.

3) 성령의 전

하나님의 백성으로 이해된 교회의 본질은 그리스도의 몸으로 해석되고 이는 다시 성령의 전으로 파악된다. 신약성서는 여러 곳에서 교회를 성령의 전으로 묘사하고 있다.[46] "너희 몸은 너희가 하나님께로부터 받은 바 너희 가운데 계신 '성령의 전'인 줄을 알지 못하느냐."(고전 6:19) 에베소서 2:20~22도 성령의 전으로서의 교회의 내적 구조를 상세하게 묘사하고 있다. 여기서 교회는 지상의 재료로 세워진 것이 아니라, 영에 의해 세워지고 채워지고 영에 의해 생명을 얻고 유지되고, 인도되는 집으로 묘사된다. 교회의 근원과 존재, 그리고 지속

---

46 김균진, 「기독교조직신학」 IV, p.103. 교회는 삼위일체 하나님의 집(고전 3:9, 엡 2:22, 딤전 3:15), 하나님의 성전(고전 3:16, 17, 고후 6:16), 성령의 전(고전 6:19)이 된다. 신약성서는 여러 곳에서 교회를 하나님과 그리스도, 또는 성령에 의해 세워진 성전으로 묘사하고 있다.(참조, 마 16:18, 막 14:58, 요 2:19, 히 3:2~6, 계 21:22)

과 성장은 모두 하나님의 영에 의한 것이다. 교회는 성령의 역사로 세워진다. 그리고 성령 없이는 교회가 존재할 수 없다. 이러한 의미에서 교회는 성령의 전 또는 성령의 피조물이라 할 수 있다.[47] 교회가 성령의 전이라는 명제는 다음과 같은 의미를 지니고 있다.

첫째, 교회는 '성령 공동체'라는 것을 의미한다. 교회는 성령에 의해서 세워지고 성령에 의해서 유지되고 인도된다. 따라서 교회는 철두철미 성령의 의지와 뜻을 추구하고 따르게 된다. 이런 의미에서 교회는 성령 공동체가 된다. 교회는 성령으로 충만한 사람들로 가득하다는 뜻에서 성령의 전이라 말할 수 있을 것이다. 만일 교회가 하나님의 영, 예수의 영으로 충만하다면 교회는 철저히 성령의 전이 되어야 한다.

성령은 예수 그리스도의 영이요(롬 8:9, 빌 1:9) 아들의 영(갈 4:6)이다. 성령이 하는 일은 '에클레시아'를 건설하고 형성하는 것이다.[48] 하나님이 세계 속에서 영으로 하시는 일은 "영적 공동체"(spiritual community)를 만드는 것이다. '영적 공동체'라는 표현은 틸리히(Paul Tillich) 교회론의 중심적 개념이다.[49] 어떤 공동체가 하나님의 영(성령)을 받아들이게 되면, 그 공동체는 거룩한 공동체가 된다.[50] 틸리히에게 그리스도의 몸은 '영적 공동체'로 표현된다. 그러나 엄밀한 의미에서 틸리히에게 영적 공동체는 교회라고 보기보다는 교회를 교회되게 하는 힘 또는 구조이다.[51] 영적 공동체는 "교회들의 내적 텔로스(telos)이며, 교회를 교회되게 하는 모든 것의 근원이다."[52] 따라서 교회와 영적 공동체는 구분된다. 틸리히가 교회를 언급할 때는 언제나 영적 공동체를 영적 실재로 갖는 가시적 교회이다. 교회는 영적 공동체의 현실화이다. 즉 교회는 영적 공동체를 본질로 하는 사회적 실재이다. 그러한 영적 공동체는 사랑의 공동체일 뿐만 아니라 해방된 자유 공동체가 된다.[53]

---

47 대부분의 신학자들도 성령의 피조물로서의 교회 개념을 수용한다. Jürgen Moltmann, *The Church in the Power of the Spirit*, p.33~34.
48 Peter C. Hodgson, *Winds of the Spirit: A Constructive Christian Theology* (Louisville, Kentucky: Westminster John Knox Press, 1994), p.295.
49 틸리히는 그의 영적 공동체로서의 교회론을 Tillich, *Systematic Theology*, III (London: SCM Press, 1978), p.149~245 에서 발전시킨다.
50 하나님이 거하시는 성전은 거룩하고 신성하다. 성령은 교회를 거룩하고 순결하게 만드신다. 따라서 성령의 전인 교회는 거룩하다. 밀라드 J. 에릭슨, 「교회론」, p.44.
51 Ronald Modras, *Paul Tillich's Theology of the Church* (Detroit: ayne State University, 1976), p.64, 162.
52 Paul Tillich, *Systematic Theology*, III, p.165.
53 Peter C. Hodgson, *Winds of the Spirit*, p.295.

둘째, 교회가 '자유 공동체'가 되어야 한다는 것을 의미한다. 왜냐하면 성령은 자유케 하는 영이기 때문이다. 바울은 "주의 영이 계신 곳에는 자유함"(고후 3:17)이 있다고 하였다. 자유의 근원과 근거는 인간 안에 존재하는 것이 아니라, 성령의 역사 안에 존재한다. 참된 자유는 현 존재에서 나오는 것이 아니라 밖에서 인간에게 주어지는 것이다.[54] 이러한 자유는 성령의 역사에 의해 인간에게 수여된다. 초대 교회는 이 자유를 그리스도의 복음을 통해서, 성령을 통해서 누리게 되었다. 바울은 이것을 이렇게 표현하였다. "그리스도께서 우리로 자유케 하려고 자유를 주셨으니."(갈 5:1) "너희가 자유를 위하여 부르심을 입었다."(갈 5:13)

한스 큉은 진정 자유로운 사람은 세 가지로부터 자유로운 사람이라고 하였다. 그것은 죄로부터 자유로운 사람, 율법으로부터 자유로운 사람, 죽음으로부터 자유로운 사람이다.[55] 성령은 믿는 자에게 죄와 율법과 죽음으로부터의 자유를 선사한다. "이는 그리스도 예수 안에 있는 생명의 성령의 법이 죄와 사망의 법에서 너를 해방하였음이라."(롬 8:2~11) 하나님의 영은 우리에게 죄와 율법, 죽음으로부터의 자유를 선사한다.

오늘날의 교회는 실제로 자유인의 공동체인가? 교회는 죄와 율법, 그리고 죽음에서 해방된 인간들의 공동체인가? 오늘날 그리스도의 교회는 종종 교회는 부자유한 장소라는 심한 비판의 소리를 듣는다. 이들의 비판대로 교회는 깊은 죄에 빠져 있다. 교회는 세속적 제도주의에 깊이 사로잡혀 있다. 교회는 자신의 어둡고 부자유한 비본질을 극복하고 밝고 자유로운 본질을 비춰줄 때에만 새로운 자유의 고향과 장소로서의 신용을 얻을 수 있다.[56]

셋째, 교회가 카리스마 공동체라는 것을 의미한다.[57] 교회는 성령의 전으로서 카리스마적 구조와 질서를 가진다.[58] 카리스마 곧 은사는 그리스도인들이 하나님으로부터 받은 모든 것을 말한다. 은사는 성직자라고 하는 특별한 사람들에게 제한된 것이 아니라 그리스도의 영을 받은 모든 사람들에게 주어진다.

---

54 Hans Küng, *The Church*, p.162.
55 Cf. ibid., p.151~158.
56 Ibid., p.160~161.
57 이것은 또한 성령이 교회의 주권자라는 것을 의미한다. 왜냐하면 교회에 여러 가지 은사들을 나눠 주심으로써 그 몸을 온전히 준비시키는 분이 바로 성령이시기 때문이다.(고전 12:11) Millard J. Erickson, 「교회론」, p.44.
58 "고린도전서는 여러 장에 걸쳐 교회의 카리스마적 구조에 대해 말하고 있다. 고린도전서는 반복적으로 '카리스마타'(Charismata), 또는 '프뉴마티카'(Pneumatika)에 관해 언급하고 있다. 카리스마타란, 바울에 의하면 모든 그리스도교인에게 선사되는 은혜를 지칭한다." Hans Küng, *The Church*, p.179.

따라서 카리스마적 공동체는 지배체제나 계급체제를 통하여 이루어지는 것이 아니라, 각자가 받은 은사에 따라 교회를 섬김으로써 이루어진다. 교회의 카리스마적 질서는 무질서를 초래하는 열광주의도 거부하지만 교직자와 평신도, 장로와 집사 등의 계급제도 내지 지배체제도 거부한다. 카리스마적 공동체는 지배체제나 계급체제를 거부하지만 질서와 통일성을 추구한다. 그러나 그 질서와 통일성은 단일성이나 획일성으로 나타나지 않는다. 카리스마적 공동체의 질서는 모든 교인들이 각자의 차이와 다양성을 서로 존중하면서 자기의 은사에 따라 사랑과 헌신과 겸손 가운데서 교회를 위하여 이웃을 위하여 하나님 나라를 위하여 섬기는 가운데서 이루어진다.[59] 교회의 통일성과 질서는 명령과 복종으로 이루어지는 것이 아니라, 각자가 그의 다양성 속에서 서로 섬기고 자기를 헌신함으로써 이루어진다. 카리스마적 공동체로서의 교회론은 교회의 올바른 방향을 제시할 수 있을 것이다.

우리가 교회의 본질을 제대로 조망하기 위해서는 삼위일체적 접근 방식을 택해야 할 것이다. 그것은 교회를 동시에 하나님의 백성이요 성령의 피조물이요 그리스도의 몸으로 보는 것이다. 만약 어떤 교회가 하나님의 백성이기는 한데 그리스도의 몸과 성령의 전이 아니라면 그 교회는 참된 교회라 할 수 없다. 또한 어떤 교회가 그리스도의 몸이기는 한데 하나님의 백성과 성령의 전이 아니라면 그 교회는 참된 교회가 될 수 없다. 같은 방향에서 만약 어떤 교회가 성령의 전이기는 한데 하나님의 백성과 그리스도의 몸이 아니라면 그 교회는 참된 교회가 될 수 없다.

지금까지 우리는 교회를 하나님의 백성, 성령의 피조물, 그리스도의 몸으로 규정함으로써 교회의 본질을 규명해 보았다. 이러한 규명은 새로운 것이 아니다. 이것은 단지 성서가 말하고 있는 바를 한 신학적 시각을 통해 조명한 것뿐이다. 교회가 하나님의 백성이요, 그리스도의 몸이요, 성령의 전이라는 교회론은 교회의 주요한 유산이라 할 수 있다.

---

59 김균진, 「기독교조직신학」 IV, p.114~115.

교회의 표지

전통적으로 가톨릭교회의 네 가지 표지와 종교개혁 교회의 두 가지 표지가 참된 교회의 속성 또는 표지로 고백되어 왔다. 가톨릭교회는 네 가지 표지를 제시하였다. 교회는 하나의 거룩한 보편적인 그리고 사도적인 교회라고 고백된다.[60] 이러한 고백은 교회의 많은 공의회를 통해서 선포되고 수용되었다. "하나의 거룩하고 보편적이며 사도적인 교회를 믿는다."는 이 고백은 325년 니케아 공의회에서 결정되었다. 그리고 이 고백은 381년 제2차 콘스탄티노플 공의회에 의해 받아들여졌다. 431년의 에베소 공의회(Council of Ephesus)와 451년의 칼케돈 공의회(Council of Chalcedon)에서는 이를 다시 추인하여, "우리는 하나의, 거룩하고, 가톨릭적이며, 사도적인 교회를 믿는다."고 교리로 고백하였다.[61] 가톨릭교회는 이런 신조를 따라 '통일성, 거룩성, 가톨릭성, 사도성'이 참된 교회의 표지임을 고백하였다. 이후부터 이 고백은 종교개혁 이전까지 통일성, 거룩성, 보편성, 사도성을 참된 교회의 표지로 간주하였다.

종교개혁자들 역시 하나이며 거룩한 보편적인 교회를 성도들의 공동체로 이해했다.[62] 종교개혁자들은 가톨릭교회가 참된 교회의 표지로 고백해온 네 가지 표지를 거부하지 않았다. 그러나 종교개혁자들은 참된 교회의 표지는 이 네 가지 표지에 있다기보다는 순수한 복음 선포와 성례전의 올바른 집행에 있다고 주장하였다.[63] 특히 개신교의 장자 교파인 루터 교회는 교회의 표지를 대폭 축소시키면서, 오직 말씀과 성례전만을 교회의 유일한 표지들로 이해하였다. 루터 교회를 비롯한 종교개혁자들은 참된 교회는 "복음이 순수하게 가르쳐지고 성례전이 바르게 집행되는 곳에 있다"고 보았다.[64]

그러나 우리는 복음이 순수하게 선포되고 성례전이 올바르게 집행되고 있는 교회는 하나의 거룩한 보편적인 그리고 사도적인 교회임을 믿는다. 이 두 개의

---

60 Jürgen Moltmann, *The Church in the Power of the Spirit*, p.339.
61 Hans Küng, *The Church*, p.263.
62 Jürgen Moltmann, *The Church in the Power of the Spirit*, p.352.
63 Ibid., p.341.
64 루터는 그의 논문 "공의회와 교회"(Von den Konziliis und Kirchen)에서 참된 교회의 일곱 가지 특징들을 제시했다.(참 하나님 말씀의 설교, 올바른 세례 집전, 올바른 형태의 성만찬, 징계권, 직무 수행자에 대한 올바른 서품, 모국어로 드리는 기도와 찬양, 박해) Hans Küng, *The Church*, p.266~267.

표지들은 다른 네 가지 표지들과 대립될 수 없으며 또한 이 네 가지 표지들도 이 두 가지 표지들과 대립될 수 없다. 왜냐하면 "통일성, 거룩성, 보편성 그리고 사도성이 없이는 순수한 선포나 성례전의 올바른 집행도 있을 수 없기 때문이다. 다시 말하면, 교회의 네 가지 표지들은 선포와 성례전을 가리키며, 말씀과 성례전 또한 교회의 네 가지 표지들을 가리키기 때문이다."[65] 여기서 우리는 말씀과 성례전 그리고 교회의 네 가지 표지들은 서로 분리될 수 없는 속성들을 가지고 있다는 것을 보게 된다. 이런 관계를 고려할 때 전통적 네 가지 표지와 종교개혁의 두 가지 표지는 상호 보완의 관계에 있다고 볼 수 있다. 사실 종교개혁의 두 가지 표지는 참된 교회가 무엇인가를 교회 내부로부터 묘사한다면, 전통적 네 가지 표지는 참된 교회가 무엇인가를 외부로부터 묘사한다고 볼 수 있다.

우리는 교회의 표지를 네 가지로 한정할 수는 없다. 그러나 이 네 가지 표지들은 신약성서가 말하고 있는 표지들이라 할 수 있다. 우리가 이 네 가지 표지들을 진리로 받아들이려면 교회의 이러한 진술들은 신학적으로 밑받침되어야 할 것이다. 따라서 전통적 교회의 네 가지 표지들에 대한 그 구체적인 본질과 특성들을 살펴보고자 한다.

1) 통일성

교회 역사상 끊임없이 논의되는 주제 중 하나는 교회의 통일성이다. 오늘날에도 교회의 통일성의 본질에 대한 불일치로 엄청난 교회의 분열이 초래되고 있다. 교회의 통일성은 그리스도 안에서 하나인 교회의 본질과 특징을 가리키는 동시에 분열된 교회를 비판하고 모든 그리스도인들이 하나가 되기 위한 삶의 방향을 추구한다. 교회의 통일성은 단순히 교회의 제도적 통일성을 가리키는 것이 아니라 하나님 나라를 이 땅 위에 세우고 모든 분열된 것을 하나되게 하는 교회의 통일성을 말한다. 교회는 하나이며, 하나가 되어야 한다. 신자들이 하나가 되는 것은 주님의 명령인 것이다.[66] 우리가 교회의 통일성을 추구해야 하는 이유는 성서가 그것을 가르치고 있기 때문이다.(요 10:16, 18:20~26, 행

---

65 Jürgen Moltmann, *The Church in the Power of the Spirit*, p.341.
66 Stig Hanson, *The Unity of the Church in the New Testament: Colossians and Ephesians* (Lexington, Ky.: American Theological Library Association, 1963), p.7.

2:42, 롬 12:3~8, 고전 1:10~31, 갈 3:28~29)

교회의 통일성에 대해서는 별 다른 이론(異論)은 없다. 그러나 어떠한 형태의 통일성이어야 하는지에 대해서는 많은 설들이 있다. 그것은 대체로 네 가지로 분류될 수 있다. 영적 통일성, 상호인정과 교제의 통일성, 화해적 통일성, 그리고 조직적 통일성이 그것이다. 여기서 조직적 통일성이 우리의 관심을 끈다. 조직적 통일성은 다른 교파들을 합병하는 것, 동일한 신앙고백적 표준을 가지고 있는 단체나 교단들과 결합하는 것, 그리고 그것을 유지하고 보존하는 것을 의미한다.[67] 이러한 목적의 달성을 위해서 많은 시도들이 있었다. 이 같은 시도들은 오늘날 에큐메니칼 운동(Ecumenism, 교회일치운동)으로 구체화되었다.[68]

교회의 통일성에 관하여 주지되어야 할 몇 가지 사항들이 있다.

첫째, 교회의 통일은 획일성이나 평준화가 아니라 다양성 내에 존재하는 통일이다.[69] 신약성서는 교회의 하나 됨에 대하여 말하는 동시에 여러 지역에 흩어져 있는 여러 공동체들에 대하여 말한다. 각 공동체는 그 자신의 지역적, 문화적 특색을 가지는 동시에 그 자신의 신앙적, 공동체적 특색과 아울러 문제점도 가지고 있다. 신약성서가 권면하는 교회의 통일성 내지 하나 됨은 교회의 형태와 질서와 모든 활동의 단일성이나 획일성을 말하는 것이 아니라 다양성 안에 있는 통일성을 말한다. 신약성서의 교회는 획일적인 통일 기구나 조직과는 거리가 멀다. 획일적인 예배나 교회 질서, 획일적인 신학이 교회의 본질에 속하는 것은 결코 아니다.[70] 공동체는 자신의 고유한 사회적, 문화적 전통과 다양한 민족들, 다양한 언어들, 다양한 교회 질서, 다양한 기도와 찬송과 예술적 표현, 다양한 예배 형식과 친교의 형식, 다양한 봉사활동, 다양한 법질서, 다양한 행정체계, 다양한 신학, 다양한 사고방식들, 다양한 개념들, 다양한 이론체계들, 다양한 학파들과 연구 방향들, 다양한 신학교육 기관을 가질 수 있다. 이와 같은 다양성에도 불구하고 교회가 통일성을 가지는 것은 한 하나님, 한 그리스도, 한 성령, 한 세례, 한 성찬을 고백하고 한 마음을 가지고 함께 사랑을 나누고 세상을 위해 봉사하기 때문이다. 따라서 공동체의 다양성과 특이성은

---

67 Millard J. Erickson, 「교회론」, p.204~208.
68 에큐메니칼 운동의 역사에 대해서 Ruth Rouse and Stephen Charles Neill, ed. *A History of the Ecumenical Movement, 1517~1948*, 2nd. ed. (Philadelphia: Westminster, 1968)을 보라.
69 Hans Küng, *The Church*, p.294, 296.
70 Ibid., p.274~275.

교회를 분열시키는 요인이 될 수 없다. 교회의 통일성을 저해하는 요인은 교회의 다양성에 있는 것이 아니라 이 다양성을 인정하지 않으려는 편협성에 있다.

둘째, 교회의 분열은 교회의 통일성을 가로막는다.

교회는 크게 두 번 분열하였다. 첫 번째 분열은 동방교회와 서방교회의 분열이다. 두 번째 분열은 가톨릭교회와 종교개혁 교회의 분열이다. 교회 분열에 여러 가지 요인들이 있으나 대체로 세 가지로 요약된다. 첫째로, 교회정치적인 요인이 있다. 그것은 로마(라틴인)와 콘스탄티노플(헬라인) 간의 소외와 배신 등으로 점철된 반목이 교회 분열의 원인을 제공했다. 둘째로, 문화 종교적 요인들이 작용하였다. 라틴인과 헬라인 간의 서로 다른 언어 사용으로 상호 대립적 정신문화가 고착되었다. 셋째로, 신학적 요인들이 작용하였다. 서방교회의 신학방법론은 경험적인 것에 관심을 집중하고 합리적 분석과 학문적 연구를 대두시키는 방법을 채택하였으나, 동방교회는 명상적이며 수도원적인 신학을 하였다.[71]

교회 분열이 하나님의 뜻과 인간의 구원을 가로막는 것이라면 그것이 개인들의 분열이건 공동체의 분열이건 간에 그것은 죄에 해당하는 것이다. 물론 교회는 하나님 앞에서 자신의 힘으로는 죄에서 벗어날 수 없다. 교회는 단지 이러한 죄에서 해방되도록 간청하고 용서를 구할 수 있을 뿐이다. 따라서 분열을 지양하는 첫 번째 발걸음은 교회의 주이신 하나님과 형제 앞에서 죄를 고백하고 용서를 구하는 것이 되어야 한다. 우리가 용서를 구하는 것은 분열을 없애달라고 기도하는 동시에 하나님의 뜻에 어긋나는 분열에 저항할 준비, 즉 회개할 준비가 되어 있다는 것을 고백하는 것이다. 내적 회개 없는 교회일치운동은 존재할 수 없다.[72] 따라서 우리는 교회 분열을 회개하고 교회의 통일을 위한 신학적 작업을 과제로 삼고 이 일에 매진해야 할 것이다.

2) 거룩성

교회는 하나님이 부르신 거룩한 사람들(롬 1:7)의 공동체이다. 따라서 교회는 거룩하다(엡 5:27)고 말할 수 있다. 교회의 거룩성을 말한다는 것은 그리스도 안

---

71 Ibid., p.278.
72 Ibid., p.284.

에서 거룩하게 된 교회의 본질과 특징을 말하는 것이고 동시에 거룩하지 못한 교회에 대하여 말하며, 자신과 세계를 거룩하게 해야 할 그리스도인의 방향과 기준을 말하는 것이라 할 수 있다. 우리가 교회의 거룩성을 말할 때에 다음의 몇 가지 사항들을 주목할 필요가 있다.

첫째, 교회가 거룩하다는 것은 교회가 죄인들의 공동체임을 의미한다. "교회는 자신들이 죄인들임을 알고, 그런 자신들의 죄악에 대해 책임을 지는 사람들의 공동체"[73]이다. 성서는 하나님의 백성에게 죄가 있다는 사실을 말하고 있다. 바울이 그의 편지에서 밝혔듯이 "성자들" 가운데 드러난 죄를 볼 수 있다.(고전 1:10~13, 5:1, 5:9~13, 11:20~22, 갈 2:11~14, 빌 1:15~17) 우리는 교회라는 것이 다른 모든 사람들보다 더 깨끗한 사람들의 공동체라는 생각을 버릴 때 비로소 교회의 거룩함을 이해할 수 있을 것이다. "거룩함은 근본적으로 교회를 죄된 인간성으로부터 분리하지 않는다."[74] 그러므로 교회는 자신의 죄와 인간의 죄를 인식하고 하나님을 통한 의인화를 믿는 바로 그곳에서 거룩해지는 것이다. 현실의 교회는 거룩한 교회가 아니라 죄인들의 공동체이다. 그러므로 죄된 신자들을 추방함으로써 교회의 거룩함을 세운다는 것은 불가능하다.

둘째, 교회가 거룩하다는 것은 죄인들의 교회는 회개와 용서를 산출하는 공동체임을 의미하는 것이기도 하다. 왜냐하면 교회는 언제나 회개와 용서의 길을 가는 한에서 거룩한 교회라고 할 수 있기 때문이다. 교회의 거룩성은 교회의 구성원들이 구하는 회개와 용서로부터 발견된다.[75] 회개하고 용서하는 교회는 거룩한 교회이다. 따라서 교회가 거룩하다는 것은 교회는 항상 회개와 용서의 길을 가야 한다는 것을 의미한다.

셋째, 교회가 거룩하다는 것은 개혁의 길을 가는 공동체라는 것을 의미한다. 회개와 용서를 산출하는 교회는 항상 개혁을 필요로 하는 존재다. 그러므로 교회는 항상 개혁되어야 한다. 교회 개혁의 필연성은 복음을 통해 나타난 그리스도의 요청에서 비롯된 것이다. 따라서 교회 개혁은 교회나 지도층의 의향에 좌우될 수 없다. 교회는 끊임없는 개혁을 통하여 모든 피조물의 새로운 질서와 성화를 증언하는 공동체이다. 개혁과 갱신을 추구하는 교회만이 자신의 거룩

---

73 Shirley C. Guthrie, *Christian Doctrine*, p.359.
74 Jürgen Moltmann, *The Church in the Power of the Spirit*, p.353.
75 Shirley C. Guthrie, *Christian Doctrine*, p.360.

성을 입증할 수 있다.[76] 거룩한 교회는 개혁된 교회이며 언제나 끊임없이 개혁하는 교회이다.

넷째, 교회의 거룩성은 교회가 언제나 소유하고 있는 속성이 아니라, 쟁취해야 할 종말론적 과제라는 것을 의미한다. 따라서 교회는 항상 속된 것과 세상적인 것과 싸우면서 그 자신을 거룩하게 해야 한다. 그러나 교회는 이 세상에서 진리에서 벗어나 탈선하고 오류에 빠질 수도 있다. 여기서 우리가 주목해야 하는 사실은 교회는 정적(靜的)이지 않고 도상(道上)에 있다는 것이다. 그리고 교회의 거룩은 종말에서 완성된다는 것이다. 아우구스티누스와 토마스 아퀴나스는 이 점을 이렇게 말하고 있다. 아우구스티누스는 "내가 책에서 교회를 티 없고 흠 없는 것으로 묘사한 것은 교회가 이미 지금 그렇다는 것이 아니라 오히려 그러한 존재가 되기 위해 준비하고 있는 것으로 이해되어야 한다. 왜냐하면 현재의 교회는 그 지체들의 약함과 미숙함으로 말미암아 날마다 새롭게 '우리의 죄를 용서하소서'라고 고백해야 하기 때문이다."[77] 토마스 아퀴나스도 "교회가 티 없고 흠 없이 영광스럽게 되는 것은 우리가 그리스도의 고난을 통해 도달하게 될 궁극적인 목적이며, 이는 현재 우리가 걷고 있는 길이 아니라, 영원한 고향에서 비로소 이루어질 수 있는 것"[78]이라고 하였다.

다섯째, 교회의 거룩성은 하나님을 닮아가는 데 있다는 것을 의미한다. 교회가 거룩하게 되는 길은 속된 세상으로부터 자신을 깨끗이 하는 데 있는 것이 아니라, 그리스도의 뒤를 따르는 데 있다. 교회는 그리스도의 뒤를 따름으로써 거룩해질 수 있다. 참으로 거룩한 교회는 규모가 크고 헌금이 풍부한 그래서 부요해진 교회가 아니라 고난 받는 피조물들을 위하여 자기를 포기하는 교회 곧 청빈한 교회이다. 거룩한 교회가 되는 길은 보화를 쌓아 그것을 누리는 데 있지 않고, 예수의 뒤를 따라 자기를 내어주는 데 있다. 교회가 거룩하게 되는 길은 예수의 뒤를 따라 이 세계에서 하나님의 정의를 세우는 데 있다. 그러므로 교회는 말과 행위를 통하여 정치적 정의를 추구해야 할 것이다. 또한 교회가 거룩하게 되는 길은 생태계의 위기를 저지하고 모든 피조물들이 평화롭게 살 수 있는 세계를 이루는 데 있다.

---

76 Hans Küng, *The Church*, p.341.
77 Augustinus Retracht II, p.18; PL, p.32, 637f. Hans Küng, *The Church*, p.327에서 재인용.
78 Thomas von Aquin, *S. th.* III, q. 8, a. 3 ad 2. Hans Küng, *The Church*, p.327에서 재인용.

3) 가톨릭성

(1) 가톨릭의 의미

가톨릭(catholic)이란 말은 '전체와 관련된', '모든 것을 포괄하는', 또는 '일반적'이란 뜻을 가지고 있다. '가톨릭'이라는 표현은 특수한 것, 부분적인 것, 개별적인 것에 비교해서 일반적인 것, 모든 것과 연결된 것을 의미한다.[79] 가톨릭이란 말은 한마디로 '보편적'이란 뜻을 가지고 있다. 참된 교회는 가톨릭적이어야한다. 교회론에서 보편적 교회, 곧 가톨릭교회는 "그리스도의 몸"에 속한 그리스도교의 모든 공동체를 말한다. 일반적으로 교회의 가톨릭성은 온 세계를 향하여 열려 있는 교회의 본질과 특징을 나타내는 동시에 폐쇄되어 있는 교회를 비판하고, 온 세계를 향해 자신을 열 것을 추구한다.

교회의 가톨릭성은 다음과 같은 몇 가지 속성을 가지고 있다.

첫째, 가톨릭성은 본질상 '보편성'을 의미한다. 교회는 "모든 종족, 계급, 언어, 문화, 민족성, 모든 종류의 정치적 경제적 사회적인 상황에 있어서 연합되었다는 점에서 보편적이다."[80] 다음과 같은 성서 구절들은 이것을 말해주고 있다. "너희는 유대인이나 헬라인이나 종이나 자주자나 남자나 여자 없이 다 그리스도 예수 안에서 하나이니라."(갈 3:28) "너희는 온 천하에 다니며 만민에게 복음을 전파하라."(막 16:15) "모든 족속"에게(마 28:19), "… 땅 끝까지 이르러 내 증인이 되리라."(행 1:8)

교회의 보편성은 공간적인 제한, 숫자의 제한, 문화의 제한, 시간적인 제한으로부터 자유롭다. 교회는 반드시 민족과 문화, 인종과 계급, 시대와 시대 정신의 한계를 부정하거나 간과할 수 없지만 넘어서야 한다.[81] 교회는 낮은 자들이 높아지고 높은 자들이 낮아져서 낮은 자들과 높은 자들이 고르게 어우러져 사는 사회를 이룸으로써 교회의 보편성을 실현한다. 보편성을 실현하지 못하는 교회는 참된 교회라 할 수 없다.

둘째, 가톨릭성은 본질상 보편성과 더불어 '전체성'을 의미한다. 가톨릭교회는 개 교회들을 결합시키고 있는 전체 교회를 말한다. 즉 전체적이며 일반적이

---

79 Jürgen Moltmann, *The Church in the Power of the Spirit*, p.349.
80 Shirley C. Guthrie, *Christian Doctrine*, p.361.
81 Hans Küng, *The Church*, p.304.

고 포괄적인 교회를 말한다. 교회가 비가톨릭이 되는 것은 교회가 자신을 전체 교회와 분리시키고, 자기중심적인 신앙과 삶을 영위하며, 또한 이에 만족할 때 발생한다. 비가톨릭교회는 단지 자신을 전체 교회의 신앙과 삶에서 분열시키고 전체 교회로부터 이탈해 나갈 때 발생할 수 있다.[82] 따라서 전체성으로부터 이탈한 교회는 참된 교회가 될 수 없다.

셋째, 가톨릭성은 '개방성'을 의미한다. 교회는 폐쇄적인 집단이 될 수가 없다. 그것은 개방되어 있다. 만일 교회가 '개방된 교회'가 될 수 없다면, 그것은 그리스도의 교회도 될 수 없으며 또한 하나님 나라의 백성도 될 수 없다.[83] 개방성에서 이탈된 교회는 참된 교회가 될 수 없다.

넷째, 가톨릭성은 '동일성'을 의미한다. 교회는 시대와 형태의 변화에도 불구하고 본질적으로 동일한 교회로 남아 있어야 한다. 동일성은 가톨릭성의 근본 토대이다. 시대와 역사의 변화에도 불구하고 자신의 본질에 상응하려는 교회는 자기 자신을 위해 존재하지 않는다. 교회는 결코 자신을 위해 존재하는 것이 아니다. 참된 동일성은 지루하고 단조로운 동일성을 의미하지 않는다. 그 동일성은 그 안에 흥미진진하고도 서로를 풍요롭게 해주는 것이 있는 그런 동일성이다. 동일성을 떠난 교회는 참된 교회가 될 수 없다.

4) 사도성

교회의 사도성은 사도적 전승 안에 있는 교회의 본질과 특성을 나타내는 동시에 사도들의 뒤를 따르지 않는 교회에 대하여 비판하고, 하나님의 부르심과 파송에 복종해야 할 교회의 방향과 기준을 추구한다. 교회의 사도성은 사도계승에 있는 것이 아니라 사도들의 뒤를 따라 세계에 대한 사도직을 수행하는 데 있다. 교회가 사도적 교회라는 것은 다음과 같은 속성과 과제를 지니고 있다는 것을 의미한다.

첫째, 사도적 교회는 사도들의 증언에 기초를 둔 교회이다. 사도적 교회란 부활하신 그리스도의 목격자들인 사도들의 증언에 기초하며, 그들과 연속성을 가지며, 사도적 정당성을 가진 교회를 말한다.[84] 둘째, 사도적 교회는 사도들의

---

82 Ibid., p.300.
83 Jürgen Moltmann, *The Church in the Power of the Spirit*, p.334.
84 김균진, 「기독교조직신학」 IV, p.299~300.

뒤를 따르는 교회이다.[85] 교회의 사도성은 단순히 사도적 근거에 있는 것이 아니라, 사도들의 부활하신 그리스도의 부르심과 파송을 받았던 그 사명을 수행하는 데 있다. 셋째, 사도적 교회는 하나님 나라를 지향하는 교회이다. 사도적 교회의 목적은 하나님 나라에 있다. 따라서 사도적 교회는 주어진 현재에 만족하지 않고 언제나 하나님 나라를 기다리며 그것을 희망한다. 넷째, 사도적 교회는 종의 형태를 취하는 교회이다. 사도적 교회는 이 세계의 권세와 영광을 누리는 교회가 아니라 오히려 청빈한 교회가 되어야 한다. 따라서 사도적 교회는 세상을 위한 존재, 타자를 위한 존재, 즉 섬기는 교회라고 할 수 있다.[86] 다섯째, 사도적 교회는 선교하는 교회이다.[87] 참된 사도적 교회는 복음 선포를 통해 세계와 인류의 구원을 위해 파송되었다는 것을 명심하고 이 과제를 위해 모든 노력을 기울이는 교회라 할 수 있다.

교회의 일차적 표지는 사도성에 있다. 사도성은 교회의 원초적 기초인 그리스도와 함께 서고 넘어지기 때문에, 교회는 그리스도와 함께 서고 넘어진다. 실로 그리스도는 교회를 구성하는 사도적 원증언의 기초 중의 기초이다. 그리스도야말로 본래 교회의 본질을 구성하는 요소요 그 본래적 표지이다. 교회의 사도성은 교회가 하나의, 거룩하고, 가톨릭적인 교회가 되게 하는 결정적인 기준을 결정해 준다. 즉 교회는 사도적인 교회일 때에만, 하나의 거룩하고 가톨릭적인 교회가 될 수 있다는 것이다. 그 어떤 통일성과 거룩성, 그 어떤 가톨릭성이 중요한 것이 아니라, 사도와 관련되어 있는 교회라는 의미에서 사도적 교회가 중요한 것이다.[88] 왜냐하면 만약 사도적인 증언이 없다면 그리스도 안에서 하나이며 거룩하고 보편적인 교회는 역사 속에 감추어져 있을 가능성이 크기 때문이다.[89] 따라서 교회의 네 가지 속성은 서로 밀접하게 연관되어 있다. 사도성을 배제한 교회의 통일성, 거룩성, 보편성은 의미가 없다. 역시 교회의 통일성이 배제된 교회의 사도성, 거룩성, 보편성은 의미가 없다. 같은 방식으로 교회의 거룩성이 배제된 교회의 사도성, 보편성, 통일성은 의미가 없다. 그러므로 교회는 하나의 거룩하고 가톨릭적이며 사도적인 교회가 될 때 의미가

---

85 Ibid., p.302~303.
86 Ibid., p.305~306.
87 Jürgen Moltmann, *The Church in the Power of the Spirit*, p.360.
88 Hans Küng, *The Church*, p.344.
89 Jürgen Moltmann, *The Church in the Power of the Spirit*, p.357.

있게 되는 것이다.[90]

교회의 성례전

　　　　　　　　　모든 교인은 세례와 성만찬을 통해서 자신들이 하나님의 백성됨을 고백하고 또한 그리스도의 몸에 편입됨을 확신한다. 즉 믿는 자들은 세례를 통해서 하나님의 백성으로 받아들여지고 성만찬을 통해서 그리스도의 몸으로 보존된다. 이같이 교회는 세례와 성만찬을 통해 형성되고 성장한다. 그러므로 우리는 성례전 없는 교회를 생각할 수 없다. 이처럼 성례전은 참된 교회의 본질을 드러내는 표지이기도 하다. 우리는 성례전(세례와 성만찬)에 대한 신학적 의미를 찾는 작업을 통해서 성례 공동체로서의 교회의 본질을 이해하게 될 것이다.

1) 세례의 신학적 의미

(1) 세례의 원초적 의미는 요한의 세례에 근거되어 있다

원시 그리스도교 공동체는 요한의 세례를 긍정하고 스스로 그의 세례를 받아들인 예수를 회상하는 가운데 세례를 베풀었다. 그러나 이러한 세례는 부활을 통해 전적으로 새로운 의미를 획득했다. 원시 그리스도교 공동체는 예수의 부활의 인상 아래서 그리고 성령의 체험 속에서 그들의 세례를 성령과 함께 하는 세례로 선포하였다.[91] 세례는 지금도 회개와 죄 사함의 징표로 이해되지만,[92] 부활을 통해 예수가 그리스도로 인지되면서(행 2:36) 전적으로 새로운 의미를 갖게 되었다.[93] 새로운 의미의 그리스도교 세례는 부활의 삶을 추구한다.[94]

90　Hans Küng, *The Church*, p.358~359.
91　Jürgen Moltmann, *The Church in the Power of the Spirit*, p.234.
92　세례는 하나님이 인간과 세우신 언약을 수행하고 계신다는 표시이자 인침이다. 세례는 우리를 그 언약 안으로 옮겨서 그 유익들을 경험하게 하는 신앙의 행위이다. 참조. Charles Hodge, *Systematic Theology*, vol. 3 (Grand Rapids: Eerdmans, 1952), p.582.
93　Hans Küng, *The Church*, p.206.
94　"세례는 세례 받는 사람이 그리스도의 죽으심과 부활 안에서 그와 연합되었으며 영적 할례를 경험했다는 신앙의 행위이자 증거이다. 그것은 그가 그리스도께 헌신했음을 나타내는 공적인 표적이다." Millard J. Erickson, 「교회론」, p.147.

(2) 세례는 그리스도의 구원 사건에 응답하는 신앙을 요구한다

세례는 무언(無言)의 표징이 아니라 말씀의 표징이며, 종교적인 마술 행위가 아니라[95] 신앙을 요구하는 선포의 행위다.[96] 신약성서는 믿고 세례를 받은 사람은 구원 받을 것이지만 믿지 않는 사람은 정죄 받을 것을 말하고 있다.(막 16:16) 성서는 신앙이 세례의 선행요건임을 분명히 밝히고 있다. 예수는 사람을 제자로 삼은 다음에 세례를 주라고 했고(마 28:19), 세례 요한도 세례 전에 회개와 죄의 고백을 요구했고(마 3:2, 6), 베드로 역시 회개하고 그 다음에 세례를 받으라고 하였다.(행 2:37~41) 이 외에도 신앙을 소유한 후 세례를 받는 사건은 사도행전 8:12, 18:8, 19:1~7에서도 볼 수 있다. 따라서 세례는 신앙을 선행적으로 요구하고 있다고 보아야 할 것이다.[97]

(3) 세례는 하나님의 구원의 은혜가 현재화되는 것이다

세례는 그리스도 안에서 일어난 구원 사건이 현재화되는 것이다.[98] 세례를 인간의 관점에서 보면 회개와 신뢰, 헌신과 고백에 대한 개인적이며 가시적인 표현이라 할 수 있다. 따라서 세례는 교회 앞에서 교회에 입교하기 위해 신앙을 증언한다.[99] 그러나 하나님의 관점에서 보면 세례는 개개 인간에게 주어지는 가시적인 은혜의 징표, 즉 믿는 자에게 선포되고 선사되는 하나님의 은혜가 현재화되는 것이라 할 수 있다. 따라서 그리스도교 세례 이해의 본질은 세례를 인간의 행위만이 아니라 하나님의 행위로 보는 데 있다. 믿는 자가 스스로 세례받는 것이 아니라, 세례 받는 자기 자신에게 세례 사건이 일어나도록 하는 것이 그리스도교적 세례이다.[100]

---

95 일반적으로 전통적인 개혁주의와 장로교 신학자들은 세례는 그 스스로 역사하는 은혜의 수단이 아니며, 또한 은혜를 전달하는 어떤 고유한 내용들이 그 의식 자체에 들어 있는 것도 아니라고 본다. Millard J. Erickson, 「교회론」, p.133. 세례의 행위는 결코 어떠한 직접적인 영적 유익이나 축복도 전달하지 않는다. 그리고 우리가 세례를 통하여 거듭나는 것도 아니다. 왜냐하면 세례는 믿음 및 믿음의 결과인 구원을 전제로 하는 것이기 때문이다. 세례는 세례 받는 사람이 이미 거듭났다는 증거인 것이다. 만일 세례가 주는 어떤 영적 유익이 있다면, 그것은 세례를 받음으로써 우리가 지교회의 회원이 되어 그 교회에 참여하게 된다는 것이다. Augustus H. Strong, *Systematic Theology* (Westwood, N.J.: Revell, 1907), p.945.

96 로마 가톨릭 교리는 세례에 신앙이 반드시 필요한 것으로 보지 않는다. 왜냐하면 세례는 스스로 역사하여 효력을 발생시킨다고 보기 때문이다. 따라서 그들에게 유일하게 요구되는 것은 누군가가 그 유아를 소개하고 사제가 성례를 적절하게 시행하는 것이다. Franz Pieper, *Christian Dogmatics*, vol.3 (St. Louis: Concordia, 1953), p.256.

97 Millard J. Erickson, 「교회론」, p.140.

98 Hans Küng, *The Church*, p.209.

99 세례는 입교의 첫 의식이다. Louis Berkhof, *The History of Christian Doctrines* (Michigan: Baker Book House, 1992), p.248~249.

100 그런 의미에서 세례는 하나님이 구원의 은혜를 베푸시는 하나의 수단이 된다. 세례는 목사나 사제가 세례 받는 사람에게 어떤 형태의 은혜를 쏟아 붓는 것이 아니라, 오히려 세례는 사람들로 하여금 교회에 첫발을 내딛게 하는 성령의 사역이다. 참조. Franz Pieper, *Christian Dogmatics*, vol. 3, p.264, 270.

(4) 세례는 그리스도의 친교 속으로 들어가는 것을 의미한다

신자들은 세례를 통해 공적으로 그리스도의 친교 속에 들어간다.[101] 그리스도의 친교 속으로 들어간다는 것은 그가 하나님의 자녀가 된다는 것을 확증하고 고백하는 것을 의미한다. 하나님의 자녀가 된다는 것은 그리스도의 친교 속으로 들어간다는 것, 그리고 그리스도와 연합하는 것을 의미하는 것이기도 하다.[102]

(5) 세례는 공동체로 받아들여지는 것이다

믿는 자는 세례를 통해 공동체에 속하게 된다. 공동체에 들어가는 것은 단지 하나님의 부르심에 응답할 때에만 가능하다. 세례를 통해 인간은 자아의 고독에서 벗어나 공동체를 자신의 고향으로 생각하게 된다. 이러한 징표에 근거해 그는 교회의 일원이 되었음을 확신하고 기뻐한다. 세례 받은 자는 세례를 취소하거나 무효화시킬 수 없다. 교회를 떠난 사람도 다시 교회로 돌아온다 해도 세례를 다시 받을 필요가 없다. 교회의 일원이 되었음을 확신시켜 주었던 세례는 그가 다시 받아들여질 수 있다는 사실을 함축하고 있다.[103]

2) 세례의 형식과 방식

침례교회에서는 침례에 의한 방식을 교회의 정체성으로 하고 있으나 감리교회를 비롯한 개혁주의와 장로교에서는 세례의 형식에 대하여 열려있는 태도를 보이고 있다. 신약성서 시대에 시행된 세례의 절차는 의심할 여지없이 침례였다. 그러나 그 같은 사실이 오늘날 우리가 당연히 침례를 시행해야 한다는 것을 의미하는지에 대해서는 논란의 여지가 있다. 침례교 신학자 비슬리 머레이(Beasley Murray)에 의하면, 세례가 신자들이 죄에 대하여 죽고 새 생명을 얻게 되는 근거인 그리스도의 죽으심과 장사됨, 그리고 부활을 상징한다는 의미에서 침례의 시행을 권고한다.[104] 세례의 의미를 가장 완전하게 보존하고 성취하는 방식은 침례가 좋을 듯하다. 칼 바르트(Karl Barth)조차도 이런 견해에 동

---

101 Jürgen Moltmann, *The Church in the Power of the Spirit*, p.227.
102 세례를 받음으로써 그리스도의 죽음과 부활 안에서 그리스도와 연합되었다는 사실에 동참한다. 참조. Franz Pieper, *Christian Dogmatics*, p.275.
103 Hans Küng, *The Church*, p.210.
104 George R. Beasley-Murray, *Baptism in the New Testament* (London: Macmillan, 1962), p.133.

의하고 있다. "우리는 침례의 형식으로 시행된 세례가 후에 관례처럼 되어버린 관수식(灌水式, affusion)보다 훨씬 더 생생한 방식으로 그것이 상징하는 바를 보여 주었다는 사실을 거의 부정할 수 없다."[105]

그러나 우리가 간과하지 말아야 하는 것은 신약성서 시대에 중요했던 것은 세례의 사실과 결과였지 그것이 시행된 방식은 아니었다. 신약성서 시대에 사용된 세례 방식은 침례뿐만이 아니었다. 여러 경우를 볼 때 항상 침례의 방식만 사용할 수는 없었을 것이다. 예컨대, 빌립보 감옥에서 간수가 침례를 받을 만큼 충분한 물이 있는 곳으로 가기 위해 자신의 근무처를 이탈했겠는가? 고넬료의 경우, 침례에 필요한 충분한 양의 물을 자신의 집에 준비했겠는가? 세례 요한이 그에게 나아온 모든 사람들에게 침례를 행하는 것이 가능했겠는가? 이 모든 경우들을 볼 때, 항상 침례만 행하여졌다고 볼 수는 없을 것이다.[106]

세례의 중심 개념은 정결(purification)이다. 구약성서에 나타난 다양한 세정식(洗淨式)들(물에 몸을 담그는 것, 물을 쏟아 붓는 것, 물을 뿌리는 것)은 모두 정결을 의미한다. 이런 점들을 고려할 때 만일 이용가능하고 적절하기만 하다면 어떤 방식을 사용해도 무방할 것이다.[107] 성서는 물 속에 잠기는 것인지(dipping), 물을 뿌리는 것인지(sprinkling), 물을 붓는 것인지(pouring)에 대하여 어느 쪽이 옳다거나 또는 이에 대한 명백한 교훈이나 기준을 제시한 바도 없다. 성서에 침례를 베푼 기사가 있다고 하여 침례만이 성서적이라고 보는 것도 무리가 있다.

세례는 하나님의 구원의 은혜가 현재화되어 세례 받는 자들을 그리스도의 친교 속으로 들어오게 하고 이로써 그리스도의 공동체인 교회에 속하게 된다. 세례는 신자와 그리스도와의 연합을 표시하며, 이로 인해 세례 받은 신자는 그분과의 관계를 심화시켜 나가게 된다. 따라서 세례는 매우 중요한 성례이다. 우리가 이 같은 세례를 시행할 때 어떤 형태와 방식을 택한다 할지라도 세례를 가볍게 시행해거나 취급하지 말아야 할 것이다. 세례의 신학적 의미를 고려할 때, 세례는 교회의 참된 표지가 된다는 데 의문이 있을 수 없다. 세례와 마찬가지로 성만찬 역시 교회의 참된 표지가 된다.

---

105 Karl Barth, *The Teaching of the Church Regarding Baptism*, trans. Ernest A. Payne (London: SCM, 1948), p.9~10.
106 L. Berkhof, *Systematic Theology* (Grand Rapids: Eerdmans, 1969), p.630.
107 Charles Hodge, *Systematic Theology*, vol.3 (Grand Rapids: Eerdmans, 1952), p.533~534.

3) 성만찬의 신학적 의미

예수의 마지막 만찬과 부활 이후의 공동체의 성만찬은 연속성을 가지게 되었다. 부활은 성만찬 공동체를 다시 받아들일 수 있는 용기를 선사해 주었다. 그들은 부활하신 자가 그의 이름으로 모인 회중 가운데 현존하시겠다는 약속(마 18:20)을 지킬 것이라는 확신 속에서 이러한 공동의 만찬을 실행한다. 이를 통해 예수가 전에 제자들과 함께 형성했던 식사 공동체는 보다 깊은 의미를 획득하게 된다. 초대 교회의 선포 속에 나타난 예수의 마지막 만찬은 여러 신학적 의미를 함유하고 있다. 성만찬이 함유하고 있는 신학적 의미는 무엇인가?

(1) 성만찬은 은혜의 수단이다

성만찬은 그리스도와 밀접한 교제를 갖게 하여 신자의 신앙을 성장시키고 강화시킨다. 감리교회의 창시자 존 웨슬리는 성만찬을 주님의 고난과 죽음을 기념하는 데만 있지 않고 하나님의 은혜를 전달하기 위해 제정된 특별한 수단으로 이해한다.[108] 웨슬리는 '은혜의 수단'(The Means of Grace)이라는 설교에서 성만찬은 믿음을 가지고 참여하는 신도들로 하여금 의롭게 하며, 성화시키는 은혜의 수단임을 말하고 있다.[109]

(2) 성만찬은 회상과 감사의 만찬이다

우리는 성만찬을 받을 때 단지 과거의 십자가의 사건을 단순히 기억하고 회상하고 기념하는 것만이 아니라 그리스도의 고난과 죽음에 따른 은혜가 지금 여기에 나타나는 것으로 경험한다. 우리는 성만찬을 받을 때마다 그리스도의 대속적 희생을 마음에 그리며 그 희생정신을 따르려는 다짐을 하게 된다. 교회는 예수의 죽음을 부활한 자의 죽음으로 이해한다.(참조. 고전 15장) 따라서 "부활 이후의 성만찬은 애도의 만찬이 아니라 기쁨의 만찬이 된다."[110]

(3) 성만찬은 친교와 교제의 표징이다

교회는 성만찬을 통해 과거에 죽은 그리스도와의 교제가 아니라, 현재 살아

---

108 John Wesley, *Wesley's Standard Sermons of John Wesley*, vol.1, ed. E. H. Sugden (London: Epworth Press, 1954), p.253.
109 John Wesley, 한국 웨슬리학회 옮김, 「웨슬리 설교전집」, vol. 1 (서울: 대한기독교서회, 2006), p.317〜343.
110 Hans Küng, *The Church*, p.217.

계신 그리스도와의 교제를 실현한다. 따라서 부활 이후의 성만찬은 개인의 고독한 만찬이 아니라, 사랑 속에서 거행되는 교제의 만찬, 사랑의 만찬이다.[111] 우리는 성만찬을 통해 그리스도와 친교하고 또한 그리스도인들과 친교를 나눈다. 우리는 성만찬에 참여함으로써 그리스도 안에서 하나 되는 교제를 경험하게 된다. 성만찬이 이런 의미로 이해될 때 성만찬은 에큐메니칼의 장으로서 중요한 의미를 갖는다.[112] 성만찬에서의 교제는 에큐메니칼을 위한 원동력이 된다.

(4) 성만찬은 우리가 그리스도의 몸임을 드러내는 교회의 예전이다

"빵이 하나요 많은 우리가 한 몸이니"(고전 10:17)라는 바울의 말은 보다 심오한 사실을 제시해주고 있다. 교회는 주의 몸을 받아들임으로써 자신을 몸으로 제시한다. 믿음을 갖고 빵을 먹는 자는 그리스도의 몸에 참여함으로써 그리스도의 몸이 된다. 성만찬 속에서 교회는 몸으로 구성된다. 그러나 성만찬 속에서만 교회가 그리스도의 몸이 되는 것은 결코 아니다. 교회는 처음부터 그리스도의 몸이었다. 단지 하나의 빵과 한 분 그리스도의 몸을 먹는 성만찬을 통해 이러한 사실이 가장 구체적으로 드러나는 것뿐이다. 성만찬에서 중요한 것은 믿는 자들이 연합해 하나의 공동체, 즉 하나의 그리스도의 몸을 이루어 나가는 것이다.[113]

(5) 성만찬은 그리스도의 임재와 현존을 인식하는 만찬이다

교회는 주의 만찬에서 현존하신 그리스도를 본다. 성만찬은 단순한 그리스도의 대속적 고난과 죽음에 대한 기념이나 상징이 아니다. 성만찬은 신자가 영적으로 임재하는 그리스도를 체험하는 사건이기도 하다. 우리는 주님의 살과 피에 참예함으로써 그리스도의 임재를 의식한다. 이것은 믿음에 의해 받아들여지는 그리스도의 영적 임재이다. 성만찬에서의 그리스도의 현존은 실제적 현존, 영적 현존, 인격적 현존이라 할 수 있다.[114]

---

111 Ibid.
112 윌리엄스(Colin Williams)는 성만찬을 하나님의 자녀들을 일치시키는 장(場), 에큐메니칼의 장으로 해석하고자 한다. Colin Williams, *John Wesley's Theology Today* (Nashville: Abingdon Press, 1982), p.165~166.
113 성만찬은 신자들의 연합과 서로에 대한 사랑과 관심, 한 몸임을 반영한다. Millard J. Erickson, 「교회론」, p.186.
114 Hans Küng, *The Church*, p.220. 폴 틸리히는 교회에 영적 현존의 매체로서 말씀과 성례전을 주장한다. 틸리히에게 성례전은 영적 현존이 경험되는 장이다. Paul Tillich, *Systematic Theology*, III (London: SCM Press, 1978), p.242.

여기서 우리가 주목해야 할 사실은 그리스도는 빵과 포도주 그 자체의 힘으로 현존하는 것이 아니라, 성만찬 때 선포된 말씀에 의해 현존한다는 것이다. 빵과 포도주 그 자체로는 아무 소용이 없다. 성만찬은 성체가 아니라 말씀으로부터 이해되어야 한다. 그리스도는 선포된 말씀 속에서 항상 새롭게 현존한다. 그리스도의 현존은 우선 설교의 말씀을 통해 일어난다. 그러나 그리스도의 현존은 성만찬 안에서 전적으로 새로운 현존으로 발전한다.[115] 성만찬이 그리스도의 임재와 현존을 의미한다는 데는 대부분의 학자들이 동의한다. 그러나 그 임재의 상태나 형편에 대하여 다양한 이론들이 있다.[116]

교회 공동체의 존재 양식은 특히 성만찬에서 찾아볼 수 있다. 성만찬은 주의 마지막 만찬과 마찬가지로 개인적으로 주고받는 만찬이 아니라, 많은 사람들이 함께 모여 공동의 기도와 공동의 식사 공동체를 이루어 나가는 것이다. 세례에서는 개인이 우선권을 가지고 있다면 성만찬에서는 공동체성이 우선권을 가지고 있다. 성만찬은 공동체를 위해 존재하며, 공동체를 위한 성만찬 속에서만 개인을 위한 성만찬이 존재할 수 있다.

모든 지역 교회들이 그리스도의 몸 또는 그리스도의 몸의 지체임을 인식하게 해주는 구체적인 틀이 성만찬이다. 그리스도의 몸이 부분적으로 분리되어 나타날 수 없듯이, 지역교회들은 단순히 하나의 교회의 일부가 아니라 그 자체로 그리스도의 온전한 몸이 되는 것이다. 이 같은 사실은 성만찬의 '빵'을 숙고할 때 더 분명히 드러난다. 성만찬에서 사용되는 '빵 조각들'은 그리스도의 몸의 부분들이 아니라 그리스도의 온전한 몸이다. 우리가 경험하듯이 빵 조각들은 빵 덩어리와 별개로 존재할 수 없다. 왜냐하면 빵 조각은 빵 덩어리에서 자신의 존재를 받았기 때문이다. 이 같은 사실은 하나의 교회에서 나온 각각의 지역 교회들은 온전한 그리스도의 몸이라는 것을 제공해준다. 오늘날 한국교회들이 직면하고 있는 문제 가운데 하나는 공동체성의 상실이다. 교회의 공동체성 회복을 위해 성만찬적 교회론은 매우 중요하다.

---

115 Hans Küng, *The Church*, p.220.
116 가톨릭의 화체설(化體說, transubstantiation), 루터의 공재설(共在說, Consubstantiation), 츠빙글리의 기념설, 칼뱅의 영적 임재설 등이 있다. 자세한 사항들을 위해, 김영선, 「참된 교회」(서울: 대한기독교서회, 2011), p.232~236을 보라.

교회와
하나님 나라

1) 참된 교회의 표지로서의 하나님 나라

복음서에는 교회를 지칭하는 에클레시아라는 말은 두 번(마 16:18, 18:17)밖에 나타나지 않는다. 반면에 '하나님 나라'라는 말은 공관복음서에 백여 곳에 걸쳐 나타난다. 이러한 사실은 오늘날의 교회론에 중대한 의미를 부여한다. "예수는 하나님 나라를 선포했지만, 도래한 것은 교회였다"[117]고 주장한 르와지(Alfred Loisy)의 말이 우리에게 많은 의미를 던져준다.[118] 은준관의 지적과 같이, "교회는 기능이나 구조에서 그 정체성을 찾을 것이 아니라 하나님 나라와의 상관관계 안에서 찾아야 한다."[119]

교회는 인간 역사의 최종 목표를 하나님 나라에 둔다.[120] 그래서 몰트만은 "교회는 교회 자신을 위해서 존재하지 않고 하나님 나라를 위해서 존재한다"[121]고 하였다. 교회가 지향해야 할 목적은 교회 자체가 아니라 역사의 마지막에 올 하나님 나라이다. 아무리 많은 사람들이 모인다 할지라도 하나님 나라가 나타나지 않는 곳에 참된 교회가 있다고 말할 수 없다.

2) 예수의 하나님 나라 선포의 의미

예수가 선포하신 복음의 핵심은 하나님 나라였다.[122] "때가 찼고 하나님 나라가 가까웠으니 회개하고 복음을 믿으라"(막 1:15)는 것이다.[123] 예수는 자기 자신을 선포하지 않고 하나님 나라를 선포하셨다. 하나님 나라의 선포에 대한 말씀을 듣고 형성된 공동체는 하나님 나라의 사자(使者)요 전령(傳令)이어야 한

---

117 Alfred Firmin Loisy, L'Evangile et l'Eglise (Paris: A. Picard et fils, 1902), p.111.
118 Hans Küng, The Church, p.43.
119 은준관, 「신학적 교회론」,(서울: 대한기독교서회, 2000), p.350.
120 Jürgen Moltmann, The Church in the Power of the Spirit, p.196.
121 Ibid., p.46.
122 예수의 공생애의 중심 주제는 하나님 나라의 도래에 대한 선포였다. Joachim Jeremias, New Testament Theology (London: SCM, 1971), p.96, 하나님 나라는 예수 사역의 근본 주제이다. 은준관, 「신학적 교회론」, p.99. 대부분의 신약학자들은 이에 동의한다. Ernest F. Scott, Crarence T. Craig, Alan Richardson, Joachim Jeremias, Rudolf Bultmann, Frederick J. Cwiekowski, Hans Küng 등이 여기에 속한다. Hans Küng, The Church, p.45.
123 이 말씀은 예수의 본래적인 의도를 적절하게 요약하고 있다. 여기서 하나님의 바실레이아(basileia)를 큉은 잘못된 대상적 표상을 피하기 위해 '나라'보다는 '지배'로 번역하는 것을 더 선호한다. Hans Küng, The Church, p.45.

다. 왜냐하면 하나님 나라의 복음을 듣고 회개하는 사람들이 모인 곳에 하나님 나라의 현실이 나타나기 때문이다. 예수가 선포하고 이루고자 한 하나님 나라는 어떤 의미를 지니고 있는가? 우리는 다음과 같이 그 의미를 논할 수 있을 것이다.

(1) 하나님 나라는 구원의 사건으로서의 의미를 가진다

예수는 하나님 나라를 모든 구원의 총체로 고양시켰다. 따라서 예수에게는 구원에 대한 모든 기대들이 하나님 나라 속에서 절정을 이룬다.[124] 우리는 하나님 나라의 개념이 갖는 근본적인 구원의 성격을 결코 간과해서는 안 된다.[125]

(2) 하나님 나라는 인간의 근본 결단을 요구한다

예수의 하나님 나라에 대한 선포는 하나님 나라에 대한 근본적인 결단을 요청하고 있다. 우리는 하나님 나라와 세계 사이에서 결단해야 한다. 하나님 나라를 준비하는 것은 바로 세속의 일상 속에서 그때마다 주어지는 하나님의 요청들에 기꺼이 응답하는 것이라 할 수 있다. 따라서 이러한 요청에 응답하는 것은 결국에는 회개(막 1:15)와 관련된다. 도래하는 하나님 나라에 들어가기 위한 근본 조건은 회개하고 복음을 믿는 것(막 1:15)이다. 예수의 사역 속에 나타난 하나님 나라는 결단을 촉구한다. 지금은 결단의 시간이다. 모든 사람은 지금 자신의 마음을 하나님에게 둘 것인지 아니면 세계의 부에 둘 것인지를 결단해야 한다.[126]

(3) 하나님 나라는 세상의 지배가 아니라 하나님의 지배를 의미한다

예수가 말하는 '하나님 나라'는 하나님의 지속적인 세계 지배가 아니라, 종말론적 사건으로서 '가까왔고'(막 1:15), '임했으며'(마 12:28, 눅 11:20), '도래했고'(눅 22:18, 참조. 막 14:25, 마 26:29), '권능으로 임하는'(막 9:1) 하나님의 지배를 의미한다.[127] 예수에게 있어서 하나님 나라는 '전적으로 종교적인 지배'를 의미한

---

124 R. Schnackenburg, *Gottes Herrschaft und Reich* (Freiburg: Herder; Montreal: Palm Publishers, 1965), p.60.
125 Hans Küng, *The Church*, p.51~52.
126 R. Bultmann, *Theologie des Neuen Testaments* (Tübingen: Mohr, 1958), p.8f.
127 Peter C. Hodgson, *Revisioning the Church* (Philadelphia: Fortress Press, 1988), p.60.

다.[128] 예수가 선포한 하나님 나라는 정치적 권력이나 세속적 부와 관련된 나라가 아니라, 회개와 신앙을 전제하는 하나님의 지배를 의미한다.

(4) 하나님 나라는 교회와 동일시될 수 없다

예수와 하나님 나라가 분리될 수 없듯이, 하나님 나라와 교회도 분리되어서는 안 된다. 그러나 양자는 동일한 것이 아니다.[129] 하나님 나라는 하나님의 통치이며, 교회는 하나님의 통치하에 있는 인간 공동체이다.[130] 따라서 교회와 하나님 나라의 동일화는 결코 존재하지 않는다. 한스 큉은 그 차이에 대하여 이렇게 표현하고 있다. "에클레시아(교회)는 본질적으로 현재적인 것이며, 미래에는 지양될 것이다. 그러나 바실레이아(Basileia, 하나님 나라)는 사실상 현재 속에 진입해 들어왔지만, 아직 미래적인 것이다.[131]

(5) 하나님 나라는 인간의 노력이 아니라 하나님의 선물로써 이루어진다

인간은 하나님 나라를 정복할 수 없다. 인간은 단지 어린아이처럼 받아들일 수 있을 뿐이다.(참조. 막 10:15)[132] 하나님 나라의 도래는 인간의 도움 없이 오직 하나님에 의해서만 일어나는 경이로운 사건이다.[133] 하나님 나라는 인간에게 도래하는 사건이며, 인간에게 제공되는 선이고, 인간에게 무엇인가를 요청하는 실재이지, 인간이 자기 마음대로 처리하거나 강요할 수 있는 것은 결코 아니다.[134] 그러므로 교회는 하나님 나라를 이루기 위하여 최선을 다해야 하겠으나, 하나님 나라를 자신의 힘으로 만들 수 있다고 생각해서는 안 될 것이다. 교회는 '우리로 하여금 당신의 나라를 실현할 수 있도록 해 달라'고 기도해서는

---

128 Hans Küng, *The Church*, p.47~49.
129 신약성서는 교회를 그리스도의 몸으로 부르면서도, 동시에 그리스도를 교회의 머리라고 부른다. 이것은 교회와 그리스도의 동일성을 경계하는 것이다. 아우구스티누스에게 있어서도 교회는 신의 나라와 일부는 동일하지만 일부는 동일한 것이 아니었다. 아우구스티누스는 교회의 성례전적인 힘(은총)을 고려할 때 교회를 신의 나라와 동일시할 수 있지만 다른 한편 교회를 신의 나라와 동일시할 수 없었다. 왜냐하면 교회는 혼합체(corpus mixtum)로서 교회 안에는 영적으로 보아 신의 나라에 속하지 않는 인간이 많이 있다는 것을 잘 알고 있었기 때문이다. 교회는 불완전한 사람들이 모인 것이다. 이런 점에서 보면 교회는 공격의 대상이 될 수 있다. Ingeberg C. Henel, *Voresungen über die Geschichte des Christliechen Denkens—Urchristentum bis Nachrteformation*, 「폴 틸리히의 그리스도교 사상사」(서울: 한국신학연구소, 1983), p.198~199.
130 George E. Ladd, *Jesus and the Kingdom* (New York: Harper and Row, 1964), p.259~273. 래드는 하나님 나라와 교회의 관계를 다음과 같이 다섯 가지 차원에서 보고 있다. 첫째, 교회는 하나님 나라가 아니다. 둘째, 하나님 나라는 교회를 창조한다. 셋째, 교회는 하나님 나라를 증거한다. 넷째, 교회는 하나님 나라의 도구다. 다섯째, 교회는 하나님 나라의 관리인이다.
131 Hans Küng, *The Church*, p.93.
132 Ibid., p.48~49.
133 R. Bultmann, *Theologie des Neuen Testaments* (Tübingen: Mohr, 1958), p.3.
134 R. Schnackenburg, *Gottes Herrschaft und Reich*, p.55.

안 된다. 오히려 교회는 '당신의 나라가 임하소서.'라고 기도해야 한다.

(6) 하나님 나라는 세속 역사 속에서 이루어져야 한다

하나님 나라는 소위 심령의 세계나 피안(彼岸)의 세계에서 이루어지는 것이 아니라 우리의 정치, 경제, 문화, 사회, 법 등 인간의 모든 세속 영역에서 이루어져야 한다. 한 인간이 자기 죄를 깨닫고 예수의 십자가 앞에서 새로운 피조물로 거듭나는 그 곳에 하나님 나라가 일어난다. 따라서 먼저 하나님 나라를 선포하는 사람은 자신의 인격과 삶이 변화되어야 하며, 예수의 뒤를 따라 자기를 비우고 자기를 포기할 수 있어야 할 것이다. 교회는 교회가 선포하는 하나님 나라가 먼저 교회 자신의 삶 속에 나타나도록 해야 한다. 교회가 교회 자신의 이기심에 사로잡히고 각종 인간적인 탐욕에 사로잡힌다면 교회가 선포하는 하나님 나라는 빈 말이 될 것이다.

3) 하나님 나라에 대한 이해의 차이

하나님 나라 개념은 다양하게 이해되고 있다. 그 가운데 널리 유포되고 있는 개념이 미래적 종말론과 현재적 종말론이라 할 수 있다. 알베르트 슈바이처(Albert Schweitzer)의 '미래적 종말론'(futurist eschatology)[135]과 도드(Charles Dodd)의 '실현된 종말론'(realized eschatology)은 정반대의 입장을 대변한다. 미래적 종말론은 하나님 나라를 가까이 도래한 것으로 선포하지만, 실현된 종말론은 하나님 나라가 예수에게(그리고 우리에게도) 이미 현존하고 도래한 것으로 선포한다. 슈바이처는[136] 하나님의 지배를 미래에 실현될 종말론으로 해석한다. 미래적 종말론은 종말적이며 궁극적인 하나님 나라는 아직 현존하지 않으며, 예수 당시에 그의 죽음의 맥락에서 곧 도래할 것으로 보았다. 도드는[137] 하나님의 지배를 이미 현재에 실현된 종말론으로 해석한다. 실현된 종말론은 종말적이며 궁극적인 하나님의 지배는 더 이상 기다림의 대상이 아니라 이미 현존하고 있다고 본다. 큄멜(Werner G. Kümmel)은 예수에게는 미래적 종말론과

---

135 미래적 종말론(Futurist eschatology)은 요하네스 바이스(Johannes Weiss)에 의하여 제시된 사상이다. Johannes Weiss, *Jesus' Proclamation of the Kingdom of God* (Philadelphia: Fortress, 1971)에서 바이스의 사상을 찾아볼 수 있다. 슈바이처의 철저 종말론은 바이스의 사상을 근간으로 하고 있다.
136 M. Werner와 F. Buri도 이러한 입장을 취한다.
137 W. Grundmann, A. T. Cadoux, T. F. Glasson 등도 이러한 입장을 취한다.

현재적 종말론이 서로 결합되어 있으며, 하나님 나라의 도래는 '아직 아니'와 '이미 지금'의 변증법으로 설명될 수 있다고 주장한다.[138] 이제민은 이 같은 정황을 다음과 같이 표현하였다. "하나님 나라는 이미 왔으면서도(현재의 의미) 아직 오지 아니한 나라(미래의 의미)이다. 교회는 하나님 나라의 '이미'와 '아직 아니'가 긴장하고 있는 장소이다. 교회는 하나님 나라를 드러내지만('이미'의 의미) 아직 하나님 나라는 아니다('아직 아니'의 의미)."[139]

4) 하나님 나라의 표지로서의 교회의 속성과 과제

(1) 교회는 하나님 나라를 선포하며 하나님 나라의 완성을 기다린다

교회는 하나님 나라를 선포하지만 하나님 나라를 가져오지는 못한다. 하나님 나라를 가져오거나 완성시키는 것은 교회가 아니다. 교회는 단지 이러한 하나님 나라를 증언할 뿐이다.[140] 교회는 하나님 나라를 선포하며, 하나님 나라의 완성을 향하여 나아간다.

(2) 교회는 하나님 나라의 전령 또는 전조라 할 수 있다

교회는 역사 안에서 하나님 나라를 드러내는 공동체이다. 이러한 의미에서 교회를 하나님 나라의 상속자, "하나님 나라의 후속 사건", "하나님 나라를 미리 맛보는 공동체, 하나님 나라의 잠정적 대변인, 하나님 통치의 징표"라고 말할 수 있다.[141] 그러나 교회를 '하나님 나라의 전 단계'라고 말해서는 안 된다.[142] 맥브리엔(Richard P. McBrien)은 교회를 하나님 나라가 현재에 임하도록 힘쓰는 '징표'(sign)와 '도구'(instrument)로 보았다.[143] 교회와 하나님 나라와의 관계는 나무와 나무의 그림자에 비유할 수 있다. 이 비유는 교회는 하나님 나라의 전

---

138 Werner G. Kümmel, *The Theology of the New Testament* (Nashville: Abingdon Press, 1973), p.32~39와 Werner G. Kümmel, *Promise and fulfillment* (London: SCM Press, 1967), 그리고 Hans Küng, *The Church*, p.56을 참고하라.
139 이제민, 「교회는 누구인가」, p.83.
140 로마 교회의 신학과 교회론의 대표적 학자인 리처드 맥브리엔은 교회는 하나님 나라와의 관계에서 세 가지 차원을 수행해야 하는데 첫째가 하나님 나라를 선포하는 일이며, 둘째는 하나님 나라의 실현을 위해 일하는 것이고, 셋째는 하나님 나라가 어떤 것인가를 삶의 질과 공동체 생활을 통해 보여주는 것이라고 하였다. Richard P. McBrien, *Do We Need the Church?* (New York: Harper & Row, 1969), p.132.
141 은준관, 「신학적 교회론」, p.449.
142 Hans Küng, *The Church*, p.96. 가톨릭 신학자 이제민 신부는 "교회는 하나님 나라를 위한 변호인 공동체로서 어떤 의미에서는 바실레이아(하나님 나라)에 이르는 전 단계"라고 말하였다. 이제민, 「교회는 누구인가」, p.83.
143 Richard P. McBrien, *Do We Need the Church?*, p.132.

위대(前衛隊)라는 것을 말하는 것이다.[144]

(3) 교회는 하나님 나라를 위해 봉사한다

교회는 교회 자체를 위해 존재하는 것이 아니라, 하나님 나라를 위해 존재한다. 교회는 전적으로 하나님 나라에 봉사하는 존재다.[145] 따라서 교회가 세속적인 영광과 호사를 누리고, 교회가 세속적인 명예 칭호와 훈장을 수여하는 것은 바람직한 일이 아니다. 교회가 필요 이상의 재물을 축적하는 것도 바람직한 일이 아니다.[146] 종말의 때에 자신이 인간과 세계에 사심 없이 봉사해야 한다는 사실을 간과하는 교회는 참된 교회됨을 포기한 교회이다.

(4) 교회는 하나님의 지배 아래 있는 교회다

하나님 나라가 완성될 때까지는 교회는 주의 지배 아래, 그리스도의 지배 아래 있게 된다.[147] 교회는 이와 같이 종말론적 구원의 공동체로서 그리스도의 지배 아래 살고 머무르며 순례한다. 이러한 그리스도의 지배는 동시에 그 안에서 이미 시작된 하나님의 지배이기도 하다. 교회는 하나님의 지배를 택할 것인가, 아니면 세계의 지배를 택할 것인가를 결정해야 한다. 교회가 하나님의 지배 아래 살아가고 움직이는 한, 교회는 많은 잘못과 실패에도 불구하고 사멸하지 않고 항상 하나님의 영광을 찬송하게 될 것이다.[148]

교회의 교직

교회에는 교회의 직무를 담당하기 위한 여러 가지 교직이 존재한다. 교회는 이러한 교직에 의해 운영된다고 할 수 있다. 교회에는 성직자로 목사가 있고, 평신도로서 장로, 권사(안수집사), 집사가 있다. 목사와 마찬가지로 장로, 권사, 집사도 교회의 직분으로 간주된다. 교회의 직분자는 교회의 유익을 위해 특별한 기능을 발휘하는 책임과 의무를 공적으로 인

144 Jürgen Moltmann, *The Church in the Power of the Spirit*, p.196.
145 Jürgen Moltmann, *The Theology of Hope* (New York: Harper & Row, 1967), p.327.
146 Hans Küng, *The Church*, p.96~99.
147 Ibid., p.95.
148 David Watson, *I believe in the church*, 오광만 옮김, 「교회의 진정한 표상」(서울: 여수룬, 1993), p.83.

정받은 사람이다. 교회에서 직분자의 역할은 교회의 부흥과 성장에 지대한 영향을 미친다. 따라서 교회 직분자에 대한 연구가 간과되어서는 아니 될 것이다.

바울은 교회에서 하나님의 말씀을 선포하는 직분을 세 종류로 구분하였다. 이 구분은 다음과 같은 바울의 말에서 찾아볼 수 있다. "하나님이 교회 중에 몇을 세우셨으니 첫째는 사도요 둘째는 선지자요 셋째는 교사요."(고전 12:28) 초대 교회 안에는 사도와 선지자, 교사의 직분 외에도 감독과 장로 그리고 집사의 직분이 있었다. 사도와 선지자 그리고 교사의 직분이 유대 전통의 영향을 받은 것이라면, 감독과 장로 그리고 집사의 직분은 헬레니즘 사상의 영향을 받은 것이라고 할 수 있다.[149]

1) 교직자의 선출

교직자 선출 방식에는 크게 두 가지가 있다. 고위 지도자 회의에 의한 선출과 회중에 의한 선출이다. 로마 가톨릭교회는 고위 지도자 회의에서 직분자들을 임명한다. 즉 교황은 추기경과 주교를 임명하고 주교는 지역 교구의 사제들을 임명한다. 그러나 대부분의 개신교회는 지역 교회나 혹은 지역 교회 안에 있는 특정한 사람들이 교직자들을 선출한다. 우리가 교직을 선출할 때 주목해야 할 것은 모든 면에서 차별을 두지 말아야 한다는 것이다. 그중에서 다음의 몇 가지 점들은 특히 고려되어야 한다.

첫째, 선출에 있어서 남녀 차별을 두지 말아야 한다. 일반적으로 교회에서 여성들은 교권은 장로님과 목사님이 알아서 행하는 것으로 생각하는 경향이 있다. 그들은 그들이 해야 할 일이란 장로나 목사의 차 대접과 식사를 준비하는 정도로 생각한다. 여성이 목사 안수를 받았다 해도 일반교회에서 담임 목사로 청빙하는 경우를 찾아보기가 쉽지 않다. 창세기 1:17의 창조에 관한 이야기는 남자와 여자가 동일하게 하나님의 형상으로 지음 받았다는 사실을 보여 준다. 모든 직분들은 남자와 여자 모두에게 개방되어야 한다. 사역의 권리를 성직자에게만 제한하는 것과 마찬가지로 남성들에게만 제한하는 것은 교회가 하나님 나라를 증거하는 것을 훼손하려는 사단의 책략이다.[150] 누가복음에 따르면, 예

---

149 Hans Küng, *The Church*, p.400.
150 Howard A. Snyder, *Liberating the Church* (Downers Grove: Inter-Varsity Press, 1983), p.224; Cf. Frederick W. Schmidt, *A Still Small Voice: Women, Ordination and the Church* (New York: Syracuse University Press, 1996)을 보라.

수님이 "각 성과 촌에 두루 다니시며 하나님 나라를 반포하시며 그 복음을 전하실"(눅 8:1~3) 때 여성들도 예수님과 동행했다.[151] 성서가 금하지 않는 것을 우리가 금하는 오류를 범하지 않도록 조심해야 한다.[152]

하워드 스나이더(Howard A. Snyder)는 여성 문제에 대하여 교회가 갖추어야 할 네 가지 주요 진리를 제공해 준다.[153] 첫째, 다스리고 관리하는 사명은 남자와 여자에게 공동으로 그리고 평등하게 주어졌다. 성서는 '그들로 다스리게 하라고 하였다.'(창 1:26) 둘째, 아담과 하와는 하나님의 형상대로 동등하게 창조되었고 피조물에 대한 지배권을 똑같이 부여받았다.(참조. 창 1~2장) 셋째, 교회 안에서 남녀 간의 성차는 리더십상의 기능적인 차이로 이해되면 안 된다.(갈 3:28) 넷째, 우리는 남자 그리고 여자로서 서로를 섬겨야 하고(갈 5:13, 마 20:26~28) 서로에게 복종해야 한다.(엡 5:21)

둘째, 인종적 차별은 물론 빈부와 학력의 차별을 두지 말아야 한다. 여성차별과 함께 인종차별은 교회에 존재해서는 아니 될 것이다.[154] 남녀 차별에 기초한, 교회 내 지위에 대한 모든 제한이 폐지되어야 하듯이 성 차별에 기초한 모든 제한 역시 폐지되어야 한다.[155] 아직도 우리의 심성 깊은 곳에 성 차별과 인종 차별에 대한 의식이 자리하고 있다. 우리는 이런 의식까지 개혁하여 교직 선출에 있어 인종에 대한 차별을 두지 않도록 해야 할 것이다.

또한 교회에서 빈부와 학력의 차별을 은연중에 두는 경향이 있다. 물론 재물이 많은 자, 고액을 헌금하는 자, 그리고 고학력자들이 때로는 교회의 직무를 수행함에 있어서 더 기능적일 수 있다. 그러나 교회의 교직은 이러한 것들이 선출에 있어서 기준이 되지 않고, 은사에 따른 그리고 순수한 기능에 따른 또한 순전한 믿음에 의한 봉사와 섬김에 의해 수여되고 임명되어야 한다. 교회는 인간적인 기준과 생각보다는 성서가 제시하는 바에 따라서 교직이 선출되고 임명되도록 해야 한다. 이런 교회만이 참된 교회가 될 수 있다.

---

151 Howard A. Snyder, *Liberating the Church*, p.226.
152 Wayne Grudem, *Systematic Theology* (Nottingham: IVP, 2007), p.944.
153 Howard A. Snyder, *Liberating the Church*, p.227~229.
154 Ibid., p.231.
155 Benjamin Titus Roberts, *Ordaining Women* (Rochester, N.Y.: Earnest Christian Publishing House, 1891), p.117; Howard A. Snyder, *Liberating the Church*, p.234. Benjamin Titus Roberts는 Free Methodist Church의 주요 설립자였다.

2) 교직자로서의 목사

누가 교회의 일을 하는가? 이 물음에 대한 일반적인 대답은 교회의 "전문적인" 안수 받은 사역자들(목사)이라는 것이다.[156] 그러나 이 대답은 성서가 말하는 것이 아니다. 출애굽기 19:6에 의하면 모든 하나님의 백성들은 "제사장"으로 부르심을 받았다. 신약성서도 모든 하나님의 백성들이 이 일을 위해 부르심을 받았음을 말하고 있다.(벧전 2:9) 루터는 모든 믿는 자들이 제사장이 된다는 '만인 제사장설'을 강조하였다. 그는 이것이 단지 모든 사람이 하나님께 개인적으로 다가가는 제사장이라는 것만을 의미하지 않았다. 그는 모든 그리스도인들이 모든 다른 사람들에게 제사장이 되기 위해서 부르심을 받았다는 의미로 말했다. 그러나 만인 제사장의 교리는 개신교에서 너무나 빨리 잊혀졌다. 그 결과 오늘날까지 성직자와 평신도 사이는 갈라져서 우리에게 내려오게 되었다. 즉, 성직자는 세상에서 그리스도를 제시해주는 능동적인 '전임' 사역자들이고 평신도는 '2차적 부류'의 그리스도인들로서 그들이 할 일이라고는 교회의 이익을 수동적으로 받아들이거나 아니면 기껏해야 성직자들을 돕는 비전임 조력자 정도라는 것이다.[157] 그러나 우리는 교회의 근원적 봉사 구조는 본질적으로 만인사제직(the priesthood of all believers)에 있다는 사실을 잊지 말아야 한다.

교황제도와 만인사제직은 나름대로의 긍정적인 측면과 부정적인 측면을 보유하고 있다. 우리에게 중요한 것은 교황제도가 지배와 군림의 도구로 사용되거나 만인사제직이 교회의 무질서와 방임을 유발하는 도구가 되게 해서는 안된다는 것이다. 오히려 이 모든 제도는 교회와 그리스도를 섬기고 봉사하는 도구가 되도록 해야 한다. 이러한 점에서 오늘의 교황 제도와 만인사제직은 새롭게 조명되어야 할 것이다. 교회는 만인에 의해 사역되어야 함에도 불구하고 오랜 동안 교황수위권에 의해 주도되었다. 참된 교회는 만인사제직에 의해 사역되는 교회다. 오늘날 교회에서 변종적 교황수위권을 행사하려는 목회자들이 있다. 참된 교회의 목회자들의 사역에 대한 본질은 섬김과 봉사에 있지 군림과 지배에 있지 않음을 명심해야 한다. 교황수위권이나 성직자 중심의 교회 제도는 섬김과 봉사의 구조보다 군림과 지배의 구조를 만들어 내기 쉽다. 교회의

---

156 Shirley C. Guthrie, *Christian Doctrine*, p.366.
157 Ibid., p.366.

모든 직무와 제도는 봉사와 섬김이란 축에서 이탈하지 말아야 한다. 참된 교회로 가는 길은 군림과 지배의 길이 아니라 섬김과 봉사의 길이다.

현대 교회의 교직 가운데 목사의 직은 교회의 핵심적인 교직이라 할 수 있다. 오늘날 목사는 교회의 모든 업무를 총괄한다. 목사의 임무는 독자적 임무는 아니지만 전문적이고 특별히 책임적인 임무이다. 왜냐하면 그는 신학수업을 통하여 사도적 복음을 항상 새롭게 주석하고 선포하는 일을 담당하기 때문이다. 목사의 결정적인 기능은 아마도 에베소서 4:12의 임무, 즉 "성도들을 준비시켜서 봉사의 활동을 하게 하는"[158] 것이다.

부름 받은 목회자만이 공동체 내에서 공적으로 세례를 베풀고 공동체의 성만찬을 책임적으로 거행할 권한을 갖는다. 파송에 의해 목회자는 목회를 위해 특별한 방식으로 전권을 위임받은 자로 인정받게 된다.[159] 파송 받은 자가 복음과 사명에 충실하게 행동하는지를 검증해야 할 과제가 공동체에게 남아있기는 하지만, 파송 받은 자가 실제로 전권을 가지고 있다는 사실만큼은 공동체가 반드시 인정하고 받아들여야 한다.

목회자의 권위는 오직 자신에게 주어진 사명에 복종할 때에만 실현될 수 있는 권위이다. 파송을 통해 전권을 갖게 된 목회자는 복종하는 가운데 이러한 전권을 매일 새롭게 인식해야 한다. 여기서 잊지 말아야 하는 것은 교회가 목회자를 위해 존재하는 것이 아니라, 목회자가 교회를 위해 존재한다는 사실이다.

오늘날 목사에 대한 인식은 두 가지 극단으로 나뉘어 있다. 하나는 목사를 신격화하는 것이다. '주의 종'이라 하여 목사에게 순종하는 것이 하나님께 순종하는 것이라고 하여 신자들을 수족 부리듯이 하여 신자들에게 군림한다. 다른 하나는 목사직에 대한 피고용인 인식이다. 회사가 월급 사장을 공채하듯이 목사를 공개 채용 형식으로 뽑는다.

오늘날 한국교회의 대부분의 목회자들은 교회 성장병에 걸려 있다고 할 수 있다. 물론 교회는 성장하고 부흥해야 한다. 그러나 그 성장과 부흥이 교회의 본질에 상응하는가를 성찰해야 한다. 교회의 성장과 부흥의 근원적 열쇠는 목

---

158 Host G. Pöhlmann, 「교의학」, p.407.
159 Hans Küng, *The Church*, p.440.

회자에게 있다고 할 수 있다. 물론 반드시 그런 것은 아니다. 장로와의 갈등과 충돌, 교인들과의 불화, 교회의 입지 조건과 인프라의 부실, 무미건조한 목회자의 설교, 그리고 더 나아가 목회자의 부적절한 삶과 행동 등등이 교회의 부흥과 성장을 저해하기도 한다. 그러나 목회자의 신학과 윤리 그리고 영성에서 비롯된 목회자의 삶의 내용이 교회의 성장과 부흥에 결정적인 영향을 미치는 것은 부인할 수 없는 사실이다. 그런 까닭에 현대 교회는 목회자에 대한 배려와 지원은 물론 목회자에 대한 다각적인 연구에 지속적인 힘을 쏟아야 할 것이다.

교회의 직무

교회는 가시적 교회와 불가시적 교회로 구분된다. 가시적 교회는 교회 형태를 가리키고, 불가시적 교회는 교회의 본질을 가리킨다. 교회의 형태는 가변적이지만 교회의 본질은 영구불변하다. 교회의 형태와 교회의 본질은 상호 구별되지만 상호 연관되기도 한다. 왜냐하면 교회의 형태는 교회의 본질을 드러내고 교회의 본질은 교회의 형태를 규정하기 때문이다. 교회 형태는 크게 교회의 직무와 교회 제도로 구분될 수 있다. 교회의 직무에는 주로 예배, 기도, 성례전, 봉사, 교육, 친교, 전도와 선교 등이 있고, 교회의 제도에는 목사, 장로, 권사, 집사, 당회, 구역회 등이 있다.

교회는 여러 다양한 직무들을 가지고 있다. 여기서 그 모든 직무들을 다 언급할 수는 없다. 따라서 교회의 직무 가운데 가장 핵심적이고 대표적인 직무들을 취급하고자 한다. 웨인 그루뎀(Wayne Grudem)은 교회의 직무를 다음과 같이 세 가지로 말하고 있다. 하나님을 향한 사역(예배), 신자들을 향한 사역(양육, 교육), 그리고 세상을 향한 사역(전도와 구제)이 그것이다.[160] 위르겐 몰트만은 교회의 직무를 네 가지로 말하였다. 복음 선포의 임무, 성례전을 집행하는 임무, 예배와 교회의 각종 모임을 인도하는 임무, 봉사의 임무가 그것들이다. 이러한 교회의 직무들을 고려해 볼 때 교회에 있어서 필연적이고 본질적인 교회의 직무들은 대체로 예배(leitourgia), 선포(kerygma), 친교(koinonia), 봉사(diakonia)

---

160 Wayne Grudem, *Systematic Theology*, p.867~869.

그리고 교육(didache)이라고 할 수 있다.[161]

1) 예배의 직무

교회의 우선적인 직무는 예배이다. 예배는 인간이 하나님께 드리는 최상의 존경이며 경외이며 헌신이다. 교회는 이러한 예배를 교회의 우선적인 직무로 간주한다. "그리스도교의 예배는 근본적으로 하나님의 구원의 행위에 대한 인간의 반응으로서 감사와 찬양과 영광을 돌리는" 것이다. 즉 예배는 "하나님의 행위와 인간의 행위가 서로 만나며, 대면하고 확인하는 사건"[162]이라고 할 수 있다. 그런데 오늘날 많은 교회들이 예배를 왜곡하고 있다.

첫째, 예배를 일종의 종교적 의무로 생각하는 것이다. 주일날 교회에 나와서 예배를 드리지 않으면 큰 죄를 범하는 것 같이 가르치는 것은 성서 말씀을 왜곡하는 것이다. 안식일을 거룩하게 지켜야 하지만 그것을 법적인 의미에서 의무화해서는 안 된다. 한국교회는 자주 예배를 드린다. 한국 교회만큼 자주 예배 드리는 곳은 없다. 2천 년의 역사를 가진 유럽과 북미 그리스도교들은 대부분 주일 예배 한 번만 드린다. 이들은 한국교회보다 믿음이 약해서일까? 현대인의 삶 속에서 적정한 예배의 형태와 횟수를 일률적으로 정하는 것은 쉽지 않을 것이다. 여러 가지 문화적, 일상적 삶의 형태가 다양하기 때문이다.

둘째, 예배를 복을 받는 수단으로 생각하는 것이다. 예배는 종교적 의무나 복 받는 수단이 아니라 하나님을 경외하는 신앙행위인 것이다. 물론 참된 예배를 통해 우리는 하나님으로부터 축복을 받기도 한다.[163] 그러나 그런 축복이 있다고 해서 예배를 복 받는 수단으로 간주하는 행위는 예배를 오해하는 것이 된다.

셋째, 교회의 예배는 회중의 모임을 전제한다. 교회는 어떤 건물이 아니라 신자들의 모임이다. 교회의 예배는 신자들의 구체적인 모임을 통해서 하나님의 말씀을 듣고 그분께 영광과 찬양을 드리는 종교행위이다. 따라서 오늘날의 케이블 방송 예배, 인터넷 예배 같은 것들은 여러 면에서 숙고되어야 한다. 가상

---

161 Jürgen Moltmann, *The Church in the Power of the Spirit*, p.307. 교회의 목회사역, 예배, 설교, 성례전, 교육, 교제, 그리고 선교에 해당하는 세부적 논의를 위해서 은준관, 「실천적 교회론」(서울: 대한기독교서회, 2001)을 보라.
162 정일웅, 「기독교 예배학 개론」(서울: 범지출판사, 2005), p.17.
163 Wayne Grudem, *Systematic Theology*, p.957.

현실의 예배는 성도들의 사귐과 성례전을 실행할 수 없기 때문에 교회의 예배로서는 적절치 못하다고 할 수 있다.

2) 복음 선포의 임무

교회의 유일한 직무는 그리스도의 메시지를 선포하는 일이다. 1960년대에 세계교회협의회(WCC)는 '섬기는 교회'(servant church)의 신학을 발전시켜서 교회가 선교라는 사명을 가지는 것이 아니라 교회 자체가 선교라고 천명하였다. 즉 교회는 선교 속에서만 존재한다는 것이다.[164] 세계교회협의회는 교회는 구원 얻은 자들의 방주가 아니라, 오히려 온 세상이 구원을 받는다는 것을 알고 온 세계의 구원을 선포할 수 있는 사람들의 무리라는 것이다.[165]

교회는 땅 끝까지 복음을 전하라는 그리스도의 명령에 따라 복음 선포의 임무를 부여받았다. 따라서 교회는 영혼 구원과 하나님 나라의 건설을 위해서 복음을 선포하여야 한다. 이는 곧 교회의 전도와 선교의 직무를 말하는 것이기도 하다. 복음 선포 없이 전도와 선교가 불가하고, 전도와 선교는 복음을 통해서 나타나게 된다.[166]

모든 그리스도인은 복음 선포의 임무에 충실해야 한다. 감리교회의 창시자 존 웨슬리는 복음 선포의 임무에 충실한 그리스도의 종이었다. 웨슬리는 주로 사회 저층의 사람들에게 예수 그리스도의 복음을 전하였다. 웨슬리는 그들로 하여금 서로 긴밀히 교제를 갖게 하였고 지도자를 육성시키고 그들이 살고 있는 현 조건들을 개선시키고자 하였다. 그래서 킹스우드 석탄 광부들의 영육 간의 복지를 위해 무료진료소, 협동조합, 학교와 고아원 등을 설립하였다. 그리고 사회의 불경건과 불의에 대해 공개적으로 공격하였다. 그는 고립된 종교를 반대하고 그리스도의 복음은 사회적인 종교라고 하였다. 웨슬리의 복음 선포는 사람들의 구원만이 아니라 그들 사회를 갱신하는 차원으로까지 확대되었다.[167]

---

164 World Council of Churches. Dept. on Studies in Evangelism. Western European Working Group, *The Church for Others and the Church for the World: A Quest for Structure for Missionary Congregations* (Geneva: WCC, 1967), p.18.
165 Edmund P. Clowney, *The Church*, 황영철 옮김, 「교회」(서울: IVP. 1998), p.176.
166 '선교하는 교회'로서의 선교적 사명에 대한 전문 연구서, Charles Van Engen, *God's missionary people*, 임윤택 옮김, 「모이는 교회, 흩어지는 교회」(서울: 도서출판 두란노, 1994)를 참고하라.
167 김영선, 「존 웨슬리와 감리교 신학」, 제13장을 참고하라.

3) 친교의 임무

교회는 본질적으로 사람들을 하나님과의 교제로 이끌어 간다.[168] 에밀 브루너(Emile Brunner)는 교회는 철저한 교제성을 의미하는 것으로 본다. 브루너에게 있어서 "그리스도의 몸(교회)이란 사람들과의 교제 외에 다른 것이 아니다. 그리스도의 몸이란 예수 그리스도의 교제이며, 혹은 성령의 교제이며, 이 교제는 공동적 참여, 함께 함(togetherness), 그리고 공동체 삶을 의미한다."[169] 본회퍼(Dietrich Bonhöffer)도 교제로서의 교회를 강조한 신학자이다. 본회퍼는 우리가 이웃을 위해 희생함으로써, 중재의 기도를 함으로써 그리고 하나님의 이름으로 서로 죄를 용서함으로써 성도의 교제를 이룩해 갈 수 있다고 보았다.[170]

성도간의 교제(fellowship) 또는 친교는 교회의 중요한 직무이다. 교제란 성령 안에서의 성도들 사이의 사랑의 나눔을 의미한다. 교제와 친교 없이 하나님의 백성과 그리스도의 몸을 구성할 수 없다. 초대 교회는 "사도의 가르침을 받아 서로 교제하며 떡을 떼며 기도하기를 전혀 힘썼다."(행 2:42) 예수님은 성도간의 교제를 통하여 서로 사랑하라고 하셨다.(요 15:12) 그리고 바울 역시 성도들이 서로를 돌아봄으로 짐을 서로 지라고 하였다.(갈 6:2)[171] 바울 공동체에 있어서 교제는 '공동 식사'(common meal), 신자 사이의 거룩한 '입맞춤'(exchange of kisses), 사랑의 차원에서 '소유를 함께 나누는 구체적인 행위들'을 통해서 나타났다.[172]

교회는 본질적으로 형제들의 공동체이다. 형제 공동체에서는 지배와 특권 의식이 힘을 발할 수 없다.[173] 형제애, 즉 친교와 교제가 없는 교회는 참된 교회라 할 수 없다. 지금 우리의 교회들은 형제들의 공동체를 이루기 위해 무엇을 하고 있는지 점검할 필요가 있다. 성도들의 교제를 제한하고 이를 위한 자리를 마련하지 않는 교회는 교회에 부과된 직무를 감당하지 못하는 교회가 될 것이다. 이런 교회는 참된 '에클레시아'가 될 수 없을 것이다. 교역자를 비롯한 교회

---

168 Avery Dulles, *Models of the Church* (Garden City: Doubleday & Co., 1978), p.62.
169 Emile Brunner, *The Misunderstanding of the Church* (Philadelphia: Westminster Press, 1951), p.10.
170 Dietrich Bonhöffer, *The Communion of Saints* (New York: Harper & Row, 1960), p.126~127; Dietrich Bonhöffer, *Life Together* (New York: Harper & Brothers, 1954), p.90~109; John D. Godsey, *The Theology of Dietrich Bonhöffer* (Philadelphia: The Westminster Press, 1960), p.42.
171 Wayne Grudem, *Systematic Theology*, p.958.
172 Robert Banks, *Paul's Idea of Community* (Grand Rapids: Eerdman's, 1980), p.83, 89~90.
173 Jürgen Moltmann, *The Church in the Power of the Spirit*, p.315.

원들은 이에 대한 의식을 가지고 서로를 나눌 수 있도록 여러 가지 면에서 고려하고 배려해야 할 것이다.

4) 교육과 양육의 임무

교회는 가르치고 훈련하는 직무를 부여받았다. 교회는 이미 신자가 된 자들을 양육하여 그들의 믿음이 더욱 성장하도록 교육하고 훈련해야 할 의무가 있다. 교회로서의 목표는 "각 사람을 그리스도 안에서 온전한 자로 세우는 것"(골 1:28)이다. 오늘날 많은 교회들이 교육과 양육에 대한 의식을 가지고 여러 가지 프로그램을 개발하고 시행하고 있다.

교회는 어떤 유행되는 양육 프로그램보다 교회마다 처해 있는 현황을 파악하고 그 자신의 교회에 맞는 양육 프로그램을 개발하여 교회의 성장과 발전을 도모해야 할 것이다. 설교를 통해 모든 교육과 양육을 해결하겠다는 발상은 너무 무모한 것이다. 물론 설교가 교육과 양육에 매우 중요한 수단이기도 하다. 하지만 설교는 참된 교육과 양육을 위해서는 어떤 한계를 가지고 있다. 따라서 교회는 자신의 교회에 맞는 또는 교회가 수용할 수 있는 양육과 교육을 위한 시스템을 개발해야 할 것이다.

무엇보다도 교회 교육의 전문화가 이루어져야 한다. 아무리 훌륭한 교육 목표나 내용이나 시설, 환경이 구비된다 할지라도 헌신적이고 유능한 교사 없이는 아무 것도 성취될 수 없다. 그러나 교회의 고충은 교회가 필요로 하는 자질을 갖춘 교사들의 수가 적고, 또 있다 하더라도 이들로부터 능동적인 참여나 협조를 얻기 힘들다는 데 있다. 미국의 교회 학교에는 대학교수, 판사, 검사 등에서부터 일반 사람에 이르기까지 교사로, 또는 순수한 학생으로 적극적으로 참여하는 것이 보편화되어 있다.

유능한 교사가 확보되었다 할지라도 교사들을 위한 지속적인 배려가 있어야 한다. 그 다음으로 교인들의 참여가 필요하다. 청년, 장년, 노인층에 이르기까지 누구나 교회가 마련한 교육 프로그램에 적극 참여하는 열심을 보여야 한다. 한국교회는 교회 교육에도 과감한 예산을 배정할 필요가 있다.[174]

---

174 김용섭, "한국 교회와 교육 문제", 「오늘의 한국 교회 무엇이 문제인가」(서울: 엠마오 1986), p.128~133.

5) 봉사의 임무

교회는 본질상 섬기기 위해 소수 공동체로 있어야 한다.[175] 본래 하나님의 백성의 존재 양식은 섬김, 즉 종(servant)의 모습에 있다. 교회는 그리스도는 섬김을 받으러 온 것이 아니라 섬기기 위해 왔다는 진리를 실천해야 한다. 제2차 바티칸 공의회에서 교회는 '고난받는 하나님의 종'(God's suffering servant)이며 종의 모습으로 오신 그리스도를 따라 세계를 섬겨야 한다는 사실을 강조하였다.[176] 교회의 임무들은 하나님 나라에 봉사하는 것이지 현존하는 교회의 이익이나 그 교회 안에 있는 상이한 인간들의 이익에 봉사하는 것이 아니다.[177]

봉사에 해당하는 헬라어는 '디아코니아'(diakonia)이다. 디아코니아라는 말은 처음부터 식사 시중을 들거나 식사 준비를 하는 것과 같은 겸양의 행위로 이해되었다. 헬라어 디아코니아가 의미하는 봉사는 정치적인 또는 관료적인 봉사와 같이 어떤 위엄이나 지배 행위가 될 수 없다. 신약성서에서도 디아코니아는 식탁에서 시중든다는 본래적인 의미를 갖는다. 누가복음 17:8에서는 돌아온 주인에 대한 종의 자세를 디아코니아로 묘사하고 있으며, 요한복음 12:2에서는 예수에 대한 마르다의 행위가 디아코니아로 묘사되고 있다. 디아코니아라는 말은 전적으로 타자를 염두에 둔 봉사를 의미했다. 이것이 제자 됨에 있어서 가장 결정적인 요소였다. 예수의 제자들 사이에서 법과 권력을 갖거나 국가 권력자의 직무에 상응하는 직무가 존재할 수 없다. 또한 지식과 위엄을 가진 서기관의 직책에 상응하는 직무가 있을 수 없다. 예수는 "누구든지 자기를 높이는 자는 낮아지고 누구든지 자기를 낮추는 자는 높아지리라."(마 23:12) "인자의 온 것은 섬김을 받으려 함이 아니라 도리어 섬기려 하고 자기 목숨을 많은 사람의 대속물로 주려 함이니라"(막 10:45)고 말씀하셨다. 제자들에게 요구되는 것은 외적으로 자신을 낮추는 행위가 아니라 타자를 위해 살고 죽는 것이었다. 이러한 사실은 예수의 섬김(막 10:45, 마 20:28)에서, 섬기는 자의 자세를 말하고 있는 요한복음 12:25 이하에서 증언되고 있다.[178]

교회의 봉사 직무는 교회로 하여금 '종 된 교회' 또는 '섬기는 교회'로서의 모

---

175 Richard P. McBrien, *Do We Need the Church?*, p.73.
176 Ibid., p.74.
177 Jürgen Moltmann, *The Church in the Power of the Spirit*, p.303.
178 Hans Küng, *The Church*, p.391~392.

습을 보이게 한다. 실제로 교회는 예수님이 섬기신 것처럼 섬기도록 부름을 받은 공동체이다. 너무나 많은 교회들이 스스로를 위해서 존재하며, 주변 지역 사회의 사람들은 섬겨야 할 대상이기보다는 예비 교인에 불과하다는 생각을 하고 있다.[179] 오늘날의 교회는 예수 그리스도의 종으로서의 부르심, 즉 섬김을 받기 위해서가 아니라 도리어 섬기기 위해 이 세상에 있으라는 부르심을 들어야 한다. 교회는 하나님 나라를 위해 종이 되라는 부르심에 귀 기울여야 한다.[180]

6) 구제와 나눔의 임무

봉사의 뿌리와 목적은 사랑이다. 봉사의 뿌리인 사랑은 구제에 힘을 쏟는다. 구제는 교회가 헌금을 받아 필요한 사람들에게 나누어 줌으로 일반적으로 행해진다. 대부분의 신자들은 십일조를 드린다. 필자가 인도네시아에 갔을 때 그곳의 성직자들이 한국 교인들의 헌금 열정을 보고 놀라는 것을 경험했다. 헌금이 있어야 교회도 운영하고, 교회의 복음 활동도 가능하다. 헌금은 그리스도인의 필요한 신앙행위이다. 그런데 하나님의 말씀을 적용시켜 헌금을 강요하는 것이 문제다. 교회는 말라기 3:8~10을 근거로 십일조를 드리지 않는 것은 하나님의 것을 도적질하는 것이고, 십일조를 하는 사람은 복을 받는다고 가르친다. 교인들은 헌금행위를 통해서 자기만족을 얻거나 내세에 구원받기 위한 보험을 드는 것으로 생각해서는 안 된다. 헌금을 하나님께 드린다고 하면서 사람들 앞에서 누가 얼마를 바쳤다고 일일이 고하는 것도 바람직하지 않다. 그렇게 하는 것이 더 많은 헌금을 할 수 있게 하는 수단이 된다고 생각한다면 교회의 비극이다. 유대인의 십일조의 본질은 나눔과 연대성에 있다. 십일조는 스스로 생존할 수 있는 능력이 없는 이들과 서로 연대하고 그들과 삶을 나누는 제도다. 십일조의 본질대로 우리는 나눔의 사회, 즉 하나님 나라를 실현하기 위해 헌금을 해야 할 것이다. 그러나 그 헌금이 이런 저런 모양으로 강요되어서는 안 된다. 그리고 그 헌금에 의해 평가받거나 평가해서는 안 된다.

---

179 Howard A. Snyder, *Liberating the Church*, p.132.
180 Ibid., p.145.

7) 카리스마적 봉사의 임무

교회의 직무는 은사에 기초해 있다. 부르심을 받은 모든 사람들은 그들이 평범한 일원이든 특수한 임무를 맡은 이든 동등한 품격과 동등한 권리를 가진다. 그러나 모든 사람들이 동일한 임무를 가진 것이 아니라 모두가 그 자신의 고유한 임무를 갖는다.[181] 만약 우리가 은사적(恩賜的)으로 살아있는 공동체를 우리의 출발점으로 삼지 않는다면 직무는 영적이 아닌 관리계급의 일종으로 변하게 되며 은사는 종교적 천재의 제의(祭儀)가 되어 버린다.[182] 따라서 교회의 직무론은 성직계급론이 되어서는 안 된다.

교회의 임무는 구분되어야 한다. 그러나 교회의 임무의 구분은 신분에 의한 구분이 아니라 기능에 의한 구분이어야 한다.[183] 그리스도는 교회에 다양한 봉사를 세워 공동체를 돌보게 만드셨다. 거룩한 힘으로 무장한 봉사자들은 그의 형제들이 구원에 도달할 수 있도록 그들을 섬긴다. 공동체 봉사도 하나님께서 교회 내의 특정한 봉사를 위임하기 위해 능력을 가진 개인을 부르시는 것으로 이해되어야 한다. 사도, 선지자, 교사, 목회자, 집사 등이 이에 속한다.

8) 세계에 대한 봉사의 임무

교회는 이 세계에 봉사할 책임이 있다.[184] 구원 공동체로서의 교회는 세상 안에서, 그리고 세상에 대해 자신의 과제를 갖는다.[185] 복음의 관점에서 볼 때, 세계에 대해 교회가 취해야 할 태도는 오직 하나, 즉 세계에 대한 봉사뿐이다. 교회는 세계의 큰 문제들을 해결할 수 없다. 교회는 기아 문제나 인구 폭발 문제, 전쟁 문제나 권력의 익명성 문제 및 인종 문제들을 직접 해결할 수는 없다. 교회가 할 수 있는 것은 한 마디로 말하자면, 세계를 위해 존재하는 것이다. 교회는 세계와 결합됨으로써 세계를 위해 존재하게 된다. 교회는 결코 자신을 세계로부터 분리시켜 게토(Ghetto) 속에 안주하거나 고립된 삶을 살려 해서는 안 된다. 교회는 오히려 자신을 세상에 개방하고, 세상을 지지하며, 세상의 문제와 희망에 참여하고, 세상의 모험과 거부를 함께 짊어져야 한다.[186]

---

181 Jürgen Moltmann, *The Church in the Power of the Spirit*, p.308.
182 Ibid., p.290.
183 Ibid., p.309.
184 Hans Küng, *The Church*, p.482.
185 Ibid., p.481.
186 Ibid., p.486.

교회가 앓고 있는 질병은 단적으로 교회 예산안에서 쉽게 찾아볼 수 있다. 전체 교회의 평균치로 볼 때, 예산의 80~90%는 교회 자체를 위해 사용되며, 나머지 일부 예산만이 세상을 위해 쓰인다.[187] 교회는 주를 따르는 가운데 한 아버지를 가진 모든 형제들을 섬기라는 부름을 받았다. 교회의 근원적 사명은 그리스도를 고백하고 선포하며, 그의 증인이 되고, 예수 그리스도 안에서 시작된 종말론적인 하나님의 지배와 우리에게 요청된 신앙의 결단을 선포하는 일이다.

이 시점에서 중시해야 할 사항들이 있다. 그것은 모든 교회의 직무들은 서로 균형을 유지해야 한다는 것이다. 상기된 교회의 직무들 가운데 무엇이 가장 중요한가 묻고 싶은 사람이 있을지 모른다. 만약 누군가 그렇게 묻는다면 우리는 이 모든 직무가 똑같이 중요하며 어느 한 직무를 소홀히 여겨서는 안 된다고 대답해야 할 것이다. 실제로 이 가운데 어느 한 가지를 강조하다 보면 나머지 것들을 소홀히 여기게 되는 것은 당연한 결과이다. 참된 교회는 이러한 교회의 직무들을 모두 지속적으로 강조해야 한다.

보이는 교회와 보이지 않는 교회는 결코 두 교회가 아니고 한 교회의 두 국면이다. 이 두 교회 모두 한 분인 예수 그리스도의 지상적, 역사적 현존의 모습일 따름이다. 신약성서에는 보이는 교회와 보이지 않는 교회가 따로 존재하지 않는다. 하나의 교회만 있을 뿐이다. 성서의 교회는 진정으로 믿는 사람들의 모임으로서 보이는 교회다. 예수를 그리스도로 믿는 사람들의 공동체는 보이는 공동체다. 교회는 그리스도가 현존하는 곳이라면 그 어디에도 있다. 그것이 드러나든 감추어져 있든 그것은 상관이 없다. 현재적 교회와 잠재적 교회는 서로 다르지만 서로 겹쳐 있다. 칼 라너는 잠재적 그리스도교, 익명의 그리스도교에 대해서 말한다. 교회 밖에 있는 사람도 그리스도교의 메시지를 거부하지 않는 사람이 있다. 즉 교회 밖에 교회가 있다. 잠재적 교회가 있다. 교회 밖에 있으면서 그리스도교의 메시지를 거부하지 않는 사람은 실상 교회 안에 살고 있는 셈이다. 이렇게 보면 잠재적 교회나 현재적 교회는 실상 하나의 교회의 양면에 지나지 않는다.

교회는 신앙의 터전과 고향이다. 왜냐하면 교회가 신앙에 의해서 이루어지고

187 Howard A. Snyder, *Liberating the Church*, p.13.

신앙이 교회에 의해서 이루어지기 때문이다. 교회는 예수 그리스도로부터 출발한다. 교회는 예수 그리스도의 말씀을 들어야 하며, 선포해야 하며, 예수 그리스도의 말씀대로 살아야 한다. 교회는 예수 그리스도를 지향해야 한다. 그분이 기다리고 희망했던 새 하늘과 새 땅을 지향해야 한다. 그리스도만이 교회를 다스려야 한다. 교회는 그리스도가 교회의 머리되심을 인식하고, 그리스도로 하여금 교회의 모든 일을 결정하도록 해야 한다.

성령론

09

CHAPTER 성령론

성령론의 위치

그리스도인의 삶은 성령의 사역에 근거하고 있다. 성령의 역사 없이 그리스도인들은 하나님과 사람들 앞에서 진정한 그리스도인의 삶을 살 수 없다. 교회는 성령의 능력 안에서만 그 본질을 수행할 수 있다. 한국교회의 건전한 부흥과 성장을 위해서 성령론에 대한 바른 이해가 필요하다. 성령을 받고, 능력을 받는다는 것은 무엇을 의미하는 것일까? 성령의 뜨거운 체험과 기적을 강조하는 사람들은 성령을 신적인 능력이나 탁월한 영적 감화력, 또는 신비한 힘이라고 생각하는 경향이 있다. 그래서 이들은 성령을 받게 하려고 신자들을 열광적인 상태로 끌어들이려고 한다. 그러나 성서의 증언에 의하면 성령은 우리가 마술처럼 사용할 수 있는 신적인 능력이나 초자연적인 힘이 아니다. 성령은 하나님의 주권과 영광을 지닌 하나님 자신이다.[1]

역사적으로 성령운동은 광신주의나 열광주의로 발전하여 그리스도교 신앙을 변질시켰으며, 이성적이며 논리적인 사고를 거부하고 감정적 측면을 강조함으로써 교인들의 신앙을 내용이 결여된 맹목적인 신앙으로 발전시키는 경향을 가지고 있었다. A.D. 156년경 소아시아 지방 프리기리아 출신인 몬타누스

---

1 A. W. Tozer, *How to be filled with the Holy Spirit*, 이용복 옮김, 「이것이 성령님이다」(서울: 규장, 2005), p.5.

(Montanus)는 성령론을 열광주의적이며 주관주의적 측면에서 이해하였다. 그는 자신이 성령 '보혜사'의 예언자라고 주장하였다. 몬타누스에 의하면, 그는 성령의 계시를 직접 받으며 그의 모든 말은 성령의 말이라는 것이다. 몬타누스주의자들은 성령의 감동에 의해 무의식 중 방언하고 황홀경에 빠지기도 하였다. 성령의 은사와 환상 보는 것을 강조하였다. 이들은 세계의 종말을 언급하고 천년왕국이 건설될 것을 믿었다. 이들 주장대로 종말이 오지 않자 금식, 금욕생활, 재혼금지 등과 같은 엄격한 윤리생활을 강요하였다. 몬타누스의 문제점은 성령의 사역을 아전인수격으로 해석하여, 전통적 교회생활에 혼란을 초래하였다는 점이다. 교회는 A.D. 200년경 몬타누스를 이단으로 정죄했다.

신학의 역사를 통해서 성령론은 신론과 그리스도론에 가려져 크게 주목을 받지 못했다.[2] 초대 교회는 성부와 성자에 대하여는 많은 연구와 토론이 있었지만 성령에 대한 토론은 아주 미약하였다. 초대 교회에서 성령론은 삼위일체론의 틀 속에서 논의되었다. 주로 성령의 신성, 성령의 출처, 곧 필리오케(Filioque) 등이 논의되었다. 초대 교회 교부들은 성령의 계속적인 활동을 경험하면서도 본의 아니게 성령론에 대한 교리를 발전시키지 못했다. 주후 100년경에 널리 인정되었던 사도신경은 "···성령을 믿사오며"라고 고백하였고, 325년의 니케아 회의에서도 성령에 관해서 간단히 "성령을 믿습니다"라고 고백하였다. 성령론이 교리적으로 나타나게 된 것은 성령이 삼위일체의 한 위격으로 이해되면서부터다. 성령론에 관한 최초의 공식화 작업은 이레네우스(Irenaeus)에게서 나타난다.[3] 성령의 완전한 신성이 4세기 중엽에 성령이단론자들에 의해 부인되고 나서야 비로소 이에 대한 상세한 설명이 필요함을 느끼게 되었다. 알렉산드리아의 감독 아타나시우스는 성령은 단지 하나님에 의해서 피조된 능력 또는 도구라고 주장하는 이단들에 맞서 성령은 피조물이 아니며, 성부와 성자와 동일 본질이라고 주장하였다. 카파도키아의 교부 바질은 성령은 성부와 성자와 마찬가지로 우리의 예배의 대상이 된다고 주장하고, 성령의 신성을 강조하였다. 니사의 그레고리(St. Gregory of Nyssa)는 간략한 삼위일체적 서술과 함께 성령을 설명하였다. "성령의 영감 없이 예수를 주님이라고 고백하는 것은

---

2 George S. Hendry, *The Holy Spirit in Christian Theology* (Philadelphia:Westminster Press, 1956), p.13.
3 Irenaeus, *Demonstration of the Apostolic Preaching*, I (London: SPCK, 1920), p.6.

불가능하다. 그러므로 아버지와 아들과 성령은 만물이 창조되기 이전에 긴밀한 상호작용과 일치 안에서 완전한 삼위일체로만 알려질 수 있다." 325년 니케아 공의회에서 성령의 신성이 분명히 포함되지 못했지만 381년 콘스탄티노플 공의회에서 비로소 분명히 언급되었다.

콘스탄티노플 공의회는 "성령은 성부로부터 나오시며 성부와 성자와 함께 예배와 영광을 받으신다"고 고백하였다. 서방교회는 콘스탄티노플 공의회가 고백한 "아버지로부터"라는 구절 대신에 "아버지와 아들로부터"라는 구절을 독자적으로 삽입하였다. 동방교회는 이에 반대하여 "아버지로부터만"이라고 주장하였다. 동서방교회가 함께 받아들인 니케아 신조에 서방교회가 '그리고 성자로부터'를 뜻하는 '필리오케'(filioque)를 삽입한 것이 동서방교회간의 충돌 원인이 되었다. 이후 이들 간의 충돌은 '필리오케'⁴ 논쟁으로 전개되었다. 필리오케가 공식적으로 받아들여진 것은 제3차 톨레도(Toledo) 회의(589년)에서였다. 여기서 성령은 아버지와 "그리고 아들로부터" 온다는 문구를 신조 본문에 추가하였다. 이러한 조치는 성령을 성자의 피조물로 보는 것을 반박하는 것이다. 이후 서방교회는 예전에서 필리오케를 채택하였다. 그러나 동방교회는 성령은 오로지 아버지로부터 온다고 주장하여 그리스도와 성령이 분리될 수 없다고 선언한 서방교회의 필리오케 교리를 거부하였다.⁵ 동방교회 신학자들은 필리오케 교리는 성령을 그리스도에 종속시키는 효과를 가지고 있어서, 성령이 불충분한 그리스도론과 교회론을 조장한다고 보았다.⁶ 1014년 황제 하인리히 2세의 대관식 때 교황으로는 베네딕트 8세가 처음으로 필리오케를 신조에 삽입하고, 공식적으로 로마의 예전에 사용하였다. 동방교회와 서방교회의 교회정치적 분열이 심화될수록 필리오케의 논쟁은 더욱 강화되었다. 동방교회의 성령의 단일출원설과 서방교회의 성령의 이중출원설이 논쟁을 거듭하다가 결국 1054년에 이르러 동서방교회는 분열하기에 이르렀다.

중세교회에서 성령론은 주로 구원론의 틀 안에서 논의되었다. 중세의 신학자 토마스 아퀴나스는 "나는 교회를 믿는다."(Credo in eccelesiam)를 "나는

---

4 Filioque 논쟁에 대하여 J. McIntyre, "The Holy Spirit in Greek Patristic Thought," *Scottish Journal of Theology*(1953), p.353~375; H. B. Swete, *The Holy Spirit in the Ancient Church: A Study of Christian Teaching in the Age of the Fathers* (London: MacMillan, 1912), p.341~355를 참고하라.
5 바르트는 필리오케 교리가 하나님의 통일성을 강조한다고 보아 이 교리를 강력하게 주장하였다. Karl Barth, *Church Dogmatics*, 1/1, p.448~489를 보라.
6 Daniel L. Migliore, 「조직신학입문」, p.261.

교회를 거룩하게 하시는 거룩한 성령을 믿는다."(Credo in Spiritum Sanctum sanctificantem Ecclesiam)로 해석하였다.[7] 그러나 중세의 경향은 성령론은 구원론에 의해서 미약하게 언급되었다.

중세의 성령관은 크게 두 가지 경향, 즉 아리스토텔레스 철학을 중심으로 한 합리주의적 신학과 실천과 체험을 강조하는 신비주의로 구분될 수 있다. 중세기의 성령이해는 아우구스티누스적인 삼위일체론, 곧 아타나시우스 (Athanasius) 신조를 받아들이면서 그 한계를 벗어나지 않으려고 했다. 스콜라주의는 이성과 헬라철학 등을 동원하여 정통적 삼위일체를 이해하고 설명하려 했다. 이들은 성령, 성부, 성자를 결합하는 역할을 중시하였다. 스콜라주의의 아버지라 불리는 안셀무스(1033~1109)는 전통적 삼위일체론을 받아들여서 성령은 말씀과 같이 영원하며 같은 본체 가지고 있다고 보았다. 그에 의하면, 아버지와 아들은 절대적이고 최고의 영이다. 영으로서의 아버지와 아들은 한 분 이시자 같은 분이다. 아버지와 아들은 두 영이 아니라 한 영이다. 삼위는 완전한 통일성을 가지고 있다.[8]

중세의 스콜라주의의 역반응으로 반스콜라적 신비주의와 스콜라적 신비주의가 형성되면서 성령의 중요성을 강조하였다. 스콜라적 신비주의의 원조는 클래어보의 버나드(Bernard of Clairvaux, 1091~1153)라 할 수 있다. 그는 정통주의자들이 이성에 지나치게 의존하는 데 반하여 이성과 더불어 감정에도 똑같이 비중을 두었다. 버나드는 성령의 존재면보다 사역에 더 관심하였다. 그에 의하면 성령은 신 자신이며, 삼위 안에서의 성령의 출원은 신비에 싸여 있다. 성령은 사랑이라는 이름으로 표시되며, 여기서의 사랑은 아버지, 아들, 성령의 사랑이다. 그는 신과의 합일을 간구하였고, 성령을 통해서 그리스도 안에서 그 목적을 달성하고자 하였다.[9]

버나드와 함께 이태리 피오리(Fiori) 수도원장을 지낸 요아킴(Joachim, 1145~1202)도 스콜라적 신비주의 경향에 서 있었다. 요아킴은 율법시대와 복음시대가 지나가고 성령의 시대가 되었다고 주장하고, 성령이 성부, 성자의 지배

---

7 *Summa Theol.*, II q. 1, a. 9.
8 St. Anselm, "Monologium" chap. 32~33, 37~38, 43. in *Basic writings: Proslogium; Monologium; Cur Deus homo; Gaunilo's In behalf of the fool*, trans. N. Deane (La Salle, IL: Open Court, 1991).
9 이종성, 「성령론」(서울: 대한기독교출판사, 1984), p.195~196.

권을 대행하고 있다고 보았다. 그에 의하면, 첫 세대(dispensation)는 성부에게, 둘째 세대는 성자에게, 셋째 세대는 성령에게 배당되었다. 성령은 신의 절대권을 마지막으로 나타내는 분이다. 성부, 성자, 성령은 세 가지의 제1원리가 아니고 하나의 제1원리로 보았다. 한 신 안에 세 위가 있다는 것이다. 성령 없이 성자는 일할 수 없고, 성자 없이 성령은 일할 수 없다.[10]

12~13세기 신비주의자와는 달리 독일 중심으로 일어난 14세기의 신비주의는 반스콜라주의적 경향을 나타내었다. 반스콜라주의 신비주의는 에크하르트, 타울러, 로이스 브렉에 의해서 창도되었다. 에크하르트(Meister Eckhart, 1260~1327)는 신과 자연을 동일화하려는 경향을 지녔다. 그에 의하면 성령은 성부, 성자를 결합시키는 사랑의 매듭으로서 세상에 임재한다. 성령은 사람을 조명해 주어 위를 향하여 올라가게 한다.[11]

타울러(Johann Tauler, 1300~1361)는 전통적 삼위일체론을 통하여 성령의 본질을 파악하려고 하였다. 그는 성령을 사랑으로 이해하였다. 성령은 인간 영혼 안에 내재하며, 무한한 사랑을 통해서 나타난다. 그 성령이 우리를 그리스도에 대한 사랑으로 움직이게 한다. 성령은 '신에 대한 경외심', '성성'(聖性), '지식', '용기', '사려심', '이해', '지혜'의 일곱 가지 은사를 경건한 생활을 추구하는 사람에게 준다.[12]

로이스 브렉(Jan van Ruysbrok, 1293~1381)은 신의 위격이나 사역보다는 신과의 일체성에 관심하여, 신은 셋 안에서 하나로, 하나 안에서 셋으로 계신다고 보았다. 그에 의하면, 성령이 두 분으로부터 출원하는 것처럼 우리도 그들로부터 출원한다. 우리는 신 안에서 영원토록 살고, 신 역시 우리 안에 산다. 성령은 그를 사랑하는 자들 안에 현존한다.[13] 성령은 삼위를 하나로 만든다. 성령은 두 분의 영원한 입김(breath)이다. 성령은 우리에게 많은 은사를 주신다. 성령은 우리에게 사랑 이외에 아무것도 요구하지 않는다.

대체로 신비주의자들은 성령을 정통적 삼위일체의 범위 안에서 이해하려고 했다. 중세에는 오순절의 성령 충만한 사건과 같은 대이변은 일어나지 않았다.

10 Ibid., p.199.
11 Ibid., p.200.
12 Ibid.
13 Ibid., p.201.

종교개혁 시기에 성령론은 칭의론의 틀 안에서 다루어졌지만, 그 당시 일어난 맹목적이며 주관적인 열광주의운동 때문에 관심을 받기보다는 오히려 회의적인 취급을 받았다. 자기의 어떤 생각과 확신이 성령으로부터 온다는 주장은 흔히 비성서적이고 주관적인 것이며 성령과 관계없는 것이기 때문에 오늘날도 회의의 대상이 되고 있다. 어떤 신앙적인 견해나 신학적인 견해는 말씀을 통하여 검증되어야 한다. 중세의 성령관이 루터(Luther), 츠빙글리(Zwingli), 칼뱅(Calvin)에게 계승되었다. 이에 반발하여 오순절 같은 성령운동을 전개한 토마스 뮌처(Thomas Müntzer)의 성령운동이 주목을 받았다. 뮌처는 성서를 유일의 표준으로 생각하지 않고 오히려 성령의 내적 음성을 중시하였다. 그는 루터에게는 성령이 없기 때문에 수십만 권의 성서를 삼킨다 해도 성서를 이해 못한다고 하였다. 대다수의 열광주의자들과 같이 현세의 종말과 그리스도의 재림의 임박을 말했다. 교회는 사도시대부터 타락했다고 보고, 부패하고 타락한 교회의 갱신을 주장하였다. 1525년 농민봉기 운동이 일어났을 때 이를 지지하여 이 운동을 거룩한 십자가 운동이라고 말했다. 그는 이 운동이 비폭력으로 진행되도록 설교하였다. 그는 루터를 비판하기를 루터는 교황을 떠나 성서로 돌아갔으나 성서를 떠나 성령의 음성을 듣는 경지에 이르지는 못하였다고 하였다. 루터는 교권주의를 비판하는 것에는 열심이었으나 정치적 집권자에 대한 반항은 잘못된 행동이며 위험한 일이라고 생각했다. 뮌처는 이러한 운동의 원동력을 성령의 사역에서 발견한다.[14] 뮌처의 성령운동은 탄압을 받아 외면적으로 실패했으나 지금도 여러 분리주의파에 의해서 계속되고 있다.[15] 뮌처 운동을 거쳐 17~18세기의 퀘이커 운동, 경건주의 운동, 메소디스트 운동, 20세기 초 미국 교회의 부흥 운동, 그리고 오순절 운동으로 이어진다.

경건주의는 성령론에 관심을 보였고, 칭의와 성화에 연관된 성령의 활동을 강조하였으나 성령론을 체계 있게 형성하지 못했다. 신정통주의는 성령에 관심을 갖지 않았다. 오늘날에 이르러 성령의 중요성이 강조되었고 그리스도교 영성에 대한 관심이 일어났다.[16] 1990년 호주의 캔버라(Canberra)에서 개최된 제7차 WCC의 주제는 "Come Holy Spirit-Renew the Whole Creation"이었다.

---

14 Ibid., p.206.
15 Ibid., p.202.
16 김균진, 「기독교조직신학」, III (서울: 연세대학교출판부, 1994), p.7~8.

성령론에 대한 새로운 관심은 다음과 같은 요소에서 기인되었다고 할 수 있다. 첫째, 현대사회와 교회 안에서 비인간화되고 관료주의화되는 것에 대한 항거로부터 나왔다. 둘째, 보다 깊은 신앙, 하나님과의 새로운 관계에 대한 영적 상황에 대한 열망에서 나왔다. 셋째, 목사, 교회지도자들이 경험하는 공허함과 기진맥진함과 관련되어 있다. 넷째, 성령을 강조해 온 오순절 교회들의 놀라울 정도의 확산과 성령에 대한 서양교회의 신학의 결점에 있다. 다섯째, 구약과 신약에서 성령의 경험에 대한 연구가 중시되었다.[17]

성령론은 그리스도교 신학에서 빠져서는 안 될 필수적 요소이다. 만일 성령론이 누락될 경우 하나님의 삼위일체가 성립될 수 없으며, 또한 그리스도교 신앙도 성립될 수 없게 된다. 성령에 대한 잘못된 이해는 개인의 신앙생활은 물론 교회와 그리스도교를 잘못된 방향으로 이끌 수 있다. 따라서 신학은 성령에 대한 바른 이해를 제시함으로써 개인의 신앙생활은 물론 교회가 올바른 방향에서 성장할 수 있도록 해야 한다.

성령의 본체

성령의 본체는 성령의 본질을 묻는 것이다. 성령은 하나님 자신이기 때문에 우리는 성령이란 무엇인가라고 물을 것이 아니라 성령은 누구신가라고 물어야 한다. 성령을 바르게 이해하려면 먼저 성령은 누구이신지 알아야 한다. 많은 사람들이 성령을 하나의 능력이나 영향력으로 오해하고 있다. 따라서 어떻게 하면 성령을 더 많이 받을까 하는 생각을 한다. 따라서 이들이 성령을 바로 인식할 때 바람직한 신앙생활을 할 수 있을 것이다. 성령은 누구인가에 대한 조직적인 답변을 성서에서 찾아보기 어렵다. 그러나 성서에 기록된 성령의 본체를 고찰해 보면 다음과 같은 이해를 얻게 된다.

1) 성령은 하나님이시다

성령이 하나님이라는 사실은 성령의 속성에서도 드러나고 있다. 영원, 편재, 전지, 전능은 하나님의 독특한 속성들이라 할 수 있다. 성령은 이러한 하나

---

17 Daniel L. Migliore, 「조직신학입문」, p.257~259.

님의 속성들을 모두 가지고 계시다. 성서는 이것을 증거해 주고 있다. 히브리서 9:14은 성령의 영원성을 말하고 있다. "하물며 영원하신 성령으로…" 성령의 편재성은 시편 139:7에서 말해주고 있다. "내가 주의 영을 떠나 어디로 가며 주의 앞에서 어디로 피하리이까." 성령의 전지성은 고린도전서 2:10에서 찾아볼 수 있다. "오직 하나님이 성령으로 이것을 우리에게 보이셨으니 성령은 모든 것 곧 하나님의 깊은 것까지도 통달하시느니라." 성령의 전능성은 누가복음 1:35에서 드러난다. "…성령이 네게 임하시고 지극히 높으신 이의 능력이 너를 덮으시리니…" 마태복음 28:19은 성령의 신성을 다음과 같이 표현하였다. "아버지와 아들과 성령의 이름으로 세례를 베풀고." 고린도후서 13:13은 성령이 하나님과 같은 존재이심을 다음과 같이 표현하였다. "주 예수 그리스도의 은혜와 하나님의 사랑과 성령의 교통하심이 너희 무리와 함께 있을지어다."

성령이 하나님이라는 최종적이고도 결정적인 증거는 사도행전 5:3~4에 나타난다. 베드로는 아나니아와 삽비라가 성령을 속인 것이 곧 하나님을 속인 것이라고 하였다. 이는 성령이 하나님이심을 증거하는 것이다. 성령은 언제부터 존재했는가? 성령은 성부 하나님과 동시적으로 존재했다. 성령은 성부나 성자에 비해 열등하거나 그에 종속되지 않는 분이다. 성령은 성부와 성자의 인격과 사역에 함몰될 수 없는 인격을 소유한 분이라는 것을 성서가 증거하고 있다.(요 14:26, 행 1:8, 롬 8:16, 고전 2:10) 우리는 성령을 비인격적인 힘으로 오해해서는 안 된다. 성령은 세상의 해방과 구원을 위해 역사하시는 하나님 자신이다. 성령은 인간을 사랑하사 인간과 세계 안으로 들어와 구원하시는 분이다. 따라서 우리는 성령의 강림과 그의 역사를 위해서 간구하고 성령이 우리를 도울 수 있도록 그분의 지시에 순종하며, 그의 능력을 간구해야 한다.

2) 성령은 하나님의 영이며 예수 그리스도의 영이다

그리스도교 신학에서 성령은 단지 어떤 영이 아니라 삼위일체 하나님의 영을 말하는 것이다. 성령은 하나님의 영이다.(요 4:24) 하나님의 영은 인간을 깨우고 활동하게 만드는 영, 인간에게 힘을 주고 기도하도록 영감을 주며 인간을 꿰뚫어 보는 영이다. 성령은 하나님의 영으로서 또한 예수 그리스도 안에서 행동하시는 예수 그리스도의 영이다. 예수는 성령 안에서 태어났고, 성령에 의해

광야로 인도되고 보호받으며, 성령의 기름부음과 충만함을 받아 하나님 나라의 복음을 능력 있게 선포하고 새 창조의 표징들을 보이셨다.

성령은 악령과 구별되는 거룩한 영이다. 악령은 사람에게 해를 끼치는 일을 한다. 악령을 분별할 줄 알아야 한다.(요일 4:1) 타락한 천사가 악령이 되고 사단이 되었다고 한다.(유다서 6절, 벧후 2:4) 악령은 영원 전부터 성령과 같이 있었다고 생각해서는 안 된다.

3) 성령은 인격을 가지고 계신 분이다

성서는 성령을 인격으로 표현하고 있다. "…성령은 모든 것 곧 하나님의 깊은 것까지도 통달하시느니라 사람의 일을 사람의 속에 있는 영 외에 누가 알리요."(고전 2:10~11) "이 모든 일은 같은 한 성령이 행하사 그의 뜻대로 각 사람에게 나누어 주시는 것이니라."(고전 12:11) "마음을 살피시는 이가 성령의 생각을 아시나니 이는 성령이 하나님의 뜻대로 성도를 위하여 간구하심이니라."(롬 8:27) "하나님의 성령을 근심하게 하지 말라."(엡 4:30) "또 주의 선한 영을 주사 그들을 가르치시며 주의 만나가 그들의 입에서 끊어지지 않게 하시고 그들의 목마름을 인하여 그들에게 물을 주어."(느 9:20) 이 같은 성서 구절들은 성령이 인격적인 분임을 드러내고 있다.

"성령의 인격성에 대한 교리는 예수 그리스도의 신성과 속죄 교리와 동일하게 예수께서 가르치신 신앙의 특성이다."[18] 성령은 아버지와 아들처럼 지정의를 가지신 인격자다.[19] 사람들은 성령을 무슨 신적인 능력이나 감화력으로 생각하고 그 능력을 붙잡으려고 한다. 그리고 그 능력을 사용하여 비상한 일이나 놀라운 기적을 행사할 수 있다고 믿는다. 이러한 생각과 믿음은 성령을 잘못 이해하는 데서 비롯된 것이다. 성령은 신적인 능력이나 감화력이 아니다.

성령은 신적 인격이므로 세계 속에 내재하는 비인격적 원리가 될 수 없다. 성령은 신적 능력인 동시에 우리 안에 오시고 거하시는 인격적 존재이다. 창조자의 영으로서의 성령은 생명의 힘으로서 모든 피조물 안에 있다. 이와 동시에 성령은 그리스도인들에게 은사를 주는 자이며 생명의 힘으로서 활동하는

---

18 R. A. Torrey, *The Person & Work of the Holy Spirit*, 장광수 옮김, 「성령의 인격과 사역·성령론 설교」(서울: 크리스챤 다이제스트, 2001), p.22.
19 성령의 인격성에 대한 자세한 사항을 위해 R. A. Torrey, 「성령의 인격과 사역·성령론 설교」, p.9~12; A. W. Tozer, 「이것이 성령님이다」, p.144~146을 보라.

자 곧 신적 인격이다. 성령은 능력인 동시에 인격적 존재이며, 은사인 동시에 은사를 주는 자이다. 따라서 성령은 인간의 소유물이나 인간 자신의 영이 되지 않는다. 어떤 사람도 성령의 능력을 좌우할 수 없으며 자기의 뜻에 따라 그것을 주거나 할 수 없다.

성령은 분명한 의지와 감성과 지식을 가지는 인격자이다. 성령은 우리의 비밀을 알고 죄를 깨닫게 하며 회개하게 한다. 또한 복음을 선포하고 전도하는 능력과 용기를 준다. 성령은 환란과 박해 속에서도 교회를 붙들고 세상을 이길 수 있는 내적인 자원을 선사하고 위로한다. 이와 같이 성령은 거룩한 인격자로서 하나님의 신비를 알고 드러내는 점에서 인간과 전혀 다른 하나님이시다. 성령은 하나님 아버지와 그리스도로부터 파견된 진리의 영이고, 거룩한 인격자로서의 하나님이다. 우리는 성령께 예배와 찬양, 영광을 드리고 그에게 순종해야 한다.

성령은 그 자신의 의지와 자유를 가진 인격적 존재로 존속한다. 그는 언제나 그 자신의 자유로부터 행동한다. 성령은 삼위일체 하나님의 한 인격으로서 그 자신의 의지와 자유에 따라 활동하시며 모든 그리스도인들과 인격적 사귐을 갖는다. 그러므로 누구든지 성령과 사귐을 가질 수 있으며 그의 능력과 은사를 받을 수 있다. 신적 인격으로서의 성령은 인격적 관계와 사귐을 원하신다. 따라서 누구든지 그리스도를 주님으로 고백하는 자들은 성령과 사귐을 가질 수 있다.

성령은 남성과 여성 가운데 어느 편에 서 있을까? 인격적인 분으로서의 성령의 성(性)에 대한 문제를 어떻게 이해할 수 있을까? 헬라어에서는 성령(pneuma)을 중성으로, 라틴어에서는(spiritus) 남성으로, 히브리어에서는(ruah) 여성으로 표기한다. 미글리오리(Migliore)는 하나님의 말씀과 성령을 하나님의 아들과 딸로서 각각 묘사할 수 있음을 제안한다.[20] 그러나 주목해야 할 것은 삼위일체 하나님은 두 개의 남성과 하나의 여성으로 구성된 신적인 모임이 아니다. 하나님은 인격적인 분으로 독특한 성을 가진 이미지로 표현될 수 있지만 하나님은 성(性)을 초월하고 계시다.[21]

---

20 Daniel L. Migliore, 「조직신학입문」, p.267.
21 Ibid., p.267~268.

콤블린(Jos Comblin)은 성령의 여성적 이미지(female imagery of the Spirit)에 대하여 말씀과 성령을 동일하게 하나님의 신적인 두 손으로 생각해야 한다고 제안한다. 만약 하나님의 한 손이 한 사람 속에서 성육신한 하나님의 말씀이라면, 하나님의 또 다른 한 손은 성령이다. 콤블린은 성령의 모성신학이 교회의 전통적인 하나님에 대한 남성적 이미지에 대해 균형을 맞출 수 있다고 제안한다.[22]

4) 성령은 제3위의 하나님이다

마태복음 28:19은 "너희는 가서 모든 민족을 제자로 삼아 아버지와 아들과 성령의 이름으로 세례를 베풀고"라고 말한다. 고린도후서 13:13은 "주 예수 그리스도의 은혜와 하나님의 사랑과 성령의 교통하심이 너희 무리와 함께 있을지어다"라고 말한다. 우리는 언급된 성서 구절에서 성령은 제3위의 하나님이라는 사실을 파악할 수 있다. 성령은 삼위일체로 계신 하나님의 제3의 위격으로 역사하신다.[23] 성령은 하나님의 영, 그리스도의 영만이 아니라 하나님의 신적인 위격이기도 하다. 성령은 아버지나 아들로부터 나오는 능력이 아니라 하나의 주체이다. 성령은 아들과 아버지를 영화롭게 하고, 아들과 아버지를 화합시키는 주체이다.[24] 삼위일체론에서 이미 고찰한 바와 같이, 성부, 성자, 성령은 분리될 수 없는 신적 본질의 일치 속에서 존재한다. 성부, 성자, 성령은 상호 밀접하고 역동적인 관계 속에서 깨질 수 없는 통일성과 역사 안에서 구원과 해방의 역사를 이루어 가신다.

성서는 성부, 성자, 성령의 구분을 다음과 같이 언급한다. "백성이 다 세례를 받을새 예수도 세례를 받으시고 기도하실 때에 하늘이 열리며 성령이 비둘기 같은 형체로 그의 위에 강림하시더니 하늘로부터 소리가 나기를 너는 내 사랑하는 아들이라 내가 너를 기뻐하노라."(눅 3:21~22) 여기서 세상에 계시는 예수 그리스도와 하늘에서 말씀하시는 또 다른 인격이신 성부와 비둘기 형태로 내려오시는 성령이 아주 명확하게 구분되고 있다. 이 같은 사실은 요한복음 14:16에서도 나타난다. "내가 아버지께 구하겠으니 그가 또 다른 보혜사를 너희에게 주사 영원토록 너희와 함께 있게 하리니." 여기서 아버지께 구하는 하

22 Jos Comblin, The Holy Spirit and Liberation (Maryknoll, N.Y.: Orbis, 1989)를 보라.
23 A. W. Tozer, 「이것이 성령님이다」, p.34.
24 J. Moltmann, Trinitat und Reich Gottes, 「삼위일체와 하나님 나라」(서울: 대한기독교출판사, 1993), p.155~156.

나의 인격이신 아들과 아들의 기도에 응답하여 또 다른 보혜사를 보내시는 아버지를 보게 된다. 이 외에도 이와 유사한 구절들을 요 16:7과 행 2:33에서도 찾아볼 수 있다. 상술된 성서의 기록에서 보듯이, "성부, 성자, 성령은 인격적으로 분명하게 구분되고 있다. 그리고 그 세 인격은 독립된 존재지만 서로 상호 관계를 가지고 있으며, 서로에게 영향을 주며, 서로에게 혹은 서로에 대해 말하며 이인칭 또는 삼인칭 대명사로 부른다."[25]

성령의 명칭과 상징

성서에는 성령에 대한 다양한 명칭이 최소한 25가지나 나타나고 있다.[26] 성령의 명칭에는 성령의 본질에 대한 의미가 내포되어 있다. 따라서 우리는 성령의 명칭을 살펴봄으로써 성령의 본질과 사역에 대한 이해를 구할 수 있을 것이다.

1) 성령의 명칭

(1) 영

성령에 대한 가장 일반적인 명칭이 '영'(spirit)이다. '영'을 나타내는 헬라어 '프뉴마'(pneuma)와 히브리어 '루아흐'(ruah)는 문자적으로 '숨', 혹은 '바람'을 의미한다. 성서는 성령을 숨이라는 개념으로 표현한다. "여호와 하나님이 땅의 흙으로 사람을 지으시고 생기를 그 코에 불어 넣으시니 사람이 생령이 되니라."(창 2:7) "이 말씀을 하시고 그들을 향하사 숨을 내쉬며 이르시되 성령을 받으라."(요 20:22) 성서는 이 영을 다음과 같은 영으로 표현하고 있다. 하나님의 영(고전 3:16), 여호와의 영(사 11:2), 주 여호와의 영(사 61:1), 살아계신 하나님의 영(고후 3:6), 그리스도의 영(롬 8:9), 예수의 영(행 16:6~7), 예수 그리스도의 성령(빌 1:19), 그 아들의 영(갈 4:6), 성결의 영(롬 1:4), 심판하는 영(사 4:4), 소멸하시는 영

---

25 R. A. Torrey, 「성령의 인격과 사역 · 성령론 설교」, p.30.
26 Ibid., p.33.

(사 4:4), 진리의 영(요 14:17, 16:13), 지혜와 총명의 영(사 11:2), 모략과 재능의 영
(사 11:2), 지식과 여호와를 경외하는 영(사 11:2), 영광의 영(벧전 4:14). 성서는 성
령(눅 11:13)을 다음과 같이 표현하기도 하였다. 약속의 성령(엡 1:13), 생명의 성령
(롬 8:2), 은혜의 성령(히 10:29), 영원하신 성령(히 9:14)으로 표현하고 있다.

(2) 기름

사도행전 10:38은 "하나님이 나사렛 예수에게 성령과 능력을 기름 붓듯 하셨
으며"라고 말한다. 누가복음 4:18은 예수님에 대해 "주의 성령이 내게 임하셨
으니 이는 가난한 자에게 복음을 전하려 하시려고 내게 기름을 부으시고"라고
말한다. 이 구절에서 예수님이 부음 받으신 기름이 성령이었음을 알 수 있다.
특히 히브리서의 말씀은 예수님이 받은 기름이 즐거움의 기름이었다고 말하고
있다.(히 1:9)

성서에서 기름이나 기름부음은 처소나 인물을 거룩히 구별하여 하나님께서
성별하신다는 것을 보여준다. 제사장(출 30:30)이나 기구와 제단(출 30:25)을 성
별하였고, 신자들을 세상으로부터의 분리하여 거룩한 백성이 되게 하였다.(벧
전 2:9) 하나님은 우리에게 기름을 부으신다.(고후 1:21) 기름은 하나님의 성소를
밝히는 데 없어서는 안 될 물건이었다. 천국의 비밀은 인간적인 박식함으로는
안 되고 성령의 기름에 의한 불빛을 통해서만 밝힐 수 있다. 기름은 마찰시 윤
활하게 함으로써 소모와 파괴를 막을 수 있다. 기름과 마찬가지로 성령은 화목
과 사랑을 위한 윤활유 역할을 한다. 기름은 생명 유지에 필요한 영양제가 된
다. 성령도 기름과 마찬가지로 하늘의 영양제가 된다.

(3) 바람

성령은 바람으로 불리기도 한다. "바람이 임의로 불매 네가 그 소리는 들어
도 어디로 와서 어디로 가는지 알지 못하나니 성령으로 난 사람도 다 그러하니
라."(요 3:8) 우리는 바람에게 명령할 수 없다. 바람은 임의대로, 마음대로 분다.
성령도 그의 의지에 따라 활동한다. 바람은 눈에 보이지 않음에도 지각할 수
있다. 성령도 그와 같다. 우리는 성령을 볼 수는 없지만 그분의 소리는 들을 수
있다. 바람은 지구 어느 곳에서나 존재한다. 그리고 끊임없이 흐르며 움직인

다. 또한 대기를 청결케 한다. 성령도 이와 같이, 어느 곳에서나 존재하며, 세상을 성결하게 하고자 천국의 생명과 생기를 준다.

(4) 보혜사

성서는 여러 부분에서 성령을 '보혜사'라고 불렀다.(요 14:26, 15:26, 16:7) 보혜사는 곤궁에 처한 사람을 도와주기 위해서 부름을 받고 와서 변호하고, 권고하고 탄원하고 설득하고 그 사람을 굳세게 하고 승리를 가져오게 하는 위로자이며 대언자를 의미한다. 보혜사로 번역된 헬라어 단어 '파라클레토스'(παράκλητος)는 '곁에 붙여진 자', 즉 끊임없이 편을 들기 위해 붙여진 자로서 그는 언제나 우리 곁에 머물며 모든 일에 우리 편을 들 준비를 갖춘 자를 말한다. 보혜사가 우리 곁에 계시며 우리를 도우시는 방식은 다양하다. 성령은 우리가 기도할 때(롬 8:26~27), 말씀을 연구할 때(요 14:26, 16:12~14), 개인적인 일을 할 때(행 8:29), 설교하거나 전도할 때(고전 2:4), 유혹받을 때(롬 8:2), 이 세상을 떠날 때(행 7:54~60) 우리 곁에 계신다.

2) 성령의 상징

성서는 상징을 통해서 성령을 표현하기도 하였다. 그 가운데 대표적인 상징들을 살펴보고자 한다.

(1) 물

성령은 '물'을 상징한다. "누든지 목마르거든 내게로 와서 마시라 나를 믿는 자는 성서에 이름과 같이 그 배에서 생수의 강이 흘러나오리라 하시니 이는 그를 믿는 자들이 받을 성령을 가리켜 말씀하신 것이라."(요 7:37~39) "예수께서 대답하여 이르시되 이 물을 마시는 자마다 다시 목마르려니와 내가 주는 물을 마시는 자는 영원히 목마르지 아니하리니 내가 주는 물은 영생하도록 솟아나는 샘물이 되리라."(요 4:13~14) 언급된 성서 구절은 성령을 물로 표현하고 있다. 생명에 있어서 필수적인 것이 물이다. 마찬가지로 성령도 영적 생명의 필수적인 요소이다. 물은 몸과 생활환경을 씻긴다. 성령도 우리의 삶을 정결하게 한다.

(2) 불

성령은 '불'을 상징한다. 불은 하나님의 임재를 뜻한다. "여호와의 사자가 떨기나무 가운데로부터 나오는 불꽃 안에서 그에게 나타나시니라 … 하나님이 떨기나무 가운데서 그를 불러 이르시되 모세야 모세야 하시매 그가 이르되 내가 여기 있나이다."(출 3:2~5) 호렙산에서 모세는 하나님이 불꽃 가운데 임재하시는 것을 체험하였다. 열왕기상 18장은 바알의 선지자 450명과 엘리야가 갈멜 산에서 기도할 때 하나님은 엘리야의 기도에 불로 응답하신 사건을 말한다. "이에 여호와의 불이 내려서 번제물과 나무와 돌과 흙을 태우고 또 도랑의 물을 핥은지라."(왕상 18:38) 불은 태우는 역사를 한다. 성령도 더럽고 추잡한 것을 태운다. 불은 밝은 빛을 공급한다. 마찬가지로 성령도 인간의 어두운 심령에 하늘의 빛을 공급한다.[27]

(3) 비

성령은 '비'를 상징한다. 호세아 6:3은 "그러므로 우리가 여호와를 알자 힘써 여호와를 알자 그의 나타나심은 새벽 빛 같이 어김없나니 비와 같이, 땅을 적시는 늦은 비와 같이 우리에게 임하시리라"고 말한다. 비는 땅을 적신다. 비를 받지 아니하고는 땅의 어떤 생명체도 열매 맺지 못한다. 성령은 땅을 적시는 늦은 비와 같이 우리로 하여금 생명의 삶을 살게 하신다.

(4) 비둘기

성령은 '비둘기'를 상징한다. 요 1:32은 "내가 보매 성령이 비둘기 같이 하늘로부터 내려와서 그의 위에 머물렀더라"고 말한다. 성령이 비둘기 같이 하늘로서 내려온 것이다. 비둘기는 평화를 상징한다. 노아는 홍수심판 후 비둘기를 날려 보냈다. 비둘기는 온유와 겸비를 상징한다. 비둘기는 정결하고 무해(harmless)한 생명체이며, 쉽게 섭섭함을 느끼며, 한두 번 괴롭히면 영영히 그곳을 떠나간다. 우리가 성령을 거역하면 성령도 비둘기처럼 떠난다. 그래서 다윗은 "주의 성령을 내게서 거두지 마소서"(시 51:11)라고 기도하였다.

---

27 성령의 상징으로서의 '불'에 대한 자세한 진술을 위해, A. W. Tozer, 「이것이 성령님이다」, p.122~141을 보라.

(5) 보증

성령은 '보증'을 상징한다. 고후 1:22은 "그가 또한 우리에게 인치시고 보증으로 우리 마음에 성령을 주셨느니라"라고 말한다. 보증은 타인에게 넘어가지 않도록 확실하게 지켜준다. 하나님은 우리에게 보증으로 성령을 주신다. 성령으로 천국의 일부분을 마음속에 소유하게 한다.

성서의
성령 이해

1) 구약성서의 성령 이해

구약성서에서 성령을 의미하는 단어는 '루아흐'(ruah)이다. '루아흐'는 '바람' 또는 '숨'을 의미한다. 본래 '루아흐'는 인간 안에서는 물론 자연 속에서 생명을 유지하게 하는 하나님의 힘 또는 능력을 말한다. 구약에서의 성령은 다양한 모습으로 묘사되고 있지만 대체로 다음과 같은 모습으로 표현되고 있다고 할 수 있다.

첫째, 성령은 인간의 생명의 힘으로 이해된다. 구약은 하나님이 그의 생명의 숨 혹은 입김을 인간에게 불어넣자 인간이 살아 움직이게 되었음을 말하고 있다.(창 2:7, 욥 33:4) 또한 인간뿐만 아니라 동물들을 포함한 세계 안에 있는 모든 살아 있는 것들은 하나님이 그의 생명의 영을 불어넣음으로써 생명을 얻지만(창 6:17, 시 104:30), 그것을 거두시면 죽게 된다는 것을 말하고 있다.(창 6:3, 시 104:29~30, 전 3: 19, 21) 구약성서가 의미하고 있는 성령은 모든 피조물의 생명 내지 삶의 힘이라 할 수 있다.

둘째, 성령은 자기의 백성들을 구원하는 힘과 능력으로 이해된다. 구약에서 성령은 사사들과 왕들에게 지혜를 주는 하나님의 힘과 능력으로 이해된다. 성령은 사사들과 예언자들 그리고 왕들을 일으키시고 그들에게 지혜를 주시고 그들에게 힘과 능력을 주어 하나님을 대신하여 싸우게 하고, 하나님의 심판과 구원의 미래를 선포하며 하나님의 구원의 역사를 수행하였다. 성령은 인간이 지배할 수 없는 힘으로서 갑자기 나타나 그들에게 임하시고 그들을 하나님의 구원의 역사를 위하여 파송한다.

셋째, 성령은 하나님의 신적인 본질을 가진 인격적 주체로 이해된다. 구약에서 하나님의 영은 하나님의 어떤 힘이나 능력이 아니라 그는 하나님 자신을 의미한다. 성령은 자신의 주체성을 가진 존재이다. 성령에 대한 불순종은 곧 하나님에 대한 불순종이며, 성령이 인간을 떠날 때 하나님과 인간의 관계가 끊어진다. 그래서 우리는 언제나 "주의 성령을 내게서 거두지 마소서"(시 51:11)라고 기도해야 한다.

구약성서에서의 성령은 모든 피조물의 생명의 힘이요, 하나님의 구원 역사를 주관하시는 하나님의 종말론적 능력이요, 또한 그의 백성들 가운데 거하시는 인격적 주체로서의 하나님이시다. 구약성서에서의 성령은 짓밟힌 자에게 용기를 주며(학 2:5), 죽음으로부터 새생명을 주며(겔 37장), 이 땅의 정의를 촉진시킨다.(사 11:1~5) 물론 이러한 이해가 구약성서가 말하는 성령을 모두 기술한 것일 수는 없다. 하지만 구체적으로 그리고 일반적으로 구약성서가 말하는 성령은 이렇게 정리될 수 있다. 구약성서의 성령 이해의 특징은 성령은 선택된 종들에게 주어지며 이들에게 사명과 능력을 주셔서 약하고 불행한 자들이 억압받는 이 땅에서 정의를 회복하도록 하는 것이다.(사 42:1~4, 61:1~4)

2) 신약성서의 성령 이해

성령에 대한 신약성서의 이해는 구약성서의 이해를 그 전제와 배경으로 삼는다. 따라서 성령은 인간이 좌우할 수 없는 하나님의 능력임과 동시에 하나님 자신으로 이해된다. 예수와 성령은 상호의존적이다.[28] 신약에서 예수의 삶과 사역은 성령에 의해서 처음부터 끝까지 능력을 받은 것으로 설명되고 있다.(눅 4:18ff) 성령에 의한 예수의 잉태와 탄생은 예수의 존재를 성령과 긴밀하게 결합시킨다. 예수는 성령에 의해서 잉태되고(마 1:20, 눅 1:35), 세례 받을 때에 성령이 임하였다.(요 1:32) 그의 사역을 위해 성령에 의해 기름부음을 받았고(눅 4:18ff), 성령의 능력으로 마귀의 세력을 내쫓았다.(마 12:28) 그리고 성령에 의하여 부활하였다.(롬 1:4) 성령은 예수 안에서 하나님의 구원의 역사를 일으키며, 죄와 죽음의 세력을 물리치고 하나님의 새로운 창조를 일으키셨다.

---

28 Hendrikus Berkhof, *The Doctrine of the Holy Spirit* (Grand Rapids: William B. Eerdmans, 1965)를 참조하라.

예수는 성령을 받은 자(요 3:34)임과 동시에 또한 성령을 준 자(요 14:26, 16:7)
이다. 성령은 부활하신 그리스도의 선물로서 우리에게 그리스도의 마음이 무
엇인지를 가르쳐 준다.(고전 2:16) 성령은 그리스도 안에서 우리에게 새 삶에 대
한 능력을 주며(롬 8:11) 제자도와 헌신을 하도록 준비케 하는 능력이다.[29] 성
령은 그리스도인들로 하여금 하나님의 존재와 활동을 깨닫고 믿게 하는 능력
이며(요 16:1~14), 인간을 자유롭게 하는 능력이며(고전 3:17), 진리의 능력(요일
4:6, 5:6)과 지혜와 계시의 능력(엡 1:17), 사랑과 위로와 희망의 능력(롬 15:13, 고
후 1:3, 살후 2:16, 딤후 1:7)이시다.[30]

성령은 그리스도인들의 실존과 교회에 대하여 결정적인 의미를 가진다. 그리
스도인들은 하나님의 성령이 거하시는 "하나님의 성전"이 된다.(고전 3:16, 6:19)
그리스도인들은 성령의 능력 가운데서 그리스도와 한 몸을 이룬다. 따라서 그
리스도 안에 있다는 것은 성령 안에 있다는 것이며, "주와 합한 자는 한 영이
된다."(고전 6:17) 성령 가운데 산다는 것은 그리스도를 증거하며, 서로 사랑하
며 섬기는 삶을 말하는 것이다. 즉 "새로운 피조물"의 삶을 사는 것이다.(고후
5:17) 성령은 하나님의 능력으로서 예수가 제자들에게 말한 것을 회상시키고
진리를 깨닫게 하며(요 14:26), 예수에 대하여 증언하며(요 15:26), 예수를 영광
스럽게 한다. 성령은 영이신 하나님이 세계 속에 현재하는 방식이다.

성령의 사역

성령은 고정되어 있는 어떤 실체(Substance)
가 아니라 언제나 활동하고 있는 주체(Subject)이다. 성령의 존재는 언제나 그
의 활동 안에 있고, 그의 활동이 그의 존재를 형성한다. 따라서 성령의 존재와
사역을 분리하여 생각할 수 없다.

구약 시대에 성령은 하나님의 창조 사역에 동참하셨다. 시편 104:30은 이 사
실을 이렇게 표현하고 있다. "주의 영을 보내어 그들을 창조하사 지면을 새롭
게 하시나이다." 창세기 1장은 창조에 대한 서술과 관련하여 성령의 활동을 언

29 Daniel L. Migliore, 「조직신학입문」, p.262~263.
30 김균진, 「기독교조직신학」, III, p.23~26.

급하고 있다.(창 1:1~3) 성령은 창조 때만이 아니라(창 1:2, 욥 26:13, 시 104:30) 창조 사역 이후에도 계속 사역하셨다.(삿 3:10, 6:10, 14:6, 삼상 10:6, 욜 2:28~32) 성령은 보통 사람을 사로잡아 하나님의 해방과 구원의 역사를 이루는 주역이 되게 하신다. 사사들은 평범한 사람들이었지만 하나님의 영이 그들에게 임했을 때, 그들은 놀라운 능력과 지혜를 얻어 이스라엘을 이방민족의 노예로부터 해방시켰다. 그러나 성령이 떠나면, 그들은 평범한 사람으로 되돌아갔다. 성령은 엘리야, 엘리사, 이사야, 에스겔 등 많은 예언자들에게도 나타나셔서 그들에게 새로운 영감을 주어 그들로 하여금 위대한 예언을 하게 하셨다. 예언자들은 성령의 역사를 통해 정권자와 백성의 성향에 맞는 말을 하지 않고, 사회의 부패와 불의 그리고 악을 질타하였다. 예언자들은 생명의 위협을 당하면서도 하나님의 의를 외쳤다. 영 안에서 살고 활동한 예언자들은 악과 거짓, 불의한 세력과 맞서 참과 정의를 위해 싸웠다. 하나님의 영 안에 사는 사람은 악과 불의에 대해서 중립적인 태도를 취할 수 없다. 이들은 정의와 평화가 깃든 새 사회를 위하여 기도하고 희생하며 투쟁하게 된다. 진리의 영을 따르는 삶은 착취와 억압을 구조적으로 야기시키는 모든 사회제도를 근본적으로 변혁하여 정의, 평등, 자유, 평화가 깃드는 사회를 위하여 노력한다. 하나님의 영을 받은 자는 마음이 상한 자들을 치유하고, 가난한 사람에게 복음을 선포한다. 성령은 새 사람, 새 관계, 새 정치를 창조한다. 성령은 불의한 역사의 한복판에서 정의를 세운다.

성령은 신약 시대에서도 사역하셨다. 성령은 무엇보다도 예수 그리스도의 탄생(마 1:18), 세례(마 3:16~17), 시험(마 4:1) 그리고 선교의 역사에서 활동하셨다. 예수는 그의 제자들에게 성령을 받을 것을 약속하셨고, 예수는 약속대로 오순절에 성령을 보내셨다. 성령은 그리스도의 영, 하나님의 영으로서 그리스도를 현재화하면서 오늘의 역사 속에서 활동하신다. 성령은 그리스도의 모든 사건과 말씀을 새롭게 이해하게 한다. 성령은 그리스도를 믿는 자들의 모임에서 그리스도를 만나게 한다.

성령은 바울을 비롯한 312년 콘스탄티누스 로마 황제의 꿈을 통해서, 아우구스티누스의 회개 사건, 루터와 칼뱅을 통한 복음의 재발견 사건, 웨슬리의 회심 사건 등을 통해서 역사하셨다. 예수 그리스도의 사건을 구체화시키고 현실화시키는 것은 성령이다. 성령은 그리스도 안에서 일어난 구원의 사건을 현재화시킨다. 인간이 하나님을 만나게 될 때, 존재의 기반이 흔들리는 떨림, 두려움, 경외감을 경험한다. 하나님의 영으로 거듭난 사람만이 역사의 수레바퀴를 돌릴 수 있다. 이러한 사람만이 복음의 진리를 증거하는 사역자가 될 수 있다. 성령은 창조적으로 역사하고 시대마다 다양한 형식으로 나타난다. 그러므로 오순절 다락방에서 나타난 그러한 성령의 역사를 기계적인 방식으로, 똑같이 나타날 것을 기대할 필요는 없다. 성령체험 현상이 중요한 것이 아니다. 성령체험의 핵심은 예수 그리스도의 십자가와 부활 사건을 체험하는 것이다. 성령체험에서 나타나는 황홀감, 환희, 열정, 입신, 감격 등은 우리의 옛 인간성이 십자가상에서 죽고 부활의 새 생명으로 중생하는 본질적인 것에 비하면 부수적인 현상에 지나지 않는다.

1) 성령은 그리스도의 말씀을 가르치고 생각나게 하신다

성령은 그의 백성들을 가르치시고 조명해서 그들로 하여금 이해하게 만드신다. 요한복음 14:26은 "보혜사 곧 아버지께서 내 이름으로 보내실 성령 그가 너희에게 모든 것을 가르치고 내가 너희에게 말한 모든 것을 생각나게 하리라."고 말한다. 여기서 우리는 예수 그리스도께서 이미 가르치신 것을 생각나게 하시는 성령의 사역을 보게 된다. 성령은 우리에게 모든 것을 가르치신다.(요 16:13) 성령이 직접 가르치실 때까지 우리는 결코 진리를 알지 못할 것이다. 성령은 우리를 "모든 진리 가운데로 인도하신다."(요 16:13) 성령은 모든 것 곧 하나님의 깊은 것까지도 통달하신다.(고전 2:10)

성서 전체는 성령의 감동을 입은 사람들이 하나님께 받아 말한 것이다.(마 22:43, 행 1:16, 4:25, 28:25, 벧후 1:21)[31] 성령은 하나님의 실존의 증거를 제시한다. 성령이 사람들에게 임해서 그들이 놀랍고 즉흥적인 방법으로 하나님을 찬양하며 방언을 말하기 시작했을 때, 성령은 그의 실존을 확실하게 나타내셨다. "성령은 친히 우리의 영과 더불어 우리가 하나님의 자녀인 것을 증언하시며," (롬 8:16) "아빠 아버지"라고 부르게 하신다.(갈 4:6) 때로는 복음을 전할 때 하나님의 실존을 강하게 증거하는 기적과 이적을 행하기도 하신다.(히 2:4, Cf. 롬

---

31 A. W. Tozer, 「이것이 성령님이다」, p.38.

15:19, 고전 2:4)

뿐만 아니라 성령은 하나님의 백성을 지도하고 인도하신다. 성령은 예수님이 시험을 받으시는 동안에 그를 인도하셨다.(마 4:1, 눅 4:1) 성령의 인도하심이 너무 강해서 마가는 "성령이 곧 예수를 광야로 몰아내신지라"(막 1:12)고까지 표현하였다. 인도하심에 있어서 훨씬 더 직접적이고 분명한 사건들도 있다. 그것은 성령께서 사람을 한 곳에서 다른 곳으로 이동시키신 사건이다. "주의 영이 빌립을 이끌어 간지라."(행 8:39) 이 같은 예들은 여러 성서에서 찾아 볼 수 있다.(왕상 18:12, 왕하 2:16, 겔 11:1, 37:1, 43:5) 성령은 그의 실존을 나타내실 때 하나님과 같은 분위기를 제공하신다. 성령은 거룩한 영이기 때문에 그의 영향력이 행사되는 곳에서는 하나님의 성격이나 환경이 형성된다. 성령의 임재는 사랑의 분위기를 창출하고(롬 5:5, 골 1:8) 죄와 깨달음이나 의, 그리고 심판이 임하도록 하신다.(요 16:8~11)

성령은 우리로 하여금 하나님의 은혜를 인식하게 한다. 우리는 성령을 통하여 하나님의 은사를 하나님의 사랑을 알게 된다. 또한 성령은 하나님 앞에 있는 참인간의 모습과 인간의 무능력을 인식하게 한다. 성령은 우리로 하여금 예수가 우리의 구원자요 살아 계신 하나님의 아들이심을 깨닫고 믿게 한다.(마 16:16~17, 고전 12:3)

2) 성령은 하나님과 사람들을 화해시킨다

성령은 믿는 사람들의 마음속에서 "아빠, 아버지"라고 부르게 하고(롬 8:15, 갈 4:6), 하나님과의 화해와 더불어 사귐을 갖게 한다. 성령은 예수님과 우리 사이에 생명의 친교를 열어 놓았다. 성령과 교제하는 것은 우리가 하나님의 사랑과 그리스도의 인내에 들어가는 것이다. "성령이 너희 마음을 인도하여 하나님의 사랑과 그리스도의 인내에 들어가게 하시기를 원하노라."(살후 3:5) "성령이 우리 연약함을 도우시나니… 우리를 위하여 친히 간구하시느니라."(롬 8:6) 하나님과 예수 그리스도와의 교통은 성령을 통하여 이루어진다. 성령은 그리스도와 신앙인들을 연합시키며, 그 때 거기에서와 지금 여기에서의 사이를 이어준다. 성령은 그리스도 안에서 구원자 하나님과 창조주 하나님을 보게 한다. 성령은 옛 것에서부터 새 것으로, 죄와 죽음의 세력으로부터 하나님과 이웃과의 교제 속의 새로운 삶으로 변화시킨다. 성령은 그리스도와 사귐을 통해서 하나님 아버지의 뜻과 사랑을 알게 하고, 하나님과의 사귐을 창조한다. 하나님을 인식하고 그와 사귈 수 있는 기적은 성령의 역사로써 일어난다. 하나님의 깊은 신비의 비밀을 인지하는 것은 신학자의 지성이 아니라 성령의 역사다. 우리는 성령의 교통을 통하여 하나님의 축복을 받고, 우리의 소원을 하나님께 전한다. 따라서 성령과의 사귐이 없이 신령한 생활을 할 수 없고, 신령한 생활 없이 능력 있는 신앙을 가질 수 없다.

초대 교회는 성령의 교제로 뜨거워졌다. 성령과의 교제를 위해서 성령을 의지하는 심령을 가져야 한다. 복음 사업은 성령과의 동업사업이다. 성령과의 교제가 없이, 성령의 충만함 없이 인간적인 힘과 지혜로 복음사업을 하는 것은 불가능하다. 베드로는 성령과 동업하여 이방인 백부장 '고넬료'의 가정을 구원하였다.(행 10장) 복음을 증거하는 데 있어서 절대적인 주권자는 성령이다. 오늘날의 복음사역은 인간적인 계획과 프로그램으로 가득 차 있다. 복음사역은 성령과 동업하지 않고서는 불가능하다. 성령과의 교제와 소통이 없는 것은 하나님의 구원의 섭리를 거스르는 것이다. 따라서 성령과의 교제는 교회에서 반드시 필요하다.

3) 성령은 하나님의 구원의 역사를 수행하신다

성령의 가장 본질적인 활동은 예수 그리스도와 함께 시작한 하나님의 새로운 창조를 수행함으로써 그리스도의 구원을 완성하며 하나님을 영광스럽게 하는 데 있다. 성령의 가장 중요한 활동은 과거에 오신 그리스도를 그의 말씀 가운데에서 오늘 우리에게 현재화시키는 데에 있다. 성령은 그리스도 안에서 과거에 객관적으로 일어난 하나님의 구원의 계시를 오늘 우리의 삶 속에서 주관적 사건으로 현재화시킨다. 성령의 활동으로 말미암아 과거에 일어난 예수 그리스도의 구원의 사건이 오늘 여기에서 나를 위한 사건으로 체험된다. 성령은 2000년 전에 일어난 그리스도의 사건이 모든 인류를 위한 현재적 사건이 되게 한다. 즉 성령의 사역은 그리스도의 사건을 지속적으로 집행하는 것이다.[32] 이와 같이 과거에 일어난 인간의 죄의 용서, 인간의 구원, 하나님과 인간의 화해

---

32 G. Ebeling, *Dogmatik des christlichen Glaubens*, III, p.69.

의 사건을 오늘 내 자신을 위한 사건이 되게 하는 것이 성령의 가장 중요한 사역이라 할 수 있다.[33] 성령은 그리스도의 사건을 깨닫게 하고, 믿음을 일으키고, 그리스도의 사건을 집행한다.

4) 성령은 특별한 일을 위하여 능력을 주신다

구약에서 성령은 종종 특별한 일을 위하여 능력을 주셨다. 여호수아에게 지도자로서의 기술과 지혜를 주셨다. 사사들에게 능력을 주셔서 이스라엘 백성을 압박에서 구하였다. 신약에서 성령은 예수의 사역과 제자들의 사역에 역사하셨다. 또한 신자들의 봉사를 위해 능력을 베푸신다. 성령은 우리의 반응에 따라 하나님의 축복과 실존의 증거를 때로는 약하게 때로는 강하게 주신다. 삼손의 경우 성령이 삼손에게 여러 번 강하게 임하였지만(삿 13:25, 14:6, 19, 15:14) 그가 계속 죄를 짓자 성령은 그를 떠났다.(삿 16:29) 사울이 계속 불순종했을 때에도 성령은 그를 떠났고(삼상 16:14), 이스라엘 백성들이 거역해서 성령을 근심케 했을 때에도 성령은 그들에게 등을 돌리셨다.(사 63:10) 아나니아와 삽비라는 성령을 속이고 땅 값 얼마를 감추었다가 죽음을 보게 되었다.(행 5:1~11) 이 모든 것들은 우리가 성령을 근심케 하거나 거스르지 않도록 조심해야 할 것을 보여준다. 반면에 하나님을 기쁘시게 하는 행동을 하며 살면 성령은 우리에게 커다란 축복을 주신다. 따라서 우리는 성령의 인도하심을 따라 행해야 하며, 우리의 마음을 성령의 일들에 두어야 한다.

성령은 본질적으로 사랑의 영이다. 아무리 거룩해 보이고 신통한 기적을 행한다 할지라도 그리스도의 사랑이 그 사람에게서 나타나지 않으면 그가 참 성령을 받았다고 할 수 없다. 성령의 경험은 하나님의 사랑을 받음에 대한 경험인 동시에 하나님과 이웃과 모든 피조물들을 사랑할 수 있음에 대한 경험이다. 그러므로 성령을 받은 사람은 자기를 포기하고 하나님과 이웃과 모든 피조물을 사랑하는 사람으로 변화된다.

5) 성령은 복음을 선포하게 하신다

예수는 그의 제자들에게 선교를 명하셨다. "너희는 가서 모든 민족을 제자로

---

33 김균진, 「기독교조직신학」, III, p.37, 39.

삼아 아버지와 아들과 성령의 이름으로 세례를 베풀고 내가 너희에게 분부한 모든 것을 가르쳐 지키게 하라."(마 28:19~20) 그리고 "볼지어다 내가 아버지께서 약속하신 것을 너희에게 보내리니 너희는 위로부터 능력으로 입혀질 때까지 이 성에 머물라."(눅 24:49)는 말씀과 "성령이 너희에게 임하시면 너희가 권능을 받고 예루살렘과 온 유대와 사마리아와 땅 끝까지 이르러 내 증인이 되리라"(행 1:8)는 말씀을 통해 복음이 성령의 능력으로 선포된다는 것을 지시한다. 성령의 충만함을 받은 사도들은(행 2:4, 7:55) "큰 권능으로"(행 4:33) "능력과 성령과 큰 확신"(살전 1:5)을 가지고 복음을 선포했다. 성령은 그리스도를 증거하신다. 요한복음 15:26은 "내가 아버지께로부터 너희에게 보낼 보혜사 곧 아버지께로부터 나오시는 진리의 성령이 오실 때에 그가 나를 증언하실 것이요."라고 말한다.

언급된 성서 구절에서 보듯이 성령은 선교 운동의 결정적 동력이 된다. 성령의 사역 없이는 선교할 수 없다. 성령의 영감과 능력 없이는 선교인들의 메시지는 효과가 없다. 부활사건은 선교의 메시지를 제공했고, 성령은 그 메시지를 전달하는 원동력이 되었다. 역사적으로 교회의 선교 사역의 주역은 성령이었다.

성령은 우리를 선택하시고 구체적인 사역지로 인도하신다. 사도행전 13:2~4은 이러한 사실을 말해주고 있다. "성령이 이르시되 내가 불러 시키는 일을 위하여 바나바와 사울을 따로 세우라 하시니 이에 금식하며 기도하고 두 사람에게 안수하여 보내니라 두 사람이 성령의 보내심을 받아 실루기아에 내려가서 거기서 배타고 구브로에 가서." 성령은 일상의 삶 속에서 가야 할 곳과 가지 말아야 할 곳, 해야 할 일과 하지 말아야 할 일에 대해 구체적으로 인도하신다. 사도행전 8:27~29은 빌립을 구체적인 사역으로 부르시고 그곳으로 인도하는 성령의 모습을 보여준다.

우리가 예수 그리스도에 관한 살아 있는 지식에 이르게 되는 것은 성령이 우리 마음에 직접 증언하심을 통해서만 가능하다.(참조 고전 12:3) 우리의 증언과 성서의 증언을 성령이 친히 증거하지 않는다면 청중들은 믿지 않을 것이다. 그리스도인의 사역은 인간의 천부적 재능과 능력에 의해 이루어지는 것이 아니라 성령의 능력에 의해 이루어진다. 우리가 할 일은 성령이 사역하시도록 우리 자신을 성령께 맡기는 것뿐이다. 성령은 그의 뜻대로 우리에게 은사를 베푸시고 우리를 사용하신다. 모든 교회는 성령의 능력 안에서만 인간의 자유와 구원을 위해 일할 수 있다. 따라서 교회는 성령의 역사와 능력을 늘 새롭게 기대하고 간구해야 한다.

하나님의 은혜는 값없이 주어지지만, 값싼 것은 아니다. 우리는 헌신적으로 봉사하도록 부름을 받았다.[34] 그리스도인의 소명은 세상에서 하나님의 선교를 위해 동역자가 되도록 부름을 받는 것이다. "그리스도인의 소명은 해방적인 화해의 사역이며, 정의가 실현되고 자유와 사랑이 넘쳐나고, 예수 그리스도에 기반을 두며 성령에 의해 능력을 받고, 삼위일체 하나님과의 영원한 교제 속에 참여하도록 운명 지어진 새로운 공동체 안으로 모든 이들을 초대하는 부름이다."[35] 그리스도교인의 삶은 죄의 용서를 받아들이며, 하나님과의 관계 속에서 사랑을 실현하며 다가올 새로운 공동체를 위해 하나님의 선교에 참여하는 소명이다.

6) 성령은 교회를 그리스도의 몸이 되게 한다

교회는 성령으로 채워져 있고, 성령이 활동하는 곳이다. 교회는 성령의 피조물이며,[36] 성령은 교회의 생명의 원천이고 존립기초이다. 성령은 믿는 자들로 하여금 사귐과 공동체를 형성하게 한다. 한 몸에 속하게 하여, 모두가 내 형제자매라는 유기적 통일성을 이루게 한다. 성령이 삼위일체 안에서 아버지와 아들 사이에 사랑과 우정의 결속이듯이 성령은 우리를 그리스도와 서로 연합시키는 능력이다. 이전의 원수까지 연합시키는 새로운 공동체의 능력이다. 우리는 그리스도 안에서 그리고 성령의 능력으로 하나의 공동체이며, 한 몸의 지체들로서 서로가 서로에게 의존되어 있다. 모든 사람이 다 그리스도 안에서 하나이다.(갈 3:28) 성령은 우리로 하나가 되게 하신다. 오순절 때 성령은 교회인 새로운 공동체를 만드셨고 이 공동체는 하나됨을 이루었다.(행 2:44~47) 바울은 그리스도인으로서 그들이 가져야 할 하나 됨을 상기시키면서 "평안의 매는 줄로 성령이 하나 되게 하신 것을 힘써 지키라"(엡 4:3)라고 권면하였다.

---

34 D. Bonhoeffer, *The Cost of Discipleship* (London: SCM Press, 1959), p.45.
35 Daniel L. Migliore, 「조직신학입문」, p.281.
36 교회는 성령의 전이다.(고전 6:19)

7) 성령은 인간을 거듭나게 하신다

성령은 죄를 인식하고 회개하게 한다. 요한복음 16:8은 "그가 와서 죄에 대하여, 의에 대하여, 심판에 대하여 세상을 책망하시리라."고 말한다. 성령은 죄에 대해 사람을 책망하시는 것, 즉 깊은 죄책감을 느끼게 할 뿐 아니라 죄에 대해 자신의 잘못을 깨닫게 하신다. 인간은 죄를 깨닫게 할 수 없지만 성령은 완악하고 눈먼 인간의 죄를 깨닫게 하신다. 성령 안에 현존하는 하나님은 우리 자신의 죄 된 모습을 보게 한다. 죄의 인식은 성령의 활동으로부터 오는 것이다.

성령은 사람을 회개에 이르게 하여 거듭나게 하신다. 예수님은 "사람이 물과 성령으로 나지 아니하면 하나님의 나라에 들어갈 수 없느니라"(요 3:5)고 말한다. 이 구절에서 우리는 사람을 거듭나게 하거나 새롭게 만드는 것은 성령이라는 사실을 알게 된다. 오직 성령으로만 우리는 "사랑과 희락과 화평과 오래 참음과 자비와 양선과 충성과 온유와 절제"(갈 5:22~23)의 열매를 맺을 수 있다. 성령은 죽은 자를 부활시키는 권능을 가지고 계신다. 도덕적으로 죽고 썩은 자들에게 생명을 나누어 주시는 능력을 가지고 계신다. 성령은 영으로 거듭난 자 안에 거하신다.(고전 3:16) 오직 성령으로 말미암아 속사람이 강건하게 된다.(엡 3:16) 하나님의 영으로 인도함을 받는 사람이 하나님의 아들이 된다.(롬 8:14) 뿐만 아니라 성령은 우리가 하나님의 자녀인 것을 증거하신다.(롬 8:16)

성령은 우리로 하여금 거듭나게 하시고 생명을 주신다. 그리스도께서는 "살리는 것은 영이니 육은 무익하니라 내가 너희에게 이른 말은 영이요 생명이라"(요 6:63)고 말씀하셨다. 이와 유사한 구절들을 로마서 8:11과 창세기 2:7에서도 찾아볼 수 있다.

교회는 성령의 역사 안에서 살아간다. 교회는 성령의 역사를 통하여 새롭게 갱신될 수 있으며, 교회는 성령의 능력 안에서 인간과 사회, 전 피조물의 자유와 해방을 위하여 기도하고 헌신할 수 있다. 교회가 성령의 역사를 통해서 거듭날 때, 그 교회는 하나님을 영화롭게 하고 이 땅에서 하나님의 뜻을 실현할 수 있다.

8) 성령은 우리의 삶을 거룩하게 한다

성령은 성화의 은총을 경험하게 한다. 우리가 육신의 행실을 죽이고 거룩함에 이르도록 하는 것은 성령에 의해서이다.(롬 8:13) 성령은 자기를 포기하고, 하나님과 이웃과 모든 피조물을 사랑하는 사람으로 변화하게 한다. 성령은 "음행, 더러운 것, 호색, 우상 숭배, 주술, 원수 맺는 것, 분쟁, 시기, 분냄, 당 짓는 것, 분열함, 이단, 투기, 술 취함, 방탕함"(갈 5:19~21)을 버리고, "사랑, 희락, 화평, 오래 참음, 자비, 양선, 충성, 온유, 절제의 열매를 맺게 하신다.(갈 5:22~23)

그리스도교인의 삶은 칭의와 더불어 시작된다. 칭의는 믿음에 의해서 받게 되는 죄에 대한 용서다.(롬 3:23~28) 우리는 믿음을 통한 은혜에 의해서 의롭게 된다.[37] "믿음을 통한 은혜에 의한 칭의가 그리스도교인의 삶의 기반이라면 성화는 그리스도교인의 사랑에 있어서 성장의 과정이다."[38] 성화는 우리의 삶 속에서 그리스도의 이미지를 닮는 것을 말한다. 이 그리스도를 닮는 본질적인 표시는 값없이 자신을 내어주고 다른 사람을 사랑하는 아가페(agape)이다. 성화는 그리스도의 이미지를 닮아야 한다는 인간의 과제도 있지만 또한 하나님의 선물이다. 그러나 성화를 우리가 하는 것으로 생각하는 것은 잘못이다. 성화는 본질적으로 성령의 역사에 의한 것이다.

9) 성령은 신자들의 마음을 움직여 기도와 감사는 물론 예배를 드리도록 인도하신다

성령은 우리에게 기도하는 것을 가르치실 뿐 아니라 감사를 표현하도록 가르치신다. "성령은 말할 수 없는 탄식으로 우리를 위하여 친히 간구하신다."(롬 8:26) 성령 충만한 삶의 가장 뚜렷한 특성 중의 하나가 감사이다. 우리는 신자들이 성령으로 충만해질 때 언제나 감사와 찬양으로 가득 차 있는 것을 보게 된다. 하나님이 받으실 만한 진정한 예배는 성령이 이끄시는 예배 외에는 없다. "아버지께 참되게 예배하는 자들은 영과 진리로 예배할 때가 오나니 곧 이때라 아버지께서는 자기에게 이렇게 예배하는 자들을 찾으시느니라 하나님은 영이시니 예배하는 자가 영과 진리로 예배할지니라."(요 4:23~24)

---

37 P. Tillich, *The Shaking of the Foundations* (New York: Scribner's, 1948), p.162.
38 Daniel L. Migliore, 「조직신학입문」, p.272.

10) 성령은 교회에 풍성한 은사들을 선사한다

하나님은 자신의 영 안에서 세계를 창조, 보존, 유지, 갱신하시기 위해,[39] 은사를 선사하신다. 성령의 은사들(the gifts of the Spirit)[40]은 자신의 유익을 위해서가 아니라 모든 사람의 유익과 교회의 덕을 위해서 주어진다.(고전 12:7) 성령의 참된 은사는 소수가 자기 자신을 극대화하게 하는 것이 아니라 공동체를 형성한다. 성령의 은사들은 공동체 안에서 분열과 경쟁을 지양하고 공동의 선을 이룬다. 따라서 성령의 다양한 은사들은 훼손되어서는 안 되고, 서로 존중되어야 한다. 성령의 은사들 가운데 가장 중요한 은사는 믿음, 소망, 사랑이다. 이 가운데 제일은 사랑의 은사다.(고전 13:13)

11) 성령은 하나님의 새로운 세상에 대해서 신선한 비전을 갖게 한다[41]

성령은 예언을 하게 한다. 베드로후서 1:21은 이것을 말해준다. "예언은 언제든지 사람의 뜻으로 낸 것이 아니요 오직 성령의 감동함을 받은 사람들이 하나님께 받아 말한 것임이라." 사무엘하 23:2은 이렇게 표현하였다. "여호와의 영이 나를 통하여 말씀하심이여 그의 말씀이 내 혀에 있도다." 신앙은 이해할 수 없는 것을 믿는 것이다. 신앙은 하나님의 창조와 섭리를 믿는 것이다. 그러나 인간은 회의에 빠지기 쉽다. 성령은 회의와 유혹에 빠지려는 자에게 신앙을 불붙여 주고 또한 거룩한 사람이 되도록 도와준다. 성령은 이 세상을 떠나서가 아니라 이 세상에서 거룩한 삶을 이루도록 한다. 성령은 "내가 세상 끝날까지 너희와 항상 함께 있으리라"(마 28:20)고 말씀하시며 우리에게 위로와 희망을 준다.

성령 세례와
성령 충만

성령은 오순절 날 강림하셨다.(행 2:1~4) 오순절 날 120명이 성령 강림으로 성령체험을 하였다.[42] 성령체험은 하나님의 구

---

39 J. Moltmann, 「삼위일체와 하나님 나라」, p.28.
40 성령의 은사들을 위해 고전 12~14장을 보라.
41 Daniel L. Migliore, 「조직신학입문」, p.263~265.
42 "성령의 강림이 오순절 사건에서 영원히 단번에 끝났다고 주장하는 교리는 성서의 지지를 받지 못한다." A. W. Tozer, 「이것이 성령님이다」, p.108.

원의 경륜을 이루는 데 꼭 필요하다. 그리스도가 떠나지 않으면 보혜사가 우리에게 오지 않는다.(요 16:7) 육체적인 예수가 영적인 그리스도가 되시기 위해서 성령이 오셨다. 육체를 가지신 그리스도는 제한되어 있다. 성령은 시공의 제한을 받지 않는다. 시공의 제한을 받지 않는 것이 만인 구원에 유익하다. 성령은 급하고 강한 바람같은 소리로, 불의 혀같이 오셨다.(행 2:2~3) 신자들은 성령의 충만함을 받았고, 복음의 증인이 되었다. 그들은 가르침을 받아 모이기를 힘쓰고 떡을 떼며 사랑의 친교를 나누며, 기도에 힘쓰고, 전도를 시작하였다.(행 2:4f) 그 결과로 교회가 설립되었다.(행 2:42~47)

1) 성령 세례

성령론에서 전통적으로 성령 세례나 성령 충만은 크게 취급되지 않았다. 그러나 1901년에 시작된 오순절 운동과 함께 1960년대와 1970년대 성령 운동의 확산, 그리고 1970년부터 현재에 이르기까지 오순절 교회들의 급성장으로 성령 세례와 성령 충만에 대한 질문은 아주 중대한 질문이 되었다.[43] 오순절 계통의 그리스도인들은 성령 세례를 체험했고 그것이 그들의 삶에 엄청난 축복이 되었다고 말한다. 예수께서는 그의 제자들이 성령으로 세례를 받을 것(행 1:5)을 말씀하셨고, 실제로 그들은 오순절 날 성령의 충만함을 받았다.(행 2:1~4) 오순절 계통의 사람들은 성령 세례가 회심 이후에 따라오는 것으로 인지하였다.[44] '성령 세례'에 대한 교리는 오순절 교회의 중심 교리가 된다. 오순절 교회에 의하면 성령 세례는 중생과 구별된다. 중생이 성령으로 말미암아 거듭나는 '은혜의 1차적인 사역'이라면 성령 세례는 성령의 능력으로 복음증거와 봉사를 위해 권능을 받는 '은혜의 2차적 사역'이다. 이들에게 성령 세례는 성령으로 거듭난 후, 주의 복음을 증거하고 주의 사업에 헌신하기 위한 성령의 능력을 경험하는 것이다.[45] 이들에게 성령의 부여는 성령 세례로, 성령의 권능의 부여는 성령 충만으로 이해된다.[46]

신약 성서에 성령 세례에 대한 구절이 있다. "…그는 성령과 불로 너희에게

---

43 자세한 진술은 Wayne Grudem, 「조직신학」 중, p.421~449를 보라.
44 Ralph M. Riggs, *The Spirit Himself* (Springfield, MO: Gospel Publishing House, 1949), p.47; Anthony Hoekema, *What about Tongue-Speaking?* (Grand Rapids, MI: Eerdmans, 1966), p.53.
45 Carl Brumback, *A Sound from Heaven* (Springfield, MO: Gospel Pub. House, 1961), p.358~359; Frederick Dale Bruner, *A Theology of the Holy Spirit* (Grand Rapids: W. B. Eerdmans Pub. Co, 1970), p.92.
46 Myer Pearlman, *Knowing the Doctrine of the Bible* (Springfield, Mo.: Gospel Publishing House, 1937), p.309~310.

세례를 주실 것이요."(마 3:11) "나는 너희에게 불로 세례를 베풀었거니와 그는 너희에게 성령으로 세례를 베푸시리라."(막 1:8) 이와 유사한 구절을 눅 3:16, 요 1:33, 행 1:5, 11:16에서도 찾아볼 수 있다. 위의 구절과는 다르게 고전 12:13은 이렇게 말하고 있다. "우리가 유대인이나 헬라인이나 종이나 자유인이나 다 한 성령으로 세례를 받아 한 몸이 되었고 또 다 한 성령을 마시게 하셨느니라." 고전 12:13은 상기된 구절과 다른 점이 있다. 고전 12:13에서 세례를 베푸시는 이는 예수님이 아닌 성령이시다. 여기서 제시된 성령 세례는 모든 교인들이 그리스도의 몸의 지체가 될 때에 성령 세례를 받았다는 것을 의미한다. 이와 같은 이해는 성령 세례가 회심과 같은 순간이 아닌 그 이후의 사건이라고 주장하는 오순절파의 입장과는 다른 것이다. "다 한 성령으로 세례를 받아 한 몸이 되었다"는 것은 성령 세례에 대한 이해를 새롭게 제시한다. 성령 세례는 성령께서 우리에게 새로운 영적 삶을 주시고 우리를 깨끗하게 하시고 죄에 대한 애착과 죄의 권세를 깨트리게 하시는 신앙생활의 처음에 일어나는 성령의 역사를 의미한다. 이렇게 보면 제자들이 회심한 후에 성령을 체험한 것은 사실이지만 이는 그들이 역사의 독특한 시점에 있었기 때문이다.[47] 따라서 이 사건은 우리가 따라가야 할 모형이라고 말할 수 없다. 그러나 우리는 고린도 교인들과 같이 "한 성령으로 세례를 받아 한 몸이 되었다." 따라서 성령 세례는 성령의 능력이 임하심을 묘사한 어귀로서 제자들을 위해서는 오순절 날 일어났고, 고린도 교인들과 우리를 위해서는 회심의 순간에 발생한 사건으로 이해될 수 있다. 따라서 성령 세례는 회심 이후 성령의 능력 부어주심을 나타내주는 사건은 아니다.

여기서 기억해 두어야 할 사항이 있다. 그것은 거듭날 그 당시에 바로 성령 세례를 받을 수 있다는 것이다. 성령을 받는 것은 그리스도를 구주로 믿을 때 동시에 일어난다.(롬 8:1) 우리는 그 경우를 고넬료의 집에서 일어난 사건에서 찾아볼 수 있다. 고넬료의 기사는 우리에게 믿고 거듭난 바로 그 순간에도 성령 세례를 받는다는 것을 보여준다.(행 10:4~45) 토레이(R. A. Torrey)는 오늘날

---

47 성령 세례는 거듭나는 역사와 전혀 다른 것으로 거듭난 이후에 덧붙여서 나타났다. 행 8:15~16은 이것을 분명히 밝혀 주고 있다. "그들이(베드로와 요한) 내려가서 그들을 위하여 성령 받기를 기도하니 이는 아직도 한 사람에게도 성령 내리신 일이 없고 오직 주 예수의 이름으로 세례만 받을 뿐이더라." 이 구절을 볼 때 성령 세례 받는 것과 거듭나는 것은 별 개의 문제임을 알 수 있다. 물론 거듭나면 구원받은 것이다. 거듭난 자에게는 누구나 성령이 그 심령에 내재하고 있다. 그러나 토레이에 의하면, 성령을 모시고 있는 그리스도인이라고 해서 누구나 다 성령의 은사나 성령 세례를 받는 것은 아니다. R. A. Torrey, *The Holy Spirit*, 심재원 옮김, 「성령론」(서울: 대한기독교서회, 1966), p.137.

에도 교회가 흠이 없는 정상적인 교회라면 사람들이 거듭나게 되자마자 성령 세례를 받을 수 있다고 본다.[48]

토레이는 자신도 성령 세례를 받아 변화된 그리스도인의 삶과 변화된 목회자의 삶을 살게 되었다고 고백하면서 오늘날에도 성령 세례를 받을 수 있다고 주장하였다.[49] 성령 세례는 역동적이고 충성스러운 예수 그리스도의 지체가 되게 하는 것이다.(참조 고전 12:13) 토레이는 오늘날 교회에도 거듭나서 구원을 받았지만 아직 성령 세례는 받지 못한 신자들이 있다고 지적하였다. 대부분의 그리스도인은 성령 세례를 받을 잠재력을 가지고 있음에도 불구하고 실제로는 성령 세례를 받지 못하고 있다.[50]

우리가 주목해야 할 사항이 있다. 그것은 성령 세례는 주님을 증거하는 일과 주의 사업에 봉사하는 일에 깊게 연관되어 있다는 것이다. 성령 세례의 근본 목적은 개인을 행복하게 만드는 데 있지 않고, 우리로 하여금 주님의 충성스러운 일꾼이 되게 하는 데 있다. 이 말은 우리가 성령 세례를 받더라도 행복하게 되지 않는다는 말이 아니다. 물론 성령 세례를 받은 사람은 마음과 삶 속에서 기쁨과 행복을 누린다. 그러나 성령 세례의 주된 목적은 우리 자신이 행복하기 위한 것이 아니라 우리를 하나님의 충성스러운 사역자로 만드는 데 있다. 토레이는 우리에게 주의를 준다. 많은 그리스도인들이 부흥회나 사경회 또는 세미나를 통해서 성령 세례를 받았다고 주장하면서 실제 교회에서 교회나 목사를 위하여 협력하는 일도 없고, 오히려 교회에 말썽거리가 되는 사람이 있다. 토레이는 이런 사람은 성령 세례를 받지 않은 것으로 본다. 왜냐하면 성령 세례는 언제나 그리스도를 증거하는 일과 하나님의 사업에 봉사하는 데 필요한 자격과 관련되어 있으며 또한 이 자격을 얻는 것이 중요한 목적이기 때문이다.[51]

누구든지 성령 세례를 받으면 권능을 받게 된다. 성령 세례를 받으면 전도의 특별한 능력을 받게 된다.(행 1:8) 여기서 주목해야 할 사항은 성령 세례를 받음으로써 얻게 되는 권능이 누구에게나 다 같은 모양으로 나타나는 것이 아니라는 것이다. 성령 세례를 받음으로써 얻게 되는 은사는 각기 부르심을 받은 일

---

48 R. A. Torrey, 「성령론」, p.137~138.
49 Ibid., p.128~129.
50 Ibid., p.140.
51 Ibid., p.141~143. 오순절주의자들은 성령 세례의 외적인 표적으로 방언을 주장한다. John Thomas Nichol, *Pentecostalism* (New York: Harper and Row, 1966), p.8; Ralph M. Riggs, *The Spirit Himself* (Springfield, MO: Gospel Publishing House, 1949), p.86.

의 종류에 따라 다르다. 많은 사람이 왜곡하는 것 가운데 하나가 방언이다. 오순절 계통의 사람들은 성서의 증거를 따라 성령 세례의 대표적인 외적 표지로서 방언을 말한다. 그러나 우리가 분명히 알 것은 방언은 성서에 나타난 대표적인 외적 표적일 뿐 방언이 곧 성령 세례와 동일시되는 것은 아니다. 방언이 성령 세례를 받는 표준이 될 수 없다. 그것은 단지 성령의 은사들 중의 하나일 뿐이다. 성령은 그의 뜻대로 다양한 은사를 주시기 때문에 성령 세례를 받은 사람이 반드시 모두 방언을 하는 것은 성서적이 아니다. 방언 말하는 것이 성령 세례를 받은 사람의 필연적인 은사라는 것과 누구든지 방언을 말하지 못하는 사람은 성령 세례를 받지 못한 사람이라는 것은 비성서적이요 반성서적이다.[52]

성령 세례를 받으면 다 방언을 하게 된다는 오해와 더불어 누구든지 성령 세례를 받으면 전도자로서의 은사를 가지게 된다는 오해도 있다. 이런 오해는 부작용을 가져 온다. 예컨대, 성령 세례를 받았을지라도 하나님이 그를 전도자로 부르지 않았을 경우 그는 성령 세례를 받지 못한 것으로 의심하고 당황하고 실망하는 것이다. 성령 세례의 결과는 언제나 전도자로서의 권능을 얻는 것이 아니다. 우리에게 특별한 은사를 주시는 분은 성령이다. 고전 12:11에서 우리가 알아야 하는 것은 성령이 우리에게 주실 은사를 택하시고 그 택하신 사역을 감당할 수 있게 하신다는 것이다. 오늘날 많은 그리스도인들이 이 점에 대해서 곡해하고 있다. 어떤 이들은 특별한 은사(방언, 신유 등)를 자신이 정해놓고 그 은사를 달라고 성령에게 지시하는 태도를 취한다. 우리는 어떤 은사를 주셔야 한다고 성령께 지시하거나 명령할 수 없다. 다만 우리가 할 일은 모든 것을 성령께 맡기고 성령이 우리를 이용하실 수 있도록 우리를 비우는 일이다.

성령체험은 그리스도가 우리의 삶의 중심 또는 주인이 되는 체험이다. 우리는 성령 세례에 의하여 그리스도에게 속한다. 하나님의 신실한 자녀가 된다. 성령 세례의 본질은 그리스도와의 내적인 연합이다. 성령 세례를 통하여 예수 그리스도가 내 안에 들어온다. 신비하고 놀라운 체험이 없이도 우리는 성령의 역사에 의하여 그리스도와 연합할 수 있다.

---

52 R. A. Torrey, 「성령론」, p.143.

2) 성령 충만

성서는 "오직 성령으로 충만함을 받으라"(엡 5:18)고 하였다. 성령 충만은 그리스도인들이 계속적으로 경험해야 하는 것이다. 성령 충만이란 무엇인가? 우리는 사도행전에서 반복되는 성령 충만의 예들을 자주 볼 수 있다.(행 2:4, 4:8, 31) 그러므로 성령 충만은 단회적인 것이 아니라 신앙생활을 하면서 계속해서 체험하는 것이라고 볼 수밖에 없다. 그것은 어떤 특별한 사역을 위해서 순간적으로 능력을 받는 것을 의미할 수도 있고(행 4:8, 7:55), 한 개인의 삶 속에 나타난 장기적인 특징을 의미할 수도 있다.(행 6:3, 11:24) 이 같은 성령 충만은 한 사람의 생애 가운데 여러 번 나타날 수 있다.

여기서 주목해야 하는 것은 성령 충만이 언제나 방언을 말하게 되는 것은 아니라는 것이다. 성서를 보면 성령 충만함이 방언 말하는 것으로 귀결되지 않은 경우가 있음을 보여준다.(눅 1:41~45, 67~79, 4:1f, 14, 행 4:31, 6:3, 7:55, 11:24) 성령 충만은 방언을 동반하는 경우도 있고, 그렇지 않은 경우도 있다. 실제로 많은 그리스도인들이 방언이 동반되지 않은 채 성령 충만함을 경험하였다.

단 한 번 일어나는 성령 세례와는 달리 성령 충만은 거듭, 새롭게 생명과 능력으로써 그리스도가 완전히 지배하는 것을 의미한다. 오순절주의자들은 성령 세례를 일회적인 것으로서 성령 충만의 시작이며, 성령 충만은 성령 세례 이후 지속적으로 반복되는 것으로서 성도의 성화(聖化)를 돕는 것으로 본다. 이들에게 성령 충만은 중생 이후 신앙생활하는 도중에 성령의 비상(非常)한 은혜를 받는 것이다. 성령이 충만하다는 것은 영적인 사람 또는 성령의 열매를 나타내는 사람들의 일상적인 생활을 의미한다.[53] 믿는 자들이 성령 충만하다고 할 때 무엇보다도 그들의 삶은 그리스도께 영광을 돌리는 삶이 되어야 하고, 성령의 열매를 맺는 삶이 되어야 한다. 성령 세례를 받은 사람이 항상 그리스도의 생명과 말씀의 능력 안에서 완전히 살고 행동하는 것은 아니다. 성령 충만은 성령 세례를 받은 자의 마음이 거듭 새롭게 그리스도의 생명과 은혜로 완전히 채워지는 것을 의미한다.[54] 성령의 충만함을 받으면 성도의 생활이 풍성하게 되고, 사명감당의 능력을 얻게 된다.(행 2:1~13)

---

53 Myer Pearlman, *Knowing the Doctrine of the Bible*, p.316.
54 성령 세례에 대한 자세한 사항을 위해서 R. A. Torrey, 「성령의 인격과 사역 · 성령론 설교」, p.140~202를 참조하라.

일반적으로 교리적인 측면에서 볼 때 오순절 교회가 중생 이후 성령 세례를 강조하는 데 반하여 감리교회는 중생 이후 성화의 길을 강조한다. 그리고 감리교회는 오순절 교회와 같이 성령 세례와 성령 충만을 엄밀하게 구별하지 않는다. 왜냐하면 선행은총으로부터 시작하여 칭의, 중생, 성화, 영화에 이르는 모든 구원의 과정이 모두 성령의 사역에 해당되기 때문이다. 성령 세례나 성령 충만 모두 성령의 한 사역을 말하는 것이다. 감리교인들은 오순절 교회처럼 성령 세례와 성령 충만을 구분하지 아니한다 할지라도 그 신학적 의미를 살려서 날마다 우리의 구원을 이루어 나가고자 한다. 우리가 성령 세례와 성령 충만을 이야기할 때 언제나 귀착해야 할 목표는 바로 완전성화에 있다.

우리가 성령 충만하게 되면 많은 변화를 보이게 된다. 첫째, 말의 변화(방언)가 있게 된다.(행 2:4) 둘째, 전도의 열매를 맺는다. 베드로가 설교할 때 3천 명이 세례를 받았다.(행 2:41) 셋째, 병자를 고친다. 베드로와 요한이 나면서부터 못 걷게 된 사람을 걷게 하였다.(행 3:6~10) 넷째, 담대한 태도를 보인다. 베드로와 요한이 관리들과 장로들과 서기관들이 모인 공회에서 "무슨 권세와 누구의 이름으로 이 일을 행하였느냐"(행 4:7)는 질문에 답하여 담대하게 복음을 전하였다.(행 4:8~12) 다섯째, 순교를 할 수 있다. 성령 충만한 스데반은 순교하였다.(행 7:54~60)

어떻게 성령 충만할 수 있을까? 성령 충만은 인간적인 세상적인 조건과 무관하다. 돈이나 인간의 어떤 소유나 지위로 받을 수가 없다. 성령 충만은 예루살렘을 떠나지 말고 성령을 기다리라는 그리스도의 분부하심에 순종함으로써(행 1:4~5) 받을 수 있다. 우리는 주님의 약속을 믿어야 한다. 주님은 우리에게 이렇게 말씀하셨다. "내 아버지께서 약속하신 것을 너희에게 보내리니 너희는 위로부터 능력으로 입혀질 때까지 이 성에 머물라."(눅 24:49) "성령은 성서의 진리를 받아들이지 않는 그리스도인들에게는 임하지 않으신다."[55] 성령 충만을 받기 위해 우리가 해야 할 일은 사도행전 5:32에 잘 나타나 있다. "우리는 이 일에 증인이요 '하나님이 자기에게 순종하는 사람들에게 주신 성령'도 그러하니라 하더라." 성령의 인도를 받으려면 무엇보다 자신을 성령님께 온전히 맡겨야 한다. 그 다음으로 순종하겠다는 자세를 가져야 한다.[56] 성령은 자신을 따

---

55 A. W. Tozer, 「이것이 성령님이다」, p.163.
56 Ibid., p.88, 171.

를 준비가 되어 있는 않는 자에게는 함께 하시지 않는다. 성령 충만을 받기 위해 우리가 해야 할 일은 순종과 더불어 성령 충만을 간구해야 한다.(눅 11:9~13) "구하라 그러면 너희에게 주실 것이요… 너희가 악할지라도 좋은 것을 자식에게 줄 줄 알거든 하물며 너희 하늘 아버지께서 구하는 자에게 성령을 주시지 않겠느냐?" '구하는 자에게 주시겠다'는 것이 그분이 정하신 순서이다. 성령으로 충만해지기 위해서는 성령 충만을 받겠다는 열망으로 가득해야 한다.[57] 신앙적 자만은 언제나 영적 생활의 적이다. 우리 영혼의 가장 큰 적수 중의 하나인 교만을 버리고, 말씀에 순종하여 모이기를 힘쓰며, 사모하는 마음으로 구하는 것이 필요하다.[58]

우리가 성령의 능력을 받지 못하는 이유들이 있다. 첫째, 광신적인 신앙에 대한 두려움 때문이다. 이런 종류의 두려움은 세련되고 교양 있다는 사람들에게서 특히 많이 발견된다. 세련되고 교양 있다는 사람들은 광신적인 신앙에 혐오감을 느낀다. 이런 사람들은 '성령의 능력'이라는 말만 들으면 시끄럽고 광신적이고 상스러운 사람들을 머리에 떠올리게 되며 따라서 성령의 능력을 사모하지 않게 된다. 그러나 이런 사람들은 성령은 광신(狂信)의 원인이 아니라 광신의 치료자라는 것을 기억해야 한다. 둘째, 성령의 능력이 없는 설교자에게서 계속해서 성령의 능력에 관한 설교를 듣기 때문이다. 성령이 없는 사람이 계속해서 성령에 대해 설교한다면 이것을 듣는 이의 마음은 굳어질 수밖에 없다. 성령 충만의 교리를 배워서 그것을 말로 정확히 전하는 사람이라고 해도 실제로는 그 사람 자신이 전혀 성령 충만하지 않을 수 있다. 이럴 때 청중은 성령의 능력이 없다는 것을 느끼고 냉랭한 마음으로 교회의 문을 나서게 된다.[59]

우리는 성령을 충만히 받아야 한다.(엡 5:18) 그리고 성령을 소멸하지 말아야 한다.(살전 5:19) 우리가 성령을 욕되게 할 때(히 10:29), 성령을 거스를 때(행 7:51), 성령을 근심케 할 때(엡 4:30) 성령은 소멸된다. 그러나 우리가 하나님께 영광을 돌릴 때(고전 6:19~20), 성령으로 하나가 될 때(엡 4:3), 성령은 더욱 충만하게 역사하신다.

---

57 Ibid., p.87, 96~98.
58 Ibid., p.101.
59 Ibid., p.113~115.

성령과 인간의 영

우리는 성령과 인간의 영을 같은 것으로 보려는 경향이 있다. 왜냐하면 하나님이 그의 숨(루아흐)을 인간의 코 안에 불어넣음으로써 인간이 살아 움직이는 존재가 되었고, 숨은 인간 안에서 생명의 힘 또는 기운으로서 작용하기 때문이다. 그러나 인간 안에서 생명의 힘으로 활동하는 하나님의 영은 인간에게 속한 것이 아니다. 그것은 인간으로부터 오는 것이 아니라 하나님으로부터 오는 것이다. 그것은 인간의 의도에 따라 지배할 수 있는 것이 아니라 하나님의 계획과 의도에 따라 움직인다. 하나님의 영은 인간이 통제할 수 없고 오히려 인간 자신이 통제를 당한다. 하나님의 영이 임하면 인간은 그 영에 이끌리어 활동한다. 삼손과 엘리야, 예수는 하나님의 영에 이끌리어 능력을 베풀었다. 따라서 하나님의 영은 하나님의 영이고 인간의 영은 인간의 영이다. 인간의 영이 하나님의 영으로 변하거나 하나님의 영이 인간의 영으로 변화되지도 않는다. 하나님의 영은 인간의 영과 엄격하게 구분된다.

그러나 하나님의 영은 인간 안에 활동하시고 계시다. 이것은 무엇을 의미하는가? 여기서 우리가 분명히 인식해야 하는 것은 인간의 영은 인간을 구원할 수 없으며 또한 이 세계를 구원할 수 없다는 것이다. 그러나 하나님의 영은 인간을 구원할 수 있으며 또한 이 세계를 구원할 수 있다. 인간의 영은 죄된 영이지만 하나님의 영은 거룩한 영으로 항상 죄된 인간의 영 앞에 있으며 인간의 영이 참으로 지향해야 할 바를 가르쳐 준다. 따라서 하나님의 영과 인간의 영은 혼동될 수 없다.

하나님이 그의 숨을 인간의 코 안에 불어넣음으로써 인간이 살아 움직이는 존재가 되었다는 창세기 2장의 기록은 인간의 영이 곧 하나님의 영이라는 것을 의미하는 것은 아니다. 왜냐하면 하나님이 그의 숨을 불어넣음으로써 인간이 살아 움직이게 된 것은 인간의 '영'일 뿐만 아니라 인간의 '육체'이기도 하기 때문이다. 하나님이 인간 안에 불어넣은 숨은 인간의 영으로 변신한 것이 아니라 영과 육을 포함한 인간 전체를 살아 움직이게 하는 생명의 힘이기 때문이다. 따라서 영의 힘이 약해지면 육의 힘도 약해지고, 육의 힘이 약해질 때 영의 힘도 약해지는 것이다. 이처럼 인간의 영과 육은 구분되지만 분리될 수 없이 서로 결합되어 있다. 그런데 여기서 주시해야 하는 사항이 있다. 하나님의 영은 인간의 영 안에 내재하는 것만이 아니라 인간의 영을 넘어서 존재한다. 즉 인간의 영 안에 있는 하나님의 영은 인간의 영으로 하여금 언제나 자기 자신을 초월하게 하는 힘으로서 활동한다. 그러므로 양자는 결코 동일시되지도 않으며 언제나 구분된다. 하나님의 영은 인간의 영의 자기초월의 내재적 원리가 아니다. 하나님의 영이 인간의 영 안에 있다는 것은 영원한 내재가 아니라 언제나 새로운 그의 '오심'으로써 이해되어야 한다. 그는 언제나 새롭게 오심으로써 인간의 영뿐만 아니라 그의 육까지 하나님의 새로운 미래를 향하여 개방시키는, 종말론적 힘이요 오시는 하나님의 한 인격이다. 그는 인간의 영에게만 오는 것이 아니라 인간의 육에게도 오며, 또한 모든 피조물 속에 오셨고, 오시고, 오실 분이다.

오늘의 성령운동

성령운동은 많은 위험성을 가지고 있지만 신앙과 교회의 삶에 있어서 없어서는 안 될 요소이다. 성령운동에 대해서 무조건 긍정적인 자세만 취할 수도 없지만 무조건 비판적인 자세를 취할 수도 없다. 성서는 광란적인 성령운동이나 신비체험을 권장한 일이 없다. 사도 바울은 광란적인 성령운동이나 신비체험과 이로 인한 무질서를 경고한다.(고전 14:40) 감정적으로 지나치게 고조된 성령운동이나 신비체험은 지성을 마비시키며, 지성이 마비된 신앙은 열광주의나 광신주의에 빠질 수 있다. 따라서 성령운동은 그리스도의 말씀과 그의 사건에 근거하여 이루어져야 한다. 그러기 위해서는 그리스도의 말씀을 정확하게 배우는 것이 필요하다. 성서는 그리스도의 말씀을 조직적으로 기록한 책이 아니다. 따라서 우리의 신앙이 맹목적인 신앙이 되지 않도록 하기 위하여 교리에 대한 연구가 병행되어야 한다. 성서와 교리에 대한 지적인 연구를 통하여 지성과 감성을 겸비한 신앙이 되도록 노력해야 한다.

많은 사람들이 성령의 뜨거운 체험과 신비한 체험을 하였다고 주장한다. 그러나 인간의 내적인 변화가 동반되지 않는 경우가 있다. 이럴 경우 성령체험과 신비체험은 종교적 가식과 위선이 되어 버리고, 하나님의 영광을 가리며 또한 선교의 길을 막아 버린다. 성령체험과 신비체험을 통해 신앙의 깊은 경지에 들어간 사람은 분명한 그리스도인의 영성(靈性)을 지녀야 한다. 그리스도인으로서 지녀야 할 영성은 어떠해야 하는가?

성령은 근본적으로 사랑의 영이다. 왜냐하면 삼위일체 하나님은 본질적으로 사랑이시기 때문이다.(요일 4:7~8) 그러므로 그리스도교의 모든 성령운동과 신비체험이 지향해야 할 영성은 사랑의 영성이어야 한다. 이 사랑은 무엇보다도 하나님을 사랑하고 이웃을 사랑하는 것이어야 한다. 더 나아가 자연과 세계를 사랑하여 그것들이 오염되거나 파괴되지 않도록 보호하고 보존해야 한다.

또한 그리스도교의 모든 성령운동과 신비체험이 지향해야 할 영성은 하나님 나라를 지향하는 영성이어야 한다. 예수 그리스도가 궁극적으로 추구한 것은 하나님 나라였다. 따라서 모든 그리스도인들은 이 하나님 나라를 향하여 부르심을 받은 사람들이다. 따라서 그리스도인들은 하나님 나라에 대한 소명의식과 파송의식을 지녀야 한다. 참으로 성령체험과 신비체험을 한 사람은 하나님의 의와 사랑과 평화와 기쁨이 넘치는 하나님 나라를 바라고 그 성취를 추구하지 않을 수 없다. 그들은 하나님 나라가 이 땅 위에서 이루어지기를 기다린다. 성령체험과 신비체험을 하였다고 하여 현실 세계를 무가치하고 무의미한 것으로 여기는 신앙은 올바른 신앙이 아니다. 예수님도 우리에게 "아버지의 뜻이 하늘에서와 같이 땅에서도 이루어지게 하소서"라고 매일 기도해야 한다고 가르치셨다. 따라서 우리는 성령체험과 신비체험을 통하여 하나님 나라에 대한 관심을 가지고 이 나라가 성취되도록 간구해야 한다.

마지막으로 그리스도교의 모든 성령운동과 신비체험이 지향해야 할 영성은 하나님에 대한 절대적인 신뢰에 근거해야 한다. 성령운동과 신비체험을 경험한 사람은 자신의 모든 삶과 온 세계의 운명이 결국 하나님의 섭리 안에 있음을 깨닫게 된다. 그러므로 그리스도교의 영성은 하나님에 대한 신뢰에 기반되어 있어야 한다. 이것은 현실 세계를 망각하거나 도피하여 소위 영계에 속한 사람이 되는 것이 아니라 그리스도의 뒤를 따르는 데 있어야 함을 의미한다. 우리가 참으로 그리스도를 따름으로써 사랑을 나누고 하나님 나라를 추구하게 된다. 따라서 그리스도교의 영성은 그리스도를 절대적으로 신뢰하고 그의 뒤를 따르는 것이어야 한다.

CHAPTER 10

종말론

10
CHAPTER 종말론

종말론의 역사와
신학적 기능

인생이 진지하게 숙고되는 곳에서는 그것이 어디로 와서 어디로 가는지에 대해 질문한다. 인류가 가는 목적이 무엇인가? 인류와 창조물에게 종말이 있는가? 하나님이 정하신 목표에 어떤 움직임이 있는가? 신학의 역사에 있어서 종말론(eschatology)은 일반적으로 세상의 마지막 때에 일어날 일들을 다루는 교리로 이해된다. 종말을 의미하는 '에스카토스'(Eschatos)는 장소를 말할 때에는 제일 낮은 곳을 의미하고, 시간을 말할 때에는 제일 끝 시간을 의미한다. 그리고 하나님 나라의 완성의 때를 의미하기도 한다.[1] 종말을 뜻하는 헬라어 'eschaton'은 '마지막', '끝남'을 의미하기도 하지만 '목적'을 의미하기도 한다. 따라서 종말은 세상의 마지막, 끝남을 뜻하는 동시에, 하나님 나라의 완성을 뜻하기도 한다.[2] 그런 까닭에 종말론은 그리스도인이 그들의 삶의 완성을 위한 하나님의 계획이 이루어지기를 희망하는 것에 대한 성찰이라 할 수 있다. 종말론은 개인의 마지막 일들을 다

1 이종성, 「조직신학개론」, p.231.
2 김균진, 「기독교조직신학」 V, p.11.

루는 '개인적 종말론'[3]과 세계 혹은 세상의 마지막 일들을 다루는 '보편적 종말론' 또는 '우주적 종말론'[4]으로 구분될 수 있으나 양자는 분리될 수는 없다.

종말은 "말일"(사 2:2), "끝날"(미 4:1), "말세"(벧전 1:20), "마지막 때"(요일 2:18)에 기초하고 있다. 마지막 날들은 메시아의 도래와 세상의 종말의 직전에 있는 날들을 의미한다. 따라서 종말론은 그리스도의 재림, 죽음, 일반적인 부활, 마지막 심판, 하나님 나라의 완성, 시간과 영원의 역사, 죽은 자들이 어떻게 마지막 사건들에 참여할 것인가를 보여주어야 한다. 개인에게는 종말이 사망과 더불어 임하는데 그 사망은 그를 현세로부터 내세로 완전히 이전시킨다. 종말론은 개인적인 종말과 일반적인 종말, 재림 전에 죽은 자들의 상태와 마지막 완성과의 연결 등을 중요시한다.

1) 종말과 묵시사상

그리스도교의 종말론은 유대교 신앙에서 비롯되었다. 묵시사상의 출처를 주전 6세기경 조로아스터교(Xoroastrianism)로부터 보고자 하는 주장도 있으나, 일반적으로 묵시사상의 뿌리는 이방 종교가 아니라 이스라엘의 예언자 사상, 즉 바벨론 포로기 전후의 전통적인 이스라엘 신앙에 있는 것으로 간주된다. 주전 6세기경 바벨론 포로기의 예언자들은 이스라엘 백성에게 계속되는 시련과 좌절 속에서 하나님은 머지않아 이스라엘을 다시 하나님의 백성으로 세우기 위해 역사를 새롭게 전환시킬 것이라는 희망을 선포한다. 주전 2~3세기의 이스라엘의 절망적 상황은 가까운 미래에 새로운 세상이 시작되리라는 묵시사상(Apocalypticism)을 등장시켰다.[5] 묵시사상은 주전 2세기에서 주후 2세기 사이에 기록된 유대교와 그리스도교 성서에 나타난 종말론 사상을 말한다. "묵시사상은 이 세상이 악의 지배를 받는 것처럼 보이지만 궁극적으로는 하나님의 정의가 승리할 것이라는 예언자의 신앙을 계승한다. 따라서 묵시사상은 종말에 이르는 역사과정을 제시하는 것이 아니라, 하나님의 승리를 기대하면서 곧

---

3 주로 개인의 죽음과 죽음 이후의 상태, 천당과 지옥, 재림과 최후 심판, 신자와 불신자의 구원 등에 관한 문제를 다룬다.
4 주로 인류 역사와 우주 전체의 종말에 대한 문제를 다룬다.
5 김균진, 「기독교조직신학」 V, p.49. 바벨론을 정복한 페르시아의 종교 유화정책으로 이스라엘 백성은 바벨론 포로생활을 끝내고 고국으로 돌아왔으나 그들의 실존적 상황은 페르시아의 식민지로서의 위치를 벗어나지 못하게 되었다. 페르시아가 몰락한 이후에도 이스라엘 백성은 이방민족의 지배와 억압을 받게 되었다. 이스라엘 백성에게 더 이상 희망이 보이지 않게 되었다. 묵시사상은 이러한 역사적 상황 속에서 등장하게 되었다.

사라질 세상의 불의에 편승하지 말고 오히려 저항할 것을 촉구하는 신학적 메시지라 할 수 있다."[6] 묵시사상 내에는 의로운 자들이 이 땅에서 하나님의 창조를 완성시킬 것이라는 천년왕국(Millennium) 사상이 존재한다. 초기 그리스도교는 예수를 메시아로 고백하는 신앙의 빛에서 이러한 묵시사상을 받아들였다.

2) 종말론의 역사

초대 교회 공동체는 예수님의 재림과 하나님 나라의 도래를 기대하였다.(벧후 3:12) 특히 주후 2세기의 몬타누스(Montanus) 추종자들은 임박한 재림을 주장하면서 세속의 모든 소유와 직업을 포기할 것을 요구하였다. 이러한 요인들로 인해 교회는 세계의 종말은 미래에 일어나게 될 것이라고 주장하였다. 그러나 그리스도교가 로마제국으로부터 공인되고 하나님 나라에 대한 관심이 사라지게 되자, 이스라엘의 묵시사상의 우주적이고 차안적 측면은 약화되고, 개인적이고 피안적 측면이 강화되었다. 아우구스티누스에 이르러 천년왕국에 대한 관심이 남아있었지만 점차 천년왕국은 숫자적으로 이해되지 않고 상징적으로 이해되었다. 그리고 천년왕국은 미래에 완성될 것이지만 교회 안에 현존한다고 보아 곧 교회가 땅 위에 있는 천년왕국으로 이해되었다. 이리하여 종말론은 심령화되고 교회론적으로 해석되었다.

고대 교회 종말론은 개인주의적이고 피안적인 종말론에 머물렀다. 고대 교회의 종말에 대한 사고는 다음 몇 가지로 정리된다. 첫째, 육체적인 죽음은 아직 영원한 죽음이 아니며, 죽은 자의 영혼은 살아 있다. 둘째, 그리스도가 다시 오실 것이며, 그 때 하나님의 백성의 복된 부활이 있을 것이고, 보편적 심판이 있어서 악한 자들에게 영원한 파멸의 선고가 있을 것이고, 경건한 자들에게 하늘의 보상이 있을 것이다. 종말론은 2세기 동안 그리스도교 교리의 구조의 중심이 되는 듯하였으나 발전되지 못하였고 교의학적으로 해석되지도 않았다.

중세 교회에서 종말론의 세계사적 지평은 약화되고 영혼의 불멸, 지옥, 천국, 연옥, 정화의 장, 어린이 장(세례 받지 않고 죽은 아이들이 가는 곳), 아버지의 장(구약성서의 경건한 사람들이 가는 곳) 등 개인적 종말론에 관심을 가졌다.[7] 특

---

6 정지련, "종말론이란 무엇인가?", 「종말론」(서울: 대한기독교서회, 2012), p.20.
7 김균진, 「기독교조직신학」 V, p.91.

히 죽은 다음에 정화의 벌이 있으며, 영원한 생명을 얻기로 예정된 자들은 이 벌을 통하여 죄로부터 정화된다고 주장되어 연옥이 크게 대두되었다. 연옥에 대한 이론은 마태복음 12:32, 요한계시록 22:15을 근거로 하여 발전되었다. 이런 분위기 속에서 요아킴 폰 피오레(Joachim von Fiore, 1135~1202)는 종말론의 세계사적 지평을 부활시켰다. 요아킴의 종말론은 하나님 나라와 교회를 동일시하는 것을 거부하고 하나님 나라를 다가올 미래의 역사로 제시한다. 그리고 이 하나님 나라를 향하여 세계와 교회가 변화되어야 할 것을 제시한다. 이러한 요아킴의 종말론은 종말론의 개인적이고 피안적 측면을 거부하고, 종말론의 우주적이고 차안적 측면을 드러낸다.

중세기의 교회의 관심은 미래에서 현재로 지향되었고, 천년왕국론은 점차 망각되었다. 교회 밖에는 구원이 없다고 보고 교회는 미래를 위해 교육학적인(pedagogical) 훈련장이 되었다. 교회는 중재(mediation)를 담당하여 죽은 자들을 위해 기도하였다.

종교개혁의 종말론은 그리스도를 심판자로 보는 사고를 거부하고, 그리스도를 구원자로 파악하고자 한다. 그리고 중세 교회의 종말론과는 다르게 연옥설을 부정하고, 그리스도의 가까운 재림을 신봉하였다. 종교개혁은 로마 가톨릭 교회에 반대하여 중간기 상태에 대해 반성하고, 재세례파들에게 나타난 조잡한 형식의 천년왕국론을 거부하였다.

종교개혁 이후, 계몽주의 시대에 이르러 종말론은 윤리적으로 역사철학적으로 해석되고 그것의 세속적 또는 세계사적 의미를 찾고자 하였다. 그런 결과로 종말론은 차안화되고 세속화되었다. 자유주의 신학은 영생의 복된 소망을 이 세상의 하나님 나라의 소망으로 대치시켰다.

교회 역사상 종말론이 그리스도교 사상의 중심이 된 기간은 별로 없었다. 김균진이 지적한 대로, "20세기 초엽에 이르기까지 종말론은 그리스도교 신학에 있어서 별다른 관심의 대상이 되지 못하였다. 20세기 중엽에 이르러 종말론은 신학적 관심의 대상이 되었고, 신학적 토의의 주제가 되었다."[8] 오늘의 신학에 있어서 종말론을 자극하는 요소로 등장한 것이 '미래학'(futurology)이다. 미래학은 새로운 미래를 내다보며 현재의 삶의 방향을 제시하고, 현재를 미래와

8 Ibid., p.24.

연관시켜 미래를 지향하게 한다. "그러므로 미래학은 인간의 삶과 세계 속에서 일어날 수 있는 미래의 변화들을 확정하고 분석하며 평가하고자 한다."[9] 미래는 우리에게 희망도 주고 또한 불안도 가져다준다. 이러한 미래의 문제는 그리스도교 종말론에 대한 관심을 불러일으키고 있다고 볼 수 있다. 특히 핵무기로 인한 세계의 파괴 문제, 자연 자원의 고갈, 생태계의 파괴, 기후변화에 의한 재앙 등에 의한 미래의 불확실성이 사람들로 하여금 세계의 종말을 의식하게 하였고, 이런 의식이 그리스도교의 종말론에 대한 관심을 촉진시켰다고 할 수 있다.

3) 종말 사건의 현존

하나님 나라는 그리스도가 왕으로 임재하고 현존하는 곳에는 어디에든지 있다. 예수가 이 땅에 오신 목적은 하나님 나라의 건설과 그 나라의 시민을 양성하고 훈련하고, 죄인의 죄를 용서해 주어 그들이 하나님 나라의 시민이 되도록 하는 것이다. 하나님 나라는 성장하는 것이다.(눅 13:18~19) 겨자씨 한 알 같이, 단번에 완성되는 것이 아니라 처음에는 작은 것으로 시작되었다가 점점 자라나서 나중에는 큰 나라가 된다. 이렇게 성장하고 확대되어 가는 하나님 나라는 예수의 재림 사건 때에 완성된다.[10]

종말은 그리스도가 오는 사건이다. 오늘날 우리가 주목해야 하는 것은 그리스도가 언제 어떻게 오느냐보다는 그리스도가 온다는 것이다. 어떻게 종말이 일어나느냐가 아니고 세계가 마지막 일을 겪지 않을 수 없다는 사실에 있다. 그리고 그리스도는 그의 뜻을 따른 자에게는 구원자가 되지만 그렇지 못한 자들에게는 심판자가 된다는 것이다.

종말은 불안에서 온다. 불안은 근본감정이 된다. 병에 대한 불안, 늙음과 죽음의 불안, 미래에 대한 불안, 핵무기의 불안, 정치권력의 불안, 인간에 대한 불안, 살아갈 것에 대한 불안이 있다. 현대인은 이러한 불안에 시달리고 있다. 이러한 불안의 감정이 종말을 현재화한다. 언제 어디서 자신이 끝장날지 모르는 상태에서 떨고 있다. 그래서 현대인은 익명의 신을 인식해서 세속적 종말의식

---

9 Ibid., p.25.
10 이종성, 「조직신학개론」, p.233~234.

을 종교화한다. 여기에 그리스도교의 현재적 종말론과 접촉점을 가질 수 있다.

종말은 이미 역사 안에서 과거에도 많이 일어났고 현재에도 일어나고 있다. 신앙생활은 현재와 종말을 동시적으로 사는 생활이다. 중생한 사람은 마지막 때에 받아야 할 심판과 중생을 이미 받고 있다. 이미 종말 사건을 체험한 것이다. 아무리 종말론 사건을 현재화한다 할지라도 우리 앞에는 미래가 그대로 남아있다는 것을 기대한다. 그래서 종말은 현재적이며 미래적이다. 종말론적 시각에서의 신앙생활은 주의 재림을 추구하고 기대하고 있는 삶이다. 그러므로 우리는 삶의 초점을 신의 뜻의 구현에 두고, 이 세상의 삶은 나그네의 생활이라 생각하고, 매일의 생활이 성화되도록 해야 한다. 종말의 신앙을 강하게 가지면 가질수록 현실생활에 더욱 충실하게 된다. 종말 신앙은 우리로 하여금 이 세상에서 화평케 하는 자의 삶을 통해 진정한 하나님 나라의 백성이 되게 한다.(마 5:9)

한국에서는 종말을 너무 말세적으로 또한 비관적으로 보는 경향이 있다. 행복하고 희망적인 것보다는 심판과 지옥, 고통의 바다가 있다고 생각한다. 하지만 성서의 종말은 비관적이거나 부정적이 아니다. 종말은 선인에게 희망과 기쁨의 날이지만 악인에게는 공포와 절망의 날이다. 성서는 종말의 시기를 인간적인 계산으로 점치지 말라고 한다.(행 1:7) 오히려 그 시기를 위해 준비하라고 한다. 우리는 열 처녀 비유(마 25:1~3) 등에서 그 진의를 볼 수 있다. 하나님 나라는 마음속에 있다.(눅 17:21) 하나님 나라는 정치적 체계가 아니라 하나님을 신앙하는 자의 마음속에 이미 존재한다. 어디든지 신과 그리스도가 왕 노릇하는 곳이 하나님 나라이다. 종말은 역사의 끝이며 역사의 완성이다. 그리스도교의 종말론은 저 세상을 위한 것이 아니고 하나님이 이 세상에서 새로운 세계를 만들 것에 대한 확신과 희망이다. 종말은 창조의 완성이다.

4) 종말론의 신학적 기능

종말론은 죽음, 일반적인 부활, 그리스도의 재림, 마지막 심판, 하나님 나라의 완성 등에 대하여 해명함으로써 그리스도인의 삶에 대한 올바른 태도를 정립하게 하는 기능을 갖는다. 특히 죽음을 어떻게 해석하느냐에 따라서 그리스도인들의 삶의 의미와 삶에 대한 태도가 결정된다. 그리스도인들의 죽음이 모든 것을 단순히 끝내는 사건이 아니라, 그리스도인들의 삶과 신앙을 완결시키는 종말적 사건으로 파악될 때, 그리고 이 세상의 나라에서 하나님 나라로 넘어가는 사건으로 파악될 때, 그리스도인들의 삶은 의미를 지니게 된다.

"종말론은 인간의 세계와 역사의 목적이 무엇인가를 해명함으로써, 세계와 역사에 대한 기독교 신앙의 올바른 태도를 정립하는 기능"[11]을 갖는다. 종말론은 그리스도교 신앙에 근거하여 삶과 역사의 목적이 무엇인가를 제시함으로써 오늘의 인간과 세계가 지향해야 할 목적과 방향을 제시하고자 한다. 종말론은 세계의 종말은 우주적 대파멸이 아니라 하나님의 구원 역사의 완성에 있음을 제시하고, 사람들로 하여금 하나님의 구원 역사에 동참하도록 한다. 오늘날 인간의 심각한 문제는 삶과 역사의 목적에 대한 방향 감각 없이 살아가는 것이다. 인간의 삶에 목적과 방향이 없으면, 인간의 모든 활동과 삶은 무의미해지고 무질서해진다. 목적 상실의 문제는 세상 사람들만의 문제가 아니라 교회의 문제이기도 하다. 교회도 그 존재 이유와 목적을 상실하고 세상과 짝하며 살아가고 있지는 않은가? 종말론은 이러한 삶의 자리에서 올바른 삶의 목적과 방향을 제시하는 기능을 행사하고자 한다.

예수의 재림과 천년왕국설

1) 예수의 재림

모든 민족에게 염라대왕이라는 보편적 사상이 있듯이, 모든 종교에는 종말 사상이 있다. 기원전 7세기 중동에서 성행한 조로아스터교는 인류 역사에 마지막 날이 있다고 본다. 마지막 날에 악과 선, 정의와 불의, 악의 추종자와 신의 추종자를 갈라놓는 큰 심판이 있게 된다. 선한 사람은 아후라 마즈다(Ahura Mazda)라는 전능하신 신 앞에서 영원히 살게 될 것이나, 악한 사람은 어둠의 세계에서 괴로움을 당하고, 독이 든 음식을 먹고 한숨과 슬픔의 나날을 보낼 것이라고 한다.[12]

11 김균진, 「기독교조직신학」 V, p.17.
12 이종성, 「조직신학개론」, p.220.

그리스도교 종말론은 예수의 재림(parousia)에 집중된다. 하나님의 '파루시아'는 예수 그리스도의 '파루시아'에서 일어난다. 재림은 도착, 당도 등을 의미하고, 십자가에 달리고 부활한 예수가 영광 가운데 오는 것을 의미한다.[13] 재림이란 표상은 오셨던 분이 다시 오실 것이라는 것이다. 신약성서에서 그리스도의 재림을 뜻하는 '파루시아'란 말은 문자적으로는 현재를 뜻하지만 내용적으로는 이미 종의 형태로 오셨던 분이 영광 속에서 오신다는 것을 뜻한다.[14] 영광중에 오신다는 것은 그리스도의 사역이 완성되는 가운데 그리스도의 정체성이 온전히 드러나는 것을 말한다. 재림은 그리스도의 우주적 정체성이 온전하게 드러나는 사건이라 할 수 있다. 이 희망은 아직 현실화되지 않았다. 그래서 우리는 "나라가 임하옵시며,"(마 6:10) "주 예수여 오시옵소서"(계 22:20)라고 기도한다. 그리스도의 재림에 대한 기다림은 초대 그리스도교 공동체의 믿음에 있어서 중요한 요소였다. 오늘날도 그리스도인들은 사도신경을 통해서 "산 자와 죽은 자를 심판하러 오시리라"고 고백하고 있다.

왜 예수가 재림하는가? 그의 재림 목적은 무엇인가? 한 마디로 예수가 재림하는 목적은 이 세상을 심판하기 위한 것이다.(롬 2:5, 16) 이 세상에서 일어난 모든 일, 특히 사람이 행한 것을 하나님의 공의에 따라 심판하시기 위해서 오신다. 이런 심판이 있은 다음에 그의 섭리에 따라 그의 통치를 완성하신다. 이것이 곧 하나님이 통치하시는 나라다. 하나님이 통치하는 나라는 초대 교회의 보편적 신앙이었다.(마 16:28) 결국 예수의 재림의 목적은 이 세상을 심판하고 하나님 나라를 완성하기 위한 것이다. 예수가 재림하실 때, 하나님의 구원의 역사가 완성되어 하나님 나라가 온 우주에 세워질 것이다. 불의한 자들의 모든 죄악과 불의가 드러나게 될 것이며, 하나님의 의와 자비가 모든 피조물들 가운데 세워질 것이다. 심판의 궁극 목적은, 피조물의 심판과 벌에 있는 것이 아니라 하나님의 의와 보편적 구원을 완성하는 데 있다.

그리스도인들은 재림의 신앙을 갖게 된다. 우리는 재림 신앙에 대해 몇 가지 유의해야 할 일이 있다. 첫째, 예수의 재림이 있을 것이다. 둘째, 재림의 시기는 감추어져 있다. 따라서 재림의 시기를 함부로 예측해서는 안 된다. 종교

---

13 파루시아는 "황제를 신으로 숭배하는 황제 제의에 있어서 황제의 영광스러운 도착"을 의미한다. "그것은 '오심', '도착'을 의미하는 동시에, '현재', '현존', 혹은 임재"를 의미하기도 한다. 김균진, 「기독교조직신학」 V, p.255.
14 Emil Brunner, *Das Ewige als Zukunft und Gegenwart* (Zürich: Zwingli Verlag, 1953), p.149.

개혁자들은 예수의 재림을 믿었으나 그 시기는 말하지 않았다. 19세기 중엽 미국의 침례교 목사 윌리암 밀러(William Miller)는 1843년 3월 21일과 1844년 3월 21일 사이에 예수의 재림이 있을 것이라고 주장하고, 제7일 안식교를 시작하였다.[15] 여호와의 증인의 찰스 태즈 러셀(Charles Taze Russell, 1852~1916)은 1874년에 재림에 의하여 천년왕국이 이미 시작되었고, 1914년에 예수가 모든 권한을 장악했다고 보았다.[16] 한국에서는 길선주 목사가 예수의 재림이 1929년 4월 29일에 있을 것이라고 예언했다.

종말론은 종말의 시간표를 제시하려는 것이 아니라 재림을 간절하게 기다리는 자세를 신앙의 본질로 제시한다. 우리에게 중요한 것은 재림의 시간을 계산하는 일이 아니라, 주님의 재림에 대하여 언제나 깨어 있으면서 구원의 복음을 모든 민족에게 전하는 것이다. 재림에 대한 신실한 기다림이야말로 신앙의 본질이다. 따라서 신학은 재림의 지연에도 불구하고 재림을 신실하게 기다렸던 초대 교회의 신앙을 되돌아보면서 물음을 제기해야 한다. 이러한 신앙은 성령의 현존에 대한 체험으로 나타난다. 성령의 체험만이 그리스도의 재림을 바라볼 수 있는 눈을 열어 주신다. 성령에 의해 눈을 뜬 자는 오늘이 곧 재림의 날이요, 역사의 마지막 날이라고 생각하고 최선을 다하여 하나님의 뜻에 따르는 삶을 산다. 이러한 삶은 내일 지구의 종말이 올지라도 한 그루의 사과나무를 심겠다는 루터의 고백에 상응하는 것이다.[17]

오토 베버(Otto Weber)에 의하면 신약성서가 말하는 재림은 예수가 역사의 먼 미래에 다시 오신다는 것을 의미하기보다는 언제나 가까이 앞에 서 있는 도착, 즉 메시아적 영광 가운데서 일어나는 그리스도의 오심을 의미한다. 이것은 예수가 먼 미래에 오실 것을 기다리는 것이 아니라, 지금 오시는 주님을 기다리는 것을 말한다.[18] 예수의 재림은 단순히 먼 미래에 일어날 일이 아니라, 이미 지금 일어나고 있다. 그것은 성령의 체험 속에서 지금 여기에서 일어난다. 예수는 단순히 역사의 마지막에 오시는 것이 아니라, 이미 지금 오셔서 심판을 집행한다. 그의 심판은 지금 여기에서 신앙과 불신앙을 결단하는 현재 속에서

---

15 이종성, 「종말론」, 1, p.343.
16 Ibid., p.360.
17 이종성, 「조직신학개론」, p.225.
18 김균진, 「기독교조직신학」 V, p.274.

일어난다. 지금 오셔서서 우리 앞에 계신 예수를 믿지 않는 자는 이미 심판을 받은 것이다.(요 3:18) 예수는 그를 믿는 자들과 그들의 공동체에 오고 계시며 그들 가운데 계시면서, 그들의 삶을 함께 나눈다.

2) 천년왕국설

천년왕국사상은 묵시사상에서 온 것이다. 영어로 'chiliasm' 혹은 'millenialism'으로 불리는 천년왕국설은 요한계시록 20:1~6을 근거로 하여 제기된다. 요한계시록은 최후의 심판 이전에 예수께서 재림하셔서서 의인들과 함께 다스릴 천년왕국이 도래할 것을 예언하였다. 예수 그리스도가 재림하여 지상에 자신의 왕국을 건설하고 천년 동안 통치하는 것을 천년왕국이라고 한다. 천년왕국 신앙은 유대교의 종말론적 신앙에서 비롯된 것으로, 세상에서 승리할 날이 다가왔음을 담고 있다. 천년왕국설은 세상 마지막 날 신자들이 부활하여 그리스도와 함께 천년 동안 왕 노릇한다는 것이다.

"오랫동안 수많은 그리스도인들이 예수가 재림할 때, 그가 지상에 메시아 왕국을 건설할 것이라고 믿었다. 그러나 요한계시록의 예언을 문자 그대로 받아들인 몬타누스(Montanus)의 열광적 종말 운동의 여파로 고대 교회는 천년왕국설을 외면하거나 알레고리적으로 해석하였다. 오리게네스는 천년왕국을 영혼 안에서 일어나는 사건으로 해석했으며, 아우구스티누스는 알레고리적 해석을 통해 천년왕국을 교회와 일치시켰다. 에베소 공의회(431년)가 천년왕국을 정죄하면서부터 천년왕국사상은 그리스도교의 교리에서 자취를 감추었다."[19] "이후 중세의 수도사 요아킴(Joachim von Fiore), 16세기의 뮌처(Thomas Müntzer)와 재세례파, 그리고 19세기에는 종교사회주의자들이 천년왕국사상을 주장하였다."[20] 천년왕국이 예수 그리스도의 재림 후에 있다고 주장하는 전천년왕국설과 천년왕국이 그리스도의 재림 전에 있다고 주장하는 후천년왕국설이 있다.

(1) 전천년왕국설

전천년왕국설은 예수의 재림이 천년왕국 전에 있다고 주장하는 설이다. 천년

19 정지련, "종말이란 무엇인가?", p.30~31.
20 Ibid., p.31.

왕국 이전에 그리스도가 오셔서 천년을 통치한다는 설이다. 다시 말하면, 그리스도의 재림 후 천년 동안 그리스도의 지상 통치가 있을 것이라는 주장하는 설이다. 전천년왕국설에 의하면, 마지막 때가 되면 적그리스도와 배교자가 출현하여 교회를 핍박한다. 이 때 예수가 재림하여, 부활한 성도들과 함께 천년 동안 통치하신다. 통치가 끝난 다음 악인들은 부활하여 심판을 받아 지옥에 가지만, 성도들은 영원한 복락의 세계, 곧 천국에 들어간다.

전천년왕국설에는 몇 가지 비성서적인 문제점이 나타나고 있다. 첫째, 그리스도의 재림과 악인의 부활 사이에 천년이 가로막고 있다는 것은 비성서적이다. 둘째, 성도들의 부활과 악인들의 부활 등 여러 번의 부활에 대한 것은 비성서적이다. 셋째, 하나님의 왕국과 사탄의 왕국이 공재하는 것도 비성서적이다.

(2) 후천년왕국설

후천년왕국설은 예수의 재림이 천년왕국 이후에 있다고 주장하는 설이다. 즉 예수의 재림 전, 교회 시대의 말기에 의와 평화의 황금시대가 천년 동안 이루어진다고 주장한다. 후천년왕국설에 따르면, 역사의 진행에 따라 대환란과 박해가 있으나 악의 세력이 점차 약화된다. 마지막 날에 배교사건이 크게 일어난다. 신자들은 하나님의 도움을 받아 천년 동안 이 세상을 지배한다. 천년이 지나면 다시 배교사건이 일어난다. 그 다음 예수의 재림이 있고 모든 인류가 부활하여 심판을 받는다.

(3) 무천년왕국설

무천년왕국설은 천년왕국이 그리스도의 초림과 함께 시작하여 재림 때까지 확대되다가 그리스도의 재림과 함께 완성될 것이라는 설이다. 아우구스티누스(Augustinus)는 요한계시록 20:1~6에 근거해 그리스도의 초림과 재림까지를 천년왕국의 기간으로 보았다. 무천년왕국설은 천년왕국설을 상징적으로 이해한다. 그리스도의 재림 전 교회와 신자는 대환란에 직면한다. 큰 배교 사건이 있은 후 그리스도가 재림한다. 사람들이 부활하여 심판 받는다. 이 설은 그리스도의 재림, 죽은 자의 일반적 부활, 그리고 최후심판은 모두 같은 때에 일어나기 때문에 현재의 하나님의 영적왕국은 바로 예수 그리스도의 영원한 나라로 직접 넘어가게 된다고 주장한다.[21] 여기서의 천년은 왕노릇의 상징이다. 칼뱅(Calvin)도 이것을 지지하였다. 무천년왕국설은 천년을 영적으로 이해하여, 천년으로 국한시키는 것을 반대한다.

그 동안 천년왕국은 특정한 교파나 정치적 세력을 신격화시키는 역할을 하기도 했고, 반사회적 열광주의 운동이나 사이비 종말론의 근거를 마련해 주기도 하였다. 따라서 천년왕국사상에 대한 올바른 해석이 요청된다. 천년왕국사상의 모든 표현과 이미지들이 상징과 암호로 되어 있다. 따라서 천년왕국은 역사 속에서 이루어지는 실체가 아니라 종말론적 실체로 이해되어야 한다.[22]

죽음

사람은 죽음으로써 종말을 맞이하게 된다. 죽음은 한 인간의 종말이다. 죽음과 함께 사람의 모든 것이 끝난다. 죽지 않으려고 해도 인간은 죽는다. 죽음은 모든 사람에게 찾아오는 공동의 운명이요 누구도 피할 수 없는 한계 상황이다. 그리스도교의 종말론은 다음과 같은 질문에 대답을 시도하고자 한다. 죽음이란 무엇인가? 인간의 죽음으로 모든 것이 끝나고 마는가? 죽음 이후에 인간은 어떻게 되는가? 인간에게 영원이라는 것이 있는가?

죽음에 대한 여러 견해가 있다. 첫째, 죽음은 육체가 무너지는 것이다. 육신적인 죽음(벧전 3:14~18, 마 10:28, 눅 12:4)은 육체적 생명과 삶이 종결(마 2:20, 막 3:4, 눅 14:26, 요 12:25)되는 것이다. 육신적 죽음은 자연의 현상으로서 육신적 존재의 종말, 육신의 해체를 의미한다.

둘째, 죽음은 존재의 정지가 아니라 생(生)의 자연적 관계들과 분리되는 것을 의미한다. 죽음은 삶의 모든 관계와 완전히 단절하는 것이다.[23] 죽음은 지상에서 함께 하는 삶의 시간을 끝내고 모든 관계에서 사라지는 사건이다. 죽음은 인생이란 여행의 결정적인 종식이다. 죽음은 삶의 시작이 아니고 삶의 끝장이다.

---

21 Louis Berkhof, 「기독교신학개론」, p.324.
22 정지련, "종말이란 무엇인가?", p.31.
23 Louis Berkhof, p.308.

셋째, 성서는 죽음은 '죄에 대한 형벌'임을 시사한다.(창 2:17, 3:19, 롬 5:12, 17, 6:23, 고전 15:21, 약 1:15) 죄가 본질적으로 죽음이라고 말할 수 있는 것은 죄가 하나님의 형상으로 창조된 사랑의 관계를 깨트리기 때문이다. 하나님은 공의로써 인간의 범죄 직후 인간에게 죽음을 부과하셨다. 죽음은 하나님의 심판의 관문이며 하나님의 심판 행위다.

칼 라너(K. Rahner)는 모든 죽음이 모두 죄의 결과라고 볼 수 없다고 했다. 라너는 죽음은 죄의 결과도 될 수 있고, 그리스도와 함께 죽는 희망도 될 수 있는 가능성을 가지고 있다고 보았다. 그래서 죽음은 단죄의 사건이 될 수도 있고 구원사건이 될 수도 있다. 죽음이 단죄의 사건일 경우 그것은 죄의 벌일 수 있으나, 그것이 구원의 사건일 경우 죽음은 '죄의 벌'이라고 말할 수 없다.[24] 이러한 죽음을 그리스도교 신앙에서는 '그리스도와 함께 죽는 죽음'(롬 6:8)으로 본다.[25] 그레사케(G. Greshake)도 하나님께 자신을 개방하지 못한 죄인의 죽음은 죄의 결과로 보지만, 하나님의 말씀을 신뢰하며 살아 온 자의 죽음은 죄의 벌이라기보다는 복된 것으로 본다.[26]

넷째, 죽음은 율법인 동시에 복음이며 심판인 동시에 구원이 된다. 죽음은 지옥을 궁극화하기도 하고 천국을 궁극화하기도 한다. 죽음은 삶의 방향에 대한 최종적 결단이다. 왜냐하면 죽음에 의해서 삶의 방향이 확정되기 때문이다. 이때 죽음은 그리스도와의 관계를 강화한다. 죽음은 관계상실이 아니고 관계획득이다. 믿는 자는 죽음을 통해서 구원에 이르지만 죽음이 구원은 아니다. 죽음은 구원을 실현하는 매체(Medium)이다. 죽음에는 구원의 죽음이 있고, 멸망의 죽음이 있다. 참된 죽음은 정의와 자유에 의해서 자기 목숨을 버리는 것이며, 하나님의 의를 실천하기 위해서 자신을 희생 제물로 바치는 것이다. 참된 죽음은 인간화를 실현하기 위해 자기희생에서 절정에 이른다. 이렇게 죽은 자만이 진정한 부활과 영원한 삶이 보장된다. 예수처럼 죽임을 당한 자가 부활하는 것이고, 예수처럼 살해당한 자가 영생을 얻는 것이다.

다섯째, 죽음은 삶의 완성을 위한 마지막 시점이다. 칼 라너는 죽음을 인간이 자신의 현 존재를 전체적으로 완성하는 마지막 행위로 이해한다. 인간은 생

---

24 K. Rahner, *On the Theology of Death*, 김수복 옮김, 「죽음의 신학」(서울: 가톨릭출판사, 1982), p.34~45.
25 K. Rahner, 「죽음의 신학」, p.71~76.
26 Gisbert Greshake, *Stärker als der Tod: Zukunft Tod Auferstehung Himmel Hölle Fegheuer*, 심상태 옮김, 「종말신앙: 죽음보다 강한 희망」(서울: 성바오로 출판사, 1980), p.80~83.

물학적 죽음을 통해서 자신의 최종적 결정을 성취한다.[27] 보로슈는 죽음을 신을 만날 수 있는 처소이며, 영원한 숙명에 대해 결정을 내릴 수 있는 계기로 본다.[28] 이러한 보로슈의 시각은 죽음을 인간이 역사적 시간성에서 '영원'이라는 초월로 넘어가는 순간으로서, '최종결단'의 최고의 순간으로 이해하는 것이다. 죽음에 대한 보로슈의 견해대로 우리는 죽음에 이르러 우리의 삶을 결산할 수밖에 없다. 로핑크도 인간은 죽음을 거쳐 가면서 자기의 완성뿐 아니라, 동시에 세계의 완성까지도 체험하게 된다고 말하여 죽음이 완성을 위한 마지막 시점이 된다는 것을 표명하였다.[29] 죽음이 삶의 완성과 실패를 결단할 수 있는 마지막 시점이긴 하지만, 그렇다고 죽기 훨씬 이전의 삶 안에서 내렸던 결단들, 즉 신앙과 희망과 사랑의 행위들이 과소평가될 수는 없다. 왜냐하면 우리의 죽음은 우리가 살았던 결단과 행위의 결과요 요약이기 때문이다.

죽음은 삶에 대한 지혜를 준다. 죽음은 우리의 삶이 단 한 번밖에 없다는 것을 가르쳐 주며, 이 단 한 번밖에 없는 삶을 어떻게 살아야 하는지를 생각하게 한다. 삶의 시간은 죽음을 통하여 제한되어 있다. 그러므로 주어진 삶을 아름답게, 부끄럽지 않게 살아야 한다. 삶은 단지 사는 것이 아니라 보다 나은 내일을 위한 노력이요 꿈과 기다림이다. 인간은 죽음을 의식하고 삶 속에서 자기의 죽음에 대한 태도를 취할 수 있다는 점에서 동물과 다르다.

죽음이 접근해 온다는 의식은 하나님의 백성들에게 유익을 준다. 교만한 자들을 겸손하게 하고 육욕을 억제하게 하며 영적인 마음을 촉진시킨다. 죽음은 신자들에게 종말이 아니라 완전한 생활의 시작이다. 천국에 이르는 문이 된다. 예수는 나를 믿는 자는 죽어도 살겠다고 하였고, 바울은 "내가 선한 싸움 마치었으니 나를 위하여 의의 면류관이 예비되었다."고 하였다.

성서는 죽음을 단지 사람의 시간의 마지막에 일어나는 생물학적 현상을 가리키는 것이 아니라 "하나님 없는 인간의 죄된 삶과 하나님 없는 이 세계의 현실 속에 현존하는 것"으로 인식한다. "하나님이 아담에게 경고하는 죽음은 하나님으로부터 단절된, 죄와 악의 현실 속에서 이루어지는 인간의 삶의 현실을 가리키며, 이러한 현실 속에서 살다가 당하게 될 인간의 삶의 시간이 끝남을 말

---

27 K. Rahner, 「죽음의 신학」, p.28.
28 Ladislaus Boros, *The mystery of death*, 최창성 편역, 「죽음의 신비」,(서울: 삼중당, 1978), p.68.
29 Gerhard Lohfink, *Death is not the final word*, 신교선 · 이석재 옮김, 「죽음이 마지막 말은 아니다」,(서울: 성바오로출판사, 1993), p.54.

한다."[30]

　죽음이란 미완결 상태의 삶이 완결상태에 도달하는 것이다. 죽음과 함께 인간의 삶과 존재는 완결되고 궁극화된다. 죽음의 순간에 자신이 어떤 사람인지 어떤 존재인지가 결정된다. 죽음의 시간이 가까이 오면서 그의 진면목이 나타나게 되고, 죽음의 순간에 그의 삶은 완성 내지 완결된다. 죽음은 인간이 자기 능력으로 도달할 수 있는 마지막 완성이다. 이런 의미에서 죽음은 자신의 삶의 역사를 남긴다. 죽음과 함께 자신의 정체성이 완전히 드러난다. 어떤 사람에게 죽음은 행복의 순간일 수 있지만, 어떤 사람에게는 고통과 후회의 시간이 될 수 있다. 그리스도인에게 죽음은 생의 마지막이 아니라 그리스도와 함께 하는 삶의 시작이다.

　자연적인 죽음 그 자체는 하나님의 벌도 아니고 하나님의 심판의 표징도 아니다. 그것은 하나님이 지으신 창조질서이다. 그러나 죄인으로서의 인간은 그의 자연적인 죽음을 죄의 결과로 경험한다. 그리스도를 믿고 구원받은 사람은 죽음을 하나님의 벌로 경험하지 않고, 자연적인 끝으로 경험한다. 따라서 죽음을 두려움 없이 담담한 태도로 맞이할 수 있다.

영혼 불멸과
몸의 부활

　　　　　　　　영혼 불멸설은 사후에도 영혼이 계속적으로 존재한다는 것이다. 영혼 불멸설을 가장 체계있게 기술한 최초의 인물은 플라톤이다. 플라톤은 그의 저서 「파이돈」(Phaidon)에서 죽음은 육체로부터 영혼의 분리이며, 죽음 후에 영혼이 새로운 육체와 결합하여 새로운 생명을 얻는다고 하였다. 다시 살아나는 일이 정말 있으며 죽은 자들의 영혼이 존재한다고 하였다.[31] 불멸이란 부패와 죽음의 씨를 지니지 않는 상태를 나타내는 것이다. 영혼 불멸(Immortality)의 교리가 존재한다. "오직 그에게만 죽지 아니함이 있다."(딤전 6:16) 영혼은 육체가 해체될 때 그 해체에 참여하지 않고 그 개념적 실유로

---

30 김균진, 「기독교조직신학」 V, p.136.
31 Plato, *Phaidon*, p.25ff. 김균진, 「기독교조직신학」 V, p.176에서 재인용.

서 그 동일성을 보존한다. 영혼 불멸을 믿는 신앙은 각처에서 다양한 형식으로 나타나고 있다. 종교마다 영혼이 최후로 머무는 곳을 제시한다. 불교는 열반 (Nirvana)을, 회교는 육적인 낙원을, 인디언은 행복한 사냥터를 제시한다.

신약성서는 영혼의 불사성과 부활을 긍정한다. 부활은 그리스도의 재림 및 세계의 종말과 때를 같이 한다. 이것은 최후심판 직전에 있게 된다.(요 6:39~ 40, 44, 54, 11:24, 고전 15:23, 살전 4:16) 영혼은 인간이 심판을 받아야 하기 때문에 살아남지 않으면 안 된다. 따라서 영혼의 불사성(不死性)은 인정되어야 한다. 부활은 전적으로 새로운 창조이다. 죽음이 사람의 몸 전체에 관련하듯이 부활도 전 인간에 관련된다. 부활은 새로운 존재라는 신학적 개념에 대한 상징적 표현이다. 부활은 제2의 실재가 아니라 낡은 실재에 대한 변화이다. 부활신앙은 불사성에 대한 신앙의 양태다. 불사성과 부활은 껍질과 알맹이처럼 그리고 처음과 나중처럼 서로 연관되어 있다. 죽음은 사람을 심판의 자리에 세운다.(히 9:27)

그리스도교는 영혼 불멸을 고백하지 않고 영혼과 육체가 하나를 이루고 있는 인간의 몸의 부활을 고백한다. 초대 교회는 몸의 부활을 믿었다. 그래서 사도신경은 "몸이 다시 사는 것"을 고백하였다. 죽은 자는 부활한다. 죽은 자들의 부활이 있기 때문에 예수가 부활하였다.(고전 15:13, 15) 부활한 예수는 모든 죽은 자들의 첫 열매가 되었다.(고전 15:20) 죽은 자들의 부활에 대한 사상은 후기 유대교의 묵시사상에 근거한다. 예수와 바울 당시 이스라엘 사회에 널리 유포되어 있었던 묵시사상은 역사의 종말에 죽은 자들이 부활한다고 믿었다. 이러한 사실은 예수에 대한 마르다의 고백에서 나타나고 있다. "마지막 날 부활 때에는 다시 살아날 줄을 내가 아나이다."(요 11:25) "의인의 부활은 구속과 영화의 행위이다. 신체는 무덤에서 일으켜져 영혼과 재연합한다. 이것은 그 신체가 현재 영광과 축복받은 생명을 부여받는다는 것이다. 이러한 변화는 악인에게서 찾아볼 수 없다. 그들의 경우 신체와 영혼의 재연합은 죽음의 극형을 초래하게 되는 것이다."[32]

죽은 자들이 부활할 때 어떻게 부활할까? 그들의 영혼만 부활하는가, 아니면 그들의 육체도 부활하는가? 바울은 예수의 부활이 영혼과 육체를 포함한 몸

32 Louis Berkhof, p.329.

의 부활임을 말하였다.(고전 15:5~8)[33] 이것은 죽은 자들의 부활이 단순히 영혼의 부활이 아니라, 영혼과 육체를 포함한 몸의 부활임을 말하는 것이다. 여기서 주목해야 하는 것은 죽음 이전의 몸과 부활한 몸의 상이성이다. 부활한 몸은 죽기 이전의 육체가 재구성되거나 재활되는 것이 아니라, 더 이상 썩지 않을 영원한 '영적인 몸'으로 살아나는 것이다.(고전 15:42~44, 52) 육적인 몸과 부활한 영적인 몸은 상이성과 연속성을 갖는다. 우리는 이 상이성과 연속성을 부활하신 예수를 통해 인식할 수 있다. 예수의 제자들은 부활한 예수에게서 십자가에 당한 고난의 흔적을 보았다. 제자들이 본 것은 예수의 되살아난 영혼이나 육체를 보는 것이 아니라, 십자가의 죽음에 이르는 삶의 역사를 가진, 그러나 철저히 새로운 몸으로 변화된 예수였다.(요 20:19~20, 24~29, 21:8~13) 부활하신 분은 그의 몸에서 분리된 영혼으로 나타나지 않고, 삶의 역사를 가진 변화된 몸으로 나타나셨다. 예수의 부활에서 보듯이 죽은 자들의 부활도 이 같은 상이성과 연속성 안에서 죽은 자들의 정체성이 확보된다. 인간의 부활은 삶의 역사를 가진 정체성이 새로운 형식으로 철저히 변화되는 것을 말한다. 인간의 모든 특징과 정체성이 부활에 있어서 보존되고 변화된다. 부활 이전의 몸은 부활한 영적인 몸에서 다시 발견된다. 그러므로 인간이 지상에서 생각하고 행한 것은 모두 잊히지 않고, 하나님의 심판을 받게 된다. 인간은 그 육체와 함께 그 영혼도 심판을 받는다. 왜냐하면 혼과 육체는 구별될 수는 있지만 분리될 수 없기 때문이다. 육체는 혼의 표현이며, 혼의 형체이다. 영혼은 인간 그 자체다. 죽은 자들의 부활은 영혼과 몸을 포함한다. 하나님은 육체에서 분리된 영혼이 아니라 총체적으로 인간에게 새로운 삶을 주시기를 원하신다.[34] 이 부활은 지금 살아있는 자들뿐만 아니라 이미 죽은 자들까지 포함한다. 바울은 고전 15장에서 부활의 몸과 지상의 몸은 동일하다고 변론하였다. 물론 그것이 중요한 변화를 가져온 것은 사실이다.

몸의 부활을 통해서 불멸에 대한 이해는 새롭게 다가오게 된다. 그리스도교적 불멸은 육체로부터 분리된 영혼의 불멸을 말하는 것이 아니라, 자기의 삶의 역사를 가진 인간의 자아 또는 인격의 불멸을 말한다. 영육통일체로서의 인

---

33 인간은 영혼과 육체가 결합되어 있는 하나의 통일체 곧 몸이다. 따라서 영혼과 육체가 분리될 수 없는 몸이다.
34 김영선, 「생명과 죽음」(서울: 다산글방, 2002), p.294~300.

간은 죽음과 함께 소멸하지만, 삶의 역사를 가진 인간의 자아 또는 인격은 그리스도 안에서 영원히 보존되고 부활을 통하여 완성된다. 인간의 몸은 죽지만, 그의 내적 자아, 곧 그의 인격은 소멸하지 않고 역사의 종말에 영적인 몸으로 부활한다. 이러한 이해 속에서 우리는 인간의 육체와 영혼은 구분될지라도 분리될 수 없다는 것을 파악하게 된다. 그리스도교가 받아들인 '불멸'의 개념은 육체적인 죽음도 인간 현존의 현실을 파괴하지 못한다는 것이다. 그리스도교의 '불멸'의 개념은 플라톤이 주장하는 영혼불멸 개념과는 다르다. 왜냐하면 죽음은 인간의 육체는 물론 인간의 영혼에게도 해당되기 때문이다. 심판자이시고 동시에 구원자이신 그리스도는 인간의 영혼을 심판하는 것이 아니라 인간의 역사를 통하여 형성된 그의 존재 전체, 즉 그의 인격을 심판하시기 때문이다. 플라톤의 영혼 불멸 사상은 모든 삶의 역사로부터 추상화된 영혼, 즉 삶이 없는 영혼을 중시하고 인간의 육체를 포기한다. 그리고 인간의 육체를 영혼의 감옥으로 이해한다. 그렇기 때문에 육체의 존엄함이 포기되고 육체에 대한 자학적인 태도가 유발되고, 인간의 사회적 물질적 자연적 영역들에 대한 무관심이 조성된다. 그러나 하나님은 인간의 영혼과만 관계하며 인간의 사회적 현실과 자연의 세계에 대하여 무관심한 분이 아니다. 인간의 몸은 자연에 속하며 자연에 의존한다. 인간의 몸은 자연과 밀접하게 연관되어 있기 때문에 몸의 부활에 있어서 자연도 함께 고려될 수밖에 없다. 죽은 자들의 부활은 자연의 새 창조와 함께 일어날 수밖에 없다. 하나님의 새 창조는 인간은 물론 자연도 포함한다. 죽은 자들이 부활할 때, 영혼과 육체, 정신과 물질, 자연과 인간의 대립이 끝나고 자연과 인간을 포함하는 새로운 창조 공동체가 나타나게 될 것이다. 이런 이해 속에서 그리스도교는 플라톤의 영혼 불멸 사상을 수용할 수 없게 된다. 성서는 영혼 불멸설을 고백하지 않고 몸의 부활을 고백하고, 또한 자연과 함께 하는 세계의 새로운 창조를 고백하고 있기 때문이다.

죽은 자의 부활에 대한 신앙은 죽음 이후의 세계를 보여주면서 지상에서의 삶은 영과 육의 삶 속에서는 물론 자연과의 삶 속에서도 하나님께 영광을 돌리는 삶을 살아야 한다는 것을 제시해 준다. 몸의 부활을 믿는 그리스도교의 종말론은 몸 없는 영혼의 부활과 자연 없는 인간 중심의 부활을 거부한다. 그리스도교의 종말론은 육체를 영혼의 지배에서 해방시키고, 물질을 정신의 지배에서 해방시키고, 자연을 인간의 지배에서 해방시킨다. 따라서 그리스도교의 종말론은 인간의 개인적 종말론으로 끝나지 않고 우주의 구원과 해방, 즉 우주적 종말론으로 확대된다. 그리스도교의 종말론은 인간의 영혼의 영역은 물론이고 육체와 자연의 영역에서도 적용되고 실현된다.

최후심판

재림과 심판은 짝을 이룬다. 재림의 목적은 심판이다. 최후심판은 각 사람의 전생활에 대한 판단이기 때문에, 그것은 자연히 세상의 종말에 있어야 한다. 심판은 죽은 자의 부활 직후에 있게 된다. 따라서 부활 다음으로 최후심판을 논하는 것은 당연한 귀결이다. "최후심판은 그리스도의 재림과 죽은 자들의 부활에 이어 일어나는 하나님의 궁극적 심판, 곧 개인과 온 인류와 세계사에 대한 하나님의 궁극적 판단을 말한다."[35]

모든 사람은 심판을 받는다. 그리스도는 심판장이 되고(마 25:31~46, 요 5:27, 행 12:42, 딤후 4:1), 천사들은 최후심판을 위해서 심판장을 돕는다.(마 13:41~42, 24:31, 25:31) 이방인은 자연법에 의해서, 유대인은 구약의 계시에 의해서, 신약의 신자들은 복음에 의해서 심판받게 된다.[36]

일반적으로 최후심판은 많은 사람들에게 두렵고 공포적인 그리스도교의 종말론의 요소이다. 그러나 그리스도의 십자가에서 결정적으로 계시된 하나님은 보복의 심판을 행사하지 않는다. 그의 심판은 구원을 하기 위한 사랑의 심판이다. 그의 심판 기준은 사랑이다. 그의 심판 기준은 하나님의 은혜에 대한 소박한 믿음과 가난한 자, 병자들에 대한 아가페이다. 그분은 우리가 사랑을 베풀었는가 아니면 자신만을 사랑했는가를 심판한다.

전통적으로 최후의 심판은 보복과 영벌(永罰)의 이미지 때문에 많은 사람들에게 두려움의 대상이 되었다. 그러나 현대에 이르러 심판을 정화의 과정으로 이해하는 신학적인 분위기가 형성되었다. 몰트만은 심판을 정의가 실현되는 만유화해의 과정으로 이해한다.[37] 그러나 브루너와 녹케는 심판이 영원한 정죄

---

35 김균진, 「기독교조직신학」 V, p.349.
36 Louis Berkhof, 「기독교신학개론」, p.332.
37 J. Moltmann, Das Kommen Gottes: christliche Eschatologie, 김균진 옮김, 「오시는 하나님」(서울: 대한기독교서회, 2001), p.440~441.

로의 가능성임을 배제하지 않는다.[38] 이러한 주장에 대해 브루너가 제시하는 바와 같이, 우리는 어떤 쪽을 택하기보다는 심판을 말하는 음성을 듣고 하나님을 두려워해야 하고, 만유화해를 말하는 음성을 듣고 하나님을 사랑해야 할 것이다.[39]

최후의 심판 이전에 죽은 자들이 어디에 머무르며 어떤 상태에 있는가? 루터는 죽은 자가 최후의 심판 때까지 잠을 잔다는 영혼수면설을 제시하였다. 하나님의 시간은 영원한 현재임을 상기시키며 개인적인 죽음 이후의 시간은 지상에서 경험하듯이 지금 여기서 흘러가는 시간이 아니다. 에밀 브루너도 루터와 같은 입장에서 말하였다. "죽는 날과 부활의 날 사이에는 수세기의 시간적 간격이 있는 것이 아니다. 시간적 간격은 오직 여기에만 있다. 천 년이 하루와 같은 하나님의 현재에서는 시간적 간격이 존재하지 않는다."[40]

신약성서는 죽음 이후의 삶에 대해서 구체적으로 묘사하지 않는다. 이런 물음과 연관하여 주목을 받는 것이 연옥설이다. 연옥설이란 인간의 영혼은 죽음 이후에도 멸망하지 않고 심판을 거쳐 연옥(purgatory)에서 정화의 과정을 거치면서 몸이 부활할 때 최후의 심판을 받는다는 것이다. 가톨릭교회는 연옥설을 공적으로 받아들이지만 개신교회는 이를 받아들이지 않는다. 연옥은 무엇보다도 정화의 장소다. 연옥은 죽음 이후에도 구원의 기회를 주시는 하나님의 은총의 시간과 장소로 이해된다.

연옥설은 1336년 교황 베네딕트 12세(Venedikt XII)의 교서에 의하여 가톨릭의 공식적 교리가 되었다. 연옥설은 종교개혁자들에 의해서 거부되었다. 그들에 의하면 죽음 이후에도 하나님의 죄의 용서가 있다면 그것은 하나님의 무조건적 은혜와 사랑에 의한 것이지 인간이 연옥에서 벌을 당함으로써 또는 살아 있는 사람들이 죽은 사람들을 위하여 드리는 기도나 헌금에 의한 것은 아니다. 종교개혁자들에 의하면 우리 인간은 인간의 능력이나 노력을 통해서 의로워질 수 없고, 오직 하나님의 은혜에 의한 믿음을 통하여 의로워질 수 있다. 오늘날 일련의 가톨릭 신학자들은 연옥을 죽음 다음에 오는 특정한 장소나 시간의 과정으로 보지 않고, 죽음의 과정 속에서 일어나는 마지막 회개와 정화의 과정으

---

38 Emil Brunner, *Das Ewige als Zukunft und Gegenwart* (Zürch: Zwingli Verlag, 1953), p.194 ; Franz-Josef Nocke, Eschatologie, 조규만 옮김, 「종말론」(서울: 성바오로 보급소, 1998), p.183.
39 Emil Brunner, *Das Ewige als Zukunft und Gegenwart*, p.201~202.
40 Ibid., p.167.

로 이해하기도 한다.[41] 이런 이해를 따르면 죽은 자들의 정화를 위하여 교회에 헌금을 바치는 일들은 사라져야 한다.

지옥과 천국

1) 지옥

초기 유대교에 있어서 지옥은 인간이 죽은 후에 악인이 거하는 장소로 생각되었다. 고대인들은 지옥을 공간적으로 생각하여 지옥은 땅 아래 있다고 생각하였다. 흔히 지옥은 형벌의 장소로 파악된다. 성서는 "풀무불"(마 13:42), "무저갱"(눅 8:31), "옥"(벧전 3:19), "구덩이"(벧후 2:4), "불못"(계 20:14~15) 등과 같이 장소적 명칭을 사용하고 있다. 우리는 악인이 지옥에서 어떻게 형벌 받을지 단정지을 수 없다. 그러나 악인의 형벌에는 등급이 있다는 것을 알 수 있다.(눅 12:47~48, 20:47) 악인들은 끝없는 고통을 경험할 것이며(막 9:48~49, 계 14:10, 21:8), 양심의 고통과 번뇌와 실망을 경험하며(눅 16:23~24, 28), 또한 울며 이를 갈 것이다.(마 8:12, 13:50) 지옥의 불은 꺼지지 않는 불이며(마 9:43), 지옥의 구더기는 죽지 않는다.(막 9:48)

어떤 이들은 지옥이란 어떤 장소를 의미하는 것이 아니고 다만 사람이 현재에도 경험할 수 있고, 또한 미래에도 영원히 체험할 수 있는 주관적 상태로 보기도 한다. 이러한 사람들에게 지옥은 다른 사람과 떨어져 그리고 타인을 무시해서 자기 자신이 되고자하는 것이다. 지옥은 하나님의 아가페적인 사랑과 서로 섬김과 우정의 삶에로의 요청에 반대하여 개인들이 타인들로부터 자기자신의 벽을 쌓는 상황인 것이다. 지옥은 영원한 하나님의 사랑에 대한 자기 파괴적인 저항이다. 결국 지옥은 자기폐쇄와 자기교만, 그리고 선행을 회피하는 것으로부터 기인되는 것이다.

예수는 지옥을 그의 선포의 중심으로 삼지 않았다. 그리고 지옥에 대한 객관적인 정보를 주지도 않았다. 우리는 지옥을 땅 아래나 하늘이나 눈에 보이지 않는 영적 현실에서 찾기보다는 먼저 인간이 살고 있는 이 세상에서 지옥을 보

---

41 보프(L. Boff), 랏칭어(J. Ratzinger), 그닐카(J. Gnilka), 그레스하케(G. Greshake)가 이 그룹에 속한다.

아야 할 것이다. 하나님이 거부되고 죄가 다스리는 곳에 지옥이 있다. 지옥이란 한 마디로 하나님과 이웃으로부터 단절된 세계라 할 수 있다. 우리는 하나님이 없는 이 세계야말로 가장 무서운 지옥이라고 말할 수 있다. 하나님이 없는 인간의 세계는 지옥보다 더 무섭고 잔인한 지옥이다. 이러한 지옥은 하나님이 만든 것이 아니라 인간이 만든 것이다. 하나님이 없는 인간이 만들 수 있는 것이 있다면 그것은 하나님 나라가 아니라 지옥이다. 하나님은 인간이 만든 지옥을 하나님의 창조 공동체로 변화시키고자 한다. 그래서 예수의 선포의 중심은 지옥에 있지 않고, 회개와 하나님 나라에 있다.

물론 지옥은 악한 자를 위해 예비된 영원한 장소와 조건이다.(마 18:8~9, 25:41, 막 9:43, 48) 지옥에 관한 일반적인 견해는 악인은 지옥에서 영원한 형벌을 받는다는 것이다. 그러나 이러한 견해는 하나님의 능력을 사실상 제한한다. 지옥이 존재하는 한, 하나님 나라는 완성될 수 없을 것이다. 수많은 사람들이 지옥에서 영원히 고통을 당하는 것은 하나님이 궁극적으로 원하는 것이 아니다. 하나님이 궁극적으로 원하시는 것은 지옥이 아니라 모든 인간의 구원이다.(딤전 2:4) 그리스도교의 종말론의 본질은 지옥에 대한 하나님의 궁극적인 승리를 믿으며, 하나님 나라를 완성하고자 하시는 그의 역사에 적극적으로 참여하는 데 있다. 그러나 그리스도교의 종말론은 하나님의 사랑과 용서를 끝까지 거부하고 하나님 나라에 참여하기를 거부하며, 스스로 지옥에 머물고자 하는 인간의 가능성을 배제하지 않는다. 하나님은 강제로 지옥으로 보내시지도 않지만, 하나님은 강제로 하나님 나라에 참여시키시지도 않는다. 지옥은 하나님 나라를 거부하는 자들의 것이다. '시빌리카 카톨리카'에 따르면 지옥은 끈질기게 하느님을 거부하고 의식적으로 선행을 회피한 영혼이 하나님의 현존으로부터 '추방당하는 상태'다.[42] 하나님은 우리를 지옥으로부터 구원하고자 하시지만 우리에게 강요하지는 않는다.[43]

2) 천당과 천국

일반적으로 죽은 다음 인간의 영혼이 거할 곳으로 '천당'을 언급한다. 성서도

---

42 「중앙일보」 1999년 8월 7일(토) 31면.
43 Hans Küng, *Eternal Life: Life after Death as a Medical, Philosophical and Theological Problem* (New York: Doubleday Image Books, 1985), p.129~142.

천당이 하나의 장소임을 가르쳐 주고 있다. 그것은 거할 곳이 많은 아버지의 집이다. 천당은 의인의 영원한 거처를 말한다.(요 14:2~3) 의인의 상급은 영생이다.(마 25:46, 롬 2:7) 그것은 영원한 생명일 뿐만 아니라 현재의 불완전과 고통 같은 것이 없는 충만한 삶인 것이다. 하나님과 더불어 교통하는 삶이다. 이것이 영생의 본질이다. 그러나 이 천당의 복락에도 등급이 있게 된다.(단 12:3, 고후 9:6)

요한 바오로 2세 교황이 바티칸시티 성베드로 광장에 모인 순례자들 앞에서 밝힌 낙원은 각자 삼위일체와의 개인적인 관계다. 그에 따르면, "낙원(paradise)은 신과 함께 하는 상태이고 천국(Heaven)은 일생을 통해 예수 그리스도의 가르침에 충실하여 죽어서 그리스도의 영광과 하나된 영혼들이 모인 축복받은 공동체"라고 하였다. 교황은 "감사의 기도가 중심에 자리잡은 성스러운 삶을 살다보면 낙원의 한 자락을 엿볼 수 있을 것"이라며 사랑의 실천을 강조했다. 그러나 비그리스도인들도 다른 사람들을 위해 헌신적인 삶을 살면 사후에 낙원에 들어갈 수 있는지에 대해서는 언급하지 않았다.[44]

일반적으로 천당을 '천국'이라 말하기도 한다. 천당이나 천국은 하늘에 있는 것으로 보는 경향이 있다. 오늘날의 과학적 사고에서는 죽은 사람들의 영혼이 거하는 특정한 공간이 하늘 어디에 있다는 것은 불가능하다. 하늘은 하나님과 구분되는 그의 피조물이다. 궁극적으로 하늘은 하나님의 영광이 그 속에 충만하며, 하나님의 뜻이 이루어져 있는 이상적인 곳으로 이해된다. 하늘은 하나님의 뜻이 이루어지는 곳이다. 이러한 의미에서의 하늘은 이 세계가 도달해야 할 종말론적 미래이다. 하늘은 공간적 의미의 장소가 아니라 시간적 미래로 파악되어야 한다. 하늘은 우리가 궁극적으로 도달해야 할 고향이다. 이곳에는 증오와 미움 대신 사랑이 있고, 거짓 대신 진리가 있고, 불의 대신 정의가 있다. 하늘은 하나님 나라의 미래를 가리키는 은유로 사용될 수 있지만 하나님 나라 자체는 아니다. 장차 올 하나님 나라는 새 하늘과 새 땅의 창조를 전제한다.

그리스도교 종말론은 하나님 나라가 역사의 목적임을 가르친다. 하나님의 창조는 하나님 나라에서 완성된다. 하나님 나라가 이루어질 때, 새로운 우주 창조 공동체가 완성되며, 옛 하늘과 땅이 새 하늘과 땅으로 변화될 것이다. 그러

<hr />

44 「중앙일보」 1999년 8월 7일(토) 31면.

므로 그리스도교 종말론은 바로 이 하나님 나라에 대한 희망을 제시한다. 예수가 선포한 하나님 나라는 이 세상 너머에 있는 어떤 특정한 장소를 가리키지 않는다. 하나님 나라는 하나님의 다스림을 의미한다. 하나님 나라는 우리가 이 세상에서 경험하는 세계와는 전혀 다르다. 성서는 하나님 나라에 대한 객관적인 정보를 주지 않는다. 그러나 간접적으로 하나님 나라를 묘사해 주고 있다. 하나님 나라는 하나님이 중심이 되시는 곳이다. 하나님 나라는 풍족한 물질을 가지고 있으며, 모든 물질을 함께 나눈다. 하나님 나라는 하나님의 자비와 사랑과 의가 충만한 곳이다. 하나님 나라에는 죄와 죽음도 없고, 병과 고통도 없으며, 낮은 자도 높은 자도 없다. 민족 차별과 인종 차별, 그리고 남녀의 차별도 없다. 싸움과 전쟁이 없고 자유와 평화가 있다.

종말론 이론

미글리오리는 종말론을 다음과 같이 대립시켜 이해하고자 한다. 첫째, 알버트 슈바이처(A. Schweitzer)로 대표되는 미래적 (철저) 종말론과 도드(C.H. Dodd)로 대표되는 실현된 종말론이다. 이것은 하나님 나라는 이미 현재의 실재인가, 아니면 아직도 전적으로 미래에 있는 것인가에 대한 대립이다. 둘째, 불트만으로 대표되는 개인적 혹은 실존론적 종말론과 몰트만과 해방신학자들로 대표되는 공동체적 종말론이다. 이것은 하나님 나라는 개인을 위한 삶의 완성과 관계되는가, 아니면 사회적이고 경제적이고 정치적인 완성에 관심을 갖는 것인가에 대한 대립이다. 셋째, 현대 서양신학으로 대표되는 역사적인 종말론과 동양신학과 과정신학으로 대표되는 우주적인 종말론이다. 이것은 하나님 나라는 인간의 삶의 완성인가, 아니면 모든 자연과 우주적인 과정을 포괄하는 것인가에 대한 대립이다. 넷째, 신정통주의로 대표되는 하나님의 활동에 중심을 두는 종말론과 사회복음 신학과 최근의 실천주의 신학들로 대표되는 인간의 활동에 중심을 두는 종말론이다. 이것은 하나님 나라는 오로지 하나님의 사역인가, 아니면 인간들이 결단을 내리고 자신의 힘으로 하나님 나라를 세우는 것인가에 대한 대립이다. 미글리오리는 종말론에 대한 대립을 통전적으로 이해하고자 한다. 그에 따르면, 하나님 나라는 '이미' 예수 그리스도 안에서 시작되었으나 '아직' 완성되지 않았다. 그리고 그것은 개인적이고 공동체적인 완성을 포함하고 또한 역사와 우주적인 과정을 포함한다.[45]

1) 현재적 종말론과 미래적 종말론

(1) 현재적 종말론

종말론의 열쇠가 되는 개념은 하나님 나라다. 하나님 나라에 대한 견해에 따라 몇 가지 종말론 이론들이 제기된다. 그 중에서 가장 대표적인 것이 현재적 종말론과 미래적 종말론이다. 현재적 종말론자로 도드, 폴 틸리히, 불트만, 에벨링을 말할 수 있다. 이들에게 구원은 현재의 말씀 사건에서 일어난다. 여기에서 종말은 현재화 된다. 신약성서에 선포된 하나님 나라는 이미 예수의 도래에서 완전히 실현된다. 현재적 종말론은 하나님 나라가 왔다는 것이다. 그리고 그 나라가 현재적으로 실재한다는 것이다. 이런 의미에서, 현재적 종말론은 실현된 종말론으로 일컬어지기도 한다.(요 3:15, 5:24)

도드(C.H. Dodd)는 종말이 예수의 도래 안에서 완전히 실현되었다고 주장한다. 그는 가까운 미래와 관련된 모든 본문을 현재적 성취로 이해했다. 예수의 선포는 "하나님 나라가 가까이 다가오고 있다"는 것이 아니라 "이미 하나님 나라가 왔다"는 것이다. 예수의 활동 속에 하나님 나라는 이미 현재적으로 실재하고 있다는 것이다.[46]

불트만(Bultmann)의 종말론은 실존론적 현재적 종말론이다. 불트만은 종말은 현재의 순간에 있는 것으로 생각한다. 그에 의하면, "종말은 역사의 마지막에 일어날 우주적 사건이 아니라, 그리스도를 만나 신앙이냐 불신앙이냐를 결단하는 현재의 순간 속에 있다. 각 사람은 그리스도와 만나는 순간에 역사의 종말을 경험하며, 하나님의 피조물로서의 새로운 자기 이해를 얻게 된다." 종말은 매시간 말할 수 있다.[47] 종말은 가까이 있다. 그리스도와의 만남은 미래적인 것이 아니고 지금 여기에서 일어난다. 종말은 역사의 미래적 종국을 의미하지 않는다. 역사의 의미는 항상 현재에 있다. "하나님 나라는 이미 너희 안에

---

45 Daniel L. Migliore, 「조직신학입문」, p.357~358.
46 "도드는 이후 예레미아스의 비판을 받아들여, 자신의 견해를 수정하고 하나님 나라의 실제적인 미래성을 허용했다."
    이신건, 「조직신학입문」, p.189.
47 김균진, 「기독교조직신학」 V, p.105.

임하였다."(눅 11:20) "하나님 나라는 너희 안에 있다."(눅 17:21) 매순간 속에 종말론적 순간이 되는 가능성이 존재한다. 인간은 책임적인 결단을 통해서 이 가능성을 불러일으킬 수 있다. 불트만에게 케리그마를 통해서 선포되는 용서는 이미 하나의 종말론적 사건이다.

틸리히(Tillich)도 역사의 완성은 영원히 현재적인 역사의 끝에 놓여 있다고 보았다.[48] 에벨링(Ebelling)과 푹스(Fuchs)도 구원은 과거나 미래에서가 아니고 현재의 말씀 사건에서 발생한다고 보아 현재적 종말론의 입장을 견지하고 있다. 부리(F. Buri) 역시 미래적 종말론은 환상이며, 환상에서 벗어나 현존재의 의미를 깨닫는 것이 신약성서 종말론의 참뜻에 참여하는 것으로 보았다.[49]

(2) 미래적(철저) 종말론

슈바이처는 미래적(철저) 종말론을 주장한다. 슈바이처에 의하면 예수는 하나님 나라가 실현될 것을 기다리면서 산상설교를 가르친 도덕교사가 아니라 묵시사상가였다. 예수는 당시의 묵시사상가들처럼 세계의 대재난들과 멸망을 통하여 하나님 나라가 초월적으로 돌입할 것을 기다리면서 하나님 나라를 선포하셨다. 슈바이처는 그의 저서 「예수전 연구」(The Quest of the Historical Jesus)에서 예수를 철저하게 종말론적 삶을 산 자로 이해하였다. 비록 예수가 고대하였던 종말과 하나님 나라가 오지 않았지만 그의 가르침은 아직도 우리에게 유효하다. 바이스(J. Weiss)도 예수가 선포한 하나님 나라는 인간에 의하여 실현되어야 할 윤리적 가치들의 나라가 아니라 이 세계에 대하여 철저한 대립 가운데 있는 초세계적인 것으로 보았다.

종말이란 미래에만 있는 것이 아니라 과거에도 일어났고 현재에도 일어나고 있다. 종말 사건의 현재성을 강조하고 미래성을 부인하는 사람도 있다. 그리스도교 종말론의 중심을 차지하는 신앙 명제는 하나님 나라가 이미 예수 그리스도의 성육신과 함께 도래했다는 것이다. '이미' 예수 그리스도와 더불어 시작된 종말은 '아직 아님'이라는 도래할 종말과의 긴장 관계 속에서 논의되고 있다.

---

48 P. Tillich, *Systematische Theologie*, III, p.395~396.
49 G. Ebeling, *Das Wesen des Christlichen Glaubens* (München: Siebenstern Tascenbuch Verlag, 1965), p.239f; E. Fuchs, *Glaube und Erfahrung: zum christologischen Problem im Neuen Testament* (Tübingen: J. C. B. Mohr, 1965), p.359; F. Buri, *Die Bedeutung der neutestamentlichen Eschatologie für die neuere protestantische Theologie* (Zürich: Feldegg, 1934), p.53.

그리스도인이 희망하는 하나님 나라는 이미 예수 그리스도 안에서 시작되었으나 아직 완성되지는 않았다. 하나님 나라는 개인적, 공동체적인 완성과 역사와 우주적인 과정을 포함한다. 신약성서의 종말론은 현재적 종말론만도 아니고, 그렇다고 미래적 종말론만도 아니다. 신약성서에 따르면 종말은 여기에 있으면서도 동시에 가까이 있다. 신약성서의 종말론은 현재적이면서 동시에 미래적이며 개인적이면서 우주적이다. 종말의 순간은 역사를 삼켜버리지 않고 역사 안으로 들어온다. 종말은 단순히 세계의 끝장이 아니고 세계의 완성이다. 종말은 하나님 나라의 실현에 있다. 하나님 나라의 실현, 그것이 '지금 여기'에서 이루어지든 미래의 역사에서 이루어지든, 그것이 참된 종말의 의미다.[50]

2) 현재와 미래를 중재하는 종말론

오스카 쿨만(Oscar Culmann)은 종말의 '이미'와 '아직 아니' 사이의 긴장 유지하면서 현재의 성취에 강조점을 둔다. 신약성서의 종말론의 핵심은 그리스도와의 만남에 있다. 하나님 나라의 실현에 있다. 미래이건 현재이건 이런 기대 속에서 '하나님 나라가 임하소서'를 기원한다. 쿨만에 의하면 하나님 나라는 예수의 죽음과 부활을 통하여 이미 성취되었다. 따라서 종말은 이미 성취되었다. 그러나 하나님 나라는 아직 완성되지 않았다. 따라서 종말은 미래적인 것이다. 김균진에 의하면 "이러한 쿨만의 종말론은 세계사와 구원사가 동일시될 수 있는 위험이 있으며, 그리스도의 사건이 새로운 역사를 열어 주는 동인이 되지 못하는"[51] 약점이 노출된다.

알트하우스(P. Althaus)는 종말을 순간 속에서 발견한다. 종말은 역사의 종말에 가서 완성된 것이 아니라 역사 어디에서나 완성에 도달한다. 모든 시간은 어느 때이고 완성과 연결된다. 알트하우스에 의하면, 종말은 역사의 마지막에 일어날 객관적인 일들을 가리키는 것이 아니라, 세계의 초시간적이며 현재적인 상태를 가리킨다. 그에게 종말론은 역사의 마지막과 관계된 것이 아니라 역사의 피안과 관계한다.[52] 그러나 역사의 피안은 현재의 순간 속에 있다. 따라서 세계의 완성은 마지막에 일어나는 것이 아니라 현재의 순간 속에 있다.

---

50 송기득, 「신학개론」, p.247~250.
51 김균진, 「기독교조직신학」 V, p.109.
52 Paul Althaus, *Die Letzten Dinge* (Gutersloh: Gutersloher Verlagshaus, Gerd Mohr, 1964), p.95.

칼 바르트(K. Barth)도 종말을 역사의 마지막으로 보지 않고, 현재의 순간 속에 있는 영원의 현재로 이해한다. 영원의 현재로 승화된 모든 순간 속에 종말이 있다. 종말은 시간의 종점이 아니라, 시간의 모든 순간 속에 있는 영원한 현재를 말한다. 역사의 종말은 역사의 미래에 일어날 것이 아니라, 영원히 그 속에 숨어 있는 현재의 순간 속에서 경험될 수 있다. 바르트에게 종말은 순간 속에 있는 영원한 현재이다.

판넨베르크(W. Pannenberg)는 종말은 보편역사의 마지막에 발생하며, 이미 예수 안에서 예기적으로 선취되었다고 본다. 판넨베르크에 의하면, 역사의 종말이 우리에게 아직 일어나지 않았다 할지라도, 예수의 부활과 함께 그에게서 이미 일어났다. 하나님은 예수의 운명 속에서 궁극적으로 완전하게 계시되었다. 한 마디로 하나님의 계시는 이스라엘 역사에서 실현되지 않고, 나사렛 예수의 운명 속에서 실현되었다는 것이다. 이로써 모든 사건의 종말이 예수 안에서 미리 앞당겨 일어났다는 것이다.[53]

몰트만에게 "종말은 과거로부터 시작하여 현재를 거쳐 미래로 흐르는 것으로 파악되지 않는다. 역사의 종말은 '이미 그러나 아직 아님'의 긴장 속에서 단지 시간의 미래에 놓여 있는 것도 아니고, '영원한 현재'로서 매순간 속에 현존함으로써 역사를 폐기시키는 것으로 간주되어도 안 된다. 역사의 종말은 예수 그리스도의 부활을 통하여 시작되었으며 역사의 미래로부터 '오는 것'으로 파악된다. 종말은 역사의 현재 속으로 들어와서 미래를 향하여 현재를 변화시킨다. 종말은 시간의 되어감도 아니고 무시간적 영원도 아니다. 오히려 종말은 하나님의 미래와 오심이다."[54]

3) 진화론적 종말론

진화론적 종말론은 샤르댕(Teihard de Chardin)에게서 볼 수 있다. 샤르댕은 신을 향해 진화하는 세계의 완성을 기대하고, 미래를 시간 안에서 일어나는 것으로 본다. 하나님은 역사 안으로 들어와서 세계를 갱신하고, 새 하늘과 새 땅을 창건한 후 피조물과의 완전한 친교를 수립한다. 샤르댕은 종말의 목표로서

---

53 W. Pannenberg, *Jesus–God and Man, trans. Lewis L. Wilkens and Duane A. Priebe* (London: SCM, 1968), p.66, 106.
54 김균진, 「기독교조직신학」 V, p.114.

신을 향해 진화하는 세계완성을 기대한다. 샤르댕은 그리스도가 우주의 알파와 오메가, 시작과 종말이라고 생각한다. 세계의 모든 것이 그리스도 안에서 하나로 통일된다고 본다. 우주는 그리스도를 향하여 움직인다. 그리스도를 향한 우주의 진화 과정은 땅의 생성, 생명의 생성, 정신의 생성, 마지막으로 그리스도의 생성으로 나아간다. 이 과정을 통하여 우주는 진화하며 때가 이르렀을 때 그리스도가 다시 오신다. 이것이 그리스도의 두 번째 오심이며 그것이 그리스도의 재림이요 그것이 종말이다. 김균진에 의하면 샤르댕의 우주 진화론적 종말론은 "세계의 악의 현실을 진지하게 생각하지 않으며, 역사의 과정을 낙관적으로 보는 문제점"을 가지고 있으며, "묵시사상은 그의 종말론에서 무의미한 것으로 나타나는"[55] 문제점을 지니고 있다.

성서는 미래를 시간 안에서 일어나는 것으로 생각하면서도, 그것을 현재의 내적 차원으로 본다. 그래서 종말론은 신자들이 역사 안에서 이루어야 할 과제가 된다. 진화론적 종말론은 하나님은 역사 안에서 그의 나라를 세운다는 사실을 강조한다. 그러나 우리가 주목해야 하는 것은 진화론적 종말론은 미래적 종말론의 특성을 갖는다는 점이다. 종말은 역사의 끝이면서 역사의 완성이다. 종말은 초역사적인 것만이 아니라 역사 안으로 들어온다. 창조는 구원을 희망한다. 창조는 종말의 시작이고 종말은 창조의 완성이다. 하나님 나라는 이 세계 안에 있지만, 이 세계로부터 오는 것은 아니다. 하나님 나라는 아래부터의 혁명이 아니고 위로부터의 혁명이다. 이 혁명은 악의 세력을 퇴치하고 묶인 사람을 풀어주고, 억눌린 사람을 자유하게 만들고, 가난한 사람들을 해방시킨다. 그래서 악의 세력과 그 역사가 끝나게 되는 것이다.

4) 사회적 종말론

숄(R. Shaull)은 혁명을 통해서 사람의 미래가 열리고, 하나님 나라가 열린다고 본다.[56] 하나님 나라는 단순히 정신적인 것이 아니라 이 세계의 체제를 뒤엎는 혁명이다. 이런 사고는 해방신학에 영향을 미쳤다. 하나님 나라는 하늘에서 떨어진 것이 아니라 지상에서 이루어진다. 우리는 현실적 신앙경험에서 그리

---

55 Ibid., p.116~117.
56 송기득, 「신학개론」, p.253.

스도를 해방자로 체험한다.

구티에레즈(G. Gutierrz)에게 죄란 불의, 억압, 수탈의 뿌리이다. 죄로부터의 구원은 사회적 부정으로부터의 구원이다. 하나님 나라는 부정과 결부되어 있다. 하나님 나라는 사회적 혁명을 통해서 불의의 체제를 무너트릴 때만이 현실적이 된다. 사회적 종말론은 미국의 흑인 신학을 지원한다. 검다는 것은 죄, 악, 증오, 죽음, 비참의 상징이 아니라 흰 것과 같이 자연스런 것들이다. 사회적 종말론은 흑인 인권을 위해 싸우고자 한다. 그리고 비인간화하는 체제와 이 체제를 합리화하는 신학을 무너뜨리려고 한다. 구티에레즈에 의하면 "종말론은 단순히 '마지막 일들에 관한 이론'이 아니라, '철저히 미래를 지향하는 구원사의 엔진(Motor)이요 그리스도교 신앙을 이해하기 위한 열쇠'다."[57] 해방신학의 종말론은 "세계의 우주적 대재난과 멸망이 아닌, 예수 그리스도 안에서 약속되었고 시작된 하나님 나라의 성취"[58]를 희망한다.

종말론적 시간과 역사

하나님 나라는 미래적인 동시에 현재적인 것이요, 현재적인 동시에 미래적인 것이다. 예수는 하나님 나라가 이미 너희 가운데 있다고 하였다.(눅 11:20, 17:21) 예수가 계신 곳에 하나님 나라가 존재한다. 예수는 성령의 능력 가운데서 우리의 공동체 안에 계신다. 따라서 하나님 나라는 공동체 속에, 또 그들의 마음속에 현존한다. 그러나 그들에게 현존하는 하나님 나라는 매우 불투명하다. 그들에게 희미하게 현존하는 하나님 나라는 여전히 역사의 미래로 머물러 있다. 이러한 하나님 나라의 독특한 성격 때문에 독특한 시간 이해와 역사 이해가 필요하다.

1) 종말론적 시간 이해

플라톤에 의하면 시간은 영원의 모상이다. 시간은 영원한 것의 원운동(圓運

---

57 김균진, 「기독교조직신학」 V, p.117.
58 Ibid., p.117~118.

動)이다. 시간의 과정은 영원한 존재가 그 속에 현존하는 원운동으로 생각된다. 아리스토텔레스도 시간의 과정을 원운동과 같은 것으로 생각한다. "원운동에 있어서 모든 사건들은 원의 중심점에서 곧 영원한 존재에서 동일한 간격 속에 있으며, 영원한 존재는 모든 시간들에 대하여 현재적이다. 영원은 시간의 원운동을 통하여 유한한 존재 안에서 나타난다.[59] 그것은 모든 시간에 대하여 현재적이요 동시적이다. 그것은 시간의 원운동 속에 언제나 동시성으로서 현존한다. 그것은 영원한 현재이다."[60] '영원한 현재' 개념은 아우구스티누스에게서도 찾아볼 수 있다.

아우구스티누스는 종말이란 개념을 시간을 통해 설명했다. 아우구스티누스의 종말론은 시간과 영원의 관계 속에서 설명된다. 시간은 영원 개념과의 관계 속에서만 본래의 의미를 드러낸다. 아우구스티누스에게 시간 개념은 창조를 뜻한다. 시간은 신이 천지창조하실 때 같이 창조되었다. 시간은 하나님의 피조물이고 무에서 창조된 것이다.[61] 우주는 시간 속에서 창조된 것이 아니라, 시간과 동시에 창조되었다. 시간은 인류의 역사와 동일한 노선과 운명을 갖는다. 시간의 존재는 창조와 함께 하는 것이다. "시간은 피조물과 함께 시작되었고 함께 없어진다."[62] 창조 전에는 시간이 존재하지 않았다. 따라서 시간은 영원한 것이 아니라 유한한 것이다.

아우구스티누스에게 있어 영원은 본성상 불변한다. 영원은 단순히 시간의 무제한적 연장이 아니라 전체적 동시성으로 이해한다. 시간은 영원과 진리에 이르는 길이라는 차원에서만 관심의 대상이다. 영원과 시간의 관계를 하나님의 불변성과 피조물의 가변성 사이의 질적인 차이로 규정했다. 모든 피조물은 가변적 존재지만 하나님은 불변하시고 영원하시다. 아우구스티누스는 영원과 시간의 질적인 차이를 '영원한 현재' 개념으로 설명한다. 영원한 현재는 시간을 가능하게 하는 시간의 근원이다. 그것은 시간의 창조를 가능하게 했으며 시간 속에 흐르고 있다. 그것은 바로 하나님의 시간이다. 하나님의 시간은 영원하다. 영원은 무 시간성이 아니라 시간의 초월이다. 영원은 시간과 질적으로 다

---

59 예수 그리스도 안에서 유한은 무한을 내포할 수 있다. 바르트는 영원이 시간 안에 침입해 들어온 것을 성육신 사건으로 보았다.
60 김균진, 「기독교조직신학」 V, p.572.
61 이종성, 「조직신학개론」, p.208.
62 Ibid., p.212.

르다.

아우구스티누스는 「고백록」에서 "도대체 시간이 무엇입니까?" 묻고, 시간에는 현재밖에 없는 것 같다고 하였다.[63] 과거는 현재가 지나가 버린 것이다. 과거는 기억 속에서 현재화되고, 미래는 기대 속에서 현재화된다. 미래는 아직 현재화되지 않았기에 존재되지 않는다. 인간은 시간 속에서 과거에 대한 지식을 가지고 미래를 예측하고 현재를 경험한다. 그러나 하나님만이 지나가는 시간에 예속되지 않고 영원하신 존재로 계신다. 영원은 시간을 초월해 있는 것이다. 영원은 무한도 아니고, 시간의 연속도 아니고, 머물러 있는 현재이다. 시간의 제약을 받지 않는다. 처음과 마지막이 없으며, 어떤 다른 존재에 의해서 제약을 받지도 않으며, 시간이 흘러가도 변하지 않는다.

칸트의 시간 개념에 있어서도 시간은 영원한 현재로 나타난다. 사물들의 현상은 시간의 과정에서 변천하지만, 시간 자체는 변하지 않는다. 시간은 지나가지 않는다. 오히려 변천될 수 있는 것의 현존이 시간 속에서 지나간다. 시간은 언제나 동일하게 존속한다. 칸트에 의하면 시간 속에서 발생하는 모든 것은 지나가지만, 시간은 지나가지 않는다. 시간은 무시간적이며 영원히 변하지 않고 동일하게 존속한다. 그러므로 시간은 칸트에게 있어서 영원의 범주에 속한다고 할 수 있다.

이에 반하여 성서는 순수한 형식으로서의 시간이 아니라, 오직 사건을 통하여 규정된 시간을 말하고 있다. "범사에 기한이 있고 천하 만사가 다 때가 있나니 날 때가 있고, 죽을 때가 있으며 심을 때가 있고 심은 것을 뽑을 때가 있으며 …사랑할 때가 있고 미워할 때가 있으며 전쟁할 때가 있고 평화할 때가 있느니라… 하나님이 모든 것을 지으시되 때를 따라 아름답게 하셨고."(전 3:1~11) 시간은 언제나 사건을 통하여 특정하게 규정되어 있다.[64]

우리는 일반적으로 시간을 과거로부터 출발하여 현재를 거쳐 미래를 향하여 진행하는 과정으로 이해한다. 이런 시간 이해 속에서 미래는 과거에 있었던 것으로부터 되는 것 또는 변형과 연장에 불과하다. 그러나 "종말론적 사고에 있

---

63 Ibid., p.207.
64 신약성서는 운동이나 과정과 함께 나타나는 시간을 '크로노스'(kronos)라고 한다. 그러나 "어떤 목적을 위하여 어떤 특정 시간이나 때를 정하는 시간은 '카이로스'(kairos)라고 한다. 신약성서에서 하나님의 구속 사역에 관계되는 계획이나 시간에 대하여 말할 때는 언제든지 카이로스 시간을 사용했다." 카이로스는 인간에 의해서 정해진 시간이 아니라 하나님에 의해서 정해진 특정한 시간이다. "사람이 예기하지 못했을 때 홀연히 도적같이 오게 된다." 이종성, 「종말론」, 1 (서울: 대한기독교출판사, 1994), p.283.

어서 미래는 '오는 것'으로 파악된다. 여기서 미래는 과거로부터 되는 것, 변형되거나 연장되는 것이 아니라, 이 세계의 밖으로부터 오는 것, 다른 것, 새로운 것, 그러므로 변화시키는 것의 도래를 가리킨다."[65] 이와 같은 종말론적 미래 개념은 하나님의 존재에 대한 종말론적 이해에서 유래한다. 성서에서 하나님은 오시는 분으로 나타난다. 그는 세계의 바깥으로부터 오시는 분이다. 하나님의 오심과 함께 더 이상 지나가 버리지 않는 새로운 시간이 온다. 여기서의 시간은 과거로부터 현재를 거쳐 미래로 흐르는 것이 아니라, 하나님의 오심과 함께 미래로부터 오는 것으로 파악된다. 여기서 과거가 현재와 미래를 결정하지 않고, 미래가 현재와 과거를 결정한다.

2) 종말론적 역사 이해

헬라의 역사 이해는 헬라 '시지프스' 신화에서 그 형태를 볼 수 있다. 시지프스 신화에 의하면 프로메테우스는 제우스의 명령을 어기고 불을 훔쳐서 인간에게 갖다 준 죄로 두 눈이 적출되고, 발목이 쇠사슬로 묶인 상태에서 크고 무거운 바위들을 높이 쌓아 올리게 하는 벌을 받게 된다. 높이 올려 쌓인 바위 덩어리들은 무너져 버리게 되고, 두 눈이 없고 쇠사슬로 묶인 그는 무너져 내리는 바위 덩어리에 맞아 피를 흘린다. 그는 무너져 내린 바위 덩어리들을 다시 쌓아 올린다. 그는 이 일을 끝없이 반복한다. 이 신화에서 보는 바와 같이 인간의 역사는 무의미한 고난의 연속이요 반복이라는 것이다. 영원한 반복 속에 인간이 지향해야 할 목적도 없고 희망도 없다. 지금 일어나는 것은 과거에 일어난 것의 변형이요 연장일 뿐이다. 미래에 있을 것도 지금 있는 것의 변형과 연장이다. 여기서 죽음은 유일한 탈출구가 된다. 그러므로 헬라 사상에서는 죽음은 슬픈 것인 동시에 아름다운 축제로 여겨진다. "헬라 철학의 영향을 많이 받은 영국의 역사학자 토인비(Arnold Toynbee)는 역사를 일정한 법칙이 반복하는 과정으로 생각한다. 그에 의하면, 인류의 역사는 외부로부터의 도전과 이에 대한 인간의 응전이 반복되는 과정이다. 이 과정 속에서 하나의 문명이 생성하여 정점에 도달하고, 새로 생성하는 문화와 갈등을 일으키다 쇠퇴한다. 이러한 발전과 쇠퇴가 역사의 내적 법칙이다."[66]

---

65 김균진, 「기독교조직신학」 V. p.576.
66 Ibid., p.583~584.

그러나 성서의 역사는 이러한 윤회적인 반복이 아니다. "세계의 역사는 고정된 질서나 법칙의 반복이 아니라, 하나님의 약속이 성취를 향한 과정으로 파악된다."[67] 아우구스티누스, 헤겔, 샤르댕, 몰트만, 판넨베르크는 이 같은 역사 이해를 취하고 있다.

(1) 아우구스티누스

아우구스티누스에 의하면 역사는 하나님의 영원한 경륜에 따라 전진한다. 역사는 선과 악의 긴장관계 속에서 하나의 통일성을 이루며 흘러간다. 하나님은 세계의 역사 속에 개입하시고 주관하시고 종말론을 이끄시는 분이다. 하나님의 계획은 종말에서 완성된다. 인간은 무로부터 창조된 선한 존재다. 선택의지로 선을 떠나 악을 행하게 되어 인간의 삶 속에 악이 현존하게 되어 인류의 역사는 선악 선택의 끊임없는 연속이다. 악은 선의 결핍이며, 존재의 비존재화이며, 본래성의 왜곡이다. 아우구스티누스는 선과 악의 긴장관계는 종말에 이르러 선은 영생으로 악은 죽음으로 판가름이 날 것이라는 미래적 희망을 통해 종말을 해결하려고 한다. 종말은 이 세계의 끝과 더불어 "새로운 시대의 도래"를 의미한다. 시간성에서 "영원에로의 전환"을 의미한다. 역사는 신의 뜻에 따라 인간이라는 매체를 통해 시간과 역사 속에서 실천해 나가는 계시의 역사이다. 그러므로 순간순간이 하나님의 창조의 과정이며 인간에게는 그 역사를 향한 자유의지와 책임이 요청된다. 종말은 선택된 백성이 누릴 영원한 행복 속에서 완전한 신의 도성을 수립하는 것이다. 아우구스티누스의 역사 이해는 그리스도교 신앙에 근거를 두고 하나님 나라를 통찰함으로써 인류 역사의 진행 방향과 그 안에 거주하는 인간의 삶의 자세를 제시해 준다.

(2) 헤겔

헤겔(Hegel)에게 역사는 회귀적 운동이 아니라 나선적 발전 운동이다. 모든 역사는 사유의 역사이다. 역사 과정의 주요 추진력은 이성이다. 모든 사건은 인간의 의지에 의해서 발생된다. 의지는 사유의 외적 표현이다. 역사는 미래에 있어서 완결되거나 종말이 있는 것이 아니라 현재에서 끝난다. 역사는 인간

67 Ibid., p.585.

에 의해 움직여지며 역사의 주인은 인간의 사유이며 역사의 미래에 대한 지식은 불가능하며 역사 문제의 해결을 위해서 초역사적 존재 개입이 필요 없다.[68] 헤겔의 역사이해는 다분히 관념론적 역사관이라고 할 수 있다. 칼 마르크스(K. Marx)는 헤겔의 관념론적 역사 이해에 반하여, 인류 역사는 사람의 어떤 관념이 현실화되는 과정을 말하는 것이 아니라, 사람의 경제력에 따라 사람의 관념이 결정되고 사회의 흥망이 결정된다고 보았다. 그래서 인간은 수단 방법 가리지 않고 더 많은 물질을 소유하려고 한다고 했다.

(3) 샤르댕

샤르댕(Teilhard De Pierre Chardin, 1881~1955)은 우주를 기계론적, 정적 세계관이 아닌 거대한 역사과정으로서 하나의 진화현상으로 보았다. 우주의 발전은 진화를 통해 그 종국점(Omega point)에서 완성된다. 종국점은 보다 나은 충만한 삶에로 보다 더 높은 자기의식에로 익어가는 과정이다. 진화에는 부정할 수 없는 뚜렷한 하나의 방향성이 있다. 그것은 복잡화의식의 법칙(The Law of Complexity Consciousness)이다. 이것은 단순한 것으로부터 복잡한 구조로 진화한다는 것이다. 기본입자로부터 원자로, 원자로부터 분자로, 분자로부터 세포로, 세포로부터 다세포의 생명체로, 가장 원초적인 생명체로부터 더욱 복잡한 유기체로, 마지막으로 가장 복잡한 존재인 인간에로 진화한다. 전체 우주의 진화는 인간을 향해 움직였고 진화의 결정을 이루는 인간 출현을 향하여 진행된다. 모든 물질은 질적으로 동등하지 않고 차별이 있고 층계가 있다. 물질계는 복잡한 단계로 발전되어 한 역사를 이룬다. 복잡화한다는 것은 더 많은 것이 모여서 더 유기적인 구조를 갖는 것이다. 유기적인 구조를 이룬다는 것은 어떤 중심을 형성한다는 것이다. 물질이 복잡해지면서 일치를 이루고 있으니 이것이 역사의 지향이다. 이 같은 사고는 화이트헤드(Whitehead, 1861~1947)의 자연적 사물이 그 속성을 소유하는 데 시간이 걸린다는 과정사상과 맥을 같이 한다. 물질이 활성화하여 생명으로, 생명이 무르익어 정신으로, 정신이 무르익어 반성적 의식작용(reflection)의 능력으로 돌연변화했을 때 인간이라 부르는 생명이 이 지구 위에 출현한다. 인간은 지구의 긴긴 진화과정 끝에 피어난 놀라운

---

68 이종성, 「조직신학개론」, p.214~216.

생명의 꽃이다. 인간은 자기 반성적 성찰을 할 수 있는 존재이다. 지구의 진화는 인간화, 사회화, 전체화, 그리스도생성화로 나아간다. 인간이 사회화되면서 인류의식, 초의식을 형성하고 이것은 일심화, 전체화 과정에 들어간다. 공동사고가 더욱 발전하여 초사고를 하는 초인류의 도래를 예견한다. 현재 상황으로 먼 훗날같이 느리지만 분명히 초인류 형성(하나님)을 지향한다. 초인류는 집합적 인류, 공동체로서의 한 몸으로서, 전체주의적, 사회주의적 사회화와는 다르다. 왜냐하면 초인류는 개체간의 자발적인 인격의 성숙과 자유, 개성, 고유한 문화, 전통이 고도로 유지 발휘되면서 이루어지는 유기적인 결합이기 때문이다. 샤르댕은 예수 그리스도를 구원 성취를 위해 그 자녀들을 우주적 그리스도의 몸 형성에 참여시키는 분으로 이해한다. 우주적 그리스도는 만물의 종국점에서 인류를 기다리고 계시는 분이 아니라 만물 속에서 현존하면서 역사하시며 사랑의 힘으로 인류를 보다 높은 생명의 차원에로 이끌고 가는 분이다. 우주 생성의 참다운 신비는 그리스도 생성에서 그 비밀이 드러난다.

(4) 몰트만

몰트만은 그리스도교 신앙에 의해서 현재가 종말론적 현재로 이해될 때 역사의 의미는 실현된다고 보았다. 몰트만에게 역사의 종말은 아직 오지 아니하였으나 종말의 힘이 지금 작용하고 있다는 것이다. 역사의 본래적 범주를 미래로 보고 신의 존재의 본질은 미래라고 본다. 이 신은 인간이 희망과 변화 속에서 그의 약속을 기다리는 곳에 현재한다. 그는 역사의식을 현재의 파견으로서 사명의식으로 보았다. 사명의식으로서의 역사의식은 미래의 부름에 따라 현실을 변화시키려고 한다. 여기에 세계의 현실을 위한 그리스도교적 사명이 있다. 여기로부터 몰트만의 정치신학이 나온다. 첫째, 역사는 세계의 창조와 함께 시작되었다. 시간은 신에 의해 세계와 함께 창조된 것이기 때문에 시작과 끝이 있다고 본다. 태초의 창조는 변화될 수 있는 창조이다. 창조된 세계는 하나님과 미래를 향하여 열려있는 역사이다. 이런 역사관은 아우구스티누스에게서 왔다. 둘째, 역사의 의미는 과거 현재 미래의 일반적인 연대기적 문서에 의해서 결정되지 않고 미래로부터 현재를 통해서 과거로 그 의미가 밝혀진다. 셋째, 세계가 언제나 지향하는 미래는 예수 그리스도 안에 계시되었다. 역사는 그리스도 안에서 계시된 것의 전개에 불과하다. 역사는 약속된 것의 성취를 향한 과정이다. 몰트만이 바라보는 인간의 세계는 미완성의 상태이다. 그러므로 이 세계의 모든 것은 미래의 완성을 향한 존재이다. 인간의 현실은 '미래의 도래'로서 완결되고 폐쇄되는 것이 아니다. 미래에 이루어질 그의 완성을 향하여 끊임없이 나아가야 할 과정을 의미한다. 이 과정을 우리는 역사라고 부른다.

(5) 판넨베르크

판넨베르크의 역사 이해는 헤겔의 보편사적 개념을 독특하게 수용하고, 폰 라드(Von Rad)의 역사 해석에 영향을 받았다. 판넨베르크의 사고는 미래가 과거와 현재를 거슬러 결정하는 미래의 존재론적 우위성을 강조한다. 오스카 쿨만(O. Cullmann)과 판넨베르크의 역사 이해는 대비된다. 쿨만은 구속사와 세속사를 구분하였으나 판넨베르크는 구속사와 세속사의 구분을 거부하였다. 쿨만에게 구속사는 세속사 안에서 전개된다. 쿨만에게 세속사는 구속사가 실현되는 역사의 테두리가 되어, 결국 세속사는 구속사 안에 흡수되어 버린다. 그러나 판넨베르크에 있어서 세속사 자체가 곧 구속사가 된다. 역사에는 약속과 선취의 구조가 있다. 역사는 언제나 새로운 것이 일어나는 과정으로 우리가 아직 경험하지 못한 새로운 미래를 향하여 개방되어 있고 이 미래를 지향하고 있다. 역사는 하나님의 간접계시의 역사이다. 계시의 성격은 신앙을 통해서 형성되는 것이 아니라 계시의 사건 그 자체 속에 있다. 판넨베르크는 신의 자기계시는 신의 역사의 끝에 완성되는 것으로 본다. 그리고 나사렛 예수 안에서 신의 종말론적 자기 표명이 선행되었다고 본다.

성서의 역사는 주어져 있는 현재에 안주하지 않고, 새로운 미래를 향하여 언제나 다시금 개방하고 변화시켜 가야 할 역사로 파악된다. 이러한 성서의 역사 이해 속에서 그리스도교의 종말론은 하나님 나라의 완성을 역사의 미래로 믿으며, 하나님의 약속은 언젠가 반드시 성취될 것으로 믿는다. 이와 동시에 그리스도교의 종말론은 인간의 모든 노력을 무의미하고 불필요한 것으로 보지 않는다. 물론 하나님 나라는 하나님 자신에 의해서 완성될 것이다. 그러나 이것은 우리 인간이 아무 것도 할 필요가 없다는 것을 의미하지 않는다. 오히려 하나님 나라의 오심은 인간의 구체적인 참여와 실천을 필요로 한다. 하나님은 언제나 인간과 함께 인간을 통하여 구원의 역사를 이끌어 가신다. 종말론적 신앙은 하나님 나라를 기다리면서 그리스도의 명령을 실천하게 한다. 믿음 속에서 자기 자신을 변화시키고 그리스도의 사랑을 실천한다. 그의 실천이 아무런 열매를 맺지 못할지라도 실망하거나 좌절하지 않고 하나님 나라의 궁극적 오심을 하나님께 맡긴다.

역사에는 처음이 있고 마지막이 있다는 것이 그리스도교의 역사관의 대전제이다. 일반 역사관에서 역사는 군왕, 영웅, 정치가와 같은 인간에 의해 움직여지며 역사의 주인은 인간의 사유이며, 역사의 미래에 대한 지식은 불가능하며, 역사의 문제 해결을 위해 초역사적 존재의 개입이 필요 없다고 본다. 그러나 그리스도교 역사관에서는 역사의 주관자는 하나님이며, 역사의 목적은 하나님의 뜻의 실현에 있다. 그러나 그 성취는 인간의 노력에 의한 어떤 이상적 국가나 사회나 세계 건설이 아니라 그리스도의 재림에 의한 메시아 왕국의 건설에 있다.

그리스도교의 종말론은 예수 그리스도 안에서 일어난 구원의 행위에 근거하여, 그리고 새 하늘과 새 땅에 대한 약속에 근거하여 세계의 종말을 하나님이 창조하신 세계의 완성으로 파악한다. 그리스도교의 종말론은 창조의 회복보다는 창조의 완성을 말한다. 종말의 목적이 과거에 있었던 시작으로 돌아가는 것이라면 역사에 있어서 새로움은 존재할 수 없다. 우리는 태초의 창조를 완결된 것으로 보지 않고, 변화를 향하여 개방되어 있는 것으로 보아야 한다. 역사는 시간과 변화를 전제한다. 하나님은 세계를 시간 안에서 창조한 것이 아니라 시간과 함께 창조하셨다. 시간과 함께 창조된 세계는 미래를 향하여 열려 있다. 역사의 종말은 태초에 있었던 창조의 회복이 아니라 창조의 완성에 있다. 창조의 완성은 모든 것이 하나님 안에서 새로운 형태로 철저히 변화되는 것이다. 이것을 우리는 "새 하늘과 새 땅"(계 21:1)의 표상에서 발견할 수 있다. 역사의 종말은 새 하늘과 새 땅이다. 그것은 새로운 창조의 세계이다. 따라서 그리스도교의 종말론은 새로움을 지향한다. 창조의 완성은 끝남이 아니라 새로운 시작이다. 우리는 이 새로운 시작을 창조의 완성으로 생각해야 한다.

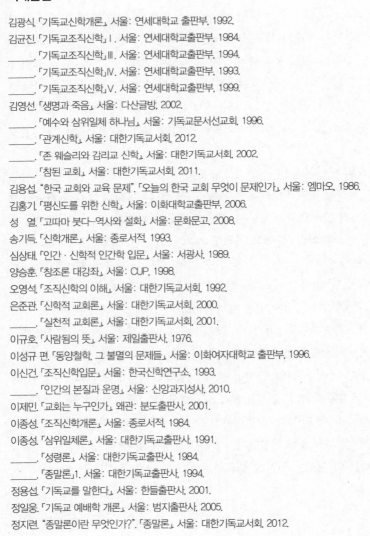

국내문헌

김광식. 「기독교신학개론」. 서울: 연세대학교 출판부, 1992.
김균진. 「기독교조직신학」I. 서울: 연세대학교출판부, 1984.
_____. 「기독교조직신학」III. 서울: 연세대학교출판부, 1994.
_____. 「기독교조직신학」IV. 서울: 연세대학교출판부, 1993.
_____. 「기독교조직신학」V. 서울: 연세대학교출판부, 1999.
김영선. 「생명과 죽음」. 서울: 다산글방, 2002.
_____. 「예수와 삼위일체 하나님」. 서울: 기독교문서선교회, 1996.
_____. 「관계신학」. 서울: 대한기독교서회, 2012.
_____. 「존 웨슬리와 감리교 신학」. 서울: 대한기독교서회, 2002.
_____. 「참된 교회」. 서울: 대한기독교서회, 2011.
김용섭. "한국 교회와 교육 문제". 「오늘의 한국 교회 무엇이 문제인가」. 서울: 엠마오, 1986.
김홍기. 「평신도를 위한 신학」. 서울: 이화대학교출판부, 2006.
성 열. 「고따마 붓다—역사와 설화」. 서울: 문화문고, 2008.
송기득. 「신학개론」. 서울: 종로서적, 1993.
심상태. 「인간 · 신학적 인간학 입문」. 서울: 서광사, 1989.
양승훈. 「창조론 대강좌」. 서울: CUP, 1998.
오영석. 「조직신학의 이해」. 서울: 대한기독교서회, 1992.
은준관. 「신학적 교회론」. 서울: 대한기독교서회, 2000.
_____. 「실천적 교회론」. 서울: 대한기독교서회, 2001.
이규호. 「사람됨의 뜻」. 서울: 제일출판사, 1976.
이성규 편. 「동양철학, 그 불멸의 문제들」. 서울: 이화여자대학교 출판부, 1996.
이신건. 「조직신학입문」. 서울: 한국신학연구소, 1993.
_____. 「인간의 본질과 운명」. 서울: 신앙과지성사, 2010.
이제민. 「교회는 누구인가」. 왜관: 분도출판사, 2001.
이종성. 「조직신학개론」. 서울: 종로서적, 1984.
이종성. 「삼위일체론」. 서울: 대한기독교출판사, 1991.
_____. 「성령론」. 서울: 대한기독교출판사, 1984.
_____. 「종말론」1. 서울: 대한기독교출판사, 1994.
정용섭. 「기독교를 말한다」. 서울: 한들출판사, 2001.
정일웅. 「기독교 예배학 개론」. 서울: 범지출판사, 2005.
정지련. "종말론이란 무엇인가?". 「종말론」. 서울: 대한기독교서회, 2012.

번역문헌

노로 요시오, 김덕순 옮김. 「존 웨슬리의 생애와 사상」. 서울: 기독교대한감리회 교육국, 1993.

Alberigo, Giuseppe. ed. *Conciliorum Oecumenicorum Decreta*. 김영국 · 손희송 · 이경상 · 박준양 · 변종찬 옮김. 「보편공의회 문헌집」. 제2권 전편. 서울: 가톨릭출판사, 2009.

Althaus, Paul. *Grundriss der Dogmatik*. 윤성범 옮김. 「교의학개론」. 서울: 대한기독교서회, 1963.

Armstrong, Karen. *A History of God*. 배국원 · 유지황 옮김. 「신의 역사」 I , II. 서울: 동연, 1999.

Barth, K. *Barth Brevier*. 이신건 · 오성현 · 이길용 · 정용섭 옮김. 「칼 바르트의 신학묵상」. 서울: 대한기독교서회, 2009.

Berkhof, Louis. *Manual of Christian Doctrine*. 신복윤 옮김. 「기독교신학개론」. 서울: 은성문화사, 1974.

_____. *The History of Christian Doctrine*. 신복윤 옮김. 「기독교교리사」. 서울: 성광문화사, 1993.

Boff, L. *Holy Trinity Perfect Community*. 김영선 · 김옥주 옮김. 「성삼위일체 공동체」. 서울: 크리스천 헤럴드, 2011.

Borg, Marcus J. & Wright, N. T. *The Meaning of Jesus: Two visions*. 김준우 옮김. 「예수의 의미」. 서울: 한국기독교연구소, 2001.

Boros, Ladislaus. *The mystery of death*. 최창성 편역. 「죽음의 신비」. 서울: 삼중당, 1978.

Calvin, J. *Institutio christianae religionis*. 김종흡 · 신복윤 · 이종성 · 한철하 옮김. 「기독교강요」 상. 서울: 생명의말씀사, 1988.

Cassirer, Ernst. *An Essay on man introduction to a philosophy of human culture*. 최명관 옮김. 「인간이란 무엇인가?」. 서울: 전망사, 1988.

Clowney, Edmund P. *The Church*. 황영철 옮김. 「교회」. 서울: IVP, 1998.

Cobb, J. B. & Griffin, D. R. *Process Theology: An Introductory exposition*. 류기종 옮김. 「과정신학」. 서울: 도서출판 열림, 1993.

Creel, H. G. *Chinese thought*. 이동준 · 이동인 옮김. 「중국사상의 이해: 孔子로부터 毛澤東에 이르기까지」. 서울: 경문사, 1997.

Crossan, John Dominic. *The Historical Jesus*. 김준우 옮김. 「역사적 예수」. 서울: 한국기독교연구소, 2000.

Engen, Charles Van. *God's missionary people*. 임윤택 옮김. 「모이는 교회, 흩어지는 교회」. 서울: 도서출판 두란노, 1994.

Erickson, Millard J. *The doctrine of church*. 이은수 옮김. 「교회론」. 서울: 기독교문서선교회, 1992.

_____. *Christian theology*. 신경수 옮김. 「복음주의 조직신학」 중권. 서울: 크리스챤 다이제스트, 1999.

Geisler, Norman L. *Philosophy of Religion*. 위거찬 옮김. 「종교철학 개론」. 서울: 기독교문서선교회, 1993.

Grenz, Stanley J. & Olson, Roger E. *20th century Theology*. 신재구 옮김. 「20세기 신학」. 서울: IVP, 1997.

Greshake, Gisbert. *Stärker als der Tod: Zukunft Tod Auferstehung Himmel Hölle Fegheuer*. 심상태 옮김. 「종말신앙: 죽음보다 강한 희망」. 서울: 성바오로 출판사, 1980.

Grudem, Wayne. *Systematic Theology*. 「조직신학」 상. 서울: 도서출판 은성, 1997.

_____. *Systematic Theology*. 「조직신학」 중. 서울: 도서출판 은성, 1996.

Guthrie, Shirley C. *Christian Doctrine*. 김영선 옮김. 「기독교신학입문」. 서울: 도서출판 은성, 1998.

Hemleben, J. *Teilhard de Chardin*. 김경재 옮김. 「떼이야르 드 샤르댕」. 서울: 한국신학연구소, 1977.

Henel, Ingeberg C. *Vorlesungen über die Geschichte des Christichen Denkens-Urchristentum bis Nachreformation*. 송기득 옮김. 「폴 틸리히의 그리스도교 사상사」. 서울: 한국신학연구소, 1983.

Hick, John. *Philosophy of Religion*. 황필호 편역. 「종교철학개론」 서울: 종로서적, 1987.

Hoekema, A. A. *Created in God's image*. 류호준 옮김. 「개혁주의 인간론」 서울: 기독교문서선교회, 1991.

Kraus, H. J. *Reich Gottes*. 박재순 옮김. 「조직신학」 서울: 한국신학연구소, 1997.

Kroner, Richard. *Von Kant bis Hegel*. 연효숙 옮김. 「칸트: 헤겔」 서울: 서광사, 1994.

Lohfink, Gerhard. *Death is not the final word*. 신교선 · 이석재 옮김. 「죽음이 마지막 말은 아니다」 서울: 성바오로출판사, 1993.

May, Rollo. *Man's search for himself*. 백상창 옮김. 「자아를 잃어버린 현대인」 서울: 문예출판사, 1974.

Mellert, R. B. *What is Process Theolgy*. 홍정수 옮김. 「과정신학 입문」 서울: 대한기독교서회, 1989.

Migliore, Daniel L. *Faith Seeking Understanding*. 이정배 옮김. 「조직신학입문」 서울: 나단, 1994.

Moltmann, J. *Das Kommen Gottes: christliche Eschatologie*. 김균진 옮김. 「오시는 하나님」 서울: 대한기독교서회, 2001.

_____. *Trinitat und Reich Gottes*. 김균진 옮김. 「삼위일체와 하나님 나라」 서울: 대한기독교출판사, 1993.

_____. *Gott in der Schöpfung*. 김균진 옮김. 「창조 안에 계신 하느님」 서울: 한국신학연구소, 1987.

_____. *Der Gekreuzigte Gott: Das Kreuz Christi als Grund und Kritik chrislicher Theologie*. 김균진 옮김. 「십자가에 달리신 하나님」 서울: 한국신학연구소, 1995.

Nocke, Franz-Josef. *Eschatologie*. 조규만 옮김. 「종말론」 서울: 성바오로 보급소, 1998.

Olson, Roger E. & Hall, Christopher A. *The Trinity*. 이세형 옮김. 「삼위일체」 서울: 대한기독교서회, 2004.

Otto, Heinrich. *Die Antwort des Glaubens*. 김광식 옮김. 「신학해제」 서울: 한국신학연구소, 1974.

Pannenberg, W. *Das Glaubensbekenntnis*. 정용섭 옮김. 「사도신경 해설」 서울: 한들출판사, 2000.

_____. *Offenbarung als Geschichte*. 전경연 · 이상점 옮김. 「역사로서 나타난 계시」 서울: 대한기독교서회, 1979.

Peursen, C. A. van. *Lichaam-ziel-geest*. 손봉호 · 강영안 옮김. 「몸 · 영혼 · 정신: 철학적 인간학 입문」 서울: 서광사, 1985.

Pöhlmann, Horst G. *Abriss der Dogmatik*. 이신건 옮김. 「교의학」 서울: 한국신학연구소, 1993.

Rahner, K. *On the Theology of Death*. 김수복 옮김. 「죽음의 신학」 서울: 가톨릭출판사, 1982.

Sardin, P. T. de. *Phénomène Humain*. 양명수 옮김. 「인간현상」 서울: 한길사, 1997.

Sayés, José Antonio. *La Iglesia de Cristo: curso de eclesiología*. 윤주현 옮김. 「교회론」 서울: 가톨릭출판사, 2008.

Scheler, Max. 신상호 옮김. 「哲學的 人間學」 서울: 정음사, 1977.

Spurrier, William A. *Guide to the Christian Faith: An Introduction to Christian Doctrine*. 오은수 옮김. 「기독교개론」 서울: 대한기독교교육협회, 1993.

Stetzer, Ed & Putman, David. *Breaking the Missional Code*. 이후천 · 황병배 옮김. 「선교암호해독하기」 서울: 한국교회선교연구소, 2010.

Störig, H. J. *Kleine Weltgeschichte der Philosophie*. 임석진 옮김. 「세계철학사」 상권. 서울: 분도출판사, 1976.

Tillich, P. *Christianity and the encounter of the world religions*. 정진홍 옮김. 「기독교와 세계종교」 서울: 대한기독교서회, 1969.

Torrey, R. A. *The Person & Work of the Holy Spirit*. 장광수 옮김. 「성령의 인격과 사역 · 성령론 설교」 서울: 크리스챤 다이제스트, 2001.

____. *The Holy Spirit*. 심재원 옮김. 「성령론」 서울: 대한기독교서회, 1966.

Tozer, A. W. *How to be filled with the Holy Spirit*. 이용복 옮김. 「이것이 성령님이다」 서울: 규장, 2005.

Trigg, R. *Ideas of Human Nature*. 최용철 옮김. 「인간 본성에 관한 101가지 철학적 성찰」 서울: 자작나무, 1996.

Watson, David. *I believe in the church*. 오광만 옮김. 「교회의 진정한 표상」 서울: 여수룬, 1993.

Wesley, John. 한국 웨슬리학회 옮김. 「웨슬리 설교전집」 vol.1. 서울: 대한기독교서회, 2006.

Whitehead, A. N. *Process and Reality*. 오영환 옮김. 「과정과 실재」 서울: 민음사, 2003.

Wildiers, N. M. *Teilhard de Chardin*. 이홍근 · 이덕근 옮김. 「테이야르 드 샤르댕의 사상 입문」 칠곡: 분도출판사, 1974.

Wolff, H. W. *Anthropologie des Alten Testaments*. 문희석 옮김. 「구약성서의 인간학」 서울: 분도출판사, 1976.

외국문헌

Adeney, W. F. *The Greek and Eastern Churches*. New York: C. Scribner's Sons, 1908.

Althaus, Paul. *Die Letzten Dinge*. Gutersloh: Gutersloher Verlagshaus, Gerd Mohr, 1964.

_____. *Die Christliche Wahrheit*. Gütersloher Verlagshaus: Gerd Mohn, 1959.

_____. *Theologie M. Luthers*. Gütersloh: Gütersloher Verlahaus Mohn, 1962.

Ambrose. *On the Holy Spirit*. NPNF Second Series. vol.10. Peabody Mass.: Hendrickson, 1994.

_____. *On the Christian Faith*. NPNF Second Series. vol.10. Peabody Mass.: Hendrickson, 1994.

Anselm. *Saint Anselm: Basic Writings*. trans. S. N. Deane. La Salle, Ill.: Open Court Publishing Co., 1962.

Athanasius. *Four Discourses Aganist the Arius*. NPNF Second Series. vol.4. peabody, Mass.: Hendrickson, 1994.

Augustinus. *City of God*, in *Nicene and Post-Nicene Father*. Grand Rapids: Eerdmans, 1983.

_____. *On Christian Teaching*. Oxford: Oxford University Press, 1997.

_____. *Sermons on Selected Lessons of the New Testament*. Sermons 2. trans R. G. MacMullen, NPNF First Series, vol.6. Peabody, Mass.: Hendrickson, 1994.

Aulen, Gustav. *Christus Victor*. New York: Macmillan, 1951.

Baillie, Donald. *God was in Christ*. New York: Scribner's, 1948.

Banks, Robert. *Paul's Idea of Community*. Grand Rapids: Eerdman's, 1980.

Barth, K. *Church Dogmatics*. 1/1. Edinburgh: T & T Clark, 1975.

_____. *Church Dogmatics*. II/1. Edinburgh: T & T Clark, 1985.

_____. *Church Dogmatics*. III/2. Edinburgh: T & T Clark, 1980.

_____. *Church Dogmatics*. III/4. Edinburgh: T & T Clark, 1978.

_____. *Dogmatics in Outline*. trans. G. T. Thomdon. London: SCM, 1966.

_____. *Evangelical Theology*. Garden City, N.Y.: Doubleday Anchor, 1964.

_____. *Einführung in die evangelische Theologie*. Zürich: EVZ-Verlag, 1962.

_____. *Evangelium und Bildung*. Zürich: Evangelischer Buchhandlung, 1938.

_____. *Fides quaerens intellectum*. Zollikon: Evangelischer Verlag, 1958.

_____. *Kirchliche Dogmatik*. I/1. München: Chr. Kaiser, 1932.

_____. *Kirchliche Dogmatik*. III/2. Zollikon-Zürich: Evangelischer Verlag, 1945~1951.

_____. *Kirchliche Dogmatik*. IV/1. Zollikon-Zürich: Evangelischer Verlag, 1945~1951.

_____. *The Teaching of the Church Regarding Baptism*. trans. Ernest A. Payne. London: SCM Press, 1948.

Basil, Saint. *On the Holy Spirit*. trans. David Anderson. Crestwood, N.Y.: St. Vladmir's Press, 1980.

Bavinck, Herman *The Doctrine of God*. trans. William Hendricksen. Edinburgh: Banner of Truth, 1977.

Beasley-Murray, George R. *Baptism in the New Testament*. London: Macmillan, 1962.

Berkhof, Hendikus. *Christian Faith: An Introduction to the Study of the Faith*. trans. Sierd Woudstra. Grand Rapids: Eerdmans, 1986.

_____. *The Doctrine of the Holy Spirit*. Grand Rapids: William B. Eerdmans, 1965.

Berkhof, Louis. *Systematic Theology*. Grand Rapids: Eerdmans, 1969.

_____. *The History of Christian Doctrines*. Michigan: Baker Book House, 1992.

Berkouwer, G. C. *The Triumph of Grace in the Theology of Karl Barth*. Grand Rapids: William B.

Eerdmans, 1956.

Bethune-Baker, J. F. *An Introduction to the Early History of Christian Doctrine*. London: Methuen & Co. Ltd., 1903.

Boesak, Allan. *Black and Reformed*. Maryknoll, N.Y.: Orbis Books, 1984.

Boff, Leonardo. *Trinity and Society*. trans. Paul Burns. Maryknoll, N.Y. : Orbis Books, 1988.

Bonhöffer, Dietrich. *The Communion of Saints*. New York: Harper & Row, 1960.

_____. *Life Together*. New York: Harper & Brothers, 1954.

_____. *Letters and Papers from Prison*. New York: Macmillan, 1971.

_____. *The Cost of Discipleship*. London: SCM Press, 1959.

_____. *The Communion of Saints*. New York: Harper & Row, 1960.

Bradshaw, Timothy. *Trinity and Ontology*. Edinburgh: Rutherford House, 1988.

Brumback, Carl. *A Sound from Heaven*. Springfield, MO: Gospel Pub. House, 1961.

Brunner, E. *Der Mensch im Widerspruch*. Zürich: Theologischer Verlag, 1970.

_____. *Die christliche Lehre von Gott*, Dogmatik. vol.1. Zürich: Zwingli-Verlag, 1972.

_____. *Dogmatics*. vol.2. trans. Olive Wyon. Philadelphia: Westminster Press, 1950.

_____. *Das Ewige als Zukunft und Gegenwart*. Zürch: Zwingli Verlag, 1953.

_____. *The Divine Imperative*. Philadelphia: The Westminster Press, 1947.

_____. *The Misunderstanding of the Church*. Philadelphia: Westminster Press, 1951.

Brunner, Emil & Barth, Karl. *Natural Theology, Comprising "Nature and Grace" by Professor Dr. Emil Brunner and the reply "No!" by Dr. Karl Barth*. trans. Peter Fraenkel. London: The Centenary Press, 1946.

Bruner, Frederick Dale. *A Theology of the Holy Spirit*. Grand Rapids: W. B. Eerdmans Pub. Co., 1970.

Bultmann, R. *Theologie des Neuen Testaments*. Tübingen: Mohr, 1958.

Buri, F. *Die Bedeutung der neutestamentlichen Eschatologie für die neuere protestantische Theologie*. Zürich: Feldegg, 1934.

Cannon, William R. *Theology of John Wesley*. Nashville: Abingdon-Cokesbury, 1946.

Carter, Charles W. ed. *A Contemporary Wesleyan Theology*. vol.1. Michigan: Francis Asbury Press, 1983.

Cohen, Arthur A. *The Tremendum: A Theological Interpretation of the Holocaust*. New York: Crossroad, 1981.

Comblin, Jos. *The Holy Spirit and Liberation*. Maryknoll, NY.: Orbis, 1989.

Cone, James. *God of Oppressed*. New York: Seabury Press, 1975.

Conklin, Edwin. *Man Real and Ideal*. New York: Scribners, 1943.

Conzelmann, Hans. *An Outline of the Theology of the New Testament*. New York: Harper & Row, 1969.

_____. *History of Primitive Christianity*. Nashville: Abingdon Press, 1973.

Cweikowski, Frederick J. *The Beginning of the Church*. Ireland: Gill & MacMillan Co., 1988.

Dillenberger, John. *God Hidden and Revealed*. Philadelphia: Muhlenberg, 1953.

Dulles, Avery. *Models of the Church*. Garden City: Doubleday & Co., 1978.

Ebeling, G. *Dogmatik des Christlichen Glaubens* I. III. Tübingen: J.C.B. Mohr, 1982.

_____. *Das Wesen des Christlichen Glaubens*. München: Siebenstern Taschenbuch Verlag, 1965.

_____. "Existence between God and God: A Contribution to the Question of the Existence of God."

Journal for Theology and the Church 5. 1968.

Feuerbach, Ludwig. *Das Wesen der Religion*. Leipzig: A Kroner, 1923.

Fortman, Edmund J. *The Triune God: A Historical Study of the Doctrine of the Trinity*. London: Hutchinson & Co, 1972.

Fuchs, E. *Glaube und Erfahrung: zum christologischen Problem im Neuen Testament*, Tübingen: J. C. B. Mohr, 1965.

Godsey, John D. *The Theology of Dietrich Bonhöffer*. Philadelphia: The Westminster Press, 1960.

Grudem, Wayne. *Systematic Theology*. Nottingham: IVP, 1994.

Godsey, John D. *The Theology of Dietrich Bonhöffer*. Philadelphia: The Westminster Press, 1960.

Gregory of Nazianzus. "The Fifth Theological Oration-On the Spirit" in *Christology of the Later Fathers*. ed. Edward R. Hardy. Philadelphia: Westminster Press, 1954.

Gunton, C. E. *The One, The Three, and the Many: God, Creation, and the Culture of Modernity*. Cambridge: Cambridge University Press, 1993.

_____. "Agustine, the Trinity, and the Theological Crisis of the West." *Scottish Journal of Theology* 43. 1990.

Guthrie, Shirley C. *Christian Doctrine*. Atlanta: John Knox Press, 1968.

Gutierrez, G. *A Theology of Liberation*. Maryknoll, N.Y.: Orbis Books, 1973.

Hall, Francis J. *Trinity*. New York: Longmans, Green, and Co., 1923.

Hanson, Anthony. *Grace and Truth*. Southampton: Camelot, 1975.

Hanson, Stig. *The Unity of the Church in the New Testament: Colossians and Ephesians*. Lexington, Ky.: American Theological Library Association, 1963.

Hegel, J. *Lectures on the Philosophy of Religion*. vol.3. ed. and trans. Peter C. Hodgson. Berkeley, Calif.: University of California Press, 1987.

Hendry, George S. *The Holy Spirit in Christian Theology*. Philadelphia: Westminster Press, 1956.

Herder, J. G. *Ideen zur Philosophie der Geschichte der Menschheit*. II. Berlin: Aufbau-Verlag, 1965.

Hick, John H. *Philosophy of Religion*. Englewood Cliffs, N.J.: Prentice Hall, 1990.

Hill, William. *The Three Personed God*. Washington D.C.: Catholic University of America Press, 1982.

Hime, Michael J. and Himes, Kenneth R. "Rights, Economic, & the Trinity." *Commonweal* 113, 1986.

Hodge, A. A. *Outlines of Theology*. Grand Rapids: Eerdmans, 1949.

Hodge, Charles. *Systematic Theology*. vol.3. Grand Rapids: Eerdmans, 1952.

Hodgson, Leonardo. *The Doctrine of the Trinity*. New York: Charles Scribner's Sons, 1944.

Hodgson, Peter C. *Winds of the Spirit: A Constructive Christian Theology*. Louisville, Kentucky: Westminster John Knox Press, 1994.

_____. *Revisioning the Church*. Philadelphia: Fortress Press, 1988.

Hoekema, Anthony. *What about Tongue-Speaking?*. Grand Rapids, MI: Eerdmans, 1966.

Irenaeus. *Demonstration of the Apostolic Preaching*. I. London: SPCK, 1920.

Jay, Eric G. *The Church*. Atlanta: John Knox Press, 1980.

Jeremias, Joachim. *New Testament Theology*. London: SCM, 1971.

Jewett, Paul K. *God, Creation and Revelation*. Grand Rapids: Eerdmans, 1991.

Jüngel, Eberhard. *God as the Mystery of the World*. trans. Darrell L. Guder. Grand Rapids: William B.

Eerdmans, 1983.

Kaftan, Julius. *Dogmatik*. Tübingen und Leipzig: Mohr, 1897.

Kant, Immanuel. *Religion within the Limits of Reason Alone*. trans. T. M. Green and H. H. Hudson. New York: Harper & Cros., 1960.

_____. *Critique of Practical Reason*. trans. Lewis White Beck. New York: Liberal Arts Press, 1956.

Käsemann, Ernst. "Unity and Diversity in the New Testament Ecclesiology." *Novum Testamentum* 6. 1963.

Kasper, Walter. *Jesus the Christ*. New York: Paulist Press, 1976.

Kegley, Charles W. ed. *The Theology of Emil Brunner*. New York: Macmillan, 1962.

Kelly, J. N. D. *Early Christian Doctrines*. New York: Harper & Row, 1978.

Knittermeyer, H. *Schelling und romantische Schule*. München: E. Reinhardt, 1929.

Kohut, Heinz. *How does Analysis Cure?* Chicago and London: The University of Chicago Press, 1984.

_____. *The Restoration of the Self*. Madison: International Universities Press, 1977.

_____. *The Analysis of the Self*. New York: International Universities Press, 1971.

Kuhn, Thomas. *The Structure of Scientific Revolution*. Chicago: University of Chicago Press, 1961.

Kümmel, Werner G. *The Theology of the New Testament*. Nashville: Abingdon Press, 1973.

_____. *Promise and fulfillment*. London: SCM Press, 1967.

Küng, Hans. *Eternal Life: Life after Death as a Medical, Philosophical and Theological Problem*. New York: Doubleday Image Books, 1985.

_____. *The Church*. Kent: Search Press Limited, 1981.

LaCugna, Catherine Mowry. *God for Us: The Trinity and Christian Life*. New York: Harper, 1991.

_____. "The Baptismal Formula, Feminist Objections, and Trinitarian Theology." *Journal of Ecumenical Studies* 26, Spring 1989.

Ladd, George E. *Jesus and the Kingdom*. New York: Harper and Row, 1964.

Lovtrup, S. *Darwinism: The Refutation of Myth*. London: Croom Helm, 1987.

Loisy, Alfred Firmin. *L'Evangile et l'Eglise*. Paris: A. Picard et fils, 1902.

MaDermott, B. "Pannenberg's Resurrection Christology: A Critique." *Theological Studies* 35, 1974.

McBrien, Richard P. *Do We Need the Church?* New York: Harper & Row, 1969.

McGrath, Alister. *Historical Theology*. Oxford: Blackwell Publishers, 1998.

McIntyre, J. "The Holy Spirit in Greek Patristic Thought." *Scottish Journal of Theology*, 1953.

Michael J. Hime and Kenneth R. Himes, "Rights, Economic, & the Trinity." *Commonweal* 113, 1986.

Minear, Paul S. *Images of the Church in the New Testament*. Philadelphia: Westminster, 1960.

Modras, Ronald. *Paul Tillich's Theology of the Church*. Detroit: Wayne State University, 1976.

Moltmann, Jürgen. *The Church in the Power of the Spirit*. Minneapolis: Fortres Press, 1993.

_____. *The Crucified God*. trans. R. A. Wilson and John Bowden. London: SCM, 1974.

_____. *The Trinity and the Kingdom of God: the Doctrine of God*. trans. Margaret Kohl. London: SCM, 1981

_____. *The Theology of Hope*. New York: Harper & Row, 1967.

Muller, R. A. *Dictionary of Latin and Geek Theological Terms*. Grand Rapids, Michigan: Baker Books, 1985.

Neibuhr, H. Richard. *The Meaning of Revelation*. New York: Macmillan, 1941.

Niebuhr, R. *The Nature and Destiny of Man*. vol. 1. New York: Charles Scribner's Son's, 1964.

Nichol, John Thomas. *Pentecostalism*. New York: Harper and Row, 1966.

Nelson, Byron C. *After its kind*. Minneapolis, MN: Bethany Fellowship, 1970.

O'Collins, Gerlad. *The Tripersonal God: Understanding and Interpreting the Trinity*. New York: Paulist Press, 1999.

O'Donnell, John J. *The Mystery of the Triune God*. London: Sheed & Ward, 1988.

Ogden, Schubert. *The Point of Christology*. New York: Harper and Row, 1982.

Olson, Roger E. "Trinity and Eschatology: The Historical Being of God in Jurgen Moltmann and Wolfhart Pannenberg." *Scottish Journal of Theology* 36, 1983.

Ott, Heinrich. *Die Antwort des Glaubens*. Stuttgart, Berlin: Kreuz Verlag, 1972.

___. "Theologie als Gebet und als Wissenschaft." in *ZTHK* 14/2, 1958.

___. "Was ist systematische Theologie?" in *ZTHK* Sep., 1962.

Pannenberg, W. *Jesus-God and Man*. trans. Lewis L. Wilkens and Duane A. Priebe. London: SCM, 1968.

_____. *Anthropology in Theological Perspective*. Philadelphia: The Westminster Press, 1985.

_____. *Faith and Reality*. London: Search Press, 1977.

_____. *What is Man?* Philadelohia: Fortress Press, 1970.

_____. *Basic Questions in Theology*. vol.l trans. George H. Kelm. Philadelphia: The Westminster Press, 1970.

_____. *Basic Questions in Theology*. vol.2. Trans. by George H. Kehm. Philadelphia: The Westminster Press, 1971.

_____. *Basic Questions in Theology*. vol.3. trans. R. A. Wison. London: SCM Press Ltd, 1973.

_____. *Grundzüge der Christologie*. Güterasloh: Gerd Mohn, 1964.

_____. *Grundfragen Systematischer Theologie*. Band 2. Göttingen: Vandenhoeck und Ruprecht, 1980.

Pearlman, Myer. *Knowing the Doctrine of the Bible*. Springfield, Mo.: Gospel Publishing House, 1937.

Pelikan, Jaroslav. *The Christian Tradition: A History of the Development of Doctrine*. vol.1. Chicago: University of Chicago Press, 1971.

Peters, A. *Der Mensch*. Gütersloh: Gütersloher Verlagshaus, 1994.

Pieper, Franz. *Christian Dogmatics*. vol.3. St. Louis: Concordia, 1953.

Plack, Arno. *Die Gesellschaft und das Böse*. München: P. List, 1971.

Rahner, Karl. *The Trinity*. New York: Herder and Herder, 1970.

Rahner, K. and Vorgrimler, H. *Concise Theological Dictionary*. London: Burns and Oates, 1983.

Richmond, James. *Ritschl: A Reappraisal. A Study in Systematic Theology*. London: Collins, 1978.

Riggs, Ralph M. *The Spirit Himself*. Springfield, MO: Gospel Publishing House, 1949.

Ritschl, Albrecht. *The Christian Doctrine of Justification and Reconciliation*. trans. H. R. Mackintosh and A. B. Macaulay. Edinburgh: T. & T. Clark, 1900.

Roberts, Benjamin Titus. *Ordaining Women*. Rochester, N.Y.: Earnest Christian Publishing House, 1891.

Rouse, Ruth and Neill, Stephen Charles. ed. *A History of the Ecumenical Movement*, 1517~1948, 2nd.

ed. Philadelphia: Westminster, 1968.

Russell, D. S. *The Method and Message of Jewish Apocalyptic*. London: SCM Press, 1980.

Schaff, Philip. *The Creeds Christendom with a History and Critical Notes*. vol.1, 2, 3. Grand Rapids: Baker Book House, 1983.

Scheffczyk, L. *Einführung in die Schöpfungslehre*. Darmstadt: Wisseenschaftliche Buchgesellschaft, 1987.

Scheler, Max. *Man's Place in Nature*. New York: The Noonday Press, 1961.

Schlatter, Adolf. *The Church in the New Testament Period*. London: SPCK, 1955.

Schleiermacher, F. *The Christian Faith*. ed. H. R. Mackintosh and J. S. Stewart. Edinburgh: T. & T. Clark, 1928.

_____. *Der christliche Glaube*. Halle: O. Hendel, 1830.

_____. *On Religion: Speeches to Its Cultured Despisers*. trans. Richard Crouter. Cambridge: Cambridge University Press, 1988.

Schlier, H. *Der Brief an Epheser*. Düsserldorf: Patmos, 1969.

Schmidt, Frederick W. *A Still Small Voice: Women, Ordination and the Church*. New York: Syracuse University Press, 1996.

Schmithals, W. *An Introduction to the Theology of R. Bultmann*. London: SCM Press, 1967.

Schnackenburg, Rudolph. *The Church in the New Testament*. New York: Herder & Herder, 1966.

_____. *Gottes Herrschaft und Reich*. Freiburg: Herder; Montreal: Palm Publishers, 1965.

Schweitzer, Albert. *The Quest of the Historical Jesus*. London: SCM, 1910.

Schwöbel, Christoph. *God: Action and Revelation*. Kampen: Kok Pharos, 1992.

Snyder, Howard A. *Liberating the Church*. Downers Grove: Inter-Varsity Press, 1983.

Sölle, Dorethee. *Thinking about God*. London: SCM Press, 1990.

Starkey, Lycurgus M. *The Work of the Holy Spirit: A Study in Wesleyan Theology*. Nashiville: Abingdon, 1960.

Strong, Augustus H. *Systematic Theology*. Westwood, N.J.: Revell, 1907.

Swete, H. B. *The Holy Spirit in the Ancient Church: A Study of Christian Teaching in the Age of the Fathers*. London: MacMillan, 1912.

Szczesny, Gerhard. *Die Zukunft des Unglaubens*. München: P. List, 1958.

Taylor, John. *The Scripture Doctrine of Original Sin Proposed to Free and Candid Examination*. 4th ed. London: J. Wilson, 1767.

Tillich, Paul. *Systematic Theology*. vol. Ⅰ. Ⅱ. Ⅲ. London: SCM Press, 1978.

____. *The Shaking of the Foundations*. New York: Scribner's, 1948.

____. *Systematische Theologie*. Ⅲ. New York: Walter de Gruyter, 1987.

Weber, Otto. *Grundlagen der Dogmatik*. Bd. 1. Neukirchen-Vluyn: Neukirchener Verlag des Erziehungsvereins, 1964.

_____. *Foundation of Dogmatics*. vol.1 trans. Darrell L. Guder. Grand Rapids: Eerdmans, 1981.

Weiss, Johannes. *Earliest Christianity: A History of the Period A. D. 30~150*. vol.l. New York: Harper Torchbooks, 1959.

_____. *Jesus' Proclamation of the Kingdom of God*. Philadelphia: Fortress, 1971.

Wesley, J. *Wesley's Standard Sermons of Jon Wesley*. ed. E. H. Sugden. vol.2. London: Epworth

Press, 1954.

_____. *The Works of John Wesley*. ed. Thomas Jackson. vol.6, 11. Grand Rapids/ Michigan: Baker Books, 1998.

_____. *The doctrine of original sin according to Scripture*, reason, and experience. Salem, Ohio: Schmul Pub. Co., 1999.

_____. *The Journal of John Wesley*. vol.7. ed. Nehemiah Curnock. London: The Epworth Press, 1938.

Westermann, C. W. *Genesis* 1~11, 2, *Auflage*. Neukirchen-Vluyn: Neukirchner Verlag, 1976.

Williams, Colin. *John Wesley's Theology Today*. Nashville: Abingdon Press, 1982.

World Council of Churches. *The Church for Others and the Church for the World: A Quest for Structure for Missionary Congregations*. Geneva: WCC, 1967.

Zahrnt, H. *Die Sache mit Gott. Die Protestantische Theologie im 20 Jahrhundert*. Verlag München: R. Piper Co., 1967.

Zizioulas, John D. *Being as Communion: Studies in Personhood and the Church*. Crestwood, N.Y.: St. Valdmir's Press, 1997.